王承军 撰

蒙文通先生年譜長編

錦虹 敬署

中華書局

图书在版编目（CIP）数据

蒙文通先生年谱长编/王承军撰. —北京：中华书局，2012.2

ISBN 978－7－101－08197－8

Ⅰ.蒙…　Ⅱ.王…　Ⅲ.蒙文通（1894～1968）－年谱　Ⅳ.K825.81

中国版本图书馆CIP数据核字（2011）第186410号

四川省社科规划后期资助项目

书　　名　蒙文通先生年谱长编
撰　　者　王承军
责任编辑　俞国林
出版发行　中华书局
　　　　　（北京市丰台区太平桥西里38号　100073）
　　　　　http://www.zhbc.com.cn
　　　　　E－mail：zhbc@zhbc.com.cn
印　　刷　北京市白帆印务有限公司
版　　次　2012年2月北京第1版
　　　　　2012年2月北京第1次印刷
规　　格　开本/787×1092毫米　1/16
　　　　　印张26½　插页8　字数430千字
印　　数　1－2000册
国际书号　ISBN 978－7－101－08197－8
定　　价　78.00元

蒙文通先生

(1894—1968)

1929—1930 年任教中央大学史学系时留影

左起：徐光（徐子明）、蒙文通、陈汉章、雷海宗、陈训慈、刘继宣、束世澂

1933 年北京大学四川同乡会秋季大会合影（前排左五为先生）

1935 年北平留影

1947年春，为刘敦愿主婚，在四川省立图书馆楼前合影
（后排中立者为先生）

1956 年成都留影

1963 年与胡厚宣（左）、金景芳（右）在北京合影

1963 年与徐中舒（后排左三）及四川大学历史系研究生合影

孔佛通、通於此册、然非七十三年不
能说。且、幸毋忽。一字一句皆有根本、
孔畫本孔不宰於佛、解經家
法法多孔是、唯於友通、指足与
读孔学删发其端下大事無
量、甚堅多弟8、继志述事8盡
何経年、不遺馀一家

1940年欧阳竟无致先生函

文稿手迹

人安之漢興亦從高祖定亂有功高祖因復之專以

射白衛當虎為事戶歲出賨錢口四十故世號白虎復

夷一曰板楯蠻今所謂弜頭虎子者也　漢高帝

滅秦為漢王王巴蜀閬中人范目有恩信方略知帝

必定天下說帝為募發賨民要與共定秦秦地既定

封目為長安建章鄉侯帝將討關東賨民皆思歸故

嘉其功而難傷其意遂聽還巴謂目曰富貴不歸故

鄉如衣繡夜行耳徙封閬中慈鄉善稱賨都督鄉侯故世謂之慈

鄉侯目固辭乃封渡沔縣無此字

范三侯也目復除民羅朴督鄂度夕襲

中有渝水賨民多居水左右天性勁勇初為漢前鋒

陷陣銳氣喜舞帝觀之曰此武王伐紂之歌也乃令樂人習學之今所謂巴渝舞也

手批《华阳国志》书影

盐亭县石牛庙乡新田村故居远景

故居正堂

忆廖季平先生

蒙文通

当年桶底脱也非，缘今犅解圣言微。

传经伏女曾过我，为检遗书述指归。

目　　录

序 ……………………………………………………………… 袁津琥　1

凡例 ……………………………………………………………………… 1

题记 ……………………………………………………………………… 1

蒙文通先生年谱长编卷一

家世及世谱 ………………………………………………………… 1

　　伯父蒙公甫 ……………………………………………………… 5

　　父蒙君弼 ………………………………………………………… 9

　　弟蒙文敦 ………………………………………………………… 10

　　季弟蒙思明 ……………………………………………………… 11

　　堂兄蒙伯飔 ……………………………………………………… 15

　　堂弟蒙季甫 ……………………………………………………… 16

　　次子蒙默 ………………………………………………………… 19

　　长子蒙仲、三子蒙敏、四子蒙逊、长女蒙绍章、次女蒙绍鲁

　　　　及幼女蒙穆 ………………………………………………… 19

蒙文通先生年谱长编卷二

　　一八九四年（光绪二十年甲午）　先生一岁 ………………… 21

　　一八九五年（光绪二十一年乙未）　先生二岁 ……………… 22

　　一八九六年（光绪二十二年丙申）　先生三岁 ……………… 23

　　一八九七年（光绪二十三年丁酉）　先生四岁 ……………… 23

　　一八九八年（光绪二十四年戊戌）　先生五岁 ……………… 24

　　一八九九年（光绪二十五年己亥）　先生六岁 ……………… 25

　　一九〇〇年（光绪二十六年庚子）　先生七岁 ……………… 25

　　一九〇一年（光绪二十七年辛丑）　先生八岁 ……………… 26

　　一九〇二年（光绪二十八年壬寅）　先生九岁 ……………… 26

　　一九〇三年（光绪二十九年癸卯）　先生十岁 ……………… 27

　　一九〇四年（光绪三十年甲辰）　先生十一岁 ……………… 27

　　一九〇五年（光绪三十一年乙巳）　先生十二岁 …………… 28

一九〇六年（光绪三十二年丙午） 先生十三岁 ……………… 28

一九〇七年（光绪三十三年丁未） 先生十四岁 ……………… 28

一九〇八年（光绪三十四年戊申） 先生十五岁 ……………… 29

一九〇九年（宣统元年己酉） 先生十六岁 ……………… 31

一九一〇年（宣统二年庚戌） 先生十七岁 ……………… 34

一九一一年（宣统三年辛亥） 先生十八岁 ……………… 36

一九一二年（中华民国元年壬子） 先生十九岁 ……………… 40

一九一三年（中华民国二年癸丑） 先生二十岁 ……………… 42

一九一四年（中华民国三年甲寅） 先生二十一岁 ……………… 44

一九一五年（中华民国四年乙卯） 先生二十二岁 ……………… 44

一九一六年（中华民国五年丙辰） 先生二十三岁 ……………… 47

蒙文通先生年谱长编卷三

一九一七年（中华民国六年丁巳） 先生二十四岁 ……………… 49

一九一八年（中华民国七年戊午） 先生二十五岁 ……………… 49

一九一九年（中华民国八年己未） 先生二十六岁 ……………… 50

一九二〇年（中华民国九年庚申） 先生二十七岁 ……………… 52

一九二一年（中华民国十年辛酉） 先生二十八岁 ……………… 52

一九二二年（中华民国十一年壬戌） 先生二十九岁 ……………· 53

一九二三年（中华民国十二年癸亥） 先生三十岁 ……………… 54

一九二四年（中华民国十三年甲子） 先生三十一岁 ……………… 58

一九二五年（中华民国十四年乙丑） 先生三十二岁 ……………… 65

一九二六年（中华民国十五年丙寅） 先生三十三岁 ……………… 69

一九二七年（中华民国十六年丁卯） 先生三十四岁 ……………… 71

一九二八年（中华民国十七年戊辰） 先生三十五岁 ……………… 76

蒙文通先生年谱长编卷四

一九二九年（中华民国十八年己巳） 先生三十六岁 ……………… 85

一九三〇年（中华民国十九年庚午） 先生三十七岁 ……………… 98

一九三一年（中华民国二十年辛未） 先生三十八岁 ……………… 104

一九三二年（中华民国二十一年壬申） 先生三十九岁 ……………… 107

一九三三年（中华民国二十二年癸酉） 先生四十岁 ……………… 111

一九三四年（中华民国二十三年甲戌） 先生四十一岁 ……………… 122

一九三五年（中华民国二十四年乙亥） 先生四十二岁 ……………… 128

一九三六年（中华民国二十五年丙子） 先生四十三岁 ……………… 136

一九三七年(中华民国二十六年丁丑)　先生四十四岁 …………… 142

蒙文通先生年谱长编卷五
　一九三八年(中华民国二十七年戊寅)　先生四十五岁 …………… 149
　一九三九年(中华民国二十八年己卯)　先生四十六岁 …………… 153
　一九四〇年(中华民国二十九年庚辰)　先生四十七岁 …………… 156
　一九四一年(中华民国三十年辛巳)　先生四十八岁 …………… 160
　一九四二年(中华民国三十一年壬午)　先生四十九岁 …………… 168
　一九四三年(中华民国三十二年癸未)　先生五十岁 …………… 178
　一九四四年(中华民国三十三年甲申)　先生五十一岁 …………… 185
　一九四五年(中华民国三十四年乙酉)　先生五十二岁 …………… 193
　一九四六年(中华民国三十五年丙戌)　先生五十三岁 …………… 197
　一九四七年(中华民国三十六年丁亥)　先生五十四岁 …………… 207
　一九四八年(中华民国三十七年戊子)　先生五十五岁 …………… 210

蒙文通先生年谱长编卷六
　一九四九年(己丑)　先生五十六岁 …………… 213
　一九五〇年(庚寅)　先生五十七岁 …………… 220
　一九五一年(辛卯)　先生五十八岁 …………… 223
　一九五二年(壬辰)　先生五十九岁 …………… 227
　一九五三年(癸巳)　先生六十岁 …………… 231
　一九五四年(甲午)　先生六十一岁 …………… 231
　一九五五年(乙未)　先生六十二岁 …………… 236
　一九五六年(丙申)　先生六十三岁 …………… 236
　一九五七年(丁酉)　先生六十四岁 …………… 245

蒙文通先生年谱长编卷七
　一九五八年(戊戌)　先生六十五岁 …………… 255
　一九五九年(己亥)　先生六十六岁 …………… 262
　一九六〇年(庚子)　先生六十七岁 …………… 266
　一九六一年(辛丑)　先生六十八岁 …………… 269
　一九六二年(壬寅)　先生六十九岁 …………… 282
　一九六三年(癸卯)　先生七十岁 …………… 289
　一九六四年(甲辰)　先生七十一岁 …………… 302
　一九六五年(乙巳)　先生七十二岁 …………… 304

一九六六年（丙午）　先生七十三岁 ……………………………… 305

一九六七年（丁未）　先生七十四岁 ……………………………… 310

一九六八年（戊申）　先生七十五岁 ……………………………… 312

蒙文通先生年谱长编卷八　后谱

一九六九年 ……………………………………………………… 317

一九七一年 ……………………………………………………… 317

一九七三年 ……………………………………………………… 317

一九七四年 ……………………………………………………… 317

一九七七年 ……………………………………………………… 317

一九七八年 ……………………………………………………… 318

一九八〇年 ……………………………………………………… 319

一九八一年 ……………………………………………………… 319

一九八二年 ……………………………………………………… 320

一九八三年 ……………………………………………………… 320

一九八四年 ……………………………………………………… 324

一九八七年 ……………………………………………………… 324

一九九〇年 ……………………………………………………… 326

一九九一年 ……………………………………………………… 326

一九九三年 ……………………………………………………… 326

一九九四年 ……………………………………………………… 326

一九九五年 ……………………………………………………… 330

一九九六年 ……………………………………………………… 330

一九九七年 ……………………………………………………… 330

一九九八年 ……………………………………………………… 331

一九九九年 ……………………………………………………… 331

二〇〇一年 ……………………………………………………… 331

二〇〇二年 ……………………………………………………… 331

二〇〇三年 ……………………………………………………… 332

二〇〇四年 ……………………………………………………… 332

二〇〇五年 ……………………………………………………… 335

二〇〇六年 ……………………………………………………… 335

二〇〇七年 ……………………………………………………… 335

二〇〇八年 ……………………………………………………… 336

附录

一、追忆国学大师蒙文通先生
　　——蒙默老师采访记 ……………………………………… 337
二、贯通四部　圆融三教
　　——蒙默先生谈国学大师蒙文通先生的学术思想 ……… 354
三、《古史甄微》质疑 ………………………………………… 361
四、记忆与遗忘：蒙文通先生故里见闻录 ………………… 368
五、蒙文通和黄侃一段鲜为人知的交往 …………………… 376
六、蒙文通陈寅恪史学互鉴考 ……………………………… 386
七、文集未收文录附可考佚著目录 ………………………… 399

参考书目 ……………………………………………………… 402
后记 …………………………………………………………… 412

序

    王君承军著《蒙文通先生年谱长编》，凡四十万言，请序于余，余亦何能序君之书？唯王君曩曾受教于余，卒业后，虽糊口四方，而书疏频繁，凡学有疑难及研究计划，辄谦恭下问，故余于此书之撰集，知之甚谂，盖有不能辞者。

    余之初识王君，当在乙酉，时受高梧主任之托，为历史系诸君讲授《训诂学》，凡十八周，周二课时。惟彼时为大课，数百人济济一堂，效果如何，不得而知。印象中，直至该学期课程结束，似与王君亦从未有过私下过从。越明年，王君忽致短信请益，余即告以电子信箱，自是始知其人，而交往渐密焉。

    丁亥，王君入湖北《三峡文学》编辑部，此于基层地方院校之学生，已为理想之栖身之所，然王君终因志趣不同，有妨学术研究，旋即辞职返川，摒弃俗务，壹意于《年谱》之撰集。

    平心而论，余于王君最初之选择，甚为矛盾。若论余之本怀，则余于当前各基层地方院校普遍自甘堕落，以解决学生就业为唯一办学宗旨之举，极为不解，以为基层地方院校之办学目的与责任，虽未必要求学生将来尽数从事高深之学术研究，但仍宜以培养学生之研究兴趣，增进其对本专业学术之了解为要务。若惟以衣食利禄之道教人，窃恐"穷斯滥矣"。且学问之道，千门万户，无往而不在，基层地方院校学生亦何遽不能哉？在昔硕学鸿儒，不入名校，未亲名师，艰苦力学，终有所成者，亦夥颐。今王君不随流俗所动，处饥寒之地，寻孔颜之乐，余实至为感动。然余教授基层地方院校有年矣，耳闻目睹，又深感当前之学术环境，大非昔比，一卒业于基层地方院校之"社会青年"，欲业余从事学术研究，谈何容易？纵学有所成，恐亦难以此获取谋身之资。

    不佞受性椎鲁，迄今为止，仅接受过两年之大学专科教育，且彼时学校，课时极少，非若今之学堂，科目烦杂，一似欲将学生未来可能从事之职业所需知识尽数相授，致生徒常如蝺蝂承重，困剧疲极者。故余之知识，实更多得自于课外诸先生之指点。记庚辰之前，余时尚处学界之外，供职于地质矿产部西南石油局某下属单位，尝冒昧向北京大学吴小如、北京师范大学民俗典籍文字研究中心王宁、苏州大学王继如等先生发函求教，诸先生无不悉心作答，残膏剩馥，沾溉弘多。犹忆某次电话中向四川大学张永言先生请教时,张先生甚至热情邀请便中去其家中详谈。更无论业师蒋宗许先生二十余年来,在学习及工作中给予余之始终不懈之关怀,俾枯木朽株,亦知努力,继以猥劣之姿,得窥上庠。凡此种种,余"中心藏之,何日忘之"!古人云"无师自成",夫岂真"无师"耶?殆不必定依官学而成也。

若此,欲求之今日,乌可再得哉?是又不能不为王君虑也,故尝反复规劝之。然王君痴心向学,不为所动。尝奔走于各图书馆、书肆之间,借书、访书、抄书、买书,几成生活之全部。虽或箪瓢屡空,饔飧不继,而撰著不辍。朱子云:"人多言为事所夺,有妨讲学。此为'不能使船嫌溪曲'者也。遇富贵,就富贵上做工夫;遇贫贱,就贫贱上做工夫。《兵法》一言甚佳:'因其势而利导之'也。人谓齐人弱,田单乃因其弱以取胜,今日三万灶,明日二万灶,后日一万灶。又如韩信特地送许多人安于死地,乃始得胜。学者若有丝毫气在,必须进力!除非无了此气,只口不会说话,方可休也。因举浮屠语曰:'假使铁轮顶上旋,定慧圆明终不失。'"若王君者,可谓近之矣。

所幸王君在《年谱》写作过程中,始终得到四方同道之襄助,"诸君或录文相邮,或发箧而授,皆指馈贫之困,不索借书之瓻"。呜呼!孰知古风古道,今犹未替耶?故寒暑屡易,涓涓细流,汇为溪河。一代鸿儒之生平履迹及与并世学者之往还,亦始得首彰于世,自谓其功当非浅矣。罗志田教授尝言:"对研究历史未入门者,也许以读一些离我们时代较近的名家著作比较好一些。管见所及,下列诸人都是通人。他们的书,以至少翻阅一下为好:康有为、章太炎、刘师培、梁启超、王国维、吕思勉、鲁迅、胡适、陈寅恪、傅斯年、顾颉刚、钱穆、钱基博、陈垣、郭沫若、蒙文通、徐中舒。"然"颂其诗,读其书,不知其人,可乎?是以论其世也。"虽其中或不无疏舛,然创始者其惟艰,而后继者易为功,此亦学之常道。今试请读者诸君先拈却胸中先存之"基层地方院校"、"青年学人"数字,平心静读此书,则此书果何如哉?

闻君尚有研究蜀地历史文化之草稿数种,且将次第成书,余因更有所望焉。

是为序。

袁津琥

时辛卯正月下浣于时过独学斋

凡　例

一、蒙文通先生是我国现代杰出的历史学家,他在经学、史学、理学、古代民族、历史地理、巴蜀文化、道教、佛学等多个领域里,都作出了卓越的贡献,是二十世纪以来公认的国学大师之一。但是长期以来学界对他的研究主要集中在学术思想方面,而很少涉及生平事迹,故本稿希望在一定程度上弥补目前关于先生生平事迹过于缺乏的实际状况。

二、本稿分为谱文和附录两大部分。其中谱文分世谱、正谱、后谱;附录分访谈、辨疑、文集未收文录。

三、本稿各年以公元纪年冠首,附注干支纪年,民国前附记清代年号,民国后附记民国年号(至一九四八年)。书中记事,悉用阳历,若引用文献已注明为阴历,则直接转为阳历,且皆有按语提示。

四、先生一生著述宏富,本稿限于体例,加之年谱和传记的侧重点各有不同,故先生著述在谱文中鲜有择要介绍,或仅列入著述目录,或仅就其中有关生平事迹者择出,然欲知先生学术思想者可参考巴蜀书社出版的《蒙文通文集》。

五、本稿因资料不全,加之部分资料无法确定具体时间,著者为使读者对先生每一年有一整体认识,故直接将此类资料编入某年之首,而后方为先生该年的具体事迹。

六、本稿前三卷限于文献资料过于缺乏,在资料的选择上,或直接有关先生生平事迹者,或间接有关先生生平事迹者,著者兼取而用之,以期对先生的一生有一整体的认识。

七、蒙文通先生一生交游广泛,往来书函本应不少,但正如蒙默教授所言,先生"常迁徙不安,舟车南北,且未注意保存,以致散失殆尽,存者无多",故是稿凡先生往来书函皆备录之,以见先生交游、论学原委。

八、长期以来,学界对民国史、共和国史的诸多问题讳莫如深,相关资料虽日渐增多,但有关先生生平事迹者却未见增益;加之二十世纪时局动荡,对当时学人来说确实是最大的不幸,先生文稿两次大规模地散失皆因时局,第一次为抗战爆发,南京陷落,先生文稿亦"随首都沦陷,付之灰尘","遂致散失",第二次为文化大革命伊始,红卫兵数次抄家,先生文稿随之抄去,而未归还;时至今日,凡有关反右及文革的资料在使用方面也存诸多不便,故是稿六、七两卷实不足以说明先生当时的真实经历。

九、先生哲嗣蒙默教授曾先后两次接受四川大学历史文化学院师生的访谈,相关资料也刊于该院主办的《天健》杂志和台湾学生书局出版的《经学研究论丛》,著者鉴于有关先生生平事迹的资料过于缺乏,故列为附录;同时,因《古史甄微》系先生成名作,在民国学界引起了巨大反响,故将张崟《〈古史甄微〉质疑》亦酌情列为附录;二〇〇九年国庆,著者曾前往盐亭县石牛庙乡新田村,后成文一篇,名曰《记忆与遗忘:蒙文通先生故里见闻录》,今亦附之,以备参考;二〇〇九年四月,著者曾撰《蒙文通陈寅恪史学互鉴考》,后又撰《蒙文通和黄侃一段鲜为人知的交往》,今因二文可略补先生生平事迹之缺,虽昔时少作,亦附录之,以见著者为学之迹。

十、著者在撰写本稿之时曾参考了不少资料,虽引用时已注明相关资料的来源,然不能使读者有一清晰的观感,故著者采纳师友建议,将参考资料列为书目,附于书稿之后,以便覆按。

题　记

　　余前阅《华西大学图书馆四川方志目录序》，未察先生论方志之作，方今再阅，多有省悟。盖先生尝言：“传一人之事者，昧于其人特殊之性格与事为，但迹其仕履，而又杂以米盐琐细，则百人之传大致可同，是固不得为善作传者。”衡之今日，先生之论仍为世之作传者大弊。余今所作虽非先生传记，然皆传一人之事，故先生此言，仍为是稿之准则；先生又言：“义具乎文之先，而意存乎文之外，事核辞信，振笔直书，犹于一人音声笑貌、喜怒刚柔，随事而见”，是故先生特殊之性格与事为是稿皆录之，以见先生之精神与思想。余志于此，而未敢懈怠。昔兴化刘熙载云：“为人作传，必人己之间，同弗是，异弗非，方能持理之平，而施之不枉其实。”又云：“传中叙事，或叙其有致此之由而果如此，或叙其无致此之由而竟若此，大要合其人之志行与时位，而称量以出之。”余稿虽难言“大要合其人之志行与时位”，未必能“称量以出之”，然稿中叙事，大要合于融斋所云“持理之平，而施之不枉其实”，即有疑误，亦以他记佐证，以见先生特殊之性格与事为。

庚寅年十二月王承军谨识

蒙文通先生年谱长编卷一

家世及世谱

先生(一八九四——一九六八)名尔达,字文通,农历九月十八日生于四川省盐亭县石牛庙乡杨家沟。依字派取名尔达,后字文通。读书时皆用尔达,工作后以字行。

先生《汉潺亭考》云:

> 文通家世居县北。(《古地甄微》,第九五页)

先生哲嗣蒙默教授《蒙文通先生年谱》云:

> (先生)世居川北盐亭县石牛庙乡观音塘,当地有蒙氏祠堂,供奉始祖为楚大夫蒙谷。蒙谷事见《战国策·楚策》。从今巴县、合川、南充、西充、盐亭等地皆有蒙姓聚族而居衡之。观音塘有明天启年建祠碑。盐亭蒙姓共分四支,观音塘属第二房。先生高祖妣系杨家沟人,高祖应凤公后乃移居杨家沟。
>
> 杨家沟居盐亭北缘,与梓潼、剑阁相接,为剑阁山余脉地区,山丘起伏,深沟纵横,地瘠民贫,文化落后。先生曾祖德馨公深感乡人缺少文化受人凌辱之耻,勤俭节约的积攒下,聘请了一老师,终于办起了一所简陋的私塾,这是数十里内的第一所学校。先生祖父吉庵公、伯父公甫公、父亲君弼公少年时都读书于此,后来都考中秀才,先生伯父和父亲还补了廪生。先生少时也读书于此。(《蒙文通先生诞辰 110 周年纪念文集》,第四一三页)

李劼人《追念刘士志先生》云:

> (四川高等学堂分设中学堂)管理是严厉的,早晨依时起床点名,盥漱后不能再入寝室;晚间,摇铃下了自习后,才准鱼贯而入寝室。灭灯之后,强迫睡眠。星期日薄暮回堂,迟则记过,也是严厉执行着的。记得那

位秦稽查,人虽和蔼,但是对于学生名牌,却一点也不苟且,也一点也不通融。刘先生又叫小工将三位招呼到教务室,重为开导。这一次,刘先生却说得有点冒火了,大声武气的吵了一阵之后,忽然向着三人作了一个大揖道:"敬维凯,敬先生,梁元量,梁先生,蒙尔远(文通),蒙先生,三先生者,维持风化之先生也。如其他家庭责问到学堂,我兄弟实无词以答,这只好请烦三先生代兄弟办理好了。……"

这样一来,三先生的旗、盾才一齐倒下了。两个可怜虫并未作牺牲,而三先生也大得刘先生的称许。(《李劼人选集》第五卷,第五七—五八页)

> 知按:李劼人《追念刘士志先生》将先生名"尔达"误植为"尔远",未审何故。由此知,先生虽依字派取名尔达,后字文通,读书时皆用尔达,工作后以字行,信然。

蒙文通深得理学"活泼"之旨。他曾"摆龙门阵",用自己的名字幽过一默。他讲课时说:我原来叫蒙"文通";解放后就有点儿蒙"欠通",说我这里不对头,那里也不对头;后来干脆就变成了蒙"不通";现在好像是蒙"又通"了。

> 知按:新中国成立后,先生屡受批判,故有此言。

刘泰焰《访蒙文通故里》云:

> 据其族弟、退休干部蒙尔坤讲:"抗日战争期间,他(蒙文通)曾多次回乡。每次都要巡视乡村小学,给师生们讲形势,鼓励大家发愤攻书,报效祖国,振兴中华。在他指导下编修了《蒙氏族谱》,还亲手拟定'宗应德先成尔绍乃祖泽存仁志可久方正立华国道盛生光荣忠心诚世业'三十个字派。"他曾对修谱的蒙尔诰等人说:"作人不能数典忘祖,爱家爱乡才会爱国,编修族谱是件好事。"是谱追溯蒙氏祖先为楚大夫蒙谷,子孙辗转入蜀。(《巴蜀史志》,二○○三年第五期,第六四页)

先生世居盐亭县石牛庙乡观音塘,后因先生高祖妣系杨家沟人,高祖应凤公后乃移居杨家沟,故先生乃杨家沟人也。今杨家沟蒙姓族人日少,而杨姓族人甚多,可知其由也。

刘泰焰《访蒙文通故里》云:

> 据文通堂弟98岁高龄的退休中学教师蒙吉甫先生讲:"我们这支蒙家原住邻村深沟河观音塘。到清乾隆嘉庆年间,高祖应凤慕杨家女祖才干,拜门来此。曾祖德馨与弟德明(住太和镇)亦农亦商,发迹致富。德

馨祖有绍先、承先、丕先、显先四子,于是修建了这四座大院。显先祖居左
院,出生四子:裁成、毅成、靖成、亮成,这便是我与文通兄的父辈。我父靖
成迁居三元保安场。而幺叔即文通之父亮成(字君弼)与大伯裁成(字公
甫)、二伯毅成居老宅。文通兄娶县城马家女为妻,其长子仲,次子默皆生
于此。"(《巴蜀史志》,二〇〇三年第五期,第六四页)

先生故居在盐亭县城北百里的石牛庙乡青峰村,今该村改名新田村,距
石牛庙乡场十余里。

刘泰焰《访蒙文通故里》云:

> 文通故里在乡场北隅10里的青峰村杨家沟内。这杨家沟左右环绕
> 九节龙山,山间为开阔狭长谷地。谷头海拔758米的青家山下,有座1960
> 年代中期修建的群英水库。水库中有形状如鱼的小岛,岛上有古寺名曰
> 金龟庙,建于清乾隆年间,供有蚕神、川祖、药王、关公等圣像,修建水库时
> 拆毁,现已复原重建,并有游船摆渡,风光优美,恰似山乡深处的一颗明
> 珠。杨家沟的溪水汇入涪江干流上莲花湖。蒙文通旧居则处在溪东岸的
> 狮子包山下,为一字并排四套各自独立的四合院穿逗瓦屋,每套院均为长
> 五间转角下坎顺五间楼房,再转角庭房五间合围石板院坝。庭房中间开
> 设内外两道朝门,外朝门为三点水牌坊式建构。正房筑脊,高屋建瓴;朝
> 门板翘,潇洒大度。朝门前有阶梯,梯口置石狮子一对。梯前为外院坝,
> 坝中安放碾磨等农用器具。院周种植桑竹等树木。一派"高堂依空岩,素
> 壁交扶疏"的景致。年老的村民固执地认为,此屋基背狮子山穴,面向九
> 龙笔架山,天生是出文人的象。然而,流年似水,现今老屋中间两院已完
> 全拆毁,剩下石板院坝;左右两院则均拆掉堂屋左部半边。尚存屋宇画梁
> 色彩隐约,板壁、门窗雕饰的花卉图案,人物场景大都清晰可见,堂屋阶梯
> 下石鼓和石水缸也较完整。木雕精巧,石刻精细,颇具功力。左院前竹荫
> 下存有直径约2米的大碾盘,给人"坚如磐石"的直感。右院前存有一棵
> 高五六丈,粗七八尺的黄楝古树,主干挺拔,虬枝刚劲,树身斑驳,若披龙
> 鳞。(《巴蜀史志》,二〇〇三年第五期,第六三—六四页)

李有明《经史学家蒙文通》云:

> 蒙文通,四川省盐亭人。1894年10月出生于县北金顶场一古老宅院
> 里。房屋院落不大,楼台颇为雅致,花草四时宜人。(《四川近现代文化
> 人物》,第一五二页)

先生曾祖德馨公深感乡人缺少文化受人凌辱,勤俭节约,聘请了一老师,

终于办起了一所简陋的私塾,这是数十里内的第一所学校。

刘泰焰《访蒙文通故里》云:.

> 谈到蒙家成为书香门第的原因,吉甫老十分动情地说:"大约是清朝道光初年,有一次德馨曾祖去石牛庙赶场,见一农夫扛卖的竹竿,无意间划破了一位秀才的礼服,竟被秀才打得满身血迹。这件事使他更加明白'荆树有花兄弟乐,书田无税子孙耕'的道理。于是出资在宅前开辟'半亩方塘',在塘边修了一杠书房,名曰'池塘书房',延聘最富文采的先生作教师,招收蒙姓以及杨、王、梁、范各姓乃至邻乡邻县的向学子弟数十人就读,成绩优异家境困难者还予照顾。那时乡间仅有少量一姓一族的私塾,县办官学只有11个名额。像他这样公开办学,在盐亭乃至川北都是首创。经祖辈继续努力,到光绪年间,大伯裁成、幺叔亮成经府县岁科两试名列前茅考中廪生。随后,大伯被任绵竹县教谕,后又升任成都府学教谕,宣统三年(1911)他与张澜、罗纶等人组织发动是为'辛亥革命先声'的四川保路运动。这样他在读书求学上和思想进步上都成了我们蒙家乃至乡邑后辈的引路人。"如今池塘尚存,书房早已拆迁修成村小学堂,不过村民仍叫它"书房"。(《巴蜀史志》,二〇〇三年第五期,第六四页)

王涵夫《清末盐亭县教育概括》云:

> 童试分五场考完,被录取的叫童生,第一名叫案首。县城北街何子镜就是光绪末年童试中的案首。童试后的第二年,录取的童生由本县廪生担保才能参加潼川府的府试,由府试录取的,才正式称为童生。三年以后,府试录取的童生又要廪生具保参加,由省提督学院主考的院试,经老师录取的称为秀才,才算入了学。取得了秀才资格,就取得了功名的第一步,就可以参加科举考试走向仕途。盐亭地瘠民贫,秀才名额有限,每次只十名。经过县人提督江长贵的创办义学,置义田,捐军饷一万五千两奏请增加秀才名额为十三名。
>
> 潼川府在录取的秀才中选择成绩优秀的,按规定给以廪禄,称为廪膳生员,又称廪生,每月由国家发食米(折银四两)。光绪年间,盐亭秀才被选拔为廪生的有石牛庙的蒙公甫、蒙君弼,有弥江寺的何景山,灵山铺的王灵溪、杨伯元,有玉龙镇的杜锡尧,城关南街的曾绍益,有柏梓垭的王德炳等。廪生的名额有限,在额外增选的叫增生,无月米,地位仅次于廪生。增生也有定额,在定额之外由省督学在童生中考选的生员叫附生,附于诸生之末,又叫附学生员,无月米,如王锡元,这些生员,均由县学衙门注册管理。(《盐亭县文史资料选辑》第一辑,第五八页)

伯父蒙公甫

先生伯父蒙公甫(一八五九——一九二八),为县廪生,自幼好学。光绪初,任绵竹县教谕,被称贤能,因升成都府学教授。后废科举,兴学校,调任绅班政法学堂监学。是时,学生不习惯体操课,公甫公就亲自表率,同学生一道下操,深受学生爱戴,社会赞赏。

李有明《经史学家蒙文通》云:

> (先生)其伯父公甫(裁成)先生,热心地方教育事业,任绵竹县教谕,倡办新学。1902年特嘱文通到绵竹,就读于县高小。1906年,公甫先生任成都府学教授,文通亦随之来成都,旋进入四川省城高等学堂分设(附属)中学读书。(《四川近现代文化人物》,第一五二页)

公甫公曾参加保路运动,李劼人《大波》详记其事,云:

> 讲演台上那个说话的人,被柱头和站在板凳上的听众遮住了,看不见。但听起声音很苍老,并且稍为远一点,又正象才号哭过,声带有些嘶,更听不十分清楚。
>
> "……路亡了!省亡了!国亡了!……牛马不如……还活得出来吗?……老年人……要死的,……年轻娃儿家,日子长罗!……看看这些小国民……痛心呀!痛心呀!……呜!呜!呜!……"
>
> 会场上又有应声而哭的声音。
>
> 忽然一片孩子声音:"蒙老先生六十多岁的人,还这么爱我们娃儿,怕我们当亡国奴,我们硬要争气!……我们要保路!要反对盛宣怀!反对端方!要摄政王下上谕取销借款条约!要他把路权收回来,仍然交给我们!……若是他不肯,我们都不想活了!……我们娃儿也要成立同志会,我黄学典首先发起!……"
>
> 立刻一片巴掌声,比放鞭炮还响。
>
> 又是演说,又是号哭,又是巴掌,还夹杂一些咳嗽吐痰和大喊:"赞成!……赞成!……"(《李劼人选集》第二卷上册,第三六页)

丁秀君《蒙裁成先生事略》详记公甫公一生事迹,云:

> 宣统三年辛亥,四川铁路事起,先生与省咨议局议长、议员蒲伯英、罗纶、张澜、胡崃、彭兰村等,反对最烈。先生对群众宣传演讲时,常声泪俱

下,听众深受感动。九月七日,四川总督赵尔丰,扣捕蒲伯英、罗纶等十一人于督署内来喜轩,而独囚先生于成都府监狱。以先生身为教授,是朝廷命官,不应附和同志会诸人反对朝廷。赵尔丰和尹良等密议,拟在联圣巷纵火,诬陷同志会焚烧督署,藉以杀掉蒲、罗诸人,以平风潮。后赵又以蒲、罗等,有的是朝廷命官,有的是翰林待诏,自己独断孤行,恐责任难逃,因请将军玉昆和司道官员共同商议,玉昆极力主张向朝廷请旨,司道们都附和玉昆,赵才未敢下其毒手。到十月一日,赵尔丰得知湖广总督端方的援军在资中哗变,端方被杀,援军已沿江东下。不久武昌起义消息又来,自知大势已去,不得已而先把张澜、胡峻、彭兰村及先生四人释放。

十二月九日尹昌衡改组四川军政府,自任都督,任先生为巴安知府。巴塘多藏族,赵尔丰驻巴塘时,对藏人肆意屠杀,巴塘人民给他外号赵屠户。赵尔丰调任四川总督后,因同志军围攻成都,把驻藏边防军大量调成都解围,英帝国主义乘机煽动西藏摆脱中国独立。先生到了巴塘,首先协调汉藏人民关系,严戒边防军不得对藏人妄生事端、危害藏民,如违者重处。先生在任两年,藏汉人民都能安居乐业,帝国主义的阴谋遂未得逞。民国二年撤销府的建制,调先生回成都,任成都府中学校长。适川局混乱不堪,先生决心不问政治,把他的强烈爱国思想,专注灌输学生,使学生个个以振兴中华为职志,仅两年,府中优良学风,誉满全川。当时政府为整顿重庆联合中学,调先生往长该校。不三年,不但校风纯朴,人才辈出,而且校舍得到扩建,教学设备实为川东冠。

1921年秋(民国十年)先生到省立重庆二女师。从先生到校训话起,一直施行爱国主义教育,激励学生向上,做顶天立地的人。二十年代的重庆习俗,女生不能在街上抛头露面,学生星期回家,都得坐轿子,而且还须在校内操场上轿,上轿后还得垂帘。先生长校后,组织学生自治会,让学生参加川东学生联合会一切社会活动,让学生参与办伙食。初上街时,街上行人总是前后围观,道为之阻。日子久了,见怪不怪,女生上街,再无人前呼后拥了。

为了让学生有升学机会,学校添设办中学部,添修教室寝室,经常因省署不按时拨到经费,先生四处奔走借贷。一次,因告贷无门,致老师们夜间改卷的灯油都成问题。为了学生学业,冬天天冷,先生不顾个人冷暖,竟把皮衣送进当铺,使师生员工闻之吞泣,自愿加倍工作。

民国十二年,军阀周西成军队抢铜元局,重庆各路交通受阻,各校都因无法购得柴米而停课。先生化装军官,踏过浮桥购柴米。师生每日两餐稀饭,而弦歌不辍。学生见白发白须的先生终日奔波,深受感动,便商定每餐为先生单蒸一碗干饭,中午大家进食堂开饭时,先生匆匆走来,将干饭倒入稀饭桶,自己添上稀饭喝,见此情景,同学们莫不感动流泪。

民国十三年冬,日本德阳丸轮,私运劣币、阴谋扰乱重庆金融,并将查获此事的中国谍查兵打落江中,而警备部司令唐式遵反把肇事被扣的日本船长大副视为上宾,礼送回船。先生闻讯大怒,支持各校学生抗议集会,谴责日轮罪行和唐式遵的奴颜婢膝。为此学生代表向省公署邓锡侯请愿未果,触发了游行示威,先生一同参加,保护学生。经过持续斗争,邓、唐才派人和代表谈:唐自知不对,以后定改;打落水士兵已被下游救起,并拍有照片作证;已对日轮抗议,要求永不准在川江通行,并已转报上级。劝大家爱国要以读书为重,好好读书。学生们认为目的已达,便都集中精力,准备学期大考。闹了近三个月的德阳丸案,便告结束。殊寒假中省署行文各校,饬各校开除代表,否则唯校长是问。别校代表的学籍如何,不得而知,可女师的代表们,都因先生肩膀硬而平安无事。

先生长重庆女师四年,爱护学生无微不至。天气不好刮风了,气温下降,马上贴出条子叫学生加衣服;冬天遇下雪,傍晚时熬红糖姜汤,让工友挑着姜汤一个寝室一个寝室送,先生跟在桶后劝每人喝一杯御寒。病了,先生亲往探视,重病必移住调养室,派专人照顾。经济情况不好的,或家款未到的,便令事务处代付医药费,在他薪水项下扣除。一个广安学生患重伤寒病故,在追悼会上,先生泣不成声说:由于他未尽到责任,误死有用青年;他对不起家长,对不起国家。愈说愈难过,最后只见泣而无声。

先生很重视对学生进行品德教育。他经常参加学生班会或郊游,讲文天祥、史可法、岳武穆等人的爱国事迹,以激励学生的爱国热情。凡有革命意义的社会活动,先生总以身作则,鼓励学生参加。如禁用日货,川东学生要求教育经费独立,抗议英帝侵占片马,拥护孙中山先生召开国民会议等,先生总是热情率领学生参加。当时萧楚女、张闻天先生在校任教,学生受到革命教育的培育,学生中如廖竹君(即廖苏华)、李承宣(即李伯钊)、雷兴政、朗明清、童幼芝、缪云淑、陈志筠、程德馨(即程仲苍)、汪鸣鸾、尤素华(即尤曦)等,都是光荣的共产主义战士,廖苏华和李伯钊还参加二万五千里长征,尤曦是广州起义中的烈士。

先生一生平易近人,慈蔼可亲,对上不阿谀逢迎,对下无权威架子,办事大公无私,讲民主。对教师的合理教学计划极端尊重。学校设施,一切为教育,一切为学生,一切为振兴中华出力,因而很受教师拥护,学生爱戴。当时知名教师如萧楚女、张闻天、李晓舫、邓少琴、唐铁风、彭云生、蒙文通等,都学有专长,思想信仰又各有所宗,但都接受先生领导,听其指挥,合作无间。校内空气,热情活泼。先生长校四年,把一堂死水的女师,办得生机勃勃,誉满全川。

1926年夏,先生已年近古稀,怕因精力不足而贻误学生学业,坚决辞职回盐亭老家。次年盐亭创办女中,又请先生长该校。1928年4月,因病卒于盐亭女中,时年七十。

先生一生好读书,手不释卷,自经史至于释典,都浏览摘录,著有《人铎》一卷,以"仁敬"二字为宗旨,深得宋儒要旨,颇受时人称许。(《文史杂志》,一九八五年第二期,第十三—十四页)

蒙吉甫(即蒙季甫)《蒙公甫传》云:

蒙裁成号公甫,县北金顶场(今石牛乡青锋大队)人,生于清咸丰九年己未。自幼好学,为县廪生,光绪间授绵竹县教谕,称廉能,升成都府学教授。宣统三年辛亥秋,川汉铁路事起,公甫与四川省咨议局议员张澜、胡崃、彭兰村等反对最为激烈,在群众中演讲,常声泪俱下。于是川民群情激愤,各地纷纷成立保路同志会,高举反抗大旗。九月七日,川督赵尔丰扣捕咨议局诸人于督署内之来喜轩,而下公甫于成都府狱,以教授系朝廷命官,不应附和咨议局诸人反对朝廷。赵尔丰与尹良密议在联升巷纵火,诬陷同志会企图焚烧督署,因而将被捕诸人杀掉,使保路同志会群龙无首,事态自然平息了。又虑事关重大,不能不请将军玉昆来共同承担。殊玉昆极力主张向朝廷请旨,赵不敢专断,议遂不行。十月一日,赵得知湖广总督端方所率领援军在资阳哗变,杀了端方,又沿江东下,武昌起义的消息又已传来,自知大事已去,才不得不把所捕诸人释放。十二月九日,尹昌衡改组四川省军政府,自任都督,杀了赵尔丰,任公甫为巴安知府,在任两年,藏、汉人民均安居乐业。民国二年,撤销府的建置,乃还成都。时川中军阀混战局势已经开始,公甫乃决心不问政事,专心办学。先任顺庆联立中学校长,又调重庆联合中学校长,又调四川省立第二女子师范学校校长。时社会风气未开,一般家长都不愿让女儿住校,加之校舍隘陋,公甫乃申请拨款,新建校舍,公款不足,遂自行捐资将校舍建筑工程完成。乃动员家长送女住校,学生早晚自习,均有教师辅导,成绩逐日上升。所聘教师多是当时著名学者,如彭云生、唐迪风、杨叔明、邓少琴、萧楚女、张闻天等,远近绅商送女来校求学的日益增多,二女师成了西南著名学府。但由于教师中有一些思想进步人士,对国内、省内时政多所指责,渐为当局所忌,多方对学校进行刁难,公甫知事不可为,乃于民国十四年告老还家。时盐亭县立女子小学迁旧考棚,增设女子师范一班,仍聘公甫任校长。十七年戊辰四月,因病卒于女子小学校,年七十。公甫一生好读书,手不释卷,自经史以至佛典,常手自抄录。所著有《人铎》一卷,以"仁、敬"为指归,深得宋儒宗旨,惜其书已亡佚。(《盐亭县志资料》,一九

八四年第一期,第三二页)

周邦道《近代教育先进传略初集》蒙裁成条云:

蒙裁成,字公甫,号君弼,四川盐亭人。清光绪间任绵竹县教谕,时学校初兴,罗致名师,锐意革新教育,并于学署设立算学馆,备为科学基础。又患诸生习于文弱,悉以兵法部勒。始皆不堪,后则争自奋迈,一洗委靡之风。蜀中兴学先声,其最知名于时者,如华阳胡峻、徐炯,青神邵从恩,巴县杜成章、吴淞,富顺王铭新,达县刘行道,泸州熊焘,仁寿吴天成,西充张澜等,胥钦重裁成,相与为道义之交。

裁成因绵竹办学著绩,保授夔州府学教授,旋调成都府学教授。后历任四川东文学堂监学,顺庆府中学、重庆府中学堂长、省立第二女子师范学校校长,造就蓁众。最后,任盐亭县立女子学校校长。年七十,尽瘁于职。平生讲学,以宋儒为经,汉儒为纬,泯门户之见。初致力于周易、春秋、公、穀、史、汉,后泛滥于西哲心理伦理诸学。晚读华严、瑜伽内典经论,旁及老、庄,贯通释、道。著有《人铎》及华严、瑜伽等评释。

子文通,从廖平、刘师培、吴伯揭游于成都国学院,研究经学,较量师说,自辟蹊径,而弘扬井研。历任国立四川大学教授、四川省立图书馆馆长,可谓能世其家学者矣。(《近代教育先进传略初集》,第二三七—二三八页)

知按:公甫公子早逝,故先生自小便过继给公甫公,并由其抚养。这一状况与钱钟书先生颇为相似。又,周邦道言蒙公甫,"号君弼",为误。幸鉴之。

父蒙君弼

先生父蒙君弼,字亮成,一九六二年去世,享年九十岁。是后,先生尝言:双亲在日不觉老,双亲去世,始有衰感矣。先生母范英,一九六〇年去世,享年九十岁。先生父亲君弼公,县诸生,补廪膳,擅书法,笃信道教,一九四六年先生辑校成玄英《老子义疏》,即由君弼公楷书药纸渍石,更由杨润六摹绘李公麟《九歌图》中的《国殇》置于扉页。

郭有守《〈道德经义疏〉序》云:

此书方将付印,余适有伦敦之行,未观厥成。然蒙君固告余此书为其尊人君弼先生手录,渍石时苟有一字之误,不惮改印全页,其精美可以想

见。(《道书辑校十种》,第三七四页)

先生伯父公甫公、父君弼公去世后皆归葬杨家沟狮子山。

刘泰焰《访蒙文通故里》云:

> 蒙裁成、蒙亮成去世后皆归葬宅后狮子山腰。村民指看元二窝树木丛林中的墓穴,红土两堆,青草掩没,山花为祭,虫鸟为祝,白云亲舍,魂归其乐。(《巴蜀史志》,二〇〇三年第五期,第六四页)

> > 知按:此处误,已经刘泰焰老先生当面更正。蒙公甫墓已毁于五十年代土地改革,今墓址尚存,然其墓址与先生父君弼公墓却不在同一地方。又据刘泰焰老先生告知,先生家祖墓已毁于六十年代修建群英水库,今不知其详。

蒙默《蒙文通先生传略》云:

> 先生家世儒学,父君弼,县诸生,补廪膳。有子四人,先生居长,次文敦,善阴阳数术之道,后好瑜伽显密之法,落发五台,皈依能海,晚居莆田广化寺,世称仁清法师;次思明,亦治史学,留美,入哈佛大学,哲学博士,以《元代社会阶级制度》一书知名学林;季弟友仁,居乡。先生兄弟友于,事亲尽孝,膳食必待双亲,未尝先食;有疾,辄侍汤药;岁时寒暑,亲视衣被褥席,故皆得享年九十。夫人马秋渌,幼习诗礼,贤明善治内。先生执教四方,夫人大半相随;抗日军兴,米珠薪桂,抚子女七人皆至上庠,而先生能无内顾之忧,得专心治学,夫人之力也。诸弟子为先生上寿,必祝夫人,曰:"先生之学,师母与有力焉。"卒于1987年,终年93岁。(《蒙文通学记》,第三一〇页)

弟蒙文敦

蒙文敦(一九〇〇——一九九二),又字文登,世称仁清上师,早年为四川大学教授。抗日战争时期,上师深感怀志难报,为追求世间真谛,便发心出家悟道。由于求道心切,行脚参访,见名山便拜,名师便求,并且连江湖术士也细心研究,道术及旁门皆习练以验其实!见佛门高僧也尽寻参学,经过二十年的苦行,未见真谛正道能点开心要。在一次能海老上师的讲经会上,仁清上师听知立觉,于是在能海上师处依止拜师修证。

能海上师入藏,回川建立金刚道场,弘法利生。仁清上师、清海上师、隆莲法师、清定法师均随其身旁。由于仁清上师是大学教授出家,悟性甚高,道行圆融,德相充满,为能海上师法源的大成就者。

仁清上师道行清净,生活简朴,不攀世缘,对僧团要求极严,对学人以戒行为立道之本。慈悲和善于人,深受四众尊从。仁清上师对佛学经论的研究,"五明"具足,善演"菩提道次第"之说,听闻者甚众。对佛教密法的传承特别慎重,得其传承者,仅海空上师一人。仁清上师,弘宗演教,一生从不与僧众和弟子合影留念,常对弟子说:一切有相,均皆虚妄执境。因此,未给世间留一法相庄严,供学人尊仰。

季弟蒙思明

蒙思明(一九〇八——一九七四),原名尔麟,又名弘毅。少年时代一直在乡下和县城读私塾,一九二二年离开家乡,就读于重庆江北治平中学。适逢共产党人恽代英、萧楚女来川传播革命思想,在革命先烈和进步书刊的影响下,先生逐渐对政治问题发生兴趣。

一九二五年初中毕业后,先生到上海,就读于上海立达园高中部。在大革命时代的推动下,先生愤然投身于工农革命潮流。于一九二六年夏加入中国共产主义青年团,选任立达园高中部书记。随后参加周总理领导的上海三次工人大暴动。一九二七年,蒋介石发动"四·一二"反革命政变,在上海制造白色恐怖,大肆捕杀共产党员和进步人士,先生亦难幸免。在国民党反动派日益残酷的政治迫害下,先生避难于法租界,后更名为弘毅,到杭州,就读于之江大学社会系。一九二七年秋,先生不幸被捕,后由伯父蒙公甫、长兄蒙文通多方营救出狱。

《吴虞日记》云:

　　(1927年)全月初七日　星期五　十二月三十日　阴　蒙文通来,言其弟弘毅,在杭之江大学,有电来,被囚于杭,年十八耳。昨用予及君毅名,拍一电致浙江政府蒋梦麟、马夷初,兹复请予作一函与夷初营救。予许之。文通言,内学院庶务蒋武衡,因在有正书局有股份,故在上海时多,在内学院时少。予乃悟肃园不得内学院回信之故,遂往肃园告之,以便催内学院书早寄也。作致马夷初函,并问蒋梦麟、林公铎、戴夷乘。令人与文通送去,有收条。(《吴虞日记》下册,第三八九页)

　　(1928年)二月二十五日　星期五　三月十六日　……今日晤蒙文通,言其弟已释出,到上海矣。(《吴虞日记》下册,第三九八页)

一九二八年春,先生亡命国外,就读于日本东京大冈山日语补习学校。不两月,山东济南发生"五·三"惨案,为抗议日本帝国主义残酷屠杀中国人民的暴行,先生愤然辍学归国,在上海参加"留日学生抗日大同盟",积极宣传抗日。后因"抗日大同盟"的革命活动不容于当局,不久便遭取缔解散。先生被迫于一九二八年秋返回故乡盐亭。其时,伯父先逝,家道衰落,学业荒废,先生有感于社会之黑暗,时政之腐败,欲明未来之发展,幡然为当时国史界兴起的社会史研究的潮流所吸引,遂改名为思明,开始了他的治史生涯。

一九二九年秋至一九三三年,先生就读于华西大学社会及历史系。一九三三年至一九三五年,先生在华西大学及华西协和高中任教,在讲授西洋历史和中外地理的同时,间作哈佛研究学社的研究工作。一九三五年至一九三八年,先生入北京燕京大学研究院历史部专门进修中国历史。载誉史坛的《元代社会阶级制度》一书,即为先生的毕业论文。

燕京学报专号之十六《元代社会阶级制度》自序云:

　　迩来中国社会史之研究,俨然为国史界之一巨潮。然此一巨潮之推动,匪由于真理之探索,实本于政争之需要。盖鼓吹中产阶级革命者,必证中国之封建社会尚巍然存在;而醉心无产阶级革命者,必谓中国之资本主义已早经确立;其习于调和之论者,又折衷为说以弥补之。于是社会发展必经之阶段也,某期社会之基本性质也,若干个别史事之真实意义也,莫不为争论之焦点,亦莫不为谬误之根源:虽曰一切新学术初兴时之必有现象,要亦国史界一急待澄清之问题也。其澄清之法,则惟根据一般之史学原则,不被欺于成说,不妄参以己见,依据正确之史料,呈现过去之实事而已。此一似易而实难之事业,其为治中国社会史者之迫切使命乎?思明对国史之素养极薄,而窃欲尽其力之所能,以分任上述之使命,计始之于断代,而终之以通览。故于选择论文题目之际,即标出元代社会以为范围,盖预期在此不同文化复合之际,必能窥见若干社会演变之痕迹也;更限之于阶级制度一问题,盖以其较为具体,必能有所获得也;又复上述金、宋,下及有明,盖欲明其来踪去迹,期对元代有更正确之了解也。潜心研讨之结果,自信其所得有三焉;虽不敢谬称为创见,要亦证据确系的能成立之结论也。自中唐以来,土地兼并,漫无限制,贫富不均,日以鲜明;蒙人以半开发之民族入主中土,对金、宋之财富阶级,仍与保护,而贫富悬隔,更与日俱进;曾未破坏过去之社会组织与经济结构如一般之所想像者:此其一。层叠累成之种族阶级,固蒙人惨淡经营之制度,而社会阶级之实际区分,则仍本之于财力之强弱;贫苦之蒙古人,有鬻卖为奴婢者也,而豪强之南人富室,复侪于达官:显宦之林;固未能以种族差异为阶级区分之决定因素如一般之所描述者;此其二。元末革命,风起云涌,虽结果成于驱逐蒙人,而发轫则基于贫民乏食;故参与革命者皆贫苦农民,初无抗元之口号,而拒抗革命者,亦汉人富室,而非蒙人豢养之官军;殆绝非纯粹汉人反抗蒙人之种族革命如一般之所解释者:此其三。综是三点,可知蒙人对中土之百年统治,虽在制度、文物、刑法、习尚诸方面,不无若干之变革,而中国社会之结构、性质与发展,则决未被其更易与摧折;其欲以累次之外族统治解释中国社会停滞之迹者,虽不必因上列之证明而全失其依据,要不能再用元代史迹为其论证,则可断言:此则思明之所欲公诸学人敬求是正者也。特以学力有限,时日复促,而书籍之搜求又多有未尽,则错误遗漏,定所不免,幸当代老师宿儒,勿鄙其不学而教之。(《燕京学报》专号之十六《元代社会阶级制度》,第一一二页)

中华书局一九八〇年版《元代社会阶级制度》自序云:

这是我二十五年前写的一个小册子。从那时以后,由于种种原因,没有继续进行这方面的研究工作;对这一研究范围的业务,目前是已经荒疏了。最近受中华书局编辑部同志们的鼓励,要我把它重印。本想认真加以修改之后以求正于今日学术界。但初一着手,就感到困难很大。(《元代社会阶级制度》,第一页)

　　　　知按:中华书局一九八〇年版《元代社会阶级制度》自序为先生一九六二年重新撰写,但不久"四清运动"即临,接着便是文化大革命,先生因在杭之江大学被捕一事,备受残酷迫害,后来落实政策,但先生已被折磨得身心交瘁一病不起,于一九七四年二月含恨辞世,年仅六十六岁。

顾颉刚《当代中国史学》云:

蒙思明先生对于中古社会经济史亦很有研究,所著有《元代社会阶级制度》,最近复完成了《魏晋南北朝的社会》一书,精审详博,较前书为尤善。(《当代中国史学》,第九九页)

《剑桥中国辽西夏金元史》云:

蒙思明的里程碑式的著作可以被视为近半个世纪来最重要的元代社会史佳作。(《剑桥中国辽西夏金元史》,第八三八页)

一九三七年,抗战爆发,北平沦陷,先生由海道返回成都,任教于华西大学,历任讲师、副教授。一九四〇年后请得中英庚款研究补助,在顾颉刚先生主持的成都齐鲁大学国学研究所做研究工作,同时兼任华大教授。

先生长兄蒙文通《周秦少数民族研究》序云:

> 嗣以卢沟桥事变,京、津沦丧,因挈婴孺避居意租界,偕三弟思明寓谢君戍生家。痛外患日炽,国土沦陷,念平昔所学多未写出,惧不得卒业,遂槿户写作,先将周秦民族所研得者并所成四考为一编,凡四十余日初稿始毕。时连镇高唐间喋血方酣,乃从海道至青岛转开封、汉口返蜀,以淞沪寇氛亦急也。(《中国古代民族史讲义》,第三页)

一九四四年夏,先生由华西大学赴美国留学,在哈佛大学选习德、法、日等国文字,并继续进修俄国史、美国史、日本史和中国近代史。

周一良《毕竟是书生》云:

> 当时领取哈佛燕京学社奖学金的同学,毕业后都回国内几所教会大学任教,计有比我早的齐思和(历史、燕京)、翁独健(历史、燕京)、黄延毓(历史、岭南)、郑德坤(考古、华西)、林耀华(人类学、燕京)。约与我同时的陈观胜(佛教史、燕京),较我稍晚的有蒙思明(历史、华西)、王尹同(历史、金陵)、王钟翰(历史、燕京)。其中除黄、蒙两人外,都是燕京毕业的。就文史哲三系而言,燕京显然是教会大学中的首脑,而这首脑的中枢,是洪煨莲先生。洪先生关于哈燕社的擘画,随着解放和院系调整后所有教会大学的撤销而瓦解,这些学生的下落也各自东西。黄延毓是诗人黄遵宪之孙,后到"美国之音"工作,对人民政府修葺他祖父在梅县家乡的人境庐故居异常兴奋喜悦。郑德坤由英国剑桥大学回到香港中文大学,筹办了东方文化研究所,并任所长。陈观胜、王尹同留在美国,分别从洛杉矶加州大学和匹茨堡大学退休,颐养天年。王尹同出版了中英文著作两大册。林耀华、王钟翰回国,现在民族学院任教。蒙思明由华西调整到川大,"文革"中受迫害而死。(《毕竟是书生》,第三六页)

留美期间,先生研究学问非常认真,在留学诸生中,给人以和蔼、笃实、持重的印象。先生充分利用美国所藏的有关中国近代史的档案材料,撰写题为《总理各国事务衙门的组织和功能》的学术论文,因此而获得哈佛大学哲学博士学位。此外,尚撰有《北京俄罗斯使馆考》和《瑷珲条约的签订》两文交付哈佛大学。一九四九年底,成都解放,先生兴奋之情溢于言表,几经周折,终于和夫人魏志统女士在一九五〇年回到成都。

此后,先生一直在高等学校从事教育工作。一九五〇年至一九五二年,先生历任华西大学哲史系教授、文学院院长兼外文系代主任,为开设苏联史、唯物论和联共党史等新课和史学方法课积极工作,备受辛劳。一九五二年院系调整以后,先生历任四川大学副教务长、教务长和历史系教授,先后在历史系兼任中国近代史、中国近代史资料整理和史学方法等课程。先生勤于学习钻研,凡有心得则笔录为文,积稿达数册之多,不幸散失于"文革"动乱之中。(《燕京大学人物志》第二辑,第八二—八三页)

堂兄蒙伯飏

蒙伯飏(一八八五——一九七五),蒙季甫先生之兄,著名教育家,毕业于四川高等学堂,后到江油县中任教。曾任重庆联中教务长,盐亭县中、女子职中校长。先生最尚气节,早年同学国民政府考试院长戴季陶曾致函相邀亦谢不就任。抗战爆发后,先生毅然投笔从戎,参加了著名的淞沪战役并转战安徽前线,后来看透了国民党的腐败,产生了教育救国的念头,才返归故里,创办盐亭宏济中学并任校长。假日提粪兜捡粪与农夫为友,也不与恶霸豪绅往来,深受学生敬爱。解放后转入盐中任教至退休。先生待人谦和,精通中医,行医济世,不收脉礼,广受人民尊敬。一九七五年因病逝世,享年九十一岁。其时学子凄然,满城哀叹!灵车数里,护送还乡,足见他是位品德高尚广受人民爱戴的教育家。

赵良田《蒙伯飏传》云:

蒙伯飏,字尔赓,盐亭三元乡人,公元 1885 年出生。1908 年考入四川高等学堂,毕业后他选择从教之路。

1914 年,蒙伯飏应聘于成都四川茶业讲习所担任教席。后在江油龙安联立中学、重庆联中任教并承担教务长之职。1918 年柏梓李云章筹办高等小学,聘任他为校长,树一代尊师爱生之风,他对品学优良、怀有抱负的学生倍加爱护。当时,就读于该校后来担任中共四川省军委委员、省军委秘书、省军委负责人的革命烈士侯伯英,曾得到蒙伯飏的悉心培养,后考入三台潼属联立中学深造,进而走上无产阶级革命道路。

蒙伯飏在 20 年代,曾到广安、岳池等地任教,后经家乡亲朋邀请,回到盐亭中学任教,1928 年担任该校校长。当时县内一些关心教育的人士,为使女校真正能树立榜样,启发广大女子都能入学读书,遂向县署举荐蒙伯飏任校长。就任后,他大力宣传男女平等,呼吁社会尊重女权。加强对各科教学组织纪律教育,开展适合女性特点的校内外文艺宣传和体操表演活动,使学校很快改观,在社会上产生了良好的影响。

蒙伯飏的父亲久病不愈,他便自学医术,日夜苦钻医理,配合请来的医生共同处方,治好了父亲的病,在教学之余,经过多年的学习钻研,能诊脉辨症,处方配药,给前来求医的校内师生、邻近乡民治病,从不收取诊费。有的人家贫,无钱买药,他还掏钱来给学生买药。以后不管在哪里任教,他都一如既往,关心民众,乐善好施,群众学生多为之赞誉。

1937年7月7日卢沟桥事变后,学生杜嘉玉来信请他到部队当文书、军医。这时蒙伯飏已年过半百,因感国家民族危如累卵,天下兴亡,匹夫有责,竟不顾年老体衰,愤然投笔从戎,参加抗战。在部队除了认真负责处理所有文牍公务外,还经常主动同军医护士积极治疗伤病员。由于他工作热情,心地善良,态度和蔼,士兵们都很尊敬他,亲切第称呼他"蒙大伯"。

1939年在上海和日本的一次战斗中,和部队失散了,只好孤身一人,经过几个月的时间,步行回家。他回到家乡,为了培养更多的人才,他八方奔走,筹集资金,将宏济小学改建为宏济中学,1941年9月,盐亭第三所初中——宏济中学,开始招收学生。他担任校长,他怀着满腔爱国热情,教学生唱《流亡三部曲》、《游击队之歌》、《义勇军进行曲》,激发学生的爱国热情。

蒙伯飏一生扑在教育上,呕心沥血、培养人才,直到盐亭解放。他先后为盐亭、三台、南部、西充、剑阁等县培养了五千多名学生,此前后还在成都、重庆、广安、岳池、江油等地中学培养学生,度过四十多年的教育生涯。1975年5月5日,蒙伯飏因病离世,享年91岁。(《盐亭县图书馆志》,第一六八——一七〇页)

堂弟蒙季甫

先生堂弟蒙季甫(一九〇八—二〇〇八),又字吉甫,其父蒙安国与先生伯父蒙公甫、父蒙君弼是亲兄弟,故季甫先生与先生是叔伯兄弟。后来因分家,季甫先生随其父迁居三元乡杨二桥。其兄蒙伯飏,受伯父蒙公甫培养,毕业于成都高等学堂(川大前身),返乡创办柏梓小学,季甫先生即随其兄长到柏梓小学读书。毕业后,因家庭无力再送他去成都高等学堂,而受聘到石牛庙乡老家教书,蒙文通先生返家见他不仅学习勤奋,而且悟性极强,长于思索,能举一反三,融会贯通,才思敏捷,文笔流畅,是个难得的人才,便指导他自学,并将家里藏书供其选读,于是学业大进。但为了继续深造,季甫先生在征得父兄同意之后,回三元乡用教书收入在会仙观租小屋一间,闭门苦读三年,主攻经史及诸子百家,打下坚实的基础。光阴易逝,转眼已二十七岁,仍未安家。其时,蒙文通先生在北京大学历史系任教,遂托他送家属去北平,察其学识,足可进北大校园,而小学文凭又难破例。欲单独培养,又无暇顾及,便介绍他到北京图书馆工作,鼓励他自修。季甫先生遇上了这良好的学习条件,对经史子集、诸子百家产生了浓厚的兴趣,在工作之余,如饥似渴,既狼吞虎咽,又细嚼慢咽,苦读三年,竟成饱学。所写文章,竟被选入北大校刊。蒙文通先生著《儒学五论》他竟对其中两论提出重大修改补充意见,蒙文通先生大惊! 察其学识与在课堂培养的学子有过之无不及,故特别器重。“七·七”事变后,日寇对蒙文通先生利诱不成便进而威逼,激起他爱国义愤,毅然带家属与弟季甫返川,受聘四川大学,兼省图书馆馆长。季甫先生亦受聘教私塾。撰文论《商君书》“说民”、“弱民”两篇是“去强篇”的注解,不能独立分割,被选入省图书馆集刊,文采新颖,见解独到,为学术界折服,被聘到图书馆作辅导研究员。不久又擢升为阅览部主任。当时梁漱溟先生在重庆北碚创办勉仁学院,遂又聘他任教授。后来因抢救国学在成都创办尊经国学专科学校,当时能担任此重任者,非蒙文通先生莫属,但蒙文通先生虽然受聘,而川大教务又不能分身,思之再三,遂荐季甫先生协理教务。

抗战后期,物价暴涨,经费难筹,国专停办,季甫先生回到老家三元乡,在兄长蒙伯飔创办的宏济中学任教务主任。一九六二年秋,调任绵阳南山中学语文教师,并拟任学校领导职务,他力辞不受,说他只愿教书,不想从政,地委遂其愿破例晋升他三级工资,成了当时绵阳地区乃至全省工资最高的中学教师,直到一九七六年退休。一九八一年复受聘任盐亭县志办编修。

赖逸均《穷山沟里的书香世家》云:

> 蒙季甫先生,自幼勤奋好学,深受兄蒙文通先生器重,带到北京亲身教诲,并令其在北京图书馆自修。先生不负兄望,苦读三年,自学成才。兄撰《儒学五论》对其中两论提出重大补充意见,兄善之,请其撰为《月令与明堂之意义》(此处误,应为《〈月令〉之渊源与其意义》)收入《儒学五论》。先生读《商君书》发表论文《商君书说民弱民二篇系解说去强篇刊正记》,提示了前人二千年来对《商君书》未发之秘,被杭州大学蒋礼鸿教授所著《新篇诸子集成》第一集《商君书椎指》全文收录其中。时文通先

生创办尊经国专,任他作教务长,后梁漱溟先生创办勉仁学院,又聘他作教授。解放后任盐亭中学教导主任、副校长。于绵阳市重点南山中学退休。经盐亭县志办聘请,对旧志作了全面修订,并首次确定盐亭建县于东晋安帝义熙元年。所著《普法歌》受广泛赞誉。撰著《苏辛词选句解》、《古代女诗人诗选》已出版发行。先生对子孙要求严格,平生教书的微薄收入,完全用于培养子孙读书,故其子孙即有七人大学毕业,被誉为大学专业户。(《盐亭文史》第十九辑,第二〇三—二〇四页)

先生《儒学五论》附记云:

> 余论今文家明堂之义,源于周人外朝之法,有似后来之国会。从弟季甫更鸠合群籍,以证《月令》实取古之《王居明堂礼》,俨然后来之宪法,深有助于拙论,故附录卷末,以究未尽之义。(《儒学五论》,第一七六页)

蒙季甫先生曾任教绵阳南山中学,谢武军《难以忘却的记忆》云:

> 记得我的两个语文老师,一位叫罗著成,大概40来岁,另一位叫蒙季甫,已经50多岁了。他们俩的教学方法是两种风格,一个认真得近乎拘谨,一个却有点落拓不羁。……蒙老师由于家境贫寒,自学成才,在古典文学方面有很深的造诣。他曾当过邻县的中学校长,因为"右倾"受到批判。他因此而不想再做官,只想做个普通教员。听他讲古文,真是津津有味,因为他不但知道某个词怎么讲,还知道这个词是怎么来的,其中有什么历史典故。他给我们讲文天祥的《正气歌》,讲"荆轲刺秦王"……我至今还记得他当时的神态表情,以及这些故事在我们心中所产生的那种既敬佩又紧张,既悲凉又恐怖的复杂心情。他没有带家眷,除了读书、教书,最大的嗜好就是喝两盅。晚饭以后,我们喜欢到校门外的山路上散步,常碰到蒙老师提着酒瓶到幺店子去打酒,就问他:"蒙老师,又打酒啊?"他举起那个酒瓶朝我们晃晃,高兴地说一声:"买了一斤红苕酒。""文革"开始后,我再也没有见到他。30年之后,偶然得知蒙老师早已退休回乡,如今已89岁高龄,不但身体依然健康,而且笔耕不辍。他寄给我两本书:《古代女诗人诗选》、《苏辛词选句解》。我一看,这决不是我辈所愿为也能为的,可惜这些书都是内部印刷品。(《教师修养大全》,第二五八—二五九页)

次子蒙默

先生次子蒙默，一九二六年六月生。一九五一年毕业于四川大学。一九五一年至一九五六年任川东行署民政厅民政科干事、隆昌气矿矿部办公室秘书、四川石油地质调查处秘书，一九五七年任中国科学院历史研究所实习研究员，一九六一年起任四川大学助教、讲师、副教授、教授、中国民族史和中国史硕士生导师，获国务院有突出贡献专家政府津贴，一九九二年退休。一九九三年被聘为四川省文史研究馆馆员。曾先后担任西南民族学院、贵州民族学院民族研究所兼职研究员，并当选为百越民族史研究会副会长、中国西南民族研究会理事、四川省民族研究会常务理事。一九六〇年曾参加郭沫若主编《中国史稿》的编改工作。所撰《南方民族史论集》获四川省社科优秀成果三等奖；合著《四川古代史稿》、《凉山彝族奴隶社会》分别获四川省社科优秀成果二、三等奖；一九八三年整理先生遗稿《越史丛考》获四川省社科优秀成果一等奖；一九八七年至二〇〇一年整理编辑先生文集凡六卷，分别题为《古学甄微》、《古族甄微》、《经史抉原》、《古地甄微》、《古史甄微》和《道书辑校十种》，获四川省社科优秀成果荣誉奖，并一九九三年编辑出版《蒙文通学记》等书。其长子蒙怀忠，四川大学毕业，曾任铁道部第二工程局高级工程师；次子蒙怀敬，重庆师范学院毕业，现任成都某中学教师，女蒙红川，工商管理专科毕业，现任成都铁路分局会计。

长子蒙仲、三子蒙敏、四子蒙逊、长女蒙绍章、次女蒙绍鲁及幼女蒙穆

先生长子蒙仲，国立商学专科学校毕业（后入上海交通大学），曾任海轮船长，广东海运局高级工程师，兼海运总监。其子蒙乃康，曾任珠江经济电台节目主持人，高级记者。

三子蒙敏，四川医学院口腔科毕业。曾任广西医学院口腔科助教、副教授、教授、系主任、口腔医院院长。是国际口腔学会会员，曾应邀到日本、荷兰讲学。一九九二年起享受国务院有突出贡献专家政府特殊津贴。其子蒙宁，湖北医学院毕业，曾留学日本，现任广西医学院副主任医师。

四子蒙逊,北京农业大学毕业,先在四川农业科学院工作,后调农业部成都沼气研究所任高级工程师兼副所长,曾多次出国参加学术会议,对发展沼气事业有突出贡献。

长女蒙绍章,华西大学毕业,后又就读于川大文科研究所,曾先后在四川博物馆、川大图书馆工作,后在成都七中教书,已退休。

次女蒙绍鲁,四川大学毕业,曾在北京图书馆工作,后调四川图书馆任主任,副研究馆员职称。

幼女蒙穆,重庆大学毕业,曾任大庆石油勘测设计院工程师。

蒙文通先生年谱长编卷二

一八九四年（光绪二十年甲午） 先生一岁

清光绪二十年甲午九月十八日,先生生于四川省盐亭县石牛庙乡杨家沟祖宅。是年,父君弼公(一八七三——一九六二)二十二岁,母范英(一八七一——一九六〇)二十四岁,伯父公甫公(一八五九——一九二八)三十六岁。先生居长,依字派名尔达,后字文通。读书时皆用尔达,工作后以字行。是年,井研廖平四十三岁,早以《今古学考》、《古学考》、《知圣篇》等著作知名于世,后为先生师。

廖幼平《廖季平年谱》出版说明云:

> 廖平,字季平,初号四益,继改四译、五译,更号六译,四川井研人,生于一八五二年,卒于一九三二年,是我国近代最著名的经学家,也是四川近代最著名的学者。廖平曾长期在四川尊经书院等学校任教,一生著述达百余种。作为清末今文经学派的代表,其学术思想曾在国内产生过很重要的影响,戊戌变法首领康有为的代表作《新学伪经考》、《孔子改制考》就曾直接受其影响。廖平的《今古学考》、《古学考》、《知圣篇》、《辟刘篇》等著作实际上在清代变法维新的思潮中起了一定的启导作用。廖平的学术观点虽有不少离奇之处,但其一生的学术活动、学术著作、学术思想都很值得加以认真的研究。(《廖季平年谱》,第一页)

师刘师培(一八八四——一九一九),字申叔,曾更名光汉,号左庵,江苏仪征人,是年十一岁。

六月,日本帝国主义侵略我国,甲午战争爆发。

蒙默《蒙文通先生年谱》云:

> 是年(指1931年)9月18日,日本帝国主义出兵侵占我东三省。先生出生日为农历九月十八日,非同日。然自此之后,先生常言自己生辰为甲午海战那年9·18那天,盖皆以示不忘国耻。(《蒙文通先生诞辰110周年纪念文集》,第四二一页)

《吴玉章回忆录》云：

> 那时我们读的是《通鉴辑览》、《天(启)崇(祯)百篇》等书文。每读到岳武穆、文天祥等人的忠勇事迹时，我们都极为感动，甚至潸然泪下。我们尤其喜爱的是明末烈士黄淳耀。……在甲午战争前，我读的就是这类书。而这类书对于培养我的民族气节和革命气节，都曾起过积极的作用。那时四川还很闭塞，新书还未流行，因此我还没有接触到什么"新学"。不过，我对当时国家危亡的大势是了解的，我正在为祖国的前途而忧心如焚。甲午战争的失败，更激发了我的救国热忱，我需要找寻一条救亡图存的道路。我知道当时政治的腐败和官场的黑暗，因此，对"洋务"运动的失败并不感到惊奇。但是，中国的出路究竟何在呢？我有些茫然。正当我在政治上十分苦闷的时候，传来了康梁变法维新的思想，我于是热烈地接受了它。(《吴玉章回忆录》，第四页)

一八九五年(光绪二十一年乙未)　先生二岁

是年，资中骆成骧(一八六五——一九二六)中状元。骆成骧，字公骕，初应童子试，尽得题解，且正其误，文如宿构。弱龄至成都，时湘潭王闿运(字壬秋)长尊经书院，见其文，许以远至，遂从王氏学，为尊经书院高才生。一八九三年，以第三名中四川乡试，一八九四年入京，一八九五年中状元。

周叔平《毕生从事文化事业的状元骆成骧》云：

> 清代严于祖制，虽人主不能擅改，骆殿试策对乃合祖法、整顿二者为以言之，因名改革，阻阂遂去。又以所言关系重大，逾越常习，故委婉其词，一以诚恳出之。如策对："臣愿陛下思昔之所以强，今之所以弱；昔之兵额何其少而无敌，今之兵额何其多而无用；知必由奉行之不力，而非法之不善。然后亲临大阅，取其不力者正以军法，则将士咸思自奋，而自强之计得矣！"又如策对："大抵艰难之君，事必躬亲，故将帅不敢欺。承平之后，君委之将帅，将帅委之偏裨，上下以虚文相应，一旦缓急有事，无可恃者。此非择法之难，而实力行法之难也。"又如策对："观孙子之斩队长，则兵以明赏罚为主；观吴子之对山河，则国亦以得人心为主。"时人不察，疑策对语皆质朴，何以动人主若是，竟以策对中"主忧臣辱"等词当之，瞬即流传一时。(《四川近现代文化人物》，第八九—九〇页)

《吴玉章回忆录》云：

当时四川有这样一个传说:乙未殿试的时候,清帝光绪要大家不拘陈列,直言无讳。骆成骧就根据这个精神投机取巧,他写的殿试对策,不仅掇拾了一些变法维新的词句,而且还打破了以往对策文章的规格,光绪帝一看,认定是康有为写的,便把他点为状元。等到打开密封,才知道写这篇文章的并不是广东的康有为而是四川的骆成骧。骆成骧中状元的传说,助长了"新学"在四川的流行。不但那些真正热心于维新的志士较前更为积极了,就是那般追逐利禄之徒从此也不得不学点新东西,以便猎取功名富贵。从前的"尊经书院"是最尊汉学的,现在却大讲"新学"了。以后在戊戌政变中牺牲的所谓"六君子"中,就有杨锐和刘光第两个四川人(虽然他们两个的思想在维新派中最为保守),这并不是偶然的。(《吴玉章回忆录》,第六—七页)

> 知按:由此可知,先生后在尊经书院就读,实受两种思想的影响,其一为清代汉学思想,其二为变法维新思想,故在后来的治学生涯中,先生实为介于新旧之间的学者。

何兹全《我的大学生生活》云:

> 当时北大史学系的教授思想上大体可以分作三个学派。一个是以乾嘉中国旧学为主的学派,这派可以钱穆教授为代表,孟森教授、蒙文通教授可以分在这一派里。一个是乾嘉学+西方新史学学派,这派可以胡适教授、傅斯年教授为代表。一个是乾嘉学+西方新史学+马克思修正主义学派,这派的代表人物可以举出陶希圣。(《史学理论研究》,一九九七年第三期,第一三八页)

七月三十日(阴历六月初九),先生友钱穆生。钱穆,名思镕,字宾四,以上钱下穆行世,笔名公沙、梁隐、与忘、孤云,晚号素书老人、七房桥人,斋号素书堂、素书楼。我国现代历史学家和国学大师。

一八九六年(光绪二十二年丙申)　先生三岁

是年,先生友刘咸炘生。刘咸炘,字鉴泉,别号宥斋,四川双流人,出生于成都纯化街"儒林第"祖宅。其家世传儒学,其祖刘沅,字止堂,清乾隆年间蜀中大儒。其父刘桢文,字子维,亦为蜀中知名学者。其兄刘咸荥,字豫波,为成都五老七贤之一。曾主尚友书塾讲席十余年,又历任敬业学院哲学系主任,成都大学、四川大学教授。

一八九七年(光绪二十三年丁酉)　先生四岁

是年,农历四月十八日,先生友南充王恩洋生(一八九七——一九六四)。

王恩洋,字化中,四川南充集凤场水龟山人,主要从事佛学研究和弘法活动,旁及儒教思想的宣扬。

是年,先生友邓少琴生(一八九七——一九九〇)。邓少琴,原名作楷,字绍勤,中年后以字之谐音作少琴。重庆江津人。其学术研究着重于川康地理、川江航运、巴蜀文化、重庆地方史等方面,为巴蜀史研究、西南史地研究、少数民族史研究、四川河道研究等方面公认的名家。

一八九八年(光绪二十四年戊戌)　先生五岁

六月十一日,在维新人士和帝党官员的积极推动下,光绪皇帝颁布"定国是诏",戊戌变法开始,到九月二十一日慈禧太后发动政变为止,历时一〇三天,史称"百日维新"。

吴玉章《吴玉章回忆录》云:

> 我开始接触"新学",也是在这个时候。我的二哥最喜欢买书,他于母丧服满之后,仍回成都"尊经书院"续读。那时成都有一"志古堂"书店,也趁时逐势,大卖新书。于是我二哥便成了它的好主顾。他曾经为买书而负债累累。我那时虽在乡下,但我二哥却能按时不误地把新书寄回来。当我读到康梁(特别是梁启超)的痛快淋漓的议论以后,我很快就成了他们的信徒,一心要做变法维新的志士,对于习八股、考功名,便没有多大的兴趣了。……
>
> 那时我正在四川自(自流井)贡(贡井)地方的"旭川书院"读书,由于热心于变法维新的宣传,人们给了我一个外号,把我叫做"时务大家"。当变法的诏书一道道地传来的时候,我们这些赞成变法的人,真是欢欣若狂。尤其是光绪帝三令五申地斥责守旧派阻挠上书言事,更使我们感到鼓舞,增长了我们的气势,迫使那些反对变法维新的守旧分子哑口无言。现在看来,我们那时对光绪帝的迷信,是何等的幼稚可笑,但在当时,尤其是在我的家乡,我们的思想要算是最进步的了。我们在书院里占了上风就表明进步思想在那里占了上风。可惜好景不长,很快"戊戌政变"便发生了,"六君子"也被杀了。守旧分子立刻向我们反攻。他们嘲笑道:"早说不对吗,要杀头哩!"但我们并不气馁,我们引谭嗣同的英勇事迹来回击他们。(《吴玉章回忆录》,第七—九页)

故变法维新的思想也因此逐渐影响到先生家乡盐亭,光绪三十年(一九〇四),盐亭官办同文书院改修成县立最早的新式中西兼学的高等小学堂,以杜润之为堂长,延聘教习、教授讲授修身、读经、中国文学、算学、史地、格致等。三十一年（一九〇五），盐亭县永贤、安乐、乐平三乡在劝学所的指示下按初等小学办学宗旨和全国教育宗旨教导蒙童。盐亭各乡初等小学才开始逐渐办了起来。

十月十五日（农历九月初一），先生友徐中舒生。徐中舒，初名裕朝，后改道威，字中舒，以字行。我国现代著名历史学家、古文字学家。

一八九九年（光绪二十五年己亥） 先生六岁

是年，先生入杨家沟家塾，从梁汉卿学，尽读四书五经及唐宋诗文。是时，先生悟性极佳，所读四书五经及诸子之文，至老犹能成诵。

> 知按：杨家沟家塾即先生曾祖德馨公深感乡人缺少文化受人凌辱所办起的数十里内的第一所学校，名曰"池塘书房"。如今池塘尚存，但书房早已拆迁修成村小学，不过当地的村民仍叫它"书房"，以示纪念。

冯汉铺《蒙文通先生对我的启发与教导》云：

> 在追随顾先生的时光中，了解顾先生之为人，是谦谦君子，从不臧否人物，但也少所许可。不过他好几次对我提到了蒙先生，赞扬蒙先生对二十四史非常熟悉，有部分史籍还能背诵。功夫下得深，底子打得扎实，所以遇到历史上的一些疑问，就能及时解决，教我向蒙先生学。（《蒙文通教授诞辰百周年学术座谈会纪念册》，第二七—二八页）

张勋燎《白头年少感师恩》云：

> 先生讲课从不带讲稿，问学答疑，滔滔不绝，经史百家之言，常口诵大段原文而后加以剖析，如数家珍，闻者莫不惊骇。尝问先生何以能如此。谓：工夫所致耳。青年读书时，除上厕所而外，数月不出书房门，甚至连每日三餐均系师母送去吃。（《蒙文通教授诞辰百周年学术座谈会纪念册》，第四七页）

由此可知，先生后来之所以能言常人之不能言，治学精深，实与早年求学经历有关，张勋燎说："先生禀赋，远非常人所能及，尚勤奋若此，我等资质愚鲁，若欲为学，自非加倍用功不可。"

一九〇〇年（光绪二十六年庚子） 先生七岁

是年，先生弟蒙文敦出生。蒙文敦（一九〇〇——九九二），又字文登，世称仁清上师,早年为四川大学教授。抗日战争时期,上师深感怀志难报,为追求世间真谛,便发心出家悟道。由于求道心切,行脚参访,见名山便拜,名师便求,并且连江湖术士也细心研究,道术及旁门皆习练以验其实!见佛门高僧也尽寻参学,经过二十年的苦行,未见真谛正道能点开心要。在一次能海上师的讲经会上,仁清上师听知立觉,于是在能海上师处依止拜师修证。

一九〇一年(光绪二十七年辛丑) 先生八岁

是年,先生仍就读于杨家沟私塾。

九月七日,清政府在北京与英、法、日、俄等十一国签订丧权辱国的《辛丑条约》。

十一月,李鸿章去世,袁世凯接任直隶总督兼北洋大臣。

清政府宣布变通科举章程,废除八股,改试策论,将全国书院改为学堂。

一九〇二年(光绪二十八年壬寅) 先生九岁

是年,先生伯父公甫公任绵竹教谕,先生随之至绵竹。

四川尊经书院改为高等学堂,清廷派胡峻为学堂总理。次年,学生陆续入校。当时所招生的学生全是举贡生员,迄后乃有中学毕业生。

清政府废科举、办学校,绵竹县设小学堂、高级小学堂。先生于是入小学堂读书。

《钦定小学堂章程》第一章全学纲领云:

> 第二节 今定州县所立学堂为小学堂。
> 中小学原不以府县而分,如州县治亦可立中学堂,府治亦可立小学堂;但目前官立诸学,先就府治设一中学堂,州县治设一小学堂,以为绅民设立之模范。
> 第四节 小学堂分高等、寻常二级,其修业各限三年。
> 第六节 儿童自六岁起受蒙学四年,十岁入寻常小学堂修业三年;俟各处学堂一律办齐后,无论何色人等皆应受此七年教育,然后听其任为各项事业。(《中国近代教育史料》,第四〇〇页)

由此可知,先生是时所读乃寻常小学堂,三年后才入高等小学堂就读。是时小学堂课程有:修身第一,读经第二,作文第三,习字第四,史学第五,舆地第六,算学第七,体操第八。

先生《从中学生的"用"来说中学生的"学"》云:

我在光绪宣统年间,曾经入过小学中学,从那时起,英文和数学一来就很繁重。升学也全靠这两类功课。

又云:

当时问何以必需要英文,自然是为的要学西洋,要欧化。问何以数理要教得那样高,自然是要制造机器,要自然科学。四五十年来,并没学到西洋,也没制出机器。开始是小学也教英文,后来才去掉。其实中小学生何尝能够讲欧化,能够讲科学呢? 大学已经够得上讲欧化,讲科学了,但实际文法各科根本就不要数学。大学全部能读西文书籍的很有限,大学里西文书报也就很少。不升学的中学生,最费力学习的没处去用,自然需用的就不能学了。其实专为升学用的,到升学以后也就不用。岂不是枉费心力吗? 现在非改革中学课程不可。至少也要排除偏重英文数学,轻视公民训练的传统习惯,限制英文数学程度的任意提高。尤其对于不能升学的中学生,不能冤他学习预备考大学的功课。……今天中国一切社会问题,若不从实际上加以检讨,加以对治,专靠学者的讲话作,跟翻译的文章跑,永远是没有出路的。(《中等教育季刊》第二卷第一期)

但先生也非一味的反对英文、数学和翻译书。牛敬飞、张颖《追忆国学大师蒙文通先生——蒙默老师采访记》云:

就是对于西洋社会科学、哲学、史学这些东西,他还是看一些翻译的东西,虽然读大学的时候读的存古学堂,但他还是读过小学、中学,因为他的年龄已经赶不上科举了。我记得六十年代的时候,有时我父亲还说两句英文。所以他还是接受了一些新东西,解放以前他就喜欢读一些翻译的东西,不管是讲哲学的、社会经济的他都喜欢读。(《天健》第十七期,第四三页)

一九〇三年(光绪二十九年癸卯)　先生十岁

是年五月,川人邹容在上海出版《革命军》,章太炎为之作序。六月,《苏报》刊载此序,并摘载章太炎《驳康有为论革命书》,以致两人均被清政府逮捕入狱。

冬,章太炎、蔡元培等在上海成立光复会。

一九〇四年(光绪三十年甲辰)　先生十一岁

是年,高等学堂正式成立。内有速成师范班,一年半毕业,理科优秀师范班,四年毕业。又有普通班,分甲、乙、丙、丁、戊班,均三年毕业。普通班毕业后则入本科(文、理科),仍为三年毕业,毕业后赏赐举人。陆绛之(慎言)任教务长,吴权奇(季昌)任斋务长,每班设学监一人,受斋务长指挥。分设一个附属中学,以高等学堂的历史教员刘士志(行道)任中学校长。(《辛亥革命到五四时期四川大事记》,第三页)

一九〇五年(光绪三十一年乙巳)　先生十二岁

是年八月二十日,孙中山在日本建立中国同盟会。
九月二日,清廷下诏"停止岁科考试,专办学堂",废除了沿袭一千多年的科举取士制度。

一九〇六年(光绪三十二年丙午)　先生十三岁

是年,先生伯父公甫公出任成都府学堂教授,先生随之至成都读高等小学堂。是时,高等小学堂课程门目为:修身第一,读经第二,读古文词第三,作文第四,习字第五,算学第六,本国史学第七,本国舆地第八,理科第九,图画第十,体操第十一。
九月一日,清政府下诏"预备立宪"。各地立宪派头面人物张謇、汤寿潜、康有为、梁启超等纷纷筹组立宪政团。

一九〇七年(光绪三十三年丁未)　先生十四岁

是年,先生仍就读于成都高等小学堂。秋,四川高等学堂为解决生源问题特开办附属中学,第一任监督是徐炯,最初招收甲、乙两个班。
郭沫若《反正前后》云:

> 这分设中学在南校场高等学堂的旁边,本来是高等学堂的附属中学。因为前任的校长刘士志先生不甘"附属"的名义,才改为了"分设",成了一种半独立性的学校。由于是高等学堂的附属学校,经费充足,设备完全(得以利用高等学堂的设备),又加以刘士志的声望,所以学校也就很有声望。(《郭沫若全集》文学编第十一卷,第一七五—一七六页)

李劼人《追念刘士志先生》云:

> 四川高等学堂附属中学,是光绪三十三年秋季开办的,第一任监督为徐子休(后来通称徐休老,又称霁园先生),招考的甲乙两班学生,大抵以成都、华阳两县籍居多,而大抵又以当时一般名士绅以及游宦士族的子弟为不少,个个聪明华贵,风致翩翩。丙班学生是光绪三十四年春季招考

的,刘先生已经当了监督,如以丁班学生为例,可以知道丙班学生也大抵外州县人居多,也大抵山野气要重些。(《李劼人选集》第五卷,第五一页)

四月,锡良调任云贵总督,赵尔巽督川。

一九〇八年(光绪三十四年戊申)　先生十五岁

是年,先生入四川高学堂分设中学丙班就读,同学有周太玄、魏时珍、王光祈、曾琦、张煦等。一九一〇年,郭沫若由嘉定转学至丙班就读,与先生同班。时刘士志任监督(即校长),兼教历史,杨沧白任英文教习。刘为同盟会员,为人正直热情,主张革命、维新,深受同学爱戴,先生亦颇受其影响。

李劼人《敬怀刘豫波先生》云:

> 我个人对于中学时代的先生,所受影响最大,塑性最强的,有两位。一位是达县刘士志(讳行道)先生,教我以正谊,以勇进,以无畏之宏毅。另一位便是双流刘豫波(讳咸荣)先生,教我以淡泊,以宁静,以爱人。(《李劼人选集》第五卷,第八五—八六页)

> 知按:关于先生中学时代的学习生活情形,通过李劼人《追念刘士志先生》一文可略知一二。

> 当时的附属中学,并无走读制。甲乙两班学生,全住宿在本学堂,丙丁两班则住宿在隔一垛墙和一道穿堂的高等学堂——即从前王壬秋当过山长的尊经书院的原址——的北斋。……那时,我们每学期缴纳学费五元,食宿杂费二十元,我们每学年有学堂发给的蓝洋布长衫两件,青毛布对襟小袖马褂两件,铜钮扣,铜领章——甲乙两班在前一年发的,还是青宁绸作的哩——漂白洋布单操衣裤两身,墨青布夹操衣裤一身,长勒密纳帮的皮底青布靴两双——甲乙两班在头一年还有青绒靴一双——平顶硬边草帽一顶,青绒遮阳帽一顶。寝室规定每间住四人至六人,每人有白木干净床一间,并无臭虫、虱子,白麻布蚊帐一顶,有铺床的新稻草和草垫,有铺在草垫上的白布卧单,有新式的白枕头。每一寝室有衣柜一具至二具——别有储藏室,以搁箱笼等。有银样的菜油锡灯盏一只,每天由小工打抹干净后,上足菜油。每处寝室,有人工自来水盥洗所,冷热水全备,连脸盆都是学堂供给的。讲堂上不用说,每到寒天,照例是有四盆红火熊熊的大火盆。自习室到寒天也一样,不过只有一盆火。自然,每人一张书桌,但是看情形说话,如其你书籍堆得多,多安两张也可以。每桌有银样

的菜油锡灯盏一只,有一个小工专司收灯、擦灯、放灯、上油。每人每学期有大小字毛笔若干枝,抄本二十五本,用完,还可补领;各科教科书全份。至于中西文书籍,可以开条子到高等学堂的藏书楼去借。一言蔽之,每学期二十元,除食之外——至于食,后面再补叙——还包括了这些。所有起居服饰,求得了整齐划一,而又并不每样都要学生出钱,或自备。故无可忧,亦无有意的但求形式一致,而实际则在排斥贫寒有志的学生。因此,学堂也才办到了全体住堂,而学生并不感觉象住监狱的制度。管理是严厉的,早晨依时起床点名,盥漱后不能再入寝室;晚间,摇铃下了自习后,才准鱼贯而入寝室。灭灯之后,强迫睡眠。星期日薄暮回堂,迟则记过,也是严厉执行着的。(《李劼人选集》第五卷,第五六—五七页)

　　我们中学时代的伙食,的确远胜于后世,而我们中学更较考究。桌上有白桌布,每人有白餐布一方,每一桌只坐六人,上左右各方各二人,下方空缺,则各置锡茶壶一把,干净小饭甑一只。早饭是干饭,四素菜,一汤。午饭自然是干饭,三荤菜,一素菜,一荤汤。晚饭也是干饭,三素菜,一荤菜,一荤汤。不许添私菜,其实也无须添私菜。但在都永和时代就不行了,菜坏了,也少了,也不容许添私菜了。在打牙祭时,甚至可以饮酒,甚至可以饮酒搳哑拳,而学生并不叫都永和的好。蔬菜不求精致、肥甘,但要作得有滋味,干净。设若菜里饭里吃出了臭味,或猪毛头发之类,不待学生申诉,他先就吵闹起来。厨子挨骂之后,还要罚他每桌添菜一碗。所以当时若干学堂都有闹食堂的风潮,而我们中学独无。尤其是我们中学规矩,吃饭铃子响后,学生须排了班,鱼贯而入食堂,一齐就定位站着,必须监督、监学坐下,才能坐下举箸。(《李劼人选集》第五卷,第七七—七八页)

秋,李劼人在湖北一刘姓亲戚每年资助五十元学费下考入四川高等学堂附属中学丁班。先生在分设中学读书时,与敬维凯、梁元量三人同为"维持风化之先生"。

李劼人《自传》云:

　　我十六岁时,由于一个亲戚每年帮助我五十元钱的学费,我才能到四川高等学堂附属中学堂去读书。

　　我在中学时,喜欢看《民报》、《神州日报》、《民呼报》、《民立报》等。在师长中间有几位同盟会人,如监督刘士志先生和英文教员杨沧白先生。我平时肯亲近他们,受他们思想影响甚大。在同学中,有王光祈、曾琦、郭沫若、周太玄、魏嗣銮(魏时珍)、蒙文通、张煦等,相互之间也有一些影

响。(《李劼人选集》第一卷,第二页)

《追念刘士志先生》云:

> (四川高等学堂分设中学堂)管理是严厉的,早晨依时起床点名,盥漱后不能再入寝室;晚间,摇铃下了自习后,才准鱼贯而入寝室。灭灯之后,强迫睡眠。星期日薄暮回堂,迟则记过,也是严厉执行着的。记得那位秦稽查,人虽和蔼,但是对于学生名牌,却一点也不苟且,也一点也不通融。刘先生又叫小工将三位招呼到教务室,重为开导。这一次,刘先生却说得有点冒火了,大声武气的吵了一阵之后,忽然向着三人作了一个大揖道:"敬维凯,敬先生,梁元量,梁先生,蒙尔达(文通),蒙先生,三先生者,维持风化之先生也。如其他家庭责问到学堂,我兄弟实无词以答,这只好请烦三先生代兄弟办理好了。……"
>
> 这样一来,三先生的旗、盾才一齐倒下了。两个可怜虫并未作牺牲,而三先生也大得刘先生的称许。(《李劼人选集》第五卷,第五七—五八页)

曾琦《愚公自订年谱》云:

> 予在分设中学肄业,亦以国文根底较厚,极为刘士志先生所奖励。刘先生提倡人格教育,同学多受其感化。予于其中获交王光祈、魏嗣珍、周太玄、李劼人诸友,并与光祈等组织诗社,互为唱酬,而于英文体操诸科,极忽视之。(《曾琦先生文集》下册,一五四六页)

十月,清光绪帝卒,溥仪即位。

是年,弟蒙思明生。蒙思明,原名尔麟,又名弘毅,后改思明。

一九〇九年(宣统元年己酉)　先生十六岁

是年,先生同学曾琦由桂林中学堂转入成都高等学堂分设中学学习。成都各学堂在南校场举办秋季运动会,中学生与强行参加运动会的成都巡警教练所的巡警发生冲突,几位中学生被刺伤。于是成都各中学堂罢课,并推荐刘士志、杨沧白等为代表与当时的四川总督赵尔巽交涉。先生同学李劼人在本次运动会上担任扛架、木马比赛队小队长。

李劼人《暴风雨前》云:

> 大运会是四川教育会主办的,参加运动的除了省城中等以上学堂外,远至自流井、重庆等处公私立的学堂,都有整队学生开上省来参加。

省城各学堂,从开堂以来,就准备起了。但也只是把体操时间,加到每天二个小时,除了普通体操,还加了器械操、兵式操。

高等学堂是全省最高的学堂,在办事人的心里想来,高等学堂,也应该在运动会中居于第一位,才足以显示资格。于是便由总理牌告全堂学生,除了真正患有重病者外,一概不准请假。并由总理备文在制台衙门营务处,请领废枪三百枝,以便学生兵操。

……

普通操已是乏味了,而兵操尤可恨。废枪领来了,是奇重无比的九子枪,并且还牢牢地填了满枪管的铁砂。……

枪是那么重,教兵操的教习,平常很为学生们看不起而直呼之为"丘八"的,现在因为运动会之故,忽然重要起来,一开始就教学生托枪开步跑。……一星期之后,兵操竟自大大进步,托枪开步跑时,大家一口气居然可以跑上半里,而枪筒也居然不在肩头上跳动。

运动会开幕前几天"南校场已将男女看台、官宪看台,张灯结彩地搭了起来。顺着城墙斜坡这面的天桥、平台、假城、浪桥、木马、扛架等等器具,也修理好了,沙坑也挖松了。""各学堂已经停课,从早到晚,已有一队队的学生,开到操场里来操演了。高等学堂隔壁的教育会里,也天天在开会,邀约着各学堂主脑办事人,商讨竞赛的科目及组织。"在运动会开会前两天,"秩序单子幸而议定了"。"第二天,全学堂都紧张起来了。办事人不知从哪里借来了四名号手、两名鼓手,由体操教习领着,在内操场走了几周,教学生们怎么样来踏拍子。"运动会当天,"运动场里已是号鼓喧天,旗帜飞扬。赴会的学生队伍,正一队一队开来。秩序单上虽没有规定,而大家却不约而同,一进会场,必先绕场走一遭,然后到指定的地方排着队等候开会。学生队伍很整齐,走起正步来,一起一落,居然没有乱。"运动会正式开始,"只见一个骑着自行车的人沿着跑道,一面走,一面向栏杆外面的学生队伍大喊:'预备!……预备!……担任兵式操的预备!……'霎时间,军乐齐奏,一道写着四川大运动会字样的白旗,一直升到中央一根旗竿顶上,随风展了开来。而机械局特为大会制的大汽球,也从场中放在空中。"

兵式操举行了,同时又来了两伙队伍。一伙全是小孩子,前面一道旗子,写着幼孩工厂。一伙则是梢长大汉,全副武装,前面一道旗子,写着巡警教练所。

巡警教练所的队伍,也参加了兵式操,操得那么齐整,那么有精神,好几个学堂的兵式操全赶不上,就是自以为可得第一名的高等学堂的兵式操,也比得太不成模样。学生们自己议论,是如此:"我们本是文学堂的学生,兵式操并非我们的专长,我们也不曾天天操练,那能象巡警教练所那样,本是以兵式操为主要课程,他们操练得好,是他们的本等。"(《李劼人选集》第一卷,第六一九—六二八页)

是年,姑表何拔儒示先生以《书目答问》、《四库提要》,先生读而好之,以此读中学未毕业即改读存古学堂。

先生《廖季平先生与清代汉学》云:

> 余年十五,从人家借《四库总目提要》、《书目答问》读抄之,然后知学有汉宋之殊,遂取《说文》及清两《经解》略事披阅,欣然以为循是足以学汉学也。(《经史抉原》,第一一六页)

> 知按:何拔儒(一八六二—一九五五),盐亭人,幼时家贫,勤奋好学。光绪八年(一八八二)中秀才,三年后补廪生,光绪二十四年任犍为县学官,光绪三十年经盐亭县署保荐去日本留学,肄业于东京师范学校。回国后,先后任三台、盐亭视学,后受聘于成都高等学堂,先生年轻时曾请教于何拔儒。

余世存《常言道:近代以来最重要的话语录》云:

> 蒙文通先生年轻时曾请教何拔儒:"先生,主流历史学派不理解你,你如何想?"何拔儒淡然笑说:"历史不是一次就写定的,谁写到最后,谁就写得最好。"何讲了自己在留学期间所听到的许多故事:发现集合论的康托尔,发现非欧几何的罗巴切夫斯基,发现群论的伽罗华,都是世界级的大数学家;康托尔、罗巴切尔夫斯基很年轻就获得了教授头衔,但是他们产生了新创见后,不被自己的老师、朋友、亲人、同事所理解,并备受打击,被逼疯,被逼死或被逼去参加决斗。这种现象也许长期难以改变,因此他愿意埋名乡里,多作些具体事,以等待天明。

七月七日(农历五月二十日),先生学生犍为李源澄生。李源澄,字浚清(又作俊卿),著名经学家、史学家和教育家。曾师从廖平、欧阳竟无、章太炎及先生等人。早年曾受聘于无锡国专、四川大学、云南大学等校教授。新中国成立后,任西南师范学院教授兼副教务长。一九五七年"反右派"运动中,因其身为民盟西南师范学院支部主任委员,首当其冲被打成"右派分子",并于次年五月因病逝世,年仅五十岁。著有《经学通论》、《秦汉史》、《诸子概论》、《李源澄学术论著初编》和学术论文一百余篇。

年底,先生师刘士志被逼至北京。杨沧白《成都送士志入京》云:

> 日日相过信黯然,沧桑剧感若为传。岂期异地出关别,忽忆联床听雨眠。已约余年共箕颖,那堪邻老入幽燕。王城入海君思隐,莫羡儿曹早著鞭。衣素终当避洛尘,几人谈笑出天真。未应孤契怜东野,莫慢贫交弃茂秦。逆旅闻鸡谁蹴足,斜阳立马独伤神。锦官衰柳垂垂绿,万恨千愁各自书。相思天汉两鸿鹄,待尔云安双鲤鱼。学道旱空干世策,累情无复绝交疏。冠盖京华憔悴行,忽将血泪向时倾。一生知己为刘谈,何日还山了尚平。细雨骑驴知剑外,秋风归雁忆辽城。行当各返猿鹤乐,白发相看无世情。(《天隐阁集》,第八—九页)

一九一〇年(宣统二年庚戌)　　先生十七岁

是年,先生仍就读于四川高等学堂分设中学丙班。伯父蒙公甫调任绅班法政学堂监学。年初,四川提学使赵启霖手定《存古学堂简章》。

赵启霖《详请奏设存古学堂文》云:

> 窃维立国于世界,其政治、学术、风俗、道德所以经数千年递嬗而不可磨灭者,莫不寄于本国之文字,其优美独到之所在,即其精神根本之所在,非是则国无以立。中国以文教立国,政治、学术、风俗、道德见于经传记载,足以匡扶世教、范围事理者,甲于五洲,实由国文之优美,复绝于五洲。比年以来,朝廷惩外辱,罢科举,广设学堂,采东西各国科学,期于取长补短,宏济时艰。而风会趋新,后生厌故,学校虽逐渐推广,国粹反日就湮微。加以十数年来负笈出洋之士既多,其间卓绝坚定者不可谓无人,至于浅中弱植之徒,无旧学以培其根柢,而浸淫于彼国之文化,归国以后,辗转灌输,于是吾国文学,愈有日即于萎缩之势。查《奏定学堂章程》于读经、国文当注意趋重,言之綦详,即近日办学官绅,亦知旧学关系紧要。无如学堂门类实繁,晷刻有限,既不能肆力以稽古,自无由取精而用宏。且各种学科多用译本,学子操觚率尔,非特掇撷新词、竞相仿效,即文法句调,亦受病于无形。
>
> 川省向为文学渊薮。署司所见考试优拔诸生文艺及各学堂国文试卷,明通魄玮者固亦有之,而俚俗窳陋,触目皆是。循是以往,窃恐不及十年,中等以上学堂可任讲经课文之教师,不易觏觅,而升入大学经科、文科、通儒院之资格,更无其人。道微文散,中国所以立国之本渐趋于弛坠。言念及此,实用隐忧……"存古学堂"即于本年下学期开办,以致力于理学、经学、史学、词章为主,其余必需之学科,亦略予酌量兼习,藉收温故知

新之益。一切管理规则,仍照学堂定章。期于深造精研,储后来之师资,维本国之学术……署司窃以国文盛衰之故,与国力之强弱相因:强国之文日见其扩张,则弱国之文日见消缩。东西各国每务推广其文字之势力,以恢拓其国力。我不亟图维持国学,将输入之文,既有喧宾夺主之患;固有之文,反有礼失求野之时。议者谓文学但取适用,若中国经籍之浩博,文理之渊源,不必汲汲焉专精以从事。不知中国之所以立国既在文教,若举数千年优美独到之处,任其消蚀,将来更无以动人民思古之念,而激志士爱国之心。故普通之文学,以适用为宜;而精诣之文学,尤以保粹为要。既有各种科学之学堂,以增进知识;不可无请求国学之学堂,以培植本原。所有设立存古学堂,暂定简章,先行开办,拟请宪台援照鄂苏成案奏咨,以昭郑重之处,是否有当,理合详请宪台俯赐察核。(《清末存古学堂述略》,第二五—二七页)

六月,王炎先等数十名学生上呈"自愿书",云:

窃生等仰见国粹将亡,专研无地,慕礼来学,自行束修。在古人聚徒讲道,何有畦町?想今日请益受经,必无窒碍。敢呈管见,上渎高明。并乞鸿施,代请宪示。如或公门桃李,听其各自成行;庶几马帐经传,自可因人分授矣。不揣蒙昧,惟先生化而裁之。(《清末存古学堂述略》,第五九页)

七月,刘宗汉等数十名考生又为申请自费就学而呈递"联名自愿书",云:

窃思经史词章,实关国粹保存。今日传习为难:千金之家不足买书,万金之家不能立校。前此之栽培既薄,后此之继续难期。今存古学堂开办,规模广大,推选得人,士类倾心,咸思来学。但官额有限,常款无多,每县一人尚未敷足。生等安冀为斯文留种,不惮千里从师,倘悯其慕道之诚,咸愿备资,附住贵校。所请是否有当,并乞监督先生面禀大宪,准其自费附学,来堂投考,代定新班章程。不朽之业,诚愧未能,然蜀之基或自此可与周鲁同风矣。特此请愿,静听鸿裁,不胜惶悚待命之至。(《清末存古学堂述略》,第五九—六〇页)

夏,先生师刘士志在北京病逝。郭沫若《反正前后》云:

我们到省的时候,刘士志已经被逼到北京去了。他之被逼到北京也就跟我们被逼到省城一样,是由于和当时的四川总督赵尔巽发生了冲突。事情的详细我不十分知道,好像是在年底省城开运动会的时候,在会场上抵触了那位总督部堂。这样能和总督部堂冲突的办事人,是很可以博得人们赞奖的。刘士志待学生也很严厉,却是很能得到学生的敬爱。但可惜他去北京之后不久便在都门病死了。(《郭沫若全集》文学编第十一卷《少年时代》第一七六页)

杨沧白《哭刘士志》云:

> 当代刘夫子,平生独我亲。未传东鲁业,已作北邙尘。吏隐甘贫病,神交托死生。怜君弃妻子,翻惮茂陵行。(《天隐阁集》,第一一页)

七月二十二日,存古学堂正式行"开学礼"。八月四日,所有招定学生"一律上堂授课"。

十月,郭沫若经王畏岩介绍,与张伯安同赴成都,投考四川高等学堂分设中学。录取后,插入丙班学习。但不久便得了"一个幻灭的结论":"成都和嘉定依然是鲁卫之政","一样是一些做官的教职员,一样是一些骗文凭的学生"。于是,"又和酒常打交道","一肚皮的不高兴,一肚皮的不满足,想借酒来淘泻"。(《郭沫若年谱》,第二〇—二一页)

隗瀛涛《飞流直下三千尺,疑是银河落九天——深切怀念蒙文通先生》云:

> 先生坚持学术真理,无所回避,对不同见解,虽老友师生兄弟皆点名辩论。讲王安石变法,先生贬王安石而扬司马光,曾对郭沫若先生的观点大张挞伐。说郭先生没搞清楚"庶几"二字之义,将动员报告说成了总结报告,并拈须笑曰:我讲这些是为了求真理。至于郭先生本人,我们是毛根朋友。他回成都必请他到望江楼吃茶。(《蒙文通学记》,第二〇〇页)

一九一一年(宣统三年辛亥)　先生十八岁

是年,先生入存古学堂就读,但当时先生中学尚未毕业,又无科举功名,只好捐一监生乃得报名。后因保路运动、辛亥革命事起,社会和家庭都动荡不安,存古学堂未能开学,翌年乃得入学。

吴洪武、吴洪泽《吴之英先生年谱》云:

> 是年,盐亭县人蒙文通(1894—1968)入存古学堂学习,受业于先生。(《吴之英诗文集》,第五三四页)

存古学堂为四川总督与提学使为保存国学而奏请设立,延聘谢无量任监督,以经、史、理学、辞章为课。民国成立,存古学堂亦改为国学馆,刘师培任馆长,延聘廖平主讲经学、曾习之主讲理学,刘师培自主小学。三先生对先生之影响皆大。同时同学有向宗鲁、彭云生、曾宇康等。在学制上,存古学堂仿江苏,三年毕业颁发文凭,派至中小学堂充任国文教师。第三年届满愿意留堂深造者,即参照湖北章程七年毕业。招生对象为举人、贡生、秀才、监生及中学毕业生,但须中文素有根底者。

《成都城坊古迹考》云:

> 在外南簧门街,原为杨遇春别墅。清宣统二年(公元1900年)遇春后代捐作校舍,官府遂于此设存古学堂。民国元年(公元1912年)更名为国学院。海内学者如廖平、吴之英、刘师培、谢无量等尝在此讲学。大抵承袭尊经书院遗制,而廖、吴又为尊经高材生,故尊经书院虽废,而其风未泯。历史学家蒙文通毕业于此。继改为国学专门学校。民国十六年(公元1927年)又改为中国文学院,为公立四川大学之一部分。民国二十年(公元1931年)成大、师大、公立四川大学合并为国立四川大学,此院并入川大文学院。遗址为济川中学校舍(解放后改为成都十六中)。

> 又存古学堂开创时曾建四先生祠以祀宋代四川学者范景仁、范淳甫、张南轩、魏鹤山。其后因学校屡经变革,祠遂不存。(《成都城坊古迹考》,第四一八—四一九页)

《国学院国学馆合并条件》第五条云:

> 国学会之设系由国学馆及馆外通儒发起。每周开会一次。命题讲演,数月成效昭然。今会款既已照领,拟将国学会改为讲演会,于院员之中推一谙悉外情、语言昭朗者主任其事。一切办法略遵旧制,先期拟题登报,凡馆外热心国学者均得入场旁听,一则馆内学生得资传习,以储临时讲演员之材,一则广树风声,俾国学渐臻普及。(《清末存古学堂述略》,第六一页)

是年,先生同学曾琦肄业。曾琦《愚公自订年谱》云:

> 赴成都肄业,课余时为二兄撰稿登《商报》。及保路事起,予复为文分登各报,反对清廷。成都树帜后,予乃赴富顺游说巨匪张桂山,劝其受编北伐,免扰桑梓。(《曾琦先生文集》下册,一五四七)

一月,成都学界发生国会请愿风潮,由高等学堂发起召集各校代表在教育总会开会,郭沫若被班级推为出席该会的代表之一。会上决定举行全体罢课,要求总督赵尔巽奏请清政府于明年召开国会。结果遭到总督府严密监视,学校监督都静阶强迫其带头复课,参加期终考试。

夏,保路运动爆发。六月十七日,四川保路会改为四川保路同志会,四川保路同志会正式成立,会址设在成都岳府街铁路公司内。并决定在各地发展分会、协会,先生亦参加了川北旅省同乡保路同志分会成立大会。

张达夫《参加保路同志会片段回忆》云:

> 1911年3、4月间,我和同班同学周太玄、魏启元等,经本校第二班同学刘某介绍加入同盟会。同年5月21日"四川保路会"改为"四川保路同志会",在岳府街川汉铁路公司正式成立,牌子也挂出来了。并决定在各地发展分会、协会的组织,发动全省人民,共同奋斗,确保铁路商办,反对收归国有,反对四国(后是六国)借款合同。川北旅省同乡积极响应,组织川北旅省同乡保路同志分会,我同附中第三班的同学蒙文通(盐亭人)一起去参加成立大会。蒙文通的父亲蒙裁成,清光绪某科举人,任成都府教授。所以川北旅省保路同志分会,就借文庙前街府教授衙门(现石室中学教职工宿舍)大厅召开成立大会。当天到会的同乡约四五十人,绝大多数都是高等、师范、法政等学堂及中学堂的学生。大会由蒙裁成主持,强调保路就是保川,要求旅省同乡共同努力,促进保路运动的开展,发动会员写信回家劝说亲友积极支持各县、乡成立分会和协会。最后选举蒙裁成为正会长,遂宁的杨蜀尧为副会长。第二次开会大约是6月底,正值学堂要放暑假了。这时运动的浪潮,虽然有所高涨,但声势还不大。大会要求回乡的学生,努力协助各县保路同志会的讲演员,进一步开展宣传工作。(《成都文史资料选编·辛亥前后卷》,第二〇二—二〇三页)

> 知按:其一,张文言四川保路同志会成立时间为阴历,以此推算,故四川保路同志会成立时间也为六月十七日,与前所言不矛盾。其二:张文言蒙裁成为先生父亲不确,然公甫公子早逝,先生自小就过继给公甫公却是实际,故周邦道著《近代教育先进传略》蒙裁成条也言先生为其伯父公甫公子。其三,公甫公为举人出身不实。

九月七日,四川总督赵尔丰扣捕保路同志会领袖并制造了震惊全国的成都血案,先生伯父公甫公也同时被捕。

廖仲宣《辛亥革命前后的盐亭》云:

> 盐亭县北金鼎场人蒙公甫,时任成都学府教授,与省咨议局长、议员蒲殿俊、罗纶、彭兰村等过从甚密,反对满清国卖路最为激烈。同时川北人民又推选他与张澜等五人为股东代表,更使他感到重任在肩,不敢有负乡亲厚望。

> 9月7日,四川总督赵尔丰,扣捕蒲殿俊、罗纶、张澜等人于督署内来喜轩,而独囚蒙公甫于成都府监狱。以公甫身为教授,是朝廷命官,不应

附和同志会诸人反对朝廷。(《盐亭县文史资料选辑》第九辑,第二六页)

《川人自保商榷书》云:

当予等入督署也,有砍刀一柄随于后,手枪两枝伺于旁,步枪兵士环绕数周,房上、墙上、近街各口、外庭、内堂均布满武士。予等左右手,则用四八股绳严挚以待。先入者,挚立阶下两钟余。予挚立十余分钟。后予入者蒲伯英,挚数分钟。颜雍者乘舆入署,胡雪村应请来迟,辕门不许入。再令戈什哈至家相请,幽于督练公所大花厅一昼夜,始送至来喜轩中。蒙公甫羁于警务公所,阎一士羁于华阳县署,同一苦恼焉。(《四川辛亥革命史料》第三五七—三五八页)

十一月,盐亭县人王迪泽、王用楫在县城召开民众大会,反对川汉铁路收归国有。先生父君弼公在石牛、黑坪、西牛山一带组织民众百余人,准备赴成都参加"保路同志军"。

廖仲宣《辛亥革命前后的盐亭》云:

王用楫是清朝光绪举人,盐亭利和场木龙湾人。与蒙公甫交谊深厚,乡情甚笃。时在成都,知公甫被捕,多次前往府狱探望,均遭狱卒拒绝。为了积极营救,他日夜兼程从成都赶回盐亭。召集县上耆宿、知名人士、绅、商、仕、农王迪泽、杜润之、何子镜、袁辉山以及蒙公甫之四胞弟蒙君弼等众人集会。……他特别强调地说:"蒙公甫是清朝成都府的府学教授,身为堂堂命官,为什么要和蒲殿俊、罗纶、张澜等人一起,激烈反对满清的这一行为呢?是他饱含满腔爱国激情,为了维护国家主权,抗议满清媚外行径,他不负川北父老兄妹之托,依然投入了轰轰烈烈的保路斗争,置个人前程与生家性命于不顾。现在竟身陷囹圄,生死未卜,我们能无动于衷置之不理吗?"众人听到这里,都为王用楫这种不畏强暴,赤心爱国的精神所感,都十分气愤地说:"不能,不能,我们绝不能坐视不理,一定要拼死营救蒙公甫,要火速组织'盐亭保路同志军',准备赴蓉参战。"会后,众人纷纷奔赴全县各地,动员民众,组织武装力量。蒙君弼在石牛、黑坪、西牛一带组织了民众百余人;袁辉山在麟亭垭、龙顾井等地组织了数十人;王用楫、何子镜等在县城积极组织,并与城乡加强联系。各地准备刀枪剑戟,加紧日夜操练,等候通知,统一开赴成都,投入保路反清的武装斗争。(《盐亭县文史资料选辑》第九辑,第二七—二八页)

在多方营救之下,十一月二十七日,赵尔丰释放蒲殿俊、蒙公甫、罗纶诸人。十二月二十二日,"大汉四川军政府"尹昌衡依靠民军力量,活捉赵尔丰。

是年秋,先生师刘师培随端方入川,途中作《悲秋词》,自题云:"辛亥八月,途次夔州,感宋生《九辨》之作,因赋此词。"词云:"悲风兮萧条,严霜凄兮草凋。怊帐兮永思,轸予怀兮郁陶。青蝇兮营营,榛棘兮森森。顾盼兮屏营,感不绝兮愁予心。夜皎皎兮既明,月暖暖兮飞光。顾南箕兮经天,缘北斗兮酌浆。夫君兮不归,癙擗兮永怀。水滔滔兮日度,抱此哀兮何想。"武昌起义爆发,端方在资州(今资中县)被鄂军杀害,刘师培亦被军方拘留。十二月一日,章太炎在上海《民国报》上发表宣言,呼吁军方不要杀刘师培,《宣言》云:

> 昔姚少师语成祖云:"城下之日,弗杀方孝孺。杀孝孺,读书种子绝矣。"今者文化陵迟,宿学凋丧,一二通博之材,如刘光汉辈,虽负小疵,不应深论。若拘执党见,思复前仇,杀一人无益于中国,而文学自此扫地,使禹域沦为夷裔者,谁之责邪?(《刘师培年谱长编》,第三〇四页)

刘师培于是得以安全抵达成都,后经谢无量介绍,遂任职于四川国学院。

一九一二年(中华民国元年壬子) 先生十九岁

元旦,中华民国成立,孙中山任临时大总统,定都南京。清朝县公署改为民国的县公署。清末盐亭知县马文灿继任盐亭县知事。县公署外改挂五色旗。沿清旧制设"议事会"、"参事会"及团练局、劝学所。县人杜润之、何子镜、黄殿宇分别任县议事会议长、团练局居长、劝学所视学。先生伯父公甫公出任"四川省临时省议会"议员。盐亭县设"津捐局",先生父亲君弼公出任局长,专管全县税收。

奉南京临时政府令,盐亭废除清代"忠君尊孔"的教育宗旨,改学堂为学校,学监、堂长改称校长。禁用清代教科书,并废止读经。初等小学可以实行男女同校。九月三日,教育部颁布学制,"初小四年,高小三年,中学四年",并规定每年八月一日为学年之始,第二年七月三十一日为学年之终,盐亭开始实行部颁制度。

大汉四川军政府设枢密院为咨询机关,聘请先生师廖平为院长。尹昌衡任都督后,以整顿四川文献、编光复史为由,将枢密院改组为国学院,以吴之英为院长,刘师培为副院。遂改存古学堂为国学馆,附属于院。不久尹昌衡调先生伯父公甫公任巴安知府。公甫公到巴塘之后,首先协调汉藏人民关系,严戒边防军不得对藏人妄生事端、危害藏民,如违者重处。在任两年,藏汉人民都能安居乐业,致使英、俄等国的阴谋未能得逞。先生师名山吴之英手书"国学院"三大字于国学院校门,并亲撰一联曰:"斯道也将亡,留此四壁图书,尚谈周孔;后来者可畏,何惜一池芹藻,不压渊云。"同时在先生师吴之英的推荐下,刘师培、谢无量亦任国学院副院。是时,国学院广纳名流学者,楼藜然、廖平、曾瀛、李尧勋、曾学传、杨赞襄、释圆乘等纷纷执教于斯院。吴虞《国立四川大学专门部同学序录》云:

> 国学专校,创自民国,其时吴伯揭师、廖平前辈、刘申叔、谢无量诸公,聚于一堂。大师作范,群士响风,若长卿之为师,张宽之施教,蜀才之盛,著于一时。(《吴虞集》,第二五三页)

二月,存古学堂改名为国学馆,仍由谢无量任校长。六月,国学院迁入存古学堂内,并与之合并,称"四川国学院"。

八月,先生正式进入四川国学院就读。同时,与先生同时入学的还有杨叔明、向宗鲁、杨润六、李晓舫等人。

《国学馆章程》教授主课云:

> 国学为主课(即经学、史学、词章),延兼通经史、长于文学之教员教授之。……前清以经、史、词章并列为三科。兹定国学馆学生全班分年专治一经,一经已毕业再改治一经,由此递升,按年分授,以求深入(群经注疏平时兼习)。史学、词章均为必需之课,有所专精,无所偏重。(《清末存古学堂述略》,第六八页)

先生《经学抉原》序云:

> 文通于壬子、癸丑间学经于国学院,时廖、刘两师及名山吴师并在讲席,或崇今,或尊古,或会而通之。持各有故,言各成理,朝夕所闻,无非矛盾,惊骇无已。几历岁年,口诵心维而莫敢发一问。虽无日不疑,而疑终莫解。然依礼数以判家法,此两师之所同;吴师亦曰:"五经皆以礼为断",是固师门之绪论仅守而勿敢失者也。廖师曰:"齐、鲁为今学,燕、赵为古学。鲁为今学正宗,齐学则消息于今古之间。壁中书鲁学也,鲁学今文也。"刘师则曰:"壁中书鲁学也,鲁学古文也,而齐学为今文。"两先生言齐、鲁虽不同,其舍今、古而进谈齐、鲁又一也。廖师又曰:"今学统乎王,古学帅乎霸。"此皆足导余以先路而启其造说之端。(《经史抉原》,第四六页)

同时,也正是由于刘、廖两师不同的治学取径,砥砺和启发了先生的思考,使他能够汲取两家之长而摈其所短,终成一代宗师、国学大师。

先生《经学抉原》序云:

> 回忆昔时三先生讲德于兹,论业衍衍,杂以谐笑,同门数十人抠衣颂说其间,进有所闻,退有所论,乐何如也,其情盖犹历历如目前事。(《经史抉原》,第四七页)

《井研廖师与汉代今古文学》云:

> 文通昔受今文之义于廖师,复受古文学于左庵刘师,抠衣侍席,略闻绪论,稍知汉学大端,及两师推本齐鲁上论周秦之意。自壬子、癸丑迄于癸亥,十年之间,寻绎两师之论,未得尽通,然廖师之论每以得刘师之疏疑释滞而益显,中困于匪窟,而作《经学导言》,略陈今古义之未可据,当别求之齐、鲁而寻其根,以扬师门之意。(《经史抉原》,第一三五页)

九月,存古学堂改名为"四川国学院附属国学学校",刘师培任校长。吴之英任四川国学院院正,谢无量、刘师培任院副,另聘浙江诸暨楼黎然、温江曾学传、井研廖平、新繁曾瀜、资中李尧勋、天全杨赞襄、成都大慈寺大和尚释圆乘和谢无量等八人为院员。

同月,刘师培、谢无量、廖平、吴虞等共同发起成立"四川国学会",附设于国学馆。《四川国学杂志》在成都出版,后改名为《国学荟编》,廖平、刘师培、谢无量等均曾在该刊发表论著。

十月五日,袁世凯任命邵集成为川边镇抚府民政司长,郭开文为财政司长,先生伯父蒙公甫为教育司长,周俊夫为实业司长。(《辛亥革命到五四时期四川大事记》,第四〇页)

一九一三年(中华民国二年癸丑) 先生二十岁

是年,先生仍就读于国学院,刘师培讲授《说文解字》,尝以"大徐本会意之字,段本据他本改为形声,试条考其得失"为试题,先生答卷三千余言,刘师培阅后于卷首批云:"首篇精熟许书,于段、徐得失融会贯通,区辨条例,既昭且明,案语简约,尤合著书之体。"先生见刘师培嘉奖如此,尤喜段氏之书,廖平见之,言:"郝、邵、桂、王之书,枉汝一生有余,何曾解得秦汉人一二句,读《说文》三月,粗足用可也。"先生深韪其言,于是不再从事音韵训诂之学。

是年,为纪念辛亥保路运动死难英烈,四川人民在少城公园(今人民公园)建立一座具有历史意义的丰碑,并请当时著名学者、书法家吴之英、赵熙、颜楷、张学潮各以不同字体书写"辛亥秋保路死事纪念碑"十个大字,镌刻于碑上。

三月,先生友彭云生考入国学院。(《崇庆文史资料》第二辑,第三三页)

四月,谢无量因病离开学校,又辞院副之职。吴之英极力挽留,希望谢无量病愈后继续任职。

五月,吴之英因积劳成疾,上书尹昌衡、张培爵(一八七六——一九一五),请辞院正之职,并荐贤举能。

吴之英《答张培爵书》云:

> 院中人士,美尽西南。德行如伯春,鸿括如季雅,记室如傅毅,主簿如崔骃。辐凑毂函,谓皆翘足独步。至于谢(无量)、刘(申叔)、曾(笃斋)、廖(季平),脱颖出囊,尤堪宗主关西,弁髦岷幡。(《吴之英诗文集》,第二五九页)

《辞国学院院正致尹昌衡、张培爵书》云:

> 院中群才济济,譬入瑶林。最著者谢无量,硕学通敏;刘申叔,渊雅高文;重以曾笃斋、廖季平,淹该多方,历年历事之数子,佚足绝驭,负重致远。谓喻驽马,亦副驽牛。(《吴之英诗文集》,第二六四页)

临行前,吴之英慷慨解囊,捐银元九百元给国学院。谢无量曾撰一联相赠,云:

> 自王伍以还,为人范,为经师,试问天下几大老? 后扬马而起,有文章,有道德,算来今日一名山。(《吴之英诗文集》,第五三六页)

六月,刘师培返江苏。国学院院正由曾培担任。年底曾培坚辞,国学院于是停办,仅存四川国学馆。

先生《廖季平先生与清代汉学》云:

> 忆昔初见刘师,师诏之以初学治经,但宜读陈乔枞父子书。经术有家法,有条例;《诗》、《书》者有家法,无条例;《易》、《春秋》者有家法,有条例。廖师于陈氏书又抉择其冗而无关于大体者,于《春秋》又抉择其孰为后师据文推衍者。呜呼,廖师又宏远矣! 世之言今、古学者攻讦如仇雠,惟刘师与廖师能相契。刘师之称廖师曰:"洞彻汉师经例,魏晋以来未之有也。"惟就经例以穷汉学,故廖、刘则相得而益彰;舍经例而言汉学,争今古,由贤者视之,则蛙鸣又何辨乎公私。刘师推清世考据学风之起,以为始于明末之杨升庵、焦弱侯。(《经史抉原》,第一一六——一一七页)

一九一四年（中华民国三年甲寅）　先生二十一岁

是年春,国学馆改名四川国学学校,廖平任校长。先生于是从廖氏学,且甚推崇之,但是始终没有接受廖氏二变以后之说。

先生《廖季平先生与清代汉学》云:

> 年二十,从本师井研廖季平先生、仪征刘申叔先生问经学。廖师屡曰:“两《经解》卷帙虽繁,但皆《五礼通考》、《经籍纂诂》之子孙耳。”又言清代各经疏及曩在江南见某氏未刊之某经正义稿,大要不能脱小学家窠臼。刘师则直谓“清代汉学未必即以汉儒治经学之法治汉儒所治之经。”又言“前世为类书者,《御览》、《类聚》之类,散群书于各类书之中;清世为义疏者,正义之类,又散各类书于经句之下。”两师之讪谟清代汉学若此。余初闻而骇之,不敢问,以为两《经解》尚不足以言经术,称汉学,舍是则经术也,汉学也,于何求之? 亦竟不能揣测两师之意而想像其所谓。(《经学抉原》,第一〇三页)

先生《廖季平先生传》云:

> (先生)自奉极薄,而周恤宗族不少吝。豪于饮,数十杯一举立尽。在国学学校时,每夜醉,辄笑语入诸生舍为说经,竟委屈,无误语。积书至万余卷,尝示文通《汉书》中事,于积帙中信手抽出,展卷三数翻,直指某行,同学侍立者皆惊愕。(《经史抉原》,第一四三页)

一九一五年（中华民国四年乙卯）　先生二十二岁

是年春,先生作《孔氏古文说》,辨旧史与六经之别,廖氏嘉之,并刊于《国学荟编》第八期。

先生《古史甄微》自序云:

> 乙卯春间,蒙尝以所述《孔子古文说》质之本师井研廖先,廖先不以为谬。因命曰:“古言五帝疆域,四至各殊;祖孙父子之间,数十百年之内,日辟日蹙,不应悬殊若是。盖纬说帝各为代,各传十数世,各数百千年。五行之运,以子承母,土则生金,故少昊为黄帝之子。详考论之,可破旧说一系相承之谬,以见华夏立国开化之远,迥非东西各民族所能及。凡我国人,皆足以自荣而自勉也。”蒙唯诺受命,已十余年,终未遑撰集。(《古史甄微》,第一页)

是年,先生又撰《世界新趋势论》,刊《世界观杂志》第一期第二卷,详云:

　　十九世纪中叶以来，各国科学之进步，国家主义、种族主义之培植，多于战术发生其效力。种豆得豆，致收今日欧洲空前大战之果，死亡合数百十万，消耗日四五千万，酷祸惨剧，痛心酸鼻，关系所及，扰乱全球。于是大多数学理家、企业家、经济家、政论家，感莫大痛苦之激刺，苦心血泪，起而提倡和平学说。社会主义，盖皆行诸言论，见诸事实，自谓天演阶级，剥极而复，斯为应运之事业。于是世界学者亦靡然和之，以为战争结果必能睹世界之真和平，而光华灿烂之极乐世界，必为此凄风苦雨之战争所产出。孰知此类梦想不过学说家一种迷信。盖学说虽为事实之母，而非学说能力十分成熟，不能变为事实。今兹学说，其萌芽耳，而来日大难，尚不知伊于胡底也。

　　俄、德之战也，孰不曰大斯拉夫、大日耳曼两主义之冲突。英之加入也，孰不曰海上霸权之竞争。无论今兹之势，二者尚未趋于极端。即各方之兵力虽竭，而国力必依旧盛强，则此战之胜负，曾不足判其国势之强弱，而两争点之孰得孰失，亦未易解决也。是和议虽旦暮可期，不旋踵而战乱复起者，盖易逆知也。则耗财不知几倍于今之多，杀人不知几倍于今之众，必待兵力之竭者，国力亦随之而夷，则庶乎可解决矣。兹二争点一日不定，则和平无一日之可冀也。

　　欧洲之势，鼎足之势也。英、俄既相结而抑德。英、俄果所谓兄弟之国乎？自土耳其而波斯，自阿富汗而西藏，四国之所以尚能存在者，莫不以英、俄均势之故，即此四者之永为英、俄之争端也。方英、德于伊朴莱斯，俄、德于加利西亚，战事方殷之际，俄稍得志于土，英、法联军舰队即驰入达尔达诺海峡，以保均衡。是一方面之战事未终，一方面之战机已伏。使巴尔干之均势稍颇，而英、俄之战剧作矣。神圣同盟也，德、俄相结而屏英、法；柏林条约也，英、法、德相依以抑强俄。循环无端，展转相因，则欧洲之祸未始有暨，而和平永无期也。

　　欧洲之均势破裂，论者鲜不谓远东之均势已夷。孰知近东之均势，不足以括及远东，近东之均势存于德、奥、俄、法、英、意，远东之均势，美、德不过空有其名，其实力则存于俄、日、英、法也。日、俄、英、法今固与国也，则中国之均势曾不以巴尔干之变迁为转移，可决然矣。

　　方中国暗昧孱弱之时，俄势力张乎北，法势力张乎南，英于印度势力确定之后，始注其力于扬子江流域，北与俄争，南与法竞。甲午之役，日人北有三韩，南有台湾，以为大陆势力之根据，而开列强割据之端。争租地，以图军事之发展，而中国海岸实力，究操之倭人。一战而败俄，攘其旅、大，再战而败于德，奄有胶、澳。自辽、鲁而渐浙、闽，殆已纯处乎日人势力范围之下。其间有海军根据地者，唯英之于威海卫耳。则今后中国之均势不其操诸日人之掌握乎?

日、俄既成,而英、德、法干涉辽东铁道权。英、日同盟者几变而为俄、日,以英之碍其利权之发展也。今也德人之势,既不及于东洋,而日、德同盟之说又兴。往者英假日之同盟,以扩张远东海权,日假英之同盟以剪除德、俄,今则英、日之利益已相抵触,德将假日之同盟,以牵制其敌国,而日将假德之同盟,以驱皙族之有势力于东方者也。

中国之局势恒操之日人之手,以其实力之易及其一举一动,率可指导皙族而左右中国。马关之约成,而瓜分之论炽。英、日同盟成,而均势之局立。凡维持独立,保全领土诸说,毕肇于此。中国之有前十年之危殆,而复获近十年之安全者,胥东人使之然也。今也,中国之局势且再易矣,远东之伯权行将握诸东瀛,而中国几纯属其势力范围之下也。列强之中,舍日人其谁亡我者,虽然日之遂足以亡我乎? 即武力有以立吾人之上,而其不卒同化于吾人之中者,亦难能矣,则其势力之伸展,亦曰驱除难耳。

俄人欲得海上权之发展,舍中国与突厥而何从,激而为俄、土之战争,柏森条约抑之。趋而东酿为日俄之战,朴斯茅条约成,其锋复转而南,遂酿成奥塞之战。今役之后,英、德而不足以抑其强,则大日耳曼主义必摧折而无余,大不列颠之海权行将堕矣。南欧之祸未易料也。不尔其势将再折而东,与日人相将而亡我东洋之海权,虽可得而言陆上之角逐,殆难逆睹,则中国之安危,又将视巴尔干之均衡为转移也。

欧战之起,波及非、亚,其影响于西陆者何如。自欧人势力次第催挫于中南美之革命以来,而美人安枕无虞,军备较驰于大陆,无武力发展之能力,于远东无军事之根据,方瓜分论极盛之日,而有门户开放之宣言,然受欧洲侵略主义之激刺,乃肆其野心于菲律宾,而以武力干涉墨西哥之内战,是开放者不必其所愿为,殆亦犹德之首倡瓜分中国,既以己力于远东终微,始注其力于土耳其,而反持保全中国之主义者,如出一轨。美人近以中南美之动,列强窥伺,则倡孟禄主义,所谓美利加洲者美利加洲人之美利加洲,以维持之于欧战激烈之中。复汲汲于军事之筹备,于巴拿马建筑炮台之议,倾动全国,至谓不尔则列强之军舰将胥集乎? 是盖以武力之不足恃,则将危殆其和平。此而后美人亦将肆逐鹿于太平洋,必然而无惑也。

自英、俄之解纷条约成,英人恃日为印度之援助者,已无必需之要。日人之南进论炽,而英之恃日为澳大利亚、加拿大三保护者,反与美之菲律宾同一危殆,故英、美日趋于提携,至有不惜倡为英美同盟以收制海权于白人之手。巴拿马运河之通,美人之军事将活动于太平洋,而中南美则又日人野心之所注目。自墨西哥专使多巴拉使日,而日人复协助墨西哥以抗美,日、墨之国交益增巩固,则今后远东之海权将视日美海军力之比较为得失也。(《世界观杂志》,第一卷第二期,第一三—一七页)

约在是年三月十七日,先生购《太炎文集》。

《吴虞日记》云:

> 蒙功(公)甫之子购得《太炎文集》,余试阅之,亦非全本。(《吴虞日记》上册,第一八○页)

> 　　知按:今据卷一知,在时人眼中,先生实为蒙公甫之子。故此处亦定吴虞所云蒙公甫之子为先生。

九月,四川高等学校(即清末创立的四川省城高等学堂)校长骆成骧以四川高等学堂校长名义,向四川巡按使陈宧呈文,提出在四川高等学校的基础上设立四川大学。(《辛亥革命到五四时期四川大事记》,第一○四页)

一九一六年(中华民国五年丙辰)　先生二十三岁

是年上半年先生仍就读于国学学校。在校读书期间,先生与同学彭云生、杨叔明、杨润六、向宗鲁、曾宇康、曾道侯、廖次山等友善,数十年交往未绝。是时先生师曾学传在校教授理学,并著《皂江全书》,中有《宋儒学案简编》,可能即其时所用教材。曾氏学宗陆象山,先生后来亦宗陆象山,可能即受曾氏影响。

先生《儒家哲学思想之发展》,云:

> 不肖昔从皂江曾习之师问学,师专以象山为教,自惜当时贪于涉猎泛滥,未克尽心,真考亭所谓“孤负此翁”也。(《儒学五论》,第三○页)

下半年,先生毕业返盐,在家自学。后出资在破庙设帐授徒,教学生“学要深”,“文要实”。

何绍奇《关于如何学古文》云:

> 四川大学有位蒙文通教授,精通文史哲,毛泽东曾经在一次讲话中提到过他。他是四川盐亭人,其地和我的故乡近邻。听当地父老说,他中学毕业不久,即通过父执张澜先生介绍到成都教书。由于其肚皮里没多少学问,讲古文常常念白字,被学生们轰下讲堂,铩羽而归。回到家乡后,他痛定思痛,买了一屋子书来读,不是足不出户,而是根本不下楼。饿了,就打铃请家里人送饭来。如是十年,不仅古文通了,而且成了一位大学问

家。(《读书析疑与临证得失》,第一六九页)

知按:何绍奇言先生毕业后曾通过张澜介绍在成都教书一事不确,或为乡间传闻,不足信。

是年,先生与盐亭县城马萧结婚,萧曾就读于县城女子学校数年。(《蒙文通先生年谱》,《蒙文通先生诞辰 110 周年纪念文集》,第四一六页)

蒙文通先生年谱长编卷三

一九一七年（中华民国六年丁巳）　先生二十四岁

是年,长女绍章出生,因当时先生在家自学经学,故小字艺生。

一月,协约国拒绝德国的和平协议,第一次世界大战仍在持续。胡适在《新青年》发表《文学改良刍议》,进一步鼓吹改良主义文学主张。

二月,陈独秀在《新青年》二卷六号上发表《文学革命论》,提出"文学革命"的口号。

七月一日,张勋拥清废帝溥仪复辟,三日,段祺瑞在天津附近誓师讨逆,十二日,攻入北京,张勋逃匿。

十四日,段祺瑞重新执政,黎元洪宣告下野,举冯国璋继任大总统。

八月,冯国璋正式任代理大总统。段祺瑞在美、日的操纵下,对德宣战。

九月,广州召开非常国会,成立护法军政府,推举孙中山为大元帅,史称"护法运动"。

一九一八年（中华民国七年戊午）　先生二十五岁

是年,先生在杨家沟修整一破庙开馆办学。盐亭三河乡人杨升庵,早年出入释老,颇遇异人,每得秘术,后幡然有悟于孔孟之道,一以宋明理学为归而尽弃其旧学,居笼子寨设馆授徒。先生可能在本年前后曾就杨氏受学,故于丁卯年为杨所著《韬晦集》作序云:"达受学于先生之门几十年矣。"(《蒙文通先生诞辰110周年纪念文集》,第四一六页)

同年,先生师欧阳竟无与章太炎、陈三立等在南京"金陵刻经处"筹建"支那内学院"。

五月,孙中山通电辞护法军政府大元帅,"护法运动"宣告失败。同月,先生师名山吴之英病逝。宋育仁挽之云:

> 拜母犹忆升堂,异境不消千古恨;故人实伤陟岵,重行遥帐九秋情。

并作《暮春同吴伯揭作》,云:

> 客心惊日夜,忽听子规啼。细雨花仍落,新阳柳渐低。暮寒方病酒,

春梦定如泥。芳草蒙山路,偕君愿隐栖。

吴虞挽之云:

> 品节在严郑之间,白首孤行,自有千秋型蜀士;文学继卿云而后,玄亭重过,空悲一国失人师。

并作《名山吴伯竭先生之英》,云:

> 巍然谁是鲁灵光? 沧海横流实可伤。不见延陵吴季子,肯言天下有文章。(《吴之英儒学论集》,第五一九页)

一九一九年(中华民国八年己未)　先生二十六岁

是年上半年,先生居乡,下半年至成都,并任省立成都联中国文教师。长子蒙仲生,以其时任教蓉城,故小字容生。

一月十八日,巴黎和会开幕,美、英、法、意、日等国否决中国提出的取消"二十一条"以及列强在华特权的要求。

四月,《巴黎和约》肯定日本侵夺我国山东的权益,北洋军阀政府准备签字,激起全国人民的愤慨。

五月,北京爆发五四运动,成都各界也起而响应。在李劼人主持下,少年中国学会成都分会于十五日正式成立。先生同学友人彭云生、周晓和、胡少襄、李思纯、何鲁之、穆济波、李晓舫等皆为少年中国学会会员。

七月,北洋军阀政府被迫颁布禁止日货通令。

九月,北洋军阀政府宣布中止对德战争状态。

十月,孙中山在上海宣布将中华革命党改组为中国国民党。

十一月二十日,先生师仪征刘师培因病去世。然刘氏民族学研究曾对先生《古史甄微》产生了一定的影响。路新生《刘师培的民族史研究及对蒙文通的影响》云:

> 就《古史甄微》与刘师培《中国民族志》相互比勘,前者受到后者影响的痕迹同样了然可辨。对于中华民族的源起、其最初的民族成份构成以及中华民族在历史上的扩张与融合,这是《中国民族志》探讨的重点。在论及上古时期汉族迁徙的方向时刘师培指出,据少昊以前之"宅都",可知其时民族迁徙的线路是"由西向东迁者也"。蒙氏完全不同意刘师培的这一结论,指出,据《郊祀志》、《帝王世纪》、《水经注》、《货殖列传》可知中国古代民族的迁徙是自东而西,"安见所谓自西而东者耶?"蒙氏又指出,据《史记·货殖列传》和《周易》的记载,知"秦族之生活为渔猎。"日

本学者认为,"希腊文明之发生,以其国小多山,土地硗瘠,食物不丰,故多沿海行商于小亚细亚,欧式文明之源,实肇于此。"对比希腊与泰族,蒙氏指出,泰族之以渔猎为生,制约着泰族"自昔即往来于海上,此其有似于希腊,固甚显著。"据《汉书·地理志》可知"齐地负海舄卤,少五谷而人民寡,太公乃通渔盐之利而人物辐凑。鲁地狭民众,俗俭啬爱财趋商贾。""此视希腊之行商小亚细亚则何如?""若更观泰族东来,沿渤海经鲁而南走江、淮,由营州越海经鲁而西走太吴之墟,则泰族固亦航海经商之国民也,此又正似于希腊行商于沿海。"而据《汉书·地理志》:"唐魏之国,其民君子深思,小人俭陋。"蒙文通认为,中国的典籍透露出的讯息可以使得人们认识到"北方人民所资于天产之薄,颇似今日欧洲文明中心之日耳曼,"故"北方民族精神亦略类之。"刘氏特意强调:中国"文化的发生"乃"始于泰族",而泰族文化"又自昔以鲁地文化为最高,固不可谓非海道交通之力,而地理之有关于文明亦可见。"尽管蒙氏之论所要表达的是中华民族"自立"的自豪感,但这种依托于希腊、日耳曼民族而凸显中华民族与之相似的观点,骨子里却仍然透露出了"气短"的痕迹。当然,蒙氏之论与刘师培、章太炎等人的汉族西来说,其差别显而易见。因此,蒙氏对于"近儒"丹徒柳诒徵的"中国古代文化,起于山岳,无与河流"说,特别是对于"主中国民族西元论者",亦即刘师培、章太炎等人所谓的"古代文化自西而东"说皆不同意。认为他们的观点"皆与此篇(《古史甄微》)所究,旨趣不同者也。"

如此说来,是不是《古史甄微》对于刘师培就一无承袭之处呢?事实也不尽然。例如,刘氏《中国民族志》第二章"汉族之扩张及与苗族之关系"认为,上古时代自伏羲时"由游牧时代进而至土著时代","汉族人民殖民河滨,与苗族杂处"。《中国民族志》"汉族增势时代"又指出:"黄帝继神农之位,挟战胜余威,经营宇内,时与苗族相战争。盖五帝以前,苗族久为汉族一大敌"。刘师培的这一结论即为蒙文通所汲取。蒙氏认为,共工世为诸侯之强,自伏羲以来,下至伯禹,常为中国患。蒙、刘相异处则在于,刘师培将夷狄与汉族判若泾渭,蒙文通则指出,共工、苗族为炎帝后裔,"共工固姜姓炎帝之裔也"。又如《古史甄微》在论及上古少数民族的民族属性时所用的方法也与刘师培如出一辙。其谓:

《大戴礼》:"倮虫之属三百六十,而圣人为之长。"此以人类出于倮虫,倮盖古初之类人猿。《抱朴子·对俗》云:"猕猴寿八百岁变为猿,猿寿五百岁变为玃,玃千岁变为人形。"《吕览·察传》:"玃似母猴,母猴似人。"岂猿玃即所谓倮虫者耶!倮从人,固以倮为人。羌为羊种,闽蛮为虫种,貉为豸种,玃犹、玃玃、狄为犬种,皆不得侪于人。僬侥、玃人皆从人,以西南民族有顺理之性也。夷从大为古文人,以夷俗仁,东方有君子之国也。书契本于黄族。自谓出于倮而圣人为之长,外此惟西南民族得侪于人,以炎族之有文化故也;东北民族亦得侪于人,以泰族之有文化故也。西戎被甲荷戈,盖亦以其为黄族同支,固亦人之徒也。足见上世民族即繁,而于中国文化,惟三族能共建之。

今按,蒙文通提到了"羌为羊种,闽蛮为虫种,貉为豸种,徽犹、獯徽、狄为犬种,僬侥、徽人皆从人",此种议论全然本之于刘师培。当然,蒙论虽然采取了和刘师培同样的方法论,即以训诂入手解释族称,但蒙氏加入了人猿同源的素材,并且贯穿于蒙文通自相发明的上古文明三民族或三地域说,揭示了炎、黄两族而外西南少数民族在创造中国上古文明过程中所起的积极作用。这就使得刘师培原先狭隘的"攘夷"之论有了全新的意义。(《史学史研究》,二〇〇五年第四期,第五九—六〇页)

一九二〇年(中华民国九年庚申)　先生二十七岁

是年,先生仍任教于省立成都联中,同时任教者有彭云生、吴虞、肖中仑、杨叔明、杨润六、曾道侯等,多为先生旧友。

八月三十日,成都联中教职员会提议罢课。

十月十一日,"省中因双十节今明两日均放假"。(《吴虞日记》上册,五六〇页)

十二月七日,先生欲辞联中教职。

《吴虞日记》云:

> 耿光言,曾道侯本教国文,李培甫乃欲支配彼教修身,道侯不受培甫支配,怫然而去。蒙文通之去,亦因不受培甫支配而然也。文通言培甫云,中学堂何必要吴先生讲国文。耿光言培甫与山腴似为一气,培甫诸人定《经史百家杂钞》为教本,与商务馆约电寄三百部来川,及书到,培甫又改为《初学古文读本》,不用《经史百家杂钞》,其荒谬如此。而培甫所援引盛吟皋诸人,又为学生所不喜。予闻此,益知培甫之为人不足取也。(《吴虞日记》上册,五六八—五六九页)

一九二一年(中华民国十年辛酉)　先生二十八岁

上半年先生仍任教成都联中,下半年转任重庆联中国文教师。同去者有彭云生、杨叔明、唐迪风,同校任教者还有恽代英。

唐君毅《孟子大义重刊记》云:

> 民国十年,吾父与彭云生、蒙文通、杨叔明诸先生,同应重庆联中之

聘,旋应重庆第二女师之聘,吾家遂旅居重庆者四年。(《唐君毅先生全集》卷十九《中国哲学原论原教篇》,第七六六页)

是年,次女绍鲁生,因先生时在重庆,故小字渝生。

八月,重庆二女师学生发起择师运动,并请求更换校长。针对校内"职员之泄沓"、"授课之敷衍"、"设备之废弛",二女师学生提出新任校长应为:(一)对于教育学术有专门研究者;(二)对于教育事业有深厚兴趣者;(三)道德高尚,思想新颖者,同时鉴于"四川女子留学多年,备有上列三项资格者"颇多,"男女思想见地及生活均有特异之点",女师学生认为"以女子长女校自然格外合宜"。(《五四运动在重庆》,第二三九—二四二页)

九月七日,二女师全体学生发表罢课宣言。

腊月,四川省聘先生伯父蒙公甫为二女师校长,彭云生为教务主任。

一九二二年(中华民国十一年壬戌)　先生二十九岁

是年,先生仍任重庆联中国文教师,唐君毅即是时学生。唐君毅《孟子大义重刊记》云:

> 忆吾年十三,始就读重庆联中。其第一年之国文,即由吾父讲授,以老庄孔孟之文为教材。第二年国文则蒙文通先生更为讲授宋明儒学之义。吾父遂购孙夏峰《理学宗传》一书,供吾自学之资,使吾竟得年十五而亦志于学。(《唐君毅先生全集》第十九卷《中国哲学原论原教篇》,第七五二页)

是时,先生伯父蒙公甫亦讲理学,并著《人铎》一书。

> 第二女师校长蒙公甫先生,亦讲理学,并尝辑古今之言"仁"与"敬"者为一书,嘱吾父为之序。(同上)

七月四日,刘湘、杨森向北洋军阀孙传芳求助,得款四十万银元,子弹数万发,调动重庆、开县和开江县军队,东西夹击驻扎忠县、万县的川军第一军主力。川一、二军之战爆发。十一日,川军第一军、第三军推刘成勋为川军总司令,联合一致对付第二军杨森部。刘即日就职,分派邓锡侯、赖心辉、田颂尧等部攻打川军第二军辖区重庆、泸州各地。二十日,杨森领部与邓锡侯、赖心辉等部在永川县至重庆间激战。二十六日,白市驿失守,杨森被迫领部退守浮图关。八月六日,浮图关防线被赖心辉突破,杨森战败,乘轮东下宜昌,投靠北洋军阀吴佩孚。七日,赖心辉、邓锡侯等部攻入重庆。至此,川军一、二军之战基本结束。川军第一、三军将领共推第三军军长刘成勋为川军总司令兼四川省省长。(《重庆市志》,第八七页)故先生有"脱险抵渝"之追忆。

先生《经学抉原》序云:

> 壬戌秋初适渝,身陷匪窟,稽滞峡中,凡所耳闻,心惊魄悸,寝不寐食不饱者殆月有余。忧患之际,思若纯一。绎导旧义,时有所开。推本礼数,佐以史文,乃确信今文为齐、鲁之学,而古文乃梁、赵之学也。古文固与今文不同,齐学亦与鲁学差异。鲁学为孔、孟之正宗,而齐、晋则已离失道本。齐学尚邹、鲁为近,而三晋史说动与经违,然后知梁、赵古文,固非孔学,邹、鲁所述,斯为嫡传。(《经史抉原》,第四七页)

《井研廖师与汉代今古文学》云:

> 自壬子、癸丑迄于癸亥,十年之间,寻绎两师之论,未得尽通,然廖师之论每以得刘师之疏疑释滞而益显,中困于匪窟,而作《经学导言》,略陈今古之未可据,当别求之齐、鲁而寻其根,以扬师门之意。(《经学抉原》,第一一八页)

然《经学导言》本应杨效春之邀为《友声》征文而作,本来的题目是《近二十年来汉学之平议》,发表在《友声》双十增刊上,大得友人唐迪风、师廖季平先生的赞赏。后来"因为内容多半是发表自己的意见,和《平议》这个题目名实不甚相符,便将里面的评语删去许多,把题目也就改做《经学导言》。"(《经学抉原》,第七页)

先生《经学导言》序云:

> 我本也没想做文,平素最怯懦最缺乏发表勇气的,此回却因杨效春君的相强,才有这篇稿子的草创。(《经史抉原》,第八页)

又云:

> 友人唐迪风诸君深以未睹全文为憾,屡次催促要我补成完编。却因病事牵缠,直到冬间才将旧稿重新写出。(《经史抉原》,第七页)

七月十七日,"支那内学院"正式成立,欧阳竟无任院长,主讲《唯识抉择谈》。

一九二三年(中华民国十二年癸亥)　　先生三十岁

上半年先生仍任教于重庆联中及二女师。《近二十年来汉学之平议》刊

出后,友人杨叔明于一九二三春节宴请廖平时,读与廖听,大受赞赏,时廖已偏瘫,犹左手书写数纸付之,云:

> 讲《春秋》是小统,孟、荀主之。讲《尚书》是大统,邹衍、《淮南》主之。
> 讲礼制突分小戴、《春秋》说。西汉以上《白虎通》群以《春秋》说。突分大戴派,多同《周礼》,是古学根源。
> 今文学西汉盛说《春秋》是也。古文家据《周礼》以解《尚书》是也。
> 《易》、《诗》天学,古文家说,隔靴搔痒。河间献王不得立博士。古文家以朝廷所立为今学,河间所立为古学,一派谣言。今文所立博士,其详其慎。秦始皇所立七十二人,汉立博士是法古非创立。
> 蒙文通文如桶底脱落,佩服佩服,后来必成大家,谨献所疑以待评定。(《蒙文通先生诞辰110周年纪念文集》,第二三页)

又,杨叔明致函先生云:

> 你《近二十年来汉学平议》的主张,曾同我讲过几次,我也是很赞成的。我前天请廖先生到家中吃春酒,就把你的文章念与他老人家听,他老人家很赞赏你的识力。但是说:诸侯不立博士。河间献王无博士。须考得其立博士之凭据后始可说。又云:《逸周书》乃三国时书。《逸周书》有二,其出自家中者多后人加入之语。又《汉立博士考》可细阅,足知立博士之难,云云。过后,我们大家说得闹热,先生也非常高兴,又亲自左手写了一篇,嘱我抄给你,我想先生晚年左书不可多得,我简直就与你挂号寄来保存,自不待说。依先生的说法,你再讨论一番,必更一篇惊人之论也。文敦在此朝夕相处谭究,甚乐也。(《蒙文通先生诞辰110周年纪念文集》,第二三页)

然是时先生"欲一览清末经术家言",并"始知考据之学无事于经术,称考据为汉学者陋矣。"

先生《廖季平先生与清代汉学》云:

> 及年已三十,教学渝州,欲一览清末经术家言,稍搜各家书读之,始知考据之学无事于经术,称考据为汉学者陋矣。而两先生之言实卓识,为百世不易之论,固足启一时之惑而醒群蒙。(《经学抉原》,第一○三页)

又云:

> 余于年三十以后,始觉左庵之学与廖师同归,其未入蜀前所著作,与入蜀后者不复类。及再游金陵,以问谢无量师,谢师与刘、廖亦同时居蜀

讲席者,谢师为余言左庵所以问于廖师者,其事甚详。(《经学抉原》,第一〇五页)

秋,辍教"南走吴越,博求幽异,期观同光以来经学之流变。而戎马生郊,故老潜遁,群凶塞路,讲论奚由。遂从宜黄欧阳大师问成唯识义以归。"(《经学抉原》,第四七页)

先生《治学杂语》云:

> 余沉思今、古事,历久不得通,走于四方,博问故老,亦未足祛其积惑,旁稽子史,间有会心,乃渐以得解,然前后已逾四十余年,甚矣为学之难也。(《蒙文通学记》,第四页)

《与张表方书》云:

> 文通少年时,服膺宋明人学,三十始大有所疑,不得已则走之四方,求之师友,无所得也,遂复弃去,唯于经史之学究心;然于宋明人之得者,终未释于怀。(《古学甄微》第一五六页)

先生即入内学院,为试学班学生之一,尝以治经之法治佛典,撰《中国禅学考》,论达摩前二十八祖之不足据,并辨析古禅、今禅之异趣。深得欧阳竟无的赞赏,以刊于《内学》第一辑。

王恩洋《四十自述》云:

> 十二年暑假,内院筹备招纳新生,下期开办试学部。盖师之学问声闻日远,求学者众。然以地狭,又且弗能供给食宿之费,以前此留院同学皆由内院供给食用,其未为内院服务,单事研究者亦由院供给伙食,故收人不能广。余建议由内院代佃房屋,伙食亦可代办,每人每期取银四五十元,即可互不相碍,而不阻人来学之望,亦可谓惠而不费者也。师友允可。师以为学级不可滥,乃对新来者作为试学部,命秋逸兄主教务,洋亦令负引导之责焉。下年来学者,有存厚、蕙庭等诸比丘,及韩畝畦、蒙文通、黄通儒、刘衡如诸同学,共十余人,皆济济英才也。(《王恩洋先生论著集》第十卷,第四八八—四八九页)

吕澂《我的经历与内学院发展历程》云:

> 又一年(1923),8月,内学院办研究部试学班,招生15人,我兼任讲师,讲了《因明纲要》、《佛典泛论》,并编写了《印度佛教史略》、《佛教研究法》(各稿均由商务印行),另外还主编《内学》年刊(后继续出至五辑停

刊）。现今在中国科学院历史研究所一所的研究员蒙文通，是试学班学生之一。（《世界哲学》，二○○年第三期，第七八页）

> 知按：是时，内学院分学务处、编校流通处、事务处。其中学务处下设总务系、研究系、讲演系、图书系和出版审查系。而先生就读的研究部试学班则直属研究系。研究系下设一般研究（一九二三年院研究者二十人）、研究部试学班（一班十五人，共办五期，先生为第一、二学期试学班学生）、一般研究会、特殊研究会、藏文研究等五大研究部门。"担任讲授指导者六人，欧阳大师、邱晞明（即邱虚明）、王化中、吕秋逸、聂耦庚、汤锡予。在学者十六人，蒙尔达（先生）、韩孟钧、刘定权、谢质诚、李艺、邱仲，以上四川。释存厚、释荙觉、黄通、曹天任，以上江苏。陈经、黄金文，以上浙江。刘志远、阎毅，以上湖南。樊毅远，湖北。释碧纯，福建。"（《内学》第二辑，第二三九页）

关于支那内学院的生活学习情况，兹引不空《支那内学院——介绍一个研究佛学的机构》以备参考，云：

> 院中功课，注重自动研究，每一个月或二个月，开讨论会一次，由僧俗们将研究心得，登台演讲，欧阳竟无则于讲演之后加以批评。
>
> 僧俗们在院中，每日除阅读经典而外，早晚尚须礼佛，礼佛之后，还须打坐，打坐的时间，有二小时的，有一小时的，也有半小时的，大概资格越老，打坐的时间越能延长。
>
> 院中所有的人们，都须茹素，茹素在僧人本无问题，可怜那些新进的在家人，熬不惯这些清苦的生活，有的竟不免偷偷的走到外面馆子里饱吃一顿肥肉，以润枯肠，不过这也是不常有的事，倘一经查出，轻则罚跪于佛像之前，重则开除，毫不宽贷。（《人世间》，一九三五年第四十期，第二六页）

附录：

内学院研究部试学班学程
第一期（十二年九月至十二月）

学科	导师	研究用书
解深密经	邱虚明	异译经文三种及伦记圆测疏
菩萨藏经	王恩洋	异译经文二种
大论菩萨地	邱虚明	异译论文三种

续表

学科	导师	研究用书
二十唯识论	王恩洋	异译论文三种及述记
法苑义林总料简章	吕澂	本文
因明讲要及演习	吕澂	因明大疏及讲义

第二期(十三年一月至六月)

学科	导师	研究用书
三十论本义	吕澂	成唯识论及讲义
唯识论述记	吕澂	成唯识论述记、枢要演秘等
唯识通论	王恩洋	讲义
小乘与唯识之关系	邱虚明	成唯识论及讲义
异部宗轮论	吕澂	论文述记及讲义
因明讲要及演习	吕澂	因明大疏及讲义
巴利文	汤用彤	讲义及经文
文典长阿含游行经演习		
西藏文	吕澂	讲义及颂文
文典三十颂演习		

一九二四年(中华民国十三年甲子) 先生三十一岁

上半年,先生住南京内学院,下半年返重庆,仍教于重庆第二女子师范学校。春起,女师"全校教职员一律上饭堂,同学生吃那较坏的饭——这也是在目下教育界中稀有而值得敬佩且愿天下同业引为模范的。"(《萧楚女文存》,第三二页)

一月,南京内学院召开第四次研究会,先生撰《中国禅学考》,推治经之法以治佛典,考达摩前二十八祖之不可据,并辨析古禅今禅之不同,深得欧阳竟无的赞赏,刊内学院年刊第一期。

章太炎《与欧阳竟无》云:

> 闻公以禅宗传授事多渺茫,曾疑二十八祖之非实。近观唐人碑版,唯李华《左谿大师碑铭》云:"佛以法心传迦叶,此后相承凡二十九世(不数佛,即二十八世)。至梁魏间,有菩萨僧菩提达摩禅师传楞伽法",此与后来传说相合。而独孤及《三祖碑铭》二十八世迭代微言自注:自迦叶传至师子比丘,凡二十五世,自达摩大师至禅师(即三祖)又三世,共二十八

世。刘禹锡《牛头山融大师塔记》：初，迦叶授佛心印得其人而传之，至师子比丘凡二十五叶，而达摩得焉。是二说者与李华之言迥异。窃意达摩言论本少，未必自述，累代传授，似皆华人增饰之尔。西土史事本多附会，即宗派传授，亦不可知，此盖无足论者，但知达摩杰出，化彼东方，则已可矣。鄙人则谓忍公门下能、秀二师事迹，见于《坛经》及《传灯录》者，尚多可疑。据王维《六组能禅师碑铭》云："忍大师临终遂密授以祖师袈裟，谓之曰：'物忌独贤，人恶出己，予且死矣，汝其行乎。'"此与《坛经》所称能、秀二师作偈相驳者有异。《六祖法宝记》相传出于法海(《唐艺文志》)，法海即能师弟子。而王维所作碑铭云神会以颂见托。神会即能师高第弟子。所传有异。窃谓王碑所述神会语是真，而《法宝记》则法海臆说，亦或后人托之法海者尔。按秀师事状，详张说所作《大通禅师碑铭》云："逮知天命之年，自拔人间之世，企闻蕲州有忍禅师，翻飞谒诣，服勤六年，不舍昼夜。大师叹曰：'东山之法，尽在秀矣'。命之洗足，引之并坐，于是涕辞而去，退藏于密，仪凤中始隶玉泉，神龙二年二月夜中化灭，盖僧腊八十矣。生于隋末，百有余岁。"说尝亲事秀师，其说必审。按秀师五十而见黄梅，六年辞去，其年五十有六，至终时百有余岁，相距几五十年，自神龙二年上溯显庆末五年，凡四十六岁，是则秀之辞黄梅而去，当在此时。而能师于咸亨二年始见黄梅，距显庆末已十一年，是能、秀始终未尝相遇，安得有作偈相驳事。黄梅殁于上元二年，是岁始以袈裟付能师，距显庆末十有五年，秀之去已久矣。以二师所言证之，秀渐而能顿，或有优劣之殊，然黄梅密付法衣事，则因秀已辞去，能方及门，并不以作偈校试也。况弟子高下，为师者知之有素，岂必作偈试验，方判优劣，如今学校毕业考试之事乎？此之不然，断可识矣。据《大通碑》称：趣定之前，万缘尽闭，发慧之后，一切皆知，特奉楞伽，递为心要，过此以往，未之或知。是秀师行证，亦已夐绝，而《坛经》称其作偈，前后惝惶如此，直是鄙夫患失，有以知其必不然也。《能禅师碑》称：物忌独贤，人恶出己，禅师遂怀宝迷邦，销声异域，积六十载。此则道明追蹑，容有其事，要非秀师徒党也。

　　大抵沙门以宗派相轧，务尽抑扬，如异部宗轮论大众部师大天恶行，真乃覆载不容。彼《坛经》之揶揄秀师，又何足怪。白衣居士不与嗣法之数，必无适莫，词始近真，故鄙意能、秀二师事，当以王、张二碑为信，非沙门诬善之辞比也。质之贤达，以为何如？(《章太炎书信集》，第九三八—九三九页)

　　　知按：章太炎信中所述，实与先生论学，不审其为何以先生《中国禅学考》归之欧阳竟无名下。今据该信内容为与先生往返论学，故置先生年谱中。关于先生"推治经之法以治佛典"一说，四川大学历史文化学院二〇〇四级博士生李晓宇撰有《蒙文通先生佛学研究中的经学问题》一文,刊《宗教学研究》二〇〇六年第四期,第二〇二——二〇六页,可资参考。

二月二十七日,杨叔明致函先生,云:

数接来书,情致恳恳,疏懒未答,深用自疚,亦因润陆卧病,时及半年,医药扰攘,致觉眼也。《经学导言》已送出十余册,呈井研时,时方病目,弟倚几朗诵,师奖叹欢喜,随有批正,兹转录附上。……《内学篇》及《支那禅学考》急欲一见。闻仁山弟子黎某精性宗,有著述否? 内院所出《唯识抉择》、《唯识讲义》、《唯识今释》俱已见,《声明略》、《起信料简》亦得,尚有新出著述否? 能寄示一二甚佳。惠诗苍秀而时有商音,南朝山水岂亦别有会心耶! 能久住南京精研法相否? 三十初度像已得,感谢。(《蒙文通先生诞辰110周年纪念文集》,第二四——二五页)

　　　　知按:原函署名时间为正月廿三日夜,今据是年正月二十三日即阳历二月二十七日,故录此。又据该函所云,先生曾作诗赠杨叔明,并寄三十初度相片一张,然此等资料,今或早已不存。

三月十日,先生致函陈中凡,云:

近读《国学丛刊》第四期内大著《泰誓年月考》一篇,钦佩无已。说古文而上探西汉、晚周之坠绪者,先师左庵既殁,其传在先生也。自宋于庭著书判析今古,而陈硕甫疏《毛诗》以应之,寻西京以前之佚说,不琐琐于后汉,故胡氏疏《礼经》不取其义。左庵当今学方张之后,由《汉书》明《周官》,由《史记》明《尚书》、《左传》,直寻师说于西京,撰《周官古注集疏》以正《孙氏正义》,殆亦犹陈之与胡乎。惜左庵之学,略启其端,而业多未竟。自左庵归道山,其道以微,今见大著,亦意在寻西京古文学,犹左庵之道也。忽闻足音于空谷,能无使人跫然而喜乎?《通讯》中与孙文益辈往复数书,疏证明确,然争论《礼》之本末,两贤之议,本无大差,不议亦可。独方士化之说,弟窃有疑焉。近代今文家说经,皆好取义于纬,方士与今文并为一谈久矣。左庵著论《孔子不改制考》诸篇,亦复如是。然弟于斯则不能无言,以学不可苟同,苟同则道不明,故不嫌于辩析。亦不可以苟异,苟异则失其实。鲁恭云:"学者传先师之言,非从己出,要得其是而已。"就《郊祀志》言,充尚等为神仙,而邹衍为阴阳,似不同,其后则颇难分辨。然窃窥斯篇之要,在明儒生与阴阳家,而不在明方士之与阴阳家也。尝考秦汉间,有经师之传统,有方士之传统,以经生而习阴阳家言者有之,以阴阳家而习经生家言者亦有之,而经生之与方士,终不可混也。

夏侯始昌之徒传灾变之说,而各以授所贤弟子,此盖内学之号所由起。夫既曰授所贤弟子,是经则遍受弟子而灾变不以遍授。故仲舒著论,而吕步舒不知其师书,以为大愚。李寻独好《洪范》、《五行》,同门之郑宽中则或不传《五行》也。翼奉好律历阴阳,同门之匡衡、萧望之则不必晓律历阴阳也。此则章句与灾变虽一师传之,而道究未尝混也。李守从刘歆学星历谶记,不必传经。杜子春、贾徽从刘歆受经,不必即学星历。贾逵以左氏证“帝宣”,论者且谓其改审传文以合谶。郑玄注经,亦称秘说,不必因贾、郑而即谓古文学为方士化。今文家之反对灾变者亦有之,韩婴《外传》“霡雨者何也”,明斥阴阳家言。征之《论衡》,其说即显斥仲舒,《包元太平经》李寻附之,而刘向、平当不以为可。欧阳尚书家之尹敏,又何尝不讥短谶书。要之:今古两家同有好内学者,不必内学即今文,今文即内学。孟喜得易家候阴阳灾变书,而梁丘贺疏通证明之。京房以延寿《易》即孟氏,而翟牧、白生不肯,皆曰非也。近代善化皮先生、石城江先生、余杭章先生皆不以梁丘施氏之学,并同孟京,盖可信也。再:今文家好附内学者,莫盛于公羊家,然其说不必根于《公羊传》。如王鲁之说,与公羊几不可二。然邵公据于经者,不过以诸侯不改元,《春秋》始隐公元年,即孔子王鲁。然斯说也,《公羊传》无之,证诸《白虎通》言“天子改元,即事天地,诸侯改元,即事社稷”,是礼许诸侯改元。《国语·晋语》皆纪晋之年,诸侯改元,于史有证,则邵公之义破矣,而于《公羊》无与也。非常异议可怪之论,皆在《繁露》而不在《公羊》,此亦灾变与经学不相混之一证也。况董生、邵公同《公羊》之学也,一言赤统,一言黑统,是则言《春秋》则同为《公羊》,而言内学则有别异。张苍以汉当水德,即黑统之义也。刘歆、刘向以汉当火德,则赤统之义也。是言内学则同,而言《春秋》则左、公、穀异也。贾谊亦传《左氏》,而说汉当土德,既异于张苍,复别于刘向,此尤可见经学为经学之传统,而灾变阴阳又自为其传统,初未尝渚《公羊》,且不以其传学者之故而遂入于灾变阴阳,他经更可知也。若以经学与阴阳同此一师而咎之,则左氏传于张苍,而苍实著《终始五德传》者也。若以其与阴阳并进而咎之,则汉武议封禅,又何尝不取《周官》哉?博士之官,自秦至汉文皆七十余人,有《诗》《书》博士,有百家语博士,有传记博士,其别则多。伏生、申公、辕固,此《诗》《书》博士也。羊子、黄公、卢敖、公孙臣,此百家语博士也。赵歧言:《论语》、《孝经》、《孟子》、《尔雅》皆置博士。”刘歆言:“虽诸子传说,犹广立学官,为置博士。”贾谊以通诸子百家之书,文帝召以为博士,明秦汉博士自有百家语在其间。《本纪》言:“非博士官所职,敢有藏《诗》《书》百家者”,其意尤明。不必疑秦汉博士之言涉阴阳,而谓阴阳之说为《诗》《鲁》,博士之说也。弟疑董仲舒、夏侯始昌之于阴阳,正亦犹贾生、晁错之兼明申、商,主父偃之兼明纵横家言耳。井研廖氏今文而喜阴阳家言者也,《经话续篇》中亦尝论及灾变谶纬与经术离合之关系,管窥略如此。要之,近代今学好言内学,是其一短。汉代师儒亦往往如是。今学与内学终为两家,在今世言今学,正当屏除阴阳,而一断于礼,为得其实。仲舒、始昌之学不可从,不可回护,回护则乱道。摘邵公之瑕义,则《公羊》庶乎其可明也。盖邵公所述者,往往在赤伏符等,为图谶之学,而非西京律历阴阳之学,阴阳之学原于晚周,而图谶之学起于中兴之前终章之徒。张衡言:"夏侯胜、眭孟之徒以道术立名,其所著述无谶一言,刘向父子领校秘书,亦无谶录。成哀之后,乃始闻之。律历卦候九宫风角数有征效,世莫肯学,而竟称不占之书。"其判析图谶与灾变甚明,邵公承东平王苍之后,乃间以谶淆之《解诂》中,则其罪又在仲舒上也。西汉之学涉阴阳,而东汉之学涉图谶,譬诸草木,区以别矣。愚者一得,先生以为何如? 然也,近代经学中之纠纷,或可释其一。非然者,尚望不以为卤莽,裁一尺之牍,进而教之。学问之道无好恶,所谓求其是而已。见猎心喜,聊复陈之,顺候铎安。(《陈中凡论文集》,第一〇三——一〇六页)

五月二十日,陈中凡复函先生,云:

辱书藻饰溢量,愧不敢承。所示"充尚等为神仙,而邹衍为阴阳,似不同,其后则颇难分辨。"云云,按方士傅会衍说,流为神仙,前于孙书,论列较详,无庸复述。至言"秦汉间有经师之传统,有方士之传统,以经生而习阴阳家言者有之,以阴阳家而习经生家言者亦有之,而经生之与方士,终不可混。"所论极是。弟前言秦汉今文经师之方士化,亦谓西汉学者,大抵皆推说灾异,以傅会《六经》之旨。固未尝言两汉经说与谶纬不分,两汉经师尽为方士也。惟鄙说从大体言之,不免概括之失。得执事详为剖白,益使人瞿然明析,确无可疑。夏侯始昌以灾变之说,授所贤弟子。仲舒著论而吕步舒不知即其师书,以为大愚。执事以此明章句与灾变,虽传自一师,而道终不混。夫弟子有贤否,则其同道有浅深,夏侯弟子不必遍传灾异,而吕步舒不识师说,固其明证。然夏侯于所贤弟子如何? 仲舒其他弟子又如何? 岂传经者皆不明灾异,明灾异者亦不必传经,如胡安定经义、治事两斋,各有颛门,渺不相涉邪? 观夏侯胜从昌受《尚书》及《洪范》、《五行传》,说灾异,则知其弟子中两事兼明者当不乏人。仲舒弟子惟嬴公守学不失师法,授鲁眭孟,孟为符节令,坐说灾异诛,则知仲舒师法之传,固在此不在彼也。推之,郑宽中尊守师法,而李寻独好《洪范》灾异。孟喜好《易家》候阴阳灾变书,托之田生,同门梁丘贺证明其伪。焦延寿又以隐士之传,托之孟氏,亦为翟牧、白生所斥。诸家灾异之说,固不必上承之师，下传其徒，吾人亦绝不能以其师若徒无灾异之言，遂并诸家灾异之说否认之也。费直长于卦筮，无章句。高相亦无章句，专说阴阳灾异。班氏未尝以高、费之学非《易》家，吾人亦绝不能以高、费之故，谓当时舍阴阳灾异之外无《易》学也。以一端而概全体，以全体而概一端，皆为逻辑所不许。弟固未尝言汉儒言《尚书》者皆同于伏生，言《诗》者皆同于翼奉，言《易》者皆同于京、孟，言《春秋》者皆同于董氏，自陷以特概遍之误谬。井研廖氏别礼家为七派，阴阳五行特居其一。善化皮氏亦言：“汉儒有一种天人之学，而齐学尤盛。伏传五行，《齐诗》五际，《公羊春秋》多言灾异，皆齐学也。《易》有象数占验，《礼》有明堂阴阳，不尽齐学而其旨略同。”是故阴阳家言，莫盛于齐。韩婴言《诗》与齐、鲁殊致，故《外传》明斥阴阳，夫何足异。不得据此一节，即言今学无与阴阳之说也。图谶起于哀平之际，原与《纬候》不同。然《史记·秦本纪》言：卢生使人入海求仙还，奏录图书曰：“亡秦者胡也。”则早见于秦世。又刘向《列女传》言：“余尝得秦大夫阮仓撰《仙图》”，是《图》亦作始秦人。特以图谶言经，则始于东平王昌耳。张苍、贾谊虽并治古文，然其言五德终始，仍为阴阳家学说。盖风习移入，贤者难免，张、贾生际汉初，安得不蒙其影响邪？至《隋志》言：“汉世纬书大行，言《五经》者皆为其学，惟孔安国、毛公、王璜之徒独非之，相承以为怪妄，故因鲁恭王、河间献王所得古文，参而考之，以成其义。”与史公言“稽终始五德之传，古文咸不同乖异”之说合。明古文经师不言谶纬，故东汉古文家若桓谭、尹敏、郑兴之伦，并以谶纬为非。盖其说经纯朴，不容讥祥之词羼杂于其间也。总之：西汉学涉阴阳，东汉学涉图谶，两者并属今文经师，无豫古学。且正赖有此古学以相质证，今学内学乃终不致于混淆。前论所谓方士化亦仅言其方士之说傅会《五经》。固未尝言今学即内学，与尊说无或异也。至于“秦汉有《诗》《书》博士，有百家语博士，不能以秦汉博士之言涉阴阳，而谓阴阳之说为《诗》《书》博士也。”则言至精审，足箴鄙说之疏。“在今日言今学，正当屏除阴阳，一断于礼为得其实。”尤征卓识，吾辈治国闻者所当铭诸座右者也。抱病多日，复书稍迟，乞恕疏懒，是祷是幸。（《陈中凡论文集》，第一〇〇—一〇二页）

六月，试学班第二期结束。暑期，先生伯父蒙公甫和友人彭云生赴京、津、沪、杭等地考察教育，并在南京赴中华教育改进会。约在此时，先生回重庆，仍任教重庆第二女子师范学校。

九月，先生《与胡朴安论三体石经书》刊《国学汇编》第二集，云：

旧读大著《诸子学略》，私钦其钩索各家义指而能策其要，校列各家同异而能撼其真，渊然雅然，在时贤述作中允为第一佳构，倾服无已。自分庸虚,深以无由请益为憾,然终冀有获承牗导之机,今倘其时耶!三字石经之争久矣,前闻王静庵、罗叔言于此皆有考论,惜都未睹其文。近于《华国》复见余杭章氏料订之词,而先生意旨则仅于《国学周刊》二十九期与于氏一书、三十三期一跋,观其梗概。不慧于此问题,诚无所发明,而窃有奉其搜闻从诸贤后之兴。适在金陵,得三字石经六纸,因作六文题之。意谓石经古文,非邯郸淳书,乃嵇康者也。《世说新语·注》引嵇绍序曰:"先君在太学,写石经古文。"《晋书·赵至传》亦有:"至年十四,游太学,遇嵇康,学写石经。"正始立石,叔夜殆与于从事也。又谓三字石经,六籍具备,唐张参作《五经文字》,谓汉石经者即三体石经,于序足见之,而书中引石经《春秋》、石经《尚书》、石经《毛诗》,则三字石经显不限于《尚书》、《春秋》二种。郭、夏两家所集六籍文字皆有石经,或皆六代逮唐诸儒从石经分写而出。《隋书·经籍志》:"石经《尚书》九卷,石经《尚书》三卷。"石经《春秋》三卷,《尚书》重出者,盖《毛诗》之误耶?更因此石之出,而各行字数可知,乃取苏望所刻八百余字,察经文,审碑势,排句比字而为之图,则故碑断烂之仿佛又略可睹。因客中无所得书,即《隶续》亦末由见,不能十分精密,考订遂惝然中辍也。然于石经《尚书》不能无疑者,敢以质诸高明而愿见教焉,则博士与石经之关系也。魏博士不可考,惟《晋书·职官志》云:"晋初承魏制,置博士十九人,及江左初,减为九人。"盖九人即十九人中之旧在官者。《荀崧传》言:"江左中兴,简省博士,九人中有《尚书》郑氏,《古文尚书》孔氏。"九人中有孔氏《尚书》,即十九人中亦有孔氏《古文尚书》可知。况崧奏复云:"故事太学有石经古文,先儒训典贾、马、郑、杜、孔、服、王、何、颜、尹之徒,章句传注众家之学,置博士十九人。"是亦足征魏晋十九博士有孔氏《尚书》。设使当时学官所立,徒有壁中古文,而无安国之传,则郑氏之外,何必更立孔氏一家,则《古文尚书》孔氏,其为伪孔无疑。从丁俭卿说,《孔传》之作为王子雍,则魏晋学官亦得有《孔传》,且《肃传》、王朗《易传》,并肃注各经,一时皆在校官。《刘子珪传·论》言:"子雍爱兴《圣证》、据用《家语》,以外戚之尊,多行晋代。"《孝经疏》盖引司马宣王奏《孝经》诸疏注以肃马长。是肃学以姻娅之故已尊于魏,则出于子雍之《尚书·孔传》宜得立于学官,而古文勒石非鲁壁之真审矣。使正始石经为《九共》、《汨作》等之五十七篇,则旧书煌煌共见,彼伪作《孔传》者将何所售其欺?逮梅赜奏上,斯时石经存者当众,岂难校之非是。故谓正始石经,亦如马、郑注《书》止于二十九篇犹可,若以为所刻为《九共》、《汨作》等五十七篇,则难释然也。《论语》伪《孔训》,与《书传》一家之学也,何晏《集解》已引《孔训》,则伪孔之学已显于魏,尤可证信,夫何疑于《尚书》!司马昭于《家语》惟谓其康成之所见而已。盖郑学之徒,于《圣证篇》孙炎则驳而释之,张融则按经论诘,于《家语》、《孔传》,固未尝一辨真伪,则伪孔之学得刊于石经、立于博士,无不可也。博士、石经同据伪孔,则古文亦未必真壁中文字,魏初邯郸所传为真古文字否? 不可知。而正始石经依蝌蚪之文,遂效其形。故今碑文体势,大异姬周吉金,穷其形声,复多难晓,则石经果只足以增《汗简》之价值,不敢谓于文字有所发明也。《尚书》文字如是,《春秋》、《毛诗》之文字亦如是,六经之刻,非鲁壁故物,疑可定也。愚见如此,而未敢信,此一大事,非肤陋如不慧者所能审断,仰先生学精术博,乞一衡之,幸甚。又太炎云:"朱氏劚药得石一,断为二。"又云:"他碎石亦散于公私。"与易寅村又云:"在厕牖中得一石,又于某寺某观复得二石。"当时共得几石,文都若干,殊令人迷眩,及今不论,将以示后,斯亦大雅所当详也。(《经学抉原》,第四五—四七页)

　　　　知按:由此函可知,先生曾作有三字石经六文。

十月,舒新城应吴玉章邀请,赴成都高等师范学校任教,途径重庆第二女子师范学校,二十五日,舒新城致信其妻,云:

　　　　重庆第二女子师范,我们恐怕都有很深的印象。第一是我们有许多朋友曾经到那里做过事,不时将那里的情形告我们;第二,我们在南京常常遇着该校的学生,并且我这次起行时还有该校的旧教师及学生送行(虽然是朋友的名义):所以我在该校虽然没有一个曾经见面的朋友,但心里总觉得有许多熟人在里面,对于学校的情形也似很熟悉,故出旅馆门便不期然而然舒畅许多。轿子转弯抹角地走了许久,九时半走到在城中最高的一座山上,该校就在这山的顶上。最初会着彭云生、李晓舫,以后会着该校很多的教职员,最后并会见须发全白的老校长蒙公甫,大家都表示亲热的样子。我由他们引导将全校的设备巡视一周(说不到参观),觉得一切都能表示女校的特性。在我的意识中,并不感触他是内地的一个学校,只把他当作一个下江的女学校看待。学生很活泼,很有朝气,师生之间看来也很亲切。其中有一种特殊的设置,就是校友会所设的食堂,每月由学生轮流制造食物发卖:有面、包子及其他点心等;我因要尝她们亲手所做的羹汤,就在那里面食当午饭,吃面一大碗、包子四个,合计只三百文,还不到一角大洋(钱不是我开的),真是价廉物美。(《蜀游心影》,第四九—五十页)

一九二五年(中华民国十四年乙丑)　先生三十二岁

是年,先生仍任教重庆第二女子师范学校。暑期,先生伯父蒙公甫以年老辞二女师校长职,返回盐亭老家。

春,重庆教育界多次召开各中小学校长会议,研究形势,筹商对策,制定了严格教育的办学指南,力图整顿已经被革命运动冲得七零八落的教育秩序。(《萧楚女传》,第一三四页)

三月,张闻天离开重庆第二女子师范学校。十四日,在全校师生大会上,先生伯父蒙公甫当众挽留张闻天继续任教。

李畅培《萧楚女传》云:

> 蒙公甫(裁成)热心教育事业,变卖了自己的房产补贴二女师的办学经费。德阳丸案后,官厅要开除二女师的"为首肇事者",蒙公甫尽管也觉得这些学生闹得过分,但还是保护了她们。进步青年对他的评语是:师德好,可惜思想太旧。蒙公甫因而得到一个亲昵和嘲讽参半的绰号"蒙家公"。二女师学生祝贺蒙校长的 70 大寿时,萧楚女应学生的要求写了一首歌词,其中有这样两句:"先生办学老气横秋,犹望彻底改革透。"对这样坦率的批评,蒙老先生不以为忤。……但是校长会议一开,他稳不住了。归根结蒂,他原本是立宪派,他的思想未能随着时代的前进而改变。在正人君子的鼓噪下,蒙公甫决定撤换张闻天。消息为学生所闻,跑去质问蒙校长。……张闻天谢绝留任,离开了二女师。正人君子们为自己初战告捷而额手相庆,四处散播谣言,……蒙校长便又发出公函声明:"张君之去,合于所谓合则留不合则去之者,并无开除之事。"(《萧楚女传》,第一三六页——一三七页)

> 　　知按:李畅培言"二女师学生祝贺蒙校长的 70 大寿"为误,今据蒙公甫生于 1859 年知是年应为 66 岁。

十二日,孙中山在北京逝世。二十二日,重庆的革命党党员及各界人士 2000 余人在重庆忠烈祠开会追悼孙中山。(《重庆市志》,第九五页)

四月七日,张闻天撰《读了唐鸣珂的妙文之后》。十三日,重庆《南鸿》周刊第三期刊登了该文,云:"像第二女师那样,为维持蒙公甫君的'风化'起见,自然应该管束得严紧一些(这事听说自从袁训育主任女士先生到任之后已经实行了)"。(重庆《南鸿》周刊第三期)

二十六日,张闻天在《南鸿》周刊第五期发表《说"女子不准照相"》,云:

> 我记得当邓省长在位的时候,第二女师开十周年纪念会,该校校长蒙公甫请他来校参观,他居然不辞劳悴立在板凳上看该校同学的跳舞足有几个钟头。不但把女子的肖像给省长看,而且把一个一个活的女子给省长看,在唐君看来蒙老先生是如何的侮辱了邓省长,但是我觉得邓省长当

时并没有表示不满意,而且很高兴了,过后蒙老先生的位置一点也没有动摇。这在唐君的脑壳中是不会懂得的!(《张闻天早期文集》,第五五一页)

又,张闻天《二女师袁训育主任》云:

他(指袁训育)一回到重庆还是彻头彻尾是一个服从旧礼教的"重庆女子"!他一进了二女师对于学生就大施高压手段,(也许这不过是为了他自己的饭碗问题,不能不服从蒙公甫君的指导而这样机械地做了的吧,但是我们现在在这里姑且承认他自己要这样做而做的。)订了许许多多的规则,把学生向来所有的自由差不多完全剥夺了。(《张闻天早期文集》,第五五四页)

五月三日,张闻天发表《告所谓"学校家属"》,言及自己"在第二女师到底怎样出来的",云:

其时张闻天在二女师到底怎样出来的,第二女师的学生大家都知道的,蒙公甫借"莫须有"的谣言,要撤换鄙人的事固然是有的,但是蒙公甫对于学生与鄙人的质问无理来辩答,在三月十四日那一天在大礼堂上当着全体学生与教职员向鄙人道歉而且形式上挽留鄙人的事也是有的。鄙人那时是可以不走的,但是鄙人因为自己不愿再留所以就走了的(关于这层二女师曾有一封公函答复《新蜀报》萧楚女君之质问,谓"张君之去,合于所谓合则留不合则去之者,并无开除之事")。(《张闻天早期文集》,第五六○页)

五日,张闻天撰《再论"二女师袁训育主任"》,十八日,重庆《南鸿》周刊第八期发表了该文,云:

你(袁训育)说最先看见成荣章,他要你把那些女孩子管的"严肃"些;后来看见蒙公甫,他也要你把他视如子女辈的学生们,管的严肃些,于是你就如得了上帝的命令似的,一丝不苟地去执行了。……袁先生已得校友会决议案的护符,于是就拟定了如下的牌告:"中一旁听生因违规,训育处照章记过,殊该生故服毒少许,意图矫耐,实属不服训诲,应即准其长期休学。"要求蒙校长挂出去。蒙校长不知道为什么竟把休学改作记过。蒙公甫虽是一个头脑昏乱的老人,但与袁君相较,其高下不难立见。不过蒙公甫的二重人格于此也表显得更其明白了。(《张闻天早期文集》,第五六五—五六八页)

七月十日,先生致函章士钊,后刊《甲寅周刊》第一卷二十一期,云:

在昔汉唐开国,规模宏远,方百度之更新,乃汲汲然求遗书,征旧老,考正经义,论纂史籍,诚以丧乱之余,简编坠失,耆德凋谢,非殷勤搜讨,将道散学绝,文献无征,非得已也,则有孔颖达、贾公彦、姚思廉、李百药之伦领袖群儒,被命删述,网罗旧闻,考论故实,千载之下,欲寻汉、晋师儒之绪论,六代治乱之所由者,靡不取资于是,其成功巨而嘉惠远,所系诚重也。有清之主中夏,历年三百,其间老师硕儒所精心研索者,悉在六经传记,由唐、宋而反之汉、魏,而反之周、秦。孔广森、张惠言之流专门名家者,奚止数十?自虞翻、何休、贾、服、马、郑之学,下及六书纬纬,皆有专家为之董理。畅家法,明条例,钩深抉微,实能阐二千年来不传之坠绪;次焉者亦能疏证名物,发正训诂,造述宏富。汗牛车,充栋宇,曾不足以喻其盛。然方其盛时,阮伯元已深以经说坠失为忧,此则《学海堂经解》之所由刻也。及二刘、梅、陈之在金陵,乃议分经作疏,以萃集众家,网罗放逸,由是以"正义"之学鸣者,自惠定宇以迄孙仲容,不下二十余家,鸿篇巨帙,搜罗富有,《仪礼》《周礼》《论语》《公羊》诸新疏,且欲驾唐疏而上,则可以为难也。惟作者宗旨各殊,义例不一,弹正删并,胥待校理。昔熊、皇、炫、焯之流,江南海北,造为义疏者,奚止百家?孔、贾据以撰述,至宋而邢昺、孙奭,被命校正,亦何莫非六朝旧文?今诚修唐、宋故事,裁正新书,匡其违失,补所未备,以孔、张诸贤之精,刘、陈诸贤之博,檃括大义,删并繁文,协六经之异说,整百家之不齐,以恢弘道术,扶掖微学。至清代史录,其于文献所系实深,亦宜慎重成书,垂之永久,此皆百世不朽之业也。惟先生亮节雅才,宏通博物,久为士林宗仰,今既在位,自当高瞻远览,谋所建树,先发使巡访州郡,搜求岩野,博采图典,鸠聚散亡,然后礼致鸿儒,征其弟子,重修经疏,撰成清史,则贞观、皇祐岂得专美于前?方今内乱频仍,烽燧不熄,恐及今不图,淹迟岁时,师儒凋谢,简篇坠绝,虽欲为之而不能,事非深可惜哉!往昔张之洞尝欲检定《群经正义》,刊为一帙,诚亦此意,盖不得已而思其次也。诚能分庚款之一滴,征集图史,举此盛业,俾旧闻得有要束,新义自当勃然生之,揆之前代学术与兴替之迹,靡不皆然。今之倡言整理国故者,往往昧此而妄立科条,任意比附,此诚不知其本者也。苟于开馆征贤,今势有所不能,而搜采遗书,则未可再缓。先生惇悦艺文,重惜道术,将不菲弃刍言也。倘能进法石渠、白虎之盛,讲论异同,宗于一是,则事优大,非敢望于今之儒者。惟就国立大学,别开经科,教授高材,俟之翌日,或庶几耳。先生幸深察而熟衡之。延此绝学,其于吾国文献所系宁浅末哉?通之企仰先生,自昔已久,往者得王恩洋书,言先生在海上见拙著《经学导言》，嘱以再易稿时送呈尊处刊布，益知前辈奖掖后进之殷，深为感佩！顾通之疏陋，何以堪兹？竟无师亦尝以易稿为言，良以《导言》义据犹昔，惟徒易其文词，则何足以言造述？当再博考精研，别为《齐鲁学考》，俾理证通洽，条例明皙，以踵《今古学考》之后，庶于道术斯有毫末之益。然其事优大，匪旦夕可期，箧中纂录，惟《五经通义疏证》一篇，略有端绪。盖刘向为鲁学大师，《通义》乃据石渠议奏而作，只辞碎义，颇有足以决嫌疑、辨犹豫者。虽钩沉索隐于散绝之余，而义实驾乎《白虎议奏》之上。昔儒以残文忽之，未为理董。马、黄辑本，缺略犹多。今为补其缺遗，略加疏释，惟未为定稿，不敢缮呈。往岁有与陈黼玄论《内学》一书，即拟补入《导言》为第四篇者。《议蜀学》一篇，则拟质之同志者。盖昔儒多宗古文，其究心今学者，往往徒骋浮辞，不精礼学，或至比附毖纬，为世诟病。不祛此惑，学何由明？此则通之所为发愤忧慨者也。（《章士钊全集》第五卷，第五三五—五三七页）

　　　　知按：此函又收入《经学抉原》，今据《章士钊全集》、《经学抉原》二书互为校对。又，据此函知，先生曾撰《五经通义疏证》，并欲撰《齐鲁学考》，然此二文今皆不见，或已失之南京沦陷也。

十二月五日，章士钊复函先生，刊《甲寅周刊》第一卷二十一期"通讯"栏，题为《答蒙文通》，云：

　　蒙君巴蜀奇士，早惠鸿篇，先阻邮路，继淹积稿，直至今日，始得昭宣。愧荷！愧荷！疏经纂史，鄙志所存；开馆征书，亦非不辨。然时局如斯，所谓高谈无所与陈，发义无所与展，吾则奈之何哉？（《章士钊全集》第五卷，第五三四页）

同月，先生《议蜀学》刊《甲寅周刊》第一卷二十一期。先生《井研廖师与汉代今古文学》云：

　　文通昔尝为文议蜀学，谓廖师之于《春秋》，本注以通传，则执传以匡注，由传以明经，则依经以决传。（《经学抉原》，第一一八页）

一九二六年（中华民国十五年丙寅）　先生三十三岁

是年夏，先生由渝返蓉，任教于成都佛学院。回成都不久，先生曾拜访罗江叶秉诚先生。

　　先生《古史甄微》自序云：

　　丙寅夏间适蓉，趋谒罗江叶秉老世丈。叶丈博物能文，淹贯史乘，讯蒙于乙部曾用何功。仓皇之间,无以为答,支吾数语,惭悚无似。盖学殖荒落,根底未充,一遇通人,辄瞠目无对,固其宜也。(《古史甄微》,第一页)

是年,次子默生,以是时治佛学,故小字惕生。

二月,四川善后会议赞成创办国立成都大学。四月,张澜出任成都大学校长,六日,正式就校长职,乃广延名师出任教职。《吴虞日记》四月六日条云:

> 九时过成大,张表方就校长职,全体学生请也。学界到者叶秉诚、万克明、林君墨及予。军界到者刘甫澄、邓锡侯两督办,刘文辉帮办,赖德祥省长。演说后照相毕予即行。(《吴虞日记》下册,第三〇四页)

四月九日条云:

> 叶秉诚来,还《老子》六册,并代致表方意,聘予任成大国文,表方再送聘书来。又云,决请君毅暑假前回川,筹办成大。(《吴虞日记》下册,第三〇四—三〇五页)

张澜掌校期间,成大教师共有一四二人,其中教授、副教授八十三人,在当时教育部立案的二十一所国立大学中,名列第七。当时中文系的教师主要有:熊晓岩(文学院院长)、吴芳吉(系主任,古今诗歌)、吴虞(国文,特别是先秦诸子)、李劼人(文学概论,兼文预科主任)、龚道耕(经学)、林思进(《文心雕龙》、《史记》、《文选》)、李植(文字学)、赵少咸(音韵学)、先生(经学)、伍非百(诸子)、刘咸炘(目录学)、刘复(中国文学史)、卢冀野(宋词元曲)、余苍一(国文)。(《川大史稿》,第一〇三页)

卢前《李源澄〈诸子概论〉序》云:

> 始余识李君源澄于蜀。君游吾友盐亭蒙文通尔达之门,请益于井研廖先生,以是通六经故训,深于礼,文通时为余称道之。(《李源澄著作集》第一册,第三〇一页)

> 知按:由此可知,先生与卢前订交当始于任教成都大学之时,具体时间则在一九三〇年。

卢前《朱彊邨轶事》云:

> 那一年的秋天,我应成都大学聘入川,第二年到开封,碰巧“九·一八”关外事起,不久便听到彊老的噩耗。(《卢前笔记杂钞》,第五五页)

然关于先生与卢前的更多交游,则因相关资料的缺乏,不能详述。卢前
《日记》云:

> 写日记的习惯是不容易养成的。我小时候,常常记了几天便丢开,心
> 里想从下年一月一日起再记罢,记了两天,又停止,心里想改自正月初一
> 记起罢。这样记记停停的,在二十岁上才正式有了日记,虽然简单一点,
> 每天做些什么事? 到什么地方去? 读了些什么书? 会见了什么人? 有点
> 什么感想? 都还能按天写下来。有十年的日记,存在家里,丁丑年毁掉
> 了。还有几年的带在身边,流亡时走到九江,因为船载重的关系,连同一
> 箱书一齐丢在江心里。二十九年(指 1940 年)在四川又重新写起,一年一
> 本,现在存下来十本。偶然翻翻查查,这十本中间的资料就不少,尤其朋
> 友们的唱和,有些值得保留的函札,也都夹放在日记内。(《卢前笔记杂
> 钞》,第四〇页)

一九二七年(中华民国十六年丁卯) 先生三十四岁

春,先生撰《古史甄微》,是为先生成名之作。第二年,又成《经学抉原》、
《天问本事》,并教授于成都大学、成都师范大学、成都国学院、成都敬业
学院。

先生《古史甄微》自序云:

> 丁卯岁首稍暇,遂发愤撰集,谋以酬廖师之命者、应叶丈之责。(《古
> 史甄微》,第一页)

《经学抉原》序云:

> 丁卯春初,山居多暇,乃作《古史甄微》。戊辰夏末,又草《天问本
> 事》。则又知晚周之学有北方三晋之学焉,有南方吴楚之学焉,有东方齐
> 鲁之学焉。(《经史抉原》,第四七页)

《治学杂语》云:

> 中外进行比较,是研究历史的一个重要方法。写《古史甄微》时,就
> 靠读书时学过些西洋史,知道点罗马、希腊、印度的古代文明,知道他们在
> 地理、民族、文化上都不相同。从这里受到启发,结合我国古史传说,爬梳
> 中国古代民族可以江汉、河洛、海岱分为三系的看法,从而打破了关于传
> 说时代的正统看法。学者或不以为谬,后又得到考古学上的印证。后来
> 喜读汉译社会、经济名家著,也常从正面、反面受到启发。所写一些文章

虽未明确写上这点,但在考虑问题时常常是从这里出发的。(《蒙文通学记》,第二页)

是年,先生友向楚出任省立国学专门学校校长,以民族文化的继承发扬为己任,延请先生任教务主任,宋师度为学监,合三人之力,既负行政又兼任教学。(《杜邻存稿》,第二二一页)

九月十二日,成大开课,先生至成大历史系任教。

《吴虞日记》云:

> 午刻李培甫来,言成大今日开课,本科讲诗二小时,全无把握,二年级《韩非子》,亦不知如何教法,可笑也。予略述君毅及理科诸人始末,培甫方知真相。蒙文通已来。余苍一未任课。(《吴虞日记》下册,第三七四页)

是时,向楚主讲音韵学,伍非百主讲诸子,林思进主讲《史记》、《文选》,叶秉诚主讲《中国哲学史》,李培甫主讲《韩非子·解老篇》,李劼人主讲《文学概论》,唐迪风主讲儒学。但是"现在学生纷纷主张换教务长,及中国文学系主任",熊小岩言"成大中国文学系办不起来",向楚诸人拟仍请吴虞回成大。(《吴虞日记》下册,第三七五页)

唐君毅《孟子大义重刊记》云:

> 吾父重返成都后,尝任教当时之成都大学、四川大学等校,所讲者仍为儒学,未及于佛学。(《唐君毅先生全集》第十九卷《中国哲学原论原教篇》,第七五三页)

九月二十八日,先生友吴芳吉致信树坤,告知成大事,云:"次日入校,见校长张表方先生,乃知此校规模简陋,不如明德中学。男女生共八百余人,有五百人皆宿校外。对于教员,不但不供饭食,并寝室而无之。"(《吴芳吉集》,九二五页)

十月一日,吴芳吉致信刘宏度、刘柏荣,告知成大学风,云:"文科课程殊无条理,无标准,今已办至大学二年,读《经史百家杂钞》犹未毕事,此则任令东北诸生来此教之,绰有余矣。教师分新旧两派,若吉则为最新之人也。学生以信仰不同,亦有三派:曰社会科学派,曰三民主义派,曰国家主义派。各派所张标语,莫不曰:一校之内不容两种信仰。实则固有三矣。至论蜀中少年本质,率皆聪明亢激,兼南北民性之长,文学尤其所近,不费唇舌,可导之入于高深之境。惟以生活优裕,风气浮薄,姿态必求入时,言谈必求漂亮,活动有余,用功不足,此其不治之症,殊可兴叹。"

（《吴芳吉集》,第九二八页）

十一日,晤吴虞,并为之介绍欧阳竟无。

《吴虞日记》云:

> 十二时过成大预科上课,讲《荀子·非十二子篇》。晤曾彦适、蒙文通、何邦著、张幼房、廖学章、谢升厂、张绍尹诸人。……文通云,欧阳竟无年五十余,又为皮鹿门弟子,于经学、宋学皆有研究。宋人语录,多能上口。性刚严,故印光及江浙间禅净派多排挤而破坏之。曾游云南、甘肃、日本。日本所印《续藏经》,多脱误,几不可读。内学院校正书稿不少,惜无款,不能刻印流通,可叹也。竟无云,法相宗即汉学,以唐人为主,宋、明以来多误解不足据也。竟无吃长素,初亦从《起信》入,后乃知其非云。又以小乘为原始佛教深研究之,谓大乘多可疑焉。(《吴虞日记》下册,第三八〇页)

十八日,晤吴虞,告知日本印《大正藏经》事。

《吴虞日记》云:

> 曾彦适言,少城图书馆到有日本印《大正藏经》。文通云,此为藏经中第一部书,极佳,非他藏经所及。又言西藏所有诸经论,较中国多多倍,印度经论多亡,故今日讲佛学,反以西藏为要矣。(《吴虞日记》下册,第三八一页)

二十二日,同刘恒如访吴虞,刘恒如为吴虞推荐佛学书目若干。(《吴虞日记》下册,第三八一页)

约在本月初,先生致函李子雄,邀其到成都大学图书馆任编目工作。

赵良田《李子雄传》云:

> 不久,成都大学教授兼图书馆馆长蒙文通回盐亭老家探亲,在县城与李相见,经交谈了解,蒙文通对李很器重,蒙认为李不是教小学的人物,勉励李子雄专门治学。1927年10月初,蒙文通来函约李到成都大学图书馆搞编目工作。李子雄如鱼得水,对历史、文学等书籍广为博览,兼收并蓄,使他知识的蕴藏更为丰富。(《盐亭县文史资料选辑》第十四辑,第一一四页)

> 知按:赵良田言先生曾兼任成都大学图书馆馆长不确,今据民国间四川图书馆职员履历知先生任教成都大学时曾任图书馆主任一职。

约在本月,刘咸炘致函先生,云:

> 面对虽疏,心印已久,非喜承过誉也,实有空谷足音之感。蜀中学人无多,而有不能容异己之病,先辈不肯屈尊,后进又每多侮老,学风衰寂,职此之由,加以游谈者多而勤力者鲜,视典籍为玩好,变学究为名士,以东涂西抹为捷,以穷源竟委为迂。夫学术,天下之公,修身之事,当各竭其力,长短互资,宁可守秋河而谋垄断哉。仆本孤陋,受学至今,未尝请益于贤者,非敢傲也,实以趋庭从兄,遂继讲席,应酬简省,结纳无由,又赋性劣弱,勇于杜门仰屋之思览,而怯于大庭广众之谈辨。目亲故纸固已不暇交游,及适会瞻对,又讷然不敢相通。益抒己见,则有形浅之惭;论他人,则有招恶之惧,用是默默欲避争名之罪,而反不免致深沉之疑,患之久矣,而无以易也。尊兄于学力猛量宏,不耻下交,固愿继见,久思披献怀素,而前日坐中竟未克倾倒,故以书上,亦怯谈之征也,伏希谅察,庶获攻磨。(《推十书》第三册,第二二〇七页)

> 知按:原函署名时间为丁卯九月,今据是年九月即公历十月,故定为本月事。

十一月三日晚,与叶秉诚至敬业社听刘恒如讲《唯识论》。
《吴虞日记》云:

> 晚饭后至敬业社听刘恒如讲《唯识论》。(公园是星期一、星期四午后四时讲)。讲毕秉诚、文通始至,予略谈而归。(《吴虞日记》下册,第三八三页)

十一日,刘恒如讲《成唯识论》,先生于是同晤萧中仑、吴虞,"谈久之"。
(《吴虞日记》下册,第三八三页)

二十七日,应向楚邀请,参加成大中国文学系讲座及预算事。到者有彭云生、吴芳吉、李培甫、吴虞等人。吴虞向先生"借得欧阳先生《院训》与所开书目"。(《吴虞日记》下册,第三八四页)

二十八日,吴虞向先生借《内学》三期一册。(《吴虞日记》下册,第三八五页)同日,省立各校教职员联名发表罢课宣言,云:

> 吾川教育今竟破产矣!同人等兴言及此,不禁心为之痛,泪为之枯也。查吾川教育经费,专恃全省肉税为唯一之来源,省立各校之经常临时各费赖之,私立各校之补助费赖之,留学东西洋各国之留学费亦赖之。合计肉税总额约有一百四五十万元,若能涓滴归公,以办省立各校,实有余而无不足。而致各校破产者何也? 推厥其故,皆由大局未定,政出多门,

各县肉税,来源断绝,致使省立各校经费无着。本年下期,已行课十余周,仅能领经费一月之九成。教育厅既呼吁不灵,收支委员复仰屋兴嗟! 各校教职各员,事蓄无资,穷年矻矻,尚不免饥寒之苦。昨已相率一律罢课。同人等虽负维持学校之责,然无法挽回,早经迭词吁恳,力竭声嘶,复派代表各方奔驰,及向两军部筹借数万元以维现状。唯杯水车薪,终难为继。同人等身非巧妇,难为无米之炊;仙异纯阳,更乏点金之术。迫不得已,惟有相率一律辞职。是此次各校之停顿,教职各员固不能任其过,同人等亦不能任其过也。兹特郑重宣言,同人等任职无状,处此艰窘时期,业已殚竭心力,前此对于校务,虽可勉告无咎,此次辞职,实出于万不得已。不过,个人之去就轻于鸿毛,万余学生之失学则重如泰山。此后学校之能否复兴,全恃经费之有无着落为转移。同人等素以教育为职志,固当勉力以求学校之不亡。吾川学界中人,受此切肤之痛,当亦不若恝然置之。究竟学校如何能再开,经费如何始能有着,愿吾学界中人群起图之。倘不河汉斯言,则省立数十余校幸甚! 万余青年学子幸甚! 国省立各校校长教职员等同叩。(《四川军阀史料》第四辑,第三三八—三三九页)

二十九日,"因省立各校为教育经费独立运动,全体游行,成大停课一日。"(《吴虞日记》下册,第三八六页)

十二月一日,省立各校教职员发表罢课通电,云:

> 省会省立各级学校开课已三月余,中等以上学校所领经费仅一月之九成,小学校仅一月。当此珠米桂薪、气肃天寒之际,实难维持生活。同人又念教育厅为主管全省机关,对于省教育经费负有统筹计划之责,职务所司,决不能听其自生自灭,置之不理。同人有鉴于此,特假工业学院地点开会,一致决议,向教育厅陈请,务于十一月二十六日以前,至少筹足一月半全薪,以维持生活。殊限已过,而教育厅所答复者,全无具体办法,已失主管能力。似此经费无着,同人虽欲再为教育服务,其有何法以免于冻馁乎? 因此,已于十一月二十八日起暂行停止授课。再,本期开课已届十三周,学生求学正感兴趣,实不应中途停顿,有误学子光阴。但势必走险,不得已出此一途。此心此理,想能见谅。(《四川军阀史料》第四辑,第三三九页)

三十日,先生因弟蒙思明被囚于杭,至吴虞处请其代为营救。《吴虞日记》云:

> 蒙文通来,言其弟弘毅,在杭之江大学,有电来,被囚于杭,年十八耳。昨用予及君毅名,拍一电致浙江政府蒋梦麟、马夷初。兹复请予作一函与

夷初营救。予许之。文通言,内学院庶务蒋武衡,因在有正书局有股份,故在上海时多,在内学院时少。予乃悟肃园不得内学院回信之故,遂往肃园告之,以便催内学院早寄也。作致马夷初函,并问蒋梦麟、林公铎、戴夷乘。令人与文通送去,有收条。(《吴虞日记》下册,第三八九页)

一九二八年(中华民国十七年戊辰)　先生三十五岁

是年,先生《经学抉原》、《天问本事》稿成,并以教于成都大学、成都师范大学、成都国学院。四川国学学校改名四川大学中国文学院,向楚以教育厅长兼院长,并聘先生为教务长。

先生《经学抉原序》云:

> 丁卯春初,山居多暇,乃作《古史甄微》。戊辰夏末,又草《天问本事》。则又知晚周之学有北方三晋之学焉,有南方吴楚之学焉,有东方齐鲁之学焉。乃损补旧稿以为十篇,旧作《议蜀学》一篇并附于末。于是文通适来讲斯院,滥竽经席,遂以此十篇之说用代讲疏。(《经史抉原》,第四七页)

《天问本事序》云:

> 蒙曩作《经学导言》,妄以今文之学为纠合齐学、鲁学、内学(谓纬书)而成,古文之学为纠合壁书、佚经(《毛诗》、《费易》)、古史(《周官》、《左氏》)而成,流虽有合,其本则殊。而古学所起,要本于三晋史学,斯其大宗。及今岁春初,本此管见,广《史通·疑古》之意,作《古史甄微》,以申六经非史之指。……及秋间,偶读《楚辞·天问》,见其持说又自不同。乃觉六经而外,异说孔多。……是《天问》所陈,皆楚人相传之史,而《山经》斯其义疏。……兹复为《天问本事》,则楚人之指亦庶乎可以推微。……盖《本事》之成,而三方之学大指略备。……若此诠释《天问》,区区荒唐琐末之说,最无深致者,奚足以尽意。(《中国史学史》,第一〇七——一〇八页)

同年,先生学生李源澄考入四川国学专门学校,遂与先生、伍非百缔结师生缘。时先生以《经学抉原》为讲章,李源澄"得侍讲席,甚为相得",先生"固倡廖氏之学者,澄源先生得闻其绪论而羡之"。(蒙默《蜀学后劲——李源澄先生》,《蜀学》第二辑,第四二—五二页)

陶元甘《蒙文通老师的美德》云:

> 国学院后改为国学专门学校,由谢无量先生任校长,蒙师当教务长,于此时撰《经学导言》,廖大师为题首页曰:"蒙文通文章如桶底脱落,可

佩,可佩。"于此足见蒙老师之造诣。谢、蒙共同培育了一批人才,其中最杰出的当数犍为李源澄(字浚清)。李邃于今文经学,对《春秋繁露》一书尤有研究。蒙老师长省图书馆时延为编目部主任并主编《图书集刊》。李后又独力在灌县创办"灵岩学院"。可惜此君已于五十年代逝世。与李同班的那批蒙氏弟子,亦即谢氏(无量,时任国学专门学校校长,蒙为教务长)再传弟子也凋零殆尽。据我所知仅有四川省文史馆员吕洪年(穰之)同志还健在。(《盐亭县文史资料选辑》第十辑,第六二页)

　　　　知按:陶元甘云先生于此时撰《经学导言》为误,应为《经学抉原》。幸鉴之。

二月,成都军阀制造"二·一六"惨案,逮捕和屠杀无辜学生,成都大学校长张澜愤而辞成都大学校长职。因师生挽留,暂负校长职责。

十六日,军警团包围成都大学,逮去成大学生计三十八人。次日,《九五日报》报道甚详,云:

　　　　昨日方黎明,军警团包围成都大学,逮去李正恩、钱芳祥、王向钟、胡景元、韩忠龄、王道文等三十八人。师范大学捕去八人。师大附中捕去教务袁诗尧及学生一名。省一中捕去学生十余人。法学院捕去十余人。工业学院捕去十余人。是日午后三钟,于下莲池执行枪决。计袁诗尧、张博诗、文兴哲、郭翼唐、龚比慎、白贞端、周常明、陈选、钱其林、王道文、王向忠、韩家琳、李正恩、胡克沅、石邦渠凡十五人;惟临时放还一人,故止十四人。其罪状系奉二十四、八两军部函:"准中国国民党成都市党部为杨廷铨殴毙,系石犀社纠集社会科学研究社、师大导社、附中新青年团、法专共进社、省师赤峰社、袁诗尧等,皆系共产反动分子,故执行枪决。"(《吴虞日记》下册,第三九四—三九五页)

　　　　知按:袁诗尧(一八九七—一九二八),字守琼,又名首群,四川盐亭人。一九一九年五月,被推举为四川学生联会副理事长。一九二一年从四川高等师范学校毕业后,应张澜之聘,出任四川省服装艺术学校校务长。一九二五年加入中国共产党,并积极向农民宣传革命思想,后又任中央川西特委宣传部长。一九二八年二月十六日被田颂尧逮捕,时年仅三十岁。袁诗尧逝世后,先生伯父蒙公甫曾为文祭奠,先生亦曾为联挽之,云:"白日可欺,共产派原是国民党;青天有眼,袁诗尧未杀杨子衡。"(《蒙文通先生年谱》,《蒙文通先生诞辰110周年纪念文集》,第四一九页)

十七日,军警团"又在各校捕去教职员多人"。十九日,"省城学校全体辞

职",成大决议"明日午前十时开教职员全体会议"。二十日,成大教职员全体会议如期举行,会议决议:

> (一)政府未派人接收已前,请校长暂不离校,以维持现状。(二)请政府宣布惨死学生犯罪之证据。(三)请政府保障教育界人员之安全也。(《吴虞日记》下册,第三九六页)

十九日,张澜致函刘文辉、邓锡侯辞成都大学校长,云:

> 吾川之有大学,独后于全国各行省,而国立成都大学之设立,尤几经艰难困厄,而后始底于成。自成立迄今,为时不过数年,而学生至八百余人,科数至二十七班,海内外学成归国及本省耆宿之任讲席者,至七八十人,隐然为西南人文之所萃聚。澜前承川军各将领之推挽,受任于成大、成高纠纷之际,辛苦经营,粗具规模。然定案六十万元中,先行指拨二十万元之款,每岁实收不过一十万元;原拨高等学堂及陆军医院之校址,至今尚未腾出,以致学款为减赈之支,学生无寄宿之所,此学校经费之困难一也。年来革命突进,政局屡变,政治无轨道可循,而教育实受其弊。办党者以青年为工具,导学生以革命为工作,于是党争政潮,搅政教为一团,而学校重心,乃不在校内之教室,而在校外之党部。然一党之中,派别既彼此纷歧,主义又前后互异,青年入其陷井,殊觉进退维谷,办学者虽力持正义,终难敌政派党派多方之恶潮,此学校训练之困难二也。成大虽处此两种困难之下,在澜尚欲竭其心力,以求弥缝于万一。两年之中,幸免陨越。即在去冬,各校罢课,以争教育经费之独立,而成大不陷其漩涡,从容以毕年假之试验。此岂澜个人之力所能致,亦由教职员及学生爱护本校之故也。然大学之权威,端在社会无形之信用。乃二月十六日黎明,突来一团军队围校搜查,教授学生均从睡梦中拽出,露立操场至四钟之久,捕去学生三十余人。是日午后四钟,枪毙成大学生六人。军警团联合处宣布罪状,一则曰与省一中校长杨廷铨被殴毙命有关,再则曰共产反动分子。夫杨案之当严办,共党之当肃清,既属法理之当然,尤为党纪所必出。然办杨案,必先严究该校之主凶,而后胁从之真伪乃分;清共党必以事实为证据,而后私人之诬陷方免。今杨案之主凶未获,而成大之学生被指为嫌疑者,乃枪毙于逮捕数钟之内,似非所以服死者之心,在澜尤无以塞其家人之口。然该生等个人之关系,仅属于一命之存亡,而大学事前未获当局之公函,军队可以任意蹂躏,事后不闻当局之通告,学生能不恐怖惶惑?在澜既不能预教育于前,以出学生于政党之狂澜,在学府复丧失其尊严,以堕教育事业之神圣,此澜所以引咎辞职,以谢邦人。除电刘、赖两军长

外,惟有将国立成都大学就近函请地方政府二十四军、二十八军两部接收维持,使西部最高文化之根芽得以保存,八百余学生之德业不致失所,庶补个人在职之愆,实为学校补牢之计。(《张澜文集》,第七八—七九页)

十九日,张澜自行解除成都大学校长职务,云:

澜现因学校突遭事变,教育沦胥,无力办理,业已自行解除成都大学校长职务,并函请此间二十四、八刘、邓两军长,将本校接收维持,开学延期。回溯往日缔造之艰难,与关系西南文化之重大,年来共同维系,仗借实多,一朝别去,能无怅然。此后本校前途,尚希鼎力维持进行,俾至不坠,至感至祷。(《张澜文集》,第八一页)

二十六日,军警团联合办事处发布镇压袁诗尧等布告,云:

据成都省一中函称,此次省中校长杨廷铨被殴身毙,系石犀社纠结成大社会科学研究社、师大导社、附中新青年革命团、法专共进社、省师赤峰社一切共产反动分子袁诗尧等所为。似此破坏党纪,穷凶极恶,万难再事姑息,既经拿获讯明,仰将各该团著名首要袁诗尧、张博施(张博诗)、郭翼唐(郭翼棠)、龚堪称(龚堪慎)、白贞瑞、周尚明、陈选、钱方详(钱芳祥)、王道文、王向忠、韩忠霖、李正恩、胡景元(胡景瑗)、石邦渠(石邦集)等,立即正法,以肃党纪,其余讯明情形,分别拟办,呈报备查。(《四川军阀史料》,第三四五—三四六页)

三月三日,“因军部复函,不能满意,无条件一致离校”,“成大开教职员大会”。刘湘致电挽留张澜继任成大校长一职。四日,“成大教职员开会议,请表方复职,一面仍须再驳军部前复函”。十二日,“临时学生会欢迎校长复职,教员复课”。(《吴虞日记》下册,第三九六—三九七页)同日,张澜发表复职演说,云:

军警团联合办事处此次惨杀学生,固非办杨案,亦非清共党,其真因:(一)由于当道不满意于去冬各校学生联合会之争教育经费独立,罢课游行,殴辱教育厅长,而学潮至今未息,瞬将开学,恐怕学生又与政府为难,遂不能不加以威压。(二)由于成都劣币充斥,凡是工农兵学商,无一不受痛苦,而所谓劣币风潮,日在危险恐惧之中,当局既无法解决币潮,遂亦不能不出于威压。于时适有省一中校学生聚众殴毙校长杨廷铨之事变,军警团联合办事处的军人,系与成都党务有关的人,就把平日对他们持反对态度的各校学生,胡乱捉来枉杀。他们以为指之为杨案凶手,则教育界对于殴毙校长之罪人处以枪决,当无异辞;并且指之为共产分子;一朝而能诛除大批暴乱党徒,尤当为社会上一般有产阶级之所赞许,而于无形之中,即可将学潮、币潮威压下去,那些被杀之人,还要说是死有余辜,诚不能不谓其计巧而手毒。至我之决心辞职,固因学府横被蹂躏,学生之生命毫无保障,但不只是为成大及成大学生而言,实在见得此次惨案之关系极为重大。以前军人之横暴,尚不敢公然无故杀人。试问以最高学府之大学,尚且突然派兵围搜,以后更何有于其他学校不可以任意蹂躏;以大学之学生,尚且派兵逮捕,不加审讯,供证俱无,立予枪毙,至今不知其所犯为何罪,以后更何有于一般平民之生命不可以任意草菅而禽狝之。恶例一开,以后惨死枉死的人,不知道还有多少。我之所以决定辞职,就是不忍见四川的人民从今以后要接接连连的枉死惨死。幸好本校教职员先生同学生,本大无畏精神,一致出面主张正义,虽未达到圆满目的,就社会上已明白此回惨案的是非,妄杀人的军警团当局亦稍知所警惕,也算是得了几分消极的效果。至于一般的青年学生,现当革命期间,固不能不抱有革命的思想,造成革命的人才,但是革命要有真实的本领,就是要有真实的学问与知识与能力,革命才能够成功,才免得走入歧途,才不至于只有破坏而无建设。孙中山先生平生研究中外政治的书籍和社会主义的书籍,各数百种,又积数十年之经验,所以能够创造中国的革命学说与乎伟大的成功,断不象今天说得来三民主义四个字的人,便叫做革命同志;贴几张标语,吼几声口号,发一篇宣言,便叫做革命工作。须知道没有真实的本领去讲革命,去加入党团,结果,激烈的分子固免不掉作了无谓的牺牲,就是稳健分子亦不过给他人效无聊的奔走,于个人,于社会,于国家,究有什么益处?此次学生会自行议订公约,次后不再在校内为政治结社,扫除浮嚣气习,只是专心研究实学,造就将来真能改革政治及社会经济的人才,亦深觉可喜。我今天复职,即是有感于教职员先生和学生的奋斗与热忱,不忍成大中途停顿,所以来继续维持。我已经向国民政府呈请辞职,在国民政府新任之校长未到以前,我只好暂负责任,照旧办理。(《四川军阀史料》第四辑,第三五三—三五五页)

十六日,晤吴虞,并告知弟蒙思明已释出,到上海。(《吴虞日记》下册,第三九八页)

四月二日,成大中国文学系另选主任,吴虞选先生任之。(《吴虞日记》下册,第三九九页)

五日,成大全体教职员"午前十时,在青羊场侧送仙桥成都公学死难学生新莹扫墓摄影"。(《吴虞日记》下册,第三九九页)

二十一日,晤刘咸炘,商课事。刘咸炘《重修宋史述意》云:

> 戊辰三月二日,余至成都大学,晤友人盐亭蒙文通,商课事。文通忽谓余曰:"学林中有一事,须君为之。君文出笔如史,又熟史学,宜以重修宋史为任。"余谢不敏,然心为之怦怦。越数日,晤宜宾唐迪风,复以促余。余念兹事太大,未易着手,余于宋史事实不甚熟悉,弟子中亦尚未有能助我者,无已,则先以宋事诸大端多拈题目,与诸弟子合力辑论……如其能备规模,则谓之宋史略,如不能备,则谓之宋史别裁。(《刘咸炘学术论集》[史学编],第五九一——五九二页)
>
> 　　知按:戊辰三月二日即公历四月二十一日。是谱时日全以公历计,故此亦转为公历。

二十三日,因学生呈请,午后成大召开教授会议。(《吴虞日记》下册,第四〇一页)

二十七日,还吴虞《楹书隅录》八册。(《吴虞日记》下册,第四〇三页)

五月二十七日,为庆祝北伐胜利,成大放假三日。(《吴虞日记》下册,第四〇六页)

六月九日,伯父公甫公去世,先生奔丧回盐亭。(《吴虞日记》下册,第四〇七页)

二十日,成大召开校务会议,会议决定:

> 一、下学年教职员,一律实支大洋,若本校经费尚未充足时,除新由外省聘回之教授实支外,得临时斟酌情形支送,但不得少于七成。
>
> 二、本科教授,每周以十二小时为定,预科教授十八小时、副教授十六小时。如本科教授在八小时之时,不得再在校外兼课。(盖本科教授所授之学科,有特殊情形时,得由主任斟酌相当情形,减少时间也。)
>
> 三、本校教授所授课钟点,以十二小时为定。在十二小时以外,有余力能多授课者,照讲师送薪,但至多不得逾六点钟。
>
> 四、预科讲师,从下学期起,每小时送薪贰元。

七月四日,先生奔丧归。(《吴虞日记》下册,第四一二页)

八月,刘文辉、邓锡侯、田颂尧三军长与省长赖心辉商议,以三军长名义联衔宣布成立"筹备国立四川大学讨论委员会"。委员会以四川省教育厅代厅长向楚为主席,委员有成都大学、成都师范大学、公立四川大学的代表以及成都大学的几名教授。随即"讨论委员会"通过了《筹备国立四川大学的决议案》。二十五日,先生辞成大聘,"往南京内学院,可谓有志之士"。二十八日,先生"过南京,唐铁风(即唐迪风)过嘉陵,彭云生因办敬业学院,亦辞成大聘。"(《吴虞日记》下册,第四二二页)

唐君毅《孟子大义重刊记》云:

> 时又与诸父执,如彭云生先生等,共创办敬业学院。学院只设文学院,以吴芳吉先生主持中国文学系,蒙文通先生主持中国历史系,刘鉴泉先生主持中国哲学系,吾父被推为院长。彭云生先生则任教务,而实主持校政。故此学院之创设,以云生先生之功为最大。(《唐君毅先生全集》第十九卷《中国哲学原论原教篇》,第七五三页)

又云:

> 敬业学院诸君子中,吴芳吉先生尝任教中国公学、西北大学,并以诗文名海内。蒙文通先生尝任教北京大学、河南大学,其史学之著,亦为世所知。刘鉴泉先生承其乃祖刘沅氏之家学,年二十即发愤著书,年三十七而殁,已成书数百卷。其年寿之不永,与著书之多,皆与刘申叔氏相类,而世罕知之。(《唐君毅先生全集》第十九卷《中国哲学原论原教篇》,第七五四页)

八日,"午前九时,考试委员会开会,讨论命题及定分事"。(《吴虞日记》下册,四一八页)

九日,成大中文系确定教学指导书,吴虞云"又非蒙文通之作"。又吴虞"据魏时珍云,文通下学年似不来校矣"。(《吴虞日记》下册,第四一九页)

九月十九日,张澜致函大学院和教育厅,表达自己对筹备国立四川大学的意见,云:

> 国立四川大学所在地虽指定四川,而于西南各省区如滇、黔、西康之文化均有关系。无论其学校规模将来何如宏大,恐以学制所限,仍难为一省养成适应地方需要之各项人才。因大学在精研学理,阐发微奥,在学殖荒落之区,固应协力促成组织完备、规模宏阔之学府。而职业专门学校如农、蚕、工、商、医等之侧重艺术、期在养成实务专家者,在地大物博、频年苦兵、民生凋敝之四川,亦切感需要。且征之东西各国,于大学之外,不废职业专门学校,良有以矣。本校主张四川除国立大学而外,所有省办各种职业专校,仍当并行。尚需尽量扩充,以期实效。此对于该会议决案之第一项所谓先就现有十校校地、校产及一切设备统筹改组划归国立四川大学接收,未能赞同者也。

　　关于国立大学经费问题,本校以为完全应由国库担负,除前三年应需之开办费外,年有二百万元确定可靠之收入已足敷用,不必牵涉省款。而省款教育经费应予保留,以谋省立各校之发展,方为正当企图。且大学不设预科,应由省办规模完整之高中数校,所需经费约六七十万元。各项职业专门学校经费约需百万元。以四川早经指定作省教育经费之肉税全部加以整理,即可勉资应付。不应忽视省教育之扩张而将所有经费并入国立大学,以求目前一时之苟合。此对于该会议决案之第七项所谓应将以上九校经费全数划归国立四川大学接收,除国税外其余之数仍由省税中之肉税项下开支未能赞同者也。

　　至国立大学现设成都,应即以成都二字冠于大学通名之上,正名为国立成都大学,较为适当。四川名词系代表省区,如大学系省立,冠此二字尚属合理,今以国立大学而加省区之名,殊嫌名实淆混。证以近事,如国立江苏大学之改为国立中央大学,国立湖北大学之改称国立武汉大学,即其例也。

　　综以上各点论之,或为国立大学根本所关,或以四川地方利益所系。本校既切盼规模宏远组织完备之国立大学早日实现,而为国家教育永久计划。(《张澜文集》,第八四—八五页)

二十六日,成大贴出告示,云"蒙文通不日来省。吴芳吉云,文通来成大,止住两月,莫名其妙。"(《吴虞日记》下册,第四二七页)

十月九日,先生推荐杨润云任教成大,吴君毅"谓又在石帛(即庞石帛)之下"。(《吴虞日记》下册,第四二八页)

十八日,先生任国学院教务。(《吴虞日记》下册,四三〇页)

十一月一日,访吴虞,"言刘衡如欲改教授事。又言余苍一昨致函向仙樵,询已至三十一日,何不送薪,须送四个月薪,方能教书。"并告"拟住内学院一年"的计划。(《吴虞日记》下册,第四三一页)

蒙文通先生年谱长编卷四

一九二九年(中华民国十八年己巳)　先生三十六岁

是年上半年先生仍教于成都各校,并大力提倡廖氏之学,由此引发了李源澄的问学兴趣,先生于是为函介绍李源澄到井研廖平处求学。七月中旬,李源澄从成都出发,往井研县廖平先生宅,登门学经,前后约两个月。(《廖季平年谱》,第八二页)

同年,张澜亲自为成都大学创作校歌,云:

> 岷山峨峨开天府,江水泱泱流今古。聚精会神生大禹,近揆文教远奋武。桓桓熊熊起西土,锵锵鸣凤叶东鲁。和神人,歌且舞,领袖群英吾与汝。(《国立成都大学五周年纪念特刊》)

是年,先生践师门五年之约,再至南京支那内学院,并任教于中央大学历史系。是时,先生尝与同事缪凤林探讨三皇五帝说之起源,是为探讨三五起源之先导,往来书函载南京《史学杂志》一卷五期。同时,先生成名作《古史甄微》、《经学抉原》也发表于《史学杂志》,并于一九三三年由商务印书馆出版。

先生《古史甄微》自序云:

> 稿既脱,凡十二篇,约六万言;即以教于成都大学,再教于成都师范大学,稿又易;三教于四川大学及敬业学院,增补益多。洽岁之间,稿凡三易。于是文通将有金陵之游,践师门五年之约。南充张方老世丈曰:且稍留,试为我写定之。则又淹迟成都三阅月而四定稿又毕。《经学抉原》、《天问本事》初稿,亦次第录出,约四万言。(《古史甄微》,第一——二页)

四月十五日,成都各省立学校学生成立"读书请愿团",发表宣言,提出"一致力争教育经费独立,打倒侵吞教育经费的军阀。"(《第二次国内革命战争时期四川大事记》,第九四页)

暑期,唐君毅休学回成都,先生于是聘唐君毅在川大任教西洋哲学史。

《唐君毅年谱》云:

　　时蒙文通先生任四川大学中国文学院教务长,同时聘先生与游鸿如在川大任教两小时,先生授西洋哲学史,游鸿如授中国文化史。当时二人均仅上过两年大学,却要教大学三年级学生,且学生中有年近三十者。然先生讲课,仍毫无愧色。事后先生追记其事,谓当时蒙先生糊涂聘请,彼等亦糊涂应命,可谓胆大妄为,不自量力矣。(《唐君毅全集》第二十九卷,第二七页)

七月三日,成大开会,吴虞举先生友刘咸炘作主任出题,林思进、先生皆同此见。(《吴虞日记》下册,第四五七页)

七月四日,晤吴虞,言刘咸炘下学年教书与否尚未定。(《吴虞日记》下册,第四五七页)

约在八月前后,先生与吴芳吉、欧阳竟无等同游山东,登泰山绝顶。

　　吴芳吉《与刘弘度》云:

　　　　前在清华,得兄谢却入蜀之快函后,知已望绝,蜀人无福受教。即于是日移居北京,次日仍复南下……,幸登泰山绝顶,一畅所怀。更谒圣林,稽首先师墓前,几于泣不能起,亦此行之快意事也。(《吴芳吉集》,第九九六页)

　　《与邓绍勤》云:

　　　　扫兴归来,又至汉口。午后移乘粤汉快车赴湘,约三四日在返此间,中秋可至渝也。某君仍留原校,竟不肯来。学道愈深者,其心愈冷;利害愈明者,与世愈疏,枉我此次万里行矣。过山东时,幸与文通偕登岱宗绝顶,一抒愤气。又宿互乡,瞻拜先师之墓。古柏参天,乃生嫩有少年气象,光明蓬勃,若兆汉族文化之复兴者,又此行之快意事矣。(《吴芳吉集》,第九九七页)

　　　　　　知按:先生与吴芳吉等此次远游,刘朴《吴芳吉传》、刘永济《吴白屋先生遗书序》都曾言及。

　　刘朴《吴芳吉传》云:

　　　　张先生欲混同汉英,第置系,称文学,课程之先通后歧。习方言者,必研经、史;重国粹者,必汇希、罗。乃欲增延教授。芳吉于是走北平迎朴、永济。先与同系教授盐亭蒙文通、廖先生平弟子觐欧阳先生渐,谒孔陵,升泰山。永济不离辽东,朴偕入蜀。故事为公出蜀,校给资斧。芳吉之至北平,教务长橐校帑万元先至,取买汉文书费,曰,书已足。取薪教授资

斧,曰,师已足。于是铨贷,遂事而归。(《吴芳吉集》,第一三七〇页)

刘永济《吴白屋先生遗书序》云:

> 吾友江津吴君碧柳,生与屈子同邦,长游屈子放逐之乡,追其芳躅,于烟液苍茫之中凭吊其荒坟,其志气亘千百年而相接若朝暮。尝西览周秦故都;东登泰山,谒孔陵,寻秦皇、汉武封禅之遗迹;南升衡岳,访大禹之碑,呼吸白云。观夫山川之壮丽,油然生其怀往哲、思邈古之幽情。(《吴芳吉集》,第一三七九页)

约在是年,先生曾拜访好友唐迪风。

唐致中《杂忆子真老伯》云:

> 记得我十多岁时,有一天蒙文通世伯从北京回成都,来看我父亲,曾非常郑重地拿出一本《尊闻录》送给父亲,并说:这位熊先生是一位非常了不起的学者,蔡元培请他去北大任教。蒙先生说景为极(当时四川大学的教授)同他相比是差得很远的。(《玄圃论学集》,第九四页,《回忆熊十力》,第一五一页)

四日,重庆大学筹备委员会在二十一军军部礼堂召开成立大会。刘湘任筹委会委员长,先生和刘甫澄(湘)、甘典夔(绩镛)、李公度、刘航琛、朱叔痴、温少鹤、汪云松、李奎安、相芳龄、沈懋德、吕子方、刘伯量、沈月书、税西恒、吴芳吉、梅泰雨、文伯鲁、曾君壁、刘丹梧、龙维光、刘镜如、喻正衡等五十五人为筹备委员,并推选刘湘、李公度、刘著存、潘仲三、甘典夔、刘航琛、汪云松、温少鹤、李奎安、杨芳龄、朱叔痴、吕子方、沈懋德等为筹备委员会常务委员。同时会议还决定:筹经费四万元,暂借火柴公司房屋为临时校舍,先办文、理预科,以后在王家沱建永久校址(后改建在沙坪坝)。(《第二次国内革命战争时期四川大事记》第一一五页,《重庆大学校史》第九——一〇页)

九月二日,成都大学校长张澜呈报行政院,说明四川各军阀以军饷困难为辞,将原已划作学校常年经费的盐款 60 万元,截留一半,每月只拨给学校 2.5 万元,使学校陷于困境。据此,行政院今日令饬四川省政府并令军政部转饬川中各军按照成案如数拨足,以维校务。(《第二次国内革命战争时期四川大事记》,第一一九页)

十六日,告知吴虞"中秋后始启程"事。(《吴虞日记》下册,第四七一页)

> 知按:九月十六日即阴历八月十四,十七日即阴历八月十五中秋佳节。由此可知,先生启程前往南京当在此二三日内。

十月十二日,重庆大学在菜园坝杨家花园开学。二十三日,重大筹委会常务委员会推选刘湘为校长（由李公度代理校务），沈懋德为教务长，吕子方为斋务长，杨芳龄为事务长，彭用仪为图书馆主任。（《第二次国内革命战争时期四川大事记》，第一二五——一二六页）

十六日，先生"自内学院寄《藏要》第二辑、《大般若经》第五分册共两册，及欧阳竟无《欧阳东碑》一纸。"（《吴虞日记》下册，第四七六页）

同日，先生致函缪凤林，并略述斯函之由，云：

> 前在内院，兄谈及"三皇五帝"之说起于后世，弟迩思此事颇有所疑，但未敢作成定说；今谨呈管窥，以待教正。（《古史辨》第七册中编，第三一四页）

> 知按：先生此函署名时间为九月十四日，今据前推测，此处所用乃阴历，故转为阳历。又因此函后经增补写入《古史甄微》，故此处不录，可参先生文集第五卷《古史甄微》第一五——一九页。

十七日，吴虞从吴芳吉处得知"熊东明已到内学院，蒙文通入中央大学，伍非百同戴季陶奔走国事，一时恐不能返川。"（《吴虞日记》下册，第四七六页）

是时，先生授《中国上古史》、《中国古史研究》两课程。

《国立中央大学文学院史学系课程规则说明书》课程说明之中国上古史云：

> 本学程之范围包括中国自太古以迄秦亡之史实（即自石器时代至西元前三世纪末），其内容大要如次：（一）中国史前之遗迹；（二）古史之传说；（三）殷商之大事与其文化；（四）西周之文治与封建制度；（五）西周以前中国境内及四裔之民族；（六）春秋时代之局势；（七）战国之变迁；（八）学术思想之勃兴；（九）秦之兴亡与郡县制之萌芽。（《史学》，一九三〇年第一期，第二九八页）

之中国古史研究云：

> 本学程专究中国自太古迄于西周之史迹，讨论史书之真伪，诸家学说之得失（例如齐鲁之说与三晋之说），发掘对古史之印证，并指示研究古史之方法，其取材广搜博稽，详加推较，以科学的方法收博观约取之效，学者习此，于西周以前之史迹可得一比较明确之概念，其内容注意之点：（一）太古神话之解释；（二）古代文物之渊源；（三）西周前史迹之讨论与诸家学说之异同；（四）古物发掘对于古史之共享。（《史学》，一九三〇年第一期，第三〇七页）

十一月一日,缪凤林复函先生,详云:

奉读大札,钦佩无似!"三五"之说起自晚周,刘道原《外纪》、崔武承《考信录》辨之甚详,弟曩读其书,颇韪其说。嗣阅日人星野恒(故东京帝大文科教授)《三皇五帝考》(见《史学杂志》第二十编第五号)于汉师异说,"帝""皇"名义,及汉师所以相异之故,言之尤繁;然皆但疏其流,未探其奥。大札独穷源竟委,明其因而究其变,如是如是,叹未曾有!惟言"三五"之说本之天神,"三皇"之说出自"三一","五帝"之祠始于晋巫,东方"五帝"之说因"五运"而兴,邹子据"三王"言"五运",故"五帝"之说与"三王"之说不两立,外"三王"而言"五帝",后起之论说,西方以古之王者配"五帝",列颛顼于神之"五帝",始于《吕览》,"五帝"皆为古天子说始于李斯,《大戴》、史公之说源秦晋而次第转变,弟意窃疑有未安!考《鲁语》展禽言:"有虞氏、夏后氏禘黄帝而祖颛顼,商人禘舜而祖契,周人禘喾而郊稷,皆有功烈于民者也,及前哲令德之人所以为明质也",此或出周人传说;然宗教之进化,始也以物为神,继则以人为神;以人为神,其神化之度又随时而进;展禽所云列在祀典者皆以人为神,而神化未深者也。王室有神,侯国或亦取有功烈之先民,曾居其地或止其地者以为国神;国神之势力随国力而消长,视神威为等差。一国之神为数国所奉,则进为数国之神,寖假为一方之大神,而小神为其佐焉。《郊祀志》言秦襄公居西,自以为主少昊之神,作西畤祀白帝;《左氏》昭十七年传:"陈,太皞之虚也;郑,祝融之虚也;卫,颛顼之虚也。"于时少皞、太皞、祝融、颛顼为秦、陈、郑、卫之国神也。西方大国惟秦,少昊以主秦而主西方,其事至顺;太皞之主东方,颛顼之主北方,与炎、黄之分主南方中央,祝融降为炎帝之佐,句芒、后土、蓐收、玄冥之分佐四神,今虽难详,然其意固可推而知也。《郊祀志》又称:"秦文公梦黄蛇自天下属地,其口止于鄜衍,史敦曰:'此上帝之征,君其祠之!'于是作鄜畤,郊祭白帝;栎阳雨金,献公以为得金瑞,作畦畤、栎阳,而祀白帝";与宣公祭青帝,灵公祭黄帝、炎帝并列。文公之白帝为黄蛇,献公之白帝则为少昊,疑西畤献公时已废,故重祀之欤?青帝、炎、黄非西方之神,盖信神者欲兼得诸神之福佑,则取异方异国之神而并祀之;神祀之日繁,神之统宇之混杂,神之普遍性之进化,又自此始也。据《年表》宣公作密畤在惠王五年(西元前六八二),灵公作上畤、下畤在威烈王四年(西元四二二),后襄公作西畤(平王元年,西元前七七〇),凡八十八年(书业案:此处文恐有误),三百四十八年;不知青帝、炎、黄时为何方或何国神也?逮秦之亡,"五帝"之祠仅有其四,《吕览》《十二纪》则备列之,然其说已先见《屈子》。《远游》:"轩辕不可攀援兮,吾将从王乔而娱戏,……吾将过乎句芒,历太皓以右转兮,……遇蓐收乎西皇,……指炎神而直驰兮,吾将往乎南疑,祝融戒而跸御兮,……从颛顼乎增冰,历玄冥以邪径兮",此言四帝四佐及所主方位与《十二纪》同,合轩辕适为"五帝";近人或言《远游》为汉师作(说始吴挚甫,近日本人持此说者甚多),然宋玉之徒已无此空虚气象,遑言汉人?《惜诵》:"今五帝以折中兮",王逸注:"'五帝',谓五方神也",屈原之言"五帝",盖信而有征。《晏子》:"楚巫见景公曰:'请致五帝以明君德',景公再拜稽首,楚巫曰:'请巡国郊以观帝位',至于牛山而不敢登,曰:'五帝之位在于国南,请齐而后登之'"。《晏子书》多出假托,以观于"转附朝舞"节与《孟子》文同观之,成书或在《孟子》后,然其为战国书,与作书时已有楚巫祠五帝事,皆无可疑,是则秦祠未具五畤之时,楚巫已遍祠五帝;屈原亦言"五帝"。设景公致"五帝"事非虚,则在秦祀炎帝、黄帝之先,神之"五帝"已完成矣。故弟意古之王者配"五帝",其说不始西方,列颛顼于神之"五帝",亦不始于《吕览》。大札所考,疑皆未得其实。大札又言秦祠未具五畤,而晋巫祠"五帝";寻《汉志》:"汉兴晋巫祠五帝",言汉已备五帝之祠,今晋巫司其祀;晋巫又祠东君、云中君、巫社、巫祀,族人炊之属,东君、云中君皆非晋神,则晋巫祠五帝固未足证晋巫在晋或三晋时已祠五帝矣!然高祖五帝之不祠归之荆巫,于时除楚祀外,他国之巫者亦能祠五帝,则五帝祠之之推广,又可知也。

　　《易纬》、《尚书纬》皆言:"帝者天号",崇人为神,则有神之"五帝";假"帝"号以尊王,又有人之"五帝"。《公羊》成八年传何注引孔子曰:"德合天者称'帝'",与汉师"稽古同天"之说皆谓"人帝",不谓"神帝"也。昊天上帝惟一,故以人为神,远起虞夏;而东周之前,人神无"帝"之称。尧舜之称"帝"始见《虞书》,而尧舜不闻有"神帝"之号,则人王之称"帝"固先于人神之称"帝"也。刘道原以宪公所献之《大司乐章》有黄帝、尧、舜、夏、殷、周之六乐,而少皞、颛顼、帝喾乐名缺焉,河间献王采古之言乐事者以作《乐记》,言武王封黄帝、尧、舜、夏、殷之后为"三恪""二王"后,不数少皞、颛顼、帝喾,谓宪公所传在秦焚书之前,献王采录古书可以取信,以证西周无"五帝"之说;则人王之"五帝"与人神之"五帝"同起东周世也。《周官·小宗伯》"兆五帝于四郊",《司服》"王祀五帝",此神之"五帝"也;《外史》"掌五帝之书",此人之"五帝"也;二"五"皆非西周所有,而《周官》兼言之,其为东周之书无疑也!神之"五帝"由国神转变而成,人之"五帝"亦不出于"神帝",且与"五运"无关,与"三王"更无冲突。大札谓邹子以"五运"易"三统",寻邹子"五运"之说与儒者"三统"之义迥殊;"忠""敬""文""三统"皆先有实而后立名,"五运"之说以"五行"始终之原理解释百王授受之次序,则先有名而后强实以就其名。《文选·魏都赋》注引《七略》曰:"邹子有'终始五德',从所不胜,土德后,木德继之,金德次之,火德次之,水德次之",似邹子只谓某德胜某德,不以黄帝、夏、殷、周言"五运"。以黄帝、夏、殷、周言"五运",盖为秦继周地,始于秦将灭周之际,齐人为邹子说者以是取媚始皇耳。然禹、汤、武之"三王","忠""敬""文"之"三统"自若也。《吕氏春秋·召类》:"黄帝之时,天先见大螾大蝼,黄帝曰,土气胜;及禹之时,天先见草木秋冬不杀,禹曰,木气胜;及汤之时,天先见金生刃于水,汤曰,金气胜;及文王之时,天先见火,文王曰,火气胜;代火者必将水,天宜见水气胜",此正齐人之说,不韦所取者。而《吕氏春秋》又以黄帝、颛顼、帝喾、尧、舜为"五帝",《尊师篇》曰:"神农师悉诸,黄帝师大挠,帝颛顼师伯夷父,帝喾师伯招,帝尧师子州父,帝舜师许由,禹师大臣赞,汤师小臣……"神农及禹汤以下皆无"帝"号,黄帝至尧则名曰"帝";《古乐篇》历纪古帝王之乐:曰朱襄氏,曰葛天氏,曰陶唐氏,曰黄帝,曰帝颛顼,曰帝喾,曰帝尧,曰帝舜,曰禹,曰殷汤,曰周文王。《明理篇》曰:"五帝三王之于乐,尽之矣",即言黄帝至文王之乐也。黄帝、颛顼、帝喾、尧、舜称"帝",故曰"五帝";禹、汤、周文则曰"三王"。《论大篇》又言:"昔舜欲稽古而不成,既是足以成帝矣,禹欲帝而不成,既足以正殊俗矣";"帝"之与"王"在《吕氏书》中实有明画之界限。不韦言"五运"则内"三王",言"五帝"则外"三王",知"五帝"之说与"三王"之说固并立不悖;邹子既未以"五运"易"三统","五帝"之说亦非因"五运"之说而兴;而外"三王"以言"五帝",更非后起之论说;盖《大戴记》、史公之言"五帝"与《吕览》同,其源甚古(详后),非汉师所臆造也。大札又谓据"三王"以言"五运",不数颛顼、帝喾、尧、舜,此《白虎通》五帝无有天下之号之说;列颛顼、帝喾、尧、舜于"五帝",此《白虎通》五帝皆有立天下之号之说;寻《白虎通义》以黄帝、颛顼、帝喾、尧、舜为"五帝",而此"五帝"又有有天下号与无天下号二说。《大戴记》、《史记》以黄帝至舜为身相世及,故无为天下大号,此《白虎通义》无号之说所本;与"五运"不数颛顼、帝喾、尧、舜不涉。"五运"首黄帝,由无号之说,黄帝亦无号也。《命历序》五帝各传数十世,即《白虎通义》以五帝为有文号之成说;亦与列颛顼、帝喾、尧、舜于"五帝"无关。《大戴记》、史公以无号之颛顼等为"五帝",班氏列有号之异说,亦不谓颛顼等有号始得列于"帝"数也。

自来论"五帝"者皆以《十二纪》、《月命》之五帝为"五帝"说之滥觞,而黄帝、颛顼、帝喾、尧、舜之"五帝"则始于《大戴记》、史公;今知《吕览》于太皥等"五帝"外,复言黄帝等"五帝";前者"神帝",说本《远游》;后者"人帝",又为《大戴》、史公所本;然二者关系,及黄帝等"五帝"说之渊源犹未易明也。《封禅书》载管仲所记古封禅者十二家,黄帝、颛顼、帝喾、尧、舜五家在无怀、伏羲、神农、炎帝之后,禹、汤、周成之前,展禽言祭法,则曰"黄帝能成名百物,以明民共财,颛顼能修之,帝喾能序三辰以固民,尧能单均刑法以仪民,舜勤民事而野死",所言五王序次皆与《吕览》"五帝"同;盖夏商前有此五王,当春秋时说已固定,特无"五帝"之称耳。《管子书》叶水心谓成书在春秋末年,其《正世篇》言"五帝三王","三王"谓禹、汤、武,《中匡篇》有明文;"五帝"则可考者三:《桓公问》言:"黄帝立明台之议,尧有衢室之问,舜有告善之旌,禹立陈谏于朝,汤有总术之庭,武王有灵台之复,此古圣帝明王所以有而勿失,得而勿忘者也";禹、汤、武为明王,黄帝、尧、舜自为圣帝。《庄子·天运》五言"五帝",可考者亦惟黄帝、尧、舜(后详后)。《荀子》亦言"五帝",《非相》:"五帝之外无传人,禹、汤有传政",以"五帝"与禹并举,知"五帝"在"三王"外;然荀子法后王,惟《议兵篇》言"古者帝尧"而已。诸家之言"五帝"皆在"三王"前,且皆为古天子,以是知先"五帝"而以夏、商、周"三王"属于其后,与李斯言"古者五帝地方千里"者,实原始之"五帝"说;"五帝"与"三王"与"五运"各有系统而不冲突;诸帝名之不具者,以意推之,疑亦与《吕览》同。黄帝、尧、舜之称"帝",由来已久,"五帝"之说兴,上不越黄帝,下又外"三王",黄帝、尧、舜之间著者惟颛顼、帝喾,则"五帝"舍五人莫属;《吕览》之说,固先秦之古义也。郯子论官,黄帝、颛顼之间尝举炎帝、共工、太皞、少皞,此但历叙古者纪官之不同,非即古帝之次序;汉师不悟,或以太皞、炎、黄、少皞、颛顼为"五帝"(王符、王肃说),而人神不分;或加少昊于"五帝"(郑玄说),而"五帝"有六人;伪孔安国、皇甫谧进少昊而退黄帝,梁武帝又进少昊而黜帝舜,而"五帝"失其终始焉。盖自王符、郑玄读《大戴》、《太史公书》,已莫识其义,何论先秦旧记!近人谓世益晚而古史益繁,弟则谓世益晚而古史之义益晦;"尧神禹虫",惟今日始有此妙论耳!然"五帝"何以必"五"而不"三"。大札谓天有"五帝",上世之王者亦"五帝",然以"人帝"兼"神帝"者,惟黄帝、颛顼,余则各有专属。诸言人之"五帝"者,若《管子》、《庄子》、《荀子》不言"神帝";言神之"五帝"者,若《晏子》、屈原不言"人帝";《周官》、《吕览》虽兼言之,其义各别,则二"五"之起,或因先民数字尚"五"之故,非人源于神,或神源于人也。

　　"帝"为上帝之称,而"皇"初无天帝或帝王之义;以君释"皇",后起之说。《书》云"皇帝"、"皇后",《诗》云"皇王"、"皇祖",《离骚》云"皇考","皇"乃尊大之称,王侯祖考皆可加之,非"帝"、"王"之外别有所谓"皇"者也(据崔武承说)。"三皇"之说,盖起于道家理想之世之具体化,道家不满现世冥想古初,老子以"道""德""仁""义"观世之隆污,而"道德"之世有理想而无君。《庄子》始以容成、大庭、赫胥等氏为至德至治之世。《在宥篇》:"广成子曰:'得吾道者,上为皇而下为王'";又以"皇"为得道之君之称号。盖《管子》尝称"明一者'皇',察道者'帝',通德者'王',谋得兵胜者'霸'";以"皇""帝""王""霸"代表历史退化之四时期。古代尚"五"复尚"三","霸"五,"王"三,"帝"又为五。"皇"之说起,遂亦冠"皇"以"三"。以《周官》言三皇观之,其说或兴于《庄子》前。然《庄子》书言"三皇"者,疑皆"三王"误文。《公羊·襄二十九年》注又引孔子曰"三皇设言民不逮,五帝画像世顺机",语出《纬书》,更不足辨。《吕氏春秋·贵公》:"天地大矣,生而弗子,成而弗有,万物皆被其泽、得其利,而莫知其所由始,此三皇五帝之德也";盖至秦人而"三皇"乃确定,道家理想中之太古为上古史之首页矣。《吕览》不言何者为"三皇",秦博士则曰"古者有天皇,有地皇,有泰皇"。弟意天皇、地皇、泰皇疑即《吕览》之"三皇",而与"三一""泰一"无关。先秦之神虽有以"皇"名者,然无"三皇"之神;《周官》有人之"三皇",而无神之"三皇"。《郊祀志》记秦一统后祀典最详,亦无"三皇"之祀,惟齐有天主、地主等"八神"。弟初疑天皇、地皇或由天主等转变,继思神以天为尊,"三皇"苟为神,当曰"天皇最贵",而秦博士言"泰皇最贵",又上秦王尊号为"泰皇",故知其为人而非神矣。"泰一"之名始见《荀子》,《庄子》亦屡言之,与《易传》"太极"义略同,初不谓神。楚人以"太一"为神名,亦不谓上帝,日人津田左右吉《太一论》考之甚详。津田又谓泰皇出于太一,与大札意略同。弟意汉世"泰一"、"三一"之祠于古无征,疑皆由"三皇"之说而出。武帝迷信神祇,"而海上燕、齐怪迂之方士多更来言神事",以汉祀五帝而三皇在五帝前,秦人又谓"泰皇最贵"也,故"谬忌奏祀泰一方曰'天神贵者泰一,泰一佐曰五帝'"矣;谬忌仅取泰皇言泰一,而不言天皇、地皇也,故"其后人上书言'古者天子三年一用太牢祠三一,天一、地一、泰一'"矣。是则"三一"之说本于"三皇","泰一"之说出自"泰皇","三皇"初谓人不谓神也。汉师求天皇、地皇、泰皇于故记不可得,乃以《经传》之王在"五帝"外者当之伏羲、神农、遂人、女娲、祝融、共工纷纷为"皇","遂皇""羲皇""农皇"之称又自此兴矣。伏羲、神农《易传》之二氏,进而为"帝"前之"皇"。《白虎通义》又以其名义解释古初社会之情状,儒家之古史观乃取道家之古史观而代之。方士以"三皇"言"三一",纬书之言天皇、地皇者亦益以神怪,秦人之"三皇"遂湮灭不可复睹。然桓谭《新论》言:"三皇以'道'治,五帝用'德'化,三王由'仁义',五伯行'权智'"。阮籍《通考论》亦言:"三皇依'道',五帝仗'德',三王施'仁',五霸行'义'",则先秦"皇""帝""王""霸"区分古史时代之旧义至魏晋犹未寝失,与"五帝"之不得终始者又自不同。古义之显晦,亦有幸有不幸欤? 弟自内子病殁,所思万端,行年三十,常怀千岁之忧。读兄宏论,不能自已,不觉言之累赘如此。亦以近人言古史层累造成发端于道原之论"三皇五帝",而"数典忘祖",于此问题转未论及,妄欲以吾二人所言成一定说,遂辨之惟恐不尽。惟兄明辨而辱教之,幸甚幸甚!(《古史辨》第七册中编,第三二二—三三一页)

童书业《三皇考》序云:

在近人中辨"三皇"说的伪最力的人,据我所知道的有三位大师。第一位便是本文的著者顾颉刚先生。……不久便有第二第三怀疑三皇五帝说的人起来,那便是经今文学大师廖季平的高足蒙文通先生,和我们的右翼骁将缪凤林先生。……"三皇"的来源问题是蒙文通先生首先提出的。缪凤林先生补正蒙先生的意见,他那段"三皇"略论简直就是本文十万言考证的缩影;在本文未出世以前,是要让它独霸"三皇问题"的论坛的。(《古史辩自序》,第一九七—二〇四页)

《蒙文通、缪凤林三皇五帝说探源案》云:

蒙、缪二先生此文实为探究"三皇五帝"来源之第一声。蒙先生之中心意见为:"三皇"之说本于"三一","五帝"之说因于"五运"。"三皇五帝"皆神而非人。("五神帝"之名即赤熛怒等。人之"五帝"由神之"五帝"来。"九皇"在秦亦为神,至汉乃为古之王者。)"三皇五帝"说之完成首在战国及秦世。"三五"皆南方之说,而渐传于东方北方。诸说中除"三皇本于三一"之说已为缪先生所驳倒外,余说吾人皆表相当之赞同。(但"五神帝"之赤熛怒等名号出于谶纬,非古说)。缪先生之中心意见为:"神五帝"之说起于国神(取人为神),人五帝之说起于假"帝"号以尊王,二者本不相涉("帝"之所以为"五"起于先民数字尚"五"之观念,及"五行"之说)。"三皇"之说起于道家理想之世之具体化("皇"之所以为"三"亦起于先民数字尚"三"之观念)。"三皇五帝"皆本人而非神("泰一""三一"由"三"及"三皇五帝"之说而出)。"五帝"说起于东周,"三皇"说确定于秦人。诸说中除"人五帝"与"神五帝"本不相涉,及"三皇五帝"皆本人而非神之说外,余说吾人亦表相当之赞同。窃谓"五帝"之说当起于"五方帝",而"五方帝"之说则起于"五行"。"五行"之说起源或甚古(参看拙作《五行说起源的讨论》,《古史辨》第五册),现存之古书中虽无"五行"说之痕迹,然《甘誓》、《洪范》道"五行"。《甘誓》、《洪范》虽皆战国时书,然《墨子》已引《甘誓》,则此篇之著作时代最晚不得过战国中世。《甘誓》云:"威侮五行,怠弃三正。""五行"自为"金""木""水"

"火""土"之"五行","三正"或即为"天""地""人"之"三才";"五行三正"即"五帝三皇"说之背景也。《墨子·贵义篇》云:"帝以甲乙杀青龙于东方,以丙丁杀赤龙于南方,以庚辛杀白龙于西方,以壬癸杀黑龙于北方。"此必非后世所能伪造之语,则至迟战国初年已有"五行"说矣。《墨子》文中所谓"青""赤""白""黑"四色之龙疑即"青""赤""白""黑"四色之"帝"(谶纬书中常以龙表"帝"神);而《墨子》文中所谓"帝",疑即黄帝;帝杀四龙,即所谓"黄帝胜四帝"(孙子)也。此"四帝"与黄帝即"五方帝",亦即最早之"五帝"说(甲骨文中亦有"五方帝"存在之痕迹,但尚未能证实);则"五帝"本为神而非人也。"五方帝"中盖只黄帝有最上天帝之资格,故其传说亦最风行,邹衍"五运"说起,即以最上天帝之黄帝为人王,而置其时代于夏商周之前。其后"人之五帝"说起(始见《荀子》),病"青""赤""白""黑"四帝之未人化也,乃以颛顼、帝喾、尧、舜与黄帝合为"人之五帝"。颛顼、帝喾、尧、舜在邹衍之古史系统中或本承黄帝,而统属于虞代(参看拙作《帝尧陶唐氏一名的由来》,《浙江图书馆馆刊》第四卷第六期),及是称为"五帝",病其不能与"三王"分属于三代之说相合也,乃亦分"五帝"为五代;唐虞之说既盛,有熊、轩辕、高阳、高辛之号遂纷纷而起也(黄帝等初无代名,盖以一时难于拼凑之故;及汉世始以有熊、高阳、高辛等为黄帝、颛顼、帝喾之国号)。至《月令》(此书时代未明)出,更以太皞、炎帝(即赤帝之化身。"五方帝"中盖惟赤帝之势力与黄帝略侔,故其人化亦次早于黄帝)。少皞、颛顼应合"青""赤""白""黑"四帝,而与黄帝同为"五神帝"(魏相称此"五帝"为"五方之神")。刘歆则以二系统之"五帝"并合为一,添入共工、帝挚二闰统,造成《世经》之古史系统;于是"五帝"之说乱,古史之纠纷乃益起矣。至"三皇"之说,窃以为起于天神地神与太一(道)之神之人化;一方面则又有"三才"思想为其背景。"三才"思想亦起于战国时,《甘誓》之"三正"疑即"三才"之原称。《史记·封禅书》记齐"八神"中有天主地主,疑即"皇天后土"之神之变相;《楚辞·九歌》中有"东皇太一",疑即"大道"之神(最上之帝,故号"上皇")之变相;天主、地主、太一"三神"一变而为天皇、地皇、泰皇"三皇",再变而为天一、地一、泰一"三一"也。《吕氏春秋·大乐篇》云:"太一出两仪,两仪出阴阳。"注:"两仪",天地也。"太一"为"天地"所自出,故泰皇贵于天、地两皇,故泰一贵于天、地两一;究其终始,则"三皇"亦本为神而非人也。至"二皇"之说盖源于"阴阳"思想,及前世天地并尊之宗教。"二皇"疑即天地之神除"太一"而言,其"太一"则又变而为太帝矣。"九皇"则又"三皇"说之增加。董仲舒书中之"九皇"每代虽只一人,但所谓"三统"之说三复其数为"九";又自黄帝至汉(或春秋)去秦适为"九"

代，每代一"皇"，故有"九皇"也。至《纬书》出，受刘歆"新三统说"及其古史系统之影响，以人皇易泰皇，更以伏羲、神农、燧人等合"三皇"；伪孔、皇甫谧更去燧人等，而以"五帝"之首之黄帝合"三皇"，于是"三皇"之说亦大乱；诚所谓"世益晚而古义益晦，古史益繁乱而不可理也"。

又云：

当蒙、缪二先生发表本文之时（二先生文发表于十八年十一月《史学杂志》，则此文当是十八年九月及十月所撰），同时顾颉刚师亦在燕京大学发表其《中国上古史研究讲义》（十八年度两学期所发表）中亦提及"三皇五帝"之问题（此讲义即名为《三皇五帝的来源》）。此讲义之一部分后即改编成《五德终始说下的政治和历史》，另一部分则即改编成本文——《三皇考》。《三皇考》之根本意见与讲义实无甚差异也。当顾师撰本文时未参考蒙、缪二先生之文，而其见解则颇有与二先生相合之处。三先生同心，"三皇"一问题庶几乎其可以解决矣。但"五帝"之问题犹为悬案，以讨论"五帝"问题有一绝大之障碍焉，即《月令》之著作时代问题"是也。《月令》固决非吕不韦等作（关于此点顾师已搜得极详确之证据），但或出于西汉中世（其后必叠经修改始成今本之形式），果尔，则《月令》之"五帝"系统当为刘歆古史系统之所本。《月令》若确非完全刘歆伪作，则其中之"五帝"或如缪先生说为"神五帝"之系统也（此说业曩亦曾主张之）。吾辈甚望三先生能继续研究，将"五帝"问题亦作一彻底之解决，则古史中之悬案又得少一个矣。（《童书业著作集》第三卷，第七二七—七三○页）

　　　知按：童书业云"二先生文发表于十八年十一月《史学杂志》，则此文当是十八年九月及十月所撰"似有疑误，据前可知，先生与缪凤林往来书函刊一九二九年十一月《史学杂志》一卷五期不误，但先生致缪凤林函当作于十月十六日，而缪凤林复函则作于十一月一日。

十六日，先生《中国开化始于东方考》刊《国立中央大学半月刊》第一卷第三期，先生并作识语云：

近二百年欧美学者为中国民族西来说，中国文化西元论，于是我国学者亦多穿凿史乘以附会之。自本师左庵及章枚叔、梁卓如、夏穗卿、蒋观云及于近年顾惕生、陈斠玄诸前后先生为文以佐成之者凡十数人，一若西元之说已成定论；然文通窃有疑焉。前作《古史甄微》，于我国民族问题尝有所论列；而于文化所起虽略道之，而语焉未详。后绎寻旧籍，略有所得，遂续作此篇以补前稿之未备。凡旧已推论者此不复陈，或提其纲维而已。吾友缪君赞虞作《中国民族西来辨》,以折西来之说,而文通为此篇以明中国文化为我东方所自创。一破一立,相待相济。非敢谓于此即欲求一定论,愿留意史乘者于此一事策群力实事求是而共究之,期于考得其真,则固草定此篇之幸也。(《国立中央大学半月刊》第一卷第三期,第二六五页)

二十四日,先生思晤黄侃,汤用彤不日将延请黄侃"素食","为之介绍"。
《黄侃日记》云:

> 午偕旭初赴陈仲子(仲子昨亲来肃宾,甚敬)之招,饮于老万全,坐有翊谋、伯弢、汤用彤。翊谋示以在焦山抄得康有为《题别峰庵藏德宗龙袍》诗。用彤言蒙文通思晤予,彼将延予素食,为之介绍,且邀欧阳竟无居士。(《黄侃日记》,第五八三页)

二十五日,顾颉刚在其日记中第一次提到先生。
《顾颉刚日记》云:

> 看《史学杂志》蒙文通《三皇五帝说探原》。(《顾颉刚日记》第二卷,第三四六页)

三十日,晤黄侃,然因黄侃"与渐论学不合,致渐向余长揖而去"。
《黄侃日记》云:

> 午赴觉林汤锡予之招,晤欧阳渐、蒙文通。余与渐论学不合,致渐向余长揖而去,轻赴人招,致为伧夫所悔,可戒也。(《黄侃日记》,第五八四页)

汪东《寄庵随笔》云:

> 欧阳竟无佛学宏通,而性偏善怒。尝于汤用彤席上,与季刚同坐,极诋训诂考据,谓非根本之学。季刚不肯让,遂致忿争。(《寄庵随笔》,第六九页,《黄侃年谱》,第二九四—二九五页)

冬,访钱穆于苏州。钱穆《八十忆双亲·师友杂忆》云:

> 蒋锡昌时在四川重庆某校任教,得三师校刊,将余篇讲辞转示同事蒙文通。文通川人,其师廖平季平,乃当时蜀中大师。康有为闻其绪论,乃主今文经学,而季平则屡自变其说。文通见余讲辞,乃谓颇与其师最近持义可相通。遂手写一长札,工楷,盈万字,邮寄余。及余在苏中,文通已至

南京,在支那内学院听欧阳竟无讲佛学。一日,来苏州访余,两人同游灵岩山,直至太湖滨之邓尉。时值冬季,余与文通各乘一轿,行近邓尉时,田野村落,群梅四散,弥望皆是。及登山,俯仰湖天,畅谈今古。在途数日,痛快难言。而文通又手携余《先秦诸子系年》稿,轿中得暇,一人独自披览。语余曰,君书体大思精,惟当于三百年前顾亭林诸老辈中求其伦比,乾嘉以来,少其匹矣。及返苏州城,文通读《系年》稿未毕,但急欲行,遂携余稿返南京。文通有友专治墨学,见余稿,手抄其中有关墨家诸篇,特以刊载于南京某杂志,今亦忘其名。是为余之《先秦诸子系年》稿,最先惟一发表之一部分。(《八十忆双亲·师友杂忆》,第一三九——一四〇页)

　　知按:钱穆《先秦诸子系年》跋云:"春间《系年》稿为友人携之南京,以无副,不久即索还,而颇有传钞,载《史学杂志》,后又转录入《古史辨》第四册,是为《系年》再度刊布之稿。"其中所云"友人"即指先生,然时间则与《师友杂忆》不符,为一九三〇年春。今暂以《师友杂忆》为准,录此备考。

一九三〇年(中华民国十九年庚午)　先生三十七岁

是年上半年先生仍任教中央大学。下半年返川,仍教于成都大学,与唐迪风同住一宿舍。先生任教中央大学时,友人常以经学事为问,亦有邮书致辩者,先生于是整理旧文,分别题为《论秦焚书与古文佚经》、《周初统治之法先后异术远近异制考》、《经学抉原处违论》,并刊登在《中央大学半月刊》和《史学杂志》上。

先生《论秦焚书与古文佚经》识语云:

　　六经亡于秦火之后,托古改制之辩,纬候起于哀平之辩,及乎左氏不传春秋,卫宏作《毛诗序》,《周官》为阴阳之书诸大端。此皆井研廖师、仪征刘师及并世学者所常论而难决者。文通来京,友人常以此诸事为问,亦有邮书致辩者,每难一一致答,特裁剪旧稿,拟次第附之本刊,以当邮书,而非敢于诸老论定之后更饶舌于学问之事也。(《中央大学半月刊》,第一卷第十二期,第四九页)

是年,先生师谢无量受于右任邀请,于年初出任监察院监察委员。但谢无量从挂职起,从未理监察事务,还是潜心于古典诗词和哲学。(彭华《谢无量年谱》,《儒藏论坛》第三辑)故是时,先生曾以廖平、刘师培学之异同就教于谢无量。

先生《廖季平先生与清代汉学》云:

及再游金陵,以问谢无量师。谢师与刘、廖亦同时居蜀讲席者。谢师为余言左庵所以问于廖师者,其事甚详。左庵初本长于声韵文字之学,世治《左氏》而守《说文》,其入蜀后,盛称廖师之长于《春秋》,善说礼制。礼制者,廖师所持以权衡家法、辨析汉师同异者也。左庵于时亦专以《五经异义》、《白虎通义》为教学之规。出蜀后,成书皆《周官》、《礼经》之属,左庵之渐泽于廖师,此其明验。廖师之学以左庵而亦张,左庵之殁,世无复知廖师者。余之肤学浅殖,又何敢赞其端末哉!(《经学抉原》,第一〇五页)

二月,先生途径重庆,遇吴芳吉。

吴芳吉《渝州喜逢文通》云:

> 自见蒙夫子,词源雅以清。此心如小艇,万顷可安行。念念皆无碍,朝朝觉始生。相离常易感,相会更难名。(《吴芳吉集》,第三二六页)

> 知按:原诗未署时间,今据吴芳吉《渝州歌》前记定为是年二月事。《渝州歌》前记云:"民国十九年二月,余以寒假归自成都,意在迎母就养,以病不获,因游重庆,欲愉母怀云尔。"(《吴芳吉集》,第三二〇页)由此可知,一九二九年春节,先生曾回四川,并于次二月再至南京,故在重庆巧遇吴芳吉。

约在四月前后,刘咸炘致函先生,请先生代觅手录费枢《廉吏传》寄蜀,函云:

> 每于碧柳处读来书,心辄怦怦,后书睿智,乖情之论,尤属夙懔审。窃谓十余年来佛学之盛,实因哲学流行,困妙居上,其效在于发智,而不在于扶德,故应口说食饩,断玩世之弊,未久而遂见。前闻尊师欧阳先生近不言唯识而多言小乘,意亦见于徒发,智之非计乎?昔朱晦翁忌儱侗而尚分析,末流为烦琐支离,白沙、阳明乃起而矫之。西方学风正与晦翁相类,而晦翁乡里后裔,今方奉西方极端之说以槌提。吾华之圣哲,苟言学而唯尚名理,实足以助之耳。欧阳先生生于陆、王讲学之乡,承此坠绪屹然仅存,诚宜发挥光大,于世道裨益尤巨也。炘之家学虽异先儒,而先祖之和会三教乃有身心实功,以明以来学风大势观之,此止更进一步,而非别为怪异,故先祖于先儒所已发明者皆承认之。炘于姚江、泰州尤有偏嗜,曩与足下罕谈及此。今读来书,有以相发。倜风(即唐迪风)谓足下不以其纯美者示人,炘亦有同感也。来书谓今日与东西学者共见者乃不在中国之精华,而在于糟粕,此岂可独责之足下耶?吾华贤圣于天道(宇宙论)、人道(人生论)、众道(社会论)自有其超然独至之处,今以比较而益明。荦荦数大

端,非难言也,而世多不知略知者,又不贯能贯者又不言,虽亦有高谈华化之辈,然大底不会详读华书,又见协于时风,不免宛转以调和。炘不自揣辄,欲有所提揭,有书数篇,不敢谓其必合圣贤,庶几使世人知有此端绪。足下邃学深思,又多朋友,宜留意于是,以其纯美者示人,大过于炘,其功非考证古史之所能比也,足下其有意乎? 来书欲以鄙著附制印行,盛意可感。此稿今年又有修润,近方理一清本,欲寄沪上印行,以此科教本坊间尚未之见,彼处流通较广,易供人采用耳。若成大丛书,则不知当局意究如何,恐未易行也。居常与碧柳谈,吾辈在此间正如人家起大屋,客座案上,不可无一二大器,以资点覆,眉居目上,礼貌未衰耳。视足下发抒所学,师友交欢,几如泽之望山。昔赵景真与嵇茂《齐书》自谓槌橘柚于玄朔,缔华藕于修陵,难以取贵,则莫之与,而称茂齐良俦交。其左声名驰,其右从容顾眄,绰有余裕,此语不啻吾腹中之言,特景真行而茂齐居。今炘与碧柳居而足下行,适相反耳。伸纸挥笔不觉言多,聊当面谈。便有奉托者:歙县宋时人费枢著有《廉吏传》收入《四库》,世无行本,钱塘丁氏藏书有之,盋山图书馆即丁氏物,此本度在其中,拟烦足下代觅写手录一部寄蜀。书仅数卷,写资请示知,当缴府间,想不厌其责也。(《推十书》第三册,第二二〇八页)

十四日,先生在南京所购图书寄回。《吴虞日记》云:

　　　下课晤杜象谷,言蒙文通买书寄回,因同往阅之。(《吴虞日记》下册,第五〇一页)

五月九日,刘咸炘致函先生,云:

　　　两函及《廉吏传》钞本先后接到,披览析畅,无异面谈,惟奖饰语,多令人颜热耳。所谓唯识、般若之本末,晦翁、阳明之得失,此在今日殆如阳春白雪之歌,佩甚佩甚。歙门人徐生季广亦好内学,曩尝为炘言相宗末流,值说成心,心不摄破碎,无从下手。炘不谙此学,不敢妄言,然颇有味于其语。来书言欧阳先生近多谈总相,鲜及别相,殆亦类此意耶? 般若宋学为主论,师疏主失佛菩萨之意,谨闻命矣。论朱、王得失之处,鄙意则微有异同,然亦甚小,不必觏缕。惟有欲补充者二义,一则为学问究竟言真见性善乃是问题所在,徒恃思维辩证所得之一二观念固不足恃,即一时乍悟所见之一境界,亦岂遂为一得永得耶? 炘之怀疑于禅宗,即疑其仍不免为黑毵毵地耳。一则为今世拯救人心言,如兄所论,乃是深入堂堂之言,非途人所共喻,即吾党二三人,亦不免有小同异(如偶风即以来书所谓无善无恶一语为累)。此同异在吾党二三人,固无妨害然,为后生言,彼等岂能解耶？今此道久废，后生并《四书》、《近思录》、《传习录》亦未尝读，推本言之，直是未尝知有身心问题。炘尝谓今之人且勿论知儒知道，喜宋喜明，只要省得有身心问题，已是难得，以是吾窃今日当极力提出此问题指点与人。炘前书所谓当提倡宋明学者，意在于是程、朱、陆、王固当兼取朱派之病，今固见矣，陆、王之病亦非未见。炘喜王之所见更深，而亦服朱之方法密，窃以为专学象山，病尤大于专学阳明；而以作药用，则戢山不如近溪之切实，然皆就所见而言之耳。前人言语都可视作药方，加以斟酌，期于治病而已。身教者从要在力行致之，于事虽有流弊，亦少矣，是在吾党之勉力也。来书所云，今世好专门，诋玄学，饾饤之学，尊华化、抑华化者厥罪惟均，诚正论也。饾饤之习，乃近日中国、日本所同，其所以道此者，以幺小考证，易于安立，少引驳难，乃来名之捷径耳。然今之学子多不埋头读书，即肯为此考证，要胜无所用心，且可省邪妄，吾党犹当奖之耳。世乱如人衰弱，周身是病，真无从说起，可叹也。钱君宾四，其名为何，闻声欣仰，恨不得见。拙著《内书》，尚未刻成，已刻诸种，择中左右三书各一部寄奉，乞转致钱君乞正，以直寄往有无因之嫌也。华西大学办考古学，尚未有声息，恐亦如成大耳。成都学风衰旧已极，欲望其如燕京、金陵、清华尚不可能，足下一副热心徒虚耳。承钞《廉吏传》费神甚感，《六译丛书》现无售本，已托人代觅，觅得再寄。兹更有奉讬之事：南京花牌楼中市南书店发行《图书馆学季刊》，请代买一份，自一卷一期起至最近，并订一全年。又《盋山图书馆年刊》亦请买一份，其费请暂垫，并前钞书费，将来除购书外，如尚有欠，或由邮寄发，或存俟尊用，悉乞指挥。偶风将归故里，碧柳亦将去，芸生劳劳，为人太多，诚如尊论龚定庵诗云。（《推十书》第三册，第二二〇九页）

约在六月前后，先生辞中央大学教职，往湖南。《吴虞日记》六月十九日条云：

董惠民来，言二十五日起身，赴考中央大学。又言蒙文通已不在中央大学，似已解约，现往湖南矣。（《吴虞日记》下册，第五一〇页）

知按：先生此次前往湖南，其事鲜有记载，然为确事当无疑，且依事后同行者之追忆，同往湖南者亦非先生一人。

八月九日，访黄侃。黄侃记之甚简，云"蒙文通来"。（《黄侃日记》，第六四五页》）

十五日，至上海，晤陈柱，并读所著《待焚诗草》。

吴芳吉《与周光午》云：

适得蒙文通兄自沪来示,有云:"今日(八月十五号)在沪曾见北流陈柱,并读所著《待焚诗草》,亦文亦俗,非古非今,而朴杰惊人,绝似兄作。兄亦知其人耶? 钱宾四之精悍,陈柱尊之雄奇,使人却知人之成学,先必有一段精神气魄也。"吉甚愧此言,尤自愧于少年时代之峥嵘慷慨,今乃不及,转以望弟也。(《吴芳吉集》,第一〇四五页)

九月,先生《中国古代北方气候考略》刊《史学杂志》第二卷第三四期合刊。

蒙默《蒙文通先生年谱》云:

先生住内院,偶据周秦文献所载各地生物品种之异,写为古代黄河流域气候较后世温暖之笔记一则置于案头,缪凤林来访不遇,见此笔记,认为颇有意义,遂取走以载于《史学杂志》第二卷第三四期,题为《中国古代北方气候考略》。(《蒙文通先生诞辰110周年纪念文集》,第四二一页)

竺可桢《中国近五千年来气候变迁的初步研究》云:

中国古代哲学家和文学家如沈括(公元1030—1094年)、刘献廷(公元1648—1695年)对于中国历史时期的气候无常,早有怀疑。但他们拿不出很多实质性事实以资佐证,所以后人未曾多加注意。直到20世纪20年代,"五四"运动即反帝反封建运动之后,中国开始产生了一种新的革命精神,近代科学也受到推动和扩展,例如应用科学方法进行考古发掘,并根据发掘材料对古代历史、地理、气象等进行研究。殷墟甲骨文首先引起一些学者的注意,有人据此推断在3000年前,黄河流域同今日长江流域一样温暖潮湿。近3000年来,中国气候经历了许多变动,但它同人类历史社会的变化相比毕竟缓慢得多,有人不了解这一点,仅仅根据零星片断的材料而夸大气候变化的幅度和重要性,这是不对的。当时作者也曾根据雨量的变化去研究中国的气候变化,由于雨量的变化往往受地域的影响,因此很难得出正确的结果。(《天道与人文》,第六六页)

知按:"近3000年来,中国气候经历了许多变动,但它同人类历史社会的变化相比毕竟缓慢得多,有人不了解这一点,仅仅根据零星片断的材料而夸大气候变化的幅度和重要性,这是不对的",即主要针对先生《中国古代北方气候考略》而言。然竺氏作此文囿于时代背景,似有不确之处,幸读者鉴之。

二十三日,董惠民致信吴虞,云"蒙文通应成大聘,将趣装西返矣",又云"文通言,应成大聘,殆遮丑之词"。(《吴虞日记》下册,第五二三页)

　　　　知按：由此知，先生回川时间当在十月前后。又据卢前《朱彊
　　邨轶事》曾云："那一年的秋天，我应成都大学聘入川，第二年到开
　　封，碰巧'九·一八'关外事起，不久便听到彊老的噩耗。"（《卢前
　　笔记杂钞》，第五五页）知先生此次乃与卢前同应成都大学聘，故
　　按常理推测，先生此次回川，应与卢前同行。

十一月，范希曾《书目答问补正（经部）》发表，刊登在南京国学图书馆编
印的《国学图书馆第三年刊》。先生据此加了若干按语，以订正原稿
之失。

十三日，先生宴吴虞、卢前、刘衡如等于文庙后街教员院。《吴虞日
记》云：

　　　　十时至十二时，在本一上课后，同卢冀野、刘衡如过文庙后街教员院。
　　同冀野谈，赠我《彊村语业》一册、胡小石《文学史》一册。蒙文通叫菜四
　　样，买酒一瓶同饮。冀野欲《草堂诗余》，予言成都书局有之，当为代取。
　　饭后同衡如往敬业学院，观所购回之书。旋至成都书局，取《草堂诗余》，
　　明刊本早印，凡四集，价十七元。归阅冀野诗词曲，才力薄弱，学亦不赡
　　也。七言古诗，且平仄不协。又阅胡小石《文学史》，亦非佳本。人才之
　　难可知矣。（《吴虞日记》下册，第五二八页）

二十二日，晤吴虞。《吴虞日记》云：

　　　　晤文通，已任教务职。（《吴虞日记》下册，第五三○页）

十二月十一日，先生与吴虞被诬指为共产党。《吴虞日记》云：

　　　　晤叶秉诚，云蒙文通晤刘甫周，言有人在军警团密告文通与予为共
　　党，秉诚似有含胡欣幸之意。又晤刘衡如，云此事闻之已久，因文通往保
　　罗小工，晤甫周，甫周言君保罗小工，尚有人密告君同吴先生，且有多人。
　　当时即以密告文纸撕去，谓为笑话云云。盖密告者不知四十岁以上之人，
　　共党即不收入党也。（《吴虞日记》下册，第五三一页）

十二日，晤吴虞，"云密告八人皆成大教授"。（《吴虞日记》下册，第五三
一页）

十二月二十三日，先生和吴虞为共产党事水落石出。《吴虞日记》云：

　　　　晚肇海来，言小岩云杜象谷等之密告，乃国家主义派为之，魏时珍往
　　质问小岩，小岩向魏时珍道歉了事。密告予及君毅似亦小岩为之。密告

书蓝墨水写,止予与君毅二人,谓为袒蔽共党,肇海亲见之。所谓密告成大八人,有予及蒙文通者,恐又另一回事也。又与杨达章闹事之二学生,皆国民党人也。权利之争,殊为可畏,真无妄之冤也。(《吴虞日记》,第五三三页)

一九三一年(中华民国二十年辛未)　先生三十八岁

是年上半年先生仍教于成都大学,下半年因不满四川军阀强制裁并成都大学、成都师范大学、四川大学而愤然离校,远去开封,执教于河南大学,同至者有卢前、李源澄等。是时邵瑞彭亦在河大,善律历阴阳之学,先生屡称之。

卢前《李源澄〈诸子概论〉序》云:

余与文通主讲于大梁,君亦来止。同舍淳安邵次公瑞彭,精畴人之术,君又从肆业。既二年,渡江谒宜黄欧阳先生,受内典。(《李源澄著作集》第一册,第三〇一页)

一月一日,参加吴虞五女与曹寿昌结婚典礼。

今日五女、曹寿昌结婚,来宾皆成都大学教授,予所识者熊祖同李涵芳夫妇、刘绍禹吴应芳夫妇、刘北荣、景幼南、蒙文通、张萍洲、杨逸子、宋少奇、杨浚明、卢冀野。(《吴虞日记》下册,五三五页)

三月二十八日,先生携家属抵成都。(《吴虞日记》下册,第五五四页)

四月,盐亭县设立修志局(县城西门外陕西会馆),聘杜佩绅任总纂,先生父亲蒙君弼任副总纂,杜连漪任编纂员兼庶务。

五月,先生友唐迪风去世。林思进《挽唐迪风》云:

苦语成生别,重来竟不然。奇穷嗟至此,天道究谁怜。妇有黔娄节,人悲虒载年。七篇仁义旨,强聒若为传。(《清寂堂集》,第一六一页)

六月四日,成都大学毕业同学会以张澜为该校创始人,众望所归,特电呈教育部、四川省主席刘文辉、四川善后督办刘湘,请予挽留。同日,成都大学在校学生也成立"成都大学全体学生留张大会",进行挽张工作。(《第二次国内革命战争时期四川大事记》,第一九八页)

七月二十七日,傅养恬"言蒙文通为学生所不欢迎,下期决定不干。养恬谓文通止爱拿钱而已"。(《吴虞日记》下册,第五七一页)

八月一日,"《新四川日刊》,教育厅正积极筹备成大、师大、川大三大学合并事宜,惟名称尚未决定,故川大无添办高中之必要。向楚问下期川大五院教授可否聘定。张铮答云,教授仍可暂时聘定,若果三大合并后,只有对不住各教授了事。……燕生来,言三大合并,院长不换,教员背时。"(《吴虞日记》下册,第五七二页)

九月十八日,日本侵占东三省。先生生日为农历九月十八日,非同日。然自此之后,先生常言自己生辰为甲午海战那年9·18那天。(《蒙文通先生年谱》,《蒙文通先生诞辰110周年纪念文集》,第四二一页)

二十九日,成都各界民众反日救国大会举行市民大会,学校罢课,商人罢市,工人罢工,并停止一切娱乐,下半旗以示悲愤。会后示威游行。300余团体,约5万人参加了大会和游行。大会决议:电请国民政府立即颁发全国动员令,对日宣战。与此同时,泸州、万县、南充、涪陵、自贡、西昌及其他市县亦先后举行反日示威游行和各种抗日宣传活动。(《第二次国内革命战争时期四川大事记》,第二〇九页)

《吴虞日记》云:

> 成大、建中均参加对日大会,停课。(《吴虞日记》下册,第五八〇页)

十月一日,四川省主席刘文辉召集会议,宣布成立"四川省政府整理大学委员会"。刘文辉自任委员长,教育厅长张铮任副委员长,邓锡侯、田颂尧、向传义、尹朝桢、赵椿熙、熊晓岩(成大)、宋绍曾(师大)、向楚(公立川大)、叶秉诚(成大)任委员,着手进行三大学合并事宜。(《第二次国内革命战争时期四川大事记》,第二一〇页)

《吴虞日记》云:

> 九时半到成大,晤叶秉诚,言三大合并,事在必行,快则以一星期结束,迟则二星期,从明日起算。十一时至十二时由熊小岩、叶秉诚召集学生报告经过情形。(《吴虞日记》下册,第五八〇页)

二日,上午九时半,成大开教授会,叶秉诚及先生各有议论。

《吴虞日记》云:

> 九时半过成大开会,熊小岩报告经过及其主张。叶秉诚、蒙文通各有议论,均关重要。继学生主张,予以其多离事实而唱高调,遂归。(《吴虞日记》下册,第五八〇页)

四日,"成大壁报骂熊小岩、吴金钰谄上骄下,牺牲成大,以求饭碗。"五日,先生晤吴虞,云:"今日成大壁报,又加入叶秉诚,谓彼同熊小脚、吴金

钰出卖成大"。(《吴虞日记》下册,第五八一页)

七日,刘文辉召集成大、师大、公立川大的校院长和教授代表宣布合并三大学的安排:除原公立川大工、农两院独立建校外,三大学其他院系合并;皇城师大校址,为合并后的川大校本部和文学、教育两院所在地;南校场成大校址,为理、法两院所在地;原公立川大各院校舍,作改办附中之用;所有原各校教职员,大部留用,小部裁撤。(《第二次国内革命战争时期四川大事记》,第二一〇—二一一页)

八日,"成大临时学生会午前八时开会,讨论三大合并学生应持之态度",张幼房云"今日省府委员全体往接收师大"。(《吴虞日记》,第五八二页)

十六日,四川省府接收、合并成都三大学的工作告成。同日,省府主席刘文辉正式聘任吴君毅为合并后的国立四川大学秘书长,向楚、熊晓岩、魏时珍、邓胥功分任合并后的国立四川大学文学院、法学院、理学院、教育学院院长。(《第二次国内革命战争时期四川大事记》,第二一二页)

二十八日,国立四川大学文学院委员会召开会议。

《吴虞日记》云:

> 今日委员会开会,讨论钟点及送聘事。文学院经费额定七万。饭后张萍洲来,言金钰之坏,高承元于金钰亦不满。曹寿昌之去,实金钰使之,曾向萍洲言,我那有许多侄女婿云。蒙文通云,吴金钰你与他讲话,讲不明白,你吐他的口水,他便明白了。(《吴虞日记》下册,第五八六页)

十一月六日,中文院改为国立四川大学文学院第一分院,向楚任川大中国文学院院长。九日,国立成都大学、国立成都师范大学、公立四川大学正式合并为国立四川大学,并于是日上午九点在四川大学礼堂(皇城致公堂)举行开学典礼。(《吴虞日记》,第五九〇页,《第二次国内革命战争时期四川大事记》,第二一四页)

十三日,因先生辞聘,成大国文二小时无人教,成大预科主任张翕拟请吴虞任之。(《吴虞日记》,第五九二页)

先生《不能离开党的领导》云:

> 我想,我们年岁较大的人,和青年不同,即是我们可以从自己过去的经历,来判断以前和现在,究竟什么时候好,什么时候坏。解放前,我教了三十几年的书。那时,政治黑暗,社会腐败,教书人的工作和生活动荡不安。我曾经在成都大学教过书,校外是军阀割据,暗无天日,校内教师间的派系明争暗斗。我实在看不下去,便离开了成都到了南京。在南京,蒋

介石那一帮人搞的更是乌七八糟。后来,我又辗转在北京、天津等地教书。可是哪一个地方大学里,都有派系斗争,有所谓"东洋帮"和"西洋帮"的斗争,也有浙江人或湖南人的把持。在广东,甚至一个大学中也有"内江派"和"外江派"互相排挤。(《往事存稿》,第三八七页)

一九三二年(中华民国二十一年壬申)　先生三十九岁

是年,先生任教河南大学,究心秦史,作《天问本事》,发表于《河南日报》。

先生《周秦民族与思想》跋云:

> 昔余在解梁,究心秦事及其制度,于周秦民族、文化之同异,略知其故也。及客金陵,以郳君哲生之嘱,写为此篇,已付手民,惟以自惭简略,未可以示人,索还改正,遂弃置箧间,淹迟累岁。后居析津,乃取前篇之半,条分缕述,阅二载稍就。(《经史抉原》,第一五〇页)

《周秦民族史》序云:

> 文通研究周秦民族,始于 1927 年,时任教于成都大学,初由《左传》略见西戎、赤狄、白狄先后迁徙之迹,既泛滥群籍、搜讨故实以相佐验,乃粗明其事。即以所得资料一教于开封,再教于北京。1936 年任教天津,以顾君颉刚之促,始写成《犬戎东侵考》、《秦为戎族考》,继又写成《赤狄、北狄东侵考》、《古代民族迁徙考》,刊布于《禹贡》,国内外学人多以余言为缪。嗣以卢沟桥事变,京、津沦丧,因挈婴孺避居意租界,偕三弟思明寓谢君戌生家。(《中国古代民族史讲义》,第三页)

同年,为河南大学同事张仲琳《西洋近世史》作序,云:

> 十数年来之新文化运动,所以移欧风以号召于国内者,曰德谟克拉西,曰赛因斯。然就近日之事实观之,则狄克推多之制,已滋漫于列邦,法西斯蒂之组织,复将普遍于欧亚,则政之去民治之途,且日远也。至国内出版界,虽一时风起云涌,璀璨煊赫;然又大要皆文艺及哲学之著作,鲜有纯然科学之制述,则学之去科学之途,又日远也。是果为者之欲适燕而固南其辙欤?抑倡之者识卑议近不足以知远而应世之急欤?夫知所以召行也。所标之表的,与见诸实行者相背;若兹则十数年来之文化运动,虽波荡一世,乃全无实效,非事之至可太息者耶?自近一二十年来,凡国内刊物,十九皆关史学,而言文学言史学者,其述作又多属考订。在昔风靡一时之文、哲,结果乃无纯然文、哲方面之伟制,岂以凭虚者难继,而蹈实易功哉!夫去浮华就征实,不可谓非学术界之一大进步也。然中国史

册,浩穰无纪;苟惟从事枝节之勘定,而纲领滋晦,则将于何竟其功? 况前世治史方法,尤须改辙,非借径于西洋史学难为役,故举纲挈要之作,于今日为更要。夫中国旧为史学发达之国,由今之情观之,最近以往,又将为史学迈进之时,而最急切赖资借鉴之西史挈要专书,寥落不可多得,是非一大缺恨欤! 吾友江陵张仲琳先生,曩学史于英国爱丁堡大学,博学广问,造诣精邃,主南北各国立大学讲席有年。民国二十年春,与余同任河南大学教事,温厚谨饬,学不厌,诲不倦,霭然儒者也。以数年精力,为《西洋近世史》一书,都约数十万言。悉本西儒各家原文,采其事实,而裁其偏见,不尚空论,删削一切不经之说,惟以说明事实为归,绝无穿凿附会之词。凡中西文各书,其事有涉于篇中各节者,靡不斟酌采取,而不批评任何人之著作。凡西文如剑桥之《近世史》各卷,海氏《近世欧洲政治社会史》两卷,弗利克之《世界史》,非乌特之《世界史》等;中文如何炳松、李泰棻、陈衡哲、伍光建、郎醒石等各家之书,靡不殷勤讨校,撷取众长,以为是书,期必尽心而后已。如先生者,可谓深造独往者也。顷以刊印藏事,属余为弁一言。余学荒识浅,于西史尤懵瞀无所知,乌足以序先生之书! 聊述旨要,与余所见近顷国内学术界之情势,谨识简端,以告世之读是书者。愿继是篇之作,风而起者之踵相接,更移治西史之法,以董理国史而发扬之,俾文化运动前途,益趋于实际,是固先生与余之所蕲向者也。(赵灿鹏:《蒙文通先生佚文〈西洋近世史〉序书后》,《四川大学学报》(哲学社会科学版)2008 年第 1 期,第一四一——一四二页)

> 知按:张仲琳(一八八六——一九六二),本名张健,字仲琳,湖北江陵人,明代政治家张居正后裔,谱名张立勉。清末就读于武昌两湖书院,一九一四年毕业于北京高等师范学校英语部,后赴英国留学,入爱丁堡大学研读西洋史,获硕士学位,历时八年之久,时人称之为"英八年"。回国后任武昌高等师范学校西洋史教授,一九二三年该校改名武昌师范大学,任历史社会学系主任;后任湖北省女子师范学校校长,历任北京师范大学、北京大学、中央大学、河南大学、兰州大学等校历史系教授,在河南大学任教时与先生和卢前等友善。

六月五日(阴历五月初二),先生师廖平在乐山逝世,享年八十岁。(《廖季平年谱》,第八三页)先生于是作《井研廖师与近代今文学》,刊《学衡》第九七期;又刊《大公报》文学副刊;作《廖季平先生与清代汉学》,刊《国风》半月刊一卷四期;作《井研廖师与汉代今古文学》,刊《新中华》一卷十二期。

《王叔岷回忆录》云:

这一年,四川学术界发生一件重大哀悼的事,著名的今文经学家井研县廖平先生去世,各方吊唁的人很多。廖先生治经学,思想屡变,晚年言论,近于荒唐。父亲说,廖先生有次请客,父亲曾被邀请。父亲送副挽联:"暮年治学,判若两人,似圣贤狂,定论俟诸后世;畴昔等堂,曾叨一饭,古情古貌,至今想见先生。"……廖先生暮年以前,往往亦有未经工苦而轻率不妥之论断,盛名之下,其实诚难副也。(《王叔岷回忆录》,第十八—十九页)

先生《井研廖师与汉代今古文学》云:

余前以吴君雨生之嘱,为论《近代今文学与井研廖师》,既详之矣,又以缪赞虞之嘱,而为《廖季平师与清代汉学》,又详之矣。(《经学抉原》,第一〇七页)

又云:

文通昔受今文之义于廖师,复受古文学于左庵刘师,抠衣侍席,略闻绪论,稍知汉学大端,及两师推本齐鲁上论周秦之意。自壬子、癸丑迄于癸亥,十年之间,寻绎两师之论,未得尽通,然廖师之论每以得刘师之疏疑释滞而益显,中困于匪窟,而作《经学导言》,略陈今古义之未可据,当别求之齐、鲁而寻其根,以扬师门之意。时左庵师已归道山,而廖师犹于病中作书欣许以诲勉之,不以稍异于己说为嫌。旋以寻绎师门五帝尧舜之训而作《古史甄微》,更为《天问本事》以辅之,乃觉周秦学术谅有三系之殊,复改定《经学导言》旧稿为《经学抉原处违论》,略陈汉师今古学之未谛,以思究宣师门弃两汉、宗周秦之微旨,师皆见之也。及再绎五运之训,而略见周秦之学复如彼其曲折,按古官之沿革,而又确知今古家各据《王制》、《周官》以为宗者为可议。今古学之纲宗本可疑,故依以成之今古学,持之以衡两汉固若纲之在网,无往而不协;若持之以通周秦,则若凿之于枘无往而有当,无怪其然也。廖师之揭齐鲁以易今古之学而召后进,其义固确然不可易,而以五帝五运之说命文通,其训亦深微也。文通既钻研师门之义,由礼数之故以求两汉之学、今古之事殆十年,始于《公》、《穀》之异同见《王制》为杂取齐、鲁之书。《王制》之为齐、鲁糅合而成,亦犹郑康成之糅合今古两学,于是舍今古之异同而上求之齐、鲁。于是略窥师门舍两汉而探晚周之意,乃推晋之《乘》、楚之《梼杌》,以与鲁之《春秋》六艺相校难,乃见晚周学派仿佛若有三系之殊,而齐、鲁究为一家之学,大同而小异,齐则东方前期之学术,鲁则为东方后期新兴之学术,其为东方之学则一也。自《吕氏春秋》而东方与南北之学以合,《吕氏春秋》糅合三系,正犹《王制》之糅合齐、鲁。汉初之齐、鲁学虽导源于晚周之齐、鲁学,然流变已多,不可以汉初学当晚周学,况后齐、鲁而起之今古学哉! 由师门破今古而探周秦之意以求之,迄今又十年也,犹蔽瞀无所晓,方将作《周秦民族与思想》一篇以究之,必待晚周之学明,非两汉所能淆,而后廖师之道可著。然非文通之力所能堪,更非此短说所能尽。(《经学抉原》,第一一八——一一九页)

九月九日,先生友刘咸炘逝世。林思进《刘鉴泉同年咸炘》云:

论良吾几倍,谁知转哭君。贾忧寿不永,颜短命何云。闵户精思竭,承家学绪分。蜀才日衰少,真欲丧斯文。休夏传清兴,探奇作远游。遥吟豆团雨,高挹剑门秋。归话情犹在,闻哀涕不收。人生淹速度,到此信难求。(《清寂堂集》,第二四三——二四四页)

二十三日,先生经湘潭刘柏荣书信告知方知刘咸炘病逝的消息。卢前《述刘鉴泉》云:

时文通与予方进餐,相顾大愕,为之废箸。(《刘咸炘学术论集·文学讲义编》,第三五一页)

又云:

余愧不知学,未能为君作传。其平生学谊,文通知之谂,当别文详之。(同上,第三五四页)

先生《评〈学史散篇〉》云:

双流刘咸炘(鉴泉)先生年未四十而殁,著书已百余种。先生于宋、明史部、集部用力颇勤,《史学述林》、《文学述林》两著持论每出人意表,为治汉学者所不及知,张孟劬先生所称为"目光四射,如球走盘,自成一家之学"者也。(《经史抉原》,第四〇二页)

又云:

吾读刘先生书,叹未曾有,足以开人心目。聊陈管见,补其阙遗,正其统纪,以为读刘先生书者之一助,惜不得起亡友与共详之。所幸通人硕彦,不吝匡吾两人所未逮,以起千余年来之坠绝,于承学之士,不无稍补也。(《经史抉原》,第四一三页)

《跋华阳张君〈叶水心研究〉》云:

　　双江刘鉴泉言学宗章实斋,精深宏卓,六通四辟,近世谈两宋史学者未有能过之者也。余与鉴泉游且十年,颇接其议论。及寓解梁,始究心于《右书》、《史学述林》诸篇,悉其宏卓,益深景慕。惜鉴泉于是时已归道山,不得与上下其论也。(《经史抉原》,第四七〇页)

《华西大学图书馆四川方志目录》序云:

　　迩者惟宥斋刘氏为《双流足征录》,所以补旧志之阙者多至七卷,事丰旨远,数百年来,一人而已。……斯宥斋识已骎骎度骅骝前矣,是固一代之雄乎!(《古地甄微》,第一〇八页)

《治学杂语》云:

　　余早年与刘鉴泉氏(咸炘)常相从讨论。刘深于史学,尤重视宋人著作,所撰《史学述林》、《学史散篇》、《先河录》、《右书》各编,于浙东史学略具梗概。此与近世出版论浙东学术之徒抄《宋元学案》者不可同日而语。余以尝闻其绪论,稍知涯涘,依以治学,撰《中国史学史》于《中唐两宋》章中论言其事,终恨不能深造宋人堂奥,愿与来学共研治之。(《蒙文通学记》,第四五页)

一九三三年(中华民国二十二年癸酉)　先生四十岁

是年上半年先生居内院,编纂佛学,下半年任教北京大学。然关于先生离开河南大学的具体细节,张邃青《河南大学片断的回忆》曾有道及,朱师辙在致陈垣的信中也曾道及。张邃青《河南大学片断的回忆》云:

　　在国民党反动统治之下,资本主义教育思想是普遍的,有进步思想的人占极少数(当然不断地有变化)。在理学院,教材以英、美的课程内容为主,有些用的是原文;农学院编写讲义,基本上也用的英美教材;后设的工学院也是如此。医学院以德文为重要参考书,教师一般用中文教授。文、法学院有些人受了实用主义的影响,也有些残存的封建思想。特别是多数人埋头教书,不问政治。学校当局对教师的态度,常凭个人的喜怒。如一九三二年蒙文通任历史教授,因为他的胞妹在天津读书,用钱很急,蒙教授到会计室借钱,未得允许,一时动了脾气,对学校表示不满。将近暑假,接到"行为不捡,应即解聘"的通知书。究竟行为如何不捡?据说,是由于蒙教授在课余曾和谭戞(若戞)秘书到相国寺听过几次说书。最高学府的领导人,对待教授,竟然如此。教师间互相轻视,不团结的现象,是常有的。(《河南文史资料选辑》第一辑,第一〇四——一〇五页)

　　　　知按:先生《治学杂语》曾言及张邃青,云:"邵次公(瑞彭)精于古历,著述之已刊者不多,遗著可于开封河南师院张邃青先生处访之。"(《蒙文通学记》,第二五页)

二月二十日,朱师辙致函陈垣,告之先生事,云:

　　　　忆行前遇先生于道,曾询蒙君文通,匆匆未及详答。顷返汴,始悉蒙君校中当事不合,不复回汴。其人品学兼优,博洽多闻,弟所钦佩。其去也,此间学子颇思之。现南京支那内学院长欧阳居士留之住院编纂佛学,先生倘有意网罗人才,此其时也。因旧岁同游燕都,渠颇乐之,故弟亦怂恿其北游。顷致书亮丞先生已言之,请其与先生商定见示,未知已接洽否?……中国沿革地理、史学发展史、秦汉史、中国及印度佛教史,或唯识学、古代民族史,或上古史、文化史、经学各类,以上皆蒙君所乐教。其学术之优,先生当早知之,固无待弟赘述也(其人高怀阔达,性情亦佳)。(《陈垣书信往来集》,第二四三—二四四页)

三月,先生成名作《古史甄微》由商务印书馆出版。
先生《井研廖师与汉代今古文学》云:

　　　　晚周所传佚礼,既参差零落难求,廖师昔尝命文通曰:"五德之运以子承母,故说少昊为黄帝之子,实则五帝各传十余世,各数百千年,各代疆域四至迥殊,固非一家祖孙父子也。"命文通详考论之。文通求其说十余年,因作《古史甄微》,就晚周人所传史说求之,于五帝尧舜之故,见其异义孔多,仿佛晋之《乘》、楚之《梼杌》、鲁之《春秋》,似各有鸿沟不可紊者。复就五胜五帝之说,求其迁革同异之故,而晚周学术流变若有可寻。今、古家说,失之已远,即汉人齐、鲁学,亦远非晚周齐、鲁之旧。而后知廖师诲诱后进其意之深也。(《经学抉原》,第一一五页)

《古史甄微》自序云:

　　　　乙卯春间,蒙尝以所述《孔子古文说》质之本师井研廖先,廖先不以为谬。因命曰:"古言五帝疆域,四至各殊;祖孙父子之间,数十百年之内,日辟日蹙,不应悬殊若是。盖纬说帝各为代,各传十数世,各数百千年。五行之运,以子承母,土则生金,故少昊为黄帝之子。详考论之,可破旧说一系相承之谬,以见华夏立国开化之远,迥非东西各民族所能及。凡我国人,皆足以自荣而自勉也。"蒙唯诺受命,已十余年,终未遑撰集。丙寅夏间适蓉,趋谒罗江叶秉老世丈。叶丈博物能文,淹贯史乘,讯蒙于乙部曾用何功。仓皇之间,无以为答,支吾数语,惭悚无似。盖学殖荒落,根底未充，一遇通人，辄瞠目无对，固其宜也。丁卯岁首稍暇，遂发愤撰集，谋以酬廖师之命者、应叶丈之责。搜讨既终，疑文猬集。爰原本遂古，迄于春秋，撰为此篇，本为究论史乘，而多袭注疏图纬之成说，间及诸子，殆囿于结习而使然也。稿既脱，凡十二篇，约六万言；即以教于成都大学，再教于成都师范大学，稿又易；三教于四川大学及敬业学院，增补益多。洽岁之间，稿凡三易。于是文通将有金陵之游，践师门五年之约。南充张方老世丈曰："且稍留，试为我写定之。"则又淹迟成都三阅月而四定稿又毕。《经学抉原》、《天问本事》初稿，亦次第录出，约四万言。《经学抉原》一篇，犹是旧作《导言》之旨。盖以《天问本事》一篇，以见楚人一派之学。三篇循环相通，而文通年来言学大意，备于是矣。稿稍成而群盗阻兵，烽火突起，欲行不得，东望江表，愤悌何如！士贵久要不忘平生之言，吾行已先不信，尚何冀人之信吾言，而况此非毁尧舜，讥短汤武，狂悖之论哉！则草定此篇之意，不可以不叙也。（《古史甄微》，第一——二页）

《古史甄微》一九二七年稿《序言》之末段云：

蒙既本之孟子述《孔氏古文说内编》，以探宋明理学之微，本之《穀梁》述《孔氏古文说外编》，先成《经学抉原》，以究汉魏经术之赜，旧撰《经学导言》颇损益其文以入之。其余若论支那禅学，若论周秦诸子、论《左氏春秋》、论《毛诗》、论《礼》、《乐记》，下及此编（指《古史甄微》），诸凡与内外编相发明者，悉并为《孔氏古文说杂编》以附之，以示羽翼之意而已。若曰赞师门之妙旨，匡俗学之肤闻，谫陋如吾，则又何敢。（《蒙文通学记》，第三七页）

　　知按：由此可知先生曾撰有《孔氏古文说内编》、《孔氏古文说外编》、《孔氏古文说杂编》。

《略论〈山海经〉的写作时代及其产生地域》云：

作者在三十多年前曾写过一本《古史甄微》，探讨中国古史传说的问题，认为上古居民约可划分为三个集团，分布在北（河洛）、东（海岱）、南（江汉）三个地域。先秦的学术文化也大体上可划分为北（三晋）、东（齐鲁）、南（楚）三个系统。对于古史的传说，也由于文化系统的不同而有很大的差异。当时曾以《韩非子》、《竹书纪年》所记古史作为北系的代表，以儒、墨、六经所传古史作为东系的代表，而以《庄子》和《楚辞·天问》篇所传古史作为南系的代表。当时也曾因《山海经》的记载多与《庄子》和《天问》相合而认为它是南系作品之一，曾写过一篇《天问本事》，就是专以《山海经》证《天问》。但在当时，还只因《庄子》、《楚辞》二书同是楚国

的产物,而定其为南系,还没能从《山海经》本书以探求其为南系的作品。(《巴蜀古史论述》,第一五七页)

顾颉刚《当代中国史学》云:

蒙文通先生的《古史甄微》(商务出版)也是一部极有见解的作品,他从地域上分剖古史传说的同异,确也寻得了古史传说一部分的真相。(《当代中国史学》,第一二七页)

顾颉刚、杨向奎《三皇考》云:

在他以前没有人像他这样把"三皇"彻底研究过,所以他的劳绩是不能完全埋没的。(《古史辨》第七册中编,第三八页)

徐旭生《中国古史的传说时代》云:

蒙文通在《古史甄微》中把我国古代民族分为三族:一、江汉民族,二、河洛民族,三、海岱民族。他所说的一大致等于我们所说的苗蛮集团,二大致等于华夏集团,三大致等于东夷集团。他的书于1933年初版。据他的自序说他于"乙卯春间"即曾把他的看法质于他的老师廖平,又说:"丁卯岁首稍暇,遂发愤撰集。"是他于乙卯春即已具有大致的看法,后十二年丁卯才开始写定。按乙卯为1915年,丁卯为1927年。傅斯年对于东夷问题也作了不少努力。有《小东大东说》、《夷夏东西说》诸文。前者于1930年发表,后者于1935年发表。他们两个似乎是各自独立的研究,没有谁承袭谁的嫌疑。(《中国古史的传说时代》,第六一页)

沅思《近代古史研究鸟瞰》云:

近代古史之研究尚矣。……以东南大师,登坛讲学。殚精史籍,持正统稳健之论,不为非常异议可怪之谈,则有柳诒徵氏,考信古籍,不轻于疑,与北方之高谈疑古者殊科矣。本柳氏之说,专精力学,以一人之力,编著通史者,则有其弟子缪凤林。承今文大师廖平氏之学,由经子以考其同异,确然有以见古代民族学术之不同,条别以明其义者,则有蒙氏文通之《古史甄微》。……蒙氏文通乃就今古文之判别以见经子之异趋,既而读楚辞,又确然见其异于齐、鲁、魏、晋之学,成《古史甄微》、《抉原》、《天问本事》三书,则因廖氏、刘氏今、古文学之不同而启其甄古史之微,独树一帜也。……蒙氏慧心独运,于古史有独特之见,发前人所未发名曰甄微,不亦宜乎!……夫今文之学,以大义为主,而蒙氏独好为考论,一若异其师说。然观其所言,以《古史甄微》为学问之粗,将以进究于义;阐道术之精微,考三方思想之异同交午,而衡其得失,校其长短,则庄老沉疴,在膏肓;荀韩所陈,有同废疾,思孟精粹,墨守无间。必读而辨之,而后知东方文化中之东方文化,斯于学为最富。为常人所不可几及。然一则创为通史,不屑考证;一则勤力考证,显征阐幽。而要归于义则一,是柳氏、缪氏之于蒙氏,虽貌异而心实同也。(《无锡国专季刊》一九三三年第一期,第三二—四六页)

先生中央大学学生张崟《〈古史甄微〉质疑》之首段云:

年来研究中国古史之风,一时颇盛,而要而言之,大抵不外:(一)旧史学派,(二)新史学派,(三)疑古派。所谓旧史学派者,一遵往古代代相承之说,亦步亦趋,不稍更易;或更博采诸子,以相涂附。新史学派则依地下掘得之新史料,以补旧史之偏而救其弊,"不屈旧以就新,不绌新以从旧",(语见《殷墟文字类编》王忠悫公序)惟真是求,惟信是录,态度最为纯正,成绩亦特为卓异。其疑古一派,则稍窥皮毛,率尔立异,师心自用,如饮狂药,一切旧史,目为土饭;以现代之理论,决遂古之事实;深文周纳,惟意所欲,裂冕毁裳,靡所不至;如以尧舜为神非人,以伯禹共虫等睬,其著例也。三派之中,首派之上焉者诚为博古,而流弊恒不免于杂糅,不免于泥古;且所依据,率在书本,既乖子舆氏尽信不如无之训,而书本又固有真伪之宜辨,于是遂不免为反对派狂狷者流之所藉口,而逞其簧鼓肆其吹求矣。次派最合于现代科学之精神,在古史研究上亦建有不朽之丕绩,然地下发掘之古器遗物,究已凌乱不完,譬犹从殉碑断碣中,求最初全文之措意,固已巨能?而况藉以推求悠悠之古史?故《殷墟书契考释》所考得之殷室礼制等项,寥寥可数;而于当时设官建名,仅得其六;踵此欲益,不复可得。且古器范围,第囿于殷,前乎殷者,仍未得根本之解决也。若夫最后疑古一派,则志大言夸,羌无依据,已如上述,可比自桧;然此在耆儒硕学自具双眼者,固漫无影响,犹之见怪不怪,其怪自败也;而在孤陋寡闻、胸无定力、学殖薄弱之后生,则受兹"记丑而博,言伪而辩"卤莽灭裂之诐说所波荡所麻醉者,实非浅尠矣。率此以往,将狂澜滔滔,所有史籍,又何之而不可疑?何适而不可雕琢?芒芒后学,将奚从兔孤裘蒙茸之叹邪?此古史研究所以急须大有力者出,为之理董,为之疏剔,而不容斯须缓也。兹者本校史学系教授蒙文通先生,果有鉴于是,慨肩艰巨,自树赤帜,发明古史三系之说,以推阐往事;不偏于新,不党于故,祛门户之成见,冶今、古学于一炉,博稽众籍,惟信是征,错综比较,以验厥情;其诚不缪乎近世科学精神,而深合乎培根之归纳法矣。近撰《古史甄微》十数万言,即以为本校史学系中国古史研究班讲授之蓝本;盖蒙先年来对于古史见解之结晶也。然学问深者意气平；蒙先至此，殊犹欿然不自足，而亟亟诏及门诸子以试贡厥见，俾资商兑。鉴叨陪绛帐，饫闻鏖论，既感师恩拜善言之庬，又懔当仁不让之训，雒诵《甄微》，复劳钻仰，遂顿忘其谫陋颛蒙，而轻陈其一得愚管之见，以就正于吾蒙先。（《史学杂志》第二卷第三期，第一一二页）

之末段云：

鉴肤受末学，馈贫有待，惟日未足；熟诵《甄微》，震于援据广博，只觉其望洋向若，茫无涯涘；心慕手追尚恐不逮，奚遑妄萌蚍蜉撼柱之想？特以蒙先之虚怀若谷，殷殷垂询，义不容却，遂稍列七端，抒其鄙疑云尔，非敢入夫子之门，操夫子之矛也。若夫《甄微》之博大精深，如黄帝说变迁之尽祛数千祀来三五传说之丰蔀，与夫上古文化产生篇之据五岳说递邅情形及九州疆域迻徙状况以明上古文化之东来等，尤不独为鉴个人所倾佩仰止，百读不斁，所乐为"口角流沫手胼胝"者已也。（《史学杂志》第二卷第三期，第八页）

十三日至十四日，章太炎应无锡国学专修学校校长唐文治之聘，在冯振的陪同下，自苏州乘火车前往无锡讲学。同车前往者有先生、陈衍、李根源、陈柱、李源澄以及章氏弟子郑梨村、诸祖耿、徐澐秋、戴镜澂等人。中午十一时，一行到达无锡，先是到位于无锡前西溪的唐文治私宅午餐，下午二时，即到无锡国专大礼堂开始演讲。这天的演讲，听讲者除了国专师生之外，还有江南中学女子部、无锡县初中的学生，以及其他各校慕名前来的教员学生，共约二百多人。然章太炎在"演讲时，语音甚低，又以缺齿关系，开口微有走风，兼之绍兴国语，故坐位稍远者，颇难辨别。"（王川《李源澄先生学术年谱简编》，《李源澄著作集》第四册，第一八四一页，刘桂秋《章太炎无锡讲学活动考述》，《江南大学学报》二〇〇八年六月第七卷第三期，第三一一三二页）
十四日上午十时，章太炎到省立无锡师范学校演讲《历史之重要》，听讲的有省锡师、无锡国专和无锡县中三校的教员、学生共二百多人。下午三时，章太炎再一次在省锡师演讲。这场演讲的听讲者不及上午多，其中不乏程度较低或是对所讲内容并不感兴趣、只是慕其名而来者，所以有不少人听至中途便告退席。其中有一班女生，约有数十人之多，坐未片刻，即全体转身而去。章太炎讲毕，陈谷岑又请先生演讲。
黄汉文《记唐文治先生》云：

唐校长(指唐文治)教导我,《公羊传》是今文家言,不同于他书,要特别注意。后来蒙文通到无锡来讲学,讲佛学,也讲今文学。唐校长对我说,蒙先生虽比你年轻些,他对今文学颇有研究,对你的《公羊传》研究可能有"他山之助"。我领会老师的意思,与蒙先生作了深谈。一个人只要能虚心,即使年纪老了,学问方面也可以有进展。(《江苏文史资料》第十九辑,第一三一页)

张尊五《三十年代的无锡国专》云:

一九三三年,章太炎在苏州办国学讲习会,唐校长请章氏到无锡讲学,连袂而来的有金天翮、李根源、蒙文通等。章氏及金天翮所讲,都系旧说。我记得章氏一次是讲有关古代文字的问题,一次是讲春秋时期的民族问题。李根源系云南军人,讲了云南兵要地理,阐释了中越边界的地理形势,并向图书馆赠送了一册云南讲武堂测绘的明细地图。蒙文通讲了佛教哲学唯识论,大家听了都感到新鲜。(《江苏文史资料》第十九辑,第一五九页)

演讲活动结束后不久,先生一行即乘火车返回苏州。(刘桂秋《章太炎无锡讲学活动考述》,《江南大学学报》二〇〇八年六月第七卷第三期,第三二页)

先生《治学杂语》云:

曩偕余杭章先生游无锡,小住三数日,几无所不论。一日谈次,先生论及孔、佛优劣,谓"孔子不过八地菩萨耳,未易与释伽齐量。"余请其所以,先生说:"孔子不解阿赖耶识。"余举慈湖之言以问:慈湖谓"目之出色,耳之出声,鼻之出香,舌之出味,心之出物",因问慈湖解前六识否?先生曰然。但宋时佛家书未尽亡佚,杨氏殆犹见及。余复举阳明事以问:弟子有问天地万物一体义者,阳明指道旁冢曰:"此人既死,此人之天地万物安在",阳明解第八识否?先生曰然。余复举象山言,"宇宙即是吾心,吾心即是宇宙",此是第八识否?先生曰然。余曰:孟子言:"万物皆备于我",宜亦第八识也。先生慨然曰:"孔子固解阿赖耶识也。"余请益于先辈者多矣,毋固毋我,未有如余杭先生之可感者也。(《蒙文通学记》,第十一——十二页)

又云:

昔自沪归金陵,过苏州谒章太炎先生,时陈柱尊等侍先生,无锡国专唐蔚之邀先生游无锡,先生嘱同往。时人多言先生言谈难会其意,盖先生学问渊博,谈常牵涉过广,而听者往往不能蹑其思路而从之,故有难懂之感。行间,先生每喜与余谈论,常命近坐,虽饮食亦时命坐旁。昕夕论对,将十余日,每至废寝忘食,几于无所不言,亦言无不罄。徐以启先生曰:六经之道同源,何以末流复有今、古之悬别?井研初说今为孔氏改制,古为从周,此一义也;一变而谓今为孔学,古始刘歆,此又一义也;再变说一为大统,一为小统,则又一义也。仪征虽不似井研明张六变之旨,而义亦屡迁。见于《明堂考》、《西汉周官师说考》,或以今古之辨为丰鄗、雒邑之异制,或又以为西周、东周之殊科。诸持说虽不同,而于今、古学之内容乃未始有异。要皆究此二学之胡由共树而分条已耳。凡斯立义,孰为谛解?章氏默然久之,乃曰:今、古皆汉代之学,吾辈所应究者,则先秦之学也。章氏之说虽如此,然古今文家,孰不本之先秦以为义,则又何邪?余于此用心既久,在解梁时,比辑秦制,凡数万言,始恍然于秦之为秦,然后知法家之说为空言,而秦制其行事也;孔孟之说为空言,而周制其行事也;周、秦之政殊,而儒、法之论异。既见乎秦制之所以异于周,遂于今学之所以异于古者,亦了然也。乃见周也、秦也、春秋一王大法也,截然而为三。于是有《儒家政治思想之发展》之作,以见秦、汉之际之儒生为与孔孟有别之新儒家,实为战国以来诸子学术发展之总结。然此篇虽于汉师礼说与西周旧典之异同论之綦详,而于此新儒家出入百家之故则犹未暇论及。后集《儒学五论》及撰《孔子与今文学》时,始略论"儒分为八"即儒家之出入百家者,八儒之书,多存传记,汉师言法夏、法殷、制备四代即新儒家之有取于诸子(本欲详论之而未果),故西汉师儒本有歧义,称制临决,乃趋一致。至于刘歆,乃创古学,而称已先立学官者为今学,而今、古学之纷争乃起。于是知廖、刘二师推今古之歧异至于周、孔,皆非情实;章氏言今、古止为汉代之学固是,然其离汉师于先秦又未必是也。余沉思今、古事,历久不得通,走于四方,博问故老,亦未足祛其积惑,旁稽子史,间有会心,乃渐以得解,然前后已逾四十余年,甚矣为学之难也。(《蒙文通学记》,第三—四页)

　　知按:关于先生与章太炎的这一次交游,尚有他说。陶元甘《蒙文通老师的美德》云:"老师又是欧阳大师(竟无)高足。这位精研内典的宗师,并非置国事于不顾。一九三三年时,大师看见日本步步进逼,忿慨万端,又想不出有效的办法,就派蒙老师去问章太炎先生有无良谋?手无一兵一卒的太炎先生也只能感慨万端!三位学人虽无办法,但沸腾的热血究不同于卖国求荣者的凉血!(蒙老师有一段笔记,言及此事,给我看过)。"(《盐亭文史资料选辑》第十辑,第六一—六二页)

二十二日,先生致函汤用彤,云:

　　来示已转呈师座。中大自胡君之逝,年薪已全送出。下期已聘证公,此时恐不能延聘教员。闻之幼南如此,于邓先生事,无能为力也。弟刻住内院,拟将年来欲作之文一一作成。就中尤要者为:《周秦之民族与文化》。

　　去夏,聆先生论南北朝与唐之佛法,而及于唐之治术、学术与北朝之关系,并其血统与北朝之关系,于是作《南统北统论》。去秋寄呈一篇,想先收到。兹拟题目为:《秦为西戎》、《西戎北狄之迁徙》、《周时汉族之南迁》、《西北民族之思想与法家》、《秦汉政治与法家》、《荀子与法家》。大意以儒家为周之政治思想,法家为戎狄之政治思想,法家实一异民族与汉族接触而发生之新文化。荀卿之天论、性恶论,实西北思想之中心,为法家之最高理论,与东方儒、墨、阴阳之根本思想相冲突。周秦间百家之学,实以法家、名家新兴之学与儒家旧学为主潮,而诸子百家为余波。儒家以复周之旧为主,法家以变周法后为主;道家则既非从周,又无新制,而欲复之无为之治,此南方民族之态度与思想。

　　竟公令弟作一《中国哲学史》,此事体大,拟先从史说入,以见周秦之哲学根本,从民族说到思想与文化。与章太炎、柳翼谋、景、缪诸兄皆谈过。竟师、伍非百亦赞此说。各题作成,合为一册,殆六七万言,使稍后有当于学问之事,皆先生论六代佛法启之也,略陈大意而已,不克详言。愿先生与证刚、子真两先生有以教之。

　　《破破新唯识论》已收到。祸结兵连,患无时已,而学术实被其殃。内院更自益其败,无能为一言,唯叹息而已。

　　子真先生病已大瘳耶? 非常系念。弟处南方亦不宜,因贱躯湿重,究宜于北方。俟此数文作毕,日祸稍弭,或仍北来相就也。

　　证刚、子真、雨僧、成中、宾四诸公同此问好。(《蒙文通先生诞辰110周年纪念文集》,第二五页)

　　　　知按:由此函可知,先生曾撰有《南统北统论》、《周时汉族之南迁》、《西北民族之思想与法家》、《秦汉政治与法家》、《荀子与法家》等文,并有撰写《中国哲学史》的计划,然诸稿至今不见,或已失之南京陷落也。

四月,张澜受四川当局委派以川省代表身份赴两广考察,二十七日,抵南京,参观了陶行知办的晓庄师范和实验小学,访问了支那内学院,会见了欧阳竟无、伍非百夫妇及先生等人。张澜与先生等人无拘束地谈及南北政府和反蒋、联共、抗日等问题。张澜说,南京政府与过去的北洋政府,仍然是一丘之貉。所谓的"国民政府",根本无所谓"国",也无所谓"民",更谈不上"政",只不过有几座洋房,堪称为"府"罢了。又说,新军阀与旧军阀有相同之处,也有不同之处。北洋军阀的政治理论是传统的封建政治理论,他们这套理论在五四运动遭到猛烈的批判后,完全破产了。新军阀蒋介石的政治资本稍多一些,他利用参加过革命运动的经历,利用孙中山的名声、三民主义的旗号、国民党的政党组织,制造了新的专制理论。领袖个人独裁至上,且不成了皇帝了么?还谈啥子"民国""民主"呢!三十日,张澜应成大学生之邀前往致训词。晚间会集寓所聚谈时局,当谈到近日与各方人士交谈的观感,张澜慨叹道:"近来自北平至者谈到,中央军多不能战,最耐战的宋部、商部都系冯、阎旧部。连日以来,日军以武器胜我,死伤甚微,我军则多数已不能成军矣!国弱如此,尚不谋振兴,蒋政府太失民心!"又说:"蒋对剿共之他军,失利者俱不予补充,而概另编制,故非蒋系军队皆不愿剿共。陈诚之败,其他皆作壁上观。共军知此,亦专与中央军为难。中央军贪污盛行,军饷被军官吞侵,兵士所得极微,故对共军作战皆不愿效死力,反而时常被共军招引过去。某役国军布防区有女红军数人挟银袋通过。连长令士兵开枪,皆不理,言:'我辈素未得饷,何必杀人。'连长见机,大声言道:'我平时亦深服红军,信其主义,诸位既有此意,我们不如同往相投吧!'遂带领部队随女红军而去。故红军愈剿愈多矣!"(任新建《张澜1933年出川考察述略》,《四川社科界》一九九二年第四期,第三八页;张澜网上纪念馆)

夏,先生学生陶元甘因至南京投考大学,曾前往内学院拜见先生。

陶元甘《蒙文通老师的美德》云:

> 老师是美髯公。和尚要计算"佛腊"(当和尚年数)。蒙老师的"髯腊"从哪年起算呢?确切年度是一九三三年。此年夏季我到南京投考大学,在欧阳大师的支那内学院看见蒙老师有一部长约半寸的罗汉须。止于何年呢?是被"文革"的一阵风灭芟了。确切年度我弄不清楚,也不忍心去考证究竟是那年!!!(《盐亭文史资料选辑》第十辑,第六四页)

> 知按:陶元甘言先生留须明志年岁不确。先生任教北大曾留有相片足可证明。故是时,先生仍未留须。今从众说,当始于抗战爆发以后也。

暑期,先生因汤用彤之荐任教北京大学,故"初下火车,即来汤宅",住东单西观音寺甲八十三号张颐宅。

钱穆《八十忆双亲·师友杂忆》云:

　　是年暑假,蒙文通又自开封河南大学来北大,与余同任教于历史系。锡予在南京中大时,曾赴欧阳竟无之支那内学院听佛学,十力、文通皆内学院时听讲之友。文通之来,亦系锡予所推荐。文通初下火车,即来汤宅,在余室,三人畅谈,竟夕未寐。曙光既露,而谈兴犹未尽。三人遂又乘晓赴中央公园进晨餐,又别换一处饮茶续谈。及正午,乃再换一处进午餐而归,始各就寝。凡历一通宵又整一上午,至少当二十小时。不忆所谈系何,此亦生平惟一畅谈也。(《八十忆双亲·师友杂忆》,第一七〇页)

斯时,先生主讲《周秦民族与思想》,遂考先秦戎狄纵横华夏之迹,先后成《犬戎东侵考》、《秦为戎族考》、《赤狄白狄东侵考》等文,并刊于顾颉刚所办《禹贡》半月刊上。后纂为《周秦民族史》,1958 年修改为《周秦少数民族研究》,由龙门书局出版。

　　胡厚宣《深切怀念蒙师文通先生》云:

　　　　一九三三年,当我正在北京大学史学系读三年级的时候,蒙师文通先生方自河南大学应邀来北京讲授《周秦民族与思想》,博学精辟,深为仰慕。我曾往张真如(颐)先生家中,拜谒先生,先生当即把在《河南日报》所发表的《天问本事》一文相赠,读之极觉渊雅,受益良多。(《蒙文通教授诞辰百周年学术座谈会纪念册》,第一一页)

先生在北平时,与熊十力、林宰平、余嘉锡、顾颉刚等相友善,特别是与汤用彤、钱穆等过从甚密,学林称之为“岁寒三友”。

　　李埏《昔年从乐游,今日终天痛》云:

　　　　1936 年,我在北师大历史系上学。这年的下半年,学校聘请钱宾四(穆)先生来系兼课,讲授秦汉史。……大约这以后不久,我到北大去访友。谈及宾四先生的教诲,那友人说:“我们北大有所谓‘岁寒三友’,你知道吗?所谓三友就是钱穆、汤用彤和蒙文通三位先生。钱先生的高明,汤先生的沉潜,蒙先生的汪洋恣肆,都是了不起的大学问家。你不来听听他们的讲课,真太可惜了。”(《社会科学战线》一九九一年四期,第二五七—二五八页)

然先生任教北大不久,日本东方图书馆馆长乔川时雄欲编写书目提要,了解到先生学识渊博,力能胜任,欲聘先生任其事。

　　廖仲宣《凛然正气蒙文通》云:

　　　　1933 年去北平,任北京大学教授。不久日本东方图书馆长乔川时雄,在北平等地大肆搜求我国明清以来未刊刻而很有学术价值的稿本数十万册准备编写提要。了解到蒙文通学识渊博,力能胜任,便托人劝说,许以重金——每月四百至六百元(大洋)为酬谢。这时蒙文通在北大每月新津仅有二百四十元(大洋),收入不多,兼之一家六口相随,负担很重。尽管如此,他作为一个堂堂正正的中国人,没有丝毫媚外的奴颜软骨,不为金钱所动,婉言拒绝了。乔川时雄还不甘心,便亲自出面相求,仍被谢绝。(《盐亭文史资料选辑》第五辑,第一一页)

九月二十日,晤顾颉刚。《顾颉刚日记》云:

> 乘一时半车到北大上课,至则人已散。晤蒙文通,及向奎、树民等,自出一布告。(《顾颉刚日记》卷三,九十页)

约在十月前后,柳翼谋致函先生学生李源澄,略云:

> 昨荷大示,并惠赠《心史》二册,尤为忭企。尊论悉本廖、蒙两先生之说,诒微未获亲炙廖先生,荷蒙先生不弃,恒过山馆论学,真如大禹导山导水,条贯秩然,阁下诵述而引申之,仆何间然,惟蒙先生以儒墨为近,欧阳先生就心与事判之,阁下复加以精心研析,谓孟子斥其无父,乃至目为禽兽,初非苛词,与仆私见相合。(《学术集林》第六卷,第二六页)

> 知按:原函未署时间,今据函中曾言"校订穀梁序例已为印入《国风》杂志",而李源澄《公羊穀梁微序例》所刊《国风》第三卷八期的具体时间为一九三三年十月,故暂定该函写作时间为是年十月前后。又,此函亦曾刊入《国风》第三卷十二期,题为《复李君书》。

十二月十五日,先生友伍非百《墨子大义述》出版。

一九三四年(中华民国二十三年甲戌)　先生四十一岁

是年,先生仍任教北大,教授魏晋南北朝史和宋史。《魏晋南北朝史》大纲云:

> 叙述自三国至隋之统一兴替之大概,各民族间之竞争,及其制度之沿革,学术之变迁。

《周秦民族与思想》大纲云:

> 述叙各民族之迁移,及各方思想之比较与进展变迁,兼及今文学之来源。

《宋史》大纲云：

> 注重探讨有宋一代政治之升降，学术之转变，制度之沿革，民族之盛衰，以吕东莱、陈君举、叶水心之说为本，取材于《东都事略》、《南宋书》、《宋朝事实》、《太平治迹》，以济元修《宋史》之阙；更从《文献通考》辑出《建隆编》佚文，以为《宋会要》之纲。

陈智超《张政烺先生访问记》云：

> 全北大有 800 多学生，我这一届招的新生大概 240 人。一年级时我们在北大三院，在北沿河，现在好像是民政部。5 个人住一间大屋，铺位之间同学自己用布幔隔开来，可以不相往来。上课在红楼。教我们先秦、秦汉史的是钱穆，魏晋南北朝史和宋史是蒙文通，辽金元史是姚从吾，明清史是孟森。（《张政烺先生九十华诞纪念文集》，第二页）

故先生后来曾回忆道：

> 1934 年，我讲魏晋南北朝史，讲到高欢语鲜卑曰："汉民是汝奴，夫为汝耕，妇为汝织，输汝粟帛。"语华人曰："鲜卑是汝作客，为汝击贼，令汝安宁。"猛然悟到这种区分正与周代国人、野人之分相吻合。下课返家立即进行研究，看出《孟子》、《周官》所讲确实是如此，国、野不仅田制、兵不同，学制、选士也不同。并且进一步看出廖先生说古文是史学、今文是经学(或哲学)，的确是颠扑不破的判断。同时也看出经学家们把经今古文问题推到孔孟时期显然也是不对的，孔孟所言周事还基本是历史事实而不是理想虚构。（《蒙文通学记》，第四一页）

然是时先生究心两宋史实，故为先生治宋史之始。先生《跋华阳张君〈叶水心研究〉》云：

> 余与鉴泉游且十年，颇接其议论。及寓解梁，始究心于《右书》、《史学述林》诸编，悉其宏卓，益深景慕。惜鉴泉于是时已归道山，不得与上下其论也。后寓北平，始一一发南渡诸家书读之，寻其旨趣，迹其途辙，余之研史，至是始稍知归宿，亦以是与人异趣。（《中国史学史》，第一六一页）

《治学杂语》云：

> 我三十岁以后才稍治地理之学，四十以后因专在史学系教课，才放开了经学，五十以后始确知《水经注》与《汉书》的矛盾是大量的。（《蒙文通学记》，第三六页）

知按：由此可知，任教北京大学实为先生治学转变的关键时期。

春夏间，北京大学史学系学生孙以悌自杀，先生闻之后悔莫及。张中行《月旦集》云：

关于学术造诣的是以下这些：他（孙以悌）读书很多，学问渊博。据同他接近的同学说，他像是并不怎么刻苦钻研，有时随意翻翻书，几乎都是不常见的；靠后一段时间，最常看的是佛经。他的著作很多，也是超出平常的路子，如曾写《中国书法小史》、《中国围棋小史》等，可惜大部分在离开学校之前烧了。他精通旧学，有些同学写论文，常请他到图书馆协助，碰到某个问题，问他，他不加思索就告诉可以查什么书，简直是个活书库。有一次，几个治古史的同学请他给讲讲古代历法，他说这三言两语讲不清楚，可以给他们写一点，于是就写成一本书，名《三统术便蒙》。他的著作，史学系名教授蒙文通（经学大师廖平弟子）看到一些，说自己很惭愧，面对这样的通人而自己视而不见，实在后悔莫及。（《月旦集》，第二三六页）

一月，先生好友熊十力在课堂上忽感身体不适，拟请假小休，请先生代课。

杨向奎《红楼师犹在》云：

北大哲学系在当时实系“佛教系”，教课先生除汤用彤先生教中国佛教史外，教唯识者有：李正刚、周叔迦及熊十力先生，熊先生教“新唯识论”。一月，熊先生在课堂上忽然说身体不适，拟请假小休，代课者可是蒙文通。时蒙先生在北大历史系任教，亦曾学于宜黄欧阳门，钱宾四先生来北大不久，文通先生亦来北大，时与汤用彤先生、熊十力先生等交往，宾四先生曾记当时友朋相聚时乐趣。（《回忆熊十力》，第八〇页）

又，杨向奎《我们的蒙老师》云：

本世纪30年代初，蒙文通老师在北京大学历史系教我们魏晋南北朝史。蒙先生长于佛学，如果他讲六朝佛学，更会受到欢迎的。因为钱宾四先生的中国古代史课就是讲“先秦诸子系年”；而林公铎先生讲唐诗，选陶渊明；讲先秦文，讲韩昌黎；学生也都无话可说，只要讲得好，不妨名实不相符。因为这总比黄季刚先生听到钱玄同先生讲课就大骂不止要好。我知道蒙先生长于佛学是听熊十力先生说，当时熊先生在哲学系讲唯识，一天他说要小休，请人代课，学生问：“那么谁来代呢？”

熊先生说：“蒙文通好。”（《蒙文通学记》，第六三—六四页）

二月十日,先生《秦民族与战士》、《我国学术之进展》刊《北京大学四川同乡会会刊》,但《我国学术之进展》仅刊上半部分,下半部分因该刊停刊至今未见。

二十一日,顾颉刚到北大上课一小时。"晤让之、文通。乘人力车归,六时到。"(《顾颉刚日记》卷三,第一六二页)

五月二十六日,顾颉刚标点先生《论古水道与交通》一文。(《顾颉刚日记》卷三,第一九二页)

七月三日,顾颉刚来访,"到蒙文通处"。(《顾颉刚日记》卷三,第二〇七页)

二十三日,顾颉刚致信先生。(《顾颉刚日记》卷三,第二一五页)

九月七日,先生致函柳翼谋,云:

奉读来教,知寿人兄允于明春入蜀,真为川大青年庆幸。文通暑期中在平,略读东莱、水心、龙川、止斋诸家书,欲以窥宋人史学所谓浙东云者。求唐书,惟得《帝王经世图谱》与《金华唐氏遗书》。全谢山曾于《永乐大典》中钞出说斋诗文,在平访之,友知皆云未见,不审江浙间犹有之否？伏乞有以指示。

窃以北宋之学,洛、蜀、新三派鼎立,浙东史学主义理、重制度,疑其来源即合北宋三派以冶于一炉也。黄晋卿言:婺之学,陈氏先事功,唐氏尚经制,吕氏善理性,王道甫合于陈氏,陈君举与唐氏合,叶正则与吕氏同,于此可谓三派六宗乎？袁伯长亦言:婺源史学之盛有三家焉:东莱之学据经以考同异,龙川陈同甫急于当时之利害,说斋与政礼乐天人图书之会粹。黄、袁之说同,似浙东史学者,此三家其卓卓者。而说斋之集不可得见,诚使人引为憾事。读说斋《九经发题》,于《孟子》一篇,深得义理之正,不悖濂洛之旨,徒以与晦庵忤,遂为人轻,诚大可惜。若其《鲁军制九问》,本历史之见地,说经制之沿革,一贯真切,此类真非清代汉学考据家可几及。凡东莱、水心说制度皆类此,切事情而又得前人制法之意,尽有超越汉师处,乃清儒一概屏之,此真清代史学不讲之过。黄梨州、全谢山世推浙东理学家,乃《学案》一书,于诸家史学不论及,而于学派源流亦若未晰。其书本主义理,不及史学可也,而一归之为洛学之徒,其传及于明初王、方,于其流亦足以见其源,而并以为朱之徒,恐黄、全于宋人浙东史学实有轻心处耳。

伊洛抗志孔孟,自卑汉唐;荆公推《周官》,欲以致君尧舜,亦卑汉唐;而浙东邃于史,则疑其非伊洛之学也。荆公重制度而贬《春秋》,伊洛一派重《春秋》。浙东学者重制度、说《周官》,其于《春秋》则不徒以褒贬,又疑其非伊洛之传,而有接于新学之统也。

陈振孙言:王昭禹作《周礼详解》,其学皆宗王氏新说。王与之言:三山林氏之奇有《周礼全解》,祖荆公、昭禹所说,而吕东莱学于林之奇。林解《尚书》未完,东莱补之,则非泛泛传授。而之奇直祖荆公,则浙东经制之学非远接王氏何耶?况吕大中父子实师王氏,亦汪玉山、林三山学所出,而东莱又师二子,此足明浙东制度之端绪也。(叶水心言:诸儒方为制度新学,钞记《周官》、《左氏》汉唐官民财所以沿革不同,此指陈君举辈言之,新学当是正指荆公,此又一证也。)

程、王之学不谈史,而浙东之儒言之。王淮言朱熹为程学,陈同甫为苏学。《隐居通议》亦言水心欲合周、程、欧、苏之裂。朱子亦曰:伯恭生怕人说异端俗学之非,护苏氏尤力。此见浙东史学与苏学气脉之相关。

盖二苏自谓家学,以古今成败得失为议论之要,其学自本乎史。叶水心谓李氏《续通鉴》,《春秋》以后才有此书。而李心传《系年录》,实祖《续通鉴》。牟子才《读书次第》云:要把二岩书贯穿,谓巽岩与秀岩二李氏。黄晋卿言:渡江后,蜀之文章萃于东南,牟氏父子为蜀士之望,擅文章之柄而雄视乎东南者,大理(巇)一人而已。隆山(应龙)世其家业,有闻于史学,学者有所不知,必之先生而考质焉。于前朝制度之损益,故家文献之源流,如指诸掌。盖苏以史学为本,而二李为蜀中史学之冠,牟氏得李氏心传史学端绪(宋濂语)以入浙,浙中学者被其风,宗法苏、李,遂与伊洛之义理、荆公之制度合而为一途。金华之传,文章之士尤多,明宗苏之效乎?

苏天爵序《柳贯集》曰:南渡吕成公、薛季宣、郑景望、陈傅良、蔡幼学、叶正则、陈同甫各能自名家,皆有文以表见于世。其为文也,本诸圣贤之经,考求汉唐之史,凡天文、地理、井田、兵制、郊庙之礼乐、朝廷之官仪,下至族姓、方技,莫不稽其沿袭,究其异同。此见浙东之文章本之经史,以义理、考证润饰辞翰,其末流亦大率如此,倘本之蜀者,尤多合北宋三派以为一者也。而又小别有三,若以流弊言之,凡明以来之策论派,刘、苏之余波;纲目书法,此则义理说之余波;宋末缀辑制度之作,后亦流为类书。斯见北宋三派,萃于一则震烁古今,其末流则言多粪土也。诚以南渡后胡马窥江,故中国文物皆粹于东南,所以能成此绝学也。

秋初学年开始定课,遂不揣浅妄,拟授中国史学史一门,于六朝史学拟讨其体例,于宋则拟就《宋元学案》中提出关系五六学案,而以各家文集之有关文字选以补入,溯其源为前编,及于北宋三派;竟其流为后编,及于宋濂、王祎,以完一宗本末。学俭识短,故陈其妄于左右,希详加教正,使误失稍鲜。而《唐说斋集》全氏所辑者,尤幸能得之。王道甫(自中)有

《厚轩文集》,亦思求之。或于《名臣奏议》、《宋文范》之类求得数篇否?

　　窃以为中国史学惟春秋、六朝、两宋为盛,余皆逊之。于此三段欲稍详,余则较略。每种学术代有升降,而史学又恒由哲学以策动,亦以哲学而变异。哲学衰而史学亦衰,《国风》熄而《国语》兴,由《左》、《国》观之,实由多数畸形之史体编辑而成。六代精于史体,勤于作史;宋人深于史识,不在作史而在论。六朝人往往不能作志,为之者亦勤于缀拾而短于推论。宋人则长于观变而求其升降隆污之几。若代修官书,及文人偶作小记,固未足以言史也。间有能者,而未蔚成风气,偶焉特出之才,不能据以言一代之学。子长、子玄、永叔、君实、渔仲,誉者或嫌稍过,此又妄意所欲勤求一代之业而观其先后消息之故,不乐为一二人作注脚也。伏冀谅其浅妄而详以诲之。

　　又东莱《大事记》之《通释》、《解题》,意在通经、子、集部以观世变。王祎续之,此亦浙东一派之传也。其书亦不见,未知可以踵武东莱否? 江南可访其书耶? 诸希赐示。来教以亲为公之说,精辟异常。天下为公者,儒墨所同,以亲为公者,墨所独创。可谓一言而定千载之纷,决两家之辨,无任佩快。赞虞、幼南两兄同此候好。(《中国历史文献研究集刊》第二集,第二〇—二一页)

十一月二十一日,柳翼谋复函先生,云:

　　惠书畅论宋代史学,为袁悦斋张目,至佩。《袁集》有张作楠辑本,胡棫宗氏又加补辑,印入《金华丛书》。我公既见《金华唐氏遗书》,何以未睹其《诗文集》,岂所见者非全帙,以其所辑为未足耶! 中国经制之学,只有《周礼》一书,如讲制度,必从此出。不幸王莽一试而败,王安石再试而败,故程闽诸儒,虽极讲制礼,而不敢专以《周礼》为号召。永嘉、金华诸儒,则不讳言之,其思想言论之结果,至明初复加小试,颜李之学即从此出,盖心性文章有他途可循,经制则舍此无他途也。袁氏之学讲经制而不尚功利,如《馆职备对札子》谓宜进用道义之言,而抑退功利之说,专讲治安之策而急富强之计,此亦何殊于洛闽。又其言有甚通达者,如云:有天下通行之法,有数路共行之法,有一路一州一县一司专行之法,皆因其不齐而为之制,同归于治而已。此言非惟执《周礼》而行于宋者当知其非,即今日稗贩外国法制以改造中国者亦当引以为鉴矣。大著印行,祈先赐读。浙东之学,经此次重加估计,必有超轶前人所称述者,无任盼企之至。(《学术集林》第六卷,第三二页)

　　　　知按:先生致柳翼谋函今收入《中国史学史》一书,然署名时间为一九三五年九月,不审何故,今据柳翼谋复函乃确定此函当作于一九三四年九月。

十二月七日,访顾颉刚,同至者有钱穆、汤用彤。(《顾颉刚日记》卷三,第二六八页)

约在本年某月,先生曾访陈寅恪于清华园。

先生《治学杂语》云:

> 二十年前(约在 1934 年前后),曾访陈寅恪氏于清华园,谈论间,陈盛赞"汉人之经学,宋人之史学",余深佩其言,惜当时未能详论。异日,再往访之,欲知其具体论旨。晤谈中,陈详论欧阳永叔、司马君实,亦略及郑渔仲。而余意则不与同,以汉人经学当以西汉为尤高,宋人史学则以南宋为尤精,所谓今文经学、浙东史学是也。当时虽尚未有撰述,实早已成熟于胸臆之中矣。(《蒙文通学记》,第四四页)

约在本年先生曾参与北京大学考古室组织的汉简整理工作。

《北京大学校史》云:

> 考古室,先是马衡主持,1934 年马任故宫博物院院长后,改由胡适兼任。考古室藏有各种古器物五千余种,收购和交换的文献资料有二万余份。考古室还和有关学术团体联合组成西北科学考察团,在新疆一带发掘了一万多件汉简,陈受颐、蒙文通、傅斯年、孟森等人参加了对这些汉简的整理工作。该室工作侧重于整理所收藏的全部金石拓片,并编辑本所收藏的金石文字目录。从事这项工作的有郑天挺、姚士鳌、罗尔纲等人。(《北京大学校史》,第三一二页)

一九三五年(中华民国二十四年乙亥)　先生四十二岁

上半年,先生仍任教北京大学。春,先生父蒙君弼、妻马秋渌、二子、三子、二女皆自川来京,先生于是迁离张颐宅,租房另居。

赖逸均《小学文凭的教授——记自学成材的蒙季甫老师》云:

> 蒙季甫老师,于 1908 年 3 月 6 日,出生于盐亭县石牛庙乡蒙氏书香世家……二十七岁,仍未安家。其时,兄蒙文通在北大任历史系教授,托他送家属去北平,察其学识,足可进北大校园,而小学文凭又难破例。欲单独培养,又无暇顾及,便介绍他到北京图书馆工作,鼓励他自修。季甫老师遇上这良好的学习条件,对我国优良的国学经史子集、诸子百家产生了浓厚的兴趣,在工作之余,如饥似渴,既狼吞虎咽,又细嚼慢咽,苦读三年,竟成饱学。所写文章,竟被选入北大校刊。(《盐亭文史》第二十三

辑,第八三—八四页)

约在本年,先生作《四库珍本〈十先生奥论〉读后记》,后刊《图书季刊》第三卷第一、二期合刊。

先生《四库珍本〈十先生奥论〉读后记》附记云:

　　此文草创于北平,材料多资于北平图书馆,亦颇有取材于天津图书馆及江苏国学图书馆者。积二年稿未定,他作多于南京陷落,遂致散失。此稿以徒校订旧文,别笥藏之,仅得保存。返蜀于兹已三年,以今夏暑期休假还乡,山居寡务,重为次序。而书籍不备,无以资检阅。《奥论》后集卷六陈傅良之《曹参邴吉论》阙后半,为误以《叔孙通论》接之。《曹邴论》全文见《古论大观》中,未审为忘于抄录,抑抄后失之,兹则无从补也。又此《奥论》前《提要》一篇,与通行《四库全书总目提要》亦微有出入,刻亦未能勘覆。郑湜《治术》十卷内容,《文献通考·经籍志》中或当有说,亦以书未在侧,不及考核。并志歉于此。若浙东史学之旨义,及其下逮元明之系统,则拙著《中国史学史》论之差详,于此仅略述之。册中所录东莱《周公论》全文虽可信其为《十先生奥论》所有,但方恬《激俗》诸篇既未录入,则吕文亦宜置之。又七卷目录于伪者加〇以识之,乱者加△以识之,以便于览者之检覆。(《中国史学史》,第一六〇页)

春,先生友朱师辙至成都,任教华西大学。朱师辙《能观法师传略》述其缘由云:

　　民国十九年,师(能观法师)赴南京立案,教部初仅允试办。师曰:"华西虽为教会所办,然章程皆恪守部章,屡次视察,皆云合法。今请指其缺失,则归而改正。若完全合法,则宜不以国界而歧视。"教部以其词直,卒允其请。盖全国教会大学,以华西立案为最先,则师之力也。教部之赠文学讲座于华西,师致书北京大学蒙文通教授,约之归。文通坚约余往,谓"以学术论,惟子最宜,君通经、小学及史,且兼词章,正可以家学开蜀风气,必能与乡贤相洽,昔年欲游峨眉、青城,今其时矣",余辞以途远。文通竟以书告师,师固曾读余先代之书,闻之心喜,报书祈代聘。文通复来坚劝,余以蜀乱道远,辞托转谢。时夏闰枝文挽余助其修清儒学案,谓"非子助我,我精力不逮,必辞总纂,任其草率刊行",以情不可却,余拟许之,忽文通复来致师书及聘约川资,书辞极诚恳,略谓蜀中清代以来,惟王壬秋、刘申叔二先生来开蜀学风,先生家三代著书,有声当世,先生为传家学计,亦当来蜀讲学。蜀中尔已稍定,剪报纸为证。并言天下滔滔,何处是乐土?惟当传道以留读书种子,庶冀改革社会民生,得以救国。余感其言,即日治装就道,抵蜀。既晤,深钦其人,时民国二十四年春也。馆余于广益学舍,两旁皆讲堂,便于上课。屋宇兼宫殿式,明朗轩敞,四旁皆花园,有梅花二三百株,种类甚繁,自夏历十一月至正月,皆有花开。(《法音》,1985年第3期,第三三页)

四月七日,红四方面军一小分队至先生家乡石牛庙侦查敌情,与当地民练大队发生战斗,结果民练大队战败,红军于是在石牛庙设立了苏维埃,时称"土地",梁长友、王朝坤任主席,王之庆、杨山聘、梁顺国、杨朝柱、蒙结远等任委员。在石牛庙苏维埃主席等带领下,当地群众纷纷到大户人家蒙少林、蒙友仁家开仓分粮,把肉、盐、油、米、被盖、衣服等分给穷苦农民。(《盐亭文史资料选辑》第四辑,第五—九页)

　　　　知按:蒙友仁即先生四弟,故由此可知,本年春先生父蒙君弼,妻马秋渌、二子、三子、二女之至北平,实与红军至其家开仓分粮有关。

十三日,中国哲学会第一届年会在北京举行。会上,先生提交了他的著名佛学论文《唯识新罗学》。此外,张荫麟、冯友兰、林宰平、沈有鼎、汤用彤、贺麟、胡适、黄子通、郑昕、张申府、金岳霖、彭基相、傅统先、周煦良、张东荪等也分别提交了各自的代表作。

先生《唯识新罗学》提要云:

　　唐时相宗之盛,玄奘门下,原有二派:一为窥基,其传为慧沼智风道是;一为圆测,其传为道澄憬与秦贤。二派形同水火。稽之史籍,则圆测一派,并是新罗国人,此两派非偶然枝节之殊,而实有根本之异。求之章疏,则又非窥基、圆测之殊,实则护法门下西竺异说。圆测所本为最胜子一派之说,而窥基所本为调伏光一派之说。玄奘并传诸说,而基测各取一家,若考玄公之意,则同于圆测,而与窥基不同。疑玄奘嫡传为测而非基。故玄公圆测之意,每与成唯识论不同,以此固出窥基一人之手也,护法以前,难陀护月主张各二。最胜一派,当又接近难陀,调付光接近护月,难陀最胜子为十大论师之二,而护月调付光不与焉。则圆测所传为西土之大宗,而窥基所本,翻于天竺,非显学也。(《中国现代哲学史料汇编续集》第十六册《抗日战争时期的哲学论战》[下],第一七四页)

周叔迦《贡献给哲学年会诸作家的一片鹅毛》云:

　　在第一日里总共听见了七位大哲学家宣读他们的论文,实在是得益不少。在散会的时节,主席胡博士说道,希望明年规定读论文的时间,并加定讨论的时间,于是触动了鄙人的心思,何不就在本年度哲学年会中,

提出一点讨论的意见,用十二分恭敬尊重的心,贡献于诸位大哲学家呢?(《周叔迦集》,第八六页)

在谈到对先生《唯识新罗学》的看法时,周叔迦说"先生的论文,的确可以给人一条明路"。

> 第三篇论文是蒙文通先生的《唯识新罗说》,以为窥基不是玄奘的正统,他的正统却是圆测一流,而由于新罗僧众流传保存于新罗,后来并入了贤首宗。在唯识学上新贡献,鄙人是钦佩得很,极表同情,但是鄙人所愿意附加的是,玄奘是译师而不是宗师,所以他大乘经也翻,小乘经也翻,性宗经也翻,相宗经也翻。相宗在印度本来有多派的不同,所以他对圆测说,便说圆测所接近所信仰的一派理论;对于窥基说,便说窥基所接近所信仰的一派理论。所以都可以说是正统,都可以说不是正统,但是后来人研究唯识不应当只主张窥基而应当博览,蒙先生的论文,的确可以给人一条明路的。(《周叔迦集》,第八七—八八页)

十六日,先生友钱穆作《中国史上之南北强弱观》,刊《禹贡》半月刊第三卷第四期。先生谓之"史部之深识矣","暇日同游北海,研推旧闻及此",先生语钱穆曰:"兄言其攻,弟言其守,可乎?","宾四欣然怂恿余为文以述之",于是先生"遂草"《读〈中国史上南北强弱观〉》,刊《禹贡》半月刊第四卷第一期。

谭其骧《一草一木总关情——邓云乡与燕京乡土》云:

> 中山公园简称公园,北海公园简称北海,常去,其他都不常去。逛公园主要是坐茶座,偶然也走动,不多。上北海常坐五龙亭,上公园常坐长美轩。来今雨轩是洋派人物光顾的地方,我不爱去。春明馆是老先生聚会的地方,我自觉身份不称,不愿去。曾在春明馆座上遇到林公铎(损),座无他人,被拉坐下。他口语都用文言,"之乎者也",讲几句就夹上一句"谭君以为然否?"蒙文通、钱宾四(穆)、汤锡予(用彤)三人常坐一桌,我跟蒙熟,钱认识而不熟,汤我认识他,他不见得认识我,也就不上去打招呼了。夏天坐公园可以从太阳刚下山时坐起,晚饭就在茶座上叫点心吃当一顿饭,继续坐到半夜甚至后半夜一二点才起身,决不会有人来干涉你。所以夏天茶座的收入肯定很可观。冬天北海漪澜堂前、公园后门茶座前、筒子河里都辟有溜冰场,另有一批溜冰客光顾;我不会溜冰,与我无缘。(《读书》,一九九二年第七期,第二七页)

《汤一介先生谈治学门径》云:

父亲做学问不大与人争辩谁是谁非,他就讲他自己的。但你可以看得出来,他的书里面是有针对性的,有理性的批判意识。比方说你在他的《汉魏两晋南北朝佛教史》就可以看出来,他有相当多的地方在批评梁启超研究的不足。你也可以在他的一篇关于文化问题的东西里面看到,他是批评梁漱溟和梁启超这"二梁"的,但他并不特别地去跟别人争论。他当时经常来往的有钱穆、熊十力、蒙文通、林宰平,他们经常在中山公园的来今雨轩喝茶。那时候我五六岁吧,他也经常带我去。去了他就买一碟包子给我和我妹妹吃,吃完我们就玩去了。据钱穆先生记载说,那时他们讨论的有两个问题,一个是国家的危难,日本马上就要进华北来;二是新文化运动对传统文化影响的探讨。他们都是比较守旧的,跟胡适的意见不大相同。大家争论得很厉害的时候,我父亲常常是一言不发。钱穆的评价是,他心里有数,但他不去和大家争论。(《北京大学研究生学志》,二〇〇七年第二期,第一五——一六页)

六月十七日,顾颉刚来访。《顾颉刚日记》云:

> 与齐先生(齐璧亭)同到顾立雅处,并晤其夫人。又同到蒙文通处,并晤其父、二弟、陶元珍等。
>
> 天津女师院长来平聘教员,予因以四人荐:闻在宥(国文)、蒙文通(中国史)、顾立雅(西洋史)、顾立雅夫人(音乐)。(《顾颉刚日记》卷三,第三五六页)

七月十一日,访顾颉刚。(《顾颉刚日记》卷三,第三六五页)

二十三日,与顾颉刚、黎劭西、李飞生、闻在宥、高步瀛、李辰冬、陆侃如夫妇等二十余人同席。齐璧亭、张绥青做东。(《顾颉刚日记》卷三,第三七〇页)

八月十六日,《申报》刊登章太炎在苏州讲学和发刊《制言》的消息,称"自九月十六日起,正式规模宏大之讲习会,刻正征求外埠学者前往报名。"故约在是年九月中旬先生曾前往苏州。

二十日,访顾颉刚。(《顾颉刚日记》卷三,第三八〇)

九月一日,先生《读〈中国史上南北强弱观〉》刊《禹贡》半月刊第四卷第一期。

十五日,章太炎致函欧阳竟无,云:

> 蒙君来,赍致手书,文义奥衍,不能尽解,而大端可知也。
>
> 来示谓孔子真旨未尽揭橥,为汉学、宋学诸君之过。夫普通道德,不

过五常,对境各别,不过五伦。此数语可了者,汉宋诸君所不能异也。若言教育,文、行、忠、信四字可了,亦汉宋诸君不能异也。行者何指? 施于当今,行己有耻四字正为对症发药,顾亭林尝标举之,特恐人不以为意耳。佛家宗旨本在超出三界,至于人乘,只其尘垢粃糠。而儒者以人乘为大地,所谓孔子绝四、颜渊克己者,乃是超出人天之事,原非尽以教人。今兹所患,但恐人类夷于禽兽,遑论其他? 然则可以遍教群生者,不过《孝经》、《大学》、《儒行》三书而已。此三书纯属人乘,既不攀援上天,亦不自立有我,俱生我执,虽不能无,分别我执,所未尝有,以此实行,人类庶其可救。

晦庵注四子,其《中庸》、《孟子》,实已趣入天乘,《大学》最为纯净之人乘,惜其颠倒章句,又以格物为穷究物理,以亲民为新民,宛与近世妄人同一口吻。

顷,马通伯亦注《大学》,虽依章句,然仍用新民之义,不知舜之敬敷五教,只为百姓不亲。孟子亦言三代之学所以明人伦,人伦明于上,小民亲于下。此自古相传设教立学之旨,不知马君何以忘之。《儒行》较《大学》为粗豪,然所谓行己有耻者,正唯《儒行》尽之。自汉至唐,卓行之士皆从此出,亦正今日施教之要务也。

鄙人于中古儒学及宋明理学家言曾亦有所论著,既而思之,高论亦无所益。今日不患不能著书,而患不能力行。但求力行以成人,不在空言于作圣。故于鄙著尚不欲宣示大众。昨与蒙君略言一二而已。前代学术衰废之世,有一人笃信善道,自能振挽。五代宋初之戚同文,其学未必深纯,但能力行无懈,收效遂能如此。此则愿与贤者共勉之也。(《章太炎书信集》,第九四〇—九四一页)

> 知按:由此信可知,九月中旬先生确实到过苏州,参加章氏国学讲习会。

十六日,章氏国学讲习会正式开讲,会址设在苏州锦帆路五十号。

秋,子蒙默入北京西什库小学读高一。蒙默《我和南方民族史研究》云:

> 我的学习,经过一个颇为曲折的历程。记得是 1935 年秋,我在北京进入西什库小学读高一,家里的人给我计算,如顺利读下去,大学毕业正好 20 岁。但东折腾西折腾的结果,1951 年我大学毕业时已是 25 岁了,整整耽误了 5 年。这不是因为我贪玩好耍蹲班降级;相反,我的学习成绩一般都还是不错的。其部分原因是由于抗日战争发生,受到多次移家的影响;而更重要的原因是由于新教育制度和我父亲的传统教育思想的冲突。我父文通公是一位颇有成就的历史学家,虽然不是科举出身,而读的还是

新式中小学,但大学阶段却读的四川存古学堂(后改称成都国学专门学校),其办学方法基本上是清代尊经书院的老一套,以读经为主,强调自学,提倡抄书、点书、做札记,因此,他总认为,在新学制下学生读不到应该读的基础书,所以他总是不时地要我辍学来补读,第一次是在1936年夏,从北京移家到天津,他以我十岁读高二太小,叫我在家跟他读书写字。那一年主要读了一部四书,当然是要背诵的,但书中讲些什么,我却不甚了了。另一个学习任务是阅读《资治通鉴》,因为我前此已看过《三国演义》,就要我读《通鉴》的三国部分,但《通鉴》的可读性较低,趣味性也不高,这个任务没能完成。第二年7月,抗日战争爆发,我家从天津返回成都,因为出发时天津已沦陷,边走边筹旅费,这一走就走了两月多,到成都时已是10月底了,于是我插班重读高一。第二年,因为成都不时有日机轰炸的空袭警报,我和母亲弟妹都被送回盐亭县老家。老家在农村除了一个三家村的私塾外,根本没有学校,我父便邀请蒙季甫先生到家来教我和弟弟。季甫先生是我堂叔,因家境不好,没有进学校念书,曾跟我父学经学数年,曾发表过关于《商君书》的文章,被蒋礼鸿《商君书锥指》收为附录,还写过关于《月令》的文章,也被我父的《儒学五论》收为附录。后曾在尊经国学专科学校任教授。1939年初,季甫叔来家教我们,我主要读了一部《左传句解》和几十篇唐宋文。这是第二次辍学,前后耽误两年。第三次是1944年夏跟着李源澄先生到南充和灌县读西山书院和灵岩书院。(《家学与师承》第三卷,第六九—七〇页)

十月八日,章氏弟子黄侃在南京病逝,享年四十九岁。

秋,先生移教河北女子师范学院,时该校在天津。然眷属仍住北平,先生于是每周往返于平津间,与诸友交往"则一如旧日无变"。

　　钱穆《师友杂忆》云:

　　　　某日,适之来访余。余在北平七八年中,适之来访仅此一次。适之门庭若市,而向不答访,盖不独于余为然。适之来,已在午前十一时许,坐余书斋中,直至午后一时始去,余亦未留其午膳。适之来,乃为蒙文通事。适之告余,秋后文通将不续聘。余答,君乃北大文学院长,此事与历史系主任商之即得,余绝无权过问。且文通来北大,乃由锡予推荐。若欲转告文通,宜以告之锡予为是。而适之语终不已。谓文通上堂,学生有不懂其所语者。余曰,文通所授为必修课,学生多,宜有此事。班中学生有优劣,优者如某某几人,余知彼等决不向君有此语。若班中劣等生,果有此语,亦不当据为选择教师之标准。在北大尤然。在君为文学院长时更应然。适之语终不已。余曰,文通所任,乃魏晋南北朝及隋唐两时期之断代史。

余敢言,以余所知,果文通离职,至少在三年内,当物色不到一继任人选。其他余无可言。两人终不欢而散。文通在北大历史系任教有年,而始终未去适之家一次,此亦稀有之事也。

文通既不续聘。史系主任遂邀余任魏晋南北朝史,余拒不允。余言聘约规定余只任上古两汉,不愿再有增添。其隋唐史一门,则聘陈寅恪兼任。上堂仅盈月,寅恪即辞去不再来。谓其体弱,其夫人言,若不辞北大兼职,即不再过问其三餐。于是此课遂临时请多人分授。学生有发问者,谓此课既由多人分授,何以独不有钱某来上课。史系主任始来邀余。余遂亦上堂一二次。文通自离北大,即转至天津一女师任教。其家仍留北平,与锡予及余诸人之来往则一如旧日无变。(《八十忆双亲·师友杂忆》,第一七一一一七二页)

陶元甘《蒙文通老师的美德》云:

老师曾在北京大学历史系任教授,因为无法与霸气盈然的傅斯年融洽相处,失去讲席。殷汝耕正在搞冀东汉奸政权,设法邀请,蒙老师严厉拒绝(这时老师家中已无隔宿之粮)。顾颉刚先生觉得傅太过分了,推荐他到河北女师学院(在天津)任教,在那里作育了很多优秀学生。直到抗日战争爆发才回川任教于四川大学。先兄元珍在北大文科研究所肄业时是蒙老师门人,并且寓居蒙宅。老师峻拒殷逆邀请之事,乃先兄亲见并亲口告诉我的。(《盐亭文史资料选辑》第十辑,第六一页)

> 知按:关于先生离开北大,尚有他说,可参见李晓宇《"井田制度之争"中的蒙文通与胡适》,刊《蜀学》第三辑。

居京期间,先生常访古籍于京城各大书肆。先生《馆藏明蜀刻本〈史通〉初校记》云:

曩在北平,于厂肆(天禄)见校宋本一部,即以浦氏《通释》为底本,逐页签校,云宋本作某,每签皆有童声小印,疑即录自《群书拾补》,未甚措意,首册为徐行可氏索去,未得一校,寻其原委,文津阁本出自内府所藏旧刻,未能定其即是张鼎思本否? 皆惟俟之异日耳。(《经史抉原》,第四四九页)

十一月,杨向奎《略论"五十凡"》发表,载北京大学潜社《史学论丛》第二册。文后先生作一跋语,云:

《左传》不传《春秋》一语,在西汉及东汉初年今、古两家皆同此主张。

刘歆后之《春秋左氏传》谅已有凡例之文。而卫宏、桓谭亦赞助《春秋》不为经,不祖孔子之义。非范升如此说而已。其事甚怪,谅别有说,而今不可考。刘敞、陈傅、钱黄泽、赵汸乃有《左传》为旧史策书之法之说。于理为近。此篇于谭《春秋》裨益非鲜。五十凡例《左传》及孔子之《春秋》各为一事。《左传》与孔子事义已多阻隔难通,三者成书时代不同(性质亦异),能分别一一考之尤善。(前在金陵曾嘱李浚清君考,今不知有文字否?)(《绛史斋学术文集》,第二二七页)

十二月,钱穆《先秦诸子系年》由上海商务书馆出版。出版之初,钱穆曾请序于先生。

张勋燎《白头年少感师恩——蒙文通师百岁诞辰琐忆》云:

先生与当代国学大师钱穆交谊甚笃,三十年代,钱撰名著《先秦诸子系年》书成,请序于先生。先生谓钱氏此书功力极深,考论春秋战国学人学派史实,自成系统,若欲为序,非先自用三四月之力把握全书内容不可。终以时日所限,不肯草率从事以塞责而婉言谢绝。此亲闻于先生之轶事,知之者不多,足见治学之严谨,可以警世。(《蒙文通教授诞辰百周年学术座谈会纪念册》,第四四页)

年冬,三女穆生,以其生于北京,故小字燕生。

一九三六年(中华民国二十五年丙子)　先生四十三岁

是年,先生徙家天津。同年,《刘申叔遗书》出版,先生为之提供《礼经旧说》传抄本十一卷。钱玄同《〈刘申叔先生遗书〉总目说明》云:

刘君遗书凡七十四种,今依各书之性质,区为甲乙丙丁戊己六类,如上。(甲类附一种,丙类附八种,不计。)

遗书材料之来源,计有三处:一为稿本,二为曾出版者,三为登载于各种杂志中者。

稿本,除《礼经旧说》卷十一及《周礼古注集疏》外,皆为刘氏家藏而由郑友渔君向刘君之弟子张重威君转向其从弟容季君(师颖)及其从子次羽君(葆儒)借得者,借来即印,印毕即还,其原本余均未之见。郑君告余:其中或为手稿,或为抄本。余最近致书容季君,请其一一见告,此目中所注之"手稿"或"抄本",皆根据容季君之复书也。郑君又告余:在未借得刘氏家藏稿本以前,有十余种已先向赵斐云(万里)、伦哲如(明)两君借得传抄之本录印,其后乃再用家稿覆勘。至《礼经旧说》卷十一之传抄本,则得诸蒙文通君;《周礼古注集疏》之手稿,则得诸陈斠玄君(钟凡)

也。(《钱玄同文集》第四卷,第三三〇页)

又云:

　　南佩兰君为刘君之挚友,发愿刊行其遗书,延郑友渔君主其事。郑君稼余昔年与刘君为友,关于刘君之著作略有所知,欲余助其搜罗材料。此事固余所乐为。然余所见所知者,仅刘君癸卯至戊申间之著作而已。其作于己酉以后者,余多不审知,此目甲丙两类之手稿及抄本,前此不特未见其书,且多未闻有其名。故对于郑君所委托,深惭弇陋,未能多所贡献。幸郑君能博访周咨,先后向刘叔雅、陈斠玄、蒙文通、赵斐云、伦哲如诸君借录如干种,复向张重威、刘容季、刘次羽诸君借录刘氏家藏之全部手稿及抄本,此外又向北平图书馆等处借录如干篇,然后刘君遗书乃粗备。校印之事,权舆于阏逢阉茂(廿三年)之春,至旃蒙大渊献(廿四年)岁杪而既得之稿已印成十之六七。其时陈斠玄君又寄《周礼古注集疏》残稿十三卷至,"钩乙涂改,迹如乱丝,几令人不可识别"(陈君跋语),郑君与彭作桢君等悉心校订,改正讹脱,居然可读。及今岁强围赤奋若(廿六年)五月,各稿皆已印齐。余因担任全书总目之编次及说明,致书容季君,详询其家藏之稿,始知未印者尚有《礼经旧说》残稿九十八页及《春秋古经旧注疏证》零稿三页,遂请其将此二稿寄来补录补印,因郑君今在上海,由南君聘赵羡渔(铭箴)、胡耀宸(荣)两君任校订之事。计全书出版之期,当在著雍摄提格(廿七年)之岁矣。(《钱玄同文集》第四卷,第三四三—三四四页)

约在是年,先生从旧钞本《章氏遗书》中钞出《章氏遗书补钞》二册,录文十八篇。柯愈春《清人诗文集总目提要》章实斋文集八卷外集二卷条云:

　　《章实斋文集》八卷《外集》二卷,章学诚撰。学诚生于乾隆三年(1738),卒于嘉庆六年(1801)。字实斋,浙江会稽人。乾隆四十三年进士,官国子监典籍。长于史学,著有《文史通义》、《校雠通义》二书,为人称道。所撰《章实斋文集》八卷、《外集》二卷,辑入《章氏遗书》,民国十一年吴兴刘氏嘉业堂刻,中国国家图书馆藏。又有民国二十五年商务印书馆铅印本,首都图书馆藏。今存其集写本数种:一为《章氏遗书》五十一卷,稿本,台北"中央图书馆"藏;一为《章实斋稿》不分卷,稿本,上海图书馆藏;一为《章氏遗著》不分卷、《导窾集》不分卷,清朱氏椒花吟舫钞本,朱锡庚校并跋,翁同龢跋,中国国家图书馆藏;一为《章实斋文集》不分卷,清无涯有涯斋钞本,佚名校,上海图书馆藏;一为《章实斋遗书》三十卷,光绪九年武昌柯逢时据章硕卿藏本传钞,北京大学图书馆藏;一为《章氏遗书补钞》不分卷,民国二十五年盐亭蒙文通钞本,二册,录文十八篇,从旧钞本《章氏遗书》中钞出,其中有《与孙渊如观察论学十规》、《又与朱少白论文》、《答邵二云》、《与史氏诸表侄论对策书》、《史考摘录》等,蒙文通校点并跋,重庆图书馆藏;一为《实斋文集》八卷,清钞本,残存卷一及卷三,湖南师范大学图书馆藏;一为《章实斋手札》不分卷,稿本,中国国家图书馆藏;一为《庚辛之间亡友列传》不分卷,清虞山周氏钞本,中国国家图书馆藏。别本三种:一为《章实斋遗书》六卷,宣统二年铅印,首都图书馆藏;一为《实斋文集》八卷,编入《禹城丛书》,禹城新闻社辑,民国间铅印,南京图书馆藏;一为《章实斋文钞》四卷,邓学等辑入《古学汇刊》,民国元年上海国粹学报社铅印,中国国家图书馆藏。集中诸文,于方志理论尤有创见。自称于诗茫然,然亦有零散诗作传世。(《清人诗文集总目提要》上册,第七八九页)

　　　　知按:先生友钱穆亦曾整理《章氏遗书逸篇》,并作《记章氏遗书》,后刊《图书集刊》第二期。

钱穆《师友杂忆》云:

　　又《章实斋遗书》之家传本,亦为余在北平所发现。一日课毕,北大图书馆长毛子水特来历史系休息室询余,坊间送来《章氏遗书》钞本一部,此书钞本在北平颇有流行,不知有价值否。余嘱其送余家一审核。是夜,余先查章实斋《与孙渊如观察论学十规》一文,此文在流行刻本中皆有目无文。刘承干嘉业堂刻《章氏遗书》,曾向国内遍访此文,亦未得。而余在此钞本中,即赫然睹此文。乃知此本必有来历。嗣经收得其他证明,乃知此本确系章氏家传。若余诓言告子水,此书即退回原书肆,余可收归私藏。然余念公藏可供众阅,不宜秘为私有。乃连日夜嘱助教贺次君录出其未见于流行刻本者,凡二十篇左右。又有一篇,流行刻本脱落一大段数百字,亦加补录。即以原本回子水,嘱其可为北大购取珍藏。时余之《近三百年学术史》一书,方送商务印书馆在北平排版,由余亲自校阅,实斋一章已校迄,续又取回补入前所未见之重要有关部分若干则。《与孙渊如观察论学十规》一文,则全篇增附于后。及余离北平南行,又携所录之全部佚文藏大衣箱底,上加一木板,以避检查,辗转自香港经长沙南岳至昆明,以至成都。时蒙文通为四川省立图书馆长,遂将此佚文印两百册流传。(《八十忆双亲·师友杂忆》,第一七七—一七八页)

二月十九日,郭沫若致函张政烺,询问先生事,时张政烺就读于北京大学,先生为其魏晋南北朝史老师,函云:

《史学论丛》二册亦已拜领,谢甚谢甚。田和父一节补我不逮,尤感佩。蒙文通君似否旧名蒙尔达,若然,则余在成都附属中学时之同班生也。如相熟,祈叩问之。(《郭沫若书信集》,第四〇三页)

> 知按:郭沫若之所以询问先生事,乃因《史学论丛》第二册刊有先生《职官因革考》一文。

三月,井研龚煦春《四川郡县志》出版,先生曾赞之,云:

> 井研龚君作《四川郡县志》,既精且博,又何加焉。其《五代沿革考》,以欧史《职方考》只列州名不详领县,因据唐宋史志参以各家载籍补之,凡三十九州、二百十一县、七节度,而考之史乘,无一能合。盖龚君之为书,勤于地志而疏于史册,不可讳也。(《古地甄微》,第二〇六页)

五月二十五日,访顾颉刚。(《顾颉刚日记》卷三,第四七七页)

六月十四日,章太炎病逝于苏州。

七月八日,顾颉刚致信先生。(《顾颉刚日记》卷三,第五〇一页)

八月十五日,顾颉刚来访。(《顾颉刚日记》卷三,第五一八页)

二十五日,访顾颉刚。下午,应汤用彤之邀,到长美轩品茗,同至者有缪凤林、钱穆、顾颉刚。(《顾颉刚日记》卷三,第五二二页)

二十六日,游白云观、卢沟桥、陶然亭,同至者有顾颉刚、缪凤林、钱穆、汤用彤等。夜,应钱穆、顾颉刚之邀,至泰丰楼参加晚宴,同至者有缪凤林、汤用彤。(《顾颉刚日记》卷三,第五二二页)

十月三十一日,顾颉刚致信先生,谈"索稿"事。(《顾颉刚日记》卷三,第五四九页)

十一月三日,先生致函顾颉刚,云:

> 暑假中曾拟写一二短篇奉上,终复不果,愧甚歉甚! 兹奉大示,敢不努力,以应贤达之责! 文通于四五年来,原拟写《周秦民族与思想》一篇,乃方面逐渐增加,问题亦逐渐推广,一时又不暇一一写出。去岁写成上编,共计四章;及今视之,又须改补者众,益知写文字之难。第一章多系地理问题,大部为已刊《禹贡》古水道记之稿(指《论古水道与交通》),无取。再呈第二章,则为周秦民族之对抗与迁徙。兹择出秦民族者三节,略补数事奉上。又因已有之书多存北平,此间书又颇缺,亦不能相加补订。第三章则专言周代北狄之迁徙,第四章则专言周代西戎之迁徙,均已写出,刻赓修改,按期寄上。漏误之处,希严加削正为幸。(《禹贡》第六卷第十期,第一一八——一一九页)

十五日,先生再次致函顾颉刚,云:

　　前嘱舍弟思明呈上拙作《周秦民族》数章,昨复由邮呈上十九页,自
看一过,觉尚应改写,但又非此刻所能,拟于寒暑假中改写。中间有数题,
但暂取出。他关于赤狄之迁徙,长狄北戎之合并,白狄之迁徙及南蛮之迁
徙,陆续呈上,希赐斧正为幸。穆公以后,秦西之戎尚东徙,尚当补作,一
一奉呈。拟即暂时总名为《周秦民族考》,一俟在《禹贡》刊完,即稍修改,
合此间已印各页刊为小册。先后寄上之稿,希即在《禹贡》上总题为《周
秦民族考》,则依然是一整部也。(《禹贡》第六卷第十期,第一一九页)

十二月一日,先生《犬戎东侵考》、《秦为戎族考》刊《禹贡》第六卷第七
期。越明年,美国学者拉铁摩尔访华,见此数文,后写《中国的亚洲内陆
边疆》(又名《中国的边疆》)一书时,乃尽取先生之说以入书。
　　先生《周秦民族史序》云:

　　1936 年任教天津,以顾君颉刚之促,始写成《犬戎东侵考》、《秦为戎
族考》,继又写成《赤狄白狄东侵考》、《古代民族迁徙考》,刊布于《禹贡》,
国内外学人多以余言为缪。(《中国古代民族史讲义》,第三页)

拉铁摩尔《中国的亚洲内陆边疆》序:

　　我计划写这样一本书是在 10 年以前,在后来的几年中曾试写初稿,
内容主要是在中国长城以外地带旅行时所形成的想法。在进行轮廓构思
时,我感到有必要再用几年时间来旅行、研究和读书。因此,现在所出版
的这一本书是一个长期积累的结果。为了说明和解释本书的写作过程,
有必要介绍我的一些经历。
　　1925 年,那是我第一次到中国的内蒙古边疆。我与当地专做蒙古和
新疆贸易的商人谈话后,决定向我当时服务的公司辞职,而进行亚洲内陆
旅行。一年后,我和妻子开始了这次旅行,从中国经新疆到印度,其中有
一部分是分程的。由于受过去我在中国的职业的影响,我们当时所注意
的只是商路与贸易。我们的行装极简单,大部分是书,我们沿途翻阅,读
了斯坦因(Stein, Sir A)的《中国沙漠废墟记》、亨廷顿(Huntington, E.)的
《亚洲的脉搏》、贾鲁瑟(Carruthers, D.)的《未知的蒙古》、玉尔(Yule, Sir
H.)的《马可·波罗游记》、沙敖(Shaw, R.)的《南疆游记》,斯文赫定
(Hedin, S.)的《外喜马拉雅山》,以及其他书籍。我们逐渐对亚洲内陆的
历史、地理及各民族的生活习性发生了兴趣。我们感到,某些问题的资料
并不完全正确,在比较各家著作后更证明了这一点,专家们的意见也并不

一致,因此尚待研究与发现的东西还有很多。

我们需要继续研究、学习更多的东西。回到美国后,得助于社会科学研究会的支持,我到哈佛大学人类学系做了八个月的研究。之后,在1929年,进一步得到美国地理学会的支持——写作这本书的酝酿由此开始——我们又到了中国满洲。我们花了将近一年的时间,从东北经过内蒙古到新疆,在中国整个长城边疆地带进行旅行和学习。

这些成为我研究中国边疆问题的大致的基础。不过,显然还有许多准备工作要做。首先是学中国文字,我虽然会说中国话,却不能自由阅读。我所读过的,有许多还不能完全理解。尽管我脑子里装满了民间故事和传说,但不知道这些充满历史事件的中国传说究竟有没有正史的根据。此外,我还想学蒙古文,因为直到那个时候为止,我们在蒙古的旅行完全是由中国商人和士兵陪伴的。

1930年,我们从满洲到北平,在那里住了好几年。最初是哈佛燕京学社给了我一个研究员的位子,其后两年则由格根罕姆(John Simon Guggenheim)纪念基金支持。1930年由英国皇家地理学会提供经费,我第一次尝试了纯蒙古式的蒙古地区旅行,只有一个蒙古人带路;所用的东西也完全是蒙古式的。自此之后,这样的旅行差不多每年有一次。

1933年我们回到美国。而那年冬天,我又被聘为《太平洋评论》杂志的编辑,并安排我用编辑杂志以外的时间,在太平洋协会国际秘书处的指导下,准备这本书的写作。在这儿,在协会秘书长卡特(E. C. Carter)的指导下工作,我和妻子度过了六年快乐时光。从本书自《太平洋评论》杂志中引用的章句之多,就可以看出我的编辑与研究工作之间的密切关系。1936—1937年的冬季,协会允许我在职到伦敦学俄文,从此又获得阅读许多关于亚洲内陆的书籍的机会。在那些年中,我们不仅可以用一半的时间住在北平,还得以经常到华北和内蒙古旅行。

最后,1937年底,在日本发动残酷的入侵中国的战争之后的6个月,我们又回到美国,本书的写作就是从这个时候开始的。书的前半部在修改后又根据太平洋关系研究所研究秘书荷兰德(W. L. Holland)的意见完全重写,所以本书也就成为该会国际研究丛书之一。后半部的完成则是我到约翰·霍普金斯大学佩奇国际关系学院之后,这完全得益于约翰·霍普金斯大学校长鲍曼博士(Dr. lsaiah Bowman)的支持,给我充分的时间,在到校的第一年内进行写作。鲍曼校长自1928年做美国地理学会会长时起,对我的工作即不断给予鼓励和支持。

以上所述,足以说明本书的写作经过以及正文与注释的关系。有一部分内容是先有旅行见闻,之后又参考各家著作而写成。有些部分则是先从读书受到启发,进而在旅行中更加留意去观察。有关亚洲内陆的研究,有多种文字的著作,完全精通这些文字是不可能的事情。有三种文字,我在开始工作时并不会,而不得不在工作中学习。因此,书中注释所列的资料不敢说完全,只能算例证,而大量参考文献都是我自己早先的作品。在本书写作的这几年中,我的思想和看法在发展变化,所以也应该在这本书中追溯一下以往的观点,那些观点有的已经改变,有的则做了修正。(《中国的亚洲内陆边疆》,第一——三页)

　　　　知按:拉铁摩尔《中国的亚洲内陆边疆》引先生之说主要见于是书第十一章至十二章。

顾颉刚《当代中国史学》云:

　　　　蒙文通先生对古代沿革地理的贡献亦很大,有《古代河域气候有如今江域说》(《禹贡》一卷二期)、《论古水道与交通》(同前一卷七期,二卷三期)、《赤狄白狄东侵考》(同前七卷一二三合期)、《犬戎东侵考》(同前六卷七期)、《秦为戎族考》(同前)等论文。(《当代中国史学》,第九六页)

一九三七年(中华民国二十六年丁丑)　先生四十四岁

是年上半年,先生仍任教河北女子师范学院。抗日战争爆发后,先生自天津由海道经青岛、济南、郑州、武汉、重庆返成都,任教四川大学历史系。《周秦民族史》、《中国史学史》、《古地甄微》、《儒家政治思想之发展》、《秦之社会》、《汉代经济政策》诸稿皆于是时写成。

约自是年起,先生开始编校《稽古别录》,至一九三九年始成。蒙默《稽古别录序言》整理后记云:

　　　　先君藏书中有旧钞本一册,白连史纸钞写,灰纸封面,高27厘米,宽19厘米,共125叶,前二叶为目录,题为《稽古别录》,盖宋前各代史论之选编也。自笔迹审之,略由二三人分别楷书写成。其中多篇经朱笔圈点,亦有先君校改手迹。是册叶缝已略有破损,盖经多次翻阅之故,殆先君常阅之物也。册中央有先君手书《序言》二稿;稿一首叶缺失,存二叶,略八百余言,末署"廿九年五月四日",盖1940年也。先君自1937年秋抗日战争爆发返川以来,任教于是时之国立四川大学,家亦住成都,时房舍差宽,偶有亲友住,且事钞写。1939年川大迁峨眉,先君只身随往,先慈携弟妹返回盐亭农村。是编或即成于1937—1939年间,于是先君1940年有《序言》之作。然先君居峨甫及一年,即转教于三台东北大学,居东大不及一年,又自三台转来成都,两年之间,再次迁徙,稿一缺损,或由此也。稿二系用竖八行毛边纸笺所写,首尾完整,计三叶,当写于先君1941年居成都后,似为拟将此编定稿时所作,然究成于何时,则不可定。《序》中所称《孟子》、《商君书》、《韩非子》三篇,当为后拟增添而尚未补入者,故此册无有。此编虽为一史论选集,然搜讨之事竟历时数载,显非率尔之作。其主要者当为校勘裴子野《宋略总论》,已另有专文刊于《北平图书馆馆刊》第八卷第五期(1934年10月,现收入《经史抉原》)。其他各篇殆亦皆尝致力。我国史籍之富,举世莫京,而史论之丰亦然,且皆散见各书,不便初学,故必将有一本事文并茂、尽而不汙、堪为典训之史论选本,既可以作范文供初学讽诵,又可以明数千载国史之粗迹,先君此编,实应此需。然史论之文,必涉史事众多,若乏注释,则颇难解。故钱宾四先生一见即谓"速使人为之注",而先君亦汲汲焉唯注者之求也。故此编虽已定稿,亦仅事成其半之书耳。此编之所以长期未能定稿刊布者,其亦以此耶? 兹将先君此编公之学林,苟能得同志者而愿续成其事,则何幸如之。(《四川大学学报》(哲学社会科学版),二〇〇六年第四期,第二三页转一二八页)

二月六日,顾颉刚致信先生。(《顾颉刚日记》卷三,第五九八页)

十五日,访顾颉刚。(《顾颉刚日记》卷三,第六〇一页)

十七日,应傅成镛、徐世勷、杜高厚、黄毂仙等邀请至庆林春吃饭,同至者有陈垣、孟森、陶希圣、钱穆、皮名举、齐思和等。(《顾颉刚日记》卷三,第六〇二页)

二十一日,应钱穆之邀,至春华楼吃饭,同至者有熊十力、林宰平、汤用彤、汤用彬、盛成、顾颉刚等。(《顾颉刚日记》卷三,第六〇四页)

四月,陶元珍以春假迁天津,寓河北元纬路先生家。陶元珍《万历起居注》云:

> 民国二十六年四月,余以春假迁天津,寓河北元纬路蒙文通先生家,距第一公园甚近,常至园内河北省立第一图书馆阅书。是馆原名天津图书馆,为傅增湘、严修诸氏所创建,收藏极富,尤多明代珍本,就中《万历起居注》一书,予余印象最深。案:由汉至明,历代起居注多已亡佚,仅《大唐创业起居注》及明《万历起居注》尚存。《唐创业起居注》已有《津逮秘书》、《学津讨原》、《唐宋丛书》、《藕香零拾》诸刻本,《万历起居注》则从未付梓,钞本亦仅存是馆所藏一部。又就分量言,《唐创业起居注》寥寥不过三卷,《万历起居注》则虽间有残缺,仍有五十册之多,洵可谓人间孤本、长篇巨制矣。(《文史杂志》,第四卷第七、八期合刊,第五四页)

二十八日,访顾颉刚,并应顾颉刚之邀,与顾颉刚、齐思和"同归吃饭"。

（《顾颉刚日记》卷三,第六三五页）

五月五日,顾颉刚阅先生《古代民族迁徙考》,并"正其句读"。(《顾颉刚日记》卷三,第六三九页）

同月,先生《论北宋变法与南宋和战》刊《论学》第五期,后经整理,收入《蒙文通文集》第五卷《古史甄微》,题为《与李源澄论北宋变法与南宋和战书》,云:

　　弟于两宋事,持论尤有最要者,宋承五季之后,徒知矫藩政之弊,而不立建国之规,有救弊之法,而无开国之法。唐末五季取民最苛,宋承之而未有根本改革,此叶水心财多论之来源,张方平论之详矣。宋初收军权,于边郡尚宽,故边将尚得以有所为,国家亦收其效,贾昌朝论之详矣。后于边将亦以中国御将之法御之,而宋兵遂不竞,此水心法密权专之论所由来也。弟谓荆公变法偏重理财,民已困而荆公犹理财不已。荆公剥民,岂徒新法,即旧法之似未变者,至荆公亦为剥民之具,《建隆编》言之已悉矣。宋初多取于民而收兵权,故国家用费以无名赏赐为多,非此则无以厌兵将之心,此观于太祖杯酒释兵权语诸将之言,观于太祖犯吾法惟有知耳之言明也。而任子之类、废官任差遣之类,徒增冗俸,皆惟知以财悦文武内外之心,此宋财困之源。荆公变法,而宫观以安置反对者,提举以位置附和者,保甲之属亦赏赐甚巨。敛财而又糜财,则又何怪绍述以下为政者之日非也。水心言荆公"不知宋之所以为宋"一言最彻,以荆公见宋之弊,知法之当变,而未知所以变之,此所以益变而益坏。大凡北宋学风,优于哲学,而短于为国,以北宋士大夫本不知法,故变法与反对变法者皆无卓识。观于荆公上仁宗万言书,论事已析。言理财者不过数十字,而仍以兴教育、养人才、善风俗为说,而未言及如后之所谓新法。及神宗以收复燕云为志,专力富强,而荆公佐之,新法日布,皆富强之事也。谓荆公所行者素志乎,仰素所未知者乎? 其力依附《周官》,特以塞难者之口耳,况《周官》为封建时代制,不可行之于郡县时代,此途人所能知之事也。此论自水心发之,马贵与扬之,亦可以大白于后也。至若宋之军政,虽曰未变,可也。陈氏《历代兵制》已尝言之。盖欲更兵制之时,神宗以为祖宗于此有深意,欲废枢密院,神宗亦以祖宗为言。是宋始终以藩镇为惧,至亡国而惧犹未已。应变之法,始终未变,厉民已甚者,荆公又从而厉之。荆公不知宋,亦不知《周官》,卑视汉唐,故胸中实不知法,一旦操变法之柄,杂采俗吏之法而行之。而反对者亦不知宋之为宋,法之为法,《周官》之为《周官》,故不足以折荆公,而曰法不应变,则更无以服有识者之心。凡北宋有新法派之史料,有旧法派之史料,惟求之吕、唐、陈、叶之说,而上穷其源，而北宋之史可理也。南宋和战之事，亦二派史料纷陈，亦惟求之此数家，而后可言。秦桧以收兵权迎合高宗心理，和后而宋之兵益坏。建炎之初，宋固不能战，建炎四年以后，则战之功固已可观，将帅专兵之骄已大戢，凡唐说斋、真德秀辈之论详矣。既和之后，财耗于给军，而军之额已空十之八，而将帅专其富，以底于亡，无兵之用。其论之尤奇者，如陈氏谓养盗为兵，优于以民为兵，优于以盗资敌；以地资藩镇，优于以地弃之于敌，皆目击祸毒之言也。如后之言者，以《十三处战功录》疑朱仙镇事可也，将谓无偃城之捷乎？谓无十二金牌之事，则韩、刘各将淮东西之退，非由诏敕乎？奈何《三朝北盟》记事而并抹杀之也。夫北宋兵之坏，正以北宋初年兵之精，观乎太宗伐汉及示夏使事，则宋初之兵皆国技好手，故能以十五万之精兵，定海内、防夷狄，而任之以非常人所能任之事。于后兵之训练已非，而犹以非常之事任之，此宋庠所谓未战先疲者也。宋之边境，未尝不可守，而中国国中未尝可守，此观于李纲、叶适之论靖康之事而明。其所以然之故，则真德秀、唐说斋所言，自太宗务弱州郡，江淮荆浙并城隍而早堕之，匪之小者，尚白昼操兵入城市，莫之能御，纵横十数州郡，莫之谁何。故金不能下两河三镇，而踰淮踰江，莫之能抗者，正宋之所以自为而太宗之故也。论南宋，莫若即战地而考之，始则战于江南，继则战于淮南，顺昌、偃城之役，胜负不必辨，而已战于淮汉之北也。可谓宋之必不能战而必待于和乎？和战是非，不必宋人辨之，于金人辨之已明。尝求之《金史》，则见其论曰："宋人之和，为无诚意，安有据其土地、虏其父兄，而不思复仇者？"此金不可和之明验，而孰知中国竟于父兄之仇、土地之没而不思报，即金阿术亦是论也。尝观之《金史》，金以江不可渡，而图入蜀，据上流，卒之蜀不可入者，非金之不欲，以宋蜀口之屡捷也。苟非韩、岳、刘、吴，即划淮之和亦不可得，其事甚明。是成桧之和者，韩、岳之徒也。李纲言："必能守而后能战，能战而后能和。"即秦桧之党张嵲，亦如是言也。此则千古不易之论，奈何后之人并此而不知，乃欲信口论而反古来之谳。两宋事，求之于史料，不若求之于浙东之说，以此皆知法知势之儒，无党于新旧、和战之间，而说最明也。（《论学》，一九三七年第五期，第四五—四八页）

　　　　　知按：由李源澄云"此为文通师来示中之一节"，知《论学》所刊登非全信内容。幸读者鉴之。

抗战前先生至南京，参加为期三周的内学院道场，汤用彤、梁漱溟诸先生亦一同前往。盛成《仰止劬堂老师》云：

　　西安事变，余返故都。卢沟桥战起时，余适来京参加内学院道场，为期三周,时蒙文通、汤锡予、梁漱溟诸先生自北来,师与证刚师每日必来。道场遂成抗日救亡会场,尤以三先生主张最激烈。"八·一三"全面战争爆发,竟师、证师皆入川,闻师去苏北兴化。(《劬堂学记》,第一〇八页)

欧阳竟无《再答张真如书》云:

> 进治《涅槃》,年已六十,作《涅槃叙》,苦不克就,乃避暑庐山,会散原至,留连数月,而《涅槃叙》竟。而后知无余涅槃之至足重矣,盖九·一八大水泛溢、东夷猖獗之时也!都城未陷,予于宁院五题讲会,蒙文通、汤锡予二君主持之,大提特提无余涅槃唯一宗趣之义,会竟而七七事起,竟成宁院讲学终结,岂细故哉?(《欧阳竟无集》,第一七九页)

抗日战争起,先生自天津由海道经青岛、济南、郑州、武汉、重庆返成都。

先生《中国古代民族史》序云:

> 嗣以卢沟桥事变,京、津沦丧,因挈婴孺避居意租界,偕三弟思明寓谢君戍生家。……时连镇高唐间喋血方酣,乃从海道至青岛转开封、汉口返蜀,以淞沪寇氛亦急也。(《中国古代民族史讲义》,第三页)

蒙默《我和南方民族史研究》云:

> 第二年七月,抗日战争爆发,我家从天津返回成都,因为出发时天津已沦陷,边走边筹旅费,这一走就走了两月多,到成都时已是十月底了。(《家学与师承:著名学者谈治学门径》第三卷,第六九页)

蒙默《蒙文通先生年谱》云:

> 七月七日,发生"卢沟桥事变",日军攻占天津,先生率家人避入天津意租界友人家暂住,俟八月第四子逊出生后始自天津转大沽口乘外轮去青岛,由青岛转济南,候四川大学汇来旅费后,再经徐州、郑州、武汉、重庆返回成都,到成都时已是十月底。(《蒙文通先生诞辰110周年纪念文集》,第四二五页)

> 　　知按:先生堂弟蒙季甫曾有《归途》一诗,记之甚详,题云:"1936年,日军在平津一带活动频繁,大有跃跃欲试之态。余虑华北危在旦夕,遂决意回川。幸友人帮助购得火车票,乘火车到邯郸,有感而作。"诗云:"北塞风云急,归途意正闲。夕阳依古道,暮色隐辽天。心随望眼去,家住落日边。长车逐飞电,一梦到邯郸。"

十二月,先生友韩文畦在成都创办《重光月刊》,李源澄、唐君毅、周辅成

任编辑。同月,该刊第一期出版。然是刊的编辑出版却颇得先生资助。

周辅成《二十世纪断想》云:

> 年纪较长的师友,要自办一个刊物,名《重光》,是适应形势的,也约了我,但按"有钱出钱,有力出力"原则,蒙文通、熊东明等是出钱出力之类,我和唐君毅、李源澄等则属于仅仅出力,写文章之类。刊物也出了很多期,在国学界范围内,也不能说没有一点影响。(《我与中国20世纪》,第二六八页)

蒙文通先生年谱长编卷五

一九三八年（中华民国二十七年戊寅）　先生四十五岁

是年，先生仍任教四川大学，《中国史学史》讲义初稿成，并就其中某些章节分别题为《周代学术发展之三时段》、《尚书之传写与体例》、《墨学之流派及其原始》，载《重光》杂志第四至六期。

蒙默《中国史学史》序云：

> 本稿(《中国史学史》)为先君子文通公于上世纪三十年代至五十年代执教于国内各大高校讲授"中国史学史"一课之讲义，其基本部分撰于一九三八年任教成都国立四川大学时，只第一章第八节、第二章第五节、第九节系后来补写。(《中国史学史》，第一页)

蒋星煜《顾颉刚论现代中国史学与史学家》云：

> 前四川省立图书馆馆长现任华西大学教授蒙文通是治史学史最有成就的一位，虽然他不长于外文，但是他能批判接受西洋史学史权威的方法。(《文化先锋》第六卷十六期，一九四七年九月)

一九三七年岁末，先生致函朱师辙。元旦，朱师辙致函方叔轩，云：

> 文通兄已有函来，弟即有复书，晤时希先生致意。诸旧友亦希致道候。(《川大记忆——校史文献选辑》，第二七六页)

二十日，南京金陵大学迁川，在华西大学赫斐院设成都筹备处，办理迁校事宜。(《成都文史资料选辑》第十一辑，第十四页)

二月，至江津，拜谒欧阳竟无，同至者有吕澂、韩文畦、王恩洋等四十余人。

《王恩洋年谱》云：

> (1937年)12月得欧阳竟无自重庆来信，谓支那内学院已迁至四川江津，请他次年2月6日到江津会面。王恩洋不敢怠慢，1938年元月30日即动身，2月2日至重庆，会晤了吕澂，次日抵江津，拜谒欧阳竟无，同至者

有吕澂、韩文畦、蒙文通、邱檗等四十余人。(《少城文史资料》第十辑,第一三〇页)

王恩洋《五十自述》云:

二十七年戊寅正月初三日至重庆,见吕秋逸兄。次日即赴江津民众教育馆内院暂时借住院址,礼谒先师。先师精神奕奕,一切如日,十年之别,乱离相逢,其乐为何如乎? 同至会者,邱晞运、陶闇士、韩文畦、彭芸生、刘衡如、熊东明、邓蟾秋、张茂芹、程时中等,共四五十人,济济一堂,极一时之盛。闇士私诫洋曰,吾人已至中年,幸犹有师,更幸能得师之教训,此次凡师所言,无论如何均勿与师辩。当知凡师所言,无非出于悲愍吾辈者也。予敬诺。是以凡师所言,洋俱敬受。人日师讲学,次日晨教诫门人。凡文通、衡如等皆受教斥。次教洋曰:"恩洋,吾不惧尔行动放恣,唯责尔自是骄慢,骄慢是尔大病,即不能虚心受教,进求胜境,吾为尔煞费苦心,尔却视之淡淡,当知此病非去不可,否则非吾徒也。"洋受教,顶礼谢罪。文通、衡如相继顶礼谢罪。是时济济满堂朋辈,莫不战惧。芸生事后叹喟曰,宋明儒后三百年,无此师道矣。(《王恩洋先生论著集》第十卷,第五三四—五三五页)

八日,顾颉刚致电致信先生,又得郑德坤函,知先生有意在成都复刊《禹贡》。

《顾颉刚日记》云:

得德坤书,知文通有意在成都复刊《禹贡》,而须得予一电以与川省府接洽。此事若成,不枉掷我三年余之心血矣。(《顾颉刚日记》卷四,第二四—二五页)

四月十七日,川军邓锡侯部第一二二师师长王之钟(即王铭章),在山东滕县保卫战中,孤军抗敌,壮烈牺牲。六月十三日,王铭章遗体运抵成都,后转送至新都建墓安葬。

张澜《王之钟师长战死滕县题其遗像》云:

席卷青徐势正危,孤军捍寇苦支持。一城守死真黑冢,千载留名比豹皮。部属半为猿鹤侣,魂归应是风雨时。东征将士多忠烈,此日看君意更悲。(《张澜诗选》,第三一页)

李思纯《王之钟铭章战死滕县挽诗》云:

羊市城根画戟闲,十年戎幕熟君颜。早轻金铁喑鸣壮,待觅躯骸马革还。关塞枫青魂黑夜,山花银白血红斑。眼中大劫虫沙尽,却为斯人热泪潸。太行云气积阴霾,转战徐州血未揩。即墨偏师动齐鲁,睢阳一殉障江淮。留皮名在如天永,嚼齿城亡与寇偕。邹峄川原望中路,只怜归骨愿终乖。(《李思纯文集》诗词卷,第一四一三页)

先生《周秦民族与思想》后记云:

回忆七八年来,舟车南北,此篇未尝不在行箧,今者旧游之地悉已沦为蛇豕之域,君子怀猿鹤之悲,小人罹虫沙之虐,思之心碎,言之眦裂,儒冠鲜用,投笔何补。……方此外患日烈,如火如荼,书生致命,力仅此耳。虽时或手倦神疲,未敢休止,讵谓有神,但自奋也。念此篇昔随国都以俱沉,今复得之于意外,莽莽九围,其亦并此而俱复?泣涕涟涟,伫立以俟。此篇属稿之初,偕友人王税尘君同在白下,每得一义,辄相往复。自后税尘于役长城,于役晋南,于役滕县,噫!奇男子也。余校此方竟,而税尘适又归自战地,来余斋,可异亦可记也。(《经学抉原》,第一五〇页)

知按:王税尘,即王铭章,先生作此后记时业已逝世。

是年夏,四川大学"鉴于抗敌军兴以来,各省将士莫不敌忾同仇,前仆后继;吾川军民士夫爱国素不后人,陆续出川抗战者亦极踊跃。本大学既为西南最高学府,亟应对是项史料加以搜集及整理,以供将来国史之采择",组织成立了"川军抗战史料搜集整理委员会",由孟寿椿任主席委员,先生与朱光潜、曾天宇、周谦冲、徐中舒、杨伯谦、徐元奉、桂质柏、何鲁之等任委员。(《川大周刊》第六卷第三十五期,第四页)

八月,先生与彭云生、韩文畦等到江津,赴"支那内学院"蜀院法会。(《彭芸生年谱》,《崇庆县文史资料选辑》第五辑,第四十页)

十月,先生与彭云生、韩文畦等再次同赴江津"支那内学院",拜谒欧阳竟无。(《李源澄著作集》第四册,第一八五九页)

十二月十三日,国民政府行政院会议决定,任命程天放为四川大学校长。

十五日,朱光潜、魏时珍、董时进等联名邀请川大全校教师在至公堂开会,公开反对程天放入主川大。下午,川大五十六名教授联名致电教育部,电文称:

四川为今日抗战后方重地,四川大学为今日仅存之完整的最高学府。人事进退,匪仅关系一校,实为抗战全局视听所系。自更换校长之[消]息披露于报端后,同人等服务川中,与闻较切。除已电陈当局,请即收回成命外,兹特以所见为全国关心教育之人士沥陈之。大学为作育高深学术人才之机关,学术理想贵在保持自由独立之尊严,远离潮政[政潮]之波荡,研究工作,尤需环境安定,不容轻易更改。欧美各国对于大学校长人选,必求其学术精深。一经任命,绝无无故纷更之理。今加以撤换,使全校师生研究工作,顿受影响。后何□尚肯实□任□,此同人等所认为不可者一。后方教育事业于政治、军事、社会一切设施□□□□关,当抗战前途千钧一发之际,后方人心之安定,实为首务。川大自抗战以来,全校师生对研究学术之外,努力救国工作,尚无愧于国家。今于全校无问题之□,忽生翳问题,风声所播,窃恐人存观望,影响一切事□,有碍抗战工作,此同人等所认为不可者二。国家兴亡,系于士气。养士之来[道],节操为先。近年以来,从事政治运动者,往往排斥异己。世风日下,国亦随之。为校长自宜奖励学术,专心教育,人格皎然者,然后足为青年师表。今必欲去洁身自好之学术界先进,流弊所及,影响士风。此同人等所认为不可者三。以上三点,为同人等共同之认识,为今后进退之标准。事关教育学术前沿,揭诸国人,以求公论。(《国家与学术的地方互动——四川大学国立化进程》,第二五八—二五九页)

二十二日,在朱光潜、魏时珍、董时进的召集下,川大教师八十余人前往文殊院开会。会议决定,"自二十三日起实行罢教,公推朱光潜草拟罢教宣言及驳斥教育部文电,请求社会各界声援"。(《国家与学术的地方互动——四川大学国立化进程》,第二七六页)

二十三日,川大上课教师将《罢教宣言》发给学生后即退出教室,宣布罢教。宣言云:

　　本校校长问题,同人前为维持学术尊严,陈述意见,公诸社会。顷由张校长转到教部来电,谓为出位干政,败坏学风,并谓校长有导正之责。披览之余,不胜骇异。窃同人以学术界之人谈学术界之事,何为出位干政?同人在校并未制造派系,利诱师徒,何为败坏学风?院长、教授皆由学校礼聘而来,与校长不过暂时宾主,迥非主管僚属之比,何得言受其导正?!教部之电,实属不明体制,蔑视教授人格,同人认为此学术界莫大耻辱。自本日起,不再到校上课。特此声明,伏维公鉴。(《国家与学术的地方互动——四川大学国立化进程》,第二七六页)

同日,罢教教师还向外界发布了一则启示,宣布罢教消息,并公开了致教育部电文,希望"各界同胞,同声响应,予以援助"。(《国家与学术的地方互动——四川大学国立化进程》,第二七九页)

同日上午十时,程天放到校,下午二时,在川大至公堂召开了迎程大会。

二十五日,程天放邀请全校教师在明远楼举行茶会。

二十六日,经川大教师商议,决定发出《文化宣言》,宣言由杨人楩执笔。

《王叔岷回忆录》云:

> 程天放驻德大使卸任后,无适当职位,教育部于十二月发表程氏出任四川大学校长,命令张真如校长移交。张校长为四川人,又为国际名学者,声望甚高,无故取消其校长职,教授学生群起反对,但亦颇有表示欢迎程氏者。程氏宣称"以革命手腕接收川大"。张校长毫不留恋,泰然辞职。朱光潜先生则愤而辞去文学院院长职,与张真如先生同时转移到迁移在嘉定之武汉大学任教。中文系教授初亦发表宣言,愤而离校,后因程校长之多方劝慰而作罢。(《王叔岷回忆录》,第三九页)

一九三九年(中华民国二十八年己卯)　先生四十六岁

是年秋,程天放为更好掌握川大,借口日机接连轰炸成都,报请教育部同意将川大迁往峨眉山报国寺,先生亦随之至峨眉。妻及二子默、小女穆、小儿逊则于去年返回盐亭,本年遂聘堂弟蒙季甫在乡间教授子女。是时,先生专读两汉各家书,并及先秦诸子。

先生《治学杂语》云:

> 昔在峨眉读两汉各家书,并及先秦诸子,读到《韩诗外传》时,恍然感到:先秦时儒家何以变而为两汉经师之业,其间问题显然有个脉络过程,惜于已读之书未能将有关材料录出。(《蒙文通学记》,第三四页)

> 知按:兹再引周畅富《四川大学在峨眉》以说明当时川大的情形,云:"今日之川大,共分文法理农四学院,除农学院因在城外关系仍留居成都外,文法理三院俱悉迁居峨眉,但所在校舍则不在一处,文法学院住居伏虎寺,理学院散居在保宁寺与万行庄,至去年新入川大之一年级全体同学则在鞠漕,而教职员先生之大本营则在报国寺。四处相去距离,近则三里,远则十五里外,有时不免有来往奔波之苦,但俱在万山丛绿中,无一处不风景优美。"(《今日青年》,一九四○年第八期,第五○页)

是年,先生友钱穆受聘任成都齐鲁大学国学研究所教授,并担任《齐鲁学报》编委会主任。是时,先生与钱穆交往颇为频繁。

牛敬飞、张颖《追忆国学大师蒙文通先生——蒙默老师采访记》云:

> 抗战期中,钱先生离开了西南联大到成都来,在齐鲁大学国学研究

所,后来在华西大学教书,与我父亲都常有接触,但是那阵我在读中学,他们谈些什么我也不太清楚。我只知道在齐鲁大学国学研究所的时候,顾先生当主任,钱先生也在那里,我父亲在四川省图书馆当馆长,也在齐鲁大学教书。那时我母亲还在农村里面,还没有来,我父亲一个人在成都,星期天没有什么事情,他跟我说过星期六下午他就到齐鲁大学国学研究所去了,那个时候齐鲁大学国学研究所在北门外面赖家院,那个时候还是农村,离成都大概有十来里路,他就坐黄包车到那里去了,星期天下午就回城里面来。他们就谈学问嘛。后来我听齐鲁大学国学研究的学生跟我谈到过,他们每星期六有一次座谈会,那个座谈会呢就有点像你们现在搞的天健沙龙一样。每次都要指定一个学生作为中心发言人,讲这段时间读书的心得,讲了过后,同学、先生就随便发言。我父亲也参加那个座谈,所以那些学生后来碰见我都跟我说他是我父亲的学生,就跟我谈起这个事,说他们受到很多教益。实际上我父亲并没有真正教过他们。南充师院的李耀仙他也谈到过这个情况、云南大学的李维衡、贵阳师院的周春元也跟我谈到过。所以那段时间都有些接触。

后来钱先生到华西大学教书,住在华西大学宿舍,但是那阵钱先生身体不好,经常生病,有时我父亲还喊我去看钱先生,当然那阵我还小,是个学生,看到都只喊声钱伯伯,问一下身体情况如何,只是问几句这些,根本谈不上谈学问的事,所以他们平时谈些什么我不大清楚。但是有一点就是说他们很谈得来。齐鲁大学国学研究所有学生曾经跟我讲过,就是钱先生对于顾先生有些时候还有微词,就是说顾先生哪些地方还没说对啊这些,但是从来还没有听他说过蒙先生。就是说他们在学问上是比较更接近比较谈得来的。(《天健》第十七期,第四四页)

一月八日,川大罢教罢课结束,九日正式行课。

二十九日,金毓黻在"成都遇斠玄(陈中凡)、颉刚(顾颉刚)、仲贤诸学长,赋诗赠之,并呈宾四(钱穆)、文通(先生)、松龄(马长寿)、思明(蒙思明)诸先生指正",诗云:

> 同学少年今几辈,天涯把酒慰辛劳。愁心似水生千叠,短鬓凝霜感二毛。薄海战云吹不散,故乡明月仰弥高。相期无负平生志,笑向歧途赠宝刀。(《清晖山馆有声集》,第二四四页)

二月二十五日,应林思进宴。林思进《己卯人日招集云生文通高翔亮生百川孔昭元凯源澄诸子饮霜甘阁作》云:

　　开岁已七日,连黔凄涉旬。令节岂不美,登高赏徒新。昔骋阡陌游,
韶景丽芳尘。今怜物序标,群彦展华茵。兴废属时运,隆替匪由身。易初
鄙君子,伊余久陈人。胡语弹琵琶,夷气满朝绅。谁言黄炎裔,终古竟沉
沦? 天意果何私,人情方乐春。且复进清醥,无为辜紫鳞。

赖皋翔《清寂先生人日霜甘阁燕集赋诗命和》云:

　　令节延淑气,嘉会展芳辰。不有文燕欢,孰知物候新。开樽荐时馐,
侍坐促华茵。心悟俗变非,对酒不能陈。伊余三十年,遭世涉艰屯。闭阁
理陈编,战乱交我邻。一际阳九阨,再睹天地纷。徒怀微管叹,空视时运
沦。古人吝手援,群彦今何臻? 且复奉一觞,聊以畅精神。(《赖皋翔文
史杂论》下《寄栎轩诗存》,第一页)

是年春夏间,张澜偕同一批参政员视察川北三十三县,得诗二十一首,有
《盐亭怀蒙君弼、文通父子》,云:

　　麦黄桑绿民俗醇,行到盐亭正暮春。拥县青山依旧好,定知还有聚星
人。(张澜网上纪念馆)

暑期,王玉璋至成都,得与先生和金毓黻游。
王玉璋《中国史学史概论》自序云:

　　二十八年暑期,于蓉城得从金静庵、蒙文通诸先生游,获益甚多,静庵
先生复出其中国史学史讲演大纲相授,更足以资鼓励而多所借助也。蒙
先生适在川大亦作史学史之讲授,故于治斯学之方法,与材料之搜求,亦
多有所指教,于余从事史料之搜罗,臂助甚大,惜文通先生之讲章无缘一
睹为一大憾事耳。俟后即依二先进之指示,参以个人前此之所得,努力以
致之。(《中国史学史概论》,第二—三页)

六月十一日,日机首次轰炸成都,盐市口一带化为焦土。
九月二十二,顾颉刚至成都,住西川公寓,二十三日,在小天竺街遇先生。

　　西山邀至小天竺街吃饭。遇文通等。饭毕,到文通处,与其兄弟及林
名钧、李小缘谈话。(《顾颉刚日记》卷四,第二八七页)

二十六日,访顾颉刚。(《顾颉刚日记》卷四,第二八八页)
二十七日,招宴顾颉刚、杨叔明、周守廉、彭云生、冯汉骥、林名钧等。
《顾颉刚日记》云:

上课一小时。自珍病愈,与同到不醉无归应文通宴。……今晚同席:
杨叔明(康省府秘书)、周守廉、傅韵笙、彭云生、冯汉骥、林名钧、余父女
(以上客),蒙文通、蒙思明(主)。(《顾颉刚日记》卷四,第二八九页)

三十日,中午应刘衡如、李小缘、商锡永宴,同至者有顾颉刚、梁思成、刘
敦桢、冯汉骥、张西山、蒙思明、林名钧等。(《顾颉刚日记》卷四,第二
九〇页)

十月一日,夜,日机再次偷袭成都。

六日,顾颉刚访先生,未遇。后"乘车至少城公园,到静宁饭店赴文通
约"。同席者有:顾颉刚、萧敬轩、谢子厚、王瑞澄、谭创之、梁漱溟、冯汉
骥、彭云生、宋涟波、杨人楩等。(《顾颉刚日记》卷四,第二九二页)

十二日,四川省教育厅厅长郭有守重申建立省图书馆旧案,聘请先生、蒋
复聪、沈祖荣、向楚、顾颉刚、曹祖彬等十五人为四川省图书馆筹设委员
会常务委员,并在教育厅内举行第一次常务委员会会议。会议决议:
(一)省府指拨款项为建筑费及常年购置图书费;(二)呈请中英庚款补助
三万元专作购买西文书费用;(三)储存款作筹备经费。(《四川省图书馆
建馆八十周年纪念文集》,第一三八页)

十六日,顾颉刚致信先生。(《顾颉刚日记》卷四,第二九六页)

十一月十七日,马一浮致信先生,云:

> 承与熊子真先生书,并介绍范君午欲来敝院读书,附来范君所纂《张
> 皋文词选评注》一册,既钦仁者爱善之挚,亦嘉范君读书之勤。惜敝院所
> 讲习者,在经术义理,未遑及于词章。虽词亦乐府之遗,可附诗教之末;笺
> 注之业,亦须博涉众书,心知其意,方足名家。范君好乐在是,则于敝院所
> 讲,必嫌枯淡,恐非其志之所存。且院中蓄书过少,亦不足以资博闻。虽
> 荷下问,实不能有所裨益。是以于范君之书,未敢加以评骘,而于其来学
> 之意,则深有所愧负,不敢劳其虚辱也。范君原著奉还,并希代致歉怀。
> 子真先生因灾后时苦警报频繁,不乐住嘉,现已暂往璧山,并以附闻。三
> 峨在望,异日如巾车枉过,一览凌云、乌尤之胜,亦敝院同人所欣伫者也。
> 专复,顺颂撰安,不具。(《马一浮集》第二册,第七〇五页)

一九四〇年(中华民国二十九年庚辰)　先生四十七岁

上半年仍教于四川大学,下半年转教三台东北大学。齐鲁大学抗战迁
蓉,并于是年成立国学研究所,顾颉刚任主任,他联系了一批迁来西南的
史学家在成都创办《史学季刊》,并亲自撰写发刊词。第一卷第一期于三

月出版,由先生和周谦冲负责编辑。

程天放接任校长以后,欲请先生担任历史系主任,先生鄙其所为而拒之,程颇为忿恨,遂借口先生在课堂批评时政而将先生解聘。于是先生乃转教三台东北大学,时丁山、金毓黻、高亨等皆在东大。

李源澄《复巨赞法师书》云:

> 蒙先生(文通)下期离川大,已应东北大学聘(三台县),离家甚近。(《李源澄著作集》第四册,第一七四〇页)

蒙季甫《文通先兄论经学》云:

> 先兄在文中(指《儒家政治思想之发展》)对今文家"革命"、"素王"、"明堂议政"等理论和制度的高度评价,同时也就是对国民党独裁的批判。这篇文章是他在四川大学所开"专题研究"一课的主要内容,很受当时青年学子的欢迎,但由于他在讲授时批评了时政,竟遭到川大国民党党棍校长解聘,后乃转教于东北大学、金陵大学、华西大学等校。在先兄执教的几所大学的讲坛上,这篇文章仍然是他的重要讲义。(《蒙文通学记》,第七八页)

一月二十七日,先生自峨眉回成都,访顾颉刚。(《顾颉刚日记》卷四,第三三七页)

二十八日,夜,应顾颉刚、张西山宴,到静宁饭庄吃饭,同席者有:杨叔明、蒙思明、林名钧、刘缨九等。(《顾颉刚日记》卷四,第三三七—三三八页)

二十九日,应姜和生宴,同席者有:刘衡如、顾颉刚、常燕生等九人。(《顾颉刚日记》卷四,第三三八页)

三十一日,顾颉刚至关伟生处,并晤先生弟蒙友仁及学生李源澄。(《顾颉刚日记》卷四,第三三九页)

二月十四日,欧阳竟无致函先生,云:

> 孔佛通,通于此册。渐非七十之年不能说是,幸毋忽之。一字一句皆有根本。孔书本孔,不牵于佛。解经家法,法尔如是。唯我文通,始足与谈孔学,聊发其端,大事无量,甚望我弟继志述事,奈何经年不遗我一字。(《蒙文通先生诞辰 110 周年纪念文集》,第二六页,《孔学杂著》,第四九—五〇页)

又,致函彭云生,云:

> 孔学,文通外唯君尊重。寂灭义厄于唐宋元明清,犹不提出,可谓无

心肝人。不敢苟从,亦我云生所计及也。(《孔学杂著》,第五○页)

　　　　知按:原函未署时间,今据欧阳竟无《跋中庸传寄诸友》云及人
　　　日大会,故暂推测为一九四○年二月十四日,盖二月十四日即人日正
　　　月初七也。

二十九日,顾颉刚抄先生《周秦民族史》目录,定上课计划。(《顾颉刚日记》
卷四,第三五○页)

三月二十四日,偕弟蒙思明访顾颉刚。(《顾颉刚日记》卷四,第三五七页)

二十七日,访顾颉刚。(《顾颉刚日记》卷四,第三五八页)

四月二十二日,顾颉刚致信先生。(《顾颉刚日记》卷四,第三六六页)

五月十五日,顾颉刚再次致信先生。(《顾颉刚日记》卷四,第三七五页)

七月十七日,访顾颉刚,同至者有蒙思明。至闻宥处,遇张载熙、朱炳先、冯
汉骥等。中午应顾颉刚、张西山宴,同至者有翁独健、蒙思明等。(《顾颉刚
日记》卷四,第四○二页)

十九日,赴朱炳先家宴,同至者有:顾颉刚、周谦冲、冯汉骥、蒙思明、张西山
等。(《顾颉刚日记》卷四,第四○三页)

约在本年暑期,先生还乡,因"山居寡务",遂将旧稿《四库珍本〈十先生奥
论〉读后记》"重为次序"。

　　先生《四库珍本〈十先生奥论〉读后记》附记云:

　　　　返蜀于兹已三年,以今夏暑期休假还乡,山居寡务,重为次序。而书
　　籍不备,无以资检阅。(《中国史学史》,一六○页)

八月四日,应三台东北大学聘,将行,顾颉刚等为先生饯行。

　　　　高医生来。与文通、仲良谈话。……开会欢迎文通,……送文通行。
　　(《顾颉刚日记》卷四,第四一○页)

　　李思纯《寄怀蒙文通三台教授东北大学》云:

　　　　帐下弓刀十载前,郪涪合眼梦山川。赋情鸿爪曾游地,史识虬髯独霸
　　年。万卷周秦通政术,九州豺虎遍烽烟。牛头衮衮思君处,一夕西风变海
　　田。(《李思纯文集》诗词卷,第一四三二页)

　　姜亮夫《三台岁月——国难中的东北大学杂记》云:

　　　　东北大学从西安迁到三台的时候,只有两座破庙,宽大倒是有余,破
　　烂得实在不可想象。……(三个月之后)破庙整理得大变样!原来一座
　　大庙两廊有十二个房间,就改为十二间教室,中间还有一个中堂,作为大

的过道,也作为礼堂。再进去是教职员休息室、总务处、校长办公室等。后殿的旁边还有一个小庙,房屋低矮一点,大概不到半年时间,小庙又变成图书馆和各系系主任办公室。小庙的另一边是学生宿舍,在短短不到一年时间里,三台的东北大学已初具规模了。……该要的房子都有了,图书馆的四壁居然有玻璃窗,屋里放着十几张大桌子,每桌可挤十多人。教职员还有出入休息的地方,中年教师有七八位,是非常稳重的老成人,他们都是战乱中从敌人的后方逃出来的,因此在患难中大家的精神比较焕发,也比较团结,所以一切事情比较好做。

……

教职员的住房,学校统一安排在北门街,租了一些民房,把这些民房连起来后,外面筑起一道墙,开一个大门。每户人家或二间或三间,共住有二三十户,都是东北大学年纪稍轻一点的教师住,老年教师的房子都租在老百姓家中,这些房子都比较好,这样一来老年教师也安心。因为老年人住在居民中得房东主人家的帮助,生活更是方便。

……

东北大学当时的师资(尤其是国文系)是极好的,这是当时时势造成的,因为那时全国不安定,日机经常到处轰炸,所以在重庆、成都的人都向四方疏散,有些有地位的学人均逃到三台来。国文系就有蒙文通、王淑英、高亨、丁山、贺昌群、金毓黻等七八位名教授。(《姜亮夫全集》第二十四册,第二〇八—二一〇页)

> 知按:先生任教东北大学时因是时妻及子女常居盐亭,加之三台离盐亭不远,故先生在此期间常回盐亭。据刘泰焰老先生讲,故老相传,先生回乡,常于石牛庙小学为师生授课。

二十日,金毓黻自重庆抵三台,寓嘉涪宾馆。

九月,四川省教育厅主办的《中等教育季刊》创刊,先生于是作《从中学生的“用”来说中学生的“学”》。

三十日,金毓黻来访,借先生《中国史学史》稿本,“阅之,尚有意致”。

《静晤室日记》云:

> 晤蒙文通,借其《史学史》稿本阅之,尚有意致。……蒙君论史之旨,大略具于此。愚尝谓研史之途不一,有以史治史者,如章实斋、赵云崧之徒是也;有以经治史者,如往时之王西庄,近日之章到汉是也。蒙君治史盖由经学入,其治经学,更以《公》《穀》为本柢,故所重者为研史之义理,而非治史之方法。晚周、六朝、两宋皆为吾国学术思想隆盛之期,然晚周诸子,不见有自撰之史。六朝时撰史之风极盛,而亡佚其十九。两宋时期

史著具在,然多不属于谈理之彦。蒙君所著,盖取先秦诸子、六朝群彦之谈言微中涉有史学者,一一采折而取之。其于两宋则以金华、永嘉诸派之学说采择最备。然诸派中惟东莱能撰史,诸人不过论说而已。至刘知几最为能通史法者,而蒙君则不之及,盖其意之所重不在此也。愚谓能自撰一史者,乃得谓之通史学,否则高语撰合,鄙视记注,则成家之作必少。还以质之蒙君,以为然乎? 否乎? (《静晤室日记》第六册,第四五九一页)

十月二十二日,先生友钱穆至成都。

十二月三日,"午后东大历史学会开成立会,前往参与。"(《静晤室日记》第六册,第四六一二页)

十五日,金毓黻来访。"见(先生)手中有雷学淇《竹书纪年义证》四十卷,铅印本也"。先生云:"此书向无刊行,近年始在北平刊行之,闻由徐中舒、钱宾四二君出资。"(《静晤室日记》第六册,第四六一五页)

一九四一年(中华民国三十年辛巳) 先生四十八岁

上半年先生仍教东北大学。时友人郭有守出任四川省教育厅厅长,创立教育科学馆、图书馆、博物馆等机构,电请先生出长图书馆,先生固辞不允,乃留蓉任事,并兼教金陵大学。东北大学教务则由贺昌群代为教授。是年,代张澜审定《说仁·说义》。

张澜《说仁·说义》识语云:

二十九年夏秋之间,余寓居建华中学,感于国家之阽危,政治之窳败,世道人心之日益败坏,所谓不耻、不仁、不畏、不义,嚣然成风,而恬不为怪。爰集经、子旧说,为诸生言仁义。考《春秋》之法,仁在爱人,不在爱我;义在正我,不在正人。故欲其毋自私自利,而能宏爱人利物之用也,则为之言仁;欲其有廉耻,有气节,而能严立身处世之则也,则为之言义。振末俗之衰颓,育真才于晦否,舍此无他道也。昨岁,客成渝,复取前稿,时加修改,又得邵明叔、蒙文通、熊十力诸先生之教正,文义既繁,非中学生所能尽喻,特复写存自励,并以励夫世之君子。(《张澜文集》,第一四一页)

知按:是年某月二十一日,张澜致函先生,云:"昨读甚有益,因闻言及《孟子·鱼我所欲章》,即思《说义》第二段义利之辩后半颇欠明妥,晚间加以修改,复抄一纸,送陈指正,希不吝教为感。"(《蒙文通先生诞辰110周年纪念文集》,第二六页)

又,是年某月,欧阳竟无致函先生,云:

《中庸传》改好刻竣,先寄此。此唯我弟能知,个中人谈个中事,欲其速达也。数年不见,又改就蓉事。何时西窗烛,共作刻入谈。余老矣,风烛龙钟,半空霹雳,精神肌肉,与境夺尽,全恃观行,一丝九鼎,继续大难,德孤邻寡,亦可悲矣!(《蒙文通先生诞辰110周年纪念文集》,第二六页)

一月,四川省教育厅增设第四科,负责推行社教事项。科内分设两股,第一股负责民教馆、图书馆、博物馆及科学馆。九日,四川省教育厅聘请先生任四川省立图书馆馆长。

十七日,访顾颉刚。同至者有蒙思明。(《顾颉刚日记》卷四,第四七三页)

二十日,顾颉刚等"送文通等离所"。(《顾颉刚日记》卷四,第四七五页)

二十一日,上午东北大学举行期考。(《静晤室日记》第六册,第四六四〇页)夜,先生友钱穆致信李埏、王玉哲,言及成都及诸大学事,云:

成都风物颇似北平,所居在城外,离城尚三十里,一孤宅,远隔市嚣,有书四万本,足供翻阅。每周到城上课,一如往来昆明、宣良之间,乡居最惬吾意。惟研究所诸多生极少超迈有希望者。齐鲁文史各系素无根底,华西、金陵各校程度亦差,颇恨无讲学之乐。……欲在此间振起文史之风,大为不易,信知英才之难得。(《钱宾四先生全集》第五十三册,第三七七页)

三十日,顾颉刚来访。(《顾颉刚日记》卷四,第四七八页)

同月,吴天墀《明代三吴水利考》刊《责善》第一卷第二十一至二十二期,然此文的发表曾得先生的推荐。

吴天墀《半生浮沉,返本皈原》云:

记得我快毕业时,蒙文通先生从天津回来了,在历史系教书。他未回来时,很多人都认得他,我对他的印象也很深。他一回来,我就爱去找他请教,我的毕业论文就是找他看的。我的毕业论文是关于史学方面的,有十几万字,眼看就要毕业了,我还有一大摊稿子,一时完成不了。当时大学毕业论文通常一万字就可以了。于是我就对蒙先生说,我以前读二年级学明史时,写了一篇论文,没有发表,请蒙先生看一下,如果可以,就把它拿来做毕业论文。这篇写史学的,缓一下,慢慢来。他看了之后,说可以。又对我说,就是讲《水经注》一类学问的,讲河道嘛,这个还是很有意义的。就在这时,顾颉刚接了齐鲁大学国学研究所的所长,他向蒙先生要文章。因为顾颉刚在北京办《禹贡》时,蒙先生经常给他写文章。所以他又来找蒙先生。蒙先生说,我才回来,忙得很,还没有文章,不过,我这儿放着一篇文章,是讲水利地理方面的,你看看可不可以。于是就把这篇文章给了顾颉刚。我的文章名字叫《明代三吴水利考》,近两万字。顾颉刚是江苏人,他就懂得太湖的水利,是内行。他看了我的文章,很欣赏,认为写得扼要。他对蒙先生说,你这个吴先生在历史系教什么课?蒙先生笑了,说,还是个学生,教什么课哦。顾颉刚说,川大的学生有这样好的程度,我还以为是老师。这些都是后来蒙先生告诉我的。(《青史留真》第一辑,第二六九页—二七○页)

二月,四川省立图书馆用 29000 元购置罗希成私人藏书 3461 册,其中有明刻《大政记》、《皇明名臣记》、《史通》、《贞观政要》、《太平御览》、《苏东坡集》等多种珍善本古籍。为避免日机轰炸,这批藏书于 1942 年移至成都郊区齐鲁大学国学研究所暂存。依照省馆阅览规则,对该所研究人员开放阅览。

一日,夜,应冯汉骥家宴,同至者有顾颉刚等三人。(《顾颉刚日记》卷四,第四八五页)

三日,先生就任四川省立图书馆馆长。接任之初,先生就大量地从四面八方搜罗古本古书和四川乡贤遗著。

斯维至《文通先生二三事》云:

> 蒙先生接任馆长之初,就大量地从四面八方搜罗古本古书和四川乡贤的遗著。我当时不理解,以为他是厚古薄今。其实不然,他有一天笑着对我说:"今后古本古书愈来愈少,不会重刻(木刻)重印;抗战期间社会变迁剧烈,如果不趁此时搜罗,必遭散失,将来要后悔的。"我听了才翻然醒悟。(《四川省图书馆建馆八十周年纪念文集》,第六二页》)

丁秀君《忆在四川省图书馆工作的点滴》云:

> 四十年代的四川省图书馆,是在城守东大街,和省立科学馆同住一座三层楼房里。三楼住职工,一二层分别办公用,图书馆占用面积比科学馆大但机关不是一个,清洁管理上无法统一,加以部分读者无爱护公共卫生素养,院内通道、楼梯上,乃至书报阅览室等处,都可见到字纸、果皮、口痰,甚至厕所下不了脚,很不像是个开发智力资源、传达知识信息为职能的图书馆。馆长蒙文通是大学者,满腔热情想把图书馆办得像北京图书馆那样,为群众研究阅读服好务,眼见环境如此,心中深感歉歉不安。

（《四川省图书馆建馆八十周年纪念文集》,第六三页）

又,先生任馆长期间,斯维至曾向先生学习经学。斯维至《中国古代社会文化论稿》自序云:

> 维至少也贫贱,孤苦自学,虽不能至,心向往之。抗战期间,流亡成都。从蒙文通、徐中舒诸先生学习经学及古文字学。(《中国古代社会文化论稿》,第六页)

九日,钱穆、顾颉刚、胡厚宣同至四川省立图书馆访先生,谈至上午二时。

> 与宾四、厚宣同进城,四时半到,将行李放入省立图书馆。与文通谈。……访应樆不遇。与文通、宾四谈至上午二时。晚,应朱良辅、朱炳先家宴,同至者有:龚向农、刘豫波、蒙文登、蒙思明、周谦冲、何鲁之、冯汉骥、钱穆、胡厚宣、张西山等,凡两桌。(《顾颉刚日记》卷四,第四八八页)

十日,与顾颉刚、钱穆同到走马街如意馆早餐。遇守纪。回馆,参观书库。蒙文登来。……到新明戏院,看英德大战电影。到梓橦桥观振兴吃早饭。同席者有钱穆、顾颉刚。……到新新餐厅吃饭。同席者仍为钱穆、顾颉刚,顾颉刚作东。饭后回省图,与顾颉刚、钱穆谈至十二时。(《顾颉刚日记》卷四,第四八九页)

十一日,二时,开三校研究所联合出版委员会会议。四时,开第一次所务会议。"今早,文通作主。今午同席:高公翰、文通、宾四(客),予(主)。"(《顾颉刚日记》卷四,第四八九页)夜应郭子雄宴,座有巴金、杨人楩、高公翰、朱自清等。(《朱自清年谱》,第二一七页)

十二日,与顾颉刚、钱穆到走马街吃羊肉面。中午,应郭子杰宴,同至者有程天放、高公翰、孙心磐父女、潘大逵等。(《顾颉刚日记》卷四,第四九〇页)

十三日,早起,邀顾颉刚至古城香吃汤圆。八时半,回省图。十一时许,顾颉刚致信先生。(《顾颉刚日记》卷四,第四九〇页)

十七日,为贺昌群代课事,与周谦冲、贺昌群同赴三台东北大学。(《贺昌群文集》第三卷,第六六〇页)金毓黻于是作《赠蒙教授文通二首》,云:

> 其一
>
> 搜奇访逸理丛残,一瓣心香有圣传。倚席上庠谁可继,导源积石莫能先。书城坐拥八千卷,史例中兴五百年。我爱髯公风度好,几回晤对在

尊前。

其二

　　申叔季平久不作,廿年人海徒纷纭。洪流渐欲淹三峡,绝学自当张一军。吴下阿蒙原是我,辽东神鹤可方君。从今挥手东西去,日日江头望暮云。(《静晤室日记》第六册,第四六五三——四六五四页)

十八日,中午,应高亨、沈鲁珍、殷大钧、赵翰九邀,至松鹤楼吃饭,座有金毓黻、贺昌群、周谦冲等。"皆新自成都来者"。晚,应蓝孟博邀宴,同座者有金毓黻、贺昌群、周谦冲等三人。(《静晤室日记》第六册,第四六五四页)

十九日,回成都,金毓黻等前往送行。但因金毓黻所撰诗二首,未及写致,金毓黻又致信先生,云:

　　晨间送别街头,不胜惘惘,回马家桥途中得诗二什,谨以写呈。昨午席间游戏之语,并前诗"史例中兴五百年",均为嵌入,藉以描写髯公之风度。明知造语埆疏,不足以呈大雅之目,然高山景行之思,或藉此表见几许,亦微词尚之所存也。晤颉刚、宾四两公,请为道地。(《静晤室日记》第六册,第四六五四页)

总此,先生任教东北大学不足一年。冯汉镛《蒙文通先生对我的启发与教导》云:

　　抗日战争初期,我在三台东北大学读书,当时历史系里,聘请了不少的硕学宏儒,如萧一山、金毓黻、丁山、兰文征等,内中尤以蒙先生为引人注目,无论气质、风范、学问、知名度等,都有异于常。他讲课时,总是谈笑风生,娓娓动听。对同学也很亲切。不拘方式培养后进,除教室外,三台牛头山下公园茶馆,也成了劝学之所。惜乎时间短暂,仅一年就离开了。(《蒙文通教授诞辰百周年学术座谈会纪念册》,第二七页)

张震泽《张震泽自述》云:

　　在这里(东北大学)工作将近两年,……接触到很多专家,如经学家蒙文通、楚辞家姜亮夫、东北史家金静庵,受到很多教益。在这过程中,听了不少专题讲述,……蒙文通先生讲了他的老师廖季平的治学态度,又介绍了当时西南联大历史学者研究中国历史发展的问题,还请专家讲述了巴蜀文化和西南少数民族状况,大开了我们的眼界。(《世纪学人自述》

第四卷,第一六八页)

二十一日,顾颉刚到省图访先生,还《新津县志》。后先生又至顾颉刚处。(《顾颉刚日记》卷四,第四九三页)

二十二日,曾琦致函先生,云:

> 自辛亥一别,垂三十年,中间虽曾邂逅蓉城,而未克畅叙离踪,其为恨悯,当复何如! 比闻兄出长省立图书馆,以兄之学富五车,必能广罗四库,俾士子有馈贫之粮,学风奏崇实之效。昔张文襄公尝谓"蜀士病在于陋",故置尊经书院以药之。余杭章太炎先生有言:蜀中多清才而少雄才,其故由于不读历史,盖历史之于政治,尤棋谱之于行棋云。弟意亦窃以为馆中搜罗书籍,宜侧重于历史,固应广事收藏,西史之译有专书者,如名人传记及回忆录之类,亦宜遍访而尽购之。次则历代四川学者著述,亦宜尽量访购,并先将目录编印成册,徐图搜集。如能宽筹经费,不妨仿《黔南丛书》之例,编印《蜀学丛书》,如此庶可不没先贤之心血,兼示后进以楷模,度亦兄所乐为而优为者也。其他各科之搜罗,当早在兄计划中;一得之愚,尚祈垂察。(《曾琦先生文集》中,七三七—七三八)

二十五日,顾颉刚来访。(《顾颉刚日记》卷四,第四九五页)

二十六日,四川省通志局奉令撤销,该局所有图书、文稿、物品由四川省立图书馆接管。

二十七日,十二时,偕堂弟蒙季甫及李自靖访顾颉刚。(《顾颉刚日记》卷四,第四九六页)

二十八日,中午,应李自靖邀至明湖春赴宴,同至者有:钱穆、顾颉刚、李贤翼。(《顾颉刚日记》卷四,第四九六页)

三月一日,中国边疆学会在华西大学礼堂举行成立大会,先生任候补监事。(《民国史档案资料汇编》文化编第二册,第四三七页;《顾颉刚年谱》,第三〇四页)

十二日,顾颉刚、钱穆来访,"与宾四同出,到文通处,并晤文登、述烈。"(《顾颉刚日记》卷四,第五〇一页)

十三日,晚(五时),应郭子杰、胡次威邀,"到青年食堂,为印刷所事聚餐。"同席者有:顾颉刚、王云五、张屏翰、陈行可、张云波、余介石、刘百川、俞守己等,凡两桌。(《顾颉刚日记》卷四,第五〇二页)

十六日,顾颉刚、钱穆来访,不晤。"步还校,疲倦,休息。……出,遇文通兄弟及次舟等。"(《顾颉刚日记》卷四,第五〇三页)

五月七日,顾颉刚"到图书馆,晤文通、宾四。"晚邀顾颉刚、张澜、沈履、李

小缘、钱穆、冯汉骥、常燕生、张煦、罗忠恕、姜蕴刚等至卫生验处食堂聚餐。(《顾颉刚日记》卷四,第五二九—五三〇页)

十四日,至明湖春赴宴。同至者有冯汉骥、梁仲华、杨敬之、江晴恩、吴星阶、朱佩弦等。刘书铭、钱穆、张西山、顾颉刚作东。(《顾颉刚日记》卷四,第五三三页)

二十八日,顾颉刚致信先生。(《顾颉刚日记》卷四,第五三八页)

三十一日,顾颉刚因省图胡文毅出尔反尔,不加入饭团,太不应该,言"天下竟有此等人,予当向文通言之。省立图书馆人既在此间,即应听我指挥,若恃其另一系统而向本所捣乱,令我何以办事。"详云:

> 两月前,胡文毅女士主张脱离饭团,诸女生群起应之,男女遂各自作饭。及胡与熊不合,又向自明言,要加入男饭团而苦于难措词。自明为予言之,适陈希三以庞、李两人准备脱离饭团,苦无善法维持,乃有星期一之会,由予主动,由分而合。乃胡女士不但自不加入,反撺掇他女生亦不参加。出尔反尔,太不应该。予因责自明,自明亦愤。闻因自明劝胡包饭,胡已数日不理自明矣。天下竟有此等人,予当向文通言之。省立图书馆人既在此间,即应听我指挥,若恃其另一系统而向本所捣乱,令我何以办事。(《顾颉刚日记》卷四,第五三九—五四〇页)

六月四日,顾颉刚来访,未遇。(《顾颉刚日记》卷四,第五四一页)

二十日,致函金毓黻,告之弟蒙思明秋间无法前往美国留学,愿任中央大学讲席。《静晤室日记》云:

> 得文通言,其介弟思明秋间无法放洋,愿任中央大学讲席。闻之喜不可支,所谓心诚求之,未有不应者也。即复函言:校中愿意以讲师最高级薪水订聘,请其同意。又托其转商钱宾四来校讲学。(《静晤室日记》第六册,第四七三六页)

七月十六日,应四川省教育厅邀请,作《解答青年苦闷》讲演。(《社会调查与统计》,一九四三年第四期,第七九页)

十七日,金毓黻访先生于省立图书馆,时先生"案上有明嘉靖蜀刊《史通》,款式与《四部丛刊》张鼎思本相同",并告之金毓黻中央大学校长辞职顾孟余继任事。(《静晤室日记》第六册,第四七四五页)

十八日,晨间,邀贺昌群、金毓黻、韩儒林、蒙思明等至静宁饭店就餐。夜,与贺昌群、韩儒林至春熙饭店访金毓黻。(《静晤室日记》第六册,第四七四五页)

二十六日晚七点,应郭子杰宴,至广益学舍。同座有沈弗斋、罗常培、吴毓明、刘式传等。(罗常培《沧洱之间》,第六七页)

二十九日,应顾颉刚宴,至黄金台。与顾颉刚谈。同席者有:凌纯声、芮逸夫、马长寿、谢冶英、徐益棠、冯汉骥、李小缘、庄学本、林名钧、吴禹铭等。(《顾颉刚日记》卷四,第五六三页)

八月十日,访顾颉刚,到江村茶园,与顾颉刚、钱穆、韩文畦、孙次舟谈。又与顾颉刚、钱穆饭于新南门,并游春及花园。(《顾颉刚日记》卷四,第五六七页)

十一日,顾颉刚到省图书馆,刘福同、孙蕙兰邀宴,同至者有:顾颉刚、钱穆、可中、为霖、李子信等。(《顾颉刚日记》卷四,第五六八页)

九月一日,顾颉刚致信先生。(《顾颉刚日记》卷四,第五七四页)

九日,顾颉刚为"辛、曾、蒙诸位行",并致信先生。(《顾颉刚日记》卷四,第五七七页)

十日,因李符桐将赴成都游学,金毓黻致信先生和钱穆、韩儒林等人,希为关照。(《静晤室日记》第六册,第四七九二页)

十五日,顾颉刚来访。到东鲁饭店赴刘书铭宴,同至者有:顾颉刚、李盛昌、张西山等六人。夜至长美轩赴陈中凡、罗倬汉宴,同至者有:顾颉刚、闵侠卿等六人。(《顾颉刚日记》卷四,第五七九页)

十六日,顾颉刚来访。夜邀顾颉刚、韩文希夫妇、杨叔明夫妇、劲修、王淑瑛、常恩法师、蒙思明等聚餐。(《顾颉刚日记》卷四,第五八〇页)

二十八日,金毓黻致信先生和傅乐焕,"交张子亮分带往成都及南溪。"(《静晤室日记》第六册,第四八〇五—四八〇六页)

秋,华西大学院文学院设置文化讲座,先后聘请国内外知名学者演讲。第一次由罗忠恕讲《文化与大学教育》,其后,先生和钱穆、何鲁之、冯友兰、张东荪、贺麟等也纷纷应邀参加演讲。(《华西医科大学校史》,第七三页)

十二月三十一,黄季陆继任四川大学校长。

是年,先生《国史上黄河初次改道与种族之祸》刊《史学季刊》第二期,发表时先生并作前言,云:

> 余前述《周秦民族史》,依《左氏》论赤狄白狄之徙,为西部之族侵逼东夏。自甘肃入居陕西、山西之北,南下太行,据有河北、山西、河南之间,日寻战伐。复又渡河而东,突入山东腹心,沿济以达于海。去年秋间,余又草创《沿革地理》,依汉儒之说,颇折道元之误。以《班志》有濮水无瓠

河,《桑经》有瓠河无濮水,以瓠河即濮水也,而道元言瓠河之外有濮水。班、桑、杜预、郭璞言济祇一道,而道元言济有北南二道。道元叙漯川亦不同《汉志》、桑钦之说,皆未足据。自范县至洛当本自濮济一水,而道元乱之,随地易名:曰瓠河,曰将渠,曰邓里渠,曰清水,曰济渠、濮渠,支离破碎,散一水之流于各水之注,遂瞀乱不可理。于济渠枝津云者,且昧其上源而不言。两稿既略定,然后知定王五年河徙之决为狄人所为。两事既明,于是论狄之决河以争地,顺究其事,下逮战国,无往而不合也。区区是篇,不过数千言,而资之以成是说者,两稿且十万言以上也。而后知昔人之究一事,固不易也。(《古地甄微》,第七一——七二页)

一九四二年(中华民国三十一年壬午)　先生四十九岁

是年,先生仍任职四川省图书馆。上半年兼教金陵大学,下半年改教华西大学,教授中国历史一门。是年冬家眷来蓉,住华西大学宿舍。省图设研究辅导部,在先生指导下就馆藏之便对一些古文献进行校勘。数年之间达二十余种。又创办《图书集刊》,以刊载研究所得。

姜蕴刚《我对华西大学的回忆》云:

> 哲史系在华大有些特别。第一,完全冲破了教会的大围墙,没有丝毫的宗教气味;第二,绝对忠于学术,不谈政治;第三,讲学自由,师生互爱互敬,一律平等对待;第四,不让洋人包办一切,外行不能当事。这首先表现在聘请教师方面。关于中国史方面的教授、副教授、讲师如钱穆、蒙文通、黄少荃等;西洋史教授有何鲁之、李思纯、萧公权等。(《成都文史资料选辑》第三辑,第八四页)

夏详烈《忆抗日名将孙仲将军》云:

> 1941年我考进成都私立华西协合大学文学院经济系就读。……我在经济系的选修课程中,有哲史系的"中国历史"这门课程,由历史学家蒙文通教授主讲,所以选读这门课程的同学5所大学都有。(《少城文史资料》第十四辑,一一〇——一一一页)

斯维至《得山水之灵气,走治学研究的道路》云:

> 1940年,我去了成都。那时的成都正像桂林、昆明一样,许多东北、河北的大学都云集这里,他们之中有许多大学生,而且有著名的教授、学者。我立即参加了由当时宋庆龄和爱国民主人士创办的"中国工业合作协会",简称"工合"。它集合了当地各行各业的手工业工人,一面受教

育,一面受到救济;还出资兴办各种手工作坊,解决失业。我曾担任该协会《活路》杂志的编辑。

我在"工合"工作了约两年,然后就到了四川图书馆编目部工作。馆长蒙文通先生原是川大教授,经学大师,对勤奋有志的青年学生十分爱护,不但循循善诱,教他们读书方法,而且帮助贫困学生解决工作,因此图书馆有些象"青年会",我在图书馆工作不忙,实际是半工半读。图书馆常有蒙文通老师的朋友、著名的教授来查阅文献资料。这里学术空气浑厚,思想自由,书籍又丰富。我在这里曾经离开图书馆到成都附近的华阳、华英、国立中学教书,后又仍旧回到图书馆来工作,即使这样,蒙文通先生依然接纳了我,令我十分感动,庆幸自己遇到良师才有此机会。

是年,先生与罗忠恕、顾颉刚、钱穆等组织"东西文化学社"。同年,为避免日机轰炸,四川省立图书馆奉令将馆藏重要图籍疏散至新都、犀浦、灌县等地,派专人管理开展借阅工作,至一九四五年八月抗战胜利才全部迁回。

约在是年某月,先生曾致函金陵大学李小缘先生,云:

小缘先生史席:送下两卷,一者太坏,一者史学根柢好,亦有理解,惟于齐梁文学新体一题,未解题义,未与记分。继思此题在文学史中亦未易,前曾有在大学教史学者以此一名辞下问,似以考大学生恐未宜,而卷中于六朝文学陈义条,给与十分亦可。乞赐酌裁。

知按:此信承南京大学徐雁平先生提供,然原信未署时间,今据是年上半年先生曾任教金陵大学,暂定该信为是年所作。

一月二十七日,金毓黻抵成都,住永成旅馆,并"两谒图书馆访蒙文通,俱不值。"(《静晤室日记》第六册,第四八八〇页)

二十八日,经学大师龚向农逝世,享年六十六岁。刘咸荣挽之云:

中和独著古儒风,诗礼传家迥不同。心醉六经人自老,酒香书昧一灯中。

刘仪伯挽之云:

河汾讲学乐天真,化雨春风笑语亲。雪满儿衣袭渤海,他年槐市更何人。

徐永孝挽之云:

撰杖卅年,退以著书,博综百氏儒林重;瓣香廿载,俄而闻赴,横览九州吾道穷。

周馥昌挽之云:

文起八代,薪火再传,汗流籍湜韩吏部;思齐百家,斗山一世,梦到龙蛇郑司农。(《龚道耕儒学论集》,第二五四页)

二十八日,与顾颉刚、金毓黻同到陈中凡处。夜赴罗忠恕、杜丛林寓宴,同至者有:顾颉刚、金毓黻、李安宅、姜蕴刚、蒙思明、何文俊等。(《顾颉刚日记》卷四,第六三五页;《静晤室日记》第六册,第四八八〇—四八八一页)

二十九日,顾颉刚来访,未遇。夜应金毓黻邀至福兴街新中食堂吃饭,同至者有:顾颉刚、蒙思明、钱穆、陈中凡、马长寿等六人。(《顾颉刚日记》卷四,第六三六页)席间,金毓黻撰《有事成都赋呈斠玄、颉刚、仲贤诸学长》,云:

同学少年今几辈,天涯把酒慰辛劳。愁心似水生千叠,短鬓凝霜感二毛。薄海战云吹不散,故乡明月仰弥高。相期无负平生志,脱手前途赠宝刀。(《静晤室日记》第六册,第四八八一页)

二月一日,顾颉刚来访,时值钱穆、孔玉芳、彭云生、朱良甫同在。顾颉刚与钱穆同离去,至新南门吃茶。饭毕,顾颉刚、钱穆又回先生处,遇马桂舲。(《顾颉刚日记》卷四,第六三七页)

二日,与钱穆、金毓黻同访顾颉刚。夜邀顾颉刚、金毓黻、冯汉骥、钱穆、彭云生、廖次山、廖幼平等到文庙西街冯璧如家,"食花生粥甚佳,并得快谈"。(《静晤室日记》第六册,第四八八三页;《顾颉刚日记》卷四,第六三八页)

三日,应顾颉刚、钱穆、刘书铭宴,至明湖春吃饭,同至者有彭云生、金毓黻、王锡藩、叶圣陶、黄仲良、周谦冲、傅矩生、张西山等。(《顾颉刚日记》卷四,第六三八页)

金毓黻《再叠前韵赠书铭、文通、颉刚、宾四诸君并谢招饮》云:

守阙抱残儋史逸,游齐适魏孟轲劳。愿同惠子谈三足,莫谓杨朱惜一毛。稊米毫芒无限大,泰山华岳不为高。宰天下事如分肉,近得庖丁好奏刀。

彭云生《连日文通老友及书铭、颉刚、宾四先生招饮,静庵先生并纪以诗,

勉依元韵奉和,并酬书铭、颉刚、宾四、文通诸先生》云:

> 不是悲秋怨楚骚,雅歌今日急民劳。万方多难人千里,两载还家客二毛。佳士相逢宜白堕,明湖新荐喜琴高。尊前感激愁忘却,又向屠门学弄刀。(《静晤室日记》第六册,第四八八三—四八八四页;《百衲小巢遗诗》,第八〇页)

八日,偕周谦冲访顾颉刚。(《顾颉刚日记》卷四,第六四一页)

十日,《顾颉刚日记》云:"西山经管《史学季刊》,竟不报收支账。文通欲印第三期,向之收款,则诿为七百册查无着落。如此无耻,使我无以对文通、谦冲,故今日去函书铭,责以查询,如无结果则法律解决。"(《顾颉刚日记》卷四,第六四一页)

十四日晚,长子蒙仲与钱穆、顾颉刚、胡厚宣、严耕望等同席。(《顾颉刚日记》卷四,第六四二页)

十八日,顾颉刚来访。(《顾颉刚日记》卷四,第六四四页)

十九日,顾颉刚、周谦冲、王畹劳、张西山、黄仲良等同到省立图书馆,谈《史学季刊》事。(《顾颉刚日记》卷四,第六四四页)

二十五日,先生长子蒙仲与顾颉刚等同游犀浦等地。

《顾颉刚日记》记之云:

> 与所中同人游犀浦。七时半出发,十一时到四川博物馆参观,十二时至场上世民茶园吃饭。又到博物馆参观。二时许,到玉泉寺,以公路局开会未得进。即归。登一古冢。四时许到两路口吃茶,五时许到崇义桥吃点。六时许回所。
>
> 今日同游:宾四、厚宣、玉芳、钱树棠、郑恒晋、蒙仲、陈希三、杜光简、胡正绥、潘仲元、严耕望、许毓峰、佟志祥、李为衡。(《顾颉刚日记》卷四,第六四六页)

三月一日,夜,应郭有守宴,同至者有:顾颉刚、杨亮功、郝更生等四人。(《顾颉刚日记》卷四,第六四八页)

四月,原成都大学校长张澜七十大寿,他好友及学生在成都为其祝寿,并集资铅印《说仁》、《说义》二篇。

赖皋翔《寿张表方先生七十》云:

> 饥溺忧天下,弥缝道渐周。青衿传教泽,黄发拜嘉猷。名世千年重,声华西海流。便看成大耋,硕果镇西州。(《赖皋翔文史杂论》下《寄栎轩诗存》,第三六页)

同月,《图书集刊》创刊号出版。《中华图书馆协会会报》云:

> 四川省立图书馆成立以来,规模粗具,嘉惠地方人士,获益实多。自蒙馆长莅任以来,对于学术研究,更多贡献,最近该馆出《图书集刊》,足见对学术研究之提倡。(《中华图书馆协会会报》,一九四二年第五—六期合刊)

同时,先生《跋〈宋史全文续资治通鉴〉》刊《图书集刊》创刊号。先生记其缘由云:

> 客有罗氏以所藏《宋史全文续资治通鉴》十五卷十二册见示者,曰"此蜀贤遗书,为元刻本,亟宜珍重"。索值三千元,余允以一千二百元,先将归一阅,阅后遂为跋而还之。(《中国史学史》,第一三三页)

金毓黻云:

> 昨承寄赠《图书集刊》,获诵大作两篇,于《明覆元本〈宋史全文〉跋》一文,尤感兴趣。(《静晤室日记》第七册,第五一四六页)

又,先生《馆藏明蜀刻本〈史通〉初校记》亦刊《图书集刊》创刊号,先生记之云:

> 馆藏《史通》,初校者为张蕴华女士,三复详校者冯璧如、田明谟两女士,兹撮其概要,述为此篇,深惭掠人之美,谨志于此,以表谢意。校稿全部馆藏,图于他日再付印刊行。(《经史抉原》,第四四九页)

五月十日,熊十力致函先生,云:

> 承寄《集刊》,谈《周官》一文,大体甚好,然立言似仍须审虑者。如云:周之井田,事至卑陋不足观。又有农民不得自由离其土地,故为农奴云云。大抵原始社会曾有此等共产制度,然由周初以上溯殷夏,井田是否为普遍可行之制?吾总觉以缺疑为好。当时之井田制,自难尽善,然直以卑陋视之,似未见其可。制未尽善,时代所限。若夫井田之美意推而广之,是研古制者之责也,必以"卑陋不足观"一语了之,似亦未安。吾以为古之制度与习俗,其确属无理者,不容追慕。若夫创制之意果在学理上有其可以引申触类之价值,则恶可以卑陋断之,与当世后生同一尘视经典之心理乎?成俗之有不可叛者,亦然。
> 古者农民不得离其地,此在当时环境或有出于此等政令之必要。然农奴与否,吾意不必与此等法令有连带关系。古者君公大夫,有国有家,

其在治化未进以前,视其所有土地内之农民,当然为奴隶无疑。及治化日进,犹得奴畜之乎? 恐未可也。"先民有言,询于刍荛",其不轻牧竖也如是。征之《诗经》,农民反抗乱政之诗已甚多,谓其长处奴隶之地位,吾未能信也。

又谓周公之处殷人,事至惨刻,不足取,昔人以此为致太平之书,诚为诬云云。夫武之覆纣也。封其子武庚而使三叔监之,其初未始欲徙之也。及管、蔡以武庚叛,殷顽蠢动,则不得不用移徙政策以散其势。想当时所徙殷民亦只限于今之所谓反动分子者,非必举殷国之民而全徙之也。纣虽暴,然殷之先王贤圣六七作,恋旧者当有其人,又周与殷非纯为君臣关系。刘止唐先生曾言之。及周灭殷,而殷人犹有国家思想,将图恢复。孔子称文王至德,武未尽善,可知决定灭殷者武也。武既已灭殷有天下,周公不得不因其成功而固其基,其徙殷民亦有以也。兄直以惨刻罪之,似无佐证。设止于一徙而未有其他种种苛待之法,固不得罪以惨刻。孔子本殷后,《论语》则曰:"久矣夫吾不复梦见周公。"其精神之相感也如是。使周公而如今之帝国主义者,或如希忒拉及倭奴,则孔子于周公何慕焉? 观孔子思想固非崇拜帝国主义之人,兄随便诬前哲,未免时下习气过重。是非之心,人皆有之,凡所当非,不容不非。前哲行事,有未可遽以迹求之者,何得不深思而妄断之乎?

古代学校之教,欲其普遍于全民自不可能。然大学教育或唯贵游子弟得享。若谓农民完全无教,恐亦不然。《卫诗・干旄》序云:卫文公臣子多好善,贤者乐告以善道也。其诗曰:"孑孑干旄,在浚之郊。"《毛传》:"浚,卫邑。"古者臣有大功,世其官邑,郊外曰野。据此则卿大大建旄而见浚郊之贤者,此贤者必为其邑中有学问之人民,非在朝之官也。以《郑笺》、《孔疏》考之,意亦如此。然则谓民无学问可乎? 当时农民子弟,欲与贵族子弟同人成均似不可能,然农民有学当无疑。但其受学之情形如何,今不可考矣。《论语》记子适卫,叹其既庶,而以富教为言,岂曰民庶无教耶? 孔门三千、七十之徒,有自今江浙而至者,其为贵游子弟者几何? 则知周世平民,早有向学之风矣。兄若徇时俗,必欲以未开化视周代社会,宜其取单辞下断案矣。总之,吾侪于周礼,当研究其教育旨趣所在,其与现代功利思想或法治思想、国家思想等等教育旨趣,有其相通之点否? 此真可注意者也。至于学制之普遍与否,自当以古代还古代。吾侪生今日,既不得复采其制,亦无所短长于其间也,唯当时学校教育旨趣乃大可研讨者也。今人治古经,研古学,好毛举细故,又无往而不欲以未开化视之。国之将倾,人争自侮,吾怀苦意,无可如何。贤如吾兄,诚不当在时彦中,故拉杂写此,未能尽意。(《熊十力全集》第四卷,第三二八—三三一

页)

十一日,金毓黻致函先生,且未留底稿,先生为之刊入《图书集刊》,一九四三年二月十三日,金毓黻得见《图书集刊》,故著录日记,题为《致蒙文通馆长论〈宋史全文续通鉴〉》,云:

　　昨承寄赠《图书集刊》,获读大作两篇,于《明覆元本〈宋史全文〉跋》一文,尤感兴趣。窃意此书之可贵者,端在下半部光宁理度之世,除《会要》《通考》所载,《宋史》本书已感文献不足。《宋史》全文多可观览,乃所缺者独为下半,甚可惜也。弟近治宋史,专取南渡以后事迹,加以综比。良以北宋九帝,有李氏《长编》、王氏《东都事略》,整齐可观,无俟他求。南宋仅高宗一朝有李、熊二氏之书,灿然可稽,孝宗以下,已感其不足矣。愚之所重端在《宋史》本书,本书不具再转而他求,孝宗以下之本纪及南宋臣僚之列传,往往披沙得宝,孟子所谓归而求之有余师者,其在是乎?今世所存者,《两朝中兴圣政》,专纪高孝二朝;《两朝纲目备要》,专纪光宁两朝;《续宋编年通鉴》则合高孝光宁四朝并纪之;《宋季三朝政要》,则专纪理度恭三朝,而附以二王。综此四书,而南宋九帝之事略备。然取以较《宋史》本书,不啻丘垤之于泰山,其可称者不过小有补苴耳。若乃《宋史全文》,本为书贾射利之作,下于上列诸书数等,而世人亦甚珍视之者,一如今人之宝重宋板元椠,贵远贱近,以罕见珍,昔人买椟还珠之喻,正可为此譬况也。窃谓果于南宋事迹多所致功,为之补遗订误,正复多端;往日邵南江之所迟迟不为者,今日亦未必无所厝乎。世所传者有明人钱大升之《南宋书》,仅取《宋史》本书而为删繁就简之功,小有补苴,为致亦仅。兹所取材,一为《会要》,二为别集,三为笔记。《会要》专详典章,为书志之所取材;惟南宋人遗集颇多遗珍,取以补史,必有可观;笔记多属传闻,是在善为别择。惜世人尚未有殚心于此者,是尚有待于吾之努力耳。鄙意所亟,不仅南宋九帝故实所应究心,详检毕氏续编,亦复牴牾百出,如能刮垢磨光,斐然可诵,使其上续涑水,毫无愧色,似亦今人所应努力之一事。因读尊作,略有触发,爰为拉杂陈之。(《静晤室日记》第七册,第五一四六—五一四七页)

六月十五日,马一浮致信先生,云:

　　前讬谢无量先生代借石印《春秋胡氏传》,谢先生函嘱迳自寄还。因邮递迟滞,直至四月底始到。现已缮写完毕,谨将原书四册(商务石印《四部丛刊》续编本)。特讬张真如先生赴成都之便,代为奉还,并谢雅意,实恐邮局过缓也。又前承贵馆见赠《图书集刊》创刊号一册,藉得奉读近著,考据特精,校勘尤审,足祛鄙滞,合并致谢。书到并希示复为幸。率尔,顺颂撰安,不尽。马浮再拜。外石印《胡传》一部。(《马一浮集》第二册,第七〇五—七〇六页)

同日,马一浮又致信张真如,云:

> 昨立民出示手书,约以今日午前见枉,因嘱以舟往迎候于安澜门,过午未见莅止,曷胜怅惘。不日暂还成都,念须秋后始得晤教。若遇嗇庵(谢无量),幸为致声。又前讬代借《春秋胡传》,兹欲奉渎左右,乞便为迳还蒙君。(《马一浮集》第二册,第七三七页)

夏初,民盟主席张澜和李璜向四川省主席张群提议设立机构,续修四川省志。张群应允。至九月正式成立"四川省通志馆"。但因张群无心修志,设馆仅为应付,故未专门延聘馆长,只派省府秘书长李肇甫兼任四川省通志馆馆长,终未编成新志。

陶元甘《蒙文通老师的美德》,云:

> 老师还有一件极大的功劳,是将宋芸子先生主修的《重修四川省志稿》全部妥善保存下来。宋芸老于《志稿》修成后即辞世,他主持的"重修四川通志局"由别人勉强维持了几年就结束。《志稿》由教育厅交省图书馆代管。当时日机天天轰炸。蒙老师特意送至新都桂湖由新都民教馆代为保存。一九四二年新成立四川省通志馆,应接收宋《志稿》。蒙老师亲自到桂湖点交。我当时在通志馆任职,恭随老师前往接交。《志稿》共三百二十三册,均完好无缺。谈到接收《志稿》,还有个小插曲,当时的新都县长冉崇亮闻风而至,冉素知蒙师嗜叶烟,就向他的随从说:"把我吃的叶子菸拿一把来。"赓即恭赠蒙师。动身返蓉时,蒙老师已经醺醺然,将菸顺手交我代管。我亦嗜此物。回家后尝了一点,真是太好了,就再抽出几片。从这一点也可以看出县长的权威。我不禁叹曰:"如想吃好菸,只有当县令!"次日我将菸送至图书馆,并言:"我抽了点头啊!"蒙老师哈哈大笑,也不责备。
>
> 再谈到已故有名考古学家冯汉骥先生。冯初来蓉任博物馆长时,考古学尚不为多数人所熟悉。蒙老师乃尽力宣扬这门科学的重要性。记得四川省筹设"文献委员会"时,兼任通志馆长的省府秘书长李伯申要我去问蒙老师应该聘哪些人当委员?(我时任通志馆采访组长)李又说:最好由通志、省图两馆开会商议一下。蒙老师说:"他怎么不请博物馆长参加!?"李后来照蒙老师意见办理。
>
> 在崇尚学术时,蒙老师还有件事亲养志的美德。老师准备印行成玄

英撰《老子义疏》。太老师君弼先生笃信道教,要亲笔楷书石印纸,以表虔敬之意,并且一定要在图书馆里写。蒙老师精心布置了一个舒适座位。我曾亲见太老师正襟危坐,一笔不苟地写。(《盐亭文史资料选辑》第十辑,第六三—六四页)

七月七日,金毓黻访先生于四川省图书馆。(《静晤室日记》第七册,第四九九三页)

八月六日下午六时,先生师杨沧白逝世于重庆大石坝寓所,享年六十二岁。二十日,在重庆夫子池新运会举行公祭,全省下半旗致哀。遗骸按国葬葬巴县木洞镇五布河东温泉。(《杨沧白年谱》,《天隐阁集》,第四〇四页)

陶道恕《难忘的记忆——怀念蒙文通先生》云:

> 蒙老早年入四川高等学堂分设中学,曾受业杨沧白、谢无量等先生门下。抗战之初,杨沧白由沪返渝,我曾听他谈到成都任教时学生中卓越有成就的几位,除郭沫若、李劼人等先生外,就提到蒙老的名字,并补充说:他后来成了大经师廖平先生的大弟子。(《蒙文通教授诞辰百周年学术座谈会纪念册》,第三一页)

十月四日,顾颉刚云“今日丁山来,又谓在三台时,文通适来,谈及钱先生对我有不满意处,而文通谓是宾四对”,详云:

> 前日书铭来,谓我写与彼信,有“只要钱先生任主任,将来刚幸能摆脱尘世,必仍有为齐大专任研究员之一日”等语,使宾四对我起误会。今日丁山来,又谓在三台时,文通适来,谈及钱先生对我有不满意处,而文通谓是宾四对。丁山又云,杨拱辰得崇义桥信,谓钱先生对我不高兴,不欲我回去。三人成市虎,得非宾四对我确有不满意处乎?(《顾颉刚日记》卷四,第七四三—七四四页)
>
> 　　知按:关于钱穆对顾颉刚的不满尚可另举一证。牛敬飞、张颖《追忆国学大师蒙文通先生——蒙默老师采访记》云:“后来钱先生到华西大学教书,住在华西大学宿舍,但是那阵钱先生身体不好,经常生病,有时我父亲还喊我去看钱先生,当然那阵我还小,是个学生,看到都只喊声钱伯伯,问一下身体情况如何,只是问几句这些,根本谈不上谈学问的事,所以他们平时谈些什么我不大清楚。但是有一点就是说他们很谈得来。齐鲁大学国学研究所有学生曾经跟我讲过,就是钱先生对于顾先生有些时候还有微词,就是说顾先生哪些地

方还没说对啊这些,但是从来还没有听他说过蒙先生。就是说他们在学问上是比较接近比较谈得来的。"(《天健》第十七期,第四四页)

是年,先生作《水经注违失举正》刊《图书集刊》第二期,先生于是并作前言及篇末识语。前言云:

> 清世地理之学,远迈前代。胡朏明、顾景范辟荆榛于前,杨惺吾集众善于后。即若段若膺之注《说文》,孙渊如之疏《尚书》,亦颇条别山川,网罗古义。其于决断嫌疑,贯彻始终,胥不可及也。而《水经》及《注》,其书周悉委尽,纲举目明。寻川泽于已埋,拾训解之既佚,精深卓绝,功尤不刊。故唐宋以来,征之者众。其在近代,治者弥勤,释义存疑,校讹订阙,全、赵以来,几观止也。文通涉猎地说,殆十数年,紬绎郦书,略周多遍。近顷以来,始大有所惑。盖郑、杜解经,应、孟注史,下及高诱、郑璞、京相璠、王隐之之俦,皆精泽地之学。班述《汉书》,许作《解字》,尤叙记明备,贯达柯条。说既纷厖,自多出入。而校之《郦注》,则往往视郦为优。况善长依经作解,义应首邱,乃《注》所持论,轻违《经》旨,或显相径庭,或曲为解说,《经》每有征于旧训,《注》乃独乖于事情。而前哲于斯,必株守善长之义。若王益吾之注《汉书》,尽取郦书,苟班、郦相违,胥以为孟坚说误,不狂为狂,陷此钜失,独非守郦过甚之失耶!倘以《郦注》缠络委密,义易甄寻,而异家简略,论或难理,以详略为是非之准,不求实事之是,则意存苟且,咎固难辞。夫清儒述论,乾嘉以降,深探汉师之训,已知晋宋后来之说为不根,奈何于水地之学,独不思校以汉魏师说,斥此六代诐辞,而苟安《郦注》,莫之敢议,虽显与《经》违,置且勿究,斯亦不得为善学者也。今就济渎经流,并其南北有关诸水,搜寻旧解,求索古迹,明善长之违戾,抉《经》旨之小失,于许、应纷错,孟坚偶疏,皆并及之,不为回护。何期于马迁佚言之一二,乃足正道元为卷者四五,纠六代之浮义,复汉魏之确诂,以上窥坠绪于西京,斯亦清代治经之法耶?良以致力稍久,思或偶通,敢启榛途,以待正于来哲,固非好持异同,以疵短前修,徒为自快者也。(《古地甄微》,第六四—六五页)

篇末识语云:

> 此篇于濮水、瓠子二流,马、班、许、应、杜、郦同异,论之已晰。后始决瓠子为古之漯水,而别济即沮水也。稿凡三易,故一篇之中,前后意每不属。原拟改作,继思廖师持论,喜存入门之迹,不尽以后定之论改始作之文,今亦略仿其意,稍事增删,俾不自为矛盾而止,幸读者谅之。(《古地甄微》,第六五页)

一九四三年(中华民国三十二年癸未)　先生五十岁

是年,先生仍任职四川省图书馆。一月,程天放被免去川大校长职,改由黄季陆出任。二至三月,四川大学自峨迁回成都,先生于是又兼教川大,并受聘任西康省通志馆编纂。

是年,经先生推荐,谢无量任四川大学(城内部)中文系主任,主讲《庄子》,并讲授"汉以后学术思想变迁史",对玄学、佛学、道学、理学融会贯通,作类比综合评述。

郦家驹《追忆钱宾四师往事数则》云:

> 一九四三年,我到成都,入四川大学历史系。第二年,即一九四四年秋季开始,我们正式听宾四先生讲中国政治制度史和中国政治思想史。这段时间,国内著名学者云集成都,如陈寅恪、萧公权、吴宓、蒙文通、徐中舒、丁山等先生,都在四川大学任课。我和蒙先生、徐先生以及宾四师接触最多。我们住在望江楼附近的四川大学宿舍。……宾四师还不止一次说过,中国学问主通不主专,中国学术界贵通人而不贵专家。据我所知,宾四师的这个意见,当年在成都时就深为蒙文通先生所赞赏。(《钱穆印象》,第九一——九二页)

陶道恕《难忘的记忆——怀念蒙文通先生》云:

> 蒙老的大名,我幼年时就听父辈谈到。但我直到抗日战争初期,才在江津支那内学院见到蒙老。二十年代初蒙老与先父(闿士)曾同在南京支那内学院从佛学大师欧阳竟无传唯识法相之学。同时受业的还有汤锡予(用彤)、熊子真(十力)、吕澂等先生。
>
> 我再次见到蒙老,是一九四三年初川大由峨眉迁回成都后不久。当时蒙老既在华大、川大执教,又任四川省图书馆馆长。李源澄先生这时任教川大中文系,正借住图书馆楼上。我因常向李先生求教,故屡次见到蒙老,作为一个"通家子弟",蒙老对我殷切关注,使我至今还留下记忆。这时我正听李先生讲授《周礼》,李先生因问我曾否读到蒙老的《经学抉原》,认为这是入门必读之书。
>
> ……我曾听李源澄先生谈起二十年代受业蒙老门下及三十年代蒙老执教河南大学的往事。李先生还特别追述蒙老与钱穆先生抗战前在北大历史系共事和蒙老在出蜀前就称赞钱先生有关先秦诸子的讲演辞中"所持义",谓颇与廖先生论旨有相通之处,因而成为共论学术的好友的珍闻。李先生还谈到钱先生《先秦诸子系年》手稿,蒙老一读到即推为"体大思

精"之作。李先生建议我读钱先生的两部代表作《先秦诸子系年》和《近三百年学术思想史》，并说蒙老从经学入，钱先生从诸子入，是贯通经史和诸子百家之学而自成体系的两位代表人物。李先生当年这些谈话，与钱先生后来所写《师友杂忆》中所说大体相符。(《蒙文通教授诞辰百周年学术座谈会纪念册》，第三一一三二页)

一月二十五日，先生致信欧阳竟无。二月一日，欧阳竟无复函先生，云：

昨日得二十五函，更发此函，心中无限欣悦，不觉琐琐詹言也。云何喜耶？喜吾弟能以所学会友，孔门生趣将自此发动。昔以洙泗之传期诸漱溟与弟，果不负所期哉！陈学源君相见于南京内院，颇多时日，今犹不倦所学，诚难得也。曾义甫君与弟同赴人日大会，虽未倾谈，然挹德深矣。诸君子济济一堂，各以所得发明妙义，向往何已！盖不减稷下诸贤而上毗邹鲁之盛也。呜呼，足矣！漱老无用，得见诸君子之林，诚不为不幸矣。欣悦之余，乃将私见一陈于前，可乎？

道之不明也，于此数千年，究其原始，乃在孔子既没，无结集大儒，缺毗昙大教。秦火汉仪，安知道之攸寄，如阿难、迦叶之于佛教者？故佛学尚有典型，而孔学湮没无绪，可胜叹哉！今欲不忘大教以正人心，应谈最胜极最胜三事。

第一，道定于一尊。一则真，二则伪。孔一贯孟一而已矣，经旨具在而可诬哉，中国推至全球，唯有孔佛理义同一，余则支离曼衍，不可为道。陆量弘而程量隘，东海西海，圣同心理，淫声女色，强忌于先，识者知所判别矣。是故欲尊孔而有力能者，当先握生天生地、唯一不二之权，乃可整顿乾坤，位育一世，虽有万魔，无损毫末。孔道不行，式微中露，尚惕然哉！

第二，学得其根本。根本者，性道文章。性道仁也，文章礼也。性道略以《易·系辞》谈性，曰一阴一阳之谓道(所谓天道，语言心行俱灭)。继之者善也(善无准则，续乎天道为则)。成之者性也(性非苟得，圆满充足而完成)。《大学》则谈诚意，曰毋自欺也(自即语言心行俱灭之天道，凡人皆具，始念常见。不欺者，继其始念也，所谓善也。孔学全在不已，在止于至善，止于不已而已也。天行健，所以为天；自强不息，所以为君子)。如好好色，如恶恶臭，此之谓自慊(慊，快也，足也，则诚至于成也，所谓圆满充足之性也，此之谓尽性)。《中庸》则谈诚之不已，曰诚者自成也(易一句同)。物之终始，不诚无物，是故君子诚之为贵(物之终始即格物，无别格物。易二句同)。诚者，所以成物也，故至诚无息，则无为而成(易三句同)。修道原于率性，既诚于道，而可忽于性天哉？性天不可闻，子贡闻而叹息不置，犹佛书之得未曾有也，遂谓不谈性天，岂理也哉！子罕言仁，亦不作口头禅而已矣。文章不但礼,而礼为干;克已复礼,充之为国以礼。居庐郊褅,见精神极其贯格;法制政刑,见巧便不离其宗。故性天为未发之中,文章则中节之庸。仁融于心,而礼寄于事。自乡党以至朝廷,自小学以至大学,举足下足,皆礼是蹈,礼之为孔道之达哉!

第三,研学必革命。天下英雄,使君与操,世间霸图,尚须包藏宇宙之机,囊括乾坤之量,况大道之所寄哉!毗庐顶上行,直探第一义,依文缀字,三世佛冤矣。曰古之人古之人,虽无文而犹兴,在陈思鲁,狂简蒙于梦寐矣,价阇黎须仔细,此何如事,与无担当人商量乎?补清末所缺,事也,非志也。比肩郑、马,上溢董、刘,事也,非志也。极追游、夏,犹事也,非志也。删修大事,有德必有言,若使颜氏子在,安知不能赞一词哉!颜、曾、思、孟,是一流人,不恶于志。颜渊曰:舜何人也,予何人也,有为者亦若是。孟子曰:乃所愿,则学孔子也。孔子曰:吾十有五而志于学,故必先定其志欤?孟子曰:士何事?曰尚志,无志失士名矣(宋明程、朱、陆、王最足崇拜,在能尚志)。观唐虞夏商周于《尚书》,得伊尹、周公之志;继以《诗》,则记言、记事之外,采风什雅,感人音律。幽歌雅咏,胥见其志,见盛周之全也。《诗》亡然后《春秋》作。孔子志在《春秋》,《春秋》者,天子之事也。故必有志,然后乃可言学。数千余年学之衰弊,害于荀子。若必兴孔,端在孟子。《诗》、《书》、《春秋》统归而摄于《礼》,《荀子·礼论》无创制之意,《中庸》本诸身,征诸人,皆制作之能。学《荀》未免为弊人,学《孟》然后为豪杰之士也。有志然后能文章,更能进于性天。《礼》须囊括宇宙,《易》则必超于六合之外。《礼》唯集中国之大成,《易》则必契般若、瑜伽之妙,而得不可思议之神。《中庸》之素隐不已与修道,语语皆与涅槃寂静相符,渐既揭之矣,而《易》之契般若、瑜伽者,留待能者可乎?自来说经,唯《易》采道家语,而犹未能融佛氏理,蕅益《禅解》,八股时文最足害人。发菩提心超祖越佛者,干云直上,唯见遍周沙界真幻一味,则必不遗《易》与瑜伽之参究者欤。

三段私见,若解经家都愿学孔,或不河汉视之。(《孔学杂著》,第五〇—五三页,《蒙文通先生诞辰110周年纪念文集》,第二九—三〇页)

二月二十二日,欧阳竟无在江津逝世,"他的学生从各地来奔丧"。(《玄圃论学集》,第九四页)大师圆寂以后,先生曾约集在成都的同门公祭。

陶元甘《蒙文通老师的美德》,云:

欧阳圆寂后,蒙老师约集在蓉同门公祭,祭文出于私淑欧阳的彭云荪(即彭云生)先生手,我曾经见过,只记得:"年年人日,法序花开"两句。(《盐亭文史资料选辑》第十辑,第六二页)

三月,先生《由〈禹贡〉至〈职方〉时代之地理知识所见古今之变》刊《图书集刊》第四期,先生并作一识语,云:

> 中国文化之必发生于黄河流域,而齐鲁于古代文化为最高,几无异辞也。乃日本学者言长江地理环境优于黄河,不应文化发生反在河域,遂谓苗族为中国文化之创造者,及苗族为汉族所战败,汉族取其创造文化之地位而取而代之。说见梁漱溟《东西文化及其哲学》附录中。又德国学者作《中国经济史》,谓古代黄河改道常在下游,因谓中国古代文化发达当在黄河上游,而非下游。说见陶希圣《食货半月刊》。此两说者皆以不了然于中国古代地理之情形,而妄以今日地理情形论之,是为巨谬。岂知古代黄河流域,实优于长江流域,亦未尝有改道之祸。有之,为始于周定王五年,而改道之由,则以于时赤狄侵扰中国,灭邢、卫而有其地,决河泛滥迫使改道,遂又东侵齐地而有之,河之改道自此始。其决河处为宿胥口,其时其地掌握于赤狄之手,故知河徙之祸乃赤狄之为。此与今日决河中牟,其事无异。详《史学季刊》二期,拙著《黄河首次改道与种族之祸》,孰谓古河泛滥不足以启文化耶!至黄河流域气候一切之变,为属于六朝时事,与长江流域古今之殊,当别作二篇论之,以质于大师硕儒,而黜东西学人不能多读中国书而好妄论中国史者之谬。(《古地甄微》,第一九—二〇页)

> > 知按:先生"东西学人不能多读中国书而好妄论中国史"一语极佳。今日国人治学多宗西学理论、方法和治学途径,而于我国传统治学之法,多未采纳,是谓大弊。近代以来,海外汉学兴,而国内"国学"微,研治汉学的海外学者,尝言文化同俗,盲于类比、附会,以为切合中国文化的实际。理论独高,方法特异,而于学则离学之标的愈远。神州士子,负籍远洋,至学成归国,则"国学"微而"西学"盛。今人论学独标新立异,每走捷径,至论文采,则未必传神。昔义宁陈氏,游学十数载,而学犹未离"国学"范围。申传统文化盛衰因由,故有神州文化重盛之奇迹。

十日,吕澂致函先生、韩文畦、彭云生,告知欧阳竟无圆寂事,云:

> 师座自二六起感冒停食,遽发高热,顿见败象。迁延一周,转成急性肺炎,病情反复,卒以心力衰绝,遽而示寂(二月二十二日上午七时)。逝时右胁而卧,状极安祥,且病容尽敛,顶煖多时,其得上生,殆无疑义。惟澂等卅载追随,顿失依怙,悲痛之情,何可言喻。自师病发后,以迄丧葬,均经陈真如学长在院共同商量料理,又得诸同人之助,幸能粗有端绪。今

灵榇安厝已五日矣。每念遗教,莫可为怀,法事艰巨,复难负荷,不知诸兄何以教之。会葬之日,同人曾对院事议决办法教条,附寄通启,即乞察入。又拟编印师座逝世纪念专刊,亟盼惠稿早日见寄。近以诸事蝟集,未获随时函达一切,亦盼谅之。

再者,师座逝时诸事未有遗嘱,安葬地点未便擅决,容得其家属表示,再付公决。承问,因复及之。(《蒙文通先生诞辰 110 周年纪念文集》,第二九页)

四月三日,中国史学会成立,先生任候补监事。(《顾颉刚日记》卷五,第六四页)

附录

中国史学会成员名单

理事 (二十一人)	顾颉刚、傅斯年、黎东方、雷海宗、徐炳昶、陈寅恪、金毓黻、钱穆、朱希祖、吴其昌、胡适、缪凤林、柳诒徵、姚从吾、沈刚伯、黎锦熙、卫聚贤、萧一山、张其昀、陈安仁、陈训慈
后补理事 (九人)	罗香林、陈衡哲、王芸生、方豪、贺昌群、陆懋德、丁山、张西堂、向达
监事 (七人)	吴敬恒、方觉慧、张继、蒋廷黻、吴俊升、蒋复璁、邹鲁
候补监事 (三人)	陈东原、王迅中、蒙文通
常务理事 (九人)	顾颉刚、傅斯年、黎东方、朱希祖、陈训慈、卫聚贤、缪凤林、金毓黻、沈伯刚
常务监事 (三人)	吴敬恒、方觉慧、蒋复璁

五月二十九日,成都文化界在皇城悼念诗人吴芳吉,参加者有先生和李劼人、向楚、张采芹等。谢无量在会上发言,沉痛哀悼吴芳吉。

六月七日,顾颉刚致信先生。(《顾颉刚日记》卷五,第八六页)

七月一日,先生自成都至三台,并晤金毓黻。

午间,蒙君文通来自成都,言钱宾四《国史大纲》下册已出版。(《静晤室日记》第七册,第五一八七页)

三日,金毓黻致信蒙思明,欲聘其为中央大学史学系教授。(《静晤室日记》第七册,第五一八八页)

四日,应臧哲先邀至其宅,同至者有金毓黻。"两君(先生、臧哲先)满引数十巨觥,不见醉容,但饭后蒙君沉睡数时乃醒。"(《静晤室日记》第七册,第五一八八页)

六日,先生自三台回盐亭。(《静晤室日记》第七册,第五一八八页)

八月,先生在东北大学的学生张铭自三台来成都,任四川省图书馆研究辅导部助理干事,从先生学宋明理学。

张铭《我和明道工读学校》云:

> 我是东北大学毕业的,抗日战争时期,东北大学在四川三台。一九四二年毕业后留在东大附中任教,由于反动党团的迫害,我在东大附中呆不下去了。一九四三年离开三台去成都图书馆任研究辅导部助干,从馆长蒙文通先生学宋明理学。学研开始时,蒙先生向我提出这样一个问题:"你大学毕业了,又打算作学术研究工作,怎样用学术思想来改变社会风气,振奋人心、达到救国济民的目的?"这个问题对我震动很大,我没有治世的秘方,只知遵照蒙先生的指引,朝夕在故纸堆里找呀找,在那里一直找了两年多。现在回想起来也不是毫无所获的:比如我办明道工读学校,起因就根于此。(《蒲圻文史》第三辑,第七三页)

二日,先自盐亭回成都,途径三台,并晤金毓黻等。(《静晤室日记》第七册,第五一九四页)

四日,应金毓黻宴。(《静晤室日记》第七册,第五一九四页)

十一日,为发扬蜀学,四川省政府根据省参议会议定,拔专款编辑《四川文献丛书》,并指定省立通志馆、省立博物馆、省立图书馆承办编辑事宜。(《四川省图书馆建馆八十周年纪念文集》,第一四一页)

是年,先生学生冯汉镛在东北大学毕业,毕业后曾追随顾颉刚先生长达四年。

冯汉镛《蒙文通先生对我的启发与教导》云:

> 1943 年,我在东大毕业后,当时的社会环境,毕业就是失业的开始,我不想回家乡教中学,便呆在重庆找"事"做,意即现在所称的找工作。偶然认识了江庸翊云老前辈,几经接触,江先生认为我对历史,尤其在法制史与经济史上有一定的水平,便介绍我去北碚找顾颉刚先生请益。顾先生看了我的论文后,留我在他那里工作,并进一步钻研,经过长达四年的谆谆教诲,使我在治学方面掌握了一些方法。

在追随顾先生的时光中，了解顾先生之为人，是谦谦君子，从不臧否人物，但也少所许可。不过他有好几次对我提到了蒙先生，赞扬蒙先生对二十四史非常熟悉，有部分史籍还能背诵。功夫下得深，底子打得扎实，所以遇到历史上的一些疑问，就能及时取得解决，教我向蒙先生学。（《蒙文通教授诞辰百周年学术座谈会纪念册》，第二七一二八页）

秋，先生学生洪廷彦入四川大学就读，时先生正为川大学生讲授中国通史。后来，先生又应学生的请求，讲了一年"专题研究"。

洪廷彦《怀念蒙文通老师》云：

通史是通，专题是专，对他来说，名异而实同。也可以说，前一年是寓专于通，后一年是寓通于专。实际上是在两年之内，为我们顺序讲了上起先秦下至明、清，涉及政治史、经济史、思想史、民族史和历史地理的一系列专题。上下几千年，内容极为广泛，此谓之通。每一个讲题，都是他自己经过长期的系统研究，详尽地占有有关资料，提出独创的见解的，此谓之专。会通经史百家以至佛经、道藏，打破朝代断限，从政治、经济和文化思想的关系中，探索史迹发生、发展的来龙去脉，谓之专，可也；谓之通，可也。周谷城老师曾多次对我说："蒙文通先生很有思想。"愚意以为，他之所以被称为"很有思想"，主要是由于他的研究工作具有上述的特点。（《蒙文通学记》，第一二五页）

秋，齐鲁大学国学研究所停办，先生友钱穆于是改教华西大学，住华西大学南端洋楼。

钱穆《师友杂忆》云：

一九四三年秋，齐鲁国学研究所停办，华西大学文学院长罗忠恕邀余转去华西大学任教。忠恕留学英国，闻即终年御长袍而不穿西装。漫游欧美归后，仍穿长袍。设立一东西文化协会，提倡中国文化。……忠恕来邀余，余提唯一条件，余谓闻华西各教授宿舍均在华西坝四围附近，惟校长住宅乃在华西坝校园内。华西坝内南端有洋楼四五宅，乃西籍教授所在，中西教授宿舍显有高下不同。倘适坝内南端洋楼有空，余愿住去，俾开中西教授平等待遇之先例。忠恕商之校长，竟允所请。亦适华西坝内南端最左一所洋楼空出，此楼乃各楼中之最大者，而余则惟一身，遂召齐鲁研究所研究员五六人随余同居。时老友蒙文通任四川省立图书馆馆长，兼华西教授，由其移借一部分图书寄放坝南余宅，供余及同居五六人研读之用。（《八十忆双亲·师友杂忆》，第二三八一二三九页）

十二月,先生《馆藏嘉靖汪刻〈文心雕龙〉校记书后》刊《图书集刊》第五期。先生述其由来云:

> 此本为友人自吴中避倭寇携以入蜀者,年来珍籍或委弃烟烬之中,或流落沧海之外,顾此册得巍然独存,固足珍、亦足念也。馆中先后所收有梅注本、闵刊本,皆明刻,得之成都旧家何氏;复有钞本,曾藏于遵义郑子尹氏;复有黄注原刻本,得于祝氏;皆属佳本。(《经史抉原》,第四六○页)

又云:

> 从事校雠,始于王淑英女士,而完成于冯璧如女士。此书近时孙蜀丞、赵飞云、潘石禅、刘弘度或据唐写卷子,或据宋本《御览》,所得实多,并采入焉。所惜诸家蓝本,未据旧刻,不无遗憾。今以汪本为质,而据以过录众说,知固不免漏失之嫌,则惟俟之异日,倘补此憾。五校毕而文通为之记,攘善之诮,夫何敢辞。(《经史抉原》,第四六六页)

一九四四年(中华民国三十三年甲申)　先生五十一岁

是年,先生结集有关儒学论文为《儒学五论》,合本论、广论计十篇十余万言,由成都路明书店印行。

蒙默《儒学五论》重版前言云:

> 《儒学五论》,1944 年 11 月成都路明书店出版,为先君子文通先生自编、自校、自跋的惟一论文集。先生时届五十知命之年,学问亦已大成;除《古史甄微》《经学抉原》系由商务出版早已获誉林外,他如《周秦少数民族研究》、《中国史学史》、《古地甄微》等亦皆基本定型,其中部分也以论文形式刊布于世。先生之儒学思想也在此时趋于成熟,适路明书店主人许洁夫拟为先生出一文集,于是乃辑为此编。计《本论》五篇、《广论》四篇、《自序》一篇,在校印中又写了数千字的《跋》文对有关各篇作了补充,在《目录》后又写了两千字的《题辞》以补《自序》未竟之意。编末又附蒙季甫先生《〈月令〉之渊源与其意义》,以作先生论明堂议政的补充。本编虽为一论文集,内容也涉及理学、经学、诸子、史学等多个学科,但并非驳凑杂集之作,而是能够自成体系、较全面地反映先生当时儒学成就的一个阶段性总结。但校印时正值抗日战争方殷之际,国难当前,米珠薪桂,印刷质量既劣,印数复又不多,以故流布不广,时闻学人有未能得见之憾。(《儒学五论》,第一页)

先生《儒学五论》自序云：

儒之学，修己以安人。达以善天下，穷以善一身，内圣而外王，尽之矣。汉唐之间，成盛治，树伟烈，其光照于载记者，何莫非取法于儒之所能。观于贞观之际，堂庙之吁咈，然后知孔孟之教，不为欺我之虚言。自学失其绪，矜宏洽，饰浮丽，以《诗》《书》为禽犊，其于济世淑人之间，若儒固无与焉，而世亦以儒为无益于人国也。吁，岂其然欤？惟俊杰为能师圣贤，于贞观之治验之也。《政要》一编，于两宋元明，若家诫，若庭诰，诵习不替，俨为王者师。从则治，不从则乱。此我数千载间历史之所由建立者耶？而儒岂匏瓜之不食哉？此余五论之所为作也。（《儒学五论》，第一四九页）

又述其编辑是书之本末云：

文通幼承庭训，长从明师，时过而学未充，才识肤隘，敢云述作。惟于闻见所接，意有未安，每加论列。岁月稍久，所积遂多。许君洁夫欲为收拾零散，刊为一编，余顾茫然未知所择也。李君浚卿亟以先印《哲学思想》《政治思想》二篇为言，余遂诺之。是二篇者，倘有当于内圣外王之旨耶？未必然也。浚卿知余蕴此历有年，而终未敢发。昔寓析津，始谋属稿，亦浚卿促之。自迩以来，屡有改益。又将十载，而稿终未定。浚卿岂以余为之之未易，故欲先付之剞劂耶？所谓以不忍人之心，行不忍人之政，师门之训，忠恕之道，守之不敢逾，其大端具于是也。然事不孤起，必有其邻。因以与二篇相发者并系焉，广为五论。又以究儒史相资之故，别附四篇，以明其变。于是儒者之经济思想、社会思想，亦可考见。于学之始末，道之精粗，其统绪略可寻。入出于百氏，上下及千载，推昔人之陈说，示大法于将来。坐而论之，可起而行之，斯固师门之旨耶？（《儒学五论》，第一五〇页）

又云：

究于学必有本末，有体用，形上之谓道，形下之谓器。道与器非相离，故义理与事功不偏废。何自蔽者龂龂以争，而不惜辞之费也。方余之订辑是编，严君立三适来蓉，昕夕论相接，启诱良多，浩乎使懦夫有立志。严君每谓"际此事变之亟，深宜多集友朋，究明此学，以延坠绝于一缕。宋之儒研几于天人，内圣之学，则既明之矣。而外王之道，致用之事，则必于汉世今文家求之。所冀阐扬井研之绪，诏告于后之人，以待其用于百年之间"。严氏思艰而行卓，居庐峰读书十数年，深究于今文之统绪。其识博，其业精,无逊于宿学也。其志切,其用宏,宿学者为难能也。以文通之肤陋,而曰以诏来世,夫何足以堪之。曰存师门之绪,则责有未敢辞。惟未知区区此编者,果有当于严氏之意否耶? 校印未竟,惜畏友忽焉云殁,未得勘研往复,以匡其所不逮。而余忽忽亦年五十,平日所欲论述,以牵于人事多未竟。岁月既迈,兼值祸变之日殷,杀青将何时,又以叹通经致用之谓何,而余之无助于时艰固如此,宁不使人怆然以悲,瞿然以惧耶? 顷者胡君鉴民谓余曰:"今国家方崇儒学,复谋励进于民治,儒以尊君为义,其于民治事或相妨,则何如?"余举《儒家政治思想》之略以告,胡君莞尔而颔之。念世之同胡君之疑者,谅非鲜矣,察于此篇之义,其可以释然欤? 则此区区者,固非涓滴之用。是知野人芹献,宁得已焉? 复于究心国学之士,略示以取舍之途,或庶乎亦严氏之意也。(《儒学五论》,第一五三页)

暑后,先生未获四川大学续聘,然学生来家要求上课,先生以学校不聘,可不到学校上课,学生之请不可固辞,遂同意学生来家上课。

程千帆《劳生志略》云:

> 当时蒙文通先生也还在川大,他也很有意思。他是四川人,又是廖季平的学生。所以他和学校闹翻了,学校不聘他,他还照样去上课。他说你不聘我是你四川大学的事情,我是四川人,我不能不教四川子弟。学生照样去上课,学校拿他没有办法。(《程千帆全集》第十五卷,第二一一二二页)

下半年,四川大学校长黄季陆来家聘请先生,先生于是又兼教四川大学。一月九日,午至福兴街全家福,应郭子杰招宴。"客有沈尹默、陈寅恪、钱宾四、陈斠玄、闻在宥、李小缘、蒙文通、徐中舒、张大千、马季明、冯汉骥、皆所谓学人也。沈、陈、李、张,皆余初面。肴馔甚美,且设酒,盛以茶壶,饮以茶杯。子杰为行政官而躬犯禁令,亦见禁令徒为掩饰耳。"午宴后至张大千家,观其临摹敦煌壁画。(《叶圣陶年谱长编》第二卷,第二七三页)

二十五日,张大千临摹敦煌壁画在成都展览。事后在四川美术协会编著暨西南印书局印行的《张大千敦煌壁画展览特集》中,先生与张群、林思进、陈寅恪、马鉴、谢无量、沈尹默、叶绍钧、闻宥、刘开渠、陈斠玄、冯汉骥、芮善、庞熏琹、雷圭元、吴作人、周太玄、罗文谟、冯若飞、郭有守等二十余名学者或艺术家纷纷著文评价敦煌壁画、评价张大千敦煌壁画展及其贡献。

先生《观大千临摹敦煌壁画题记》云:

　　张君大千之于绘一事,固未必即驾一切画师而上之,然其名高一代者,正以海内外人士之尚之也,其所以好之者,固亦千文《出师表》之比,其气磅礴,其势挺纵,所云泱泱大国风者,吾以张君为巨擘也。(汪毅《从张大千临摹敦煌壁画展论成都系中国文艺复兴发祥地》,《文史杂志》二〇〇九年第五期总第一四三期,第三六页)

陈寅恪《大千临摹敦煌壁画之所感》云:

　　寅恪昔年序陈援庵先生《敦煌劫余录》,首创"敦煌学"之名,以为一时代文化学术之研究必有一主流,敦煌学今日文化学术研究之主流也。凡得此潮流者,谓之"预流",近日向觉民先生撰《唐代俗讲考》,足证鄙说之非妄。自敦煌宝藏发见以来,吾国人研究此历劫仅存之国宝者,止局于文籍之考证,至艺术方面,则犹有待。大千先生临摹北朝唐五代之壁画,介绍于世人,使得窥见此国宝之一斑,其成绩固已超出以前研究之范围,何况其天才特具,虽是临摹之本,兼有创造之功,实能于吾民族艺术上别辟一新境界。其为"敦煌学"领域中不朽之盛事,更无论矣。故欢喜赞叹,略缀数语,以告观者。(《陈寅恪先生年谱长编》,第二一八—二一九页)

郭有守《艺术上一件大事》云:

　　(张大千)以私人做了一件应该由政府所做的事,这是值得格外称颂的。成都旧有小巴黎之称,如果将来大千能把他的作品都留在成都,至少在美术方面,成都以比巴黎无愧色。张大千早已不仅是中国的张大千,他是20世纪全世界人类的张大千。(汪毅《从张大千临摹敦煌壁画展论成都系中国文艺复兴发祥地》,《文史杂志》二〇〇九年第五期总第一四三期,第三六—三七页)

六月十六日,金毓黻致信先生,欲聘先生为研究生考试委员。(《静晤室日记》第七册,第五五七八页)

二十日,邵从恩与张澜联名发起组织民主宪政促进会,在成都慈惠堂召开成立大会,开展民主宪政运动。参加大会的有先生、刘豫波、徐申甫、龙国祯、费平如、张志和、陈国栋等五十余人。黄炎培因事路过成都,也应邀参加。大会推张澜为主席。邵从恩作报告,讲了民主宪政促进会的宗旨是研究宪章,促进宪政,倡导民权,实现民主,并指出民主宪政是抗战建国的根本途径。大会在通过简章后,选举邵从恩为主席,张澜、李璜为副主席,先生和刘豫波、张申甫、张致和、费平如、杨叔明、李光含、舒君

实、王白与等为常务委员。(陈祖武《和平老人邵从恩》,《四川文史资料选辑》第三十五辑,第四二—四三页)

夏,子蒙默随李源澄到南充西山书院就读。

蒙默《缅怀墨学大师伍非百先生——〈中国古名家言〉再版代序》云:

一九四四年夏,甫放暑假,一日,先君子文通公谓余曰:"吾老友伍非百先生办西山书院于南充,伍先生学问渊博,尤精先秦名辩之学,李源澄已前去襄助,汝可前往就读。"余曰诺。盖父最钟爱余,余亦素不违父命。不数日,适有乡邻去果(南充),遂相伴同往。时蓉果间已有公路,然路面劣,且无定期班车,逾二日乃至。西山去果城约十里,无公路,遂雇肩舆往。山高约百余米,书院所在未及半山,原为天主教修道院,除经堂院外,有屋数椽,其较大者二幢,皆二层楼阁,高者倚坡横列,低者竖置,二楼呈品字,有房十余间,旧为外国传教士往来住所,现因二战爆发,传教士多已撤走,所留三五神父、修士,皆住经堂院内,余房闲置,伍师因租以办学。四周颇多竹木花草,山麓一湾流水可以濯足,近处无他农户,亦无鸡犬之扰,颇清静幽雅,实为读书修道佳处。李源澄先生眷属未来,常只身住书院,伍师城内有家,不常来院。是日适伍师在,余到后,李师即介往见。盖伍师虽为先君老友,而余则系初见也。师身材不高,稍胖,四五十岁,面常微笑,慈祥可亲。时值大暑,师着中长裤,上穿麻布背心,手执团扇,言语随和,平易近人。行礼毕,师问汝父母好否? 余答平安,家严以杂事多,且启程匆匆,未及修书,代叩安好。师谓汝旅途劳累,请李先生安排,住下休息。时李师之弟源委及李师蜀华弟子钟博约皆先在,于是余三人共住一室。

不数日,伍师以"述志"为题命作一文,余以数年来世界大战者再,皆以各大国政治家不明国与国相亲、人与人相爱之理,唯强权是逞、侵略是务,战火连年,生灵涂炭,吾将学太史公究天人之际、通古今之变、成一家之言,上说下教,以冀世界和平,穷则独善吾身,达则兼善天下之云云数百字以应。师不以为妄,批曰:"志趣可嘉,文亦畅达。"以相勖勉。其实此皆耳食之言、抗战八股之变种,今日思之,不觉汗颜。时书院初办,来学者止十余人,分精修、博习两班,不惠被编入精修班,遂亦得忝列二先生之门墙。

时李师讲《论语》及《经学通论》。《论语》,余旧已能背诵,得免听讲。然虽能背诵,而于其中义理则不甚了了,故令读朱熹《四书集注》,而以读注为主,逐字逐句细读,并需圈点。此外,则阅读柳诒徵《中国文化史》,作者为名重一时之老学者。此书亦为当时史著中之上乘,近年仍由某出版社再印。此书不仅有作者之论述,且于论述下附有"替读者搜集了一些很方便有用的材料"。(胡适语)故令于正文及所附史料均须细读。其不解处则李师负答疑解惑之责,以此,余曾多次请教李师,亦确受益匪浅。《经学通论》为李师于四川大学授经学之讲义(时已由成都路明书店印行),余至今仍以此书为近世概论经学之最佳者,以学者基础差,故尔逐句讲解。余亦以此得略知经学。伍师于时未开课,只偶相值时,问近读何书?有何问题?愤启而悱发之。此种书院生活似简单,亦似枯燥,然此实为余日后略知读书为学之始,是亦颇堪回首者也。

一日,伍师聚诸生于教室,言将讲《墨子》,众皆喜,皆知师为海内著名墨学大师也。然不知将讲何事。及至开讲,始知为《墨经》之第一章:"故,所待而后成也。说曰:故:小故,有之不必然,无之必不然。若尺有端。大故,有之必然,兼也。若尺之成尺也。"未发讲义,仅凭板书。且诸生前此皆未有接触,《经》也,《说》也,"故"也,"大故""小故",众皆茫然。师自校勘、训诂,及于其意义,逐字逐句详予讲解,惜我诸生基础太差,不堪承担,不仅不克领会其深意,即欲粗知其旨,亦感吃力。日后重读《解诂》此章,始见师所定章句与时贤所定者多不同,于一字之增,一字之减,一字之改,一字之乙,莫不皆有深意,莫不皆有所据。而此章之"故"字尤有大义,其于《墨经》中之意义,于当世诸子名辩中之意义,并皆旁征博引阐其微旨,始悉师说之颇多精义奥论,较之前贤实多胜义,深惜当日之未能及此也。遂致虽教者不倦"诲尔谆谆",而学者梼昧竟多"听我藐藐",诚所"辜负此翁"者也。此讲疑为伍师对诸生接受能力之试探,或即有鉴于此,此后未再续讲,然诸生咸望续听,冀能于多听中渐有所入也。然师终未续讲,私心迄今犹有余憾焉。于此知中国古名辩之学(特以《墨经》为甚)非仅研习唯艰,即以己之昭昭欲使他人昭昭亦至难也。故学者或言《墨辩》为先秦艰深学术中之尤艰深者,洵非虚语。师讲论于杏坛者多历年所,从游亦众,而师名辩之学竟无传人,诚有以已哉!有以已哉!此讲虽六十六年前事,以印象深刻,历历若犹在目前。是年冬,余返蓉度假,竟未再回西山,又复读新学制学校去也。余去后,书院生徒日众,不数年,渐多至百余人,不审师曾再讲《墨辩》否?(《文史杂志》,二〇一〇年第一期,第四—五页)

八月,丁秀君至四川省图书馆工作,任总务部主任,专门负责后勤工作。鉴于四川图书馆环境卫生不佳,先生指示丁秀君"必须把环境净化绿化到能吸引愿意读书的人都乐于来本馆当读者"。

丁秀君《忆在四川省图书馆工作的点滴》云:

　　我 1944 年 8 月到图书馆作总务的第一日，蒙馆长严肃指示我说："你的工作，第一必须把环境净化绿化到能吸引愿意读书的人都乐于来本馆当读者，再则科学馆与我馆合处，彼此都有矛盾，我人老事忙，无法常跑教育厅让科学馆搬家，望你劳神去教育厅，催促办成，如何搞，你斟酌办。"因此，次日，我去教育厅找郭子杰厅长汇报，请他务必设法为科学馆觅地迁出，否则彼此工作开展受阻，责任应由他负，郭满口承认，但仍拖到 1945 年 4、5 月，科学馆才迁走。我们赓即修整粉刷，把书报阅览室和一般阅览室分设在一楼，在书库对面，方便读者借阅，研究室、编目室设在二楼，财会、文书、馆长室及办公室都各设专屋，外貌上像个图书馆了。

　　为了便于读者饮水，请示馆员添置设备，在一楼进口处设置读者饮水处，不取费。

　　不巧，那年成都霍乱流行，六十多岁的老工人韩国福，是孤人，被染上了……以其年老体衰，竟致死了。一切医药、棺材、装殓、埋葬费，馆长吩咐通由馆支付，工人们很受感动，搞清洁工作时，劲头大了，馆中净化面貌渐有起色。(《四川省图书馆建馆八十周年纪念文集》，第六三页)

十三日，四川文献整理委员会在成都召开第一次会议，决定由张群任主任，先生与李肇甫、谢无量任委员，并于九月二十三日制定了《四川省文献整理委员会组织规程》十条。(《四川省图书馆建馆八十周年纪念文集》，第一四二页)

十月七日，华西坝五大学十二个学术团体共同召开"国事座谈会"，两千多名学生参加此次座谈会。

十一月三日，邀吴宓、赵人儁家宴。

　　　　蒙文通请同赵人儁家宴(新南门外，华美教员新公寓)。(《吴宓日记》[1943—1945]，第三五二页)

十日上午，"蒙文通君导访严谷孙先生"。(《吴宓日记》[1943—1945]，第三五二页)

二十二日，顾颉刚、陈斠玄同到中国银行，遇先生。后顾颉刚到先生处，未遇。(《顾颉刚日记》卷五，第三七一页)

二十九日，访顾颉刚。(《顾颉刚日记》卷五，第三七四页)

是月，先生自编自校惟一论文集《儒学五论》由成都路明书店出版，内收《儒家哲学思想之发展》、《儒家政治思想之发展》、《漆雕之儒考》、《浮丘伯传》、《论墨学源流与儒墨汇合》(附《儒家法夏法殷义》)、《周代之商业》、《秦代之社会》、《汉代之经济政策》、《宋明社会之设计》等十篇文章,并附蒙季甫《〈月令〉之渊源与其意义》及跋和自序各一篇。

一九四二年至一九四三年以来,"东北大学文学院诸教授,为蜀中学子未能升入大学者继续就读之便,乃倡办草堂书院,得到三台、盐亭、中江、射洪各县地方人士赞同,随即进行筹划"。至本年秋,"以东北大学教授丁山、高亨、孔德为创建人,并得到四川大学教授蒙文通的襄助,分别于成都、三台两地设置考区,公开招收高中毕业,或具有同等学历之学生入学。首届录取学生约150余人。"成都考区设在城守东大街四川省立图书馆内,先生为主考人。

袁诲余《三台草堂国专与成都尊经国专》云:

> 我本人就是在成都城守东大街四川省立图书馆内考场参加入学考试的。主考人为川大兼华西大学教授、四川省立图书馆馆长蒙文通。考试内容不外一般文、史、哲知识。有的简要提问,有的要求填充或解释;有的则要求简述作品内容或评论作家。像经学提问:"风、雅二字何解?"史学提问:"何为编年体、纪年体?"文学提问:"唐宋八大家都是谁?""《逍遥游》、《水经注》系何人所著?"综合性的问题:如"《诗经》、《离骚》、《史记》、《三国志》各是什么样的书?"以及"何谓诸子、有无百家?"等等。还有一道作文题,大意为试论"文以载道"。其它还有什么就记不清了,在成都考区报考者不下200人,原订正式录取学生50名。我当时刚18岁,正在成都南门三巷子——纯化街成都市大镇中心小学教书,自己一心向往升学,应试答题,书写十分认真,交卷后也不觉得有什么遗憾,但总怕考不上,失去能回家乡读书的大好机会。所以考试后,还去拜会蒙文通教授。我向他诉说了我的情况和愿望。他听后高兴地笑着对我说:"难得啊!年青人,你有上进求学的心,我看读书是可以的!"他记下我自己在报考前,自己取的"诲余"这两个字的名字。蒙教授还说,很快就发榜,如未被录取,他也要介绍我去三台入学。后来,我去看榜,见已名列第13名,真是说不出的感谢和高兴!(《绵阳市文史资料选刊》第五辑,第十一—十一页)

陈述《陈述自述》云:

> 丁山、孔德、我和蒙文通等承办草堂书院,我讲史部目录学(也兼教务),《四库提要史部笺》便是当时作讲稿用的。(《世纪学人自述》第四卷,第一八二页)

> 知按:关于创办三台草堂国学专科学校的相关细节,一九四四年《说文月刊》第一、二期合刊曾刊文介绍,题为《说文社主办三台草堂

国学专科学校创办缘起》,云:"本社社友丁山、高亨、孔德等讲学于三台东北大学,病时学之谬悠,慨后生之徬徨,因就地魁宿,筹议用以纪念诗圣杜公,创设草堂国学专科学校,培植国学专门人才,敦请说文社理监事吴稚晖、于右任、戴传贤、张继、吴忠信、卫聚贤诸先生为校董,业经向教育部备案,已在三台开始招生,俟董事会正式成立后筹募基金办理立案手续,以奠定本校基础。"(《说文月刊》第一、二期合刊)

十二月十七日,金毓黻以所著《中国史学史》印本赠先生。(《静晤室日记》第八册,第五七三七页)

一九四五年(中华民国三十四年乙酉)　先生五十二岁

是年,三台草堂国学专科学校校董会因内部纠纷派李子雄、钟子杰赴成都请先生前往协调,并推先生兼任校长一职。但因先生不能长住三台,故由杨向奎代理校长职,堂弟蒙季甫任教务,主持日常工作。

袁海余《三台草堂国专与成都尊经国专》云:

> 1945年初春,蒙先生欣然临校。我们草堂国专师生大部分人(少部分已回家过节)在校园内列队欢迎。欢迎蒙先生任校长时,曾摄影纪念。这张幸存照片,我在近期曾翻制放大,寄赠三台新建之杜甫梓州草堂纪念馆,从照片上可以清楚看到,欢迎蒙文通校长的国专师生,约有100人。(《绵阳市文史资料选刊》第五辑,第十二—十三页)

杨向奎《我们的蒙老师》云:

> 1944年左右,迁在四川三台东北大学文科教授丁山父等先生成立"尊经国学专科学校",几经周折,后来请蒙文通老师任校长,蒙先生当时是四川大学教授,不能长期留住三台。当他离开时遂由我来代校长,而先生的堂弟季甫先生负责具体事务。国专分文、史、哲三科,教授多由东北大学教授兼任,我代校长后,遂请叶丁易教授为文科主任,杨荣国教授为史科主任,赵纪彬教授为哲学主任。他们三位都是进步的红色教授。红色进入学校,使传统的经学加上历史唯物主义的色彩,这是初建校时未曾想到的。
>
> 季甫先生亦多才,当时我们每天见面,无话不谈。此后四十年来虽然联系不断,但未曾见面。国专的学生成绩亦可观,现在北京的袁海余是其中佼佼者。蒙先生曾为国专之生存发展出过大力,学生有才,当亦忻然!(《蒙文通学记》,第六八页)

是年,先生应邓锡侯等聘请,编修《营山县志》。春,先生至营山收集资料,五月底,将二十三本采访资料、二十二本资料汇编和一部旧县志带回成都总纂。一九四九年秋,初稿编定,设疆域、建置、赋役、礼俗、学校、选举、官师列传、人物列传、农业、工业、商业、交通、自治、物产、古迹金石、事记、叙余等十九卷,并由营山驻渝代表雇人缮写,但是未能出版。(《营山县志》,第六六二页)

牛敬飞、张颖《追忆国学大师蒙文通先生——蒙默老师采访记》云:

> 他搞道教也是出于一个偶然的情况。他跟我讲,有一年营山县请他修县志,就接他去营山走一下。他就想带个什么书看呢,那阵《儒学五论》已经印好了,等于他在儒学方面就基本告一个段落,他就说我带本《抱朴子》吧。那阵不像现在有汽车可以直接通。那阵汽车只能到南充,过去就要坐滑杆。滑杆坐着有书看就正好看会儿书嘛。这个《抱朴子》他一看呢就引起他对道教的东西发生兴趣。他回来就翻《道藏》。《道藏》一读,他就发现道家一些也很值得搞。所以他连着搞了几年道教的东西。(《天健》第十七期,第四八页)

先生《汉潜亭考》云:

> 余往者以营山志事,搜讨累年,始得县之明志于靳范氏,为万历间王廷稷撰,书固本之于正德,溯之于成化,而远源于《咸安志》。因赓之以为书。(《古地甄微》,第九九页)

又云:

> 昔闻诸井研龚先生,谓修《营山县志》,依《水经注》以决今之流江河为《禹贡》之潜水,精辟创获,凿凿不可易,使人惊叹,于后亟思搜求先生文字,乃多已湮散,积年无所获。及文通于役营山,始得先生《县志疆域沿革考》一篇,纵横博辨,决事锋锐,前之作方志者,未有此法也。(《古地甄微》,第一〇一页)

自是年起,先生连续五年研究道教典籍,辑有成玄英《老子义疏》、李荣《老子注》、严君平《道德指归论》、陈景元《老》《庄》二注、王安石《老子注》,复辑汉唐间古注四十余家以为《老子古注补》,又校正张清夜《阴符发秘》、王弼注《老子》,再集唐前诸籍所引《老子》文为《老子征文》,意在恢复古本《老子》,前后计达十种,是时已付印者止四种。

先生《治学杂语》云:

很多人的学问,大概在三十岁上下就把规模大致定下来,这以后只是在深和细上面有所发展。我在五十岁以后才开始研究道教,也还能开拓一个方面,颇有所获,主要是由于从前在理学上下的功夫比较深,一接触便能提出问题;方法上其实也就只还是搞经学的那些,不外求家法、考遗说、辑佚、校勘而已。(《蒙文通学记》,第四二页)

自是年春起至一九四九年底,杨正苞从先生学。

杨正苞《缅怀蒙大伯文通先生》云:

> 自一九四五年春始,四年间先生于百忙之中不吝从头指引,较有系统地导读了部分古史、史论、文字和理学的基础书籍。凡重要关节及顺文有疑处,均蒙提示释解,从而于古代史及儒家义理之学得以初知门径。愧不能窥见先生学术堂奥,然为人、为学的教悔,则受益终身。(《蒙文通教授诞辰百周年学术座谈会纪念册》,第三八页)

是春,先生学生李源澄因与伍非百在某些方面意见不尽一致,故辞教职返回成都,并在灌县灵岩寺创办灵岩书院,先生于是送其子蒙默入院就读。

王国平《满山红叶读书声——李源澄与灵岩书院的前尘往事》云:

> 李源澄先生的老师蒙文通先生,非常欣赏李源澄先生的才华,也很喜欢书院的读书氛围。他认为,要真读书,潜心做学问,非书院不可。他的儿子蒙默还在读中学的时候,蒙文通先生就对蒙默说,要看什么书就去找李先生。李源澄先生就让蒙默看《国学通论》、《诸子概论》这一类书籍。后来,李源澄先生去西山书院时,蒙先生便叫蒙默停学,跟着一起去,再后来,李先生到灵岩山创办灵岩书院,蒙文通先生又让儿子到灵岩书院读书。
>
> 因此,在川大竹林村的家中,蒙默先生谈到李源澄先生时脸上饱含着深情。
>
> 虽然蒙默先生为了生计,只在灵岩书院读了半年就回到川大附中复学。但是,他对灵岩书院却有着难以割舍的情感,因为那是他真正开始读书的地方。灵岩书院停办后,他也在每个暑假照样上山,在灵岩寺中安静地读书。他清楚的记得1949年夏天,他带上灵岩寺去读的是禁书《政治经济学》。(《李源澄著作集》第四册,第一八一四——一八一五页)

同时,先生亦曾应李源澄的聘请,为灵岩书院诸生讲授儒学。《李源澄传》云:

　　（李源澄）在办灵岩书院时,深得一批师友和灵岩寺方丈传西和尚的支持,为其提供房舍和必要用具。来学的学生纯系自愿,毕业既无文凭,也不安排工作,惟有潜心学习。他主讲《论语》、《孟子》、《荀子》等儒家著述,并请傅平骧讲音韵学及《诗经》。他深知个人的学问是有限的,为使学生博闻广见,常约请学有专长的学者上山讲学,如潘重规讲训诂学,唐君毅、牟宗三讲哲学,赖皋翔讲《陶靖节集》,饶孟侃讲《神曲》,罗念生讲希腊悲剧,钱穆讲《近三百年学术史》,谢文炳讲西洋文学,朱自清讲文学,蒙文通讲儒学等。力求使学生于深山古寺之中,笃学躬行之外,而博闻古今中外之学。(《犍为县志》,第七一七页)

一月四日,访顾颉刚。(《顾颉刚日记》卷五,第三九〇页)
七日,宴请顾颉刚夫妇、吴宓、吴春帆等,同席者有:先生之弟蒙文登、之父、之妹、之母、之妻及子蒙逊。

　　正午,至新南门外金城银行对面华美公寓内蒙文通宅,赴文通招陪顾颉刚、张逸秋(铜山张伯英之女,年三十八)夫妇宴,进大曲酒。文通父与弟文敔(堪舆家)、妹某,均同席。并约相士吴春帆(蜀人)为顾颉刚夫妇相面。又凭生辰八字,说过去未来,多颂祷之词。又欲为宓相面,宓婉却之,谓宓深信相术,但不欲知未来吉凶,惧失志也,云云。该相士席间又述甲对乙所秘授丈夫对付妻子之三字诀,逐步而行之。后其妻知之,亦遂无效。(《吴宓日记》[1943—1945],第四〇五页;《顾颉刚日记》卷五,第三九一页)

十四日,至文化茶园开史学分会筹备会,同座者有顾颉刚、冯汉骥、郑德坤、姜蕴刚等八人。先生任会计。(《顾颉刚日记》卷五,第三九四页)
二十一日,赴彭云生宴。

　　夕2—6赴彭举(云生)招宴于其宅(桂花巷二十九号),进大曲酒与腊八粥。其媳治馔而儿侍食。客为蒙文通、李源澄等。(《吴宓日记》[1943—1945],第四一六页)

二月十四日,金毓黻致信先生。(《静晤室日记》第八册,第五八〇〇页)
三月,刘敦愿到四川省图书馆采编部工作。
九月十九日,川北旅蓉同乡会举行记者招待会,报告川北水灾灾情。报告称,此次嘉陵江、涪江流域二十余县遭受水灾,不仅农田、房屋、牲畜毁损惨重,死亡人数亦很巨大,仅合川县境之涪江的渭沱一处,即已捞获尸体一百数十具,令人目不忍睹。因此,川北旅蓉同乡会特向省政府提出八点要求,主要有:再拨五亿元救济款;水毁农田一律免赋;抢修溃决之河堤、涵洞,加紧疏浚嘉陵江、涪江河道;本年度应用人民之粮食库券,应用于灾区人民购买种粮耕牛,不得移作他用。(《解放战争时期四川大事记》,第五页)

十一月十八日,四川大学、金陵大学、华西大学、齐鲁大学等各大学的二十一个社团联合发表《制止内战宣言》,号召全国学生团结起来挽救时局,制止内战。(《解放战争时期四川大事记》,第一八页)

十二月八日,成都各大中学生五千余人在华西坝集会,追悼昆明"一二·一"惨案死难同学,声讨国民党当局发动内战,迫害爱国学生的罪行。(《解放战争时期四川大事记》,第二十页)

一九四六年(中华民国三十五年丙戌)　先生五十三岁

是年,先生仍任职四川省图书馆,并兼任川大、华大教授。下半年,受四川大学教务长叶石荪邀请,徐中舒出任四川大学史地系主任。

是年,先生《黄老考》、《杨朱考》刊《灵岩学报》创刊号;《辑校唐成玄英〈老子义疏〉》六卷由四川省图书馆石印;《校理〈老子成玄英疏〉叙录》刊《图书集刊》第七期。

蒙默《〈老子征文〉整理后记》云:

> 四十年代后期,先君辑校成玄英《老子义疏》、李荣《老子注》,又辑校严君平《道德经指归》佚文、校正河上公《老子注》、王弼《老子注》。成、李《疏》、《注》辑校既竟,见二书所用经文与传世各本皆不能合,惊骇于《老子》传本滋多、差异之甚。于是刻意求之,力图恢复成、李二家之经而后止,乃校经之难,竟倍于校《疏》之与《注》也。具详《校理〈老子成玄英疏〉叙录》(载《图书集刊》第七期),此不赘及。于考论中,见六朝时有所谓张系师本者,传云出自张道陵,系据河上公本删损字句以求合于五千之数(实为四千九百九十九);书益诘诎,句读为难。或遵或否,而世遂有损字本与不损字本之殊。开元注《老》,嫌其损略过甚,于是取书本稍益二百余字,又或擅增字句(二十章"而贵食母",增为"而贵求食于母")。政和作注,又依开元,于是二《注》经文遂以帝王之重为举世所遵。《老子》古本传者日鲜。而羽客者流实多依损字本为说,虽贤如成、李,亦皆未能免俗,因而成、李解经遂或有令人憾其未谛者存乎其间。先君因念治《老》宜有可以依据之古本,而古本已不可得,此清世以来治《老》者之所以校事纷纷也。于是拟据开元以前未损字之本,搜其遗文,章益其句,句益其字,意复其旧。遂勾稽所见,以《正统道藏》王弼本为底本,列开元前诸子

及经、史注、疏所引《老子》遗文，择要存之，并随文略予校补，成书二卷，题为《老子征文》，虽不可言已复柱下之旧，然其异同之间，可供学人治《老》之参考者多矣。（《道书辑校十种》，第一一五——一一六页）

郭有守《〈道德经义疏〉序》云：

有守于抗日战期中，受命典蜀学政，以四川为复兴基础，而文化事业类多未备，爰首建图书、博物、科学各馆，以盐亭蒙文通君治学精勤，任以柱下之守，邦之人士咸庆得人。维时蜀与国内外交通既阻，求书匪易，值亦渐昂，而公帑尤奇绌，有守勉力为助，三四年间，幸聚书四五万册，虽全部庋藏未臻美富，然固已竭其棉力。此中艰苦，人所难知，多以收藏善本为询者，蒙君笑曰：善本岂易得哉，余惟日坐其间新勘善本耳。盖每得世所称明清精刻，蒙君恒以未尽美善为憾，日偕馆中诸子以旧本旧钞与众籍相检校，数年之中，所校书计二十余种，以《史通》、《文心雕龙》为最精，以《书苑菁华》、《墨池编》校《法书要录》为尤贵。缘《墨池》、《书苑》同出《要录》，三书皆无善本，蒙君用相互校，复参之类书文集，是正羡夺，易其伪误，然后三书胥有精本，斯则有关学术，非独勘校之勤也。

今岁秋间，蒙君复从《道藏》唐人著述中，辑得唐西华法师成玄英《老子义疏》，则更为奇迹。夫《成疏》之亡已千余载，唐之末季或已不完，仅强思齐《玄德纂疏》颇多征引，因强书以验顾欢《注疏》之称"疏曰"者，亦成氏疏也。自宋李霖《取善集》等以下，或亦颇存成说。蒙君参合辑录，除其复重者泰半，而成氏之《疏》复有完籍，钱君宾四见而叹曰："有清二三百年间，所辑逸书率多残帙，何意今日竟得全编，非治学精勤者恶能获此。"盖蒙君初从唐人著述中校出是《疏》，辑录成帙，疑若完整，犹未敢必其无所佚漏，嗣以罗叔言影印敦煌唐写《老子义疏》残本一卷，与所辑本相校，竟辑本优于唐写，始决成书之为完璧也。又蒙君既校《成疏》略竟，乃复知成公之经与强、顾诸家所据经皆不能合，深惜西华之《疏》虽备而西华之经竟亡，爰更取《老子》异本数十种勘之，最后始决唐遂、易二州龙兴观《道德经碑》最与成公经合，爰据遂碑以求成公之经，偶有违者更以易碑辅之，即无一不符。凡《成疏》之章损其句、句损其字若有阙佚者，二碑皆与相同，然后知成公之《疏》为完疏、二碑之经亦完经，而校经之难又倍蓰于校疏也。于是西华此书经与疏字字皆从唐出，以云善本，则其超于宋椠明钞不已远乎？岂仅得不传之籍于千载之后而已哉！

先是博物馆长冯君汉骥既发掘王建永陵，为世所重，今蒙君兹考亦可抗颜行，两馆诸同志固能无惭于职司，而有守年来殷勤辅导之意庶亦差足自慰耶！虽然，千载沉霾之籍得之自不易，校之亦大难，谓宜多求异本，虚心从事，一字苟益，贤于球璧，吾闻巴黎所藏敦煌古籍《老子疏》皆有写本，每章之首备言各章相次之故，正与《成疏》合，殆即成书。罗氏影印敦煌此疏时，未检《道藏》，乃误疑其为孟智周书，则巴黎之各卷当亦不能定为谁作。今者《成疏》既显，可以持校，或即从敦煌写本而证《成疏》早有完书，未可知也。吾曾托法人李佳乐为致巴黎此疏五卷影片，欲校兹辑，徒以交通阻滞，未可遽得，或当期诸异日。今《成疏》一卷中始四章至九章，适为顾本缺卷，仅赖强本辑录疏文，而三卷始三十二章至三十四章，则强本所征《成疏》已有佚缺，又仅赖顾本为辑取之据，故此数章文多疑异，更观此本《序诀》之文，即复显有伪夺，是安可必新辑之疏定无一误耶？昔阮伯元于《道藏》中得成公《庄子疏》及《老子》顾欢《注疏》，定为张道相《集解》，俱写呈进，并列于四库未收书中，则阮氏既识顾书中有《成疏》矣，是殆由强思齐而决之，知阮氏亦为合研强、顾两书者。今蒙君亦由二家书中察见成书之全，与阮氏术同，然阮氏不先辑出《成疏》完帙而留待蒙君者，或未当详审疏文，疑其残缺故弗致力耶！阮氏一间未达者，蒙君以考校之精勤而得之。又阮氏定顾欢《注疏》为张道相《集解》，蒙君独定顾书为李荣《集解》，所考论皆视阮为精密。夫前以考校偶疏致此巨大发现遗之后人，兹苟不慎，顾以今日之疏复遗后人以口实耶！

今蒙君所据顾、强二家书为正统《道藏》，尝闻海内所存尚有北宋藏、有金藏、有元藏，明初复有南藏，皆在正统之前，又阮氏进呈未收书多得之天一阁，《老子顾欢注疏》、《庄子成疏》天一阁所藏皆明时钞本，于后嘉业堂所刻《宛委别藏》中存之顾欢书，应皆出天一阁，胥足正正统《道藏》，而为今者此书校勘之助。愿徐徐求得，博考复校，俾此书益臻完善，又不但一巴黎写本已也。蒙君别有《校理成玄英老子义疏叙录》数万言，载《图书集刊》第七期，附阐重玄之妙义，绅绎老氏之坠绪，兹不详述，但举有裨此书校事者论之。《叙录》中依甄鸾《笑道论》定张系师为张衡，以损字本五千文出于此，为成公及遂州碑之所据。余按《登真隐诀》云：隐居云：《老子道德经》有玄师杨真人手书张镇南古本，镇南即系师鲁，系师内经有四千九百九十九字，由来阙一，是作三十辐应作卅辐，盖易省文耳，非正体也。兹所陈义或足为蒙君之一助而复小异。甄鸾为北周人，隐居值梁武世，殆南北所传又各殊耶！宜更考之。此书方将付印，余适有伦敦之行，未观厥成。然蒙君固告余此书为其尊人君弼先生手录，渍石时苟有一字之误，不惮改印全页，其精美可以想见。他日书成问世，方将与学林共赏之，固不独有守一人之快也。（《道书辑校十种》，第三七二—三七四页）

一月(民国三十四年腊月),友人杨叔明母八十大寿,先生与彭云生、弟蒙文敦等为之贺。彭云生《贺叔明太夫人杨伯母八十寿》云:

> 国初交令嗣,拜母频登堂。往来故侯门,共钦兰桂芳。煌煌忠武公,垂像于紫光。后裔多贤俊,家规隆典常。先德璧生公,崛起焕文章。太夫人佐之,内外称贤良。公晚病风痹,支体木而僵。赖母左右侍,起居勤扶将。浆酏并药饵,饥饱及暄凉。护持七八载,竟夕寐不遑。有子号叔明,才艺尤夸长。三十蜚英声,四十龙腾骧。五十参大政,勋名未可量。皆曰母教贤,启迪多义方。惟母常懔懔,食蔬而散裳。示俭无弃粒,服勤戒怠荒。劳则善心生,常称古敬姜。今年寿八旬,乃如四十强。礼佛日不懈,积善身弥康。绕膝骈孙曾,彩衣戏兰房。宾众咸称拜,愿寿如山冈。为作颂德篇,以侑母一觞。(《百衲小巢遗诗》,第一二四——一二五页)

同月,先生友王恩洋因昌圆法师逝世,至成都,在莲宗院设宴。宴毕,商文教院迁蓉事。后又开文献委员会。

王恩洋《五十自述》云:

> 本年九月,昌圆法师逝世,今乘寒假之便,乘车赴省上香。莲宗院设宴,并请子鹤、子厚、次青、文畦、芸生、文通、石荪、肇乾、旭东诸先生。届时石荪并约朱孟实先生至。喜极。宴毕,文畦提商文教院迁蓉事,众共赞同,并共加入文教院院董。共加入者,邵明叔、卢子鹤、谢子厚、黄肃方、彭芸生、韩文畦、蒙文通诸先生及广文师。后更加入但懋辛、刘肇乾、王旭东先生,共十一人也。……予将返家,子鹤师忽告予李柏申先生约开文献委员会。予曰,年将终,奈何。曰,留蓉过年何伤。予曰,两日内召集,犹可留也。果于第三日开会。召集人,李柏申秘书长、刘明扬厅长。被邀者,谢无量先生、向仙桥先生、鹤师、文通兄、冯馆长等。会毕,已是夜十点钟。……次日,车息乐至。……返家时已除夕矣。(《王恩洋先生论著集》第十卷,第六〇九——六一〇页)

二月二十五日,先生拟聘请吴汉骧为省立图书馆职员。(《吴宓日记》[1946—1948],第十一页)

三月,四川省立图书馆建立国际图书交换业务,先后致函英、美等国图书馆、中央之外交部、中国驻外使馆、领事馆征集外国及侨胞出版的报刊,并用《图书集刊》及《李荣老子注》、《成玄英老子义疏》等与之交换。同年十月换回《英国沙士比亚图书馆读者简章》三件,目录数册,《美国纽约公共图书馆概说及新用人须知》一件,《美国国会图书馆季刊》四册及该馆馆藏中文图书目录等。

约在本年某月,方叔轩请先生将《音韵学丛书》的目录抄示一份,"以便附送荷途"。

方叔轩致严谷生函云:

> 承嘱转函美国哈佛大学,因其设有东方文化研究系,拟以先生萃积二十余年精力之鸿著《音韵学丛书》甲种精印本赠送全部,藉以宣扬我国文化,甚盛事也。弟自当照办,除已托文通兄将丛书目录抄示,以便附送荷途,俟得覆函即译呈座右外,知关锦注,特覆。再,曩据教部发表各国设有中国文化讲座者,尚有英国剑桥大学、牛津大学、美国哥伦比亚大学,大著将来是否均可赠寄,以弘尊旨? 便中仍希见教也。(《川大记忆——校史文献选辑》,第三九二页)

> 知按:原函未署年代,今据《四川省图书馆记事》推定方叔轩此函应作于一九四六年三月某日。

二日,吴宓致函吴汉骧,命即来蓉。"盖二月二十五日晨范午来告,蒙文通决用骧为省立图书馆职员也。"(《吴宓日记》[1946—1948],第十一页)

四月八日,顾颉刚致信先生。(《顾颉刚日记》卷五,第六三七页)

二十日,"正午,步至南门外关帝衣冠庙之南(黄瑾怀副官长之宅旁)李宅,赴李至刚、李天民(四川省三民主义青年团书记)兄弟请宴,进黄酒。……宓与穆久谈。3:00 偕穆步至华西坝 103 穆宅,久谈。穆允代商蒙文通,为宓借居其馆中。穆力劝宓勿回平,可径离清华。穆出埏函,述云南五华研究计划,及厚薪优礼,聘穆为文科所长等情。穆将就之。"(《吴宓日记》[1946—1948],第三七—三八页)

五月,先生《辑校成玄英道德经义疏》由四川省立图书馆石印,内书"抗日战役期中,校辑老子成疏,竣工之日,适逢胜利,惟兵不祥,众生刍狗,拳愿国殇,毅魄早证,三清并祷,永弭甲兵,天下安泰。"钱穆见而叹曰:"有清二三百年间,所辑佚书率多残帙,何意今日竟得全编,非治学精勤者焉能获此?"(《道书辑校十种》,第三七二页)

六月,先生作《跋华阳张君〈叶水心研究〉》,并自述学第,云:

> 经学莫盛于汉,史学莫精于宋,此涉学者所能知也。汉代经术以西京为宏深,宋代史学以南渡为卓绝,则今之言者于此未尽同也。近三百年来,宗汉学为多,虽专主西京其事稍晚,然榛途既启,义亦渐明。惟三百年间治史者鲜,今兹言史者虽稍众,然能恪宗两宋以为轨范者,殆不可数数觏,而况于南宋之统绪哉! 双江刘鉴泉言学宗章实斋,精深宏卓,六通四

辟,近世谈两宋史学者未有能过之者也。余与鉴泉游且十年,颇接其议论。及寓解梁,始究心于《右书》、《史学述林》诸编,悉其宏卓,益深景慕。惜鉴泉于是时已归道山,不得与上下其论也。后寓北平,始一一发南渡诸家书读之,寻其旨趣,迹其途辙,余之研史,至是始稍知归宿,亦以是与人异趣。深恨往时为说,言无统宗,虽曰习史,而实不免清人考订獭祭之余习,以言搜讨史料或可,以言史学则相间犹云泥也。于是始撰《中国史学史》,取舍之际,大与世殊,以史料、史学二者诚不可混并于一途也。

……

余少年习经,好西汉家言。壮年以还治史,守南宋之说,是皆所谓于内圣外王之事,无乎不具也。近校印拙著《儒学五论》方竣,于西汉之学殆略推论之也;兹因张君之作为叙录南宋之学若此,冀于六家之言及其始末之故钩稽而抉择之,以确著论史之准的,张君其奋勉以赴之,余与薄海之人举跂踵以观其成也。丙戌仲夏蒙文通书于澹飏阁。(《中国史学史》,第一六一——一六三页)

七日,吴宓来访。《吴宓日记》云:

> 省立图书馆,访蒙文通,见其父,留片。(《吴宓日记》[1946—1948],第六三页)

二十一日,与友彭云生同宴吴宓等于二仙庵。
《吴宓日记》云:

> 10:30 彭举来,邀陪济、稷,同乘人力车至百花潭二仙庵,赴彭举、蒙文通合请素宴。直至下午4:00始入席。宓聆听邓绍勤(即邓少琴)自述1918在重庆长寿间,大江中,舟覆,跃入水,自上午九时至夕五时,以颚、手、足钳附大木盆底,始免沉沦而死。其后遇救,复遭歧视(因非哥老会中人),又遭抢劫等详情。又谈碧柳早年事。举约往崇庆讲学,并游青城。(《吴宓日记》[1946—1948],第七三页)

二十六日,吴宓访华西大学代校长方叔轩,知先生将任华大哲史系主任。
《吴宓日记》云:

> 华西访方代校长叔轩,催请钱、宓住宅,并荐献任教。遇蒙文通在座,将任哲史系主任。宓出,遇罗忠恕于街中。桥边城缺处,遇宋汉濯、徐德庵,又遇钱穆。(《吴宓日记》[1946—1948],第七五页)

二十八日,"罗忠恕招宴于其宅(华西坝钟楼侧 84 号)",先生应邀参加,同坐者有华西大学总务长李怀义、华西女部主任兼英文系主任胡正德、华西大学代文学院院长傅葆琛及吴宓等人。

《吴宓日记》云：

> 晚8—10赴罗忠恕招宴于其宅（华西坝钟楼侧84号），介见华西大学总务长李怀义（教会式之洋气且鄙俗）等。华西女部主任兼英文系主任胡正德（Miss Fosnot，白发老女）谈该系三、四年级无一正式学生，欲宓授《英文作文》及《二十世纪文学》等课，宓却之。席间见新任哲史系主任蒙文通之俗黠，代文学院长傅葆琛之圆滑，以及其他华西各要人，宓心殊厌之。（《吴宓日记》[1946—1948]，第七六页）

七月五日，吴宓访刘得天于东城街本宅，"久谈。得天允陈配德介宓住居文殊院僧寺，遂纵论蒙文通、彭举（彭云生）诸君治学之得失短长，然亦不免具有我慢，所谓'古之狂也肆'也。"（《吴宓日记》[1946–1948]，第八〇—八一页）

六日，朱师辙致函先生，云：

> 顷奉手书，心慰无似。蜀中旧友，每念不忘。益以叔轩先生厚意殷拳，聘弟赴蜀，尤所心感。昨已复书允诺（六月廿九日复）。叔轩先生言，拟推先生为哲史系主任，弟函言可谓得人，极端赞成。功课拟开魏晋南北朝史、魏晋南北朝社会文化史、清史研究、通鉴导读四种，希转告。弟之赴蜀，为所心愿，惟有二事最为困难。为交通阻碍非乘机不可，接洽美机尚无熟人。萧一山未晤面，兄与有旧，能介绍否？或托校中能与美方直接者，冀可稍多带物件（衣服、书稿、铺盖）以备应用。家眷目前不易同行，并非省费，实无钱可用，且寓中书稿无人看管，必尽被窃售，故家眷非缓来不可。一则此间物价近又大涨，自战事重起，数日间，米由五百元涨八百元以上一斤，他物随之涨。论理，家眷以同往为佳，留在此间生活费愈大，此为一困难。但弟以酬叔轩先生盛意，一人必先往，盼校中帮助交涉美机，准许带行李若干，以便到时不致全无应用。并希校中支两月薪水并旅费汇下，以备就道应用（大约行期八月间）。尚祈转告叔轩先生。张佩纶《管子学》石印曾翻阅，乃一长编，随手抄录，殊无剪裁，间有售本，购之无法带去（询定价再告之）。顾欢《老子疏》当赴厂店代询，有则为购一部带往。季豫湘约其归，曾谈及大约不去，以交通不便。渠父子兼辅仁、北大（季系辅仁文学院长），生活尚充裕。让之函寄辅仁则达。小儿福祖已抵黔，曾属送母来平，交通不易，旅费太巨，是否能来，尚未得复函。敝处皆安，堪纾厪注。叔轩、忠恕两先生并候。诸旧友晤时祈致意。和云生

游京沪动身否？近无书来，甚念。（《川大记忆——校史文献选辑》，第二
七九—二八〇页）

十二日，先生友钱穆离蓉，二十三日抵苏州。（《钱宾四先生全集》第五十三
册，第一九八页）自此以后，先生与钱穆即未能再次晤面，而怀念之心，始终
如一。

蒙绍鲁《先父蒙文通与钱穆、汤用彤的友谊》云：

1923 年前后，父亲执教于重庆联合中学和重庆第二女子师范学校。
从友人蒋锡昌处，得见钱穆在苏州第三师范校刊发表的《先秦诸家论礼与
法》一文，惊其宏旨能与廖平之说相通。虽从未晤面，但喜学术上相知之
难，遂工楷为书，盈万言，云天万里，寄钱穆共论学术。此乃两位学人后来
一生友谊之始。

不久，父亲为探同、光以来中国经学之流变并欲看望钱穆，遂离开重
庆南走吴越。至南京时，曾拜谒太炎先生，与谈古今之变。于南京，得识
宜黄欧阳竟无大师，探问唯识法相之学，深感以治经之法以研佛典之重
要，遂入大师所办"支那内学院"，潜心研习佛家哲学，与同窗好友汤用
彤、熊十力、吕澂朝夕相处，谈古论今，相得益彰。

1931 年，父亲去河南开封执教于河南大学，对周秦两汉学术思想之
变迁又提出新的论述。认为：秦行法制，是行先秦法家思想，孔孟所述乃
周制；汉代经师之说，非周非秦，实汉儒之理想。此时，钱穆、汤用彤执教
于北京大学。1933 年，父亲应汤用彤之邀，亦由开封去北京，执教于北京
大学。

据钱穆所著《师友杂忆》所记："文通初下火车，即来汤宅，在余室，三
人畅谈，竟夕未寐。曙光既露，而谈兴犹未尽。三人遂又乘晓赴中央公园
进晨餐，又别换一处饮茶续谈。及正午，乃再换一处进午餐而归，始各就
寝。凡历一通宵又整一上午，至少当二十小时。不忆所谈系何，此亦生平
惟一畅谈也。"

卢沟事起，抗战军兴，父亲携家南归，执教于四川大学、华西大学。钱
穆、汤用彤亦随校南迁。国事日非，颠沛流离。不久，钱穆亦来成都执教
于华西、齐鲁大学，与我父情谊仍深。抗战胜利以后，钱、汤北归，与我父
仍时通音讯。但从此，父亲与钱穆即未能晤面，而怀念之心，始终如一。
（《往事存稿》，第三八五—三八六页）

七月六日，吴宓访彭云生"于桂花巷宅，不遇。留函，述宓自始不愿往崇
庆讲学之意，今仍坚辞。"并云"此办法必失举与蒙文通之友谊，亦由宓赋

性若斯,处理步步皆误,无可如何也"。(《吴宓日记》[1946—1948],第八一页)

十七日,方叔轩致函姜蕴刚,云:

> 兹据蒙文通先生转来朱少滨函,称可担任哲史系中课程魏晋南北朝史、魏晋南北朝社会文化史、清史研究、通鉴导读等四种,其中关于来学年课程以何者为必要,应请吾兄提出意见,以便决定缮送聘书。(《川大记忆——校史文献选辑》,第二八二页)

八月九日上午,访吴宓,然吴宓"未至楼下迎送"。(《吴宓日记》第十册,第一〇二页)

秋,先生征得三台草堂国学专科学校校董会同意,聘请谢无量担任校董事会董事长。在先生和谢无量的努力下,草堂国专迁至成都西门外金牛坝,并改名为成都尊经国学专科学校,"意在继承振兴蜀学的尊经书院遗风"。(《绵阳市文史资料选刊》第五辑,第十四页)

同时,先生也在成都尊经国学专科学校教授史学通论。

袁海余《三台草堂国专与成都尊经国专》云:

> 蒙文通校长亲授史学通论,大学生都有他的著作一册。但蒙先生从不照本宣讲,喜欢随兴而讲。他讲古史以宋为主,评论史家颇推崇唐之刘知几、清之章学诚。我们最欢迎蒙先生畅叙巴蜀掌故、人文民俗、近代先贤轶事。蒙先生似是尊经书院末期生,未及卒业,复改入存古学堂,故常讲起廖季平先生与康有为之往事。也讲过昔谢无量先生作存古学堂堂长时,其年龄比之在堂许多学生都小,学生戏称之为"小谢"的趣事。讲到兴致高时,爽朗发笑,闻者莫不动容。蒙先生十分关心学生学习,他曾亲自请来伍非百教授,并陪同伍先生到校上课。(《绵阳市文史资料选刊》第五辑,第二十一页)

九月,缪钺应华西大学聘,讲授"诗选"、"词选"、"中国文学史"、"中国通史"、"历代韵文选"等课程。

十月,先生《黄老考》、《杨朱考》刊《灵岩学报》创刊号,然"皆印数不多,流传非易",故数十年后,鲜为人知。蒙默致裘锡圭函云:

> 近于《中国哲学》第二辑获读大作论《心术》、《白心》为田骈、慎到作一文……忆先君于1946年尝撰杨朱、黄老二考,所论颇与尊著相合。因检出核之,果然。先君考论詹何、子华、它嚣、魏牟、陈仲、史鰌、宋钘、尹文、环渊、捷子、田骈、慎到皆为杨朱者流,以为此乃北方之道家,与南方道

家庄周者流迥异其趣。并谓杨朱之学至田、慎之徒而推致于极精，所谓"黄老之学"于以出焉。故以田慎之学关系先秦道法者至重。然而所执以论田慎者，主要即《心术》、《白心》、《内业》诸篇。故文中亦略就荀、庄评田慎之说以论数篇之为田慎之书。大要谓静因之道为田慎学术根荄。《心术》所论"静因之道""舍己而以物为法"一段，正慎子"弃知去己而缘于不得已，泠汰于物以为道理"，"无建己之患，无用知之累，动静不离于理"，所谓"块不失道"，"魏然而已"者也。《白心》言"孰能法无法乎，始无始乎，终无终乎，弱无弱乎"，正"上法而无法"也。《白心》言"上之随天，其次随人，人不倡不和，天不始不随"，即"上则取听于上，下则取从于俗"也。《白心》言"知何知乎，谋何谋乎"即"若无知之物"，"无用知之累"也。"孰能去辩与巧，而还与众人同道"，则"无用圣贤"也。"至于至者，教存可也，教亡可也"，是"教则不至"也。"能若夫风与波乎，唯其所欲适"，即"若飘风之还，若羽之旋"者也。《心术》言"天道虚其无形，虚则不屈，无形则无所抵忤，无所抵忤则遍流万物而不变"，所谓"道行无遗"、"于物无择，与之俱往"者也。"私者乱天下者也"，此"公而无党，易而无私"之说也。《白心》"万物归之，美恶乃自见"，即《吕览》"是非可不可无所遁"，史谈"贤不肖自分，黑白乃形"者也，曰"舍是与非苟可以免"，过也。举凡荀、庄所论，胥可于此数篇中得其义。田骈因性任物之义，接子或使之说，亦于此数篇阐发益明。又以《治要》所引《慎子·威德》、《因循》、《民杂》诸篇校之《心术》、《白心》亦皆能合。故先君臆此数篇为慎到之书。凡所敷论，多就文理之相符者言之，……与大作所论略有差互，然皆相得而益彰，此数篇之为田、慎一派之作更明。此数篇者，自郭老论其为宋、尹之作，后遂视为定论，默尝期期以为不可。今读大著，欣喜无似。念先君之文虽1946年刊《灵岩学报》创刊号、1948年刊《图书集刊》第八期，然皆印数不多，流传非易，想必不曾见到，故此撮要奉呈。空谷足音，释然而喜，谅亦所乐闻也。又先君谓黄老出于田慎，亦与大作言道法家源出申慎之说合，唯以未见马王堆诸帛书，第以六家要旨之说言黄老，故未能深论……

裘锡圭赞之云：

　　蒙先生未及见马王堆帛书，而于黄老之学能为此推本溯源之论，博学锐识，使后辈钦佩无已。贵刊能赐一页之地将此信刊出，或可使蒙先生的卓见能为更多的人知道。（《文史丛稿》，第七八—八〇页）

十二日（即丙戌年九月十八日），先生撰《新校张清夜〈阴符发秘〉校后记》，并述其缘由云:"友人邓君少琴,得自牧道人张子还著《阴符发秘》于东川书肆败纸堆中,以示余。"先生于是重为校订,并请谢无量为新校本作序,杨润六为作者作《自牧道人别传》,后刊《图书集刊》第八期。

十二月,谢无量作《新校张清夜〈阴符发秘〉序》,云:

> 吾友文通,近治道家言,既裒集唐道士成玄英、李荣二家《老子注、义》校而行之,又得清自牧道人张清夜所著《阴符发秘》,并次其年谱,将刻以行世,文通之用力于此勤矣。因论禅宗属中国自成之佛学,而宋人之理学因之,道家之全真教又继禅宗及理学而起,此真能通三教之流别,吾不能易其言也。自牧道人晚出,宜不能无取于全真教,惟范宜宾《玄解》嗣《发秘》而作,其《序》则谓:"自牧道人居蜀,素明南宫之术,却于内丹成道。"盖宋以后道家分南北二宗,北宗流为全真派,而南宗则未必然。《发秘》所释天人合发、日月有数之旨加详,屡称《参同契》、张紫阳之书,皆南宗所奉为圭臬者也。是自牧道人之学不可专以全真派目之。《玄解》持论,则又似偏于南宗。要之,道家自黄老以后,每降愈卑,惟庄周博大,能明无待之至游;魏晋崇玄虚,亦尚不信神仙之说;左元放、魏伯阳始言补导,张紫阳宗之,以为南宗。王重阳虽近禅,然其徒所论修习次第,不免于志在冲举。故南北二宗实皆方术,非古之所谓道术也。夫入于术,则其运用不离乎声色形气之间,或拘于阴阳度数之末,术愈精而道愈小矣。此道家之变也。然自牧道人之学,固有所受之,而发之于《阴符》,其书甚为当世所重,又乌可忽乎哉!因序《发秘》,略申余意,并质诸文通。时民国三十五年十二月谢无量序。(《道书辑校十种》,第一一七六——一一七七页)

杨润六《自牧道人别传》附识云:

> 民国二十一年青羊官主持刘教宾重建道人墓碣,其文颇略,《成都志》亦复不详。友人蒙文通据安碑知乾隆己卯道人年八十四,因考各序记,得推论道人之年世生平如此,正芳因取以为别传,于寻道家统绪者,倘有裨焉。(《道书辑校十种》,第一二〇四页)

一九四七年(中华民国三十六年丁亥) 先生五十四岁

是年春,先生为刘敦愿主婚,并在四川省图书馆楼前摄影留念。此后不久,刘敦愿又在丁山的举荐和先生的资助下辗转到青岛,任教于山东大学。

刘陶《回忆父亲刘敦愿》云:

> 1947年,经丁山先生的举荐和蒙文通先生的资助,父亲辗转来到青

岛,任教于山东大学,开始了由美术转入考古学的学术生涯。父亲不是专业的科班出身,底子薄、起步晚,加之年龄相对较大,工作和生活面临许多困难。(《老照片》第六十三辑,第八一页)

斯维至《忆文通先生长馆期间二三事》云:

> 刘敦愿晚于我一年离开图书馆。当时交通阻梗,他应山东大学丁山先生邀请要到青岛去,不能成行,蒙先生为他写介绍信给民生轮船公司经理,信中说:"今我学生中登大学讲台者,数刘君已十一人矣!"据敦愿说,其第十人就是我了。(《蒙文通学记》,第九四—九五页)

三月十日,先生友朱师辙致函方叔轩,云:

> 弟旧历年回黟二星期,元宵前后复返芜。接北平友人函,言《项氏瓷谱》询书肆多家有售,俟得书询定价值再相告之。近者平书市亦缺乏,故有此现象。弟前托书店代寄之书到否? 山腴先生健康否? 文通、和生二位亦久未得其书,想常晤面,希致意。闻和生已赴南京,未知确有其事否? 内战日烈而金融破产,物价腾涨,良可忧也。蜀中物价恐亦未能例外,惟粮食或较江南为廉。弟在此各事尚顺,惟教室及图书缺乏,乃一恨事。绍云兄与弟隔壁居,故尚不寂寞。(《川大记忆:校史文献选辑》,第二七五—二七六页)

是年夏某日,先生与谢无量、徐仁甫等至望江剧场喝茶。茶间,大家谈起《左传》问题。徐仁甫认为《左传》是西汉刘歆所作,并非左丘明。先生在与徐仁甫辩论之后,虽然不同意此说,但仍提醒徐仁甫说:"你用瑞典高本汉引进的比较语言学来论证《左传》语言的年代,倒是解决此问题的新途径。但你若再转论证司马迁写《史记》并未见到《左传》,你的创见就可成立了。"

徐行(即徐仁甫)《记顾颉刚先生论〈左传〉及对〈左传疏证〉的期许》云:

> 我的朋友蒙文通先生知道我要翻《左传》的旧案,特意告诉我:"《左传》问题关键,在《史记》一关攻不破;子能破《史记》关,则决胜矣。"因借时贤有关《史记》的论述而遍读之。其中有罗倬汉《史记十二诸侯年表考证》,在《考证》的前面,有顾先生写给他的信。信上说:"弟总以为《左传》成书在西汉末。然何以有类似释经之文厕入年表中,而确与今本《左传》相合? 此一问题,至堪玩味,亦大足闷人。"我得读此,然后知蒙先生的话,是看了顾先生的信而说的。于是我用《左传》采书而又改书的规律,来攻

破《史记》这一关,结论是《左传》另一大部分史料,乃修改《史记》而成。(《顾颉刚先生学行录》,第四〇六页)

黄奇逸《有关〈左传疏证〉的一段往事》云:

蒙文通先生是人们皆知的文史界大师,博通经史,见识过绝于人。徐仁甫先生精于语言学,是国内造诣很高的语言学家。

徐先生一生勤谨,写成学术专著十几部,其中有一部得世间非议最多,也是得世间赞誉最多的奇书——《左传疏证》。此书的写成,曾得到蒙先生的襄助。也曾得到过顾颉刚先生很高的赞誉,顾先生前与徐先生的通信中说,这是我几十年来都想做的事,没有做成,竟让你做成了。

1947年的一天下午,谢无量、蒙文通、徐仁甫等先生在望江剧场处喝茶。茶间,大家谈起《左传》问题。徐先生仍认为《左传》是西汉刘歆所作,并非左丘明。蒙先生与徐先生辨难非间之后,虽然不同意此说,但提醒徐先生说:"你用瑞典高本汉引进的比较语言学来论证《左传》语言的年代,倒是解决此问题的新途径。但你若再转论证司马迁写《史记》并未见到《左传》,你的创见就可成立了。"蒙先生所说的问题,徐先生虽有所注意,但并未全力以赴。此后,徐先生在这方面用了多年的功力,证明《史记》中所提到《左氏春秋》又名《春秋国语》,就是《史记·自序》中所说:"左丘失明,厥有《国语》"之《国语》。《春秋左氏传》是刘歆伪托,与《史记》中所提到的《左氏春秋》是两回事。徐仁甫先生后来到南充师院教书,手边没有研究这个问题最重要的参考书——《左氏会笺》,蒙文通先生也没有。蒙先生便到徐中舒先生处为徐先生借得,使徐先生的研究得以继续进行。

1959年6月10日《四川日报》载《四川历史人物司马相如》一文,说司马相如是文翁教蜀第一批高材生中最优秀的一个。此说是据《汉书·地理志》"文翁倡其教,相如为之师。"本来,此语殊晦,但三国时候的秦宓就据此语说:"文翁遣相如东受七经。"秦宓的这种错误一直沿袭至今。徐先生据《汉书·相如传》与《汉书·文翁传》证明文翁尚未到蜀,相如早已游宦在外了。徐先生《司马相如与文翁先后辩》在川报发表后,蒙先生写信到川师,约徐先生到九眼桥茶社讨论:"四川为什么会产生司马相如这位杰出人物?"两位老朋友经过讨论,蒙文通先生后来写出文章专门谈此问题,对研究蜀中古文化很有价值。

蒙先生早年办尊经国学专科学校,特任徐先生为教授,并推荐出版徐先生的讲稿。可惜蒙先生尚未见到徐先生《左传疏证》成书就被人迫害致死,这是徐先生常谈到的最伤心的一件事!徐先生已于1988年11月2

日逝世。我回想起徐先生曾给我讲过的这段往事,记于此,用作悼念徐仁甫先生、蒙文通先生。(《文史杂志》,一九八九年第三期,第四二转三四页)

> 知按:徐仁甫在撰写《左传疏证》一书时曾向先生和徐中舒借阅各种参考书籍。徐仁甫《左传疏证》凡例云:"本书先承蒙文通、徐中舒两先生惠借各种参考书籍,后承四川省图书馆、成都市图书馆、四川师范学院图书馆工作人员予以借书方便,又承何韫若同志为之清稿缮写,合并致谢。"(《左传疏证》,第二页)

八月,四川大学聘缪钺兼任历史系教授,讲授"中国学术思想史"、"魏晋南北朝史"和"中国通史",先生于是得与缪钺等往还论学。(《缪钺先生生平编年》,《魏晋南北朝史论文集》,第六三页。)

秋,应友王恩洋之聘,主讲东方文教学院。王恩洋《赠五教授》题记云:"1947 年秋,延聘曾宇康、彭芸生、蒙文通、汪德嘉、任筱庄先生主讲东方学院,身教、言教惠益宏多,年假忽临,感激与钦佩同殷,赋诗用申诚敬。"诗云:

> 文质彬彬来相扶,热情肝胆讲诗书。横经作赋咸余事,仗义刑仁倍可师。
>
> 韩柳文章屈宋词,殷勤训诲育性情。心期远寄菩提树,戒律威仪谨护持。
>
> 少小同窗更切偲,学业道德两相期。寒梅雪岭千花发,风谊醰醰岁暮时。(《王恩洋先生论著集》第十卷,第四三四—四三五页)

一九四八年(中华民国三十七年戊子) 先生五十五岁

是年,先生仍任职四川省立图书馆,并兼教华大、川大,主讲沿革地理等课程。抗战胜利后,先生友钱穆自成都转至昆明五华书院任文史研究所所长,本年自昆明回无锡,任江南大学文学院院长,来函邀请先生去无锡,先生以家口众多,战事方殷,行旅不便,谢之。钱穆又来函为《学原》杂志征稿,先生以《法家流变考》付之。后久未刊出,先生去函索回修改。(《蒙文通先生诞辰110周年纪念文集》,第四三二页)

陶鼎辉《国立四川大学》云:

> 历史系原为省立博物馆馆长冯汉骥兼代,现徐中舒先生已返职继任,渠为部聘讲座,曾在中研院历史语文研究所整理明清史档案,极为同学景

仰。李思纯先生专攻史学原论与方法,周传儒先生为英皇家学会会员之一,蒙文通先生主讲沿革地理,邓少琴先生授川康历史,闻宥、缪钺两先生,更各有精研,深得同学爱戴。(《读书通讯》,一九四八年第一五八期,第一九页)

牛敬飞、张颖《追忆国学大师蒙文通先生——蒙默老师采访记》云:

> 钱先生在无锡江南大学当文学院院长,他还曾经约我父亲到江南大学去教书。因为解放前货币变化比较大,我们家人也比较多,我父亲又在华大教书,又在川大教书,又是省图书馆馆长,身兼三职。那时兼职就要拿一份工资的。钱先生就约我父亲到江南大学去,说江南大学的待遇比较好,一个人的工资相当于国立大学两个人的工资。那阵我祖母、祖父都还在,我们都还在读书,兄弟姐妹又多,有七个,那阵打仗又打得凶,所以我父亲根本就没法去。(《天健》第十七期,第四四—四五页)

是年,先生《辑校唐李荣〈老子注〉》四卷由四川省立图书馆石印刊行;《杨朱学派考》、《晚周仙道分三派考》、《〈坐忘论〉考》、《陈碧虚与陈抟学派——陈景元老子、庄子注校记》、《辑王介甫〈老子注〉佚文并序》、《辑严君平〈道德指归论〉佚文并序》、《辑校〈老子李荣注〉跋》、《〈阴符发秘〉校后记》诸文刊《图书集刊》第八期,是为先生治道学之一大总结。六月三十日,唐君毅复信先生。七月五日,唐君毅致信先生。(《唐君毅全集》第二十七卷,第六页)

九月,先生东北大学学生冯汉镛来四川图书馆任编纂,并于次年九月离馆。

冯汉镛《蒙文通先生对我的启发与教导》云:

> 1947年我离开了苏州顾家花园回川,本准备结婚后重返,孰料事与愿违,只好来到成都。到成都后,就谒见了蒙先生,我把随顾先生治学的经过向蒙先生作了汇报,整整谈了一个多小时,几次告辞,都被蒙先生留住,深深的令人感受到青睐。隔不久,蒙先生就给我送了一份四川省图书馆的聘书,叫我在馆内工作。这是一件求之难得的事情,使我感到兴奋。
>
> 当时蒙先生正在辑校《李荣老子注》,内中有些琐屑的事情,就教我替他整理。我深恐有负厚望,除自身加强学习外,还经常向蒙先生请示。在不断的指导下,不仅完成了任务,而且增进了自己的目录学和校雠学知识,得到了辑佚书应该用的方法。五十年代我在上海科技出版社出版的刘禹锡《传信方集释》,九十年代我在人民卫生出版社的《古方书辑佚》,

都是受了蒙先生辑李荣《老子注》,才取得的成果。(《蒙文通教授诞辰百周年学术座谈会纪念册》,第二八页)

十月十四日,金毓黻云:"往闻蒙君文通言李剑农所著《最近三十年中国政治史》最佳,今日阅之良然。"(《静晤室日记》第九册,第六七一七页)

十二月二十九日,唐君毅致信先生。(《唐君毅全集》第二十九卷,第二一页)

　　　　知按:在今本《唐君毅日记》中仅有三处提到先生,然先生之于唐君毅实为启蒙之恩师,但因社会动荡,一九四八年以前之唐君毅日记已与其父唐迪风著作散佚于解放后不久。又因今本《唐君毅全集》书简卷未收唐君毅致先生信件,故无法知晓其内容,考虑到是时唐君毅任教无锡江南大学知,往来书函或涉及延聘先生任教江南大学事。

蒙文通先生年谱长编卷六

一九四九年（己丑）　先生五十六岁

是年，四川省通志馆成立，聘先生为纂修，分工负责"大事记"。先生于是作《四川历代盛衰与户口登耗考》、《前后蜀州县及十节度考》等文。

是年，先生仍任尊经国学专科学校校长，并拟与刘咸炘所办尚友书塾合并。

刘伯谷《敬忆蒙文通先生二三事》云：

> 己丑春，先君生前所办尚友书塾在先生建议下（当时附议者有向楚、林思进、彭举、吴永权、魏嗣銮［魏时珍］等教授）拟与先生创办之尊经国学专科学校合并，定名为"尚友文学院"（当时已得国民党教育部长口头同意，后以解放未果），先生当时告诉我说："刘先生取名'尚友'，是有其深刻意义的（指尚论古之人，诵其诗，读其书），我办'尊经'，也是这个意思，我们都在为国家留文化根根。"（《蒙文通先生诞辰110周年纪念文集》，第十七页）

春，先生友朱师辙飞离成都，至昆明，转海防、香港，返上海。（《能观法师传略》，《法音》，1985年第3期，第三四页）

夏，先生弟蒙思明在哈佛大学获哲学博士，并决定年底回国。华西大学任命其为哲史系主任，在其未到任之前暂由先生接任。

夏，傅斯年出任台湾大学校长，电邀陶元珍前往任教。陶元珍于是辞去湖南大学历史系主任及教职，经广州、香港赴台北，后先生知之，为之惋惜不已。

陶元甘《蒙文通老师的美德》云：

> 老师对先兄元珍也爱护备至。先兄于一九四九年夏自行弃去湖南大学历史系主任职务到了台湾（后病殁台北）。蒙老师尚不知此事。一九五〇年夏，老师致函先兄，说准备推荐他教川大。记得信中有一句："我为弟计之熟矣！"信寄至我的安岳老家。家中将信转给我。我至老师家黯然曰："我哥早就跑了！"老师再三叹息说："有我在，他何必跑嘛！"（《盐亭文

史资料选辑》第十辑,第六二—六三页)

陶世龙《云孙诗钞跋》云:

　　1949年初傅孟真先生出长台湾大学,电邀先父前往任教。先父即辞去湖南大学教职,从长沙经穗、港赴台北。不意次年孟真先生遽归道山,先父亦罹怔忡之疾,缠绵病床且数十年,本篇即可见一斑。斯时家母在乡,鱼雁难通,及后两岸恢复交往,而先父已与世长辞矣!幸家母能参透人生,淡泊于心,今已九十高龄,先世无有其长寿者,盖其时正值清末民初,国家多难,亦饱经忧患,长怀遗憾,先高祖曾祖均未展所能即终于他乡。

四月,先生辞四川省图书馆馆长职,专任华西大学、四川大学教授。三十日,乔诚继任馆长。

斯维至《忆文通先生长馆期间二三事》云:

　　四川图书馆是抗战初期才建立起来的,它的历史很短,虽经蒙先生的多方努力,藏书也还不到十万册,不算丰富。有人问蒙先生馆中有多少藏书,或有多善本。蒙先生往往微笑说:"善本岂易得哉!余惟坐其间新勘善本耳!"蒙先生长馆期间,就是这样整理古籍的,就是这样为祖国文化努力的!他除了校理《老子义疏》为最大成绩外,还校勘了《史通》和《文心雕龙》、《书苑菁华》、《墨池编》、《法书要录》、《古今注》等,使它们成为完本、善本。据说一共校书达二十余种,可惜由于经费短缺,都未印行。(《蒙文通学记》,第九二—九三页)

田宜超《记前馆长伍非百》云:

　　建馆以来,凡八十年,供职于斯者,英才辈出,概乎有闻。然而求其学养深厚,通古今之变,成一家之言者,惟伍、蒙二氏而已。(《四川省图书馆建馆八十周年纪念文集》,第六七页)

同月六日,四川大学教授全体请假,要求改善待遇,并发表请假停教宣言。

五月二十二日,刘豫波逝世。向楚《挽刘豫波先生》云:

　　期君人寿到河清,又痛西南失典型。一代儒林尊长德,六年议席领耆英。风流墨妙幽兰趣,天假诗名老凤声。高朗令终归道晚,可堪多难此余生。(《空石居诗存》,第一六五页)

六月,尊经国学专科学校举行学生毕业典礼,先生亦参加之。

刘雨涛《我所知道的私立尊经国学专科学校》云:

> 蒙先生办该校的宗旨,是想在经、史、文、哲方面与川大、华大的相关学科抗衡。蒙先生于1949年6月的一天下午,在尊经国专学生的毕业典礼上,曾公开宣言:"川大、华大那么多教员,他们够得上教授吗?他们能写出几篇像样的学术论文吗?我们学校的李英华先生(他对学校的教师一直很尊重,总称'先生')、刘雨涛先生他们就能写出几篇像样的学术论文,他们就可以教大学。"蒙先生聘请的教师一律称"教授",他对川大、华大很多教授颇有微词。(《蜀学》第二辑,第三三页)

三十日,先生弟蒙思明致信方叔轩,云:

> 来示召令返校服务,当此母校需人之际,自应即时返国。惟光阴易逝,所愿学者多而所已学者少。既外出之不易,得此机会,自应充分利用,学所愿学,速了速归,非其志也。已得叶理绥先生同意,待明夏始返校,不愿中途改变,深以为歉。服务母校,来日方长,不急于一二年也。周少梧兄曾在波市顿晤谈,对思明情形当知其大略。新任哈佛燕京学社助理干事陈观胜君,系思明好友,最近即启程回国,将来到华西时,对思明近况当能道其详,兹不赘述。先生继长华西,深庆母校得人,务盼多寻机会,派遣新进有为之青年毕业生同学,即早出洋进修,为母校奠立学术基础,为今后培植领导人才。不便以优良机会,悉给与半百之人,以进修之途为酬劳之具也。此话非实有所指,风闻托事部近有奖学金多名,特于选择标准上冒进一言。(《川大记忆——校史文献选辑》,第三九九页)

七月六日,方叔轩致函先生弟蒙思明,云:

> 晓舫归,谈及近况佳善,并闻研究论文已告完成,近获最高学位,不胜忭贺。何日首途归来,盼望尤殷。下学年哲史系课程已商姜蕴刚主任就。前函开示课目中选排西洋通史、俄国史、史学通论、中国近代史四种,如吾弟尚有其他意见,俟归来后另商排定。启行时间务希提前决定。(《川大记忆——校史文献选辑》,第四〇〇页)

九月五日,先生弟蒙思明再次致函方叔轩,告以不能返校事,云:

> 思明本期不能返校,实环境迫之使然,非存心流连异邦,别有他图也。思明于四月中即函询旅费、待遇、住所等问题,因素知学校办事困难,非事先提及,往往临时发生问题。不料久不接覆示,因商之叶理绥先生,而哈

佛燕京社慨然愿给与旅费。复因国内政局大变,交通可能随时将发生阻碍,于不能返蓉时,并愿给与奖学金继续在此研究,惟可随时离去。思明复以此意告知,仍不得具体覆示。因思中航在港已有问题,倘冒险抵港后,中航停航,广州易手,则困处香港,将无法生活。加以思明于最近结婚,治统病体初愈,更难冒险启程,故决意留此半年,年终再作归计。倘有此必要,当时仍当为母校效力。数日前与罗忠恕先生函中,已曾说明,并托其转达,此中底细,想已洞悉。思明滞留此间,远非所乐,尤盼此暂时羁留,不致影响学校用人之计划。(《川大记忆——校史文献选辑》,第三九九—四〇〇页)

　　　　　知按:治统即蒙思明夫人魏治统,华西协合大学医学院口腔医学专家。

约在仲秋前后,先生撰《汉潺亭考》,并附《〈盐亭县志〉书后》、《跋陈御简诗稿》、《〈长短经〉校后记》,由盐亭县参议会排印发行。

刘泰焰《〈鹃声集〉刻印说明》云:

　　一、《鹃声集》系清初进士陈书所著手抄传世孤本,为已故著名史学家、原四川大学历史系教授蒙文通先生搜集整理。今由蒙氏从弟蒙吉甫先生点校重编,嘱我负责刻印,并予以考证笺注。

　　二、陈书字御简,自署丹书氏、思泾子,盐亭水集口(今四川盐亭县两岔河乡水集村)人。清世祖顺治十三年(1656)生。圣祖康熙十二年(1673)十八岁从军入闽,十一月平西王吴三桂反叛,第二年三月镇福建之靖南王耿精忠响应三桂叛乱,即随军讨叛。至康熙二十年(1681)"三藩"乱平,书辗转今福建、江西、湖南诸省,更曾游广西、广东省地,二十四年(1685)三十岁返蜀归盐。二十六年(1687)领乡荐,二十七年三十三岁中进士,授内阁中书。三十三年(1696)补内撰文舍人。三十五年(1696)四十一岁以后擢礼部郎中。卒于官,卒年无考。

　　三、《鹃声集》共收陈书诗二百四十一首,词七首、文一首、铭二首、小引二首、楹联四首。它对于继承我国古代优秀文学遗产,增添我国文化典籍宝库的珍藏,编辑全清诗,研究清初,特别是"三藩之乱"时期的社会政治状况,以及当时闽、赣、湘、桂、粤等省之地方史事具有重要价值。

　　四、陈书生在清朝定都北京以后十三年。此时明王朝刚刚在农民起义烈火中倒塌,清王朝正在镇压人民和扫除明朝残余势力的过程中建立。社会经济凋敝、阶级矛盾和民族矛盾尖锐,国家面临分裂内战危机。后来康熙亲政,通过剪除擅权骄纵的"鳌拜集团",匡正弊端,加强中央集权,平定"三藩之乱",维护国家统一等一系列正确措施,才使其统治走向巩固发展的道路。陈书的思想和生活态度是随着社会形势而发展变化的。他出身明末书礼之家。先祖万正,明孝宗弘治八年经魁,享祀乡贤。父四聪,县廪生。书十八岁时,随父客居母家泾阳(今陕西泾阳),他不是从科第入仕,以伸强国之志,而是投军谋生,第二年就卷入长达十年之久的讨叛军旅生涯。直至三十岁才得返归故里。然后领乡荐、中进士,做了清朝中央的官员。并以诗文书翰佳制博得冢宰熊公(赐履)的器重,擢升礼部郎中。

五、《鹃声集》除开《外集》篇什,全是陈书"三藩之乱"期中的作品。时书正当青春盛年。戎马倥偬,流离颠沛,感情沉郁、发语凄婉,恰似杜鹃啼血、声声哀楚,集号"鹃声",或由此也。其内容多反映现实。有的描写感时伤乱、生灵涂炭之悲愤,例如,"干戈扰扰山河碎,才愁旧役,又愁新税"(《忆秦娥·闷怀》),"少妇孤儿逐马蹄,白头扶杖荷征辇。眼前无数伤心句,只解肠回不解题"(《流离琐泳(一)》);有的抒发壮志难酬,报国无门之怅惘。例如,"壮心呜咽""肠空热"(《满江红·中秋》)、"心如醉,帝王事业全无味,全无味,不堪评驳。只堪鼾睡"(《忆秦娥·闷怀》);有的陈述思亲念友,去国怀乡之愁怨。例如,"只愁把臂梦中时,更声惊散庄周蝶"(《踏莎行》),"家人泪落三巴水,游子魂销万里天"(《二十初度》),"怅君药物多般备,不治思乡万里愁"(《留剧医士余元钥》);有的记叙战乱荒年,樵夫、耕叟之困厄和百姓家破人亡,妻离子散之惨状,表达了诗人对遭受灾难人民的深切同情;有的揭露叛军和官军烧杀抢掠的罪行。表现了诗人对叛逆的痛恨对统治者的反抗精神;更有涉及南国风光山水秀丽者,皆诗中有画,历历在目,表现了诗人对祖国大自然的热受,对升平圣世的向往与追求。在艺术上,陈诗字句和朗,清新隽永,情思真切,感人肺腑,充满鲜明的时代特色和地方特色。不失唐宋诗词之风貌,堪称清代诗坛之佼佼者。

六、陈书著迹宏富,深惜大多散佚。此集能够幸存,全赖蒙氏兄弟搜求编校之劳,以及蒙文通先生次子、四川大学历史系副教授蒙默悉心保护之功。此次刻印时,又得柏梓中学老教师李果提供录存多年之陈书《高山庙楹联》一首,恭为刊出。若此刻本广传能遂蒙氏宿愿——更访陈氏遗墨,以资续编,当属乡邦之幸焉。(《盐亭文史资料选辑》第三辑,第五八—六〇页)

先生《跋陈御简诗稿》云:

吾乡人著述之幸得传于后者,有三人焉,于唐曰赵大宾作《长短经》,于宋曰文与可有《丹渊集》,于清初曰陈御简工于诗。(《古地甄微》,第

一〇三页)

十月一日,中华人民共和国成立。

十一月,成都和平解放。

十二月,白隆平派人访先生于华西大学南台村,并将玄奘灵骨一份及《唐三藏法师玄奘灵骨隐显转移之迹》手稿转交先生,数日后,先生将玄奘灵骨转交成都近慈寺供奉。

蒙默《先君蒙文通先生与奘公的佛缘》云:

> 在成都快要解放的前夕,大概是 1949 年 12 月的一个黄昏,当时我家住在华西大学南台村宿舍,是新南门外的一个城乡接合地区,院子的北面、东面是大马路,南面、西面则是田坝,马路上常常有国民党的军队经过,为了安全起见,大门已经堵起来。而在这时突然来了一位不速之客,说是从北平来的,捎有重要东西要亲自交给先君。于是费大力移开堵门的障碍物,接待了这位客人。客人交了一个小包袱给先君,简单说了几句话,匆匆忙忙就走了。包袱中有个小木盒装的就是奘公灵骨。另外还有一份白隆平先生所写《唐三藏法师玄奘灵骨隐显转移之迹》一文,说明此灵骨的来源,并说是要交给能海法师。而南台村并非安全之地,于是先君赓即将灵骨转至能海在成都时经常居住之近慈寺。

附录:

唐三藏法师玄庄灵骨隐显转移之迹

白隆平

　　玄奘三藏法师以唐高宗麟德元年二月五日示寂于玉华宫(距今民国卅八年盖一千一百八十六七年矣)。初塔于浐东(城中南内可望见之云)。越五载,移塔于兴教寺,是为兴教寺塔(距长安城二十余里)。唐僖宗永明间,黄巢陷长安,兴教寺塔见发,灵骨暴露。及巢既平,善知识迁安于终南山之紫阁寺(李白尝有《望南山紫阁寺》诗)。

　　宋真宗天圣间,金陵僧可政由紫阁寺迎灵骨至金陵雨花台,为建琉璃宝塔于天禧寺(距今约九百五六十年前事)。明洪武十九年,天下既定,奠都金陵,朱皇帝报其亲恩,特建大报恩寺于雨花台,建三藏塔于寺中,以天禧寺琉璃塔之奘师灵骨奉安于三藏塔。按之明万历《金陵梵刹志》,历历可考见。

　　清代咸丰初年,洪、杨据金陵,毁一切佛寺,大报恩寺并三藏塔俱毁灭无迹。洪、杨既灭,雨花台畔,只有数椽三藏殿作寺,而三藏塔何在,则无人知之矣。

民国廿六年,倭寇来侵。雨花台下有金陵制造厂,寇踞之,仍为兵械制造厂。三十年入秋而后,寇之管理斯厂者为高森隆介其人,高森笃信其国之稻荷神,为建稻荷神社于雨花台,掘地为基,因发见废塔之基。爰尽发掘,得石函一,函纵横可一尺五寸,函边有石刻二:其一,宋天禧寺建琉璃塔时比丘可政记,由终南山紫阁寺奉迎奘师灵骨而建塔于兹之记事也。其二,则明洪武十九年大报恩寺成,由天禧琉璃塔而奉安灵骨于三藏塔之记事也(此石之拓本二纸,尝宝藏之,今在北平寓书箧中),函中则金匣藏灵骨焉。高森隆介既发见此石函,因考见明万历《金陵梵刹志》、宋咸淳《建业志》,审知是唐三藏法师玄奘灵骨,真实不虚。于是欲举以归日本,为建塔以弘扬圣教,且夸耀其发见之功德。

卅一年春,平在北平,初闻奘师灵骨发见于南京也,则大不置信,以为奘师灵骨自应在长安兴教寺塔,无在南京发见之理。适案头有明万历《金陵梵刹志》,获读《大报恩寺三藏塔记》,始审知奘师灵骨固有由终南山紫阁寺迁安于雨花台一段史实。又到南京摩挲三藏灵骨石函上之刻文,而观附随灵骨之一切藏器,进而读《慈恩三藏法师传》、唐太宗文皇帝所制《圣教序》,于是感叹玄奘法师引慈云于西极,注法雨于东垂,圣教缺而复全,苍生罪而还福之功德为莫可比。今其灵骨出见于世,我生何幸值之。使果如日人之愿,悉举以往日本,则中国遂失奘师之灵骨矣,震旦苍生,何所感动,而深识玄奘师也哉!爰建议愿为四众请分灵骨,在北平为建塔以弘扬圣教。北平四众,莫不待望,特以为不可能耳。经营久之,因缘成熟,以卅一年十二月杪,同五台山广济茅篷住持寿冶法师到南京,受分奘师灵骨三粒(每粒大可指头许),以卅二年一月六日飞至北平,四众皆大欢喜。

爰有刘杰臣居士合四众之力,为奘师建塔于北海北岸九龙壁观音殿之故基,以卅四年八月十五日正午塔成合尖,其时适值日本天皇广播投降也。人谓建塔灵征,此为最大。

顾所分得奘师灵骨三粒,其一粒藏入九龙壁新塔地下,一粒经靳云鹏为天津四众请去,又其一粒即今以归近慈寺能海法师者。其余骨粉尚留北平广济寺中供养。其或隐或显,转移分散,若或使之,而其所在必大放光明,兴教崇化,苍生罪而还福也。卅八年三月白隆平识

　　知按:关于玄奘灵骨下落一事,陈寅恪曾有《甲辰春分日赠向觉明》一诗,云:"慈恩顶骨已三分,西竺遥闻造塔坟。吾有丰干饶舌悔,羡君辛苦缀遗文。"(《陈寅恪诗集(附唐篔诗存)》,第一二四页)今据此诗备注知,此诗略作于一九六四年三月二十日。然诗中所言三分实指奘公灵骨分在南京、北平、日本,今人胡文辉著《陈寅恪诗笺释》一书,于此似有疑误。

一九五〇年（庚寅）　先生五十七岁

是年年初,尊经国学专科学校停办,学生转入他校或就业。先生于是专任华西大学哲史系教授,至一九五二年院系调整,始改教四川大学历史系。

一月一日,中共中央发表告前线将士和全国同胞书,提出一九五〇年人民解放军的战斗任务,歼灭蒋介石最后残余,完成国家统一,战争结束后,主要力量逐步转入和平建设工作。中国人民解放军第二野战军刘伯承、邓小平致书全军指战员,提出一九五〇年五大任务:一、彻底肃清匪特,巩固西南国防建设;二、征集大批干部参加地方工作;三、进行部队整训,向正规的国防军前进;四、严格遵守纪律,执行政策;五、注意节俭,减轻人民负担。

同日,成都市军事管制委员会成立,李井泉任主任,周士第、王新亭、阎秀峰任副主任。

三日,成都四十九所大中学校举行庆祝西南解放大游行。

七日,成都市军事管制委员会文教接管委员会召集成都市各大中学校教职员召开座谈会,宣布教育接管方针,有计划、有步骤、有重点地进行逐步改革,并宣布取消各大中学校训导制度,停止公民、军训、童训、伦理、六法全书等课程。

二十八日,成都举行西南解放庆祝大会。会上,李井泉讲话,并提出川西建设任务。

二月十日,张澜致信王恩洋和先生,告知"新政府成立后,关于文化教育政策",云:

> 新政府成立后,关于文化教育政策,除在《共同纲领》第四十一条规定要民族的、科学的、大众的三大原则外,所有详细办法,尚在陆续审议及计划中。至于对新解放区之私立学校,暂取放任态度,惟就中课程与教法,如有与新民主主义不相容者,都非迅予改正不可。足下等热心教育,极可佩慰。谓佛儒两家,关系固有文化,亦中肯綮。鄙意佛儒说之可贵,系在大无畏、大慈悲、大智慧,系在救人救世。其末流之弊,趋于消极,乃至逃世遁世,则与时代精神相违。至讲国学,首须识时,所有旧的话说,均须按照新的意义,重加分析。切不可效俗儒之所为,因袭故套,专事寻章摘句,流为封建残余而不觉。当前我们的敌人,固为帝国主义与官僚资本主义,而封建残渣,蕴藏内心深处,尤为大敌。窃料随解放军入川,必有许多新的书籍,欲望贵校多多购置,领导学生虚心学习。澜在此亦系取学习

态度,盖深知惟有学习才能养成新的人生观,惟有学习,才能使全国之人燃起已将熄灭的火炬,奔向历史的黎明。(《张澜文集》,第三七六—三七七页)

同日,张澜又致信伍非百及川北大学各董事,告知"关于高等教育,不久当有整个计划颁行"事,云:

> 公等于川省解放之际,筹建大学,热诚原极可佩。惟教育部之全国会议,前月方始毕事,关于高等教育,不久当有整个计划颁行。南充目前似不必多议更张。至董事长一职,似更未宜遥领。现政府之基本精神,即在实事求是,无其实而居其名,在曩昔容有此例,在今后则当引为规戒也,知我者当能体谅及之。(《张澜文集》,第三七八页)

又致信王兆荣,云"地方人士第一须着力者,即在提高文化水平,勉与新政令相配合",详云:

> 吾川解放,地方人士第一须着力者,即在提高文化水平,勉与新政令相配合。吾棣代理川北大学校务,并已与政府取得联系,甚善甚善。今后擘划,度驻校代表当有指示,所望精诚合作,频频接受新的理论,勉维现状,徐图发展。澜在此,与中共首脑人物不时往返,觉得他们最不可及者,即是谦虚、谨慎、勤劳、节俭数点。此数美德,说来仿佛老生常谈,若真个躬身实践,则博大精深,无微不至,并能产生不可思议的力量。愿吾棣台善体此意,敬恭职事,勿见异思迁,勿舍近图远,守定岗位,虚心学习,积而久之则信誉日隆,前途固未可量也。(《张澜文集》,第三七九页)

三月十六日至二十二日,成都市第一届人民代表大会召开,西南军区司令员贺龙在会上讲话,并提出目前急需进行的工作:一、剿匪肃特;二、恢复和发展生产;三、发展文化教育事业;四、完成征粮任务。

四月二十五日,先生至华西博物馆参观邛崃石刻,同至者有王恩洋。成恩元《邛崃大佛寺为唐龙兴寺考》云:

> 一九五〇年四月二十五日东方文教学院的王恩洋院长在华大作公开讲演。讲毕,本校哲史系主任蒙文通先生和王院长特来华西博物馆参观邛崃石刻。当看到龙兴寺碑名残石的时候,我特别把我在史籍上找不着寺名记载的困难向他们请教。第二天上午很早蒙先生便欣然驾临博物馆告诉我在王象之《舆地纪胜》中找到了龙兴寺记载的好消息,同时领我到图书馆把下列一段原文指点给我看:

"龙兴寺碑在州城外,有唐咸通四年《再建龙兴寺碑》,吴行鲁建。又有二苏先生墨迹,亦在本寺。"

对于我,这真是一件好消息,当时我兴奋极了,对蒙先生这种不把自己的发现秘密起来的合作性的热情,怀着无限的感激和钦佩,以后当我写正式报告时,开始引用了这项材料,我把它认为是邛崃龙兴寺在书本上唯一的文字记载。(《川大史学·考古学卷》,第一〇八页)

五月四日,熊十力致信叶石荪,言及先生处境,云:

吾此次回北大,而主者系故人,颇无相纳之意。卒由教育部指令聘请,乃强照办。

郭先生曾约就科学院。吾因科学院犹是过去中研一辈人,吾名义自当属之社研所。老朽与洋面包似不必打在一起。北大旁院系与吾无干,哲系一小范围,吾历史久。以俗语言之,此是原来岗位。世变而学校之地自若也。故愿回此,挂名养老其间,于义无悖。郭先生,他甚忙。吾初到,见过二面,后来复面。今日情形不同于昔。欲与说话,似无闲暇。吾非不想你与文通来京,而似难言。国文已改选科,文通在川大能复职否?如不能复,其生活可虑。芸荪亦可虑。科学院,你有接近之人否?今日政界无可就名义,思之可知。因政府机关今甚紧缩,财政无法。郭公所掌者只科院,文化教委会彼只虚名而已。如你于科学院有接近之人,吾不妨向郭一试提及。但吾未就科院名义,且吾言亦不能有力量。今之大学现在为主之老人虽不无相当力量,向后一天一天亦非授权于新的青年不可。吾之学,百年之后能否有人讲,甚难说。吾书恐亦难存下去。(《熊十力全集》第八卷,第六四五—六四六页)

六月八日,国务院总理周恩来在全国高等教育会议上讲话,明确指出新民主主义教育的方针是民族的、科学的、大众的教育。具体表现在三个方面:一、"我们的教育是大众的,是为人民服务的,这是我们教育的方向。"二、"我们的教育是科学的,要有科学的内容。"三、"我们的教育是民族的,要有民族的形式。"(《周恩来选集》下,第一五—一七页)

二十一日,先生弟蒙思明致函华西大学校长张凌高,云:

由上海寄上之航空函与初到香港时所发之电想均收到。今日得见苏继贤先生,知由校汇款至港,极须时日,且香港生活程度太高,每日非四五元莫办,因此决意先行,不待校款之来矣。倘款已汇出,则已请马季明先早日退回,如未汇出,则请止勿汇。沿途麻烦非预料所及,计划时变,务祈原谅为荷。生决取道广西、贵州返川,旅费则暂时在港借得者也。(《川

大记忆——校史文献选辑》,第四○一页)

> 知按:据蒙默《蒙文通先生年谱》记载,蒙思明返川时程及路线
> 为"五月乘货轮启航,八月抵天津转北京,九月始抵成都。"并此可知
> 蒙思明此次回国返川路线为:五月启航,八月抵达天津转北京至上
> 海,经海道至香港,取道广西、贵州,九月抵成都,历时四月有余。

十月,镇反运动开始。

十二月十五日,为有效的保存和整理历史文物,根据中央文化部文物局
的指示,川西人民行政公署核准成立川西文物保管委员会,聘请先生和
谢无量、李劼人、徐中舒、闻宥、冯汉骥、陈翔鹤等九人为委员,并推选谢
无量为主任委员。

冬,在先生的建议下,已故好友刘咸炘的手稿及藏书无偿捐献给四川省
文管会。

刘伯谷《敬忆蒙文通先生二三事》云:

> 庚寅(1950)冬,先生告我说:"刘先生手稿和藏书看来你们是无力保
> 存也可能保不住的,我建议将手稿、藏书捐献给省文管委,这样才可能保
> 住刘先生的毕生心血。"此后,在先生安排下,我约请了先君生前好友谢无
> 量(当时任省文管委主任)、李劼人(当时任成都市副市长)、魏嗣珍(教
> 授)及先生在家中商定将先君全部手稿二百三十余种及手批藏书二万三
> 千余册无偿捐献与省文管会,由张秀熟厅长手批给省图书馆特藏部保管。
> 这批文献能够保存至今,先生是起了决定性作用的。(《蒙文通先生诞辰
> 110周年纪念文集》,第十七页)

一九五一年(辛卯)　先生五十八岁

是年,先生仍任教华西大学。上半年,《工商导报》在成都创刊,内设学术
副刊"西南边疆"、"学林"周刊,先生与徐中舒、冯汉骥、闻宥、胡鉴民等被
聘为顾问,具体工作则由唐嘉弘、李必忠负责。(《徐中舒先生百年诞辰
纪念文集》,第三三八—三三九页)

陶道恕《难忘的记忆——怀念蒙文通先生》云:

> 五十年代前期,我同蒙老观看川剧《柳荫记》并参加成都《工商导报》
> 组织的座谈会。蒙老对我说了这样的话:各地方剧种都有《柳荫记》这个
> 剧目,为什么川剧能独具特色,这个问题很值得研究。蒙老对地方戏尤其
> 川剧颇感兴趣,绝不是为了消遣,而是出于把它作为研究地方史的一个参
> 照系的目的。(《蒙文通教授诞辰百周年学术座谈会纪念册》,第三四页)

二月,川大组织一批教师到农村参观,因接受西南军政委员会西南文教部之约,徐中舒、邓少琴等受命主持筹备西南博物院建院工作,未能一同前往。(《徐中舒先生百年诞辰纪念文集》,第三三七页)

三日,先生致函吴宓,劝其应华西大学教职。

> 得蒙文通劝宓赴华西函。(《吴宓日记续编》第一册,第五三页)

八日,吴宓致函缪钺、罗忠恕及先生等人,详述其近半年来生活实况,并告知其顾虑有二,不便应华西聘。

《吴宓日记续编》云:

> 详复钺一月二十八日来函,庆一月二十四日来函,并转罗忠恕院长、蒙文通教授及纯、驹共阅。函中详述宓近半年来生活实况,但有二顾虑:一者文教部不许;二者华西接管后,半年内情形将大变,此二顾虑,当视文教部许宓赴华西与否可觇知矣。(《吴宓日记续编》第一册,第五七页)

四月一日,先生《中国的封建与地租》刊《工商导报·学林》第七期。

六月三日,先生《秦代的地主阶级与社会经济》刊《工商导报·学林》第十一期。

三十日,熊十力致函先生,自谓"平生寡交游,而式好无尤,文通要为二三知己中之最",详云:

> 文通兄,吾已衰年,际荄兹之佳会,念平生寡交游,而式好无尤,文通要为二三知己中之最。别来忽忽十余年,再见焉知何日。上京孤寄,暮景无谈心之侣,风辰月夕,一旦悲来,愿扶慧日以西沉,何恋浮生于刹顷。然先圣之灵,若警余梦寐中,厌舍非大乘之根器,天下有道,丘不与易也。江陵小册,寄石荪转,不知得到否? 有艮庸名义,答俗僧之书,曰摧惑显宗记,引发许多大问题,确不是寻常制作。吾无力印,赖二三好人办书局,愿代印。吾既无甚钱付彼,彼等亦确艰苦异常,只是拉空架子度日。望与云荪兄及石荪尽劝所识函购,购价或一万八千元。在个人所耗学有限,在书局有集腋成裘之根,是所望于兄等也。京中新风气,无过问此等学问者,恐书局太困耳。石荪鉴吾此心,必转文通。(《蒙文通先生诞辰 110 周年纪念文集》,第三一页)

九月二十九日,周恩来总理在北京、天津高等学校教师学习会上作《关于知识分子的改造问题》讲话,指出"我们的知识分子,大部分是从地主阶级或资产阶级家庭出身的,不能要求他们一下子就能站到工人阶级立场

上来。""要求知识分子一下子就有坚定的工人阶级立场,那是困难的,一定要有一个过程。"(《周恩来选集》下,第六二页)

秋,川西地区开展土地改革,存放在近慈寺中的奘公灵骨被当作地主财产没收,寺中僧人赓即前来向先生报信,先生于是去找时任川西文教厅长的张秀熟代为解决。

张师龙《先父张秀熟与玄奘顶骨舍利的情缘》云:

一九五一年秋,川西农村土地改革工作正如火如荼进行。先父张秀熟当时任川西行署文教厅厅长。除日常工作外,每周还要到四川大学给毕业班上政治课。一次课前在校长室休息时,川大蒙文通教授要求见他,向他反映保存在近慈寺内的玄奘法师顶骨舍利被农民协会没收了的情况。先父当时很吃惊,课毕返厅后即派文教厅办公室刘秘书到近慈寺了解情况。刘秘书回厅向先父报告说,近慈寺因有田产,方丈等数人被划为地主,已被农民协会集中学习。刘通过土改工作队在农协会见到了方丈。据方丈说,玄奘顶骨舍利装在琉璃瓶内,外有数层金银龛盒,装在衬垫有锦缎和丝绵的紫檀木盒中,外面又有数层绣龙凤的锦缎包裹。农协会将它当作金银细软作为地主的浮财没收了。

先父认为玄奘顶骨虽一直在寺院供奉,为宗教圣物。但它从唐代流传至今已逾千年,当属国家珍贵文物,必须善加保存,决不可受到毁损。根据刘秘书汇报的情况,先父感到问题严重。因为农民协会是群众组织,无严密的组织纪律。文物到了那里安全得不到保证,很可能造成无法弥补的损失。经考虑,先父又派文教厅办公室一位科长同刘秘书到石羊场去找土改工作队,要求将文物立即交政府保存。他们回来汇报说:土改工作队很重视此事,当即找农协会领导做工作,要求他们将此物交政府。但农协会领导认为这是斗争地主的成果,是贫雇农的胜利果实,不愿交出。工作队的意见是目前农民刚发动起来,要保护群众的积极性,工作队将继续做说服工作。当时,刘秘书要求看一看文物是否保存完好,以便回厅汇报。工作队向农协询问情况后告诉刘秘书说,现在没收的地主财物堆满了十几间房屋。由于人手不够,还没有来得及清点登记,根本不知道这件东西放在哪间房子里。

听了刘秘书等人的汇报后,先父深感问题严重,于是又派文教厅办公室李主任到华阳县(当时石羊场乡属华阳县)找土改工作团。李主任向团长等人介绍了玄奘顶骨舍利的情况和文物价值,表明了必须交由政府保管的理由和文教厅领导的决心。团长也深感问题严重,表示立即派人去说服农协使文物早日交回政府。

　　在川西区党委的一次会上,先父见到了温江专区土改工作总团的团长。先父将玄奘顶骨的情况告诉了他,并严肃要求他立即追查此事,尽快收回顶骨舍利,以免国家文物受损。不久,先父接到这位团长打来的电话,告知文物已由农协会交出,送至华阳分团团部。先父立即派人将文物取回。

　　取回的文物用布和棉花包裹,放在紫檀木盒中,金银龛盒及锦缎等已不存。先父又派李主任等携文物到石羊场乡农协会,找到近慈寺方丈,方丈仔细验证后,确认玄奘顶骨舍利无误。又找农协会负责人查问金银龛盒的下落,遭到农协会推诿婉拒。为此,先父与二位副厅长一起研究后,认为玄奘顶骨舍利是国家文物,金银龛盒是近年由僧众及信士们打造的,在当时的情况下,想从农协会手中追回龛盒也是不可能的,文物既已收回,亦属万幸了。

　　鉴于玄奘法师与成都大慈寺的关系,先父本拟将顶骨舍利交给大慈寺保管,但因当时土地改革运动正轰轰烈烈地进行,大慈寺的方丈亦被划为地主,根本无力保管文物,于是决定先交川西博物馆保存。一九六二年,大慈寺僧众请求迎奉玄奘法师顶骨舍利,先父时任四川省副省长兼四川省文物保护管理委员会主任,立即予以批准。此后,玄奘法师顶骨舍利遂由省博物馆移送大慈寺。(《大慈》二○○七年第一期)

十月六日,私立华西协和大学正式由人民政府接办,并更名为国立华西大学。二十一日,先生《殷周社会研究提供的材料和问题》刊《工商导报·学林》第二十期。

同月,应林名均之邀为《华西大学图书馆四川方志目录》作序,略云:

　　夫一区域之史,犹之一民族之史,英、法、德、苏,莫不有其各具之性格,史而失此,则无所用于史。以蜀而论,其社会发展之迹,时之先后,固有大异于中原者,中国之世族盛于晋唐,而蜀独盛于两宋,斯明其验。若此之类,何可殚数。皆所谓自具一历史面目者也。撰方志而不知此,犹之传一人之事者,昧于其人特殊之性格与事为,但迹其仕履,而又杂以米盐琐细,则百人之传大致可同,是固不得为善作传者。作志而徒孜孜于山川道里、祠宇津梁,则百郡千城皆不异此,又何以为此州之籍、而必非别郡之书?然舍此数者,又何以为志,故必有以知其始卒而识其全。义具乎文之先,而意存乎文之外,事核辞信,振笔直书,犹于一人音声笑貌、喜怒刚柔,随事而见。若夫起例修辞,又其次焉。明清以来,几于县各有志,而宋人之法,若存若亡,实斋所谓不可倚之于文人、委之于吏胥者,终莫之能外焉,为之者曾不自知其未可,而书日累累竟出也。近二三十年间,郡县之志,价重一时,华西大学旧收蜀中方志达四百余部。一二年来,林名均先生实董其事。稽之著录，凡县有数志而未备者，勤加搜求，孤本稿本，亦为缮录，书有缺页，板有坏字，皆为补写，俾成完编。别为目录，凡修刻年月、编者名氏，详考录之，别具义例。蜀之方志，此为大观，从事于斯者，俾有借鉴。编订已毕，将付削氏，属叙于文通。文通谫陋无学，何足以叙名均之书，姑述所闻质于名均并世治方志之学者。顾瞻退迟，英俊如林，聊贡刍言，当有不吝金玉以教名均及余者，跂予俟之。（《古地甄微》，第一〇八——一〇九页）

十一月九日，因先生推荐朱君文任川北大学历史教授而未及时就任，伍非百致函先生，请先生代为促驾，云：

前蒙推荐朱君文任本校历史教授，当即电复并兑路费，想已转达。本校开课已久，诸生盼教甚殷，曾电催两次。特函请老兄代为促驾，并告起程日期。（《蒙文通先生诞辰 110 周年纪念文集》，第三二页）

十一日，高亨来函，云：

久不通问，时时驰念。忽奉瑶笺，欣慰何如。伍非百先生弟素慕其人，雅意相邀，本当趋就。唯弟近来对于教书已无浓兴趣。去年，承西南文教部分派到西南师范学院任研究工作，殊感满意。特积稿盈夹，诸待重整。计须数年，方可竣事。非万不得已，暂不教书。区区此意，已烦浚卿兄先为代达。想吾兄已函伍先生婉言以谢矣。弟志在用新观点、新方法研究古典，所以于四月间入西南革命大学研究班学习。再越两月，即可结业。对于辩证唯物论和历史唯物论及政治经济学，粗有了解。此后或能对于革命有所贡献。望吾兄多赐教言，致荷，致荷！（《蒙文通先生诞辰 110 周年纪念文集》，第三——三二页）

十八日，先生《周代商业之发展及其摧毁》刊《工商导报·学林》第二十二期。

三十日，中共中央发出《关于在学校中进行思想改造和组织清理工作的指示》，进一步明确了思想改造运动的目的、作用、步骤。至此，第一次知识分子思想改造运动在中共中央的部署下，广泛地开展起来了。（《建国以来毛泽东文稿》第二册，第五二六页）

一九五二年（壬辰）　先生五十九岁

是年，先生仍任教华西大学，并参加华大思想改造，结束后又去成华大学参加成华大学思想改造运动。高校教育改革，院校调整，华大哲史系合入川大历史系,先生于是专任川大历史系教授,讲授中国古代史。先生弟蒙思明亦自华大转至川大,任教历史系,兼副教务长。

柯建中《缅怀缪钺先生》云:

> 1951 年,我考入四川大学历史系。一、二年级时,徐中舒先生、蒙文通先生和缪钺先生共同给我们讲授中国古代史。但(他们)不拘一格,把不同学科或多种学术领域融会贯通的治学道路,其具体形态也是因人而异的,例如徐中舒、蒙文通和冯汉骥先生,会通的内容和范围就各不相同,但是他们又有一个明显的相同之处,那就是专与博的统一。(《魏晋南北朝史论集》,第四四页)

谭英华《忆蒙文通先生二三事》云:

> 1951 年,我由校外迁入校内称为留青院的一所小平房。此后二三年中我简陋的客房里出现了蒙文通先生的足迹。

> 在乐山时,对文通先生的博古通今及其深邃的思辨已有所闻。几度接触后,对先生宏通学识、大师风度才有了初步认识。

> 从幼年时代起,我就从外祖父学习古籍《诗经》、《礼记》、《左传》,曾读过《四书》且能背诵。但上大学后,对先秦史不感兴趣,蒙先生名著《古史甄微》中所涉及的《竹书纪年》、《山海经》,我从未看过。在先秦史和古代历史文化领域我是个门径未窥的白丁,错过了向蒙先生受教的良机。

> 先生来过寒舍几次,落坐寒暄几句之后,就开始了他的学术讲座(我是这样理解的),先生谈笑风生,气度从容,爽朗善谈,引人入胜,所谈内容涉及古代历史文化、古地理、思想史、宋史等。由于我对这些学科毫无修养,洗耳恭听之余,感到先生学识渊博宏通,洋洋如万顷波涛,茫无涯际,博通众家之言。回忆起来,先生是我入大学以来遇到的第一位史学家和史学思想史家,是一位博学鸿儒。

> 在五十年代的形势下,讲授和研究历史,大都要学习参考甚至引用当时流行的权威著作,蒙先生讲课则无所依傍,独抒己见。有一次我听学生说先生讲宋史有不少独到之见,由于违离某权威观点而被人指责之事已见报刊。有一次我问到对流行教本所记王安石变法有何意见时,先生拈髯微笑,然后一一指出几种教本中的史实错误,说后,未作评论,继续抽烟,可见先生并无党同伐异的旧学究习气,其胸襟至为宽阔博大。这种态度在当时是颇不一般的。(《蒙文通教授诞辰百周年学术座谈会纪念册》,第二五—二六页)

是年,先生致函张澜,略云:

　　文通于解放后一二年来，研读马列著作，于列宁哲学尤为服膺，不徒有科学之论据，亦驾往时旧哲学而上之。往昔中国文化，其应据以改造修正者何可胜数。反复思之，中国文化之价值与存亡，真今日一大事也。由文通浅见论之，孔、孟之说与唯物论实不相悖。"天生蒸民，有物有则"，此孟子诵孔子之说，而为性善作根本者也。有物而后有则，宋人衍之为道不离器，即形上，即形下，初非有二，于理气之说尤详言之。此与耶教、佛学之论迥殊，而与马列无所违。儒家与佛、道之争，端在于此。惟宋儒阐明性善之说，诚不免有张皇过甚而反违孔、孟之旨者。《大学》以好恶言诚意，舍此无以言性善，性善之意原无失。宋人以人之初生，性原为善，复原反本，即为圣人。斯则马列之义所决不许，亦误解孔、孟立言之过也。文通于四五年前，于良知本自具足、本自圆成之说，始有所疑。人之有赖于修养，由晦而明，由弱而强，犹姜桂之性老而愈辣，非易其性，特益长而益完，何可诬也。……宋明人徒言性善，而置性近之说于不顾，谓圣人为复其原初之性，而未晓然于孟子扩充之说，不知圣人为发展其本然之性，于孔、孟之义不可通，而工夫亦不免颠倒窒碍。清初学者了然于王学末流之弊，究未达于宋明立论之非，此真印度之论，禅宗之说误之耳。惟王夫之、陈乾初诸家始以日生日成言性，不废宋明之精到处，又能有所发展，以补宋明所未至。不旋踵而考据之说兴，而义理之学废，于是清代之学者于此不复措怀。苟以王、陈为主，而以戴东原、颜习斋、焦理堂诸家之说辅之，而削其不合者；又以辅宋明之说，而削宋明之不合者；由董子、韩生之说以上通于孔、孟，倘庶几有当欤！儒家之学，自《周易》以下迄宋明，皆深明于变动之说，惟于发展之义则儒者所忽，而义亦不可据。今读辩证唯物论，乃确有以知宋明之说有未尽者。文通少年时，服膺宋明人学，三十始大有所疑，不得解则走而之四方，求之师友，无所得也，遂复弃去，唯于经史之学究心；然于宋明人之得者，终未释于怀。年四十时，乃知朱子、阳明之所蔽端在论理气之有所不澈：曰格物穷理，曰满街尧舜，实即同于一义之未澈而各走一端。既知其病之所在也，而究不知所以易之。年五十始于象山之言有所省，而稍知所以救其失，于是作《儒学五论》，于《儒家哲学思想之发展》一文篇末《后论》中略言之。自尔以来，又十年矣，于宋明之确然未是者，积思之久，于陈乾初之说得之，于马列之说证之，当拟勒为一篇，存汉宋明清义理之合者，而辩其不合者，于中国文化一部分之扬弃工作稍致力焉，俾后之或有志于斯者有所商榷。文通于此非敢有以自任，徒以数十年之积惑一朝冰释；感此为中国文化之根柢，而二百余年若存若亡与兹，真所谓举世不为之日也，一穴之明，何忍弃置。宜黄欧阳先生，晚年颇重儒学，尝以明孔孟之旨嘱文通，此何可忘。久拟闭户涤虑，从

容属草,以赞中国文化扬弃之盛业,所至幸也。(《古学甄微》,第一五五——一五七页)

是年,先生又因张澜之荐,加入民盟。陶道恕《难忘的记忆——怀念蒙文通先生》云:

　　一九五二年蒙老参加民盟后,在党的领导下,民盟省市委曾组织民盟成员中有代表性的专家到成华大学(即现在的西南财经大学)去参加该校的思想改造运动。听说蒙老在一次会上曾联系"思想"中的切身体验,谈了自己的体会。他以"桶箍"为喻,生动地阐述了知识分子的思想改造有一个由渐到顿,即由逐渐启发到大彻大悟的过程。其间外力的推动是不可少的,但贵在自我领解,勉强不得。当其开悟,有如桶箍乍解,桶底自脱,其为轻快,难以言传。事后我曾问蒙老,这与禅宗渐顿之说有何差别,他回答说:明显差别在于出发点即立场不同。知识分子的思想改造,目的是要放下旧包袱,接受新思想。蒙老当时语重心长的谈话,现在回想起来,是很有启发意义的。(《蒙文通教授诞辰百周年学术座谈会纪念册》,第三三——三四页)

二月九日,伍非百来函,告知"学校有《四部丛刊》一部,当不购也"诸事,云:

　　奉书当走商贾子群,渠正忙于"思想改造运动",答以"无暇考虑购书事"。以我所知,学校有《四部丛刊》一部,当不购也。其余旧籍议决"暂缓购",早有成案,非俟集体学习期满,无法复议。嘱件已向统战部反映,并将致弟之函转呈刘部长,如有照顾,自当转由部转嘱珂乡,弟不便急切追问。弟之近况及川北大学校近况,由上期哲史系学会主席宋海赴省医瘤,托其便详。不吝诲示,致盼。(《蒙文通先生诞辰110周年纪念文集》,第三二页)

六月,四川大学思想改造运动正式开始。
七月二十七日,熊十力致信梁漱溟,称先生"于晚周故籍搜阅多本,当致之科院,但无回言"。(《回忆熊十力》,第二三四页)
是年秋,应永深考入川大。十月,院系调整结束,先生乃专任川大,并担任中国通史之宋元史课程。
　　应永深《山高水长——文通师在先秦史研究上的成就和对后学的教导》云:

我是在 1952 年入川大历史系学习的。我班的中国通史课宋、元两代由蒙师主讲。教授宋史时,他着重讲王安石变法、宋金和议等事件;讲授元史,他重点突出元代的政教合一、土地集中这些重大的历史问题。这种就重要历史事件和重大问题进行较详细阐释的授课方法,使我班同学对这两个时代的历史特点有较深入的了解,并学习到他对这两个时期的很多独到的见解。(《蒙文通学记》,第一五二页)

十二月二十七日,李源澄导先生访吴宓。

《吴宓日记续编》云:

> 早餐后,澄导蒙文通来访,谓宓面容比昔丰腴。又指宓长相长眉为寿者,云云。(《吴宓日记续编》第一册,第四八三页)

一九五三年(癸巳)　先生六十岁

是年,先生仍任教四川大学历史系。三月八日,谢无量"因欲济同乡之困,义不可不为,而为阿堵所限",致函先生,商借款事,云:

> 入春衰病日增,故未出郭奉访,时有怀念。顷有一急要之事,特请季安兄走谒请教,盖因欲济同乡之困,义不可不为,而为阿堵所限(但愿不过十万元),贤者如能惠赐挹注,则解我之困,一二月后即当璧还也。其款便交委安兄可矣。(《蒙文通先生诞辰 110 周年纪念文集》,第三四页)

约在是年前后,熊十力曾致函先生,云:

> 吾在此,常年常月不出门,亦无人往来。老学生只二三人时一过。宰平大吾六岁,今似是七十三四,无病,而神衰气弱,谈话亦不似昔年。住和内,相距太远。漱溟、东荪不常聚,意思亦不尽同。此外更无相面者。自昭还相面,算是有性情人。北大哲系学生有九人之谱,每星期日来授《新论》一次,然往往因开会游行,不能不多旷缺。(《蒙文通先生诞辰 110 周年纪念文集》,第三一页)
>
> 　　知按:此信未署时间,今据该信曾言林宰平"今似是七十三四"暂定该信写于一九五二至一九五三年间。盖因林宰平生于一八七九年,卒于一九六〇年,是年恰熊十力所谓七十三四岁。又,熊言林大他六岁,为确数,故该信所言林宰平年龄似不可能出现太大偏差。

一九五四年(甲午)　先生六十一岁

是年,先生友徐中舒重新担任历史系主任,自此以后,每当周末先生与冯

汉骥、胡鉴民、缪钺等都要到徐中舒家商议系里的工作。(《徐中舒先生百年诞辰纪念文集》,第三四一页)

十月,为解决当时已脱离教学科研系统的学生吴天墀的后顾之忧,先生与徐中舒、王恩洋每月各资助其十元生活费近一年时间。吴亦因此完成了《西夏史稿》的初稿工作。(《徐中舒先生百年诞辰纪念文集》,第三四二页)

> 杨泽泉《枪口余生记》云:

> 父(指吴天墀)此时已在前述王翰林及鸿儒徐中舒、蒙文通两教授资助下,受命研修西夏事宜。言宋代西夏成国,凡两百余年,而无史,当补之。于是,父每日俱至川图,入古籍室抄书,非闭馆从不敢歇,否则有愧其师托矣。自此,每晨母均在父袋内掖藏一锅魁。至午,则就此讨水而嚼,是为餐。三恩师每月共助 30 元,家勉强度日。

十月十六日,先生六十岁生日。赖皋翔《寿蒙文通先生六十》云:

> 经例穷先辙,溯洄及道枢。一杯能中圣,五论正张儒。甄史明贤贵,谈谐辩口轮。快心重数甲,应画彩衣图。(《赖皋翔文史杂论》下《寄栎轩诗存》,第四〇—四一页)

一九五三年秋,隗瀛涛、张勋燎等考入川大,本年,先生为之教授宋元史和中国史学史。

> 隗瀛涛《"飞流直下三千尺,疑是银河落九天"——深切怀念蒙文通先生》云:

> 1953 年秋,我从川东一个闭塞的小县城到四川大学历史系读书。……第一学年,有徐中舒先生上先秦史,胡鉴民先生上原始社会史。第二学年,有蒙文通先生上宋元史和中国史学史,缪钺先生上中国文学史。他们各展所长,传道授业,学而不厌、诲人不倦,真是巍巍师表,学术楷模。师恩深似海,泽被学子终身。

> ……先生身材不高,体态丰盈,美髯垂胸,两眼炯炯有神。常着中山服或中式长袍。持一根二尺来长的叶子烟杆,满面笑容,从容潇洒地走上讲台,大有学者、长者、尊者三位一体之风。

> 蒙先生博古通今,特长中国古史和宋明理学,谈历史掌故如数家珍。古籍背诵如流,讲课时信手拈来,只字不差。先生对儒、佛、道等三教九流之学无所不通,议论磅礴,滔滔不绝。听者大有"飞流直下三千尺,疑是银河落九天"之感。

　　先生讲课特重学术源流,究天人之际,通古今之变,成一家之言,常以"观水应观澜"的治学心得教导学生治学应注意掌握历史与学术发展的关键问题。还有两个独具的讲课特点:其一,不带讲稿。有时仅携一纸数十字的提要置于讲台上,但从不看它,遇风拂走亦不顾;其二,不管下课时间。先生每发议论如江河行地,不可阻挡。下课钟响,听而不闻,照讲不停。每要上下堂课的教师到了教室门口,他才哈哈大笑而去。先生坚持学术真理,无所回避,对不同见解,虽老友师生兄弟皆点名辩论。讲王安石变法,先生贬王安石而扬司马光,曾对郭沫若先生的观点大张挞伐。说郭先生没搞清楚"庶几"二字之义,将动员报告说成了总结报告,并拈须笑曰:我讲这些是为了求真理。至于与郭先生本人,我们是毛根朋友,他回成都必请他到望江楼吃茶。

　　蒙先生十分重视学生自学,强调习作论文,训练独立工作能力。考试学生也独具一格:一是先生不出试题考学生,由学生出题问先生。这是一着高招。学生虽变被动为主动了,但如未能较深地掌握所学,未读懂指定的参考书,一开口就要现相,往往考生的题目一出口,先生即能看出学生的学识程度。如学生的题目出得好,他总是大笑不已,并点燃叶子烟猛吸一口,详细评论。二是试场不在教室而特设在望江楼公园绿竹丛中的茶铺里。学生按指定分组去品茗应试。由先生掏钱招待吃茶,给学生们一种幽静、轻松、亲切的考试环境。先生好诙谐,嬉笑怒骂皆成文章。曾以清末成都某些满洲贵族抽鸦片烟睡懒觉,用汤圆水洗脸的腐败故事来启发学生戒懒勤学。

　　我的师长中,徐中舒先生宽厚,缪钺先生严谨,蒙文通先生豁达。学生们都尊敬蒙先生,但无惧怕蒙先生者,学生们如众星捧月,向蒙先生求教。先生家住校外水津街川大宿舍。晚上常有学生登门,先生总是热情接待,有问必答,侃侃而谈,总想多给学生一些学问。夜深,学生们告辞时,先生每不准走,令再谈一阵,等他燃过两根抽水烟的纸捻后再行回校。

　　蒙先生治学一丝不苟。因为我的姓,他与徐中舒先生、冯汉骥先生曾反复考证争论,还赌了一桌荣乐园的酒席。我一进校,隗字的读音就引起了三老的争论。蒙先生说:此姓读 wěi,徐先生说:此姓应读 kuāi,冯先生则说:此姓该读 kuí,各有所据,相持不下。蒙先生建议名从主人,我们喊他本人来问以定输赢。一天,我突然被叫到系办公室,见三老端坐桌前。蒙先生大声问:你叫什么名字? 我不解其意,惶惑而恭敬地回答:我叫隗(wěi)瀛涛。先生一听,望着徐、冯二老大笑曰:我赢也。从此,蒙先生一见我就戏称"隗先生"。一次,在九眼桥头遇见他坐三轮车去学校。他一见我就高声喊道:隗先生,我家里有四川近代史资料,你快来看了写文章。

又说：我的文章发表了可以上耀华餐厅，你的发表了也可以吃一顿回锅肉嘛！先生随时都在关怀我们的学习并爱用这类诙谐亲切的语言勉励我们勤奋成材。

蒙先生不幸逝世已经 26 年了。他的音容笑貌永远留在我白日记忆里和夜晚的梦魂中。先生博大精深的学识，高尚的品格，宽阔的胸怀，敬业乐群的精神，是我永志不忘，永远学习的典范，也是我在学业上自强不息，争取进步的力量源泉。常言道名师出高徒。但是，我作为蒙先生的学生却因素质驽钝，学不及先生万分之一。追念先生不禁惶恐汗颜，愧对先生英灵。唯谨记先生生前教导对事业鞠躬尽瘁而已。（《蒙文通学记》，第一九九—二〇一页）

张勋燎《白头年少感师恩——蒙文通师百岁诞辰琐忆》云：

我 1953 年考入四川大学历史系，四年读书期间，十分幸运地继徐中舒师讲授先秦史、古文字学之后，又学了蒙老讲授的宋元史和中国史学史两门课程。课余经常前往先生家中问学。毕业留系工作之后，言传文示，继续领受教诲。蒙老是我生平最崇敬的极少数几位当代国学大师之一，也是我一生中受益最深的少数几位恩师之一，从先生那里学到了不少终生受用不尽的东西。虽然后来自己搞了考古，但在科研教学方面，也都深深地受着蒙老潜移默化的影响，常常是按着蒙老指出的道路在走。（《蒙文通教授诞辰百周年学术座谈会纪念册》，第四三页）

在谈到先生独特的教学体系时，张勋燎指出：

蒙老讲课有两个最突出的特点，一是着重讲授治学方法，二是大量讲授个人治学心得和研究成果。二者相互为用，有机结合，构成独特的蒙氏教学体系。根据个人的认识，感到蒙老的教学体系，是建立在他自身学术体系基础之上的教人如何做学问的体系，有非常独到之处，和一般主要着重全面介绍史事发展过程线索的讲法有很大的不同。这种教法，讲述的难度很大，对学生的启发作用也最大，可以使人从中学到很多真正有用的东西，得治学之门径。但当时听起来往往比较吃力，许多精神甚至要到以后实际运用的过程中才能逐渐理解它的深远意义。

蒙老讲治学方法，有时用自己对某些问题的研究实践为例以作示范，讲如何从材料中发现问题、提出问题，如何运用史料对自己的观点进行论证，讲成果发表后在学术界引起的一些反响，让学生从中去慢慢咀嚼回味，体会精神，引起思考。例如在中国史学史课程中，讲到前面多次提到的先秦民族、文化按地域分为三系著名论断的行成和影响，当时听了之后,顿觉耳目为之一新,深深地感到在史学领域内可以通过研究作出新的认识之处实在太多了,只要学问到家,就能有重大发现。简直是一下把人引向高处,看到了无限广阔的前景,给人以一种"独上高楼,望尽天涯路"的感觉。

……

蒙老讲治学方法,有时则以譬况出之,画龙点睛,一语道破。最典型的例子就是在史学史课程讲宋代史学时,举陈颐引《孟子·尽心篇》"观水有术,必观其澜",而后加上"宽湍急处,于此便见源之无穷",以喻治史之法在观流变,当溯本寻源。凡历史发生转折之处有如江流之波澜,是最值得注意的关键部分。应当把它作为重点很好地从各个不同的角度进行深入的考察。大家听过之后,多有深刻印象。……

蒙老讲课,围绕如何做学问的问题,举述历史材料为例说明,往往不为时空范围所囿,上下古今,信手拈来,妙趣横生。例如元史讲初期蒙人精神振奋,后期腐朽颓废已极,有如清初满族人皆勇武,清末成都满城旗人没落,早晨睡到十一点钟才起床到门外汤元担子上要点汤元水把脸洗了。讲北宋变法解决财政困难的不同对策是非,司马光只讲节流固然解决不了问题,王安石一派只讲开源也未必行得通。接着把身上的新呢子大衣一拍,说:"我蒙文通刚刚加了工资,买了衣裳就喊莫得钱用!"强调自己在两派变法是非评价问题上的不同看法。凡此皆极形象生动,寓学术于风趣之中,给人以深刻之印象,至数十年后记忆犹新。但如果没有掌握蒙老教学体系特点,跟不上先生的思路,则往往产生不知所云之感。

蒙老讲课,总想多教一些东西给学生,常常两节课之间根本不休息。响了午饭钟好久还在讲。平时和学生相处,和蔼可亲,学生登门求教,态度极为热情。……先生讲课从不带讲稿,问学答疑,滔滔不绝,经史百家之言,常口诵大段原文而后加以剖析,如数家珍,闻者无不惊骇。尝问先生何以能如此。谓:工夫所致耳。青年时读书,除上厕所而外,数月不出书房门,甚至连每日三餐均系师母送进去吃。(《蒙文通教授诞辰百周年学术座谈会纪念册》,第四四—四七页)

十二月十七日,《人民川大》公布了四川大学科学研究题目,其中先生科研题目两项,一为《新旧唐书吐谷番传与藏文各科史料异同研究》,一为《新旧五代史郡县志辑校》。(《人民川大》,一九五四年十二月十七日)约在是年前后,杨正苞曾前往水井街拜谒先生。杨正苞《缅怀蒙大伯文通先生》云:

建国之初,政治运动相续,极少往还亲友间。一九五四年后,始克前往水井街谒候,见先生精神健旺,深感宽慰,并承询及先父及家中情状,叹惋久之。一九五七年后,正苞下放,自此不复再见先生了。

　　受先生教,稍得涉足于古史藩篱,则是五十年代下半期的事。因家史所及,当时欲于氐羌民族及古蜀史有所了解,经向先生陈述,得蒙慨允指导。事逾半世纪,中间复经屡屡变故,致教言已多所遗忘,犹能记其梗概的,尚有三事。(《蒙文通教授诞辰百周年学术座谈会纪念册》,第三七—三八页)

一九五五年(乙未)　先生六十二岁

是年,先生仍任教川大。二月,作《从〈采石瓜洲毙亮记〉看宋代野史中的新闻报道》,刊《四川大学学报》一九五五年第二期。

同年,学生吴天墀《西夏史稿》初稿成,然此书却颇得先生的鼓励和支持。

吴天墀《西夏史稿》前言云:

　　　　它的(指《西夏史稿》)初稿写成于一九五五年,当时系在徐中舒、蒙文通、王恩洋三先生的鼓励和支援下进行编写的。(《西夏史稿》,第三页)

是年,先生曾讲授"历史地理"一课,并以《中国沿革地理讲义》改题为《古地甄微》印发学生参考。

六月七日,四川大学组织集会声讨胡风。

十一月十八日,谢无量致函先生,云:

　　　　积日不晤为念,年内必须略售古物,前检八件送转博物馆,内多关蜀中文献者。适汉骧赴渝,未得见。今闻其已归,望便中代为持论,请其速决。以事曾告诸上级,亦允酌购;汉兄更易于着力也。敢布腹心,并伫音教。(《蒙文通先生诞辰110周年纪念文集》,第三四页)

　　　　知按:此函仅署十八日,今据谢无量十二月五日函暂定为十一月十八日函。

十二月五日,谢无量再一次致函先生,云:

　　　　昨晤周新甫,知汉骧兄已到蓉,惺吾藏碑,请于此次玉成。如能约汉骧兄惠以一观,便可决定,尤为感荷!(《蒙文通先生诞辰110周年纪念文集》,第三四页)

一九五六年(丙申)　先生六十三岁

是年,先生仍任教四川大学,并由教育部审定为二级教授。然此事却颇为曲折,以致招来"非议"。

《吴宓日记续编》十月三十日条云:

　　2:10 至 5:00 史系系务会议讨论工资改革西师人事处及院系当局暨工会所拟新工资名单(草案)。宓先陈二通则,主张(1)对职工不宜菲薄,教职员应平等。(2)低薪者宜多增,高薪者宜少增。又自表谦虚,谓宓原薪七级 176.18 元,今拟增为新三级 225 元,实嫌太多,愧不敢当。宓之得此,自系由于资历。1955 秋冬讲课大授指责,却非宓之咎。但宓近者科学研究毫无成绩,以视史系拟为新四级 180 元之琴、良两君,实瞠乎其后,何敢薪级凌驾其上,故今定宓薪级,以新四级 180 元为宜,云云。以次论及史系诸同人,宓赞成良说,主张凌道新、李秋媛各晋一级。又赞成郑亚宇定为十四级。余不记。会后,仍自悔发言太多,不合渊默静超之旨。(《吴宓日记续编》第二册,第五四六页)

十一月八日条云:

　　夕游步,遇李正清述告,校中当局在工资会议中,已注意及宓十月三十日系务委员会中之发言,斥蒙文通不应列入新二级事,以为宓自负不弱于蒙,应议将宓提升云云。实则宓并无此意,颇悔失言,而致人疑猜也。(《吴宓日记续编》第二册,第五五三—五五四页)

　　　　知按:在本年一级教授评定中,四川大学仅徐中舒、柯召、方文培三人评为一级教授,先生与冯汉骥等六人评为二级教授。今审一九五六年一级教授名单可知,除北京大学、清华大学外,其他各高等院校在评定一级教授人员名单时十分谨慎,故人员较少,而非部分二级三级教授学术成绩不足之故。

年初,中共中央办公厅印发《关于全国高级知识分子人数的调查报告》,指出"到一九五五年为止,全国高级知识分子只有十万多一点。其中高等院校有三万多。这显然与六亿人口的大国不相适应。"同时,报告也指出,"高级知识分子绝大部分生活比较清苦。……通俗地讲,1955 年高级知识分子收入只相当于抗战前夕的六分之一。"(《陈寅恪先生年谱长编》,第二九七—二九八页)

一月十四日,周恩来总理在中共中央召开的关于知识分子问题会议上作《关于知识分子问题的报告》,报告指出:"我们所以要建设社会主义经济,归根结底,是为了最大限度地满足整个社会经常增长的物质和文化的需要,而为了达到这个目的,就必须不断地发展社会生产力,不断地提高劳动生产率,就必须在高度技术的基础上,使社会主义生产不断地增长,不断地改善。因此,在社会主义时代,比以前任何时代都更加需要充分地提高生产技术,更加需要充分地发展科学和利用科学知识。因此,我们要又多、又快、又好、又省地发展社会主义建设,除了必须依靠工人阶级和广大农民的积极劳动以外,还必须依靠知识分子的积极劳动,也就是说,必须依靠体力劳动和脑力劳动的密切合作,依靠工人、农民、知识分子的兄弟联盟。""当前的知识分子问题,就是我们的知识分子的力量,无论在数量方面,业务水平方面,政治觉悟方面,都不足以适应社会主义建设急速发展的需要;而我们目前对于知识分子的使用和待遇中的某些不合理现象,特别是一部分同志对于党外知识分子的某些宗派主义情绪,更在相当程度上妨碍了知识分子现有力量的充分发挥。"(《周恩来选集》下,第一五九——一六一页)

三月二十四日至二十八日,四川大学举行第一次全校性科学谈论会。"26、27、28 日,各系根据专业性质单独或联合组成的分会,分别进行报告和讨论。许多系在讨论中开展了学术上的自由争论。"(《人民川大》,一九五六年四月一日)

五月五日,科协历史系分会成立。

七月,先生与徐中舒、缪钺等赴北京参加高教部综合大学中文、历史二专业十八种教学大纲审订会。(《徐中舒先生生平编年》(未定稿),《徐中舒先生百年诞辰纪念文集》,第三四三页)

　　陶道恕《难忘的记忆——怀念蒙文通先生》云:

　　　　一九五六年夏天,当时蒙老正在北京开会,谈壮飞兄事先与蒙老约定在文化宫相见,并说王恩洋、刘衡如两先生也要前来。结果王、刘因事未至。我和壮飞等却听到蒙老有关"双百"方针的内容谈话。他很赞成"百家争鸣"的提法,认为一家独鸣就不可能使学术空气活跃起来。何况真理愈辨愈明,如果轻下结论,就不利于学术的繁荣和发展。(《蒙文通教授诞辰百周年学术座谈会纪念册》,第三四页)

居京期间,先生因顾颉刚之促,拟举《周秦少数民族研究》、《古地甄微》、《先秦史学史》、《老子王弼注校本》及《老子征文》与科学出版社签约。

　　蒙默《老子征文整理后记》云:

　　　　一九五七年初夏,先君应中国科学院历史研究所第一所之邀赴京,时值"向科学进军"号召之后,科研之要求甚亟,顾颉刚先生以出版事相商,先君遂举《周秦少数民族研究》、《古地甄微》、《先秦史学史》、《老子王弼注校本》及本稿与科学出版社签约。嗣因《古地甄微》须作地图,索回补作。而《老子王注》及本编原稿皆以《正统道藏》王注本为底本,然究其实则经文仍多依御注本,而非昔日王弼之旧。盖自御注流行,后世之传写锓刻《老子》旧注者,率多依御注本改易经文,《道藏》王注亦即如此,故不宜用作底本。而傅奕之《道德经古本篇》、范应元之《老子道德经古本集注》,虽非先秦之旧,或可以当魏晋古本则无疑也;且其与旧王本颇多相合,以傅、范为底本当贤于以《道藏》王本为底本也(详《王弼老子注初校记》,载《中国历史文献研究集刊》第三集),遂亦索回改作。嗣以风云丕变,人事扰攘,又无助手襄助,数稿遂乃束之高阁,俱以逾期爽约而罢。(《道书辑校十种》,一一六页)

《古地甄微》整理后记云:

先君研究历史地理,始于三十年代初,以历史时期地理条件的变化为主要研究方向,与一般以研究政区、地名沿革为主者颇异其趣。早期发表论文《中国古代北方气候考略》(载一九三〇年南京《史学杂志》第二卷第三、四期合刊)、《论古水道与交通》(载一九三四年北京《禹贡半月刊》第一卷第七期、第二卷第三期),都引起了当时学界的关注。后在研究周秦民族史的同时,进行了大量古代地理考论,初仅用作《周秦民族史》一稿之第一章《周秦时代之地理形势》,嗣以积稿日多,遂逐步发展形成本编,题为《中国沿革地理》,以之作为在各大学讲授此课之讲义。初稿完成于一九三八年,曾石印讲义散发,部分篇章后经修改刊布。……一九五五年曾就一九三八年讲义进行改订,题为《古地甄微》,讲授于四川大学历史系,是为先君最后一次讲授此课。一九五七年,以《古地甄微》油印稿与科学出版社草签出版合同。后以论述古代地理应辅以地图更能阐明问题,于是索回原稿,拟补作地图后再付出版,但以无助手协助,地图久不能成。嗣以政治风云丕变,遂尔终致爽约,而书稿因亦束之高阁。(《古地甄微》,第七九—八〇页)

知按:蒙默《老子征文整理后记》、《古地甄微》整理后记云先生诸稿于一九五七年与科学出版社签约,今据科学出版社一九五七年四月四日函,知此误也。今暂定签约时间为一九五六年至京参加教学大纲审订会时。

七月二日上午,"出席高教部召集的预备会"。(《刘节日记》,第三八八页)五日,"上午大组会讨论原则性问题。下午中组会,自先秦至清代鸦片战争以前各组讨论采取分期问题。晚到大众戏院看湖南戏打猎回书、刘海

砍樵。"(《刘节日记》,第三八八页)

葛剑雄《悠悠长水——谭其骧前传》云:

　　7月5日上午,高教部在西苑大旅社召开文史18种教学大纲审查会,谭其骧参加了中国史大组会,见到了缪钺、蒙文通、徐中舒、刘节、梁方仲、李埏等熟人,有的已有十多年未见了。以后几天,他分在第二段(魏晋南北朝)小组,同组还有唐长孺、王仲荦、缪钺、韩国磐、陈登原"。(《悠悠长水——谭其骧前传》,第二五七页)

六日,上午小组会讨论分期问题。下午小组讨论大纲至第二章。(《刘节日记》,第三八八页)

七日,上午讨论第三章迄。下午讨论至第五章。(《刘节日记》,第三八八页)

九日,上午讨论至第八章。下午讨论至第九章。(《刘节日记》,第三八九页)

十日,上午讨论大纲,至十二时,完成任务。(《刘节日记》,第三八九页)与会者有刘大杰、周谷城、陈守实、胡厚宣、耿淡如、张世禄、田汝康、靳文翰、赵景深、李浤、蒋孟引、王栻、韩儒林、黄淬伯、陆侃如、冯沅君、杨向奎、童书业、郑鹤声、殷孟伦、王仲荦、卢振华、韩振华、丁则良、曹绍濂、刘节、朱杰勤、梁方仲、杨明照、徐中舒、缪钺、纳忠、李埏、尹巨、刘持生、郑天挺、杨志玖、皮名举等(以上京外)。罗常培、魏建功、周一良、邵循正、杨人楩、邓广铭、张政烺、谭其骧、王力、汪籛、田余庆、王崇武、傅乐焕、冯家升、高明凯、张芝联、浦江清、丁梧梓、翦伯赞、陈述、吕叔湘等(以上京内)。(《顾颉刚日记》卷八,第八八页)

十一日,参加教学大纲会议,至下午五时,将教学大纲讨论完毕。会后顾颉刚来访。(《顾颉刚日记》卷八,第八八—八九页)

十三日,"上午开小组会讨论教学计划。下午续开小组会,讨论教学大纲修正本。"(《刘节日记》第三八九页)

十四日,"上午讨论说明书毕。"(《刘节日记》,第三九〇页)

十五日,"到北京饭店,出席文史教学大纲总结会议,听黄嵩龄、潘梓年、周扬谈话。到文化部俱乐部照相",并与顾颉刚、黄淬伯登楼顶。中午与"缪钺、徐中舒、郑天挺(以上是客)、张政烺、杨向奎、童书业、邓广铭、胡厚宣、傅乐焕及予(顾颉刚)(以上主)"同席。下午,参加文史教学大纲总结会议,"出席会议者一百九十人,工作人员约三十人。"(《顾颉刚日记》卷八,第九一页)"晚科学院及高教部在北京饭店宴客"。(《刘节日记》,第三九〇页)饭后先生与谭其骧同至西单商场听大鼓而归。(《谭其骧日记》,第九〇页)

祚新《综合大学文史教学大纲审订会简况》云：

今年七月五日至十四日高等教育部在北京召开了综合大学文史教学大纲审订会，来自全国各地的一百六十多位文史方面的专家参加了这次会议。专家们在"百家争鸣"方针的鼓舞下，以饱满的情绪和认真负责的态度分别审订了中国史、中国文学史、世界史、亚洲各国史、语言学引论、古代汉语、现代汉语、汉语史、汉语方言学等课程的教学大纲。在审订过程中，大家抱着坚持真理、实事求是和虚心听取别人意见的态度来对待学术问题的讨论。会上呈现了热烈争论谦虚友好的气氛。

会上首先讨论的问题是教学大纲的性质和在教学中如何贯彻"百家争鸣"的方针。经过反复讨论，大家认为教学大纲应该是指导性的教学文件，把教学大纲当作法律的看法是不对的。教师在教学中，要在保证培养干部的规格和一定的学术水平的前提下，可以灵活地和创造性地运用教学大纲。同时，大家认为在综合大学的教学中，是可以贯彻"百家争鸣"的，教师在讲课中，对学术上已有定论的问题，应该作全面系统的介绍。对某些目前尚未取得一致意见的学术问题，在讲授中就应该把有关这一问题的几种主要说法或几个主要学派加以介绍，教师本人也应该表示对这些不同学派的意见和看法，也可以将自己对这一问题研究的心得介绍给学生。这样可以扩大学生的知识眼界和启发学生独立思考培养学生"百家争鸣"的精神。如果有教师不同意现在的统一教学大纲，要求自己另拟一个教学大纲，也是可以的，只要具有一定的学术水平，经过教研室讨论同意，向高教部备案之后，即可按照自拟的教学大纲进行教学。如果教师自拟的教学大纲经公开讨论后，确有较高的学术水平，高教部亦可将此教学大纲向全国各综合大学推荐采用。因此大家认为教学大纲不仅不妨害"百家争鸣"，反而可以在保证一定教学质量的前提下促进"百家争鸣"。大家根据这些原则来审订教学大纲。……

这次参加中国史教学大纲审订的有五十多位专家，他们代表中国史研究的各种不同学派。例如对中国古代史中的封建社会的问题，有主张西周开始的，有主张魏晋开始的，也有主张春秋战国之际中国由奴隶社会发展为封建社会的。但是，在一个教学大纲中只能采用一种说法，到底采用那一种说法呢？在原起草的中国上古史教学大纲中是采用了春秋战国之际开始封建社会的一说，也即是郭沫若先生的说法。经过热烈讨论，大家取得了比较一致的意见，认为可以采用郭先生之说，但并不排斥在教学中介绍其他学派的说法，教师应将各派的说法向学生介绍，并可表明自己的主张。如有学校有不同意见，还允许有不同的教学大纲，有可能的话，学校还可以在选修课或专门化课程中开设中国古代史分期问题的讲座，这样做对促进古代史分期问题的研究是有积极作用的。(《历史研究》一九五六年第九期，第一〇一——一〇二页)

十六日，参加哲学研究所召集的整理古籍会议，自三时至六时半。冯友兰、徐中舒、胡厚宣、高亨、梁启雄、刘盼遂、刘节、舒连景、缪钺、黄淬伯、容肇祖、王维庭、王维城、张恒寿、汪毅、李埏、王利器等人都参加了本次会议。(《顾颉刚日记》卷八，第九一页)

十七日，"高教部召集各校历史系同人讨论教学计划"。(《刘节日记》，第三九〇页)

八月，川大成立校工资改革工作委员会。同月，谢无量应邀至中国人民大学任教，九月，先生和友彭云生等为谢饯行，谢于是有《成都饯席辄赋俚句留别诸友，文通老弟法家正和》，云：

> 杯酒从容箧素襟，还乡不觉二毛侵。余生尚有观周日，远别难为去鲁心。邛竹一枝扶蹇步，秋光千里送微吟。山川草木怀新意，他日重逢感倍深。(《蒙文通先生诞辰110周年纪念文集》，第三五页)

吕洪年《奉和无量先生去蜀赴京留别原韵》云：

> 莫为分携黯素襟，廿年情事乍来侵。已无文学甄玄诣，但有樽罍浚道心。坐想风微劳引领，若为标格自沉吟。他年锦里传耆旧，此日低回意倍深。

自注云：

> 余与先生(指谢无量)于解放前相见于上海，已二十余年矣。解放后余贫甚，每相见，先生必为余置酒。余之文行先生知之甚深，故相契甚笃，非仅师友之谊。饯行之人有彭云生、曾宇康、蒙文通诸老学长，实成都之耆旧。

九月，赵宗诚、胡昭曦、贾大泉等入川大就读。赵宗诚于是有《梦想成真》、《名师垂教》二首，云：

其一：

> 梦想成真喜滋滋，忽接录取通知书。工作六年读大学，从今迈上新征途。

其二：

川大史学名声扬,八大金刚聚一堂。有幸聆听师尊训,入门修行当自强。(《玄门探珠》,第二五五页—二五六页)

　　知按:"八大金刚"指先生和徐中舒、缪钺、蒙思明、冯汉骥、胡鉴民、卢剑波、赵卫邦等川大教授,当时学生私下称之为"八大金刚"。(《玄门探珠》,第二五六页)

贾大泉《耳提面命谆谆教诲——缅怀蒙文通老师》云:

　　其实,我作为蒙先生的学生应从一九五六年九月考入四川大学历史系学习算起。记得在第一学期新生入学的开学典礼会上,历史系著名教授徐中舒、蒙文通、缪钺、冯汉骥、胡鉴民等先生同我们见面时,蒙先生那飘然灰白的长髯、潇洒自然,谈笑风生的中国式的教授、学者风度,就给我们留下了深刻的印象,令人敬慕。(《蒙文通教授诞辰百周年学术座谈会纪念册》,第五八页)

胡昭曦《谆谆教导,受用终生——缅怀文通师》云:

　　1956 年 9 月,我考入四川大学历史系学习,得知系里有一批著名教授感到非常幸运。在一、二年级的学习过程中,徐中舒、缪钺、冯汉骥、胡鉴民、赵卫邦、卢剑波等教授先后给我们讲课。蒙文通教授因兼任中国科学院历史研究所研究员,常住北京,直到我们进入四、五年级时,才给我们讲授巴蜀史、中国史学史、宋代学术等专题课。蒙先生的渊博学识,独到见解,颇有启发性的讲论,以及生动的表述,给我留下了很深刻的印象。但是,我一直没有向蒙先生单独请教。(《蒙文通教授诞辰百周年学术座谈会纪念册》,第四九页)

童恩正《我的经历》云:

　　那时四川大学历史系有一批学术水平很高的老教师,他们都是中国史学界承前启后的代表人物,这对我的进修是很有利的条件。我曾经向徐中舒先生学习金文、甲骨文,向冯汉骥先生学习考古学和民族学,向蒙文通先生、缪钺先生学习巴蜀史。(《童恩正文集》文学系列,第一四一—一四二页)

十一月九日,先生《回忆过去想到将来》刊《人民川大》,云:

　　四川大学是从成都大学开始的,以后才合并改组成为四川大学。成都大学是在张表方(澜)先生担任校长的时候和成都高师分开而壮大起来的。一切经营缔造都是和张表方先生的努力分不开的。回想当时学校领导和全校师生有一种家庭般的团结和热情。张先生是非常爱护教员的，教员觉得张先生全心全意缔造一个大学，非常困难，非常辛苦，张先生非常爱护教师，礼貌教师，就使得教师也爱护学校，爱护校长，全校学生也爱护校长，爱护学校。张先生也未必事事都合人之意，这是决不可能的。但张先生之心却是人人皆见。张先生有错处人人可说，都可以随时到校长室去谈谈，说得有理，张先生是任何人的话都听的，而且听了就改。这就是张先生能够使人人爱护领导、爱护学校的原故，能够团结群众的原故。

　　若是从将近三十年的四川大学来说，毕业学生是好多人，真正造成的学术人才是好多人，那就可惊了。这也不怪：从前的学生是一些官僚地主资本家的少爷和小姐，他们假使愿意把学问搞好，那才是怪事；自然也有一部分是贫苦人家的子女，但他们在一毕业之后就不免要奔走衣食，生活就不安定，那里还能深造？即如教书的人是有一定职业的了，但仍不免于奔走跋涉，这里得罪了校长，那里得罪了院长，就得走路。在一个不免舟车劳顿的人，要他把学问搞得又精又博，这就困难了。以一个六千多万人口的四川来说，即使有六七千个像样的专家，也才一万人中造成一人，何况不到这个数字。这真是可怕的现象。这也不怪：这是以往社会本质必然的结果，这是一定条件下必然的规律；社会制度不改变，历史条件不改变，这种现象也是不可能改变的。

　　到了解放以后，四川大学的校舍就首先改观了。从前二三十年零零落落才建筑了些或像样或不像样的校舍，解放后二三年间就建成了堂皇整齐的校舍了。这是可一望而知的。从前的学生是些懒惰的学生，现在都是勤学的学生了。从前教学总是马马虎虎，一门课程总难教完，现在教学认真，课程总是完整教毕的。从前考试敷衍了事，现在考试不及格的，就不能及格。这在教和学当中是起了一定的变化。入学和教学的人数是一年比一年增多。今天的青年比之以往是幸福得多，首先是因为有一个安静的读书环境。读书不是某些书读过没有的问题，不是某些材料见过没有的问题，读书是要把材料反复钻研，透过自己的思考。这是须要在一个安定环境当中，一个长时间当中，反反复复的学习。人人都见过的材料，在你熟读深思以后，自然有出乎人意想不到的问题出来，那就是有心得，能创造了。要成为一个又博又精的专家，总是要经过熟练的工夫才行的。这一百年当中，从帝国主义势力侵入中国以后，谁也不配说读过二十年书，今天的专家大多数是假的，连我也在内。在共产党领导的教育制度之下从事教育工作的青年人们，我想在十多二十年后可以作到平均一千人当中成功一个有用的专家的。更向后，自然真专家就愈多，这是一个大学应负起的责任，这自然是科学前进的一大喜事。(《人民川大》，一九五

九年四月十日)

十二日,尹达来函,拟聘请先生担任"专任研究员",函云:

> 历史研究所第一所拟请先生担任"专任研究员",曾和高教部商谈多次,高教部业已同意,不知是否已征求先生的意见?川大不知已同意否?如业已征得先生同意,望能将先生行政关系转到一所。
>
> 关于先生今后的工作问题,已和郭院长商谈过。闻先生惯于四川生活,且双亲靠先生奉侍,出川北来,恐有不便。同时,北京房子奇缺,困难不少。因此拟请先生在川工作。研究计划由先生自定,报所即可。先生薪金,由所按月支付,仅请川大供宿舍等。助手问题,请先生提出名单,当由所中进行调配。在京为先生设办公室,何时来京,亦由先生决定;单身来京,住期长短,亦由先生决定。可否?望复。(《蒙文通先生诞辰110周年纪念文集》,第三五页)

十九日下午,川大历史系中国古代史教研组举行学术讨论会,讨论中国古代史分期问题。(《徐中舒先生百年诞辰纪念文集》,第三四三页)

一九五七年(丁酉)　先生六十四岁

是年,先生受聘为中国科学院历史研究一所研究员、学术委员会委员。夏,去北京。居京半年,仍返川大。

胡厚宣《深切怀念蒙师文通先生》云:

> 一九五六年,我从上海复旦大学奉调来北京中国科学院历史研究所第一所,不久先生亦从成都四川大学调来历史一所,我们同任研究员兼学术委员会委员,朝夕相从,尤感亲切。(《蒙文通教授诞辰百周年学术座谈会纪念册》,第一一页)

孟世凯《商史和商代文明》云:

> 新中国建立后的1949年11月,中国科学院成立,郭沫若就任院长。1954年4月,中国科学院设立各学科的学部,哲学社会科学部由郭沫若兼任主任。同年建立历史研究三个所,第一、二两所为古代史研究所,第三所为近代史研究所,郭沫若兼任第一所所长。1956年1月,遵照中央的计划各部门都要制定"十二年远景计划"。中国科学院哲学社会科学部历史研究第一、二所制定的"十二年远景计划纲要(草案)",报学部列入哲学社会科学部备案。两所于当年1月17日拟定的《发展历史科学和培养

历史科学人才的十二年远景计划纲要草案(初稿)》,其中将整理甲骨文和金文资料列入。在第(四)"历史科学论著的编辑和出版"的第二项"关于历史资料的编纂出版计划"有:

> 甲骨文字和铜器铭文为研究我国古代社会的极其宝贵的资料,于五年内作全面搜集、整理、编纂注释工作,于一九六一年分别出版"全集";一九六一年后续出新的发现,于一九六七年付印。

这是最早所见关于编纂甲骨文"全集"的正式文件。可见这是由国家科研单位正式列入计划的科研项目,不是私人的计划,更不是如有人吹捧的是将上海某高校个人的什么项目纳入国家科研单位的计划中(近些年在国内外流传《甲骨文合集》是将某位教授由上海复旦大学调到历史所编的,纯属无稽之谈)。在这个"计划纲要"的第三部分"历史科学人材的使用与培养"中的第二项还有:

> 历史科学人材的调整,为了有领导、有计划地充分发挥现有人材的潜力,我们应在全国高等学校历史系内选调十位左右具有培养博士生能力的史学家,同时聘请十位左右苏联及其他国家的史学家,以加强科学院历史研究所和北京大学历史系……

> 历史研究第一所按照此计划向哲学社会科学部分党组作了汇报,并通过院长郭沫若请当时的高教部部长杨秀峰支援解决调人问题,经历史研究一所与高教部协商后将北京大学的张政烺、复旦大学的胡厚宣、山东大学的杨向奎,分别于1956年12月和次年初调入历史所(原拟调入的还有四川大学的蒙文通,因蒙文通不愿到北方生活未果)。(《商史和商代文明》,第一六一一七页)

居京期间,先生曾将刘咸炘《蜀诵》推介给人民出版社,其后因政治运动影响而未能出版。

刘伯谷《敬忆蒙文通先生二三事》云:

> 丁酉(1957)春,先生命我到他家,专门谈了他在北京及成都数次与国家及省有关领导、出版社推介出版先君遗稿《蜀诵》事。先生说:"《蜀诵》是刘先生在如何撰写方志上的一大贡献,对撰写方志的方向和方法可说是立了一个标准,是功不可没的。"并告诉我已与人民出版社达成协议,要我积极组织整理书稿邮寄北京人民出版社某编辑。其后虽因当年政治运动之影响而搁浅,但此事足见先生对学术,对地方文献无限关注,亦见先生对亡友之挚情。(《蒙文通先生诞辰110周年纪念文集》,第十七一一八页)

同年,《中国历代农产量的扩大和赋役制度及学术思想之演变》一文在

《四川大学学报》(社科版)发表。

先生《中国历代农产量的扩大和赋役制度及学术思想的演变》云:

> 回忆一九三五年时,我曾撰文评刘鉴泉(咸炘)先生所著《学史散篇》,文中曾提出"中国学术,自建安正始而还、天宝大历而还、正德嘉靖而还,并晚周为四大变局,皆力摧旧说、别启新途"。该文所提学术思想转变的四阶段,也正和本文所述农业生产力发展四阶段、赋役制度演变四阶段密切符合。倘若本篇所论尚接近于历史的真实过程,则是二十年前所述也还不远于真实。虽所考论者仅此几项,但已使人感触到秦汉以来二千多年的中国社会,似可以此四时分为五段。(《古史甄微》,第二五六页)

又云:

> 近几十年来,在西洋科学的影响下,中国学术界不论是经、史学,或文、哲学,都被披上了一件科学的外衣,究其实际,仍然不能脱离清代考据学的窠臼,是亟当予以大力扭转的。(《古史甄微》,第三八〇页)

二月十六日下午,四川大学举行第二次科学讨论会。

三月,为方便先生研究,中国科学院历史研究所调次子蒙默任先生科研助手。

蒙默《我和南方民族史研究》云:

> 1957 年,我调到中国科学院历史研究所第一所,在秦汉史研究室,此后几年,我比较系统地读了前四史以及先秦秦汉史的其他文献。但在当时,一头又载进史料的读法是不合时宜的,还有个马克思主义的指导问题,因此我也结合着读了些马克思主义理论著作。的确,这一下我在治学的立场、观点、方法各方面都得到一定的进步和提高;这之后,可说是略略摸到一点研究历史的门径了。而在那时,我们注意的重点是阶级、阶级斗争和经济基础,当时也和其他的青年同志合作过两篇讨论租佃关系和土地制度的文章,而对民族史的重要意义则还缺乏应有的认识。(《家学与师承——著名学者谈治学门径》第三卷,第七一页)

十二日,毛泽东在全国宣传工作会议上发表讲话,着重讲了知识分子问题、准备整风问题和加强党的思想工作问题,强调要继续贯彻执行"百家齐放、百家争鸣"的方针。(《陈寅恪先生年谱长编》,第三〇一—三〇二页)

十三日,川大历史系中国史教研组集中讨论《关于正确处理人民内部矛盾》的意义。

四月,中共中央正式发出《关于整风运动的指示》,大规模的整风运动正式开始。

四日,科学出版社致函先生,函云:

> 尊著《古地甄微》、《先秦史学》和《老子王弼注校本》三种稿件按约稿合同应于56年四季度交稿。我社前去四函,未获回示,不知情况如何?是否已改期交稿,改在何年月日,盼早日见复,以便我社安排计划为荷!

五月四日,赖皋翔来访,与之谈。《赖皋翔文史杂论》上《史论》卷二《蒙文通赖皋翔谈话纪要》云:

> 五月四日过蒙文通先生水井街共谈颇多新解记之如次。
>
> 　知按:原件未署时间,今据是卷曾记云"一九五八元旦记"推定赖皋翔访先生当在一九五七年。不久之后,先生离蓉北上,至北京,亦有此空暇。

记云:

> (一)凡言开创学派,必非一人之力,亦非一时可就。人才在乎培养,学派成于讲习。有三数人共治一学,互相影响,互相启发,三数年后,则学派成矣。如川剧周慕莲等,到重庆保持川剧之旧意味;成都川剧,则渗入话剧,演员吐词清楚,而与重庆异派矣。浙东史学,非但全谢山、万斯同诸人也,浙东史学家皆熟于《文献通考》。《文献通考》所录宋人叶水心、陈同甫诸人之文,即开启浙东史学。章太炎教蜀人须熟三通,盖三通真乃通史,二十四史不过可以补三通,不足为通史也。史,必须于制度上求其通,知其一脉相承者何在?先明其制度,则知其通矣!王应麟《汉艺文志考》,即通两汉诸史,以证其通者也。《明夷待访录》虽只一册,然其于历史制度,脉络相承,分明如画。为之疏证,亦非成数卷之书不能为功。此即所谓通史之学也。故不专制度,不足以为通史。今日之治史者,必须先以制度入手也。
>
> (二)今世之治史者,先言古史,顾颉刚之《古史辨》是也。后乃推及沿革地理,顾氏又有沿革地理之作。后乃推及民族。最后乃推及社会制度,陶希圣等为之。顾始作《古史辨》,后作《禹贡半月刊》。陶办《食货杂志》,言汉代为奴隶制度,南北朝乃为封建社会,陶已言之。今人固不知两汉之有均产制也,亦不知南北朝时行均田制者,其时大地主固安然无恙也。东汉时有田客,田客非即今之佃客也。田客可以由主人转卖,五胡多

数即为田客。石勒等人,故曾经被驱卖者;刘渊诸人,即卖而诖变者。故人但知有五胡乱华为民族矛盾,而不知此中有阶级矛盾也。又,东汉人有拥田客至千余者,此岂寻常佃客乎?

(三)两汉会要,未为完备。《食货志》最不易读,以其中多当时官牍文字也。今日为史,当先求通史之名物训诂。清代人治经,两《经解》偿能通名物训诂,然则史学不当先作"史学纂诂",如今日《经籍纂诂》之流乎?今日陈援庵、陈寅恪诸人尚在,尚可为也。史,宋代乃有学,此学之绝久矣!今日言文学史,当有脉络可寻,而哲学史,则无一佳者,以哲学自宋以后亦绝无解人也。故不通制度,不能得其相承嬗变之迹,不足以言史学也。余近论一条鞭制,知明世之所以能为此者,以北方经济其时已渐与南方通同,此乃可以南方之制度行之北方。其实,两税制即一条鞭也。《周官》即制度,纵云伪造,不能晚于汉代。然则汉代制度,即当受其约束。有所约束,乃足以窥见制度之原。不然,徒纷乱无条理也。

> 知按:赖皋翔云"先生此论,实则廖氏学派。廖之于经,固从王制以统今文,以礼制分今、古者也。"

(四)杜甫在成都,生活最为丰饶,时有达官过从饮酒。就其诗中考之,所有草堂全部各房舍计之,占地约百亩左右矣。六朝时之草堂寺,距城十里,今已不在。杜甫草堂距城七里,杜去后,其地为△△居,后舍宅为寺,即今之草堂寺也。

(五)余初到东南,其地言学者与四川相近,故无所轩轾。到北京,日与诸人讲论,始闻孔子不删六经之说,甚异之。后乃熟查之,周代故无孔子定六经之说,此特汉人之说也。周人亦罕言六经王制,乐正崇四术。荀卿始亦不言六经,后偶言之。《天下篇》非庄子作,不足据。六经,盖至荀卿始总成之。《易》本道家之说。江东子弓则南人。荀子取南人道家之说以入儒家,此为儒家之发展。六经经传以千万,仅存经为儒家正宗矣。(《赖皋翔文史杂论》上《史论》,第二六六—二六九页)

此后不久,先生应中国科学院历史研究所聘,至北京。

居京期间,萧萐父曾多次前往拜谒先生。

蒙丈与家严为至交,故萐童年起即时浴化雨春风,而最难忘者为一九五七年春京门之聚,时在北大进修,适蒙丈至京开史学会,数去趋谒问学。一次自昭师宴蒙丈于颐和园,萐与一介同志侍坐,是日本双百,论古今,谈笑甚欢。(《蒙文通教授诞辰百年学术座谈会纪念册》,第五页)

二十二日,访顾颉刚。

蒙文通来,长谈,留饭。(《顾颉刚日记》卷八,第二四六页)

二十四日,汤用彤作题为"科学研究和教学不能分家"主题发言,原刊《光明日报》1957 年 5 月 24 日,后又转载于《人民日报》1957 年 5 月 28 日,内有谈及先生者。

《光明日报》汤用彤书面发言摘要云:

> 就社会科学方面论,很多老专家常常是对于几门学科都有些研究,而不仅只有一样特长。……例如:现在很多人知道蒙文通先生是个中国史学家,并且是个上古史学家,但很少人知道蒙先生在中国思想史方面也有特长,蒙先生既是经学大师廖季平的学生,又是佛学大师欧阳竟无的学生;此外,他又对唐宋思想的发展也极有研究,特别注意了过去向未被人注意的那些思想家。(《蒙文通学记》,第五八页)

《人民日报》相关报道云:

> 汤用彤委员在他的书面意见中批评了科学院存在的本位主义思想。他说:科学院、高等学校和生产部门的关系上有着很大的隔阂,造成这种隔阂的主要原因就是本位主义(实质上是宗派主义)的思想。科学院成立以后,在人们(包括高教部方面在内)的思想中有着这样一种错误的想法:科学院是搞科学研究的地方,而高等学校是教学的机构。因此,就形成了教学与科学研究分家和脱节的现象,近一两年这样的观点虽有些纠正,但并未从思想上根本解决。这种情况使双方的工作都受到损失。我认为今后首先应在思想中纠正这种科学研究与教学分家的想法。他说,我并不反对科学院应集中一批人力,来建立一些科学据点,但科学院过多地迷想于建立新所和分院,无限制地扩大机构,这样就不能不陷入行政事务工作、人事工作等等方面,而不能认真地考虑如何组织各方面的力量来进行科学研究工作,是不合适的。如果把一些科学据点放在高等学校和生产部门,我想这并不是削弱科学研究的力量。例如,应该把哲学史的研究据点放在北京大学。因为过去北大有研究哲学史的传统,而现在事实上人力也较多地集中在北大,这都是作为据点的条件。应该把辩证唯物主义和历史唯物主义这门科学研究的据点放在高级党校,因为那里有这方面的第一流专家。这样,哲学所就不必集中过多的人,不需要另设机构,哲学所主要作一些组织工作,把各方面的研究力量组织领导起来,这样并非把科学院的力量削弱,而实际上是加强了科学院的研究力量,使工作的完成更有保证。我认为科学院主要的应该去研究如何把科学研究的任务分配下去,并保证它完成,帮助在高等学校的科学据点巩固和发展,

这样将会有利于工作。他对于科学院如何协助规划委员会,认真地组织各方面的力量来保证十二年科学规划的完成,也提出了几点建议:(一)迅速了解每门科学可以进行研究的人才和他们的特长。例如,蒙文通先生是个上古史学家,但很少人知道蒙先生在中国思想史方面也有特长,他对唐宋思想的发展也极有研究。现在南开大学图书馆长冯文潜先生不仅是一个最好的西洋哲学史专家,而且也是一个多年研究美学的专家。钟泰先生是我国最早作哲学史的老专家之一。听说现在在教中学。我还听说有一个人对佛教三论宗很有研究,但在一个纱厂工作。应对这些老学者进行一次普遍深入的了解,根据他们的特长分配一些任务。再如,道教史的研究是迫切需要的,它对研究我国农民革命、自然科学史、哲学史等等方面都将能起推动作用,应尽快地去发掘这方面的人才。目前在北京大学图书馆系任教的刘国钧教授曾在这方面作过一些研究,似乎应请他花一部分的力量和时间来参加这一工作。(二)有计划地编印供科学研究的书籍文献等。(三)帮助专家了解国外科学研究的情况,并且帮助专家到国外直接了解情况。(四)迅速解决专家助手问题。

六月,四川大学反右斗争开始,徐中舒为历史系反右领导小组成员。八日,中共中央发出《关于组织力量准备反击右派分子进攻的指示》,此后不久即在全国范围内展开了一场大规模的反右派斗争。但运动中发生了阶级斗争扩大化的严重错误,在一九五七年的"反右运动"和一九五八年的"反右补课"中,把约五十万的知识分子、党员干部和党外爱国人士错划为"右派分子",造成了不幸的后果。(《陈寅恪先生年谱长编》,第三〇四页)

七月二日,至中国科学院历史研究所,同至者有阴法鲁、胡嘉、胡厚宣夫妇、熊德基、吴宜俊、陈友业、杨拱辰、顾颉刚等,谈甚久。(《顾颉刚日记》卷八,第二七五页)

七日,访顾颉刚,长谈。(《顾颉刚日记》卷八,第二七七页)

十四日,先生至青岛,访顾颉刚,并与其同到中山公园散步,八时三刻归。(《顾颉刚日记》卷八,第二八〇页)

蒙默《蒙文通先生年谱》述其缘由云:

> 到所不久,助党整风大鸣大放开展起来。先生以初来,未参加鸣放。由所安排先生去青岛疗养,时上海李亚农同在,山东大学王仲荦曾来访,皆相谈颇洽。(《蒙文通先生诞辰110周年纪念文集》,第四三六页)

十七日,先生致函汤用彤,云:

来青岛已二日,此间极凉爽,又非常静谧,兄能来此小住甚佳。途中留心火车震动,但实远不如汽车之甚。弟曾试用毛毯作枕,取其厚又软,卧时比坐时更安定。如车行稍急时,仰卧比之侧卧又更安稳。颉刚夫妇亦在此。读大著《魏晋玄学论稿》,体大思精,分析入微,实魏晋以后之奇书。论诸家异同,如辨淄渑,于古人思想体系和造诣,论之极深,于各家学术问题范围,所论亦广。为此艰深之思,而后知兄之病有必然者。读论首小引,于兄拟作未作诸章,不免小憾,但读之及半,然后知未作各章实亦可不续作,倘读得此书明了者,亦可循旨补作,然世有几人能读得此书明白亲切。弟以略于王弼《老子注》校雠有年,读大著时稍知每造一句、每下一字皆有来历。此唯精熟古书而后能之,必先于魏晋学术语言有所体会,方能辨识古人思想,苟于此许多名词不习惯、无体会(这也得下三数年工夫),就不能读此书。这也等于学一种别国文字,以此知能了解大著者必不会多。治周秦、魏晋、宋明哲学之不易,即是对当时语言词汇之不易了解,应该都是首先最难通过这一关。非真积力久,不能洞悉当时语言所指之内容函义。也可说,懂得名词,也就懂得意思了。或者老兄此时以随便写笔记为宜,也可不必自己写,但由助手作语录就够了。老兄以为如何?在此与贺昌群谈到向觉明在科学院的发言,近来反击右派文字中多有干涉,向公应有所警觉,最好劝他自己检查或检讨一次,何如?(《蒙文通先生诞辰110周年纪念文集》,第三六页)

十八日,顾颉刚来访。(《顾颉刚日记》卷八,第二八二页)

十九日,顾颉刚到食堂看报,遇先生。后又与叶渚沛、蒋士骅、赵艾、顾颉刚等同到友协影院看电影《百货商店的秘密》。(《顾颉刚日记》卷八,第二八二页)

二十日,访顾颉刚,并与顾颉刚及其四子同到栈桥。晚与赵忠尧夫妇及其子女、贺昌群父子、蒋士骅、吴几康、叶渚沛等人同席。(《顾颉刚日记》卷八,第二八二页)

二十八日,游法海寺、华严寺。同行者有贺龄渝、赵忠尧夫妇及其子维仁、女维勤、叶渚沛及其子、殷孟伦、赵松乔、赵鸿泰、杨振辉、杨鉴初、赵艾、王弘禄及顾颉刚全家。

　　七时半上汽车,八时十分到李村,渡河。八时四十五分到法海寺,入寺少息。九时二十分经惜福镇,十时三十分到崂东,在林氏宗祠憩息。十一时卅分到港东庄,下车步行,看瀑布,下午一时到华严寺,午餐。参观全寺,至藏经阁阅雍正藏。

二时四十分离华严寺,下山,三时十五分过瀑布后上车。四时半,未到王哥庄时,汽车碰伤一木货车,大起交涉。予等至一土地庙前休息、饮茶。六时十分车来,一路看落日。

车至沧口,少息,饮汽水。九时,返休养所。进晚餐。……

归途看落日,得一绝:

一轮沸日沉沧海,万朵红云化紫霄。

道远莫嗟归去晚,急车看尽夕阳姿。

赴崂山东路,过李村后,河多,时涉水,路又窄,雨后又多冲裂,车极缓。至王哥庄后只得步行矣,以此虽只有百卅里而走了一天。公共汽车包价八十元。(《顾颉刚日记》卷八,第二八六页)

八月一日,到食堂进西餐,庆祝八一建军节。同宴者有贺昌群及其子、顾颉刚夫妇及子女、赵忠尧夫妇及其子女等。(《顾颉刚日记》卷八,第二九〇页)

三日,与谭其骧、顾颉刚、赵松乔到中山公园散步。八时归。(《顾颉刚日记》卷八,第二九一页)

四日,顾颉刚、童书业、黄永年同到先生处,谈甚久。顾颉刚称先生"学博能谈,上下数千年之政治、法律、经济、文化,明如指掌,可佩也。惜予不堪用心,不克与之多谈,为恨耳。"(《顾颉刚日记》卷八,第二九一页)

十日,访顾颉刚。(《顾颉刚日记》卷八,第二九三页)

十三日,与童书业、殷孟伦、王仲荦等同访顾颉刚。(《顾颉刚日记》卷八,第二九四页)

十六日,顾颉刚晤先生及尹达。(《顾颉刚日记》卷八,第二九五页)

二十日,与顾颉刚、谭其骧、侯仁之到孙思白、黄云眉、郑鹤声处。九时一刻归。(《顾颉刚日记》卷八,第二九七页)

九月五日,顾颉刚到谭其骧处谈。谭言先生文章晦涩,看不懂。《顾颉刚日记》云:

季龙论作文,谓自己太拘谨,放不开。蒙老则晦涩,看不懂。仁之会作文,故占了便宜,可惜现在行政事务太忙,不能进步。又说予文章流畅,是一笔绝大的本钱。(《顾颉刚日记》卷八,第三〇五页)

十四日,川大成立"社会主义思想教育委员会",并举行第一次会议,徐中舒被选为委员。(《徐中舒先生百年诞辰纪念文集》,第三四五页)

十月,四川大学历史系多次召开讨论会,讨论政治与业务的关系,先生友徐中舒、冯汉骥等纷纷在会上发言。(《人民川大》,一九五七年十月二十

六日）

　　知按：约在此后不久，因先生与成都某些"右派分子"交往较多且有"右派言论"，川大党委三次公函历史研究所要求先生返蓉接受批判。（《蒙文通先生诞辰110周年纪念文集》，第四三六页）又，在今四川大学档案馆中尚收藏有先生右派言论集一册，囿于时代背景，该资料似皆不便写入年谱，且今日档案资料之使用也多有不便，幸将来能增补之。

二十九日，先生致函科学出版社，云：

　　来函并四室意见一件接读，甚为感谢，即依意见所指删改可也。因拙稿系十年前旧稿，颇多大汉族主义之误。覆看时又忽略未改，几成大错，幸来函提示，实所至荷。别的两个问题已于原件中签注解决。如再发现问题，幸不吝教诲为祷。《老子王注校本》内容说明俟缓数日即拟好奉寄。《周秦少数民族研究》必须作一简短序言，略述写稿经过，必于最近拟成后奉寄，并希诸同志切实指教，则大幸也。

蒙文通先生年谱长编卷七

一九五八年（戊戌）　先生六十五岁

是年，先生仍任教四川大学。上半年先生在校系开展批判资产阶级学术思想运动中受到批判，主要集中在《中国历代农产量的扩大和赋税制度及学术思想的演变》一文，除受到批判大会外，《四川大学学报》也曾载有两篇署名文章。

紧接着，四川大学开展社会主义大跃进，部分教师与学生共同编写教材和集体科研工作，先生则进行独立科研，并就平日胸中所蓄略检手边方便史料写出论文多篇，分别有：《汉唐间蜀境民族之移徙与户口升降》、《从民族与地理论诸葛亮南征》、《二顾校〈华阳国志〉跋》、《漯川为禹河前古河》、《鸿沟和肥水过寿春入巢湖通大江考》、《鸿沟通塞考》、《四川古代交通路线考略》、《略论四川二千年间各地发展先后》、《打破对王静安、柯凤荪两先生的迷信》、《再释〈周颂〉之主伯、亚旅、强以》、《〈司马法〉所载田制、军制为夏殷制度说》等文。此外，先生尚写有关于巴蜀古史的若干专题，后经整理合为《巴蜀史的问题》。关于北宋变法问题的研究本年基本完成，题为《北宋变法批判七件》，后经整理为《北宋变法论稿》。（《蒙文通先生诞辰110周年纪念文集》，第四三六—四三七页）

> 知按：蒙默《蒙文通先生年谱》云《四川大学学报》曾载两篇署名批判文章，今仅见其一，未见其二，题为《蒙文通先生树的是一面什么旗？——对"中国历代农产量的扩大和赋役制度及学术思想的演变"一文的批判》，作者为王介平。

一月八日，《人民川大》发文称"历史系对教学思想的揭发讨论刚展开不久，目前还处在开始的阶段，最近两天，历史系的同学们贴了许多大字报，揭发出了不少的问题。"（《人民川大》，一九五八年一月八日）

十八日，《人民川大》刊登文章称历史系师生大力揭发资产阶级思想，其中之一或涉及先生，即"公开散布资产阶级学术观，说'不一定要马列主义那一套才叫理论'"。

　　另一普通情况是讲述中缺乏高度的思想性。根据同学大字报揭露，中国古代史和世界古代史都严重忽视人民群众在历史上的作用，对人民起义的斗争也没有给以足够的讲解分析。劳动人民生产斗争和阶级斗争的历史在教师们的口中，仍然是以帝王将相的活动为中心。正如一个同学所说，听了半年中国古代史，感到印象最深的仅仅是"周公的创设，五霸的盛衰，七雄的争战"。

　　有的教师不用或很少用马列主义观点来探讨历史事件与评价历史人物。对反动历史观进行批判时，草草几句，软弱无力。或者就公开声明"我只负责讲课，你们自己去批判"，"不一定要马列主义那一套才叫理论"。与此同时，就在课堂上散布资产阶级学术观点，如认为"科学是没有阶级性的"，雅典国家的形成主要是地理环境作用，殷商时代军队的出现就是因为战争的需要，而不从事件的实质上加以阐述，引起学生认识上的迷乱。(《人民川大》，一九五八年一月十八日)

二月，四川大学颁布教职员工参加体力劳动暂行办法，规定教师每年参加体力劳动的时间不得少于100小时。

三月九日，中共四川大学委员会提出《四川大学大跃进规划纲要(草案)》。同日徐中舒先生主持召开四川大学历史系系务会，提出用"比思想、比工作、比团结、比劳动、比学习"的五比与中文系应战。

二十二日，历史系举行了"交思想，比规划"大会，会上徐中舒以系主任的身份宣读了历史系的跃进规划纲要，在四年内建立五个历史科学研究据点：先秦史、魏晋南北朝史、四川史、四川考古学、印度近现代史。力争在三年内将川大历史系办成全国先进的历史系之一。(《徐中舒先生百年诞辰纪念文集》，第三四六页)

四月二十一日，熊十力致函先生，并赠所著《体用论》一册，函云：

　　八九年未通音问，想犹相忆也。我今衰矣，住世能久不可知，昨有一书，平生吃苦所究之一大问题在其中，有此而《新论》可废，当寄你一部。川省图书馆与川大图书馆拟各寄一部，此乃请于公家，承惠印二百部保存，烦告两馆，望为妥存是幸。(《蒙文通先生诞辰110周年纪念文集》，第三七页)

五月十六日，郭沫若复信北京大学历史系师生，题为《关于厚今薄古问题》，此后史学界即广泛展开是厚古薄今还是厚今薄古的大讨论。同月，《人民川大》刊文称"我们感到历史系的教学工作中，有严重的忽视革命现实、厚古薄今的倾向，重古代轻现代，重史料轻理论，重专史轻通史"，

"这些倾向由来已久,流行的一种论调说:我们系古代和中古方面的专家多,应该充分发挥他们的专长,因而为'言必三代'找到了藉口。""我们诚恳的希望根据陈伯达同志指出的'厚今薄古'的精神,来检查和清算教学和研究工作方面的资产阶级思想。我们不少教师既有研究古代的能力,也就有研究近代的现代的可能。我们知道不少老教授对于近代和现代也是有相当研究的,从事这方面的研究,并不是没有条件"。

六月四日,《人民川大》刊文称历史系"三重三轻"必须批判,并指出:"学习马列主义方面,一种态度是,既然学习很困难,就干脆不要马列主义的指导;另一种态度是,把马列主义当成业务知识,'各取所需',合乎个人口味的就摘引出来作为自己的注脚;还有一种态度是学习马列主义是为了找出它的'错误'来'修正'它。在这些形形色色的思想支配下,教学和科学研究都严重脱离实际,很少用马列主义的观点方法分析历史事件或阐述社会发展规律中的重大问题,反而把精力放在堆砌资料和烦琐考证上,认为这才是'真正的学问'。并且认为近代史搞不出什么名堂,只有搞古代史才算是有'真才实学'。"(《人民川大》,一九五八年六月四日)

十三日,《人民川大》刊文揭发资产阶级思想对同学的毒害,称"许多老师在教学的过程中,直接或间接地向同学们灌输了不少的资产阶级思想和观点。在整个教学工作中,我们系就存在着严重的忽视革命现实、'厚古薄今'的毛病,重古代轻现代,重史料轻理论,重专史轻通史。""至于只管教书不管思想,只管考试不管学习态度,只要'天才',不管是红是白等等教书不教人的现象就更为严重了。"(《人民川大》,一九五八年六月十三日)

二十七日,四川大学党委邀请部分教师举行"把教育改革运动引向深入"座谈会。

七月,先生《周秦少数民族研究》由龙门联合书局(科学出版社副牌)出版。《古地甄微》因须作地图索回补作,《老子王注校正本》、《老子征文》原皆以《道藏》王注本为底本,后因《道藏》王本不如傅奕、范应元本为善,亦索回改作。后以风云丕变,时事扰攘,且无助手襄助,遂致搁置。

《周秦少数民族研究》内容提要云:

> 本书系根据我国古典文献,研究从西周末年至战国末年居住在陕甘地区的赤狄、白狄民族从山西北部沿河北山西之间太行山一带南下向河南北部移动,再东向入山东境内。西戎沿渭水出潼关进入伊洛地区,越过

嵩山,一支东向入淮;一支沿豫鄂西部南下入湘。以及引起其他少数民族频繁活动。可供古史研究工作者及高等学校学生、中学教师研究参考之用。

《治学杂语》云:

顾栋高《春秋大事表》是一部好书,我写《周秦少数民族研究》,基础就是这部书,很多现象它都看出来了,材料也提出来了,就是没能把问题点透,缺乏系统。我只在这基础上前进了些,增添了些后起之说。(《蒙文通学记》,第五页)

七日,在先生指导下学生应永深《古代北方的气候与湖泽》呈竺可桢先生审阅。(《竺可桢日记》第四册,第一九九页)

应永深《山高水长——文通师在先秦史研究上的成就和对后学的教导》云:

我是在 1952 年入川大历史系学习的。我班的中国通史课宋、元两代由蒙师主讲。讲授宋史时,他着重讲王安石变法、宋金和议等事件,讲授元史,他重点突出元代的政教合一、土地集中这些重大的历史问题。这种就重要历史事件和重大问题进行较详细阐述的授课方式,使我班同学对这两个时代的历史特点有较深入的了解,并学习到他对这两个时期的很多独到的见解。

1954 年秋后,我们班级进入第三学年,由蒙师给我班开选修课"先秦历史地理"。在第一次授课时,他即号召同学作论文,并出题指导。这里应当指出,当时学校尚无学生作学年论文的规定,他的这种要求完全是自己"找麻烦"。可是从这当中可以看出他对教学和培养学生研究能力的高度负责精神。

蒙师所出论文题目有"大禹治水"等选题。我选作的题目是"森林、湖泽与古代北方气候"。这个相当专门的学术问题,对于我这个学习历史专业不久的学生来说,无疑是很困难的。既对该论文的内容一无所知,也不了解作论文的程序和方法,一切都需从头学起,一切都得依靠他的指导。

在这时候,蒙师给我出观点,他说,古代北方气候较之现代为温暖,证据是当时北方有竹林、漆树,原因是当时该地区有森林,湖泽存在。同时他给我指出有关材料在何书。一些难以找到的材料,他亲自到学校图书馆给我找寻,将有材料所在的书页夹上纸条,让我去抄摘。因为论文内容涉及古地名,他要求我看《清经解》中胡渭《禹贡锥指》、《续经解》中沈钦韩《左传地名补注》、朱右曾《诗地理征》等研究古地理的名著。当从正、续《经解》中初次接触到乾、嘉学者的解经著作,使我耳目为之一新。对清人解经著作的了解,不仅对我写作该论文有重要作用,对我后来研究先秦史也大有裨益。

当该文在蒙师直接指导、亲切关怀下写成之后,蒙师又对我进行了热情的鼓励。

在写作论文的一年中,我常到先生家中请教。他有时谈论文中的问题,有时畅叙近期研究心得和治学方法。晚间去时,常谈到十点以后,我方才辞去。蒙师热情的、无私的教导,对我有发聋振聩的作用。这正如龚谨述所说:"先生对后学每次接谈辄之数小时,娓娓不倦,务使闻者发其神志,启迪思想。"

从蒙师对我的耳提面命、言传身教中,我学到了他写作论著的程序和方法。其程序是随时留心观察、搜集材料,尤其要重视无意中发现的材料和问题(两者是一个问题的两个方面),并以此为出发点,进一步去搜集材料,形成自己的看法,再草提纲。其方法是在马克思主义观点和方法的指导下,把自己接触到的材料进行分析、综合,形成自己对一系列材料的看法,作到论点和论据的统一,构成自己的学术见解。这就是蒙师的实事求是的治学方法。这个方法使我受益匪浅。

蒙师对我作论文的热情关怀、指导,颇似长者搀扶孩提之童学步的情形。每当我回忆起他谆谆教诲的情景,和看到他为我批改习作的蝇头小楷的字迹,对其景仰之心,油然而生! 当这样的良师被"四人帮"迫害致死,又怎能不使我悲痛的心情久久难以抑制!

蒙师诲人不倦,而又善于诱导,所以得立其门墙,多能自成其学。我从其他先生处得知,他在四川省图书馆任职期间,培养的十多人,后来多在大学任教。先生一生,为社会、国家培养出一大批有用之才,而受其栽培的桃李,对其高尚的师德、不朽的文章,永志不忘! (《蒙文通学记》,第一五二——一五四页)

十日,四川大学召开全校教育改革辩论会。历史系主任徐中舒被迫在会上作检查,并被认为不能令人满意。

十一日,川大文科召开中型辩论会。

十七日,中共四川大学委员会第一次修订《四川大学 1958—1962 年跃进规划纲要(草案)》,提出"鼓足干劲,苦战五年,把四川大学建设成为先进的共产主义大学"的奋斗目标。

同日,四川大学举行教育改革大跃进大会,"大会是一次干劲十足的大会。大会上的发言充满跃进精神,使到会的同志受到很大的教育和鼓舞。""历史系总支书记郭炳和同志在会上介绍了历史系的规划要点和该系广大师生的干劲","历史系将在五年内建成三个近现代史的研究据点,创办刊物三种,写出中华人民共和国史等专著65种。全系成立了学习马列主义的组织共71个。"(《人民川大》,一九五八年七月十九日)

约在本年八月前后,刘咸炘门人夏雨膏来访,并就道教史实请教先生,先生亦以所涉及者质之,夏君复以先生言录笔记中,整理后寄先生商定。

先生《道教史琐谈》附记云:

> 青城山炼师易心莹赴北京道教协会归,云会中决定分工四川写道教史,师以蜀人唯文通等数人知此答之。师过成都,访余未遇,后青羊宫炼师张觉尘举以告,余闻之悚然曰:蜀究道家言者,余知唯刘鉴泉先生,惜鉴泉年少于余而早已谢世,其门人惟夏雨膏诸君能绍其学,刘著《道教征略》,精深博大,其遗稿即夏君整理付余者。余神衰目眊,所学复未充,何足以言此。偶与夏君相遇,谈及此,因以余所涉及者质之,夏君谦退,以余言录笔记中,复写别纸寄余商订,乃因其所记,补苴一二,以为此篇,竟三日乃得成。道教包罗广博,兹之所论,诚所谓挂一漏万,即开元、政和两《御注》,及乎杜光庭、江澂等之书,胥未道及。以余于书多所未究,或读之而未能知其要,则皆不敢论,非敢妄有所取舍也。然其派别所系之重者及其统绪,仅就余所涉及略陈应究之目于此,至于扩充补正,是所幸于博学方闻君子。(《古学甄微》,第三三一——三三二页)

三十日,谭其骧致函先生,云:

> 手示敬悉,事冗稽复为憾。
>
> "古记"大致以先秦著作为限,尊意已转知顾师,且等回信后再说。
>
> 此计划本系去夏在青岛时于先生走后由顾先生、侯仁之及骧三人拟定者,其时本系应人民出版社之约,后人民出版社又以转交科学出版社。顾先生虽系计划参与者,但他很忙,故"古记"部分仍希先生多担任,其它部分先生有愿意担任者,亦请开目示知,至以欢迎。
>
> 大作《古地甄微》事亦已转知科学出版社。中华书局正拟搞一部"历代地理志汇编",内容包括史志及补志,并尽量采用最完备的注本。大著《补旧五代史郡县志》,亟盼早日完成,正可列入此编。此外,海内外学人如有此类著作,(如)补志及对各种史志补志注释、校刊、考订之作,或前人著作而为今人所希见者,并希示及。
>
> 增订改编杨守敬《历代舆地图》之工作极为繁重,最近领导要求明年

完成。故骧最近一二年内除应付学校工作外,不得不全力以赴此项工作。历史地理研究组暂时恐搞不起来。(《蒙文通先生诞辰 110 周年纪念文集》,第三六—三七页)

> 知按:由此可知,先生曾著有《补旧五代史郡县志》,然此稿至今未见,盖已毁之"文革"也。

九月,"为了切实贯彻教育为无产阶级的政治服务、教育与生产劳动相结合的社会主义教育方针,为了支援正在蓬勃发展的人民公社化运动",根据四川大学党委的决定,四川大学经济、中文、历史三系师生纷纷奔赴郫县、华阳、双流等县新建的人民公社。下放师生共有 695 人,其中同学624 人,教师(包括政治课)71 人。下放的时间暂时确定为:经济系两个半月,中文系一月,历史系三周。(《人民川大》,一九五八年九月十九日)

十五日,贾大权在《光明日报》发表文章批判先生在阶级问题上的错误,题为《批判蒙文通先生在阶级问题上的错误》。

十月三十日上午,四川大学历史系就党的教育方针召开讨论会。会上,先生就如何安排课程和教学发表了自己的看法。

润苍《学校怎么办? 课怎么教? ——历史系教师继续辩论党的教育方针》云:

> 蒙文通说,共产主义大学要不要历史系? 假如要,为了什么? 他说,明确了这点,便好安排课程,符合标准的就要,不符合标准的就不要;学习年限也才能决定,不能悬空划定时间。他认为历史是综合性的,历史科学就是综合许多专门史。因此,他主张要讲专门史,现在不能开出的,在通史里要讲详细点。(《人民川大》,一九五八年十月三十一日)

三十一日,四川大学历史系开会讨论课程安排,主张从近代讲到古代。(《人民川大》,一九五八年十一月一日)

十一月二日晚至三日上午,四川大学历史系党的教育方针辩论"进入了一个新的阶段"。辩论会上,先生和黄少荃、顾学稼认为"今后讲课不必要很多课堂讲授,可以加强辅导。"(《人民川大》,一九五八年十一月四日)

七日,"经过一周多来的学习讨论,历史系教师对上课与生产劳动的具体安排提出了三个不同方案。"其中包括以先生和黄少荃为代表的七位教师提出"每日劳动制"方案,其具体安排为:

①分班半天学习,半天生产劳动,上午上课的下午劳动,下午上课的

上午劳动,星期日及其他假日轮流休假,不停生产。②经常劳动与集中劳动结合进行,除每天半工半讲外,每年还应有一至二月的时间分批轮流下乡下厂集中劳动,以培养工农思想感情和学习生产技术。③系上成立正规化的工厂或农场,纳入国家生产计划之内,师生每人应掌握一个工种以上的生产技术并达到一定的技术水平。④有突击任务时,首先服从突击任务。他们的理由是:①根据少奇同志谈工厂办学校的精神——每天要做工,又要学习文化,学校办工厂也应该每天读书每天劳动。②为了更有效地保证学习与生产劳动密切结合,为了更容易使体力劳动成为我们生活习惯中不可缺少的一部分,所以主张每天劳动。(《人民川大》,一九五八年十一月七日)

十七日,《人民川大》刊文称"历史系教师最近在紧张的炼钢战斗的同时,挤出时间来就教育与生产劳动相结合的问题进行了三次讨论。"谈论会上,先生认为:"作为综合大学的四川大学,即使不言提高,也不应降低水平,目前劳动生产应该强调,但这是说要对劳动有所认识,而不是说劳动要占好大分量,要以劳动压倒学习。"同时先生针对"目前生产教学同时并举的情况说,上课时间少,困难不在教师,教师是可以讲完的,问题在于学生是否有时间学。"(《人民川大》,一九五八年十一月十七日)

一九五九年(己亥) 先生六十六岁

是年,先生《巴蜀史的问题》在《四川大学学报》上发表,是为先生研究巴蜀史的重要成果。

春,先生学生杨耀坤等三位同学前往先生住处拜见先生。杨耀坤《忆蒙文通老师》云:

> 我在 1957 年进入川大历史系学习前,就已得知蒙文通老师是博学多识的名教授,但进入历史系后,因蒙老年事已高(60 多岁),没有担任我们的通史基础课,故未能及时聆听他的教导。但总想早日接近蒙老,得一些教诲。在大学二年级下期(1959 年春季),我约了两位同学,准备去水井街宿舍拜见蒙老。在去之前,我们心里却产生了畏惧,觉得才学了一年半基础课,知识贫乏,蒙老愿不愿接见? 即使接见了,又能谈些什么呢? 犹豫再三,最后还是大胆去了。当见蒙老后,完全出乎我们的预料。我们刚进门时,蒙老正拿着长叶子烟竿坐着抽烟,见到我们时,就马上站起来招呼我们坐,我们的畏惧心情立即消失了一大半。及至我们说明来意和蒙老交谈后,畏惧情绪就完全消除了,更感到蒙老豁达大度,平易近人,毫无

一般大学者的架子。当我们说起还是二年级的学生,知识浅薄时,蒙老就说:"知识是一点一滴长年累月积累起来的,哪个天生下来就知识丰富?只要肯学,定会有丰富的知识?"又有同学问:"川大历史系的中国古代史很强,自己也想在这个方面好好学习,但读不懂古书,怎么办?"蒙老说:"读古书并不难,只要能看《四川日报》,就能读古书。一篇古文,你不会一句都看不懂吧!不懂不要紧,你只要多读多看,现在不懂的,多读多看后就懂了。我们小时读书,不懂的也很多,读多了,后来就懂了。"蒙老还说:"做任何一种学问,都是开头难,开头辛苦。就像做生意的,开始没有本钱,就得靠下苦力挣钱,如挑水、拉车等等攒本钱。当有了本钱后,就可以用钱滚钱,本钱越大滚的越多,那时就不费大力气了。"蒙老的这些教导,大大鼓舞了我们的学习劲头。从此以后,我就常到蒙老家求教。而每次只要我提出一个问题,蒙老就会从各个方面滔滔不绝地讲透切,所以每次请教蒙老,总是我说的少,蒙老说的多。有时晚饭后七点左右去,要九点多钟甚至十点过才走,这么长的时间,几乎都是蒙老在讲。蒙老这种诲人不倦的精神,很值得我们现在作教师的好好学习。(《蒙文通教授诞辰百周年学术座谈会纪念册》,第六一——六二页)

二月,先生致函四川民族调查组,云:

1. 自姚秦以后的羌族有宕昌、邓至、白兰、党项,见于《南齐书》、《梁书》、《魏书》、《周书》、《隋书》、《南史》、《北史》、《唐书》、《宋史》。从九通中也可查出,这四个小国都是羌族。

2. 西夏正是党项羌种。西夏为元所灭,他们向西南迁徙,清代的明正土司就是西夏之后。

3. 《宋史》党项、西夏之外有威、茂、渝州蛮,威、茂自然是现在的羌族。

4. 禹生于西羌,在今茂县,说明这里是羌。《史记》、《汉书》说冉駹皆氏类也,马忠又伐汶山羌,这说明羌氏都是汉族给他们的称号。隋唐对威茂地区都称羌。宋代对这一地区都称蛮。明初,亦称蛮,后就称羌了。且到清代又偶有称番的。

5. 史稿一再提到羌族把猿猴当作尊贵的神这一点材料很珍贵,应注意多访问羌族中的传说,因为宕昌、白狼(羌)在古代他们自标是猕猴种。古称吐蕃为羌种,但早的西汉史也说藏人是五百猴子的后代(后来藏人才有祖宗从印度来的说法,这显然是宗教关系,是喇嘛搞的)。这个猴子的关系,可知今天的羌人就可说为宕昌诸羌的同系。

6. 史稿分冉駹为两国是好的,但汉代汶山郡面积很广,今天的茂县是古代的汶江道。《后汉书》注引《华阳国志》,汶江道涊水、螂水出焉。螂水既在茂县,后来茂县可说就是汉代螂国所在。

7. 汉有冉国,《魏略》称为冉氏(《三国志注》引),唐有冉州,本敛才羌地,有冉山(见《寰宇记》),去长安西南二千七百三十九里,应在茂州东北,故距长安比茂州距长安近些。

8. 板楯蛮居住在巴中渠河一带和羌族无关联。昆明和叟也和羌无关,它是一种普遍和称呼。

我附带提一点不成熟的怀疑,在史稿提到猴神和八角碉的时候,我觉得可进一步探讨今天的羌族自治区(茂县)在汉代是螂国,但西北民族自来是迁徙不常的,今天住在这里的人,是否是古代就住在这里? 从邓少琴(现在重庆博物馆)、张怡荪(现在拉萨)他们的研究八角碉分布的区域,比较广阔些,他们认为是在蒙古灭西夏之后,西夏人南迁进入吐蕃了。住在茂县的羌族究竟是什么时候住在茂县的? 如其证明了他也是西夏的后代,宋后才分散到这里来的,我们倒不必注意汉代的冉螂等等了。我们应该从民族的移动来考查历史,倒不必限于考查一地区的历史了。从汉代以后,是否可以这样说在姚秦建国灭亡以后,就出现了宕昌、邓至,从北周灭了邓至以后,历史上就出现了强大的党项。

到吐蕃强盛时,党项、白兰等就并入吐蕃,在唐德宗时代吐蕃进入陕西西北部,党项就留在陕北,这就是宋代的西夏。党项还有很多人进入了山西、蒙古,在契丹统治下,于是为辽夏争党项人的争执。蒙古灭西夏是一次大屠杀(见《多桑蒙古史》),西夏人(羌人)分散南下住入藏族地区。这里还有不少战争,就有"蛮三国"(藏文已有详本)中穆天王。我对这一问题还不敢肯定。(《羌族历史问题》,第九九——一〇一页)

李绍明《清〈职共图〉所见绵阳藏羌习俗考》附记云:

余 1950 年就读于华西大学社会学系,时蒙文通师兼教授于华西大学哲学历史系,而为高年级授课,余系新生,故未能得以受教。1952 年秋,院系调整,余至四川大学历史系就学,乃有机会受蒙先生教诲,而深受其惠。余毕业后治民族史,读先生《周秦少数民族研究》,深感先生学问博大精深,乃我国民族史之先驱。1959 年,余在中科院民族所四川调查组接受编写《羌族简史》任务,余与同组同仁困惑于诸多不解之问题,而求教于先生之处甚多,而先生关心后辈,有问必答,从未推辞。1959 年 2 月,先生还亲自致函我辈,就羌族史中诸多关键问题提出高见,使后学深受教益和鼓舞。此后,先生一直关心羌族史的研究,还指导胡昭曦兄撰成《论汉晋的氐羌与隋唐以后的羌族》一文,并于文中亲加重要按语三则,再次

予后学以指导,使我等感激不尽。(《蒙文通先生诞辰 110 周年纪念文集》,第三七八—三七九页)

二十一日,《人民川大》刊文称,为了迎接新的战斗任务,进一步贯彻党的教育方针,历史系制定了本期三结合方案。同时为了适应新的教学计划,川大历史系又加强了教学工作的组织领导,成立了中国近代史上、中国近代史下、四川史、中国古代史、四川考古学、世界近现代史、世界古代史、资产阶级史学批判、外国语等九个课程小组,以课程为中心进行教学、科研和指导论文、培养师资等工作。(《人民川大》,一九五九年二月十七日)

四月三日,川大历史系举行学术讨论会,并就曹操的评价问题展开辩论。"会上许多同志,各抒己见,畅所欲言,真是百花齐放,竞吐芬芳。"针对郭沫若提出的"曹操虽然打击了黄巾,但继承了黄巾运动,把这一运动正义化了"的意见,先生和徐中舒、柯建中等都不同意郭沫若的意见。先生说:"曹操挟天子以令诸侯的行为,是与以推翻刘氏政权为目的的黄巾起义事业相违背的。从曹操死后,青州黄巾军因逃跑,被曹丕全部杀掉一事,也就说明黄巾军对曹氏的态度了。"在谈到曹操与豪强的关系时,先生认为:"曹并非中、小地主家庭出身,而是出身于宦官家庭的新豪族。曹操只对旧豪族(党锢一派)进行抑制,而新豪族在社会上力量很大。"在谈到曹操的功与过时,先生认为:曹操有功,但过也不小。他说:"曹操整顿了东汉王朝腐败无能的政治,建立了一个廉法政府。当时大力抗旱,兴修水利,使得一般良田亩产量提高了五六倍。尽管屯田客的收获,要'与官中分',但因产量的提高,剥削也不算太残酷。曹操的罪过之一,是人民未归心于他,'畏其威而不怀其德',曹丕杀青州军,也就说明青州军并不归心,曹操的行径不符合起义军的要求;曹操破坏了两汉以来的旧传统、旧道德,却树立不起新的观念,新的是非标准,'绕树三匝,无枝可依',正透露出他的彷徨矛盾心情。当时人也因此而找不到出路,《吊夷齐文》、《东方先生画像赞》正是这种苦闷心情的表露;曹操开了后世篡夺之端;徙匈奴至并州,为五胡十六国之乱,埋下祸根;曹操并未彻底打击豪族,兼并之风,较之两汉尤盛;根据《魏略·叙》所记,当时文化教育极其衰落。博士无才能教其弟子,弟子也无意求学,'公卿以下四百余人,能操笔者未有十人。'旧史家竟写不出一篇三国的儒林传,可见学术是相当不发达的。因此,曹魏以后玄风清谈大盛。"因此先生认为,从文化角度也不能对曹操估计太高,不能以少数几个人的文学活动来代替整个文化发展的实际情况。在谈到"为什么曹操脸上被抹上白粉,是什么样的正统观在起作用"时,先生认为:东晋人习凿齿著《汉晋春秋》一书,不承认有曹魏一代,目的在以东晋为正统,借贬低曹操而影射当时欲篡晋位的桓温,同时在书中也就对两汉之时,大权在握,而犹"鞠躬尽瘁"辅助刘禅的诸葛亮恭维备至。南宋时外族入侵,学者高谈正统论,奉南方刘备为正统,贬低北方曹操,这种正统论和当时的历史实际分不开的。过去,戏剧中历史人物,往往是虚构,是倡古说今,《三国演义》中的曹操,有时实际是严嵩的变形。(《人民川大》,一九五九年四月十日)

下半年,四川大学历史系五六级学生一部分去三峡参加考古作业,另一部分则在校编写《四川近代史》。

赵宗诚《初写论文》云:

> 思想解放不寻常,学生编史似荒唐。抓住问题据实论,实践教我写文章。(《玄门探珠》,第二五六页)

一九六〇年(庚子)　先生六十七岁

是年,先生仍任教川大,历史系举行巴蜀文化讨论会,徐中舒作主题发言,先生及冯汉骥、缪钺等皆在会上发言。

是年,母范英去世,享年九十岁。次子蒙默参加《中国史稿》后阶段的部分编改工作,并开始对民族史产生兴趣。

蒙默《我和南方民族史研究》云:

> 1960 年我参加《中国史稿》后阶段的部分编改工作,才对"我国自古以来就是一个多民族国家,祖国光辉灿烂的历史是以汉族为主体的各族人民共同缔造的"等问题有所领会。当时大家对书稿在体现"共同缔造"的表述上是不满意的,我这时才对民族史的重要性有了实感。(《家学与师承——著名学者谈治学门径》第三卷,第七一页)

元月十一日,汤用彤致函先生,云:

> 自兄回川后,已逾两年。前承送尊著《周秦少数民族研究》一书,并得兄一书,但因病,故未复。甚歉。
>
> 近年颇思研究道教史,记得《图书集刊》中有刘咸炘老前辈关于道教史研究一文,不知兄处尚存有《图书集刊》否? 如有,望寄弟一份。《图书集刊》中似尚有其它与道教史有关论文,望一并寄弟。近年我兄又进行什么新的研究工作,有何心得?

去年冬,曾因心疾住医院月余,现似比去年精神好些,因此可以看点书。去年暑假以来,编些印度哲学史资料,现尚在进行中。(《蒙文通先生诞辰 110 周年纪念文集》,第三七页)

二月,川大成立校先进单位代表和先进工作者大会筹委会。

三月,孔子学术讨论会在山东召开,先生寄去《孔子与今文学》,而未出席会议。

四月十四日,先生友李思纯病逝。吴宓《追怀宋诚之李哲生两兄》云:

已丧诚之又哲生,更无知己在蓉城。五年来往图铺啜,百事唯阿效老成。共喜斯民登衽席,心伤圣道弃尘羹。梁宵涕泪思前语,欲访何人话此情。(《吴宓日记续编》第四册,第三五六—三五七页)

五月上旬,川大常委会举行第二十五次会议,讨论全面深入进行教育改革问题。

夏,先生撰《成都二江考——附论大城、小城、七桥、十八门》,并记之云:

庚子之夏,闭户养疴,草《二江考》,每于箧间检故纸剪贴用之,稿遂如百衲衣。忽得十余年前旧录二纸,为选集有关七桥材料,由今览之,尚简要可用,虽无议论,然取舍之间亦皆有意,略有所校订,幸无违失,不觉一笑。因并作七桥十八门考,系于简后,亦附二纸于末,以见写作岂顷刻事耶!此稿初无示人意,故用文言写之,亦以纸不易得,故为节省耳。(《古地甄微》,第一三九页)

先生《治学杂语》云:

近作《成都二江考》,二江就是郫江、流江,就是《禹贡》之江、沱。自汉至唐、宋无异说,至清《一统志》始悍然以湔为沱,以郫为江,这一观念遂成为牢不可破之说。于是研究古地理的人(清代考据家)都不免从这一错误观点去研究《禹贡》、《汉书》诸问题,不能出《一统志》之看法而认为已得古人之真,结果都是错误。这一错误是由于清人素不喜宋、明人书,以为都是错的,不屑研索。我从前也是如此,于宋人书只作参考,合则用,不合则弃而不顾,于其错误之由,从不理会。这次考二江问题才知道宋人于此全不错而错在清人(胡渭、顾祖禹诸人),由清人之误以读古书,自然以宋、明人之不错为错。好在这一缺点也还容易纠正,就是把宋、明人几部书仔细一读,也就可解决很多问题。清人于古地山水不甚明白者总喜以大山大川来解释,这是根本错误,他们不信郫江、流江即是江、沱,就是因为是小水,而不知古人居处耕耘之区才为记载所重。成都平原郫、流二江关系灌溉至为重要,《禹贡》不能不记。其他高山大川无资于民用者如峨眉之类,何须记录。胡氏必以峨眉为蔡山,是不根,而且是荒谬的。古地之学不能凭空去讲。我是在经史中遇着很多问题不能不从地理探讨,积累久了,地理也熟了,问题也多了,好像专门讲古地。其实我与清人治《水经注》的学问全不相同。他们是专搞地理,尽读地理书。我是从经注、史注中去,而不专从地理书去,所以与他们的结果不同。这可说是学有本末。地理是史学一工具,如其专研地理,方法就不外杨惺吾,结论也应相同。即以这次作二江考,始见杨、熊《水经注疏》谬误不少,也很可笑。(《蒙文通学记》,第三一页)

严耕望《唐五代时期之成都》附记云:

本文撰成之始,自知非一完善论文,七年来随时留意,继获史料不少。尤其是看到蒙文通先生遗著《成都二江考》所录欧阳忞《舆地广记》双流县一条,最具价值。若早知此条,即可省去不少考证功夫。盖余于此书有相当成见,以为只取前人成文简要叙之,有裨考证之处不多,意颇轻之,致遗漏此条极佳史料。今补录之,既见旧稿论证之不诬,亦得见互相参证,又以见高骈罗城南墙在郫江(内江)故道之南也。(《严耕望史学论文集》,第七九〇—七九一页)

九月,川大恢复正规行课。

秋,为川大历史系五年级学生讲授四川古代史专题课。童恩正《精密的考证科学的预见——纪念蒙文通老师》云:

我是蒙文通先生的学生,但却是一个在特殊的历史背景下造就的特殊的学生。

从1956年到1961年,我在四川大学历史系学习。虽然蒙先生就在系上执教,但是由于他不教我们的基础课,所以直至1960年秋,即五年级的上学期,才选修了他讲的专题课"四川古代史"。其时五七年反右斗争的风暴刚过,五九年学术界拔"白旗"的记忆犹新。在当时的政治气氛下,有的教师已不敢在课堂上引史料,讲考证,因为这些都已成为"资产阶级史学"的代名词,而只能空洞地背诵一些教条,名之曰"以论带史"。蒙先生此时尽管已成为《四川大学学报》上点名批判的对象,但上课时仍然严肃如故,一丝不苟,旁征博引,溯本探源。几年以后,当蒙先生在1965年的四清运动中又受到猛烈的批判时,我才体会到先生的深意。他是置个人安危于度外,苦心孤诣,想尽到一个学者对学生的责任。遗憾的是,由于当时自己水平太低,接受能力有限,虽然听了先生讲课,但是对于先生治学的真谛,并没有多少理解。毕业以后,留校工作,在当时的政治气氛中,一个青年教师除了日复一日、年复一年地参加劳动锻炼和政治运动以外,是不可能专心治学,更不能系统地向老专家学习的。(《蒙文通学记》,第一五五——一五六页)

又,童恩正《古代的巴蜀》后记云:

> 我对巴蜀历史产生兴趣,是始于一九五九年。当时缪钺老师指导我写了《关于巴蜀历史的几个问题》一文,给予我很大的帮助和鼓励。一九六〇年听蒙文通老师讲授《巴蜀史》专题课,扩大了视野,丰富了知识,无论从治学方法和史料运用上,都有新的收获。
>
> ……现在蒙文通、冯汉骥老师不幸相继逝世,不克得见本书的完成,但两位前辈谨严的治学态度和教诲后学认真作风,是值得我永远学习的。(《古代的巴蜀》,第一七五页)

一九六一年(辛丑)　先生六十八岁

是年,先生仍任教四川大学历史系。上半年为高年级学生主讲"中国沿革地理和地理要籍"、"中国封建社会时期学术思想的变动和史学"两专题课,下半年主讲宋代学术概论;并结合地方特点讲授"巴蜀史"。

杨耀坤《忆蒙文通老师》云:

> 蒙文通老师给我们讲课,是在 1961 年下期,即我们五年级上期,讲的是宋代学术概论。
>
> ……
>
> 文通老师讲学术,总是从整体着眼,把每种学术都放在历史长河中去考察,并对每种学术的来龙去脉都探索清楚。这不仅向学生传授了宋代学术的具体知识,更重要的是教学生看待学术问题、研究学术问题应具有的视野和方法,这对学生来说,才是最大的收获。
>
> 文通老师在讲课中,总是教导学生看问题要敏锐,分析问题要全面。记得有一次我到他家里请教问题,他见我思路不够开阔,就向我讲了他读书时的一件事。他说,读书时廖季平先生为了训练学生的思辨能力,就出了道作文题,要每个学生从正反两个方面各写一篇,正面写的要头头是道,反面写的也要头头是道。这就使学生的思路能够开阔,能从不同的角度去看待问题、分析问题。这一教导,对我以后的思想方法,是有一定影响的。(《蒙文通教授诞辰百周年学术座谈会纪念册》,第六二——六五页)

是年,任乃强《华阳国志校补图注》初稿完成,约在本年前后,任乃强曾请先生等人审核并提示意见。

任乃强《华阳国志校补图注》跋:

> 本书初稿,曾先后经冯汉骥、蒙文通、刘运筹、吕子方(今均已故)、徐中舒诸先生审核提示宝贵意见。(《华阳国志校补图注》,第七七三页)

是年,《辞海》中国经学史部分初稿完成,"为了保证《辞海》质量,送请蒙先生审读"。

汤志钧《蒙文通先生与〈辞海〉》云:

> 《辞海》是新中国成立以后的第一部综合性辞书,参加编写的主要是上海学术界,而全国学术界也予以很大的支持,蒙文通先生就对《辞海》提供了宝贵意见。
>
> 1961 年,《辞海》中国经学史部分写出初稿,曾将有关条目分请各地专家审核。蒙文通先生对经学素有研究,早年肄业四川国学院时,饫闻廖平、刘师培的经说。廖、刘二人,"或崇今,或尊古,或会而通之,持各有故,言各成理。"蒙文通"口诵心维"(《经学抉原序》,商务印书馆版),仔细推敲,写出《古史甄微》、《经学抉原》等书,后来又写了《井研廖师与汉代今古文学》(《新中华》杂志第一卷第十二期),卓然成家。为了保证《辞海》质量,送请蒙先生审读,完全是必要的。
>
> 记得当时是将条目排成长条陆续寄审,蒙先生看了三次,回复了三封信。第一次是寄去"家法"、"师法"、"今文经"、"古文经"以及五经各条。第二次是寄去三《礼》和《诗经》条目。第三次是寄上中国经学史中的"名词术语"、"学派"、"注疏"、"人物"各条。(《蒙文通学记》,第一二八——一三一页)
>
>> 知按:第三段引文有变动,为综合全文而成。

并认为:

> 蒙先生看得很认真,提的意见也很中肯。不少意见,我们都采纳了;有的意见则因《辞海》是工具书,又限于字数,对一些有争议的问题不能展开,只能割爱。但我总觉得蒙先生对经学史是有独创的见解和真知灼见的。(《蒙文通学记》,第一三三页)

一月二十四日,谭其骧致函先生,云:

> 朱瑞熙来,藉悉道履绥和,著述日隆,至以为慰。承嘱代觅《庆元条法

事类》,昨已问过此间古籍书店,目前确无存书,已允留意访求,并函询北京中国书店。

《辞海》历史地理类……闻先生曾仔细校阅一过,发现错误甚多,务希不吝指教,一一录示,至感至感!

《中国历代舆地图》因底图一变再变,甚至三变四变,内容要求不断扩大提高,出版之期最早亦得在六四年,令人焦急之至,但又无可奈何!闻先生处正在绘《水经注图》,不知所定体例若何?亟欲知之。海内治此学者不多,彼此最好能互通情报也。

……昨得地理研究所来函,知科委已批准历史地理可成立专业组,今后必能得领导大力支持,得做可做之事必多,亟盼先生能广收门徒在川大建立一单位,共为新中国建立新科学而努力,岂不盛哉!(《蒙文通先生诞辰110周年纪念文集》,第三八—三九页)

　　知按:原信署名时间仅为二十四日,今据该信及其他诸信断定该信当在三月之前。又据是时朱瑞熙尚为先生研究生,春节放假回家,当在腊月至正月间亦即一九六二年一月至二月间,一月二十四日即腊月十九日,此正值寒假放假之时,且先生嘱朱瑞熙代觅《庆元条法事类》一书,按常理亦当于回家后不久即开始寻觅,而不可能选择在二月二十四日,亦即正月二十日代为寻觅,故暂定该信为一月二十四谭其骧致函先生者。

　　又按:此后不久先生即将《辞海》历史地理类校阅意见手录并邮寄给谭其骧。

三月二十一日,谭其骧致函先生,云:

手教二通及《辞海》书面意见先后奉到,感佩无以。为《辞海》提意见虽多,能如此细致认真,恐唯先生一人而已。所论各点,往往发前人所未发,令人茅塞顿开。其中,有原稿错误者,自可径予改正;有涉及《辞海》体例问题者,俟与小组同仁研讨后再作决定。《辞海》例不采一家之言,众说纷纭者,可并举数说,以通行者为限。有充分依据之新说自可采入,但不能因而删除旧说。字数又有限制,不能畅所欲言。唯无论如何,尊说当尽可能采入。至于建议增补条目,自不难照办,亦有鄙见与尊见不尽相同者,稍暇容录呈请正。(《蒙文通先生诞辰110周年纪念文集》,第三九页)

二十二日,先生致函谭其骧,云:

前寄上书面意见,浅薄之甚,令人惭怍,老兄当有以教之。兹者漫有所陈,希予指正。……《辞海》时间太迫,此实大难。……此间工作亦多,惜未能于《辞海》稿多阅读。此函非有甚意见,不过朋友间商讨请益,略述其所疑于前人之见而已。(《蒙文通先生诞辰110周年纪念文集》,第四〇—四一页)

二十八日,谭其骧复函先生,告以先生书面意见已作正式文件处理,交小组同仁传阅等事,并就先生二十二日去函所陈诸事相复,略云:

> 前日拜覆一笺,想已邀览。今日又奉到二十二日惠示,书面意见应作正式文件处理,须交小组同仁传阅,共同讨论,故奉达尚须稍稽时日。兹先就此次来教所及略抒鄙见,惟希进而教之。(《蒙文通先生诞辰110周年纪念文集》,第四一页)

是月,先生《孔子和今文学》刊《孔子讨论文集》,是文为先生经学研究之一总结。

先生《治学杂语》云:

> 《孔子与今文学》,也可说是我的经学研究告一段落,比之《经学抉原》是有改变。昔在峨眉读两汉各家书,并及先秦诸子,读到《韩诗外传》时,恍然感到:先秦时儒家何以变而为两汉经师之业,其间问题显然有个脉络过程,惜于已读之书未能将有关材料录出。现在要写这篇稿子至少需半年时间重读一遍周、秦、两汉著作,但始终无此时间,私心以为甚可惜。(《蒙文通学记》,第三四页)

四月,北京师范大学历史系和华东师范大学历史系受教育部委托,编写中国史学史教材。为了配合教材编写,六月,北京师范大学历史系创办内部刊物《中国史学史参考资料》。从第四期起,改称《中国史学史资料》。至一九六四年,三年共出九期,还有两期教学专号。先生和翦伯赞、侯外庐、齐思和、王玉哲、冉昭德、徐中舒等都曾为之供稿。

四月五日,竺可桢致函先生,并呈寄《历史时代世界气候的波动》一文,函云:

> 五十年来北半球高纬度气候变得和暖,已为不可否认的事实,从前许多人以为历史时代气候没有变动,这样想法实有重新考虑的需要。中国历史上文物载籍真所谓"汗牛充栋",世界无与伦比,若能群策群力调查研究一番,当可获得不少成果。兹寄近来拙作《历史时代世界气候的波动》一文,聊作抛砖引玉,幸乞赐教。(《蒙文通先生诞辰110周年纪念文

集》,第三八页)

> 知按:原信署名时间为一九六一年清明节,今按是年清明即四月五日,故径直改为四月五日事。

十五日至二十九日,四川省中国历史学术讨论会在四川大学举行。"学术讨论会始终贯彻了'百花齐放,百家争鸣'的方针,采取大会与小会相结合、系统发言与专题讨论相结合的方式进行。参加的有全省各科学研究机关、高等院校、博物馆等十四个单位五十余位新老史学工作者。讨论中涉及到的有:中国古代史分期、封建社会内部分段、统一多民族国家的形成及民族关系、古代自然经济、农民战争、历史人物评价、学术文化思想等方面的重大问题。此外,并探讨了中国近代史上的某些有关问题,以及如何应用史学研究新成果和提高历史课教学质量等问题。"在谈到中国古代的自然经济问题时,先生认为"古代无大规模的商品流转,交易都在小块农村地区进行;大城市并非是商业繁荣之地,而是政治统治中心。如宋代商税中,'住税'高于'过税';各州商税额决定于辖县之多少;交易中多赊欠现象就是证明。"在谈到古代的学术思想问题时,先生"把我国文化学术思想的发展流变分为四大段落:先秦、魏晋、唐中叶、明中叶。先秦学术思想主要分为东方的儒墨,北方的法家,南方的道家。儒墨不同,但同主'仁义',认尧舜禹汤为圣人。法家、道家不要'仁义',法家认'仁义'为大而无当,是迂! 道家把'仁义'看得渺小,两家都视尧舜禹汤为奸雄。其它阴阳家属墨家系统。纵横家、兵家、农家都是法家工具,不是独立学派。三派思想与其所在地域有着密切关系。魏晋时,学术思想、史学、文体等都打破了旧传统。唐中叶有所谓异儒崛起,反对传统的五经正义,奠定宋理学发展之基础。明中叶,主张文必西汉、诗必汉唐,不读唐以后书,反宋以来之理学传统,《金瓶梅》就是斗争武器之一。"(林向、冉光荣、马德贞《四川省中国历史学术讨论会概括》,《历史研究》一九六一年第三期,第一一三——一一四页)

> 知按:今据蒙默《蒙文通先生年谱》知,四川省中国历史学术讨论会即中国科学院历史研究所来成都召开的编《中国历史》(初稿)讨论会。先生在会上作了两次发言,一为通过对宋代商税和城市的具体分析,指出宋代不存在大规模商品流转和以商业经济为主的城市;一为对先秦诸子百家的流派提出一个新的划分意见。前者应《历史研究》约稿,整理为《从宋代的商税和城市看中国封建社会的自然经济》,载《历史研究》一九六一年第四期;后者应《光明日报》约稿,

写为《周秦学术流派试探》,载是年七月二十日《光明日报》上。(《蒙文通先生诞辰110周年纪念文集》,第四三八页)先生《从宋代的商税和城市看中国封建社会的自然经济》附记云:"这是作者在四川省一次学术讨论会上的发言,发表前只略加整理,疏漏之处,尚希读者指正。"(《古史甄微》,第四八五页)

十七日,陈垣复函先生,云:

　　违教久,奉书知起居安吉为慰。敝处担任标点新旧《五代史》,只是保存原样,加以句逗,以便读者而已,不敢于本书有所发明。来示谈到薛史辑本郡县志,并不是薛史原文,据《通鉴考异》所引,薛史本名《地理志》,不知馆臣何名为郡县。今台端欲重辑一篇,至为盛事。至于与薛史应分应合,应俟书成后再看各史成例如何,由中华书局决定。

　　敝处所标点《旧五代》,初稿虽早已完成,但尚应细细重勘数通,断不能如传说所云本年六月可以完卷。大作从容着手未迟,不必急。昔吴作臣著《山海经广注》,复著《十国春秋》,今台端既整理《山海经》,复重辑薛史地志,足与吴氏后先媲美,谨此驰贺,并致钦慕之忱。(《蒙文通先生诞辰110周年纪念文集》,第四三页)

　　　　知按:此信又收入《陈垣来往书信集》(增订本),然无第一段,仅第二段。今据《陈垣来往书信集》(增订本)知,增订本系据底稿整理,而非定稿,或因此故也。

约在四月前后,先生致函陈垣,并就《十国春秋》与新旧《五代史》郡县部分之异同商讨于陈垣,略云:

　　五六年夏间在京趋谒,匆匆一谈,获益良深。大著《日知录集解》想已脱稿,嘉惠学林,不胜跂望。顷中央号召整理古籍,知先生负责点校新旧《五代史》,今年六月底可全部定稿,耆老奋笔,使人钦慕。(《蒙文通先生诞辰110周年纪念文集》,第四二页)

五月二十六日,先生复函《辞海》编辑组。汤志钧《蒙文通先生与〈辞海〉》云:

　　蒙先生是写在普通蓝条信纸上的,蝇头小楷,整整一张纸,字迹也很端正。还在眉端赘上两行:"我的浅薄意见是写了几条在校样上。对于今文经、古文经二条另纸把这一问题具体写出,统祈斟酌使用。仓促间文句也没有妥当,还须加工。"写得非常谦虚。校样上用红笔写的修改意见是:

《五经异义》条,于"东汉许慎撰"下加"附郑玄驳"。《五经大全》条,旁注:"是否可将各经注者的朱、蔡、陈等的名字列入。"这两条意见,顾颉刚先生也提到,我们照加了。排校中个别误植,蒙先生也予改正。

函云:

古文经、今文经二条,似未恰当。汉人传经,原初各书都有隶书本,后孔壁得到经书是蝌蚪文,就叫做古文,而把以前的隶书本叫做今文,这是文字的不同。古经书,《礼》(《仪礼》)的篇数多,今经书,《礼》的篇数少(但今文《齐论》比《古论》多二篇,这是篇数多少之不同)。

清世前面一些人只认为文字的不同是今古文之分,但后来吴挚甫他们又说伏生壁藏的书应当是古文,后师用隶书写,才成为今文。孔壁的书自然是古文,孔安国以今文读之,也变成隶书了。那么,今、古文之分,就不是字体的关系。

古文经多,今文经少,但汉人传古文的,如《尚书》就说是"佚十六篇,绝无师说",所以马融、郑玄注《书》都不注"佚十六篇"(古文多出的部分),于《仪礼》的佚篇亦然。古文家虽有佚篇而不用,那么,今、古两家的不同,又在哪里呢?这些论点是对的。宋翔凤说立在学官的是今文,未立学官的是古文,这是不对的。邹氏、夹氏的《春秋》就未立学官,难道是古文吗?即专从文字而论,今文家齐、鲁、韩三家的《诗》,公羊、穀梁的《春秋》,《齐论》和《鲁论》的文字,都是不相同的。《周官》不同的文字,郑康成称之为"故书",《礼记》不同的文字称之为"或",是因《周官》不能有今文,《礼记》不能有古文,才有这样改变称呼的办法。其实文字异同,在汉代是很普遍,很平常的事,今、古之争都不在此。

到廖季平先生作《今古学考》,才发明今、古学之分,是学问的不同。最中心的问题是,今文学说的制度是同于《王制》,古文学说的制度都同于《周官》。《王制》、《周官》是两部内容矛盾的书,后来康(有为)、皮(锡瑞)、章(太炎)、刘(申叔)都采用这一说来分别今、古,而只是或主张今文学,或主张古文学,有不同而已。

可以说,古文学留传至今的主要有《周官》、《左传》、《毛诗》等,今文学留传至今的主要有《春秋公羊传》、《穀梁传》、两《戴记》等(因今所传《仪礼》是郑玄注,他时而采用今文,时而采用古文,不过《仪礼》里边有记是今文)。实际今文、古文,从文字上讲差异不大,而今文学、古文学从学说上讲差异就大,斗争就剧烈了。(《蒙文通学记》,第一二九——一三〇页)

六月六日,先生就《辞海》三《礼》和《诗经》再次复函《辞海》编辑组,函云:

《周礼正义》　以东汉郑玄注为依据。惟对部分清儒,如惠士奇、金锷、邹汉勋等,因不墨守郑学,虽有很多精辟之论,亦弃而不取,但仍是解释《周礼》比较完备的书。

《逸礼》　只是部分今文家否认《逸礼》的发现。其实《奔丧》、《投壶》诸篇,即是《逸礼》,已收入《小戴记》内,从郑玄《三礼目录》可见。郑玄谓之为"逸《曲礼》之正篇"。《仪礼》(共十七篇),内十三篇有记,《丧服》一篇有记有传。

《仪礼正义》　有系统的《仪礼》注解书。对宋儒、清儒,如盛世佐等的学说虽不合郑义,亦并加采入,与其他墨守汉学的著作不同。书内部分是作者死后他的弟子杨大堉将作者稿本加以整理补成此书,这部分就差一些(后来曹元弼作《礼经校释》,是专为此书而作。曹氏墨守郑学,意义不同了)。

《韩诗外传》　今本自五卷以下,显然是另一部分,《内传》四卷、《外传》六卷之迹,仍然可寻。此书仅是今文学辅助著作之一,不得算重要。

《诗古微》　和《书古微》同是以攻击郑学为主要内容。文人说经,虽自负今文学,实未知今文师法,于今、古两派异同所在,作者亦未明了。龚(自珍)、魏(源)都是专攻郑(玄)学,认为郑学就是古文学,不知郑是今、古兼采。他们攻郑,并未根据今文学术来攻郑,只是专取与郑不同的来反对郑,他们实未深入今文学,当时也还不知今文究竟是什么,到陈乔枞、陈立才算大概清楚,今文学才有点规模。康有为也只是龚、魏之学,他比龚、魏稍进一步,但用功不深。(《蒙文通学记》,第一三〇——三一页)

第三次是寄上中国经学史中的"名词术语"、"学派"、"注疏"、"人物"各条。先生将意见写在有关条目左、右侧,没有另写专函,今摘录如下:

"经学"条　右侧写:"汉初黄老和经学的独盛,是个深刻问题,百家争鸣的诸子是何等光芒,反而被玄默的黄老击败了。如其汉代的经学,仅仅是清人所讲的汉学那个样儿,他是不可能战胜百家的。如果今文学真像近代所认识的,就是阴阳五行之学,那么,汉代罢黜百家,就该表彰邹衍。如从为专制君主服务来说,那么,汉王朝最好是表彰申、商法家。这本是历史上一个大问题,但这数十年来的解释,都不免轻率,有些儿戏。总的来说,是由于我们不认识古人学术,轻视文化遗产,自以为高出古人。"又在左侧写:"魏晋的王肃一派,同是兼采今古两家,而专对郑学。

六朝时,王学行南,与玄学关系很深,谓之南学。郑学行北,谓之北学(义疏即是汉人章句的体裁,东汉人的注,是小章句体裁)。"

"今文经学"条 原稿:"偏重于解释经文,发挥大义,特色是功利的,而流弊为狂妄。"蒙先生将末两句改作:"特色是功利的,不脱政治;而流弊为章句的烦琐,谶纬的虚诬。"

"七经"条 原稿:"贵族子弟先授《论语》、《孝经》。"蒙先生提:"汉代大儒,或治一经,少有治二经的,贵族子弟不可能通七经。"

"七纬"条 原稿:"汉代混合神学附会儒家经典的书。"蒙先生提:"不如用阴阳家,还明确具体一些。"

"《春秋公羊传注疏》"条 原稿:"何休精研今文经学,废除章句俗学。"蒙先生提:"汉人以章句为俗学,即指今文学。古学无章句,古学家作注,大体就是注疏的注,而章句是疏的体制。"

"《论语正义》"条 蒙先生提出,应补:"此书未作成,其子刘恭冕续成之。"

"乾嘉学派"条 蒙先生提:"乾嘉学派可称之为'汉学派',似不可称之为'古文经学派'。一,因当(时)今古不分;二,因惠栋专讲虞氏《易》,是今文学。""惠学主于寻求汉儒师法,可分别派系统,戴学不拘守一家,主于精断。"又曰:"乾嘉学派主要是反对宋、明理学,不用唐以后一切学说,自以为是汉学,它是以训诂为中心。""乾嘉学派是宗许(慎)、郑(玄),后来龚(自珍)、魏(源)攻击许、郑之学,自称今文,因之认乾嘉为古文学,这本来不妥当。"

"常州学派"条 蒙先生提:"宋翔凤同刘(逢禄)同样重要,可加入。""陈寿祺《五经异义疏证》、陈乔枞《三家诗遗说考》、《今文〈尚书〉遗说考》、陈立《公羊义疏》、《白虎通义疏证》,都是今文学重要之作。""《公羊释例》比《左氏考证》重要。""邵(懿辰)与经学似少关系,可加戴望《论语注》。"(《蒙文通学记》,第一三一—一三三页)

二十七日,胡厚宣致函先生,商整理出版《山海经》事,云:

前奉赐书,匆匆未及奉复,继以讨论"中国历史"赴长春参加会议,继又有天津之行,拖延至今,罪甚罪甚。关于整理出版《山海经》事,中华书局已列入计划,近容与吾师取得联系,请即与面谈。有何困难,他们亦可酌量代为解决。(《蒙文通先生诞辰110周年纪念文集》,第三八页)

知按:由此可知,先生于是年前后曾有整理出版《山海经》的计划,后因故未能出版,是为遗憾一也;然先生整理的《山海经》一稿至今亦未见出版,更未见其梗概,是为遗憾二也。

七月,四川大学历史系五六级学生毕业,胡昭曦留校,协助先生进行教学科研。

胡昭曦《谆谆教导,受用终生——缅怀文通师》云:

> 1961年7月大学毕业后,学校分配留系工作,系领导安排我到中国古代史教研室任助教,具体任务是:继续进修,准备开课;协助蒙文通教授进行教学科研。从这时起,跟随文通师,我在专业上开始了中国古代史(重点是宋史)的集中学习和研究,一直到1965年下半年。当时我被派参加农村"四清"运动,返校时已是1966年"文革"开始,先生早被打入"牛棚",我也处境不佳,虽时常照面,但相互隔绝,直到1968年8月先生不幸逝世。

> 从1961年第三季度至1965年上半年三年多的时间里,我同先生接触频繁,求教问学的机会很多。先生对我关怀备至,耳提面命,谆谆教诲,热情扶植,给了我许多指导。当时,我还年青欠懂事,又少业务根底,对先生诲人不倦、扶植后学的师德和渊博的学识感受很深,但对先生授业解惑之真谛还不能完全理解。经过三十多年的实践,我愈益体受到先生引导之力,潜移默化之功;于斯时也,确是我在专业上的奠基时期,先生的教导终生受用不尽。……

> 先生对我的指导,主要通过以下方面:(1)同先生指导的宋史研究生朱瑞熙、贾大泉二同志一起学习宋史,系统读书,质疑求教。(2)协助先生指导本科毕业论文。(3)在先生指导下,撰写《论汉晋的氐羌和隋唐以后的羌族》一文。(4)协助先生查核资料。并将先生的一篇讲稿《孔子思想进步面探讨》整理成文章。(5)准备开出中国古代史通史课(辽宋金元段),撰写讲稿,由先生主持试讲(十个学时)。(《蒙文通教授诞辰百周年学术座谈会纪念册》,第四九—五○页)

七月十九日,中共中央发出《关于自然科学工作中若干政策问题的批示报告》,指出"做好知识分子工作,很关紧要"。对待知识、对待知识分子问题上的片面认识和简单粗暴的作风必须纠正,在学术研究工作中,必须坚持"百花齐放、百家争鸣"的方针,对几年来批判错了的人,要进行甄别平反。(《陈寅恪先生年谱长编》,第三一八页)

九月,学生贾大泉、朱瑞熙考入先生门下就读。

贾大泉《耳提面命　谆谆教诲——缅怀蒙文通老师》云:

> 一九六一年九月,我在四川大学历史系毕业后分配当蒙文通先生宋史研究生,至一九六五年研究生毕业,整整受教于蒙先生门下达三年多。

当时与我同时当蒙先生宋史研究生的还有复旦大学毕业的朱瑞熙同志,而与我们两位研究生同时向蒙先生学习宋史的还有与我同期毕业留校担任助教的胡昭曦同志。由于蒙先生在解放后一直没有带过研究生,此后也未带过研究生,所以,我和朱瑞熙同志被史学界同仁称为蒙先生的"关门弟子"。但我这个关门弟子又是一个特殊历史背景下的"关门弟子"。(《蒙文通教授诞辰百周年学术座谈会纪念册》,第五八页)

朱瑞熙《暌城集》序云:

> 早在三十多年前,也就是 1961 年至 1965 年的近四年时间里,我有幸受业于先师蒙文通先生的门下。蒙先生是一位中外闻名的史学大师,而我是初出茅庐,刚从大学毕业的青年人,所以蒙先生最初对我并不中意,他几次说过他理想中的研究生,年龄应在四十岁左右,彼此有较多的共同语言,可以切磋学问。我作为蒙先生的一位"关门弟子",初学宋史,所知甚少,自然毫无学术见解可与蒙先生"切磋",只有诚惶诚恐地向蒙先生求教,接受蒙先生的教诲。
>
> 蒙先生学识渊博,著述丰富。他指导学生孜孜不倦,循循善诱。我始终记得他关于做学问"要开阔眼界"的精辟见解,他说过:"学问贵成体系","做真学问者必须有此气魄"。在他的启发下,我对宋代社会产生了广泛的兴趣,不仅对其社会经济和政治史,而且对当时的典章制度、文学艺术、科学技术、宗教迷信等都加以关注。(《暌城集》,第一页)

朱瑞熙《文通师论宋史》云:

> 1961 年 9 月至 1965 年 5 月,我作为四川大学历史系中国古代史(宋史)专业的一名研究生,曾北面执经于蒙文通先生的门下。蒙老一生,历尽坎坷,转辗南北,在各大学任教近半个世纪。他的学生众多,遍布全国,真可谓桃李满天下。其中不少人听过蒙老讲授的宋史课,或者得到过蒙老的指点,后来大都在宋史的研究上有所成就,所以,蒙老在近几十年来对中国宋史学界的影响是十分深远的。不过,解放以后,蒙老一直没有正式带过研究生,所以我和贾大泉同志被史学界同仁称为他的两个"关门弟子"。与我们同时受教的,还有当时刚留校任助教的胡昭曦同志。
>
> 蒙老学识渊博,著述丰富。他所精通的学问,不仅有宋史,还有经学、古地理学、佛学、道教、先秦史、秦汉史、巴蜀史等。他对学生的指导更是孜孜不倦,循循诱导,还针对我和贾大泉同志的特点因材施教,提出不同的要求。我很幸运,适逢其会,亲聆蒙老这样一位道德学问为人敬仰的史学大师的教诲;加之,在研究生学习的前三年期间,正遇到群众性的政治

运动暂时偃旗息鼓,客观上提供了一个安定的学习环境。在这段时间里,我遵照蒙老制订的计划学习宋代历史,从《御批通鉴辑览》、《续资治通鉴长编》,一直读到《宋史》、《宋会要辑稿》、名家文集、笔记、方志等。还涉猎了前人或同时代中外学者的许多论著。有关学习心得,我写入读书笔记,蒙老抽暇一一审阅,然后在见面时条分缕析地指出其中的不足之处和补正的办法。

此外,我还按照蒙老"要开阔眼界"的指示,不仅学习有关宋史的典籍,还阅读了一些唐、五代和元代的文献。凡是属于原始资料性质而自己感到兴趣的史料,我都抄录成卡片,然后分门别类地装入卡片箱中。这些卡片的内容,包括我毕业论文所使用的资料,还包括宋代的政治、经济、文化思想、风俗习惯、宗教迷信等各个方面。

当1972年我重操旧业时,这些卡片立即被视为珍宝,在工作中用上了,因而节省了许多宝贵的时间和手工抄写的劳动。每当翻阅这些卡片,总不免触景生情,从心里感激蒙老:亏得他的教导,我才使自己的目光放得远些,搜集资料的面较宽,给现在的工作带来很多方便,甚至可以说是终生受用不尽。因此,我今天在宋史研究上取得的点滴成绩,都是与蒙老当年的谆谆教导分不开的。

光阴荏苒,告别蒙老已经整整二十年了。如今,我已成为中年知识分子,并且像蒙老指导我学习宋史那样,开始带领宋史专业的研究生。因此,我想把蒙老在宋史研究上的成就和他指导我学习宋史的情况写出来,供同行和后辈们参考,同时也借此表达我对敬爱的老师的深切怀念之情。(《蒙文通学记》,第一六五——一六六页)

九月二十四日,魏时珍来访。二十五日,魏时珍致函李劼人,云:

昨过蒙胡子家,以绍酒几杯奉客(是从江南运来者),味极醇美。闻沽诸春熙南段某酒店,每斤八角。此亦一好消息。兄如有意过瘾,可嘱人径沽。(《李劼人晚年书信集》,第二五页)

约在是年前后,陶道恕、谈壮飞曾前往先生寓所拜谒。陶道恕《难忘的记忆——怀念蒙文通先生》云:

六十年代初,谈壮飞兄由西南师院中文系调北京中科院哲研所工作前夕,专程到成都看望师友,约我去看蒙老和王恩洋先生。谈兄调往北京,是协助吕秋一先生整理两部专著:《中国佛学源流略讲》及《印度佛学源流略讲》。当时我正遭严谴,谈兄不但盛情枉顾,还约同去看蒙老,我很受感动。便去水井街蒙老寓所,适值他外出,仅对蒙默兄说明来意,即匆匆去藩库街,幸好王翁在家,因得听他畅谈大足石刻缘起。这次虽未见到蒙老,其后碰见蒙老时,我曾向他提到此事。令人遗憾的是,三中全会后不久,谈兄却因积劳致病而逝世,是很可惋惜的。(《蒙文通教授诞辰百周年学术座谈会纪念册》,第三四页)

是年冬,"《辞海》组织部分同志分赴全国各地征求意见",汤志钧参加"中南、西北、西南组,经过郑州、西安到达成都,除在四川大学座谈讨论外,又专门到先生水井街七十三号寓所拜望了两次,向他(先生)对《辞海》提的宝贵意见表示感谢,并和他(先生)畅谈了一些经学史和其他学术问题。"(《蒙文通学记》,第一三三页)

《汤志钧自传》云:

> 一九五八年,上海历史研究所由中国科学院改属上海社会科学院。我除纂集近代上海的资料书籍外,又参加了《辞海》编订,协助周予同先生写中国经学史条目。周先生年迈,由我起稿,并去浦江饭店集中定稿。等到一九六一年"试行本"出版,我又追随李俊民同志等到河南、陕西、四川、武汉征求意见,在郑州拜访了嵇文甫先生,在成都向蒙文通先生请教了章学诚思想,在武汉谒见了谭戒甫先生,都受到教益,回沪后,又加修订。(《中国当代社会科学家》第九辑)

汤志钧《蒙文通先生与〈辞海〉》云:

> 1961 年冬,《辞海》组织部分同志分赴全国各地征求意见,我参加中南、西北、西南组,经过郑州、西安到达成都,除在四川大学座谈讨论外,又专门到蒙先生水井街七十三号寓所拜望了两次,向他对《辞海》提的宝贵意见表示感谢,并和他畅谈了一些经学史和其他学术问题。
>
> 记得谈得最多的是今、古文问题,蒙先生说:"齐学、鲁学,今文、古文,南学、北学,都是后人所称。只是鲁学之名,汉宣时已有,也并不都是鲁人。起初,规模广大,内容丰富,后来渐趋纯谨。如《淮南》更纯,而《吕览》更杂,而《吕览》的规模很大。经学初为传记之学,学问恢廓。汉武以后,至宣、元间,学风变为章句,规模无此扩大,趋于纯谨。一批人自造齐学、鲁学之名,自名鲁学,以为前者是齐学,实在反映两个时代的学风。关于古文,吴挚甫说是文字不同,孔壁的书自然是古文,孔安国以今文读之,所以现行本为今文。今、古文的不同,究竟在哪里? 古书讲古礼多,廖季平先生就从制度上来厘明,指出今文家说的制度同于《王制》,古文学说的制度同于《周官》。所以,今、古文从学说上讲,差异就大,分别今、古文,要视其学风、内容、本质,不在名词。"

　　蒙先生又和我谈起,他最近研究宋史和四川历史地理,他对顾祖禹《读史方舆纪要》颇有微词。我们还讨论了章学诚的《文史通义》及其方志学。

　　没有几年,"文革"开始,我和蒙文通先生也失去了联系。后来听说蒙先生已不幸逝世,也不得其详。1979 年 3 月,我再赴成都,参加中国历史学规划会议,再不能听到蒙先生的高言宏论了。

　　蒙先生和我谈的一些话,我当时曾记录整理,大约笔记簿上也有七八张纸,不幸"文革"中仅存三纸,已是零星残简,不能连贯。所幸蒙先生的三封信,我还有抄存。(《蒙文通学记》,第一三三—一三四页)

年底,次子蒙默调回四川大学历史系,并担任先生助手。蒙默《我和南方民族史研究》云:

　　1961 年底,我调回四川大学,在历史系做我父的科研助手。他搞什么我就跟着搞什么,虽然也曾整理过两篇民族史的稿子,但民族史远远不是我工作的重点。(《家学与师承——著名学者谈治学门径》,第七一页)

一九六二年(壬寅)　先生六十九岁

是年,先生仍任教四川大学历史系。年初,先生父君弸公去世,享年九十岁。《光明日报》记者来访,嘱写报道一篇,先生因写《研究〈山海经〉的一些问题》一文,载《光明日报》三月十七日刊上。《辞海》编写组李俊民、汤志钧来成都听取有关《辞海》编写意见,先生谈及对《山海经》的研究,李请先生写出,先生于是作《略论〈山海经〉的写作时代及其产生地域》,发表于《中华文史论丛》第一辑。此文以《山海经》为周代南方蜀楚之作,为先生继《天问本事》后论南方民族文化又一重要论文。故一九八二年十一月二十五日,方诗铭致函李有明赞之云:

　　文通先生关于《山海经》的大作,六十年代初即在《中华文史论丛》上拜读,至为倾佩。今重读一过,愈感持论精确。我对《山海经》一书颇为感兴趣,论及此书写作时代及其产生地域之著作,当以文通先生此文为第一也。(《往事存稿》,第六〇一页)

但是,自是年起,因"大讲两个阶级、两条路线的斗争,象宋明理学这样的封建主义的东西"再也不能在课堂上讲授,传授给学生。

　　陈德述《难忘的"遗憾"——纪念蒙文通教授诞辰一百周年》云:

　　由于我在小学和中学时,先后读过胡绳的《从头学起》和苏联的《唯物辩证法教程》等书,被哲学的智慧所迷住。入了四川大学之后,又在邱坤老师和卿希泰老师的感召和教诲之下,对中国哲学史产生了浓厚的兴趣。邱坤老师告诉我们,历史系的蒙文通老师对宋明理学深有研究,准备在五年级开宋明理学的选修课。我们班上的同学们,特别是爱好中国哲学史的同学们,都怀着切盼的心情,等待着五年级的到来。有时在校园的某个地方碰到了蒙老,同学们都要互相传递信息,那就是蒙文通教授。可是,到了五年级的时候,说宋明理学的选修课不开了,我们每一个同学都大失所望。现在看来不开的原因是很简单的了。因为 1962 年之后,大讲两个阶级、两条路线的斗争,象宋明理学这样的"封建主义"的东西怎么能传播给学生呢?这样我们就未能聆听蒙老的教诲,未能受益于他广博的知识和深邃的智慧,给我们留下了终身的遗憾。在大学的时候,我们这些人是好学的,如果当时不知道五年级要开宋明理学这门课,说不定我们约几个同学专门去拜访蒙老师了,说不定还能接受一些教诲和知识。说一千道一万,就是无缘。(《蒙文通教授诞辰百周年学术座谈会纪念册》,第六七页)

二月十日,中华书局哲学组致函先生,云:

您辑的《老子成玄英疏稿》等七种,我们正在请有关同志研究,俟有结果再和您联系。恐您挂念,特函告。

三月十七日,先生《研究〈山海经〉的一些问题》发表,刊登在《光明日报》上。又,月初,先生曾带杨耀坤等三十多个学生前往昭觉寺参观。

杨耀坤《忆蒙文通老师》云:

1962 年上学期,是我们五年级的最后一学期,这一学期结束,我们就毕业了。因为开学之初(3 月初)课程已经很少,大家又知道蒙文通老师交际很广泛,三教九流都有交往。我们几个同学就动意请蒙文通老带我们去参观昭觉寺。当时虽然以阶级斗争为纲的指示还未下达,但寺庙是迷信场所的说法却很普遍。如果是一般老师,我们绝不敢提此要求,而蒙老却不同。我们几个同学去向蒙老说了我们的想法,蒙老即刻欣然同意。因他和昭觉寺慈清方丈很熟悉,还先向慈清打了个招呼。在同学中是采取自愿去的方式,原来估计只有 10 多个同学去,而去的那天上午,在蒙老家门前集中,却有 30 多个同学。蒙老是坐三轮车去的,我们同学就分散乘公共汽车去。大家到了昭觉寺,慈清方丈已和几个寺僧在山门前恭候蒙老并欢迎我们。慈清确与一般僧人不同,他也蓄有胡须,但无蒙老的多,是所谓三绺清须;脸色甚好,可谓红光满面;人又清瘦,虽已年过花甲,而动作仍然敏捷,这可能与他十几岁就步行到印度朝拜佛祖圣地有关。他接到蒙老后,自然免不了一番客套话,然后就带我们进入寺院,在客堂稍休息片刻后,就带着我们参观。在观诵一些殿堂的对联时,蒙老和慈清说了一些禅语,我们似懂非懂,但还是觉得很有趣。有些太深奥难懂的,蒙老也给我们作讲解。慈清除和蒙老交谈外,多数时间还是向我们作讲解,他把昭觉寺的历史向我们作了简要介绍,其中特别讲了张献忠入川后在昭觉寺的一些情况,并带我们看了张献忠的一双鞋,这是平时一般人看不到的。我们参观中最有价值的部分,是昭觉寺珍藏的明清字画,据慈清说,这些字画只有中央首长来看过,平时照例不给任何人看,因为我们是蒙老的学生,而且又是蒙老亲自带去的,所以特别破例给我们看。(《蒙文通教授诞辰百周年学术座谈会纪念册》,第六五—六六页)

二十七日,周恩来总理在第二届全国人民代表大会第三次会议上代表国务院作《政府工作报告》,充分肯定了知识分子、民族资产阶级在政治思想上的进步,强调团结他们一道工作的重要性。指出知识分子中的绝大多数已属于劳动人民的知识分子,不应该把他们当作资产阶级知识分子。(《陈寅恪先生年谱长编》,第三二四页)

五月一日,因大慈寺为玄奘受戒之处,根据四川佛教界的要求,经先生与各方协商,四川省博物馆将玄奘灵骨移交大慈寺供奉。大慈寺监院永建法师、佛学大师王恩洋、四川省文史馆彭云生、吴鼎南、重庆市博物馆邓少琴、四川省博物馆王家佑等参加了移交仪式,并拍了一张照片留作纪念。同时先生还写了一份灵骨转移的简单说明,并由其子蒙默誊写一份附于灵骨木盒,云:

> 奘公灵骨既发现于南京雨花台,原瘗于石函,并纪其岁月。蜀人白君详考明人所修《金陵志》诸编,溯唐宋以来灵骨由长安移于金陵因缘,表见其始末,与石函刻词所纪相合。奘公曾学经于成都,事具《三藏法师传》。白君以为蜀宜分灵骨一分,俾缁素得以供养。一九四九年冬,白君介其友人奉来成都兰台村文通寓舍,嘱以护持。于时成都已将解放,反动军纷集于此,虑有战事,文通商之近慈寺住持迎往郊区供养。成都旋即解放,而农村改革务繁,文通又商之谢公无量,迎灵骨入城内,因供养于文殊院。一九五□年又移于大慈寺供养,以蜀中宿传有奘公受具足戒于此寺之说故也。奘公移塔事详见于刘轲所为文,而白君所考于先后经历犹不免有所遗。由关中移金陵因缘,则白君所考最为翔实,但偶误书滟波水为瀍水耳,兹不赘及。惟谨记奉灵骨入蜀始末,及最后移大慈寺供养因缘,

并其岁月,以传信于将来。

彭云生《大慈寺观玄奘法师顶骨》云:

> 奘师顶骨出东吴,千里分赍到蜀都。海日金轮光百丈,何人会取髻中珠。(《百衲小巢遗诗》,第一七二页)

六月二十六日,中华书局哲学组再次致函先生,云:

> 您去年八月寄来的《老子》稿七种十五册早经收到,稿件收到后寄去的便函及今年二月函谅均达览。去年冬季,我局赵诚同志去成都时曾造访,因您外出修养未遇。想您近来身体健康,以此为祝。

> 奉读了您的《老子》稿七种,对您的《老子》研究工作深为钦佩。如来信所说,您的《老子》各稿多未最后完成,有的要增补材料,有的要改编改写,有的要写出叙录,甚希继续工作,写成完稿。您所辑严君平佚文二百余条及所辑六朝遗说三十余家,请先寄来,我局当转送《文史》集刊发表。您所写的各叙录也可先送报刊发表。

> 您未见的孙鑛本,据朱谦之著《老子校释》,北京大学图书馆藏有此书。中立四子、六子二本,北京图书馆有,见该馆善本书目。

> 您的《老子征文》较杨树达《老子古义》增订本所收罗多,但也有遗漏的,希参照杨氏书增补。又据我们记忆所及,《后汉书·马援传》引《老》四十一章大器晚成条,《文选》李康《运命论》引《老》四十四章名与身孰亲条,可补入。此稿增补后可交我局转送《文史》集刊发表。

> 尊稿十五册另邮寄还,请检收。您最近在研究和整理方面有什么已完成的作品,有什么新的计划,均请见告。稽延作覆,敬请鉴谅。

> > 知按:今据是月二十日傅彬然的审读意见知,中华未出先生书,与先生诸稿"多数可供专门研究者参考,需求者不多"有关,同时也与时代背景有关,即"《老子》不能出得太多"。而中华书局复函也遵守了傅彬然的意见,即"复信可肯定其一定价值,鼓舞其完成,并告诉一部作品当介绍给有关刊物发表。单独出版的书不必提。童老提供资料及意见,仍可酌告作参考。"同时,就今天所能见到的资料来看,先生曾两次致函中华书局,说明稿件具体情况。

七月,川大历史系举行学术讨论会,"老教授徐中舒、赵卫邦,分别报告了《孔子政治思想》和《封建土地国家所有制的基本形态》两篇论文,其中有些问题,引起了争论。"(《人民川大》,一九六二年七月二十五日)

二十五日,川大举行首次试行本科毕业生论文答辩。徐中舒任历史系答辩委员会主席。

夏,张邦炜自兰州回成都,在黄少荃先生的引荐下曾至先生家中拜访。

张邦炜《蒙老叫我读〈文鉴〉》云:

众所周知,与现在不同,从前青年学生崇拜的对象通常不是球星、歌星,而是专家、教授。蒙文通老先生就是我从青少年时代开始便敬仰的硕学鸿儒之一。上世纪50年代初,在西康省雅安中学读初中时,我即耳闻蒙老其名。先父告诉我,四川省盐亭县出了一位兼通经学、史学、理学、佛学的国学大师,他的名字叫蒙文通。蒙老30年代在北京大学任教,先父正在北京求学,但他并不学历史,竟知道蒙老的大名和学识,固然事出有因,然而也可见蒙老当年在大学生中名声之大、影响之深。50年代中,转学到四川省成都十二中读高中后,我即目睹蒙老其人。同学中四川大学子弟甚多,他们知道我偏好历史。一次路经九眼桥,与一位留长须、穿长衫的慈祥老者不期而遇,有位同学告诉我,他就是川大教授、历史学家蒙文通。仔细端详之后,景仰之情油然而生。50年前的事至今仍历历在目,无疑是由于我不久即到兰州大学读历史系(曾一度并入甘肃师大)。然而我毕竟不是蒙老的学生,无缘在课堂上聆听蒙老的教诲,对蒙老知之甚少,仅登门拜访一次,只记得寥寥数语而已。

确实,小事情也离不开大环境。我去拜访蒙老是在大饥荒还没有完全过去的1962年夏天,从兰州回成都家中过暑假。带领我去拜访蒙老的是当时在川大历史系任教的乡贤黄少荃前辈。民国时期在家乡川南小县江安,黄、张两个乡绅家庭素来过从甚密,但50年代则几乎无往还,以致我虽然听说,并且知道少荃先生是钱穆先生在成都齐鲁大学执教时的研究生,学问很好,被人们誉为"才女",但从未见过这位前辈。政治运动年代,人人都是惊弓之鸟。先父为人忠厚老实,建国后一向被称许为"组织纪律性强",行事极谨慎。今天回忆起来,他乐于带我去见少荃先生,并赞成我去拜访蒙老,与当时的政治环境较宽松,全国各个高校都在学习、贯彻后来被批判为"右倾投降"的《高教六十条》有关。如果迟至秋天,"千万不要忘记阶级斗争"的口号提出后,很可能就没有这回事了。先父告诉少荃先生,我在甘肃师大(现称西北师大)读研究生,学宋史,请她一定多多指教。少荃先生先满口应承,又谦逊地表示她对先秦和明清比较熟悉,对两宋知之不多,但可以带我去拜访你们两父子都应当知道的蒙文通先生,他正在指导宋史研究生。先父喜出望外,并说蒙先生,他久仰,不久前又亲耳听省委杜心源书记讲,要把老专家的绝学继承下来,准备请蒙先生指导经学研究生。

要去拜访学问博大精深的蒙老,机会难得,我既高兴,又畏惧。当时,我不仅对经学、理学、佛学几乎一无所知,即使是历史知识也少得可怜,宋史尚未入门。在去水井街蒙老住所的路上,少荃先生要我到时多提问。我说提不出问题,心里害怕,怕说错话,请少荃先生多讲。少荃先生答应代我提个问题。到达蒙老住所,蒙老还在午休,因事先约好,蒙老即刻起床,同我们交谈。蒙老问我在哪里读书,导师是谁,我一一如实简要回答。少荃先生开门见山,代我提问:他年纪轻,基础差,学宋史,读什么书好?蒙老说,先读李仁甫的《续资治通鉴长编》,而且要精读。我说正在读,但读起来很模糊。蒙老说,那就读吴成权的《纲鉴易知录》,浅显易懂。少荃先生先向我介绍,这是一部很好的启蒙读物,可以使人终身受益。又转过头来对蒙老说,他毕竟是学宋史的。蒙老说,那就读吕东莱的《宋文鉴》好了。我表示,还不知道这部书,一定找来认真读。遗憾的是,我当时太拘谨,没有抓住机会,进一步询问《宋文鉴》有什么价值和特点,应当如何阅读,听蒙老多发表高见。蒙老接着同少荃先生谈论了些学术问题,我不大听得懂,因此记不住。少荃先生在告辞时,代我向蒙老表示,以后学好了,再登门请教。两年后,我将毕业论文《北宋租佃关系的发展及其影响》从邮呈送少荃先生。少荃先生回信说,不仅她,而且蒙先生都看了论文以及我发表在《光明日报·史学》上的习作《关于北宋客户的身份问题》,蒙先生还叫以教研室的名义,写个评语,寄给学校。我不久便远走西藏,"文革"随即开始,蒙老以至少荃先生相继不幸去世,"再登门请教"只能成为梦想。回忆及此,不免令人辛酸。

……

最后,还有一件与蒙老有关的事,趁此予以说明。蒙老当初问我,导师姓甚名谁。我回答道,吾师姓金名宝祥,浙江萧山人氏,是蒙老在北大执教时的学生,抗战后期曾在川大历史系任教。蒙老说,记不得,浙江史学传统深厚,相信他学问不错。老师不记得学生是常有的事,但学生永远记得老师。先师有件事,一直萦绕于心,晚年多次对我谈及。事情是这样的:先师在北大读书时,同时选修蒙老的"魏晋南北朝史"和冯家昇先生的"历史地理沿革"。冯老放暑假前布置作业,先师急于回浙江度假,就将听蒙老讲课的笔记整理增补后,交给冯先生。冯先生评阅后,认为写得很好,大力加以推荐。此文标题为《汉末至南北朝南方蛮夷的迁徙》,载《禹贡》杂志第 5 卷第 12 期,1936 年 8 月出版,作者署名金宝祥。先师生前讲,一定要说清楚,此文的作者不应当是他,理当是蒙老。此事,先师告诉过他的不少弟子,因而中国社科院经济所魏明孔师弟在介绍导师早年的著述时,仅列举《南宋马政考》等文,绝不提及《南方蛮夷的迁徙》。至于蒙老"把历史当作哲学在讲",与先师一贯强调"读历史应当读出哲学的意境",是否有某种师承关系,则不得而知。(《蒙文通学记》,第二三四—二三九页)

八月,先生《论诸葛亮南征》刊登在《光明日报》上,然此文略同于《从民族与地理论诸葛亮南征》,故先生文集未予收录,今见李有明、蒙绍鲁《往事存稿》,盖此文乃李有明据先生手稿《从民族与地理论诸葛亮南征》所写,故署先生与李有明之名。

九月十二日,顾颉刚到中山公园茶座,阅先生《山海经著作时代与地点》讫。(《顾颉刚日记》卷九,第五三九页)

十月,先生《周代学术发展论略》刊《学术月刊》一九六三年第十期。

十一月五日,四川大学组织"支援古巴政府保卫主权、保卫革命"游行示威。

十日,李劼人致函魏时珍,并邀魏时珍与先生于十八日到他家就餐,云:

> 我虽时时进城,但市人委所假于其他机关之滥吉普(市人委所有汽车四部,全部入厂大修,大约明年初始能修好),只使迎送。步行来府,固可勉强,但走回,则难。盖月来气逆加剧,走上千步,便喘息难胜。不知足下健康情况何似? 头部尚大昏否? 如能支撑,可否约一时间,来窠一谈? 虽无佳肴,但有绍酒(确是好酒,已喝过十斤了)以助谈兴也。十一月十八日,系星期日。每逢星期六与星期日,由九眼桥至川师路口之公共汽车增多一辆,班次较密,来回亦较便。若能(于是日)携同蒙胡齐来,更可放言高论,且途中有人照顾,更可放心。(最好还是带俏哥子来。)希考虑后来电话约定(先二三日),好略作准备也! 书芬能来否? 天气若佳,甚望其能来一聚。如不便,亦不强求。(《李劼人晚年书信集》,第三一页)

十五日,李劼人致函先生,邀先生于十八日到菱窠吹谈小酌,并告之以乘车事,云:

> 十一月十八日星期日,请尊驾来菱窠吹谈小酌。不管是日天气如何,希望在正午十二点前,到达菱窠。先吃家常素面过午,而后放肆吹谈,而后吃成都餐厅作的几样好菜(由我私人秘书折零回来的),伴以状元红绍兴酒。如此聚会,数年来未有,今忽有之,断不可失! 同时共吹、共吃、共饮者,只老魏夫妇,并无他人。(魏婆或不能来,魏公则必来。)现在九眼桥东头河岸边(起点),已有公共汽车通师范学院路口,来去比较方便。上车买票,但言师范学院,票费一角六分。有时固时间不对头,须等上二

三十分钟耳。(《李劼人晚年书信集》,第五三页)

十七日,因李劼人"室人突病,十八日决难支撑做厨",再次致函先生,云:

> 原约十八日吹谈吃喝一次。不意室人突病,十八日决难支撑做厨。只好改在下一个星期日,即十一月二十五日再会。昨由龚君(我之私人秘书也)到尊寓面告,适公出未遇。恐有未达,特函告如上。魏公处已通知,二十五日之会,纵天雨亦不改,时间仍旧,希记之为要!(《李劼人晚年书信集》,第五四页)

十二月十日,四川大学代校长戴伯行去世,享年五十八岁。十六日,川大师生员工在大礼堂举行公祭。

二十四日,先生友李劼人病逝,享年七十一岁。

一九六三年(癸卯) 先生七十岁

自去年起,先生指导学生胡昭曦写《论汉晋的氐羌和隋唐以后的羌族》,至年初写成,先生仍觉意有未达,故作三段旁批,《历史研究》第二期在发表此文时并先生批语一齐发表。

胡昭曦《论汉晋的氐羌和隋唐以后的羌族》作者附记云:

> 这篇论文是在蒙文通老师的恳切指导下完成的,定稿之后又承老师批加案示,作者在这个过程中受到很多教益,并此向蒙老师致谢。(《巴蜀历史文化论集》,第五三页)

先生旁批:

其一:

> **文通按:**《元和郡县志》卷三十三于松州载:"后魏邓至王象舒理(治)者,并白水羌也……后魏末平邓至番,即统有其地。"《旧唐书·地理志》于松州也说,白水羌象舒治据此地。照此说,则邓至在松州。这却是一个大错。《元和郡县志》于山南道扶州说:"后魏讨定阴平邓至羌,立为宁州,后改为邓州,因邓至羌为名也。隋开皇七年改为扶州。"又其郭下同谷县有:"邓至山,在县东二十五里;白水经县西去县百步;邓至故城在县南三里。"这正是邓至建国所在的扶州,即白水流域。又《北史》说邓至在"汶岭以北",当然在松州以北,决非松州之地。吐谷浑龙涸王内附,北周以其地为扶州,即隋开皇七年所废之扶州,这是龙涸建国所在的扶州。可见先后有两个扶州,一在汶岭以北,邓州改名的,是邓至所在的扶州;一在

松州,即吐谷浑龙涸王降后所设之扶州。先时,扶、邓二州本自并立,开皇七年废龙涸所在之扶州,而改邓至所在之邓州为扶州,于是合二州为扶州,大业三年又改扶州称同昌郡,这时亦兼有后松州之嘉诚县。而左封、平康、翼水、通轨、交川别属隋的汶山郡。《旧唐志》于松州称隋同昌郡之嘉诚县是对的。唐武德元年废郡为州,于邓至地(先之邓州)复为扶州,于龙涸地(先之扶州)为松州,则又分为二。《元和志》和《旧唐志》的错误就是把先后两个扶州混淆起来,《通典》、《太平寰宇记》、《通考》等书皆同此误说。因而出现了虽说邓至为白水羌,但又说它在松州,则成了白水羌无白水,邓至羌不在邓至山,把汶岭以北的邓至国放到汶岭以南去了! 这也就是把吐谷浑龙涸王的地区说成有两族在同一地区立国,当然是错误的。再者,北魏封宕昌王为甘松侯,亦封邓至王为甘松县子,二国皆在汶岭以北。《元和郡县志》载宕昌藩于天和元年置宕州,有怀道县属甘松郡。又芳州周武成中"置甘松防",其郭下常芬县有"甘松府在城内",其丹岭县亦"属甘松郡"。《隋书·地理志》载宕昌郡怀道县后周置甘松郡,此为宕昌之甘松。芳州常芬县,隋属扶州,有甘松防、甘松府,此为邓至之甘松。《旧唐志》松州嘉诚县说:"隋改甘松为嘉诚县。"这是错误的。因为,《元和志》载嘉诚县本周旧县,天和元年置。这是《旧唐志》既说邓至在松州,于是也就说甘松县在嘉诚。(《巴蜀历史文化论集》,第三三—三五页)

其二:

文通按:《元和郡县志》说后魏讨定邓至羌,立宁州,改邓州。《旧唐书·地理志》说:"西魏逐吐谷浑,于此置邓州及邓宁郡,盖以平定邓至羌为名。"这也是臆测之说。《隋书·地理志》说:同昌郡"西魏逐吐谷浑,置邓州"。《太平御览》卷117引魏澹《后魏书》:"废帝前元西逐吐谷浑定阴平,于此置邓州,取前羌部落所居,为之名。"知邓州之置,正是为了逐吐谷浑。《周书·邓至传》说檐桁在魏恭帝元年失国来奔,太祖令章武公导率兵送复之,是时邓州之设置已三数年,并且是为了打退吐谷浑,而不是为了征讨邓至。因为这时吐谷浑人已东出侵逼邓至,周人逐之。后邓至失国,周人送复之。"自后无闻",则恭帝之后邓至益衰,不能自存。总之,不能认为邓至是为后魏所讨平。(《巴蜀历史文化论集》,第三六—三七页)

其三:

文通按:《宋书·吐谷浑传》说:"阿贵虏吐谷浑,辽东鲜卑也。"《晋书·吐谷浑传》:"西北杂种谓之为阿柴(贵)虏,或号为野虏。"《南齐书·河南传》(即吐谷浑):"河南,匈奴种也。匈奴奴婢亡匿在凉州界,杂种数千人。虏名奴婢为赀,一谓之赀虏。"是西北民族称吐谷浑为"阿赀虏"。今茂汶羌族有传说谓其先代初来,其地有"歌基人",或称"歌人"、"葛人",身躯壮大,强有力,能战斗。西北民族既称吐谷浑为"阿赀虏",《通典》:"赀,即移反。"有不少史籍如《晋书》、《宋书》、《魏书》、《北史》均作"阿柴虏"。柴,古音与赀同,《广韵》作"士佳切",《类篇》"权宜切,音差。"《正韵》作"资四切,音恣。"阿赀(柴)、歌基音近,当是古今传译之异。岷江流域先有歌基人,羌人后来逐歌基人而居此地。这正是隋唐时期党项人来此,与吐谷浑人进行斗争,最后战胜了"阿赀"人,而据有其地。可见"歌基人"即是吐谷浑人。又岷江流域复有歌基冢,为石棺葬,中有半两钱,知必在秦汉以后。元鼎七年冉駹请臣置吏,汉因开汶山邵,冉駹为大国,其建立应更早。《水经注》以湔氐道为秦始皇置,足证其早为氐人之地。今歌基冢有半两钱,是其来岷江流域必定在冉駹之后,并且两汉以后的记载很详明,这里没有他族来过。如果汉时歌基人或羌人之类曾在此争夺,史籍上不能没有记载的。当时远如夜郎与漏卧争战,都曾命将出兵,见于记载。然而近在蜀郡的岷江流域有新来民族的扰攘,却一无所记,于理不合。则知汉时并没有歌基人和羌人的纷争。只是到了谯纵据蜀,吐谷浑入居岷江,这里才有了"歌基人"。又歌基冢为石棺葬。无论氐人或羌人皆为火葬。而《北史·吐谷浑传》说:"死者亦皆埋殡,其服制,葬讫则除之。"《宋书·吐谷浑传》载吐延临死时,"语其大将绝拔渥曰:'吾气绝棺敛讫,便远去保白兰。'"既言死者皆埋殡,又云棺敛,则石棺葬的歌基人应是吐谷浑人。墓葬中有铁剑,也只能证明是六朝时期的墓。秦收天下兵器铸金人十二,是铜人。可见六国兵器仍大量铜兵;少数族有铁剑,只能是两汉以后的事,决不能认为是两汉以前。可见,歌基人即吐谷浑人。冯汉骥先生在《学林》第十期(1951年5月20日)所发表的《岷江上游的石棺葬文化》一文中,说歌基人墓葬中的"铜带钩本为东胡或匈奴之物",正足以说明歌基墓即吐谷浑之墓。冯先生又说:"以整个墓葬所表现的文化而言,则系多源的、复合的","此种石棺建筑者似为一种武士阶级或征服者的阶级,他们占据或统治此地为时并不甚久,人口亦不甚多,不久以后即被驱逐或自动撤退","我总觉得石棺文化在岷江上游区域内是一种突入的文化。"冯先生的叙述是精细的,推论的态度是谨严的,极可佩服。这样就正符合于吐谷浑的情形。吐谷浑以东胡鲜卑族西至阴山,故《南齐书》称之为匈奴种;他们上陇以后,故又称之为氐王。它的文化是多源的、复合的,正是岷江上游的一种突入文化,且是在不久以后即自动撤退的征服者。恰好证明歌基墓即吐谷浑墓。既如此,则今之羌人为党项之后当无可疑了。(《巴蜀历史文化论集》,第三九—四一页)

约在是年一月,四川大学曾举行过一次关于孔子的座谈会,先生曾在会上发言。

先生复洪廷彦函云:

> 此间曾座谈一次孔子,我有一个发言,谈得粗略,还说不到陈氏和朱子、阳明的比较,只就孟子引"天生蒸民,有物有则"一章和《论语·天何言哉》一章作主脑谈了谈。(《古学甄微》,第一六四页)

> 知按:先生学生胡昭曦曾将先生此次发言整理成文。胡昭曦《谆谆教导受用终生》云:"先生对我的指导,主要通过以下方面:……(4)协助先生查核资料。并将先生的一篇讲稿《孔子思想进步面探讨》整理成文章。"(《蒙文通教授诞辰百周年学术座谈会纪念册》,第五〇页)

> 又按:是月三日,徐中舒《孔子的政治思想》刊《成都晚报》上。文革中,徐中舒亦因此文而受到批判,被迫于一九六九年七月二十一日作《关于〈孔子的政治思想〉写作问题》一文,略云:"1962年山东史学会和旧中宣部合组的"孔子讨论会"要请我出席该会并为该会撰写有关孔子的论文,我当时正在按照我的研究计划编著《左传选》,并开始写《左传的作者及其成书年代》,作为该书后序,工作很紧张,不能出席,也没有功夫就孔子问题撰写论文,当时只就《左传选》后序中有关《春秋》问题写成《孔子与春秋》提纲寄与该会,已由该会印出。这个论题只是否定孔子与《春秋》的关系,与孔子思想毫无关系,有些像文不对题,很想将来有时间再从正面写一篇有关孔子思想的论文。在这一年中,川大哲学系副主任卿希泰要我为该系作一次学术讲演,我就以《孔子政治思想》在该系作了一次讲演。之后,我系古代史教研组也就以此题作为我在本年度的科学论文,在我系参加全校性的讨论会上宣读。在这次讨论会上,我写了《孔子政治思想》提纲,在会上讲了一次。会后,我根据提纲一再修改写成了可以发表的短篇论文,就是后来在《成都晚报》学术讨论栏里发表的这篇论文。我这篇论文很不通俗,在晚报上发表很不适宜,因为该报通过我系总支一定要这篇论文,我也只有满足该报的要求了。"(《徐中舒先生百年诞辰纪念文集》,第三五二—三五三页)

同月,徐中舒致函中国科学院历史研究所研究员谢国桢,相约来川大讲学。

二月,《学术月刊》刊登署名文章,名为《是现象还是规律——对《周代学术发展论略》一文的质疑》,对先生《周代学术发展论略》提出质疑,略云:

《学术月刊》一九六二年第十期发表蒙文通先生《周代学术发展论略》一文。蒙文企图解决周代学术发展的规律问题,并提出了学术分期。蒙先生说:"当时的《诗经》和《尚书》常被当作一书"。而《诗经》和早期的《尚书》均属于文学作品,因而在《诗经》以前应属于文学时代。在《诗经》结束的年代,《春秋》、《语》、《国语》等书相继而起,而《语》、《国语》均属编年的历史著作。"这正说明了《春秋》的记载是衔接着《诗》的。这不正符合孟子所提'《诗》亡然后《春秋》作'、以《春秋》继《诗经》的说法吗!"由《国风》变为《国语》,从而由文学时代转入了史学时代。蒙文又云:"到了春秋晚期,《春秋》由诸侯国史发展成为大夫家史,……到了战国时代,《春秋》由大夫家史发展成为诸子"。"作为现存唯一战国史籍汇编的《战国策》,其性质竟是诸子"。"由《国语》变而为《家语》。这一变动,是由史学时代,转而入于哲学时代。"

根据以上论证,蒙先生把周代学术思想发展,截然划分为三个时代:文学时代、史学时代、哲学时代。我们认为,除蒙先生所论述《尚书》、《国语》、《战国策》的作品性质是否恰当尚需研讨外,就其划分时代的方法和论点是颇为值得商榷的。蒙先生的方法是:×个时期×类作品甚多或基本上是×类作品,因而这个时期便属于××时代。如蒙文所述,则文学、史学、哲学的相递代置仅是一种巧合或偶然现象。这样便忽视了同属于意识形态范畴的文学、史学、哲学之间的相互联系制约、相互丰富推进的关系,以及它们相对的各自发展的规律。从而认为文学、史学、哲学之间是相互排斥、否定的关系。显然,这种论断是不符合历史事实的。以下对蒙文中理不足据的地方,提出我们的质疑。(《学术月刊》,一九六三年第二期,第三三页)

三月,先生《庄𫏋王滇辨》刊《四川大学学报》(社会科学版)第一期。先生《与友人论西羌与吐谷浑书》云:

近年写《庄𫏋王滇辨》、《论山海经》、《巴蜀史诸问题》等篇,以及近来研究西羌与吐谷浑事,颇感用心更深细曲折,二三十年前所见而不敢用之史料,现多已能理解、敢于使用,似皆非六十岁前所能道。诸正史中材料,细致考察,皆见其源流有自、不可率尔用之。(《古族甄微》,第四九七页)

先生《治学杂语》云:

在讨论《彝族史稿》时,突然想到庄𫏋王滇一事可疑,经检书证明无有此事。初写两千余言,此文虽短,但颇自爱惜,自觉写《汉潺亭考》以来,心思益精。柳翼谋常说我考据超过清人,往时不深信此语,近渐觉确

有过前代经师处,大题如论诸子、儒、道,小题如论巴蜀二江,都有此趣,下笔庶乎不苟。(《蒙文通学记》,第十五页)

又云:

近几年所写《庄蹻王滇辨》、《〈山海经〉产生的时间和地域》、《巴蜀史的问题》各篇和《论宋代的工商税》等,都不是我六十岁以前所能写的,六十岁以后心思更深细曲折。一些二三十年前所知道而不敢用的材料,现在能理解能使用了。(《蒙文通学记》,第二四页)

徐中舒《试论岷山庄王和滇王庄蹻的关系》云:

滇王庄蹻之蹻,原当作豪。《后汉书·西南夷传》将此庄蹻分属于滇王和夜郎两传中,在滇则称为庄蹻,在夜郎则称为庄豪。蹻、豪同音,只是声调有平上之分,在口语上原可互通。庄蹻历史,得自传闻,作蹻作豪,虽可互通,但在文法上则显有区别:蹻仅为个人的私名,豪则为酋豪的通称。亡友蒙文通教授在《庄蹻王滇辨》中首揭此义,最具灼见。(《论巴蜀文化》,第一八〇页)

知按:此文实为先生生前刊登的最后一篇文章。盖因此后不久,先生迭受批判,已无公开发表文章的权利故耳。

同月,先生致函洪廷彦,并略述学第,云:

我拟将清初以后义理之学作一比较,以陈乾初作为主要骨干,其他人则只是其枝叶。我所见也未必对,自觉数十年于宋明之学略有所窥,惟不易谈耳。前作《儒学五论》,就今日而论,其中各篇改动不大,唯《哲学思想》一篇,主脑全异。即因前时对陈氏无甚了解,自己是站在先天论一边来立论的。这也是近十多年一点进步,亦自喜。今年已七十了,在最近半年中于学问尚有新境界,亦差可自慰。(《古学甄微》,第一六四页)

同月,《人民川大》刊文称中国古代史教研室积极培养青年教师,并指出"在充分发挥老教师的指导作用方面,系里做了妥善的安排。所有中、青年教师都分别有老教授固定负责指导。……教研室也把一些准备新课的任务交给青年教师,固定老教师作为他们的指导教师。教研室还安排了部分青年教师协助老教授进行科学研究。"同时,历史系"还有计划地组织老教师开设专题讲座,如缪钺教授'昭明文选',蒙文通教授的'中国史籍目录学介绍'等。系上为高年级学生开设的专题讲授课,也组织了有关的青年教师参加。"(《人民川大》,一九六三年三月二十二日)

同月,在四川大学公布的校务委员会名单中,先生与弟蒙思明及徐中舒、缪钺等四十人担任新一届校务委员会委员。十五日下午,本届校委会召开了第一次会议,讨论了关于师资培养工作管理问题,通过了关于学生在校学习期间有关婚姻问题的暂行规定。(《人民川大》,一九六三年三月二十八日)

四月六日,中国科学院历史研究所研究员谢国桢抵达成都。(《锦城游记》,《瓜蒂庵文集》,第三四八—三四九页)

七日,在徐中舒陪同下,谢国桢前往先生住处看望先生,并在政协餐厅吃午饭。

　　　　早上,中舒兄同我看望多年老友蒙文通、缪钺诸先生,中午在政协餐厅吃午饭。下午独游望江楼和薛涛井,听蒙文通先生说:薛涛井本在万里桥,这是明代蜀王制笺纸的地方,遂把薛涛的故址迁移地方了。(《瓜蒂庵文集》,三四九页)

九日,谢国桢至水井街访先生,未遇。

　　　　座谈会改在星期四举行,这两天我没有事。吃过早餐后,就到水井街访蒙老,未遇。与他的文郎蒙默同志同访赵幼文先生,谈了一个小时,略谈彼此离开北京后的情况。分手后,蒙默同我到街上游览,先逛了文殊院。……出了文殊院,想到闹市找一家饭馆去吃饭。……我们就到陈麻婆豆腐家去吃豆腐,虽然很辣,却味道很美。蒙默酒量甚豪,记闻博洽,颇有父风,我仅衔杯濡唇而已。蒙默抢着会账,只有谢他的盛意了。(《瓜蒂庵文集》,第三五〇—三五一页)

十一日,"下午在新会议室参加川大历史系所召集的座谈会,主要谈的是我这几年来,怎样与集体一同工作和学习,以及参加写《中国通史》所得到的教育。谈话两个半小时,四时三十分散会。"(《瓜蒂庵文集》,第三五一页)

十三日,至川大大礼堂看川剧。

　　　　今天为星期六,晚上学校请我在大礼堂看川剧,所演的剧目,以当头棒原名刘承吉所演的《绨袍赠》,表演得最为精彩,做工细致,刻画入神。川剧为我国优良传统剧种之一。当清朝初年,昆腔就流传到四川,清乾嘉间川剧名演员魏长生曾到过北京,红极一时。京剧在表演细腻的地方,即吸收川剧之所长,丰富了京剧的内容。听蒙老说到清咸丰同治间吴棠做四川巡抚的时候,他最喜欢看戏,川剧才繁荣起来。因为他请江苏人在四川候补的官僚,懂得戏曲的人来教戏。在当时是官僚中荒淫无耻的举动;但是在无形中把川剧汇合了吹腔、弹戏、高腔、秦腔等项声调,而加上精彩细腻的做工,成为川剧中的特点。有些剧本还是蜀中文人像赵尧生等人所编的,词句也很为优美。到民国初年军阀割据时期,艺人为生活所迫,投武人的所好,戏剧就流于庸俗,并有些黄色不健全的成分。自解放以来矫正了以往的情况,编制了新的剧本,发挥其优良的传统,川剧才慢慢地发展起来。(《瓜蒂庵文集》,第三五二页》)

十四日,至海棠春饭馆进餐。

十时,徐中舒兄约我到青羊宫去游玩并聚餐。……我们游览过后,就到海棠春饭馆,座间已有蒙文通、冯汉骥、朱竹修及裱画家刘少侯等共九人。因为客人太多,厨师傅忙不过来,三点钟才能吃饭,先在这里吃了蛋糕和鲜橙汤作为点心,蒙老就引我们去逛道院。蒙老一边走一边对我说:青羊宫重修于清乾隆时,是苏州张清夜道人所修建的。我们进得青羊宫的道院里来,院中摆着假山石,假山石旁边陈列很多花木盆景,微淡的太阳,照在花木上,别有风致,屋子里面也收拾的非常洁净,我看见抱柱上有一副对联,写的是"涧松寒转寂,碧海阔逾澄",题"长洲八十老孩张清夜"书。道士邹率一很恭敬的端上茶来,陪着座谈。蒙老介绍给我们说,邹炼师是一位诗人。大家在那里大厅上座谈,我一面听他们谈天,一面欣赏院中的景物,就作了一首五律:

久闻邹居士,诗名满闽中。高谈惊四座,茗捥酿春风。

日澹园愈静,林深花满丛。我至时何晚,归来听远钟。

说着已经快到三时了,我们重回到海棠春去吃饭,喝的是茅台酒,吃的是地道的川菜。蒙老对我说:川菜是山东的烹调汇合而成的,所以菜味清腴,汤清见底,在前些年最有名的厨师是黄师傅,现在流传下来的,所谓黄派。今天所吃到的除了鱼肉海味之外,还是四川春天的名产,鲜笋、胡豆、王瓜、豌豆,最足以饱我朵颐。可惜我不能喝酒,只能濡唇了。饭后,中舒、蒙老陪我到二仙庵看花鸟虫鱼,各样的花木极为茂盛,而且鲜艳,阶前花池中丈把高的牡丹,虽然盛开已过,可是还有红润的花瓣。正是杜甫所说的:"晓看红湿处,花重锦官城"了。虽然早晚不同,但是露湿欲滴,花的秀丽色彩是一样的。这时天已近晚,游客渐散,笼中的鸟鹊,有的学人说话,有的在那里喳喳的叫。我们回到校中,已近七时了。(《瓜蒂庵文集》,第三五二—三五三页》)

十七日,下午,参加历史系的政治学习。(《瓜蒂庵文集》,第三五四页》)

二十七日，与谢国桢同至大慈寺喝茶。

今天是星期六，本来约好到蒙老家中去的，吃过早餐后，有人敲门，突然进来一位梳着两条大辫子的年轻女同志，她说她的父亲名叫马清臣，她的母亲是我的三姑母，她的名字叫马孝聪，在建筑学院任助教。……等她走了，我就步行到水井街去看蒙老，坐了一会，他同我到东大街古大圣慈寺去吃茶，大圣慈寺俗叫大慈寺，据说是唐玄奘出家的地方，是一座古刹，虽然没有古柏，但建筑的却非常雄伟。我们到大殿上去游览，又围绕着院子走了一圈，就到东偏院厅堂去吃茶，竹篱茅舍，地方却非常洁净，已经有许多老人在那里喝茶谈天，颇有悠闲自得的趣味。我们拣了一个座位坐下，服务员沏上两杯盖碗茶来。我一面喝茶，一面听蒙老的高论。他说他年轻的时期，曾在南京内学院读书，中年又曾在南京前中央大学今南京大学教过书。他熟于古代史事，精通巴蜀的掌故，又且写过有关辩论窥基、圆测学术异同的文章，从而又谈到川剧的源流。他老先生是老成都，认识人是最多的，茶座上到处有人与他打招呼。这时候恰巧来了一位七十多岁的老先生，蒙老招他同坐，并介绍给我说：这位是成都老艺人兼编剧导演徐鉴庵老先生，因为他住在南门，而又精通戏剧，依着成都称精通戏剧的叫圣人，因之大家都称他为"南方圣人"。我们坐定以后，仍然继续谈论戏剧。徐老先生说：当清同光年间，成都的剧种很多，有演秦腔的秦鸿班，有演昆腔的舒颐班，有南门外演高腔的庆华班。到民国初年，这些剧种就汇合而为一台了。蒙老连忙说：徐老先生就是昆乱不挡，擅长须生，能演一百多出戏的老手。徐老先生谦让着说：我那能够像我的老前辈黄吉安老先生呢。我就问他黄吉安的历史，他说：黄老先生关心时事，是一位戏剧改革家，黄先生曾编过一百多出戏剧，像《江油关》、《哭祖庙》、《探狱》、《杜十娘》等戏，至今还在演出，都是他老人家编的。他还长于做诗，遗留下来的诗集约六厚册。因为他对于清末的时局，深感不满，尤其是中日甲午战争以后，遭到帝国主义的入侵，处处失败，而且官吏贪污、政治腐败已极，他写出了好多爱国忧时的诗句，或编为戏剧，以抒发他的烦闷。黄先生故后，已无人过问，我们代他保存起来。又因为他无后，每逢清明，黄门的弟子都要到坟墓上去祭扫。解放了，成都文化局才把他的剧本编出来。北京中央戏剧学院又把他的诗集钞了一部带回北京，准备整理后出版。蒙老又问徐老先生：还演出吗？ 他说，有时高兴时凑个热闹，下星期三在南门外茶馆里，有几个老朋友等着我，因为班配齐全，或者要清茶相候呢。我说：到那一天我深盼听一听老先生的清音。说着已经快过午了，彼此分手后，蒙老同我到东大街上一家小吃店内吃小笼蒸牛肉、锅魁及

豆花等类,饱尝了成都风味。(《瓜蒂庵文集》,第三五八—第三六〇页》)

五月一日,下午三时,谢国桢来访。

　　下午三时后,访蒙文通先生。他约我到芙蓉餐厅便餐,蒙老酒兴甚豪,我请教他所素研究的《山海经》和《华阳国志》。他说《山海经》上所写的尧舜,和《尚书》上所说的尧舜,迥然是两回事。如通常所说尧"生于鸣条,卒于苍梧"。那时隔山阻水,交通极为不方便,尧生在北方何以能够死于苍梧?这显然是各地方对于创世的始祖,皆有尧舜的传说,后来把各地方所传说尧舜的故事混为一谈了。至于常璩著的《华阳国志》,是研究吾国西南古代历史的重要书籍;但是其书亦有所本,所记巴蜀的古代史迹,主要的是本于《蜀王本纪》和《三巴纪》。他已把这两部书的佚文搜集起来。我这次来成都,受到蒙老和中舒兄的益处很多,在研究先秦两汉史上颇有所启发,更坚定我写汉代社会生活史的决心。吃完饭后,同去南门大街茶馆里去听"南方圣人"的清唱,四川话叫做"去听围鼓"的。到了那里,因为节日,茶馆中人太多,没有容足之地,没有演出。我们闲步街头,逛了百货商店和人民市场,时候已经不早,彼此分手,我就回学校了。(《瓜蒂庵文集》,三六一页》)

九日,下午二时参加顾炎武学术讨论会。

　　我所讲的题目是"略论明末清初学风的特点",计分为六节。……听众很多,我的经验又浅,心情相当紧张,我把心少定一下,从容不迫地谈这个问题,达三个小时之久。我看见参加的成员听得尚无倦容,蒙老并为我补充了王船山所说的"能"与"所"的问题,终于把这个课题愉快地完成了。(《瓜蒂庵文集》,第三六四—三六五页》)

十日,应黄元贲之约,与谢国桢、徐中舒同到黄家吃晚饭。(《瓜蒂庵文集》,第三六五页》)

十三日,下午继续开学术讨论会,由先生和徐中舒两先生发言。徐中舒讲研究明清史的重要性及顾炎武的学术思想。先生讲的是王船山所提出的能与所的问题。(《瓜蒂庵文集》,第三六六—三六七页》)

十五日,与谢国桢、冉光云等同游都江堰。

　　早餐后,蒙老、蒙默和冉光云同志陪我去游览都江堰。乘十时的公共汽车赴灌县,因为路中耽搁,下午一时始到灌县,连忙与县人委会交际处联系,住在县委招待所。在街上一家青城餐厅吃过午饭,已经下午三点多钟了。……蒙默同志是在这里灵岩山书院里读过书的,路途很熟。他就引导我们沿着这个长街,往前面走,看见街上有卖草药和虎豹皮的店铺,可见这里离深山不远,有许多猎户了。我们四人有说有笑,从这条街转过弯去,有一座南桥,……过了长桥,就到离堆公园。……穿过了长林,就到了老王庙。我们走到庙中最高的楼阁上,凭栏往下看去,……我们坐在危栏上,往四面看,真是山势回合,气象万千,由于楼底下的涛声激荡,觉着楼阁还在那里振动。……从老王庙回来,已经是下午六时。随便吃一点饮食,回到招待所。我们四人住在一间屋内,抵足而谈,大有"未晚先投宿,鸡鸣早看天"的景象。因为走了一天累了,不久即入睡乡,睡的极为酣适。(《瓜蒂庵文集》,第三六七—三六八页》)

又,谢国桢《江浙访书记》云:

一九六三年春间,我来成都参加纪念顾炎武三百年学术讨论会,蒙文通老先生导余游都江堰,遂宿于灌县,联床夜话,抵足而谈巴蜀故事。尝以为常璩《华阳国志》所说:"人皇始出,继地皇之后,兄弟九人分理九州,为九囿,人皇居中州,制八辅,华阳之壤,梁岷之域,是其一囿,囿中之国则巴蜀矣。"又说:"五帝以来,皇帝高阳之支庶,世为侯伯。及禹治水,命州巴蜀,以属梁州。禹娶于涂山,……生子启,呱呱啼不及视,三过其门而不入,务在救时,今江州涂山是也。帝禹之庙铭存焉。"是知我国幅员之大,五方各地,都说是"高阳氏之苗裔",虽则是路途辽远,传闻异辞,尧何以能生于鸣条,卒于苍梧?古话流传,遂形成为"彼亦一尧舜,此亦一尧舜",然可以说明我国的各民族,互相团结,同出于一源。当时我颇为佩服蒙老谈论的观点极为精辟。(《江浙访书记》,第二六七页)

十六日,游二王庙。

蒙老点的菜其中有石爬鱼,形如同鲈鱼而没有刺,是爬在石岩上,吃薛苔生长的,肉味颇美。蒙老父子的酒量很豪,我们都喝了一点酒,微有醉意。蒙老说:此地因雪山的水初化下来,水性过寒,因之大家都感觉有一点腹泻,稍喝一点酒,是可以御寒的。本来是想搭一时半的汽车回成都,因为买不到车票,只好改搭下午四时半的车回去。吃完午饭后,我们仍到离堆公园去吃茶。……回到成都已经下午七时,蒙老请我们在提督街一家张鸭子店吃烧鸭,颇为肥美。(《瓜蒂庵文集》,第三六九页》)

七月,致函郦衡叔,云:

迩来所好,偏在理学,亦偶涉宗门,略探禅儒之辨。罗整庵所谓心之灵与性之理,其区界大端在此,至其委曲,未易一二数也。弟于五十以后,始深有所觉,乃独有契于陈乾初,明清之交,必以此公为巨擘。盖当程朱与陆王皆有弊,惟斯人能烛其微隐而矫之。仅王船山略与乾初有接近处,戴东原、焦理堂辈似亦欲挽宋明之弊,惜所得不深。黎洲作《明儒学案》在六十后,议论风发,其指点抑扬,未必中鹄;而其作《明儒学案序》在八十以后,义精词粹,盖已不能举《学案》全编而更订之,深觉可惜。黎洲初不惬于乾初之学,乃益晚而益契之,其序《学案》似已有得于陈氏。陈氏《性解》各篇,纯由发展论以言性,深有合于孟子之旨。宋明儒者虽持论各别,然其囿于先天论则一耳;则清初之学,实有鉴于前世之弊,不得不起而挽之。然值考据之学方盛,一世之人未得尽心于此,于是曰汉,曰宋,徒为门户,将何补也。孟子言"火之始然,泉之始达,……苟不充之",以知扩而充之言性;谓"苟不为熟,不如荑稗",以熟言仁;曰"养吾浩然正气",曰"苟得其养,无物不长",以养言气;皆以发展言之。宋明儒非不知此,但其整个思想体系中未予以应有之地位,于是一则曰即物求理,一则曰满街尧舜,皆因一弊以走两端耳。弟四十以后感于宋明有偏处,于《论儒家哲学思想》篇略陈之,但自家见不到根本,不能深加剖析,后虽有见,仍未敢着笔。宋明儒皆辟禅,但其弊处(如强调先天论)亦正自禅来。陈乾初《禅障》一篇,因其素于禅疏,故义未透,于宋明儒之杂禅处,亦不无小失,立言之难,不其然乎。弟今年已七十,每欲抽暇完此一篇而未得。此非草草可为,总须静虑一二月乃得成之,然他事常扰扰不暇。亦思虽言之,将与谁论之,即写成亦无用之文耳。(《古学甄微》,第一五九——一六〇页)

夏,刘伯谷至水井街先生家探望先生。刘伯谷《敬忆蒙文通先生二三事》云:

> 癸卯(1963)夏,我到水井街川大宿舍探望先生,谈到治学方法时,先生语重心长地教导我说:"做学问首先是基础要牢,涉猎要广,刘先生的'推十',就有这个意思。他的'六通四辟',根源就在于此。现在的学生多不埋头读书,实为可叹!""刘先生有这样大的成就,究天人,贯中西,首先在于他无书不读,博闻强识,我说就是'韩信将兵,多多益善'。"谈到最后,先生满怀深情地说:"看来还是要多抽时间读书喔!"这席谈话,使我受益匪浅,永生难忘。(《蒙文通先生诞辰110周年纪念文集》,第一八页)

十月下旬至十一月,中国科学院哲学社会科学学部委员扩大会议在京召开,先生和徐中舒应邀出席。此外,同行人员还有 62 级先秦史专业和古文字学专业研究生谭继和、袁廷栋、谌怡祝等。但临行前一天,徐中舒夫

人江聪不慎跌了一跤,先生于是荐老友骨伤科名医杨天鹏到徐中舒家中诊治。(《徐中舒先生百年诞辰纪念文集》,第三五一页)

中国科学院哲学社会科学学部委员会第四次扩大会议学科分组名单

哲学一组 (四十五人)	艾思奇、刘文珍、李培南、李达、冯定、杨献珍、潘梓年等
哲学二组 (三十七人)	冯友兰、关山复、杨荣国、吕澂、陆平、高亨、陶白、严群、赵纪彬、关锋、林聿时、任继愈等
哲学三组 (四十三人)	金岳霖、刘刚、胡曲园、贺麟、郑昕、汪奠基、杜任之、匡亚明、张仲实、王子野等
经济一组 (三十四人)	于光远、孙冶方、滕维藻、千家驹、关梦觉、聂真、杨坚白等
经济二组 (三十一人)	王亚南、曾惇、严中平、许涤新、漆琪生、胡寄窗、陈岱孙、姜君辰、巫宝三、王守礼、樊弘等
历史一组 (四十人)	刘大年、梁寒冰、周谷城、范文澜、张稼夫、徐俞、吴泽、胡华、戴逸、邵循正、周一良、杨人楩、齐思和、刘导生、姜克夫、黎澍、刘桂五、丁名楠、程西筠等
历史二组 (三十九人)	翦伯赞、杨永直、徐中舒、包尔汉、邓拓、郑天挺、杨宽、谭其骧、周予同、蔡尚思、黄云眉、韩儒林、谷霁光、唐长孺、蒙文通、白寿彝、贺昌群、宁可、林甘泉、郦家驹等
历史三组 (五十人)	尹达、葛震、翁独健、吴晗、侯外庐、夏鼐、谷苞、杨东莼、唐兰、金灿然、丁树奇、尚钺、邓广铭、叶企孙、林耀华、傅乐焕、白天、东光、熊德基、顾颉刚、胡厚宣、杨向奎、张政烺、田昌五、姚家积、徐旭生、郭宝钧、黄文弼、苏秉琦、夏康农、秋浦、冯家昇、侯方岳、方国瑜、钱宝琮、严敦杰、王忠等
文学组 (五十二人)	冯至、魏伯、刘大杰、何其芳、楼适夷、左恭、游国恩、金克木、唐棣华、蔡仪、余冠英、贾芝、卞之琳、戈宝权、俞平伯、钱钟书、李健吾、吴世昌、李希凡、王朝闻、杨晦、朱光潜等
语言组 (二十三人)	陈望道、吕叔湘、叶籁士、丁声树、陆志韦、王力、季羡林、黎锦熙、魏建功、高名凯、袁家骅、赵洵、管燮初、傅懋勣
国际问题组 (三十五人)	张铁生、隆辛仁、吴大琨、刘思慕、陈翰伯、杨西孟等

二十六日,"参加学部会议,听郭沫若、周扬讲话。"(《顾颉刚日记》卷九,第七五四页)

二十八日,"参加学部扩大会议小组会。"(《顾颉刚日记》卷九,第七五六页)

三十一日,顾颉刚、胡厚宣到先生和徐中舒住处拜访。

到北京饭店,访高亨,并晤胡厚宣。与胡厚宣到蒙文通、徐中舒处。
九时归。(《顾颉刚日记》卷九,第七五七页)

十一月二日,访顾颉刚,并告知李源澄逝世事。

文通告我,李源澄已于前数年以神经病死于重庆师院,是与之同在成
都文庙读书者也。年不过五十,惜哉!(《顾颉刚日记》卷九,第七六〇
页)

十五日,到四川饭店参加历史研究所学术委员会扩大会议,“自九时至十
二时半。在饭店进午餐,与郭沫若同席。”同会同席者有郭沫若、尹达、侯
外庐、熊德基、徐中舒、周予同、谭其骧、吴泽、蔡尚思、傅维鳞、谷霁光、唐
兰、赵纪彬、白寿彝、黎澍、胡厚宣、贺昌群、张政烺、韩儒林、冯家昇、郑天
挺、唐长孺、田昌五、杨向奎、郦家驹、程西筠等。(《顾颉刚日记》卷九,第
七六六—七六七页)

十六日,中国科学院哲学社会科学学部委员扩大会议闭幕,并在北京饭
店举行了闭幕式。吴玉章、周扬、郭沫若等先后发言,“自九时至十二时。
在北京饭店进午餐。”“在大厅待。一时许上车,到中南海怀仁堂后摄影,
晤毛、刘两主席,周、陈两总理。四时归。”“学部此次扩大会议,集合各大
学校长、各省宣传部门、科学院社会科学各部分负责人及有名学者,凡四
百八十人,以反修为主,兼及十年科学规划,讨论三星期,然而问题万千,
此一短时期如何讨论得了也。”(《顾颉刚日记》卷九,第七六七—七六八
页)

会议结束后,先生经安阳、西安返成都。返校后,徐中舒与其夫人在成都
芙蓉餐厅设宴酬谢杨天鹏大夫,先生和冯汉骥、蒙默等作陪。(《徐中舒
先生百年诞辰纪念文集》,第三五二页)

一九六四年(甲辰)　先生七十一岁

是年,越南河内综合大学某君函叩越史疑义,先生憾近世之论越族史者
或以江南尽越地,或以瓯、骆为一国,或以骆越拥有广西之一部,或以越
裳在江西,纰谬之处,何可一二数,于是奋笔撰文,虽“文化革命”起,先生
屡遭迫害,犹撰述弗辍。至一九六八年五月,《越史丛考》初稿竣,约十万
言,尚未及修改定稿,先生就含恨辞世,此稿遂为先生绝笔之作。

陶道恕《难忘的记忆——怀念蒙文通先生》云:

今年(一九九四年)春初,我在杜甫草堂开会,适与刘开扬先生同座。

刘先生谈到蒙老对地方史深有研究,特讲了六十年代(文革前)向蒙老请教的事。他事先同蒙老约定地点。只见蒙老入座后,就滔滔不绝引证史料,进行阐释,听者无不悦服。原来这时蒙老正在撰写《越史丛考》的初稿,故对史料如此烂熟。(《蒙文通教授诞辰百周年学术座谈会纪念册》,第三三页)

牛敬飞、张颖《追忆国学大师蒙文通先生——蒙默老师采访记》云:

> 从六四年开始搞的(指研究越史,撰写《越史丛考》),一直到六八年五月份基本上才完成。他白天要到系上来学习,柯建中也是"牛鬼蛇神",就跟我父亲一起学习,就是柯建中谈到的那种情况。他有些时候就把书也带到那儿去看,带到那儿去写。回来了他当然就搞他的,我也从来不问,因为那个时候他那种心情,当然是他愿意搞什么就搞什么,咋好问呢。他也不跟我摆。那个时候我们在搞运动,天天都要到系上来,还要到处跑,所以他也不跟我谈这些事情。只是有些时候他学习完了,我这边事情也完了,我陪他一路回去,路上说几句,也只能安慰他一下子,都不能说多了,生怕有别人听到了。我那阵也处在那种身份,有好多话都不敢说。
>
> 好在造反派掌权过后,他们的目标是在所谓的走资派,我父亲这些就算是"死老虎"了,所以后来也就没咋管他们,但是学习还是要学习。(《天健》第十七期,第四九页)

三月十日,川大校委会举行本年第九次会议。

四月十二日,先生友吕子方逝世,享年六十九岁,先生于是任治丧委员会委员。然先生《巴蜀史的问题》第十《巴蜀文化的特征》论天文历法却颇得吕子方的支持。

先生《巴蜀史的问题》附记云:

> 我对天文历法根本不懂,由于吕子方先生的大力支持,把他未发表的作品让我大量引用,使这篇稿子得以完成,这是我深为感佩的。敬志谢忱于此。(《中国古代民族史讲义》,第二五五页)

五月一日,先生友汤用彤病逝,享年七十一岁。

八月三十日,顾颉刚再一次阅读先生《〈山海经〉写作时代及其产生地域》。(《顾颉刚日记》卷十,第一二〇页)

秋,刘伯谷偕同刘咸炘门人孙伯岚前往水井街拜访先生。刘伯谷《敬忆蒙文通先生二三事》云:

甲辰(1964)秋,我同先君之门人孙伯岚世兄往探先生,先生极高兴,以其门人新奉之武夷山顶名茶待我们于水井街口茶园。当伯岚世兄谈到近来有学者反孔时,先生气愤地说:"反孔就要亡国!"接着,先生滔滔不绝地结合历史和现实谈起孔孟之道对治世的道理及其成就,并说:"在中国,孔孟之道是为人治世之道,是人民千年来的选择,是绝对不会泯灭的。"(《蒙文通先生诞辰110周年纪念文集》,第一八页)

十二月十日,先生师谢无量因心脏病入北京医院,不幸逝世。马一浮挽之云:

> 在世许交深,哀乐情忘,久悟死生同昼夜;乘风何太速,语言道断,空余涕泪洒山丘。(《马一浮集》第三册,第八九六页)

十五日,四川大学教授庞石帚因病逝世。二十一日,彭云生致函某友云:

> 石帚兄一月前因感寒,气管炎日加剧烈。送入省医院五日,于本月十五日子时遂于医院逝世。当日即运入殡仪馆,十九日午前时,由川大主持公祭。次日即送往磨盘山火葬。公祭后,我同蒙文通、张怡荪、曾慎言、曾宇康五人到新南门吃茶小息。彼此相顾,不胜怆然。李培甫、赵少咸因病未去。石帚死的消息,且未使少咸知道,因少咸与石帚仅隔一街,过从甚密,若闻其死,病当加剧。一月半前,石帚坐一三轮车经我门,约我同车到焦家巷访曾宇康、李培甫。培甫又送我们到长顺中街萧长兴药铺小坐。石帚候一三轮车坐回,车上拱手一别,不知竟成永诀矣!三年来,既失李劼人,又失王化中,今又失石帚,感何如也!

先生《中国历代农产量的扩大和赋役制度及学术思想的演变》云:

> 本文在撰写中承徐中舒、缪彦威、庞石帚、刘伯量、黄少荃、吴浦帆、李必忠、冯汉镛诸同志提供了很多宝贵意见,多据以作了补充和修改(也有部分保留了个人意见),特此致谢。李俊卿和庞、冯两同志还同意引用其未发表的稿件,应该特别提出。(《古史甄微》,第二六二页)

一九六五年(乙巳) 先生七十二岁

是年,先生仍任教川大,然是时川大四清运动正紧张有序的开展,先生越史研究也因此深受影响。

三月五日,在先生介绍下中江人陈钧访顾颉刚。(《顾颉刚日记》卷十,第二三四页)

十二月二十五日，廖次山致函先生，云：

> 忧能伤人，积劳成疾，数月以来，光景似大不妙，先人遗著不得不预为安排。《左氏古经说汉义补证》、《左传汉义补证》两稿为先祖重要著作，兹特命小婿程树旗赍呈，乞为斟酌处理。弟原欲卖与北京图书馆或四川省图书馆（和平街善本书库有《穀梁古义疏》乙酉改订本一部，三传得此而二），经传本各缺四公，亦有前后抄本重复者；原欲据丛书中《古经说》本及传本初稿（已失）补成全书，而今已矣。对荆公意见已经拟好，殊回后未久，形势即变，诚恐开口便错，未能提出。故将原件附上一阅。能否相见，缈不可期。回思聚首之乐，我怀如何？（《蒙文通先生诞辰110周年纪念文集》，第四六一四七页）

一九六六年（丙午）　先生七十三岁

是年，先生仍任教川大。年初，全国开展对吴晗历史剧《海瑞罢官》的批判，四川大学也于一月四日下午组织召开《海瑞罢官》学术讨论会，先生作"我对海瑞一些作为的看法"发言，对清官持肯定态度；同时徐中舒也认为"《海瑞罢官》不是好戏，但对海瑞应一分为二加以肯定"。

四月十日，《人民日报》为贯彻"二月提纲"精神，发表《吴晗同志反党反社会主义反马克思主义的政治思想和学术观点》一文，关于《海瑞罢官》的学术讨论被迫转入政治运动轨道。（《徐中舒先生百年诞辰纪念文集》，第三五五页）

十四日至十五日，川大文科举行青年教师座谈会。十九日下午，川大党委召开党员和部分团员、青年积极分子大会，号召"粉碎吴晗向党向社会主义的猖狂进攻"，先生和徐中舒等开始受到批判。（《徐中舒先生百年诞辰纪念文集》，第三五五页）

十九日至二十一日，川大连续召开全校师生员工大会，"严肃批判历史系主任、教授徐中舒资产阶级的反动立场和思想"。（《徐中舒先生百年诞辰纪念文集》，第三五六页）

五月十六日，中共中央发出《通知》，文化大革命正式开始。

六月四日下午，川大党委决定全校暂时停课一周，发动群众，深入开展无产阶级文化大革命。（《徐中舒先生百年诞辰纪念文集》，第三五六页）

陶道恕《难忘的记忆——怀念蒙文通先生》云：

> 文革初期，我在川大校园亲见蒙老横遭迫害侮辱和不久即听到他一病不起的噩耗。大家知道，蒙老是史坛名流，蜀学泰斗。文革前他曾有

"七十三,八十四,阎王不请自家去"的达言。不料几年之后,横遭迫害,备受凌辱,癌疾骤发,遽与学府告别。"士可杀不可辱",北有翦翁,南有蒙翁,告别方式虽迥然有异,但学林闻耗,震惊之余,继以义愤,是完全可以理解的。(《蒙文通教授诞辰百周年学术座谈会纪念册》,第三五页)

文化大革命爆发后,先生被点名为反动学术权威,关进"牛棚",处境十分困难。但先生白天被迫"劳动改造",夜晚归家仍继续越史研究。冬初,红卫兵到先生家抄家,抄走稿件盈尺,走后并用封条将书房封闭,先生的研究工作不得不暂时停止。

赵宗诚《"文革"风暴》云:

> 文革风暴震灵魂,高帽游街辱斯文。老师无辜受磨难,学校不闻读书声。(《玄门探珠》,第二五八页)

柯建中《缅怀蒙文通先生》云:

> 蒙文通先生离开我们已经 36 年了,但是今天在这里举行纪念先生诞辰 110 周年活动,重温先生的治学精神,仍然感到十分亲切,同时也感到很有现实意义。
>
> 记得是 1968 年上半年,正值文革喧嚷甚嚣之际,先生被诬指为反动学术权威,我也成了走资派,两人先后进了"牛棚",地点在旧文史楼二楼过道。当时规定"专政对象"每日上午都要进"牛棚"集中学习。去的时候,要带《毛选》和《毛主席语录》,先生也带了,这是必不可少的,但先生同时还带了一本稿纸和一支钢笔。过道很寂静。先生一坐下来就专心致志,埋头疾书。快到十二点,红卫兵宣布可以回家了,这时我才悄悄陪先生下楼。不料一走到楼门口,他就滔滔不绝地对我讲述说,越南个别史学家故意歪曲古越历史,信口雌黄,而越史研究又是国内一个薄弱环节,所以他要根据大量文献,详细考订古代越族的分布及其迁徙情况,撰写一本专著,用以批驳个别史学家别有用心的谬论。我一边听一边陪他走,一直从旧文史楼走到荷花池,才分手告别。第二天,蒙老依然如故,陪他下楼时,他依然滔滔不绝,讲述刚才写了些什么,明天还准备写什么。这样日复一日,大约经历了二十天左右,蒙老忽然缺席。开初没有引起注意,几天之后,我才警觉到,老先生可能出了事故,不久便噩耗传来,先生在身心备受摧折之后不幸逝世了。这件事情告诉我们,先生最后一部传世之作《越史丛考》的很多章节都是在"牛棚"之内完成的。回想起来,我当时的心情十分矛盾。一方面,我不敢鼓励他,因为在那种政治气氛之下,进行学术研究,是凶多吉少的。但是另一方面,我又实在不忍心阻止他。我觉

得在我面前的这位蒙先生对学术事业坚毅不拔的精神和意志,已经涵养到了不以个人得失荣辱为转移的程度。身陷"牛棚",斯文扫地,然而先生却泰然处之。人皆视学术为畏途,然而先生却一如既往,求索不倦。从先生天天对我讲论越史,谈吐自若的神态来看,他对学术的忠贞和赤诚简直出于天性,或者说,它已成为蒙老品格的组成部分,因此无论是顺境抑或是逆境,他都会朝着既定的崇高目标顽强地走下去。

现在学校领导一再强调,大学要有大师,当年的蒙老就是一位名副其实的学术大师。而他之所以成为大师,在我看来,这又是和他对学术事业坚毅不拔的精神和意志分不开的。像"文革"那样的得失荣辱,早已不存在了,但不同时期有不同的问题和干扰。我们看到,学校的学科和专业,林林总总,虽无高低之分,但确有冷热之别。有的学科,门庭若市,车水马龙,相比之下,历史学却处于灯火阑珊之处。社会上有的人日进斗金,相比之下,史学家却比较清贫。急功可以近利,但要出精品,又必须耐得住寂寞。所有这些,对于年青的史学家来讲,都是非常实际的考验。如果你没有蒙老那种对学术的忠贞和赤诚,你就很难抵挡各种诱惑,你就会因个人得失而产生动摇,甚至退缩。所以我们呼唤大师,首先就应当呼唤体现在蒙老身上的对学术事业坚毅不拔的精神和意志。薪尽火传,后继有人,这才是我们对蒙文通先生最好的怀念与纪念。(《蒙文通学记》,第一九七—一九八页)

> 知按:关于红卫兵抄家,抄走稿件盈尺一事,兹再引蒙默《〈老子〉王弼本校记》整理后记为证:"'十年浩劫'即临,先君迭遭迫害,遂致含恨而终。今检旧稿,仅存《老子》王本校稿二卷,而《王注》校稿则百寻不得,盖已失之'浩劫'之初也。缘'浩劫'初起,'红卫兵'来家抄走稿件略盈二尺,'四人帮'既倒,落实政策,竟以下落不明,只字未还。《王注》校稿殆在其中也(《河上公注》校稿当亦在其中)。"(《道书辑校十种》,第三四〇—三四一页)

臧振《〈斯维至史学文集〉校读后记》云:

1980年,我结束了在陕北穷乡僻壤当中学教师时的十年苦读,投到南京大学历史系刘毓璜教授门下攻读先秦思想史。通过阅读典籍,我认定商周时期统治者头脑中存在"重视民众"的思想。根据自己的知识结构和兴趣所在,我选定硕士论文的题目是《中国奴隶制时代的重民思想》。这题目一下子就牵涉到困扰了先秦史学界半个世纪的所谓"历史分期问题"和"亚细亚形态问题"。"重视民众的思想"与我们流行概念中的"奴隶社会"完全不符。这说明我们给学生灌输的所谓"历史发展规律""五阶段"的理论体系是有问题的。为了弄清这一问题,我借了《中国古史分期问题讨论集》等几种书来读,从中了解到中国史学界众多学者在这个问题上的纷纭聚讼。陕西师大斯维至和朱本源的大名,都在脑中留下了印象。同时,我选修了张树栋先生研究恩格斯《家庭、私有制和国家的起源》的课程和孙伯鍨先生的《马克思主义哲学史》,也找出马恩列斯的原著来仔细琢磨,对于所谓"历史分期问题"的来龙去脉有了基本的了解。

1982年,撰写硕士论文的同时,我给以前在陕北教中学时的学生、当时陕师大历史系77级学生刘汉利写了一封信,请他帮我了解陕师大历史系先秦史师资情况。不久接到刘汉利回信,说已经替我联系好了,系上同意接受我。陕师大这么干脆,我也就不再旁顾了。

1982年12月28日,我到陕师大报到,成为在深山沟里做梦也没有想到过的大学教师。几天后,中国古代史教研室主任杨德泉先生找我谈话,说是要我来的目的,是给斯维至先生当助手。斯先生年事已高,眼力不济,腿脚不便,希望有人帮他整理文稿,查找资料。我当即欣然应允。

其后不久,应约到斯先生家拜望。斯先生跟我谈了几个小时,意气相投,甚为爽快;当即拿出几页稿纸,让我帮助校改。临别,师母何竟时高兴地说:看来要解决历史分期这个问题,还是得要有帮手,共同努力。这时,我意识到,斯先生是以解决"古史分期问题"为己任的。我当然也愿意为此努力。

1983年,我写了一篇《孔子仁学的历史地位》,参加在曲阜召开的孔子学术研讨会。我给当时在本系的陈俊民老师看了。他说,文章不错,可以帮我推荐给《陕西师大学报》发表。我心里想,我是斯先生的助手,还是请斯先生推荐更好,就婉言谢过,把文章送到斯先生处。过了多日,发现斯先生根本没看,没有意见也不愿意推荐;而且对我明显冷淡,文稿也不再请我校对。是什么原因?我也没仔细去想。不久,得知延安大学一位教师郭政凯考上斯先生的研究生;延大不放人,说是中国古代史没有教师上课。为让郭政凯按时就读,我答应84年上半年去延大代课半年,算是为斯先生尽一点力吧。

大约是1986年,斯先生研究生毕业论文答辩,请系上一些年轻教师帮忙,我一点也不知道。事后,秦晖奇怪地问我:你什么事情把斯先生得罪了?我说我不知道。他说他问斯先生为什么不让臧某办这些事?斯先生答:"咱不敢请,咱请不起。"我想,可能是斯先生让我听他的课,我因忙没去听?还是先生让我校改的文章没有及时改出?应该不至于呀!我百思不得其解。然而旁人却有理由认定,那是因为我的不学无术;所以后来在谈到存在"有文凭却没学问"的现象时,就在我的名字前加上"如",在我的名字后加上"之流"来证明。我也觉得似乎如此,只好以"夙夜匪懈"、努力读书来弥补了。

一晃十五年过去,我与斯先生几乎没有来往。1998 年中,南京大学的古文字学老师洪家义先生到西安开会,说是想看望斯维至先生。我领着洪先生来到斯宅。他们是老朋友了,相谈甚欢。斯先生谈到他的几篇文章,洪先生很想拜读。斯先生说,这几篇收入台湾允晨文化实业股份有限公司出版的《中国古代社会文化论稿》,但这书他只剩下一册不能相赠了。洪先生说他还要在西安停留数日,借去读过,由臧振负责送还。斯先生同意了。斯先生这书出版后送过一些人,我却没有见过,这次可以乘机拜读了。阅读中,发现此书校对极差。大约是台湾书商无人愿出此力,而促成此事的杜正胜也不可能为之逐字校对。我觉得,这事我有责任,应该由我为斯先生校对。我对斯先生的歉疚又加深了一层。

读罢还书,斯先生问:你是怎么认识洪家义的? 答:我在南京大学读研究生时,洪家义老师教我们古文字。问:你不是四川大学的研究生? 答:不是。问:你本科是在四川大学? 答:不是。问:在哪念的? 答:在北京大学。斯先生沉吟有顷,又问:那你跟四川大学没有关系? 答:没有。

过了几天,斯先生打电话叫我去,把上述问题几乎一字不变地又问了一遍,我也几乎一字不改地答了一遍。这次加了几个问题:"你跟赵世超不是同学吗?""不是在川大,是大学本科,在北大,我比他高两个年级。""你跟李裕民是同学?""他是研究生,我是本科生,所以我叫他李老师。""你跟胡戟是同学?""他是研究生,所以我叫他胡老师。"审问结束,斯先生不说话了。沉默良久,斯先生长叹一声,说:"我弄错了!"

斯先生告诉我,我来师大不久,有人到他家对他说:那个臧某在四川大学读书时,在文革中打过徐中舒先生,迫害批斗过蒙文通。斯先生一听,徐中舒、蒙文通是我的恩师啊! 我怎么能让这样的人做我的助手呢! 从那时起,他就决定不再与我交往。得意弟子郭政凯留校后不久,又因各种原因去了美国。他曾多次希望系上给他另配助手,系上总是说没有合适的人和名额编制无法解决。于是,斯先生的著述活动基本停止。后来写过《姓名的故事》的小册子,虽有不小社会效益,但在斯先生,也只是聊补无米之炊的意思。

我记起,在我刚到师大不久,在教工食堂吃饭,几位历史系的年轻教师坐到一起。其中一位问我是哪里人,我答:四川人。然后他说四川大学历史系很强啊,有徐中舒、蒙文通、缪钺……。又问我跟这些先生有无交往,我其实对四川大学不很了解,只好据实笑答:跟徐中舒先生见过一面,就是他在被批斗时。文化大革命大串联中,我住在川大。一天听同学说要批斗徐中舒,问我去不去看? 我慕名而往。至于蒙文通,我去时已经死了。一天路过蒙文通故居,同学指着窗户给我看说:这是蒙老头的书房。就是这番话,在认定我是四川大学学生的人听来,很难有别的解说了。

一场持续十五年的误会解除了。十五年,对我来说有无数的损失;我的学术道路因此走得艰难曲折。然而更为受害的是斯先生——先生的学术生命几乎因此而断绝。误会解除后,斯先生不时电话约我到他家聊天,我有空一定去;逢年过节再提一点小礼物。我因此更深入地了解了斯先生,曾带上录音机录下他的回忆。但很快就发现,年过九十的斯先生,记忆不是很清晰了。

　　知按:本段资料承陕西师范大学臧振教授提供,笔者在编撰是稿之时曾就部分细节请教臧振教授,希通过其与斯维至先生联系,惜斯先生年老体衰,言语不便,不能采访,他的书籍及信件臧振教授也不便且无权查阅,是为遗憾。

一九六七年(丁未)　先生七十四岁

是年,先生仍任教四川大学,春初,封书房红卫兵垮台,造反派不管此事,于是书房启封,先生越史研究工作得以继续进行。

牛敬飞、张颖《追忆国学大师蒙文通先生——蒙默老师采访记》云:

　　那个时候"文化革命"才开始不久,就来把家抄了。还好,那阵是老红卫兵来抄的家,把稿子抱了一摞走,另外的东西都没动,一张封条就把屋子封了。"文化革命"后这部分稿子没找到,里面就有部分道教的稿子,他道教的文章里头谈到有些稿子,但是没有见到,可能就在里面丢失了。另外有哪些丢失了我就不晓得了,因为来抄家的时候我不在家。保皇派的红卫兵垮了,造反派的红卫兵就不管这些事情了。我们请示是不是可以把那些封条撕了,他们说我们不管,你们要撕你们撕。封条撕了就可以看书了嘛。(《天健》第十七期,第四九页)

是年,先生又撰《再论昆仑为天下之中》,并述其由来云:

　　余于《略论〈山海经〉的写作时代与产生地域》中,曾提出《山海经》以蜀为天下之中,蜀人书也,并论及昆仑为天下之中。今又数年,顾觉意有未竟,请再论之。(《古地甄微》,第一六五页)

六月七日,顾颉刚阅先生《周秦少数民族研究》。(《顾颉刚日记》卷十,第六八七页)

文化大革命开始后,大字报指责先生住房过多,年初勒令退回四间,后中文系教授林如稷亦迁来居住。

林文询《艺术收藏与地产营销——成都·居乐部首次座谈会记实》云：

> 文革十年，我们家落难，从川大里面扫地出门，就集聚在这个地方，是一个老式的公寓，非常漂亮，那里面都是四川大文豪。其中一个就是蒙文通先生，当时把几个老前辈关在这里了。

蒋维明《水井街与川大三教授》云：

> 看"望江"川剧的不只是国营厂矿工人、工商业者、船夫运工以及家庭主妇、婆婆大娘，内中还有几位颇负盛名的教授、学者。

> 就在"望江"正对面有一座精巧的小院，是四川大学的一所教职工宿舍。居住在这个室外有大小天井，室内有木地板、天花板的有蒙文通、林如稷、任二北等教授。

> ……

> 20世纪50年代，蒙文通先生在川大讲授元史。先生中等身材，较胖，是一位美髯公。整洁的深蓝色中山装上，银须飘拂，俨然仙风道骨。先生是位雅俗共赏的达人，有次抛开讲稿大纲，在课堂上盛赞他家对门望江川剧团演出的《王华买父》既新颖又深刻：皇帝扮孤老访贤，插草标自卖。樵夫王华怜之，将其买回侍奉。皇帝察觉王华心灵纯美，生活拮据，乃送以宝珠，王华持珠典当，县官诬以通匪而夺珠，并拘捕孤老入狱。事为丞相得知，入狱见驾，恶徒受惩。蒙先生把这出戏和儒家的"民为邦本"的思想和佛教的惩恶扬善理念联系起来，总结出"来自民间的川剧，其剧目大都具有人民性"。

> 与蒙先生结邻的林如稷先生，则是清癯古貌、文质彬彬。先生是资中人，1919年"五四"时期，他在京、沪求学。他于1921年约集京沪两地的文学青年陈炜谟、陈翔鹤、邓均吾，组织了文学社团浅草社，创办《浅草》季刊。他们的文学创作，曾受到鲁迅的赞扬。他又远涉重洋，赴法兰西留学，如饥似渴地吸收西欧先进文化的滋养。1930年回国后，在坚持创作的同时，还翻译了不少外国文学精品，其中如左拉的代表作《卢贡家族的命运》。

> 抗战爆发，林如稷于1937年8月离京回川。先后在四川大学、光华大学任教。20世纪50年代，任川大中文系主任，兼任成都市文化局副局长。因之，几次川剧剧目鉴定工作，他都付出了心血。望江川剧团近在咫尺，每有新剧目(如《李秀成》《金田起义》等)他都责无旁贷地去看戏，并提出中肯的修改意见。1957年为准备成都市川剧团首次赴京演出，林如

稷还应李宗林市长之约,参加过川剧传统剧目的剧本加工。他还创作了反映川东乡土题材的电影文学剧本《西山义旗》。

居住在水井街川大教师宿舍的任二北(中敏)教授身体很健壮。人不高,很敦实,走起路来像小跑,脚下蹬出声音来,"人还未到,足音先闻"。任二北先生由于曾经担任过胡汉民(国民党右翼首脑)的秘书,长时期未安排讲座,因而有更多的时间从事伏案工作,1956年出版《唐戏弄》等专著,发表了颇有影响的研究敦煌变文的论文。

二北先生喜欢饮酒,有时酒醉微醺,便扶醉入梨园,过街进入"望江",欣赏巴歌俚曲,以与他心目中的古曲雅音相对照。80年代,先生被调到北京,任中国社会科学院文学研究所研究员,后以气候不适,请调回故里江苏,任扬州师范学院教授。(《名家论川剧》,第四五二—四五四页)

无慧《九眼桥附近的街道》云:

> 距离(全兴)酒厂车间不远,有个幽静的小独院,大门内还有门厅,大门小门都总是虚掩着。这是四川大学历史学教授蒙文通先生的家。蒙先生几乎从不露面,蒙夫人气质高雅,态度温和,每天提着菜篮子出门,都会受到人们尊敬的问候。

> 　知按:水井街四川大学教师宿舍,已于数年前拆毁,自二〇〇八年至二〇一〇年,著者曾多次前往,然皆无果而返。当地居民大多迁居他处,未有熟悉往事者,然皆云川大教师宿舍已拆毁,今仅余空地待开发而已。水井街为"水井街酒坊遗址"所在地,传闻有开发为古街之举,先生所居川大宿舍似亦有意恢复。然今人作法,颇为不解,原房尚存,何必拆后再建。

一九六八年(戊申)　先生七十五岁

是年,先生仍任职川大。春起,先生常吐痰不止,身体亦日渐消瘦,因家人疏忽,仅以冬日感冒、心情又不快视之,及至七月,已感吞食困难,食后辄吐,乃至医院诊视,经诊断确诊为食道癌晚期,且身体虚弱,已不可治。

牛敬飞、张颖《追忆国学大师蒙文通先生——蒙默老师采访记》云:

> 父亲在一九六七年的时候就发现喉咙有痰,我们总觉得冬天来了嘛,老年人走来走去可能有点感冒。但是痰老是吐不尽,人也慢慢瘦,我们当时只是说他心头不痛快嘛,所以也没多问。但是到后来他吃东西吃了就吐,才发现问题有点严重了。到医院去看,结果是食道癌,而且已经是晚期了。照片就发现气管和食管之间已经有孔了,而且他年纪也比较大了

身体也衰了,医生就说他不能动手术了。好在他那个稿子基本上是写完了,但是就没有能够进行最后的修改。我们那时天天都还在学习,到了后来实在不行了,医院里给他出证明了,是癌症,他才没来学习。(《天健》第十七期,第四九页)

冯汉镛《蒙文通先生对我的启发与教导》云:

1968 年,我从唐步棋医师口中得悉蒙老患了食道癌,前去探视。在那时我已基本掌握了对癌症的治疗方法,本拟给予施治。惟因双方都是待罪之身,同样是冤案莫白,蒙老怕因治疗使我误受牵连,嘱我从速离去,孰料竟成永别,迄今思之,能不黯然。(《蒙文通教授诞辰百周年学术座谈会纪念册》,第三〇页)

四月,“文革”运动进入“清理阶级队伍”阶段,先生被定为清理对象,工资被冻结,只发生活费三十元,而“管制”又大加严厉,先生亦因此感受到巨大压力。至五月,先生遗著《越史丛考》初稿完成,“然尚未及修改定稿,再阅月竟含恨辞世矣;而此稿遂为先君绝笔之作焉”。

蒙默《越史丛考》整理后记云:

一九六四年秋,越南诃内综合大学某君,致函先君并徐中舒、邓少琴两先辈,请教越史疑义。先君以其事涉国际也,未可以平素所知率尔答之,于是乃深研越史。讵知研究伊始,四清运动即临,继之以“十年浩劫”,先君再遭迫害,系缧于“牛棚”者累年。虽然,日间疲惫于“劳改”,夜晚归家犹撰述弗辍也。一九六八年五月,初稿竣。然尚未及修改定稿,再阅月竟含恨辞世矣;而此稿遂为先君绝笔之作焉。原稿计二十目,约十万言,大略悉皆针对近世说越史者之纰缪而发,颇多关涉越史之重要问题。粉碎“四人帮”后,人民出版社编辑部访先君遗著,默因首出此稿以示,编辑部亟命尽速整理以付剞劂。然此稿着笔于浩劫之中,觅书不易,初稿虽竣,余事尚夥。故整理之际,于所用史料悉予查核,于篇章节目,略加调整,而文字亦稍有改易。又近数年来,默亦从事我国南方民族史之研索,闻见所及有足补充发明先君之论说者,或亦酌情增入。而其论议辨析则悉本先君之旧、未敢妄有裁省也。设此编之所考者能有补于学术,是固先君之旨也;苟有差误参错其间,则默不敢辞其咎。(《越史丛考》,第一四八页)

五月二十四日,先生友熊十力逝世,享年八十三岁。

八月一日,先生含恨辞世。赖皋翔《蒙文通先生挽诗》云:

幽兰误当门,遑恤锄刈捐! 昆冈纵烈火,璇石共摧残。薰莸岂同器? 膏液理难干。一朝委尘埃,孰辨佞与贤? 颇恨通人蔽,操世徒空言。遨游羿彀中,雁此祸福端。郁郁井络精,惨惨商风寒。蜀学俄遂空,薪火定谁传? 托契李生者,膏明早自煎。大道逭愚废,庀言嫛天游。高唱怀令德,奥义阐重幽。上绍六译馆,域分理前修。下穷四夷变,风俗验荒陬。箴肓起废疾,百氏灿然周。每惟行健资,颐寿庶无忧。余生接着献,尊俎共沉浮。欢言陪晨暮,万类齐雕搜。如何一岁乖,对酒不复酬。岂惟推奖惠,邦宝今何求。啜其黄鸟叹,涕下不能收。(《赖皋翔文史杂论》下《寄栎轩诗存》,第七—八页)

林文询《废园残简·小院》云:

是二十年前了,"清理阶级队伍"的狂涛席卷全国。身负"资产阶级反动学术权威"和"三十年代文艺黑线人物"双重罪名的家父林如稷,自然属于被扫荡之列。于是一帚便扫出了四川大学校园教授楼,扫到了成都东门外市井俚巷中的这座大杂院里。

说是杂院,这只是我家搬进去后的印象。据说它原来其实挺清爽的。当初两进庭院只分住着著名的历史学家蒙文通教授和法国文学专家颜实甫教授。但到我们去时,已塞满了九家人。我们一家三代六口只能挤住在一间狭长的耳房内。"审容膝之易安"尚且不得,我便只好每晚临时在蒙家堆放杂物的堂屋一角,支一架行军床过夜,向隅而梦。

那蒙老先生确是极有古风的学者,一丛今世鲜见的齐胸长髯,十分豪壮地飘拂在素裳布袍之上,配上他那甚是敦厚庄重的面容,整个儿给人一种若谒铜钟古木之感。父亲告诉我,蒙老伯不仅是全国首届一指的明清史专家,人品也极高的。他白天去川大校园挨斗,晚上回家照常做学问不辍。斯时尚能如此安然冲和者,是难二人! 我亦亲闻他悄悄劝勉我父亲(当时,虽属院邻,又系同仁,但也不便公然来往款谈,怕有黑帮串联之嫌):"放开些,白天随便他们咋个打,只要晚上放回来,还可以看书作文就行!"确实,那些时日,夜夜我都见蒙老先生窗口亮着灯火,时或还听见沉郁吟哦之雅音。

相比之下,颜实甫伯伯毕竟是留过洋搞外国文学的人,气度便更显得旷达洒脱,即便在那样沉闷紧张的日子里,红红润润的脸庞也常挂着怡然蔼然的笑容。每每挨斗转来,便将矮矮胖胖的身躯,稳稳安安塞进檐下一张破藤沙发椅里,独对小天井中的一株老核桃树,一丛枯瘦芭蕉,衔着支粗大的土雪茄悠悠然吞云吐雾。我每见此,便会感受到一种那年月少有的闲淡平和,温暖气息,便过去陪他坐一阵,听他谈天说地。他那款款的脑门里,贮存了那么多的经历、知识,娓娓道来,往往使我忘却了身外愁云。而每到末了,起身前他总要叮咛一句:"多陪陪你爸爸。他不像我们,身体太虚弱了,唉!"也只有在这时,随着这一声吐自肺腑的叹息,他那终日笑眯眯的眼里才会浮起一层阴翳。

的确,被"铁扫帚"扫到一堆的这三位老教授、老牛鬼当中,就数我父亲体质最孱弱,心境最悲苦。他早在1960年患脑溢血后便半身不遂,左脚左手皆僵直无力。然而即便这样,这时还得每日里拄着棍抱着腿,步行好几里路,去校园接受批斗、改造。三轮车是无钱雇(当时他每月只有40元生活费)也不许坐的。他又天生傲骨,那头总是低不下去,便免不了时常领受"无产阶级专政铁拳"的滋味。而这于他还算不了什么,和许多知识分子一样,最觉苦痛不堪的还是精神上的折磨。一切做过的事写过的文都被认定为反动的,一切想做的学问想写的文章都不能再做再写,每日里只能像行尸如猪狗一般活着。作为一个有人格有思想的老知识分子,这样活着还有什么人生意味呢?我每见他枯瘦如柴,面色似灰,两眼发呆,心中便说不出的酸楚紧缩,时时担心他会哪一天突然栽倒在批斗会场,或是大街上。然而那时我也因学生时代发表的几篇小文罹罪,处境并不美妙,更无以宽慰老父之心,只能暗中祈祷:父亲,你像蒙伯伯、颜伯伯他们那样豁达顽强沉稳吧,千万要挺过这艰难时世!

然而事情的结局却大出我的意料,小院中最先倒下去的并不是我那衰朽如檽木的老父亲,却是形神豪壮若铜钟的蒙老伯。他老先生的死恐怕至今仍是个谜。有关方面宣布的死因是食道癌猝发,而我却只知道他那天挨斗转来,除了鼻青脸肿以外,特别瞩目的是,他那蓄了半生的大胡子被剪得乱七八糟!老人神色大异,步履踉跄,进屋一头栽倒在床上便不再起来,不言、不动、不食,无论家人如何哭劝,一周粒米不进,便硬挺挺进了黄泉!

小院里阴云未散,厄运紧接着又降临到旷达若野云的颜伯伯头上。蒙老伯是割髯伤心,他受的却是另一种古典辱刑:捶以大板,双股皮开肉绽,鲜血淋淋。多日后伤愈复出,人已整个儿变了形,只能扶杖而立,呆痴向人,连话都不会说了!只有见到我们,浮肿苍白的脸上似乎还隐隐现出一丝笑影,但是笑是哭,是喜是悲,却谁也辨不出来了。如此拖了年余,便也寂然谢世。士之伤心竟有如斯人者,不亦悲乎!(《岁月忧伤》,第一一四页)

周辅成《少年奋发有为,老来笑看风云》云:

在"文革"中,蒙文通在四川大学被列为反动学术权威,红卫兵把他留的胡子一根一根地拔掉。冬天还要他下河去摸鱼,然后发动四周的群众高叫:"蒙文通混水摸鱼!"我想,在这种情形下,不仅是年迈的蒙文通,就是意志坚强的中青年人,也不免要回家落泪寻死了。

赵俪生《从铮园到绿杨村,再回到铮园》云:

　　据说,徐老的大弟子不少,其中有唐嘉宏、缪文远和罗世烈。有一次唐到兰州来,在饭桌上告诉我一个场景。有一年,蒙胡子(按,蒙文通)死了,开了一个以斗争会代替的"追悼会",正面悬挂着蒙胡子的放大像,加两条黑叉。台上跪着一个戴高纸帽的,就是徐中舒。第一个上去进行批判的,就是蒙的儿子,这真是"划清界限"的绝好的事例了。不过这样的例子既非空前,也不绝后。(《篱槿堂自叙》,第一五七页)

　　　　知按:此说似有疑误,后承段渝先生指出,今仅录此备考,非著者
　　　　赞成此说。

唐振常《川行杂忆》云:

　　在成都,我听说了四川一位学人的遭遇。四川大学教授蒙文通先生,国内素负盛名的经学家、史学家,"文化革命"中,受到了使人难以置信的侮辱。那些"英雄好汉"们,把蒙文通先生的长须一根一根地拔掉,还让他趴在地上,当众打他屁股……。抗日战争开始,北平沦陷,日本军国主义者用和周作人一样的高薪来拉拢他,要他留在北平。蒙先生断然拒绝,留须明示,以示不屈。他的胡须,就是这样留下的。以后,他逃离了北平,回到四川。他的留须,代表了一个知识分子的气节。这些拔须的英雄,却说他留着长胡子是对抗社会主义社会!有一年,毛主席接见了蒙先生。事后,他自谦而诙谐地说:"那是因为我胡子长。"这又加了一条罪名:对抗毛主席。两"罪"齐发,被拔了须。至于打板子,在戏曲舞台上,都挪到后台去了,想不到,戏曲舞台可以净化,社会却未净化。而那些背着红本本的"革命者",竟然甘当封建社会公堂上的皂隶!人类回到了蒙昧时代,知识分子受到了奇耻大辱。士可杀而不可辱,可悲的是,十年蒙昧,杀辱俱至!"文化革命"的经历,所受所见所闻,够多的了,有时感情已经近乎麻木。可是,听了蒙文通先生的遭遇,真感到毛骨悚然。(《书趣文丛》五,第一一六页)

蒙文通先生年谱长编卷八

后 谱

一九六九年

一月十七日,吴宓从"方板箱中取出李源澄研究魏晋南北朝史所抄之笔记若干册(1967年整理,拟寄与缪钺者);又取出蒙文通先生之《中国经济史》稿本及杂著稿数件(亦1967年6月整理,将以归还蒙文通者)。"(《吴宓日记续编》第九册,第二〇页)

十月七日,陈寅恪先生因心力衰竭,又爆发肠梗阻、肠麻痹,含恨逝世,享年八十岁。

一九七一年

五月三十一日,顾颉刚先生始得知先生逝世的消息,"殊觉意外",并认为先生"体本健壮,父母又同九十岁也"不应如此早逝。(《顾颉刚日记》卷十一第三〇八页)

一九七三年

五月十九日,吴宓在西师宿舍整理自己所收藏的先生著述及与先生的往来书函。"以李源澄、蒙文通之学术论著及书函,各编成一包。王恩洋之学术论著(已引、未印),昔已编成一大包。皆置架上。"(《吴宓日记续编》第十册,第三九一页)

一九七四年

二月,先生弟蒙思明含恨辞世,享年六十六岁。

一九七七年

三月七日,先生友冯汉骥因久病不治,在四川医学院附属医院去世,享年七十八岁。

一九七八年

六月,四川大学为先生举行追悼会,徐中舒先生带病坚持参加先生追悼会。

《教苑群英:四川省大学中专优秀教育工作通讯报告文学集》云:

1978 年夏天,正当徐中舒先生为夺回十年浩劫造成的损失,埋头于科研和教学的时候,忽然病倒了。

历史系为在十年浩劫中被迫害致死的蒙文通先生举行了追悼会,徐中舒先生也参加了。整个追悼会笼罩着悲痛的气氛,许多人为蒙文通先生遭受奇耻大辱含冤逝世而泣不成声。

徐中舒先生也流泪了。他望着灵堂上蒙文通先生的遗容,那上面是他熟悉的豁达而矜持的笑容和充满学者风度的长长的美髯。在泪眼朦胧中,他耳边忽然响起了这位老友苍劲的声音:

"老徐,不要难过,浮云蔽日,终不能久。我们一年三百六十日,也难得偷闲,今日有幸能在这里养精蓄锐,将来总会照旧教书写文章的,哈哈……"

十年浩劫开始的时候,徐中舒、蒙文通和历史系另外几个被打成"牛鬼蛇神"的教师,被关押在历史系过道上临时设置的"牛棚"里,徐中舒先生整日愁眉不展,豁达开朗的蒙文通先生常常劝慰他。徐中舒先生在此刻想到自己果然能向老逢辰,重新从事自己的事业,而老友却早已作古,含冤九泉,他心中不由得涌起一阵伤感。(《教苑群英:四川省大学中专优秀教育工作通讯报告文学集》,第五七页)

七月二十日,顾颉刚先生得四川大学信,始知先生为林彪、四人帮反动路线迫害,逝世已十年。

得四川大学来信,悉蒙文通先生为林彪、四人帮反动路线迫害,于一九六八年七月卅一日逝世,终年七十四,迄今已十年矣。彼时正运动剧烈时也。

运动中死去之同行:李平心、蒙文通、陈梦家、童书业、钱宝琮、钱海岳,其他友人:陈万里、王伯祥、柴德赓、陈乃乾、辛树帜。(《顾颉刚日记》卷十一,第五七三页)

同时,亦在本年,先生得以平反。

一九八〇年

七月,先生遗著《成都二江考》刊《四川大学学报丛刊》第五辑《四川地方史研究专辑》。

十月,先生遗稿《道教史琐谈》刊《中国哲学》第四辑。

蒙默整理后记云:

> 先君此稿写就,曾命默略事整理,稍有变易。但整理稿于"大跃进科研成果展"后,竟为有心人取去,百寻不得。先君对此尝莞尔而笑曰:苟斯人诚能读此,虽取之可也。盖慨叹世之鲜治此学者也。《中国哲学》来征稿,窃欲整理而后付之,然先君既已弃养,惧整理后有失本真,因谨据原稿缮录标点一过,题为《道教史琐谈》,于其明显脱漏笔误处略增易数字,于《道藏》《汉志》诸习用省略语,皆一仍其旧,于段落次第稍作调整,并附简注十数条,冀其能有便读者,不自审其有当否也。(《古学甄微》,第三三二页)

十二月二十五日,先生友顾颉刚先生因脑溢血逝世,享年八十八岁。

一九八一年

一月,遗著《理学札记与书柬》刊《中国哲学》第五辑。

蒙默《理学札记》整理后记云:

> 此稿之第一部分,盖先君读宋明儒书时之札记并躬自清录成帙者,终于庚寅花朝。第二部分得自杂稿诸书间,散记于笺条者也,以其注记及纸墨验之,殆记于庚寅花朝以后,亦有晚至壬寅前后者。(《古学甄微》,第一三三页)

又,《理学札记补遗》整理后记云:

> 右札记若干条,抄自家慈所藏先君遗物之笔记簿中。验以所注年月,当写于癸卯乙巳间。后此,先君即致力于《越史丛考》,遂未再见札记之作,逾四年而竟见背矣。癸卯时,先君尝谓于性理之学最近半年"尚有新境界,亦差可自慰"。殆即此稿所记者耶!前整理《理学札记》时,惜未见此稿,不克将后定之论一并刊出,愧对先君并士林深矣。(《古学甄微》,第一五四页)

八月,遗著《巴蜀古史论述》由四川人民出版社,内收《巴蜀史的问题》、《庄蹻王滇辨》、《略论〈山海经〉的写作及其产生地域》、《成都二江考》

等文。

一九八二年

十二月,《致柳翼谋(诒徵)先生书》刊《中国历史文献研究集刊》第二辑。

一九八三年

一月,遗著《百越民族考》(即《越史丛考》之一章)载《历史研究》一九八三年第一期。

二月,遗著《老子王弼注本初校记》刊《中国历史文献研究集刊》第三辑。

三月,先生遗著《越史丛考》由北京人民出版社出版。

蒙默《我和南方民族史研究》云:

　　还要提到的是,1979年《凉山彝族奴隶社会》一书基本完成后,紧接着便对先君绝笔之作《越史丛考》进行了整理。这本饮誉海内外的作品虽不是我的研究成果,但我在整理中确实投入了不少劳动,同时也从中吸取了不少营养。此稿起于1964年"四清"之际,完成于1968年十年浩劫之初,环境恶劣、觅书不易,有不少材料全凭记忆,整理时以此书关系国际,不容稍有疏忽,于所用史料皆予查核。原稿20目,略嫌松散,乃予以调整重组,合为12目;并就闻见所及有可以补充发明先君之旨者进行了一些补苴。故前后花了一年多时间。先君尝言:60岁以后,用心更为深细曲折;又言读书贵能钻进之,要能在常见书中读出别人读不出来的问题。先君此稿所用皆常见之书,但提出了很多别人未曾提出的问题,如辨百越非一族,如辨越亡不在前333年,如辨瓯、骆非一国,等等,若非用心深细,曷克臻此。整理之际,心常怦动,俨如耳提面命,惊叹不已,对我尔后研究南方民族史给予了很多启迪。(《家学与师承:著名学者谈治学门径》第三卷,第七七—七八页)

李一氓《读〈越史丛考〉》云:

　　《越史丛考》为四川大学教授蒙文通遗著,一九八〇年蒙默整理,一九八三年始由人民出版社印成。这本书的著作原因,完全是为越南陶维英所著《越南古代史》(一九五九年科学出版社中译本,一九七六年商务印书馆重印)而发。著者一开始即写明:"陶维英《越南古代史》,近世论越史之名著也,于此竟谓'春秋战国时代以前,当另外一个大族(汉族)占据着黄河流域的时候,而越族即占据着扬子江以南整个地区',歧义殊说,异乎平素所闻未有甚于此者。然而,核之载籍,羌非故实。"

本书出版后已由陈玉龙在一九八三年第四期的《历史研究》上加以详细介绍，对其学术价值作了肯定的评价。现在写这个读书笔记似已不大必要，而且我对民族史也属外行。但既然花了些时间去读这本书，也还不至浮光掠影，而是受益不浅。

一、首先感觉到作者作为历史学家，自有一种历史的责任感，有必要把这个问题，越族是怎么一回事，弄清楚。作者的学术水平完全足以担当这个责任，把这一繁难的问题分析得头头是道；也把国际上一些史学家（包括法国越史学家）对这一问题的奇谈怪论，引证翔实地一一加以驳倒。从中国民族而言，这就不单纯涉及到一个越族的问题，而是涉及到中国民族的整体的问题。因此，作者这本书自然具有现实的时代意义。他不是为历史考证而考证，不是抽象的考证，更不是炫耀博学的考证。在着笔时，他必然怀有维护中国民族崇高利益的历史学家的责任感。

二、当然，作者无疑是一位博学的史学家，他旁征博引来确立自己的论点。原书没有附参考书目，现择要列举如下：《吕氏春秋》、《汉书》、《史记》、《荀子》、《淮南子》、《山海经》、《战国策》、《后汉书》、《世本》、《国语》、《左传》、《水经》、《路史》、《说苑》、《文选》、《方言》、《越绝书》、《吴越春秋》、《逸周书》、《艺文类聚》、《太平御览》、《三国志》、《读书杂志》、《太平寰宇记》、《岭外代答》、《周礼》、《日知录》、《观堂集林》、《韩诗外传》、《尚书外传》、《楚辞》、《竹书纪年》、《韩非子》、《墨子》、《华阳国志》、《风俗通义》、《博物志》、《魏书》、《宋书》、《北齐书》、《初学记》、《通典》等。这些书即是作者自称"核之载籍"的载籍。

三、他对陶著所进行的辨讹考误，使事不蔓不枝，论证有凭有据。本书叙述方法从辨驳上讲，气势极盛，寸步不让；而行文则态度雍容，不肆意气，完全根据历史事实，足以服人。在进行辩论，引用中国古籍时，如发现古史中互有歧义的地方，深入分析，以正确的记载，纠正了不正确的记载，从而恢复了历史的真实性。

四、蒙文通教授对越史的考辨，基本上是他所说的"核之载籍"，即使用中国古史的各方面的文字资料，加以审议，来证明陶著的错误。其实，近若干年来，长江以南的考古发掘，在四川、湖北、湖南、安徽、江西，特别在江苏、浙江、福建，无论是新石器时代，或者春秋战国时代、秦汉时代，没有一处、一物，可以证明是陶著所拟定的越族文化的存遗，更不要说一个带普遍性的越族文化的存遗了。越王勾践剑有见于楚墓者，其错金铭文文字一如中原，没有民族的特殊意义。一九八一年绍兴越墓发掘有束发于顶的小铜人二，也只是战国时浙江越族的典型，并无长江以南的普遍意义（见一九八四年《文物》第一期）。至于云南、广西的考古发掘,如铜鼓之类,则和越南邻区,因而有相类似的古文化遗存,是另一回事。只能证明这是西南民族的普遍性,而不是为越南民族所专有。

五、这本书没有自命为爱国主义的著作,在叙述中也没有侈谈爱国主义,而前后十二节却始终贯串着爱国主义的精神。作为史学著作,在涉及我们民族和国家历史和现实利益时,作者本人既要有历史感,也要有时代感。就历史谈历史就没有多大意义了。当然,就历史而谈历史的纯学术性的著作,也不是不可以的。但作为一个史学家,当涉及到民族和国家利益时,总不能视若无睹。譬如香港问题,就其现状和前途而论,是政治家、外交家的问题,但就其成因和结果的殖民主义而论,则是史学家的问题。譬如"柳条边",苏联史学家喋喋不休的认为这就是清人的边界,柳条边以外,非清人所有,意即非中国所有。这难道不是对中国史学家的挑战吗?譬如长城问题,苏联史学家也喋喋不休的认为这就是中国的边界。孟姜女哭长城,这是文学家的问题;作为古建筑,可以登高远望,这是旅游家的问题。但究竟是不是中国边界?则是中国史学家的问题,用中国外交部的文件来代表史学家的辩论是不恰当的。类似这样的问题不少,史学家不能躲避。

蒙文通教授这个《越史丛考》之所以好,就好在这里。抽象的爱国主义是没有的。(《蒙文通学记》,第一八一——一八三页)

是书责任编辑邓卫中《一部考订该洽、纠谬释疑的史学新著——介绍蒙文通教授遗著〈越史丛考〉》云:

对民族史、史学史和历史地理素育研究的蒙文通教授,用四年时间查阅了大量的有关越史的古文献资料,以严谨的科学态度对古文献资料详加考订和辨析,写成了一部学术著作——《越史丛考》(写于1968年,经蒙默整理),近由人民出版社出版。这是解放后第一部专门考论百越民族史的学术著作,对于古越族的族源、分布、种类、变迁、征战和社会发展等重要问题,进行了缜密的考证和深入的探讨,获得了科学成果。

越族在中华民族的发展历史上居于重要地位。但越族古居边陲,史籍记载较为零散,且多舛漏,这给越史的研究带来了困难。多年来,国外有些历史学者用极不严肃的实用主义手法,任意剪裁和歪曲越史,散播谬论,以服务于某种政治目的。这是同真正的历史科学不相容的。

蒙文通教授的《越史丛考》最显著的特点,是考订该洽,祛伪求真,纠缪释疑,使一些被搅得混乱不清的问题得到了辨析和澄清。

一、古代越族居住的地区问题。国外有一种错误的说法,如越南陶维英教授的《越南古代史》一书认为,在春秋战国以前,越族"占据着扬子江以南的整个地区"。蒙文通教授在《越史丛考》中指出，"越"是泛指古代东南沿海及岭南地区以及这些地区的居民，所以，"越"决不是一个单一种族。作者又以专章申论，指出"百越"可分为吴越（包括东瓯、闽越）、南越、西瓯和骆越等四大种族，其语言、习俗等皆显有差异。作者还特别考察了古代中国南方的民族迁徙情况，明确认为，骆越世居交趾、九真，既非如陶氏所言自北南迁，也未见有北上之迹。

《越史丛考》指出，西周时强大的楚国早已据有长江中下游，春秋末期才兴盛的吴越也从未侧足楚境。

《越南古代史》一书摘出两句史书中的话就"推断"说，"在四川地区的夔越人原来也是越人同族"。蒙文通指出，这是误读古书，错引史料。"夔"与"越"各是一国，所谓"芈姓夔、越"之夔、越，都同为楚族而非越族，也与后世百越无关。《越史丛考》还从族源和民族特征等方面进一步考证出：楚与越既不同祖，更不同族，故楚人之地决不是越人之地。

陶氏又用河内史家黎志涉之说，宣称越裳即楚越章，即汉豫章（仅因三词音近而已）。《越史丛考》单列专章进行考辨后得出结论说：越裳之名首见于周成王年间，而越章始封于周夷王时。陶、黎不辨历史先后，竟说西周初年之越裳得名于西周末年之越章，可见其立论取据之颠倒混乱。

在《越史丛考》确凿的考论面前，所谓越族古居"扬子江以南整个地区"之说，实乃无根之论，影附之谈。

二、关于所谓"瓯骆国"的问题。《越史丛考》据大量可靠史料，从根本上否定了"瓯骆国"的存在。认为"骆越与西瓯，自民族言本为二族，自地域言本为二地，自政治组织言亦本二'国'"。史书上的"瓯骆"是"西瓯、骆越"的省写，因此，书上才有"瓯、骆相攻"的记载。这就证明，越南有的史学家的"瓯骆国必定包括广西省南方一部地区"的推断，是根本不能成立的。

蒙文通指出，《越南古代史》袭前人之谬误，认为交趾郡北的曲县在广西省的南部，是显悖史实的。《越史丛考》详核了有关史料，并参考了古今学者的研究成果，从地名变异、区划沿革和水流位置等方面考证出，曲县的确切位置在红河入海处。此外，又考证出汉交趾郡的北界即郁林、牂柯的南界，而郁林、牂柯境辖今右江流域的全部和左江流域的绝大部分地区，这进一步证明了交趾决不包括"广西省南方一部地区"。

三、关于所谓文郎国的问题。越南史学家津津乐道所谓"雄王"建立的"文郎国"，并编造了"文郎国拥有整个百越之地"的神话。《越史丛考》根据对文献资料的考核，对"文郎国"的存在提出质疑，认为所谓"雄王"，显系"骆王"之讹；"文郎"实是"夜郎"的误笔。因为文郎本是日南朱吾

（今越南南方）的撮尔之乡，魏晋时尚处于"野居"的原始社会阶段，断不可与骆越混同；且骆越也只居交趾、九真。因此决不应该利用刊刻传写之误，张冠李戴，无限夸大。

作为一部考证性著作，《越史丛考》没有空发议论，而是凭史实来说话，因此有很强的说服力。

《越史丛考》用文言写成，全书不到十万字，却征引 130 多种史籍。作者在对史料作周密精审的考订基础之上，提出了一些值得重视的学术见解。

……

总之，《越史丛考》是一部很有价值的学术专著，它的出版标志着我国古代史研究的一个方面达到了新的水平。

一九八四年

三月，先生遗著《〈周秦少数民族研究〉拾遗》载《四川大学学报丛刊》第二十辑《中国历史论丛》。

一九八七年

是年，先生妻马秋渌逝世，享年九十三岁。

七月，先生文集第一卷《古学甄微》经次子蒙默整理，由巴蜀书社出版。内收《周代学术发展略论》、《〈古史甄微〉自序》、《论〈山海经〉的写作年代与产生地域》、《儒家哲学思想之发展》、《理学札记》、《理学札记补遗》、《致张表方书》、《致郦衡叔书》、《答洪廷彦书》、《儒家政治思想之发展》、《漆雕之儒考》、《浮丘伯传》、《论墨学源流与儒墨汇合》、《儒家法夏法殷义》、《儒学五论题辞》、《杨朱学派考》、《略论黄老学》、《法家流变考》、《道教史琐谈》、《晚周道仙分三派考》、《校理〈老子〉陈玄英疏叙录》、《坐忘论考》、《陈壁虚与陈抟学派》、《中国禅学考》、《唯识新罗学》等专著和学术文章。

《蒙文通文集》出版说明云：

蒙文通先生（一八九四—一九六八），四川省盐亭人。我国现代杰出的历史学家。从二十年代起即执教于成都大学、成都师范大学、成都国学院、中央大学、河南大学、北京大学、河北女子师范学院，四十年代复任四川省图书馆馆长兼华西大学、四川大学教授。建国后，任华西大学、四川大学教授，兼任中国科学院历史研究所一所研究员、学术委员，并先后任成都市人民代表、市政协委员、中国民主同盟成都市委和四川省委委员。

　　蒙文通先生在中国古代史及古代学术文化研究领域中,辛勤耕耘了
一生,造诣很深,成就甚高。他早年受业于清末国学大师廖平与刘师培,
从研究传统的经学开始了他漫长的学术生涯,后来又向近代佛学大师欧
阳竟无先生问佛学与古代学术思想,不断拓宽研究天地,一生精进不已,
终于成为博通经史、诸子,旁及佛道二藏、宋明清哲学的一代著名学者。

　　一九二七年,蒙文通先生撰成成名之作《古史甄微》,提出了中国上
古民族可以江汉、海岱、河洛分为三系,其部落、姓氏、居处地域皆各不同,
其经济文化各具特征的学说。其后又以《经学抉原》一书,进一步从学术
文化的角度丰富和完善了此说。"三系学说"和当时《古史辨》学派的观
点迥异其趣,但就其对学术界广泛而深远的影响而言,实可以与之媲美。

　　蒙文通先生最重要的史学思想是"通观达识,明其流变",认为历史
是发展变化的,史学家的任务,在于指出历史变化的痕迹,揭示发展的原
因。在实践上,蒙文通先生注重从社会经济史的研究中去探索历史发展
的原因。《中国历代农产量的扩大和赋役制度及学术思想的演变》一文,
就是"史以明变"观点的代表作。

　　蒙文通先生晚年致力于民族史和地方史的研究,提出昆仑宜为上古
一文化中心说,认为巴蜀文化当系自西东渐,楚文化也颇受巴蜀文化影
响,《山海经》就是巴、蜀、楚上古文化产品的著名学术观点。这里,值得
大书一笔的是,作为史学家,蒙文通先生怀着维护中华民族崇高利益的责
任感,用他生命的最后四年时间,写成了一部考论古代百越民族史的专著
《越史丛考》。缜密地考证了大量的古文献资料,引证翔实地批驳了国际
上一些越史学家觊觎我国领土的种种奇谈怪论。这是一部充溢着实实在
在的爱国主义精神的书,它的成就标志着我国古民族史研究的新水平。

　　蒙文通先生的学术成就是多方面的。除上述的《古史甄微》、《经学
抉原》、《越史丛考》外,还有《古地甄微》、《古族甄微》、《儒学五论》、《道
书辑校十种》、《巴蜀古史论述》、《周秦少数民族研究》等专著和学术论文
数十篇。他在古代历史、古代地理、古代民族、古代学术、古代宗教等很多
领域都给后人留下了十分丰硕的成果。此外还有数十万字遗稿尚待整理
刊布。

　　蒙文通先生数十年未离讲席,诲人不倦,循循善诱,为国家培养了大
批学术人才,可谓桃李遍全国。为了更好地保存与集中反映蒙文通先生
的学术成果,启迪后学,我社决定分六卷编辑出版《蒙文通文集》。这套
文集将把蒙文通先生的主要学术著作全部收入。整理工作由蒙文通先生
之子、四川大学历史系教授蒙默同志担任。(《蒙文通文集》,第一——三
页)

一九九〇年

八月三十日,先生友钱穆在台北杭州南路寓所逝世,享年九十六岁。

一九九一年

一月九日,先生友徐中舒因久病不治,在四川省人民医院内科干部病房逝世,享年九十四岁。十六日,徐中舒追悼会在成都市殡仪馆举行,并于次日安葬在崇庆县白塔湖公墓。

先生在世时,与徐中舒相交三十余年,学术上多有切磋,生活上亦多互相关照。五十年代中期至六十年代中期,每逢春秋之季,先生常与徐中舒、冯汉骥等一同带上几个学生到青羊宫、杜甫草堂及望江公园踏青看花,讨论学术,并轮流作东品茗便宴;六十年代,先生又常邀徐中舒及夫人一同到先生家附近的望江剧场及锦江剧场观看川剧折子戏。先生受尽精神和肉体的双重折磨辞世,徐中舒闻讯后悲痛不已,一人在家独自落泪。(《徐中舒先生百年诞辰纪念文集》,第三五九页)

七月,先生遗稿《论经学三篇》刊《中国文化》第四期。

一九九三年

四月,先生文集第二卷《古族甄微》由巴蜀书社出版。内收《周秦少数民族研究》、《东夷之盛衰与移徙》、《瓜洲与三危》、《巴蜀史的问题》、《庄蹻王滇辩》、《越史丛考》、《与缪赞虞君论汉后西南民族北徙书》、《汉唐间蜀境民族之移徙与户口升降》、《从民族与地理论诸葛亮南征》、《与友人论西羌与吐谷浑书》等专著和学术文章。

九月,《蒙文通学记》由生活·读书·新知三联书店出版。

一九九四年

一月,先生遗文《跋华阳张君〈叶水心研究〉》刊《中国文化》第九期。

十月二十二日,由四川联合大学(四川大学、成都科技大学)历史系发起并主办的先生诞辰一百周年学术讨论会在四川联合大学文科楼隆重召开。来自省市社科联、省文史馆、省社科院、四川师范大学、新闻机构及主办单位的专家、领导,及先生的家人和生前好友、学生共计七十余人出席了会议。中国社科院历史所等国内学术机构和杨向奎、胡厚宣、李学勤、斯维至、萧萐父等著名学者纷纷来电来函,诚致缅怀之情。

会上,四川联合大学副校长周宗华教授代表学校党委致词,盛赞先生以其毕生的精力从事科学研究和教书育人工作,数十年如一日,是一个正直学者的一生。先生的优良作风、道德文章,永远值得我们纪念和学习。四川省历史学会会长隗瀛涛教授也在讲话中高度评价了先生的一生,并献上花篮,以资纪念。民盟四川联合大学委员会和省文史馆也分别向先生百年诞辰敬献彩屏和国画。与会著名学者杨明照、张永言、王文才等教授也纷纷发言,追思先生的治学生平。四川联合大学历史系博士导师吴天墀、胡昭曦、张勋燎等教授也以先生学生的身份和亲身经历,深切缅怀先生为人为学的崇高风范和感人业绩,并探讨先生博大精深的学术思想与成就。先生次子蒙默教授代表先生家属在会上发言,衷心感谢与会领导和学者对先生的深切怀念和高度评价,并汇报了先生遗著整理的进展情况。同时,会议决定,尽快将与会文章编印成册,以资纪念。

附录:祝贺函电

一、四川省社会科学院历史研究所贺函

四川大学历史系:

欣闻贵系举行"纪念蒙文通先生诞辰一百周年学术讨论会",我们深感振奋和由衷的高兴。蒙文通先生是当代著名的经学家、史学家。由经入史,博大精深,对中国历史和中华文化具有极为深刻的研究和高深的学术造诣,尤其是关于先秦历史与文化的一系列科学论断,已越来越为考古学的若干新发现所证实,令学者景仰,在海内外学术界享有极高的声誉。我们纪念蒙文通先生,要学习他严谨的治学精神和科学求实的研究作风,为推动和繁荣中国史学作出不懈的努力。

此致

敬礼

四川省社会科学院历史研究所
1994 年 10 月 22 日

二、先生学生西南师范大学朱炳光教授贺联

爱国仰先尊,危病期中,奋笔犹修古越史;
听书怀小子,清秋时候,讲堂尚忆旧皇城。

三、先生学生陕西师范大学斯维至教授贺诗

播迁吴越笔当矢,奔走锦城初拜师。经学古今分泾渭,中华传说辨蛮夷。

精神物质本同体,道德文章无尽期。浩劫十年诀别后,遗书诵读倍思深。

四、先生学生四川文史研究馆孙琪华贺诗

蒙老师文通公百年大庆撰诗四首志庆

立雪程门忆韶龄,辛勤教诲戴师恩。今朝得遇百年庆,散尽浮云见日星。
培才怜少感滋兰,亲序匈奴补遗篇。更是关心成就小,殷勤推荐再深研。
从井救人自古稀,屡逢险阻屡提携。弥留未拜伤同厄,三载心悲雏鸟啼。
一代名儒遐迩钦,千秋著述史乘珍。高山直比象山节,还我堂堂做个人。

五、先生学生郦家驹、洪廷彦贺联

博综经史百家,甄微抉原,鸿篇巨帙,永世流传;
亲受教诲训导,耳提面命,闻道释疑,终生铭记。

六、武汉大学萧萐父教授贺诗

存古尊经学脉醇,观澜明变见精神。宏通汉宋堂庑广,涵化中西视角新。
秘阐齐韩昭大义,疏还成李入玄莹。桐花细雨京西路,钵本托针笑语新。

七、武汉大学萧萐父教授、卢文筠教授贺电

儒中五际,道阐重玄。古族三分,越史千年。
掀髯大笑,川上观澜。缅怀仪型,孺慕拳拳。

八、中国社会科学院历史研究所林甘泉研究员贺电

川大历史系:

　　来信邀请参加纪念蒙文通先生诞辰一百年学术讨论会。蒙老学问渊博,德高望重,堪称一代宗师,举行这个学术讨论会是非常有意义的。我从蒙老的著作中受到许多教益,深感史学界过去对他的贡献宣传和探讨都很不够,因此也很愿意参加这个讨论会,但远在北京,未能如愿。又因收到请柬较迟,未能事前去信祝贺讨论会召开,请原谅。相信这次讨论会一定开得很好,盼能及早读到一些有关的论文。

　　专此

林甘泉
1994.10.23

九、中国社会科学院历史研究所李学勤研究员贺函

蒙文通先生百秩寿辰纪念会：

欣闻各位先生在成都举办纪念蒙文通先生百秩寿辰的盛会，深感兴奋。蒙先生学术成就，为海内共仰。兼任历史研究所研究员，对我所学术建设贡献甚多，奖掖扶植青年学者，尤为所内同人感激思念，值此纪念，特代表历史研究所敬祝大会圆满成功，并望蒙先生文集六卷早出齐，这将是学术界的一件大事。

专此

中国社会科学院历史研究所

李学勤

一九九四年九月二十八日

十、中国社科院历史研究所应永深等十六位研究员贺电

学识渊博，字字玑珠，阐幽发微，蜀学传后世；

严师尊长，授业传道，育成桃李，芬芳春满园。

十一、上海师范大学朱瑞熙教授贺函

……文通师是中国当代著名的史学家，他一生究心于经学、史学、历史地理、古民族、佛典、道书等，学识渊博，著述丰富，在中国古代史、宗教史、思想史、民族史等方面作出杰出的贡献，影响深远。

早在大学学习时，我就仰慕文通师的道德学问。大学毕业后，又有幸从文通师，成为文通师的研究生，直接聆听他的教诲。在近四年的学习期间，文通师对我循循诱导，详细讲解，还抽暇审阅我们的读书笔记、习作以及毕业论文，及时条分缕析地指出其中的不足和补正之法。文通师在宋史研究上，依照历史唯物主义来考察各种问题，排除疑难，摒弃旧说，独辟蹊径，提出新见。这一切都极大的启发了我们，使我们迅速入门，为后来的宋史研究打下了扎实的基础。可以说，我们今天在宋史研究上所取得一切成绩，都是与他的教导分不开的。

文通师在宋史研究和教学的杰出成就，对中国宋史学的卓越贡献，使他无愧为中国现代宋史学的奠基人之一。今天我们纪念他，缅怀他的业绩，颂扬他的不断探索的精神，就是要继承他的遗志，在他开辟的道路上努力完成他的未竟之业，在科研和教学上作出更多的贡献。

……

上海师范大学古籍研究所

朱瑞熙敬上

1994 年 10 月 17 日

一九九五年

三月,在彭邦本、陈廷湘副教授的主持负责下,《蒙文通教授诞辰百周年学术座谈会纪念册》正式刊行。

四月,先生遗文《上古之开化》载《学术集林》第三卷。蒙默《整理后记》云:

> 本文为先君《古地甄微》讲义之第一节,写定于一九五五年,系从历史地理角度简论我国上古开化中心之转移。近数年来,中国文明起源问题,成为学术界热门话题。承《学术集林》索先君遗稿,谨录此篇以应,幸大雅方家有以检验之。(《学术集林》第三卷,第一一页)

九月,先生文集第三卷《经史抉原》由巴蜀书社出版。内收《孔氏古文说》、《经学导言》、《经学抉原》、《井研廖季平师与近代今文学》、《廖季平先生与清代汉学》、《井研廖师与汉代今古文学》、《廖季平先生传》、《论经学遗稿三篇》、《孔子和今文学》、《中国史学史》、《天问本事》、《〈宋略〉存于〈建康实录〉考》(附《〈宋略总论〉校记》)、《评〈学史散篇〉》、《致柳翼谋先生书》、《论别本〈竹书纪年〉》、《从社会制度及政治制度论〈周官〉成书年代》、《馆藏明蜀刻本〈史通〉初校记》、《跋〈宋史全文续资治通鉴〉》、《馆藏嘉靖汪刻〈文心雕龙〉校记书后》、《涵芬楼影印弘治本〈新语〉略校记》、《跋华阳张君〈叶水心研究〉》、《从〈采石瓜洲毙亮记〉看宋代野史中的新闻报道》、《二顾校〈华阳国志〉跋》等专著和学术文章。

一九九六年

八月,经先生哲嗣蒙默教授编校整理《中国现代学术经典·廖平蒙文通卷》由河北教育出版社出版。卷首有蒙默教授撰《蒙文通先生小传》,内收先生著作文章《古史甄微》、《经学抉原》、《儒学五论》、《法家流变考》、《杨朱学派考》、《道教史琐谈》、《唯识新罗学》,并附《蒙文通先生学术年表》、《蒙文通先生著作要目》。

一九九七年

十月,先生《中国哲学思想探原》由台湾古籍出版有限公司出版。内收《经学导言》、《经学抉原》、《儒学五论》、《孔子和今文学》等专著四种,并收先生有关先秦诸子哲学论文七篇。

一九九八年

三月,先生文集第四卷《古地甄微》由巴蜀书社出版。内收《中国古代北方气候考略》、《古地甄微》、《汉潺亭考》、《〈华西大学图书馆四川方志目录〉序》、《成都二江考(附论大城、少城、七桥、十八门)》、《鸿沟由夏肥水过寿春入巢湖通大江考》、《鸿沟通塞考》、《再论昆仑为天下之中》、《四川历代盛衰与户口登耗考略》、《四川古代交通路线考略》、《略论四川二千年间各地发展先后》、《前后蜀州县及十节度考》等专著和学术文章。

一九九九年

八月,先生文集第五卷《古史甄微》由巴蜀书社出版。内收《古史甄微》、《先秦职官因革考》、《对殷周社会研究提供的材料和问题》、《〈司马法〉所载田制军制为夏殷制度说》、《周代之商业》、《秦之社会》、《汉代之经济政策》、《中国历代农产量的扩大和赋役制度及学术思想的演变》、《读〈中国史上的南北强弱观〉》、《〈宋史〉叙言》、《与李源澄论北宋变法与南宋和战书》、《北宋变法论稿》、《从宋代的商税和城市看中国封建社会的自然经济》等专著和学术文章。

二○○一年

八月,先生文集第六卷《道书辑校十种》由巴蜀书社出版。内收《老子征文》、《严君平〈道德指归论〉佚文》、《晋唐〈老子〉古注四十家辑存》、《〈老子〉王弼本校记》、《辑校成玄英〈道德经义疏〉》、《辑校李荣〈道德经译注〉》、《王介甫〈老子注〉佚文》、《校理陈景元〈老子注〉》、《重编陈景元〈庄子注〉》、《新校张清夜〈阴符发秘〉》等先生辑校道教典籍计十种。

二○○二年

十月二日,先生诞辰一○八周年学术座谈会在先生长眠之地长松寺召开。

　　蒙文通先生诞辰108周年学术座谈会于2002年10月20日在长寺公墓隆重召开。这是长松寺公墓举办的继已故天文学家、《易经》八卦大师刘子华先生的学术研讨会后的又一次学术盛会。

　　蒙文通先生1894年生于四川盐亭县一儒学世家,是我国现代杰出的历史学家、国学大师,1968年辞世于成都,享年74岁。逝后,其家人将先生安放在群山环抱、风景秀丽的长松寺公墓。先生一生潜心研修中华国学,发表了多部具有重要影响的学术专著及不少论文,为弘扬中华学术文化及巴蜀文化作出了杰出贡献。此次座谈会是由四川省社会科学院与长松寺集团联合举办的。蒙文通先生之子、四川大学教授蒙默与胡昭曦教授、张勋燎教授、四川省博物馆研究员王家佑、四川省文联党组书记钱来忠、四川省文史研究馆副馆长邓卫中、四川省文史研究馆馆员张绍诚、《文史杂志》社长李殿元、主编屈小强以及李有明、谭继和、曾绍敏、陈德述等四川省社会科学院历史、哲学研究所的多位著名研究员共计四十多人参加了本次会议。大家在座谈会上缅怀先哲,畅所欲言,对蒙老在多个学术领域取得的重大理论成果进行了探讨。会后,各界与会者达成一致认识,表示在学习和追念蒙老的同时,还将继承和发扬蒙老的人品、学品及与时俱进、不断创新的文化精神,为将四川建成西部文化强省而不懈奋斗。(《文史杂志》,二○○三年第一期,第四七页)

二○○三年

一月,蒙默《蒙文通学案》列入《百年学案》并由辽宁人民出版社出版。学案从四个方面,即《古史甄微》与古代民族文化三系说、西汉经师的"一王大法"、朴素唯物论辩证法的因素、通观明变的史学来论述先生经学、史学和哲学等三个方面的思想成就,并附录学术思想史料选编若干。

二○○四年

六月八日,先生学生吴天墀在成都病逝,享年九十二岁。

十月二十三日至二十四日,先生诞辰110周年纪念暨学术讨论会在四川大学举行。本次会议由四川大学历史文化学院主办,四川大学研究生院、四川师范大学历史系、成都市博物院等七家单位协办。近七十名来自全国二十多家单位的专家、学者共提交论文五十三篇。文章内容可分作三类。第一类为"追忆与缅怀",王家佑、柯建中、冉光荣、刘绍平、刘雨涛、刘伯谷等在会上追怀了跟随先生学习、工作的往事,萧萐父等人为先生诞辰献上贺诗,深切怀念这位"卓立不苟的国学大师"的崇高风范。第二类是直接或间接讨论先生学术思想或学术贡献的论文,也是最多的一类,其中有:朱瑞熙论先生"在宋史学上的开创之功",胡昭曦论先生"对宋史研究的贡献",刘复生论先生的"史学成就",粟品孝论先生对浙东史学的研究,冯汉镛阐述了先生"在沿革地理上的贡献",卿希泰、李远国分别论述了先生在道家和道教研究领域中的成就,陈德述、蔡方鹿则分别探讨了先生的经学思想,刘兴淑、覃江分别对先生的理学和佛学研究谈了自己的看法,张邦炜从先生"叫我读《文鉴》"谈到入门宋史研究,欧阳祯人从儒家文献的"天"谈到先生对这一问题的思考,张俊相讨论了先生的哲学与方法。罗志田从思想史的社会视角揭示了先生提倡的"事不孤起,必有其邻"的研究取向,指出这是先生治史的一大特点。王邦维通过实地考察,对古代"洛州无影"之说提出异议,进而讨论了受到先生等人关注的古代"天下之中"观念。第三类是专题研究论文,张泽成、王曾瑜、黄宽重、洪廷彦、罗世烈、张勋燎、贾大泉、张邦炜、李复华、彭邦炯、陈廷湘、段玉明、葛志毅、王炎、张杰、李小光、游彪、邹重华、彭华等都向会议提交了各自近期富有新意的研究成果。

此外,在开幕式上,四川大学校长谢和平院士致辞祝贺并发表了热情洋溢的讲话,先生哲嗣蒙默向大会致辞并向中国国家图书馆捐赠了先生名著《古史甄微》手稿,中国国家图书馆陈力副馆长代表中国国家图书馆接受捐赠并致谢词。

附录:贺信及贺诗

一、中国社会科学院历史研究所贺信

四川大学历史系:

　　欣闻"蒙文通先生110周年诞辰纪念会暨学术讨论会"即将举行,我们中国社会科学院历史研究所全体同仁谨向此次盛会的召开表示衷心的祝贺。

　　蒙文通先生是中国20世纪著名的历史学家之一。在长达半个多世纪的学术生涯中,先生抱着对中华文化的深厚热爱,以罕见的才智和学识,广泛涉猎了经、史、诸子、理学、佛、道等诸学科,并给后人留下了一笔丰富的史学遗产。先生的著作立论严谨,广征博引,视野开阔,其诸多论点至今仍然保持着鲜活的生命力。蒙先生建国后曾兼任历史研究所研究员,对我所的学科建设和学术发展做出了积极贡献。四川大学历史系是我国历史学研究的重镇,这里人才荟萃,群贤毕至,有着悠久的历史传统和深厚的学术积累。我们愿藉此盛会之际,与贵系同仁一起认真回顾与总结蒙先生的治学经验,学习他的高尚品德,共同为中国历史学和哲学社会科学的繁荣昌盛而努力。

中国社会科学院历史研究所

2004年10月20日

二、北京大学历史学贺信

四川大学历史文化学院:

兹逢国学大师、著名历史学家蒙文通先生诞辰 110 周年,贵院召开蒙文通先生诞辰 110 周年纪念暨学术讨论会之际,我系谨致上真挚祝贺,祝愿会议取得圆满成功! 文通先生于经、史、百家涉猎广泛,造诣精微,嘉惠后学,至深至钜,道德文章,为世楷模;20 世纪 30 年代授业于北京大学历史系,陶铸群英,作成人才,业绩卓著。不仅为贵校、贵院之泰斗,亦为我校、我系之名师。高山仰止,景行行止,虽不能至,而心向往之。愿我们共同努力发扬先生之精神,为繁荣史学、振兴中华民族传统文化作出贡献。

北京大学历史系

2004 年 10 月 20 日

三、河南大学历史文化学院贺信

四川大学历史文化学院:

蒙文通先生早年师从名家,刻苦向学,国学功底深厚,经史、诸子、理学、佛、道,莫不钻研,且皆有创获,既著述丰富,又是一代名师。先生于 1931—1933 年间,曾任河南大学历史系教授,在此期间,他的成名作《古史甄微》(商务印书馆 1933 年版)正式出版。先生为河南大学的历史教学作出了重要贡献,为河南大学的历史增添了光彩。在先生 110 周年诞辰纪念暨学术讨论会召开之际,谨致电表示祝贺,并请向蒙先生的家属致意。

河南大学历史文化学院

2004 年 10 月 21 日

四、武汉大学萧萐父教授蒙文通先生诞辰百一十周年颂

蜀学渊渊,积健为雄。蚕丛杜宇,奕世恢功。史赞苌弘,学辟文翁。
严扬玄思,陈李高风。赵蕤长短,宗密会通。眉山挺秀,潜书启蒙。
代有精英,独步寰中。近世转型,海怒鹏骞。古今中西,递反互参。
诞生圣哲,辨异通观。六译恢奇,学贵博淹。蒙公继轨,甄微抉原。
通经明变,大义微言。儒申五际,道阐重玄。古族三分,越史千年。
掀髯一笑,川上观澜。顷怀仪型,孺慕拳拳。

五、四川大学刘绍平蒙文通先生百一十年生辰纪念有怀却赋四首

甄微故实辨三宗,一老史坛旗鼓雄。条贯无殊桶底脱,传承有自道其东。
畛域渊源议论精,文章古越器干城。纵横见植南天柱,小范胸中十万兵。

徐蒙冯缪旧知闻,传席上庠张一军。隐隐蜀山林木秀,蓟门云色许平分。
锤弓绝业忧亡佚,薪火青蓝道益崇。五十年来存殁感,鲤庭书对想宗风。

二○○五年

十二月,经四川大学历史文化学院编辑,《蒙文通先生诞辰110周年纪念文集》由线装书局出版,内收先生往来论学书函若干及蒙默教授编《蒙文通先生年谱》。

二○○六年

三月,四川大学道教与宗教文化研究所博士罗映光《蒙文通道学思想研究》完稿,该文分六章四部分论述先生道学思想。

五月,先生《先秦诸子与理学》由广西师范大学出版社出版;《中国史学史》由上海人民出版社出版。

七月,《老子征文》由台湾万卷楼图书公司出版。

八月,《经学抉原》由上海人民出版社出版。《川大史学·蒙文通卷》由四川大学出版社出版,内收《经学抉原》、《井研廖季平师与近代今文学》、《井研廖师与汉代今古文学》、《儒家哲学思想之发展》、《儒家政治思想之发展》、《漆雕之儒考》、《浮丘伯传》、《论墨学源流与儒墨汇合》、《儒家法夏法殷义》、《儒学五论·题辞》、《儒学五论·自序》、《论经学遗稿三篇》、《理学札记》(选录)、《理学札记补遗》、《致张表方书》(一九五二年)、《致郦衡叔书》(一九六三年七月)、《周秦民族与思想》、《法家流变考》、《略论黄老学》、《道教史琐谈》、《校理〈老子〉成玄英疏·叙录》(节录)、《陈碧虚与陈抟学派》、《唯识新罗学》、《古史甄微》(选录)、《周秦少数民族研究》(选录)、《对殷周社会研究提供的材料和问题》、《中国历代农产量的扩大和赋役制度及学术思想的演变·绪言》、《北宋变法论稿·绪言》、《评〈学史散篇〉》、《中国史学史》(选录)、《跋华阳张君〈叶水心研究〉》、《古地甄微》(选录)等专著和文章。

十一月,《蒙文通学记》(增补本)由生活·读书·新知三联书店出版。

二○○七年

五月,先生《儒学五论》由广西师范大学出版社出版,首有蒙默教授撰写的《重版前言》。

七月,蔡方鹿、刘兴淑著《蒙文通经学与理学思想研究》由巴蜀书社出版。是书分《蒙文通的经学思想》、《蒙文通的理学思想》上下两篇论述先生经学、理学思想。

二〇〇八年

九月十七日,萧萐父先生逝世,享年八十四岁。

十二月,先生《中国古代民族史讲义》由天津古籍出版社出版,内收先生授课讲义兼专著《周秦民族史》(即《周秦少数民族研究》)、《巴蜀史的问题》两部。篇首有先生哲嗣蒙默教授撰写的《前言》。

追忆国学大师蒙文通先生
——蒙默老师采访记
牛敬飞、张颖

蒙文通(1894－1968)，四川盐亭人。我国现代杰出的历史学家。从二十年代起即执教于成都大学、成都师范大学、成都国学院、中央大学、河南大学、北京大学、河北女子师范学院。四十年代曾任四川省图书馆馆长兼华西大学、四川大学教授。建国后，任华西大学、四川大学教授，兼任中国科学院历史研究所研究员、学术委员。蒙先生的著作有《古史甄微》、《经学抉原》、《越史丛考》等，他在古代历史、古代地理、古代民族、古代学术、古代宗教等许多领域都给后人留下了十分丰硕的成果。

蒙默，蒙文通先生之子，曾任四川大学历史文化学院历史系教授，以西南民族史见长，现已退休。

天健：蒙先生离开北大据说是因为蒙未拜访胡适之故，但在您编的《蒙文通学记》中似乎只提到了胡适是以学生听不懂蒙先生的方言为借口的，并未指明是蒙先生未拜访胡适之故，您能给我们解释一下蒙老离开北大的一些情况吗？

蒙默：说是因为我父亲没有去拜访胡适的缘故，我没有听到我父亲讲过这个，这只是钱穆在《师友杂忆》中，尾巴上落了这么一句。他也没有明说。到底是什么原因离开北大，我也说不清楚，因为我那时也比较小，当时还在读小学，弄不清楚家里的这些事情。后来我也没问过这个事情，因为我父亲到处教书，在我们认为，从解放前那个情况看起来，教书就是哪里聘就到哪，都是很正常的，所以我们也从来没有问过。从钱穆那个回忆录看起来就是说胡适有点不满意，所以就没有续聘了。到底为什么不满意我也说不清楚。但是，有这么一点是可以说的，就是我父亲、钱先生、汤先生可能是相同的，钱的文章中我是看到过他对胡适的史学觉得并不怎么样。当然我没有听我父亲讲过这个观点，但我感觉也和钱先生的这个观点差不多。我父亲只跟我说过，胡适这个人白话诗还是做得好，但是后面裁了一句，就说他没有旧学的根底的话他还是写不出来。我父亲解放前发表的一些文章基本上都是用文言写的，而且也还是比较深奥一些，一些人认为不大好读，但是，在我看来我父亲年轻的时候也不是很守旧的一个人，因为他写的第一本讲经学的书是《经学导言》，而这本书就是拿白话写的，当时他还在教中学，是1922年，我都还没有出生。所以胡适提倡的这个白话文他还是接受了的，但是《经学导言》中他说到这本书还不是那么成熟，还需要补充、重写，也需要用文言来写，大概感觉白话表达起来不如文言更能够表达他的意思一些，所以他后来写东西基本上都用文言写。解放过后，都用白话了他也就用白话了，但是有些时候偶尔也还是写文言的东西。这就是说从胡适提倡白话文这点来看，他并不反对。另外，就是对于西洋社会科学、哲学、史学这些东西，他还是看一些翻译的东西，虽然读大学的时候读的存古学堂，但他还是读过小学、中学，因为他的年龄已经赶不上科举了。我记得六十年代的时候，有时我父亲还说两句英文。所以他还是接受了一些新东西，解放以前他就喜欢读一些翻译的东西，不管是讲哲学的、社会经济的他都喜欢读。他在重庆教书的时候，恽代英、萧楚女、张闻天这些人都在一起教书，他们都很熟，而且他跟我讲他跟恽代英的关系还特别好，很谈得来。那个时候大概是1923、1924年的时候，恽代英是共产党员，他说跟恽代英很谈得来，但是还是有一些观点不一致。他说恽代英主张暴力革命，他说这点我就不大同意。所以说他的思想也并不是很陈旧。

　　跟胡适，我考虑可能是对胡适的学问，因为胡适是青年暴得大名，可能有时就有点骄傲。我在《吴虞日记》上看到过，吴虞去拜访胡适，出来的时候胡就讲了这么一句话，说他平时很忙，一般他都不回访。钱穆也提到他不回访。在旧社会，不回访是不礼貌的事情，从这点可已看出胡适当时对人的态度。但是他的学问，在我父亲看来并不怎么样，我从来没有听到我父亲推崇他的学问。反而我父亲在另外的文章中批评的倒是胡适的观点。《漆雕之儒考》那篇文章中就批评有人侮辱儒家，实际上这个话指的就是胡适的《说儒》，只不过没点名，我父亲一般都不点名的。

　　而我父亲跟汤用彤、钱穆、熊十力他们关系比较好就是因为他们学术上比较接近，比较谈得来，所以他们经常在一起谈，尽管有时有些争论，那是学者之间不可避免的。解放过后熊十力先生给我父亲有封信，说到"生平寡交游，而式好无尤，文通要为二三知己中之最"，但是从我晓得事情以来，我父亲平常和他信都没有怎么通过，只是他给我父亲来过几封信，现在还在。我就问我父亲他为什么这样说呢，他的意思是什么呢。我父亲就讲他的意思是说我最懂得他的学问，我想这个话是对的，但是我父亲后面又有句话，就是"我的学问跟他不完全相同"。因为熊先生虽然讲的新唯识论，但是并不是讲的佛学，实际是讲的儒学。我父亲从他读存古学堂起多年崇尚理学，一直到他老，而且认为他的学问里面他的理学是最深的，最有心得的。所以他认为熊十力认为与他最好就是他懂得他的学问。

他与钱先生、汤先生平时谈得多主要也是因为这个方面,但是他们具体谈什么我不知道,因为当时我很小。解放以后我父亲到北京开会,那时汤先生在北大,每次都要去看他。抗战期中,钱先生离开了西南联大到成都来,在齐鲁大学国学研究所,后来在华西大学教书,与我父亲都常有接触,但是那阵我在读中学,他们谈些什么我也不太清楚。我只知道在齐鲁大学国学研究所的时候,顾先生当主任,钱先生也在那里,我父亲在四川省图书馆当馆长,也在齐鲁大学教书。那时我母亲还在农村里面,还没有来,我父亲一个人在成都,星期天没有什么事情,他跟我说过星期六下午他就到齐鲁大学国学研究所去了,那个时候齐鲁大学国学研究所在北门外面赖家院,那个时候还是农村,离成都大概有十来里路,他就坐黄包车到那里去了,星期天下午就回城里面来。他们就谈学问嘛。后来我听齐鲁大学国学研究所的学生跟我谈到过,他们每星期六有一次座谈会,那个座谈会呢就有点像你们现在搞的天健沙龙一样。每次都要指定一个学生作为中心发言人,讲这段时间读书的心得,讲了过后,同学、先生就随便发言。我父亲也参加那个座谈,所以那些学生后来碰见我都跟我说他是我父亲的学生,就跟我谈起这个事,说他们受到很多教益。实际上我父亲并没有真正教过他们。南充师院的李耀仙也谈到过这个情况,云南大学的李维衡、贵阳师院的周春元也跟我谈到过。所以那段时间都有些接触。

后来钱先生到华西大学教书,住在华西大学宿舍,但是那阵钱先生身体不好,经常生病,有时我父亲还喊我去看钱先生,当然那阵我还小,是个学生,看到都只喊声钱伯伯,问一下身体情况如何,只是问几句这些,根本谈不上谈学问的事,所以他们平时谈些什么我不大清楚。但是有一点就是说他们很谈得来。齐鲁大学国学研究所有学生曾经跟我讲过,就是钱先生对于顾先生有些时候还有微词,就是说顾先生哪些地方还没说对啊这些,但是从来还没有听他说过蒙先生。就是说他们在学问上是比较更接近比较谈得来的。至于汤先生,我只是在萧萐父的文章里头看到过,就是他在北大进修的时候,有时就到汤先生那里去,汤先生就跟他讲,说蒙先生讲的这个道家分南北二派,这个说法极精,用了"极精"这么两个字。后来萧萐父先生大概是有两篇文章头都用了汤先生这个话,所以我父亲跟汤先生也是在学问方面谈得来。

他对胡适呢,我只听我父亲说过这个话,就是尽管傅斯年、顾颉刚是胡适的学生,但是他们之间并不是那么很融合,在有些事情上就是你争我夺的。他们就有点政客味道,都比较活跃,都要各搞一摊子,就有些矛盾。比如说,抗战胜利过后了,傅斯年去接收北大,虽然任命的校长是胡适,因为胡适还在美国当大使没有回来。后来我就听说，胡适回来好像就接不到。后来傅斯年、胡适到了台湾过后，台大基本上就是北大去这批人，傅斯年当校长，就把胡适挤去中研院当院长。他们之间就搞这一套。

而且有个事情我也听说，就是在快解放以前，钱先生在无锡江南大学当文学院院长，他还曾经约我父亲到江南大学去教书。因为解放前货币变化比较大，我们家人也比较多，我父亲又在华大教书，又在川大教书，又是省图书馆馆长，身兼三职。那时兼职就要拿一份工资的。钱先生就约我父亲到江南大学去，说江南大学的待遇比较好，一个人的工资相当于国立大学两个人的工资。那阵我祖母、祖父都还在，我们都还在读书，兄弟姐妹又多，有七个，那阵打仗又打得凶，所以我父亲根本就没法去。临到北京要解放以前，据说汤先生曾经到江南大学去过，跟钱先生讲，胡适要他一路到台湾去，问钱先生你的看法咋样，钱先生就说你去干什么，你是教书的，就只晓得做学问教书，哪个不晓得，众人都晓得的。共产党来了他不办大学就算了，他要办大学还要聘你。胡适这些人都靠得住啊？他要你的时候就要你，他不要你的时候就把你甩了。你跟他到台湾去干什么，他（钱先生）说："我就不同了，我以前是骂过共产党的人，所以我非走不可，但是我不到台湾去。"所以后来他到香港去了。所以从这一点看起来，他们对胡适的看法是很清楚的。而且我父亲跟我谈到一个笑话，就是说有一次吃饭，带有开玩笑的性质，胡适就出对子"胡适"，没有人对，他就自己对，对个"徐来"，是那阵的一个女电影明星，旧社会里头对电影明星的看法哪像我们现在呢，我们现在是当成艺术家来看，过去是当成戏子，很看不起的。但是他就拿徐来来对胡适。而且，他又出了个对子"毛子水"，是他的学生，已是北大教授，也没有人对，他就对个"野人山"，这个就有点带侮辱人的意思在里头了。我父亲就说胡适就搞这一套。这个是我父亲跟我摆过的。

所以他们对胡适这个人就有看法，觉得这个人这些地方就表现得有点轻浮，不像一个学者，没有学者的风范。他对胡适是这么一个看法，所以他不去拜访胡适就是很正常的一个情况。而且大概当时胡适已经在文章上骂了廖季平，说他是方士。当然我父亲没有跟我说这个事情，我想他一定是很不满意的。因为尽管我父亲对廖季平晚年讲的一些东西并不同意，但是他从来没有批评过，他只是说我不懂，只是说他（廖先生）讲天人之学跟经学没有关系，他（蒙先生）就不讲了。而胡适就说是方士等等，所以我父亲有些文章里头还提到说有些人对这个老人家进行诋侮，大概也就是指的胡适他们。所以他对于这个事情当然是不满意的。学问既不好——在他看来胡适根本就没有懂到廖先生的学问是什么东西——你还骂人。当然在这种情况下，他不会去拜访胡适。胡适是不是因为不拜访就不续聘了，这个就说不清楚了。

还有,我父亲讲书,可能有这么个情况,钱先生的回忆录也曾讲到这个问题,童恩正先生也讲过,他说:"以前我们听蒙先生讲课的时候,就是那么就听过去了,也不觉得什么,我现在对这个问题作研究过后才懂得当时蒙先生讲得很精到。"就是说听我父亲讲课要有一定基础,基础不够就听不到个所以然。所以钱先生那个话也是这个意思,他说讲大课有些人听不懂很正常,要是某些人(指其他优秀学生)决不会有这么些看法。胡适很可能就是利用了这个东西。我很小,后来也从来没有问过。当时感觉今年这儿教明年那儿教都很正常,只是感觉他们并不把胡适当成一个有学问的学者。我父亲对于有学问的人还是很尊重,比如顾先生他们关系都很好。我到北京去,他就喊我一个是要去拜访汤先生,另外要去看顾先生,还喊我去看林宰平(林庚的父亲)、余嘉锡(余逊的父亲)。尽管我从来没见过,他都喊我去看他们。应该是都谈得来,尽管搞的东西并不相同。胡适为人不是一个很郑重的学者的味道。还有就是在对传统文化的态度上差异比较大。比如汤先生也好,钱先生也好,我父亲也好,(他们)对传统文化都很尊重,他们也还是接受国外一些东西,特别汤先生,是留学的,讲哲学还讲西洋哲学,但是都认为中国传统思想是不能随随便便就可以丢掉的。

他们之间谈的什么我不太清楚,我只记得我们小的时候,钱先生、汤先生都请过我们到他家里面去做客,一家人都去。

天健:此外,据我们所知蒙老生前曾与川内才俊刘鉴泉先生关系甚密,这是否跟二人在学术上有某些共同之处有关系呢?

蒙默:和刘先生的关系也主要是学术上面的。但是我父亲对刘先生的看法跟现在有些学者的看法不完全一样,比如给《推十书》作序的萧萐父先生和庞朴,他们都认为刘鉴泉先生的哲学是讲得很有意思很有价值的,但是我父亲的看法是,刘先生学问最好就是史学,认为他讲史学讲得最好。讲得最好是哪一点呢,就是刘先生讲这个"观风察势"。他认为要看那个时候的风气,还要看出各个不同时代的变化,而且还要看出不同地区的风气。所以我父亲是很接受他这个"观风察势"的思想的。我父亲也跟我谈过多次刘先生的这个谈得好。但是对刘先生讲的哲学,他就不大同意了。他说刘先生讲"道",因为刘先生的祖父刘沅就讲"道",讲"道"的(学术流派中)里面有个"刘门",有点接近宗教的味道,但是还不是宗教。刘先生就接受了他祖父的东西,所以他也讲道,讲他的史观叫道家史观。我父亲只说他史学讲得好。

在《推十书》第三册的文集里面有他给我父亲的三封信。我父亲给他写的信,刘世兄刘伯谷跟我谈过,以前都还在,文化革命毁掉了,可惜了。所以他们通信说的什么,就只能从刘先生信上可以看得出来。总之彼此都是很谈得来的,互相都是比较推崇的。后来刘先生去世得早,我父亲很叹息刘先生才三十多岁就去世了。好在他去世过后他的学生把他的文稿整理出来刻了,还能印这么三大本。还有第四本,就是还没有整理的稿子,现正在整理,但是现在就比较麻烦了,以前还有个成都古籍书店给他们印,他们又没有要稿费,但是古籍书店现在垮了,没有人印。反正他们现在还在整理,我那天还到刘伯谷那里去了一趟,他还谈到这个。

天健:您在《学记》中提到 57 年后,您才"得侍先君讲座",您能谈谈您的求学经历及蒙先生在您求学过程中的影响吗?

蒙默:我父亲他对我读书有这么一个看法,这个话好像是从孟子那里来的嘛,"古人易子而教",自己不教自己的儿子,要交给别人来教。一个什么道理呢,孟子就讲,父子之间不责善,责善就是你要求我我要求你,用现在话来说就是你指责我我指责你,父子之间不能够来这一套。责善是朋友之道。朋友之间可以,父子之间是不可以的,所以要易子而教。我读书,我父亲是把我交给他的一个学生,叫李源澄,是他以前在成都国学院时候的学生。这个人跟着他开始是学经学,后来我父亲离开后(他毕业过后),那阵廖先生已经风瘫,回井研家里面去了,他还到廖先生家里面去学经学。我父亲认为他的经学学得比较好,后来他又到苏州章先生那个国学讲习会里面学习。但是,章太炎先生是古文学家,廖季平先生是今文学家,所以章先生后来还请他在国学讲习会演讲过。我父亲在有篇文章里面就提到过,说章太炎先生曾经讲,听到说廖季平先生的学问是一回事情,看廖季平先生的书情况又不同,听廖季平先生的学生讲廖先生的东西好像又不同。他(蒙文通先生)说就是指的李源澄。他(蒙文通先生)说曾经有人向章先生讲,就说李源澄讲的东西跟你讲的不一样。他说章太炎先生"并不以为忤",就是并不认为这样讲不对,很宽容。就是说李先生这个人学问是很好的。

他后来办了一个杂志叫做《论学》,是 1937 年,只办了半年,出了六期就没有再出了,抗战就开始了。他在无锡办的,我父亲当时是在无锡国学专科学校教书,还有文章在上面发表。他回成都过后,在川大教过,在浙江大学也教过,在云南大学也教过,临到解放的时候,在勉仁学院也教过,那时梁漱溟在当院长。解放过后就合并到西南师范学院里面去了,他就在西南师范学院当副教务长。

一般大家还是很推崇他,但是呢,因为他教过我,我晓得他这个人的性格,很刚直。五七年就当了个右派,因为这个人很刚烈,他就受不了,五七年当右派,五八年就死掉了,才四十八九岁。他曾经写过一本《秦汉史》,请钱穆先生为他作序。因为他送了我父亲一本,那个书我一直还保留着。那个序言我觉得写得很好。序就说李先生写了一本《秦汉史》，他（钱穆）以前在北大也教过秦汉史，有些看法他们两个是相合的，有些看法是他所不及的。他说这本书写得很好，大概是属于章实斋所谓的"圆而神"之类的东西了。因为钱先生讲史学是尊崇章实斋，章实斋认为"圆而神"是最高的境界，他用"圆而神"来推崇李源澄先生这本《秦汉史》，可以说是最高的评价了。所以李先生这个人学问是很好的。

我还在读中学的时候，他（蒙文通先生）给我说，要看什么书啊，就去找李先生。那阵他才喊我看《国学通论》、《诸子概论》这一类东西。因为我读中学嘛，不可能读原著，看不懂的。后来伍非百先生写了部书叫《中国古名家言》，他在南充办了个西山书院，就聘李源澄先生去，李先生就去了。我父亲就喊我停学，跟李先生到西山书院去。李先生那时大概讲四书，讲经学概论吧，伍先生呢就讲墨子。伍先生讲墨学是很有名的，特别是讲墨经，就是古代逻辑学。我在那儿呆了半年，李先生有些意见与伍先生不一致，所以李先生呆了半年就走了，就到灌县灵岩寺，自己办了个灵岩书院。那时还有个傅平骧先生。李先生找傅先生跟他一起教。傅先生解放以后就在南充师范学院教书，现在可能都还在，九十几了。这个先生就讲文字学，我在那里的时候他就教《诗经》，教《说文解字》，李先生就讲《礼记》、《荀子》。这些书（内容）都是那么多，不可能讲完的，所以就是带有启发性的抽几篇来讲，其余的就是自己看。所以我真正读书是从那个时候开始。

我父亲把我这样安排，还是他们搞经学那个路子。文字学要搞，经学也要搞。虽然我父亲听廖先生的话，不能把搞文字学当成一个专业来搞，但是要懂，因为不懂的话读古书不好读。所以要讲《说文解字》、《诗经》。《诗经》主要是在训诂、名物这些方面。另外要讲《礼记》。在灵岩书院我也只读了半年也就没有再读了。因为我那阵人还是慢慢大一点了，在那个社会上啊还是要有一张文凭，要读大学。没有这张文凭在社会上立不住脚，不好找饭吃。我后头还是复学了。这是我又一次停学。我第一次停学是在北京读小学的时候。我那时还比较小，大概我这个人还是有点小聪明吧，我读高小一年级的时候才九岁。后来十岁时我们迁到天津，我父亲就喊我不读了，那阵他就教我读四书，就要背。另外还喊我看《三国演义》，那阵也还勉勉强强看得懂。因为那阵读小学嘛，看着还是很有兴趣的。看了过后他就让我看《资治通鉴》三国这一段。他说《三国演义》你看了，三国的事情你就基本上晓得了，晓得了你就给我读《通鉴》。这个读起来就有点恼火了。《三国演义》还是标点了的嘛，他拿给我那个《资治通鉴》就连个圈圈都没有。这个任务我没有完成。后来抗战回来过后，我在成都读高小的时候，日本飞机来轰炸，他又喊我回农村去。那阵我弟弟、表兄、表妹都在乡间。他就请了蒙季甫先生来教我们。那年就安排我读《左传》，但是不是全本，有个选本叫《左传句解》。我那一年就大致把它读来背得。

后来我考中学，就到成都来读中学。就这样，我父亲几次都安排我停学读书。他认为现在的学校，读不到应该读的书。他就是这么一个看法，所以他要把我停学来读书。而且我后来在成都读中学的时候还有这么一个情况。我在中学里面，理科成绩比文科成绩好一些。我父亲跟我谈到过几次，当然他不是专门跟我谈，他说"我这个学问不传"，意思呢就是要找个传人。我听了后，比较清楚他这个意思。所以他后来让我去读书呢，我也就去了。我初中时在列五中学读的，高中读的是川大附中，就是现在的十二中。因为成绩好，符合他们那个标准，就可以免试升入川大。那时正是解放战争比较凶的时候，所以我就没有考出去。本来以我的想法我是想读哲学系，但是那阵川大没有哲学系，我就跟我父亲说是不是到历史系。他说历史系没有读头，那些讲义你一看就懂，讲中国史尽是讲考据，外国史就是讲翻译过来的那些书。他说中文系你也不要读，中文系一个讲文字学，另外就是搞古典文学，"我也不主张你去搞古典文学"。我说那读什么系呢，他说"你读经济系，读经济系毕业过后再转回来搞历史，你对历史的看法就跟现在搞历史的不一样"。他这个经济史观，是受到当时国外一些思想的影响。我就到经济系去，把课表拿来看了过后，回去我就跟他说，我说经济系要学会计学、统计学，我学来没有什么用处，我说政治系学的社会科学还有用得多，哲学、社会学、法学啊，这些都要学。他说要得，去读政治。所以尽管我搞中国史，我父亲也是培养我搞中国旧的学问这一套，但是我不是历史系、也不是中文系毕业的，我是政治系毕业的。这些都可以说是他对我的安排。

我政治系毕业过后，就已经解放了，统一分配，我就不想服从统一分配，我说我愿意去教书，到中学去。组织上硬是不让我去，把我分到当时的川东民政厅。后来我又转业，从政府机关转到企业。后来中国科学院历史研究所要调我父亲去，就问他要调哪些助手，我父亲头一个就调我当他的助手，我这样才到历史研究所。因为五七年反右又批判了他一通，他就没有去了。我就由科学院调回川大。

可以说我这一生的读书等等都是他安排的，但是说他教了我多少东西呢，好像也说不上，只是说有时我问他，他就跟我说两句，有些时候他想到什么也就跟我说两句，有时我记了一下，有时就没有记。比如说那个《治学杂语》有些就是他说了我记下来的。比如说他对这个就是很重视的，就是陆象山讲的那个话。胡昭曦老师、朱瑞熙老师、贾大泉老师，他们三个经常是一路到我们家里来听我父亲讲，每个星期至少要来一次。我父亲就跟他们讲这个话，首先就是要做人，就是一个字不认得，也要堂堂正正做个人。这个就是学理学对他的影响。他说理学这个东西不是拿来讲的,是拿来躬行实践的。所以港台的新儒家又把儒学叫做人学。我记得有一次,唐君毅到台湾去,牟宗三就请他参加一个学生组织的活动,就有点像你们的沙龙那样,就请他讲。唐先生就讲我们这个学问就是"人",姑且给他一个名字就叫"人学",就是为人之学,怎样做一个人的学问,说细一点就是心性之学,就是讲这个东西。我父亲跟熊先生很合得来,唐先生是熊先生的学生,而且可以说我父亲是他的发蒙老师。唐先生有个回忆,讲他以前读中学的时候,头年是他父亲教他国文,好像是讲到诸子文,第二年就是我父亲教他们的国文,就讲宋明儒学。他说于是他父亲就给他买了一部《理学宗传》作为参考,他说"我也就'吾十有五而志于学'",这个话是孔子的话,他说我就从这个时候开始做学问了。所以唐先生在成都的时候有时也到我家来,因为他父亲和我父亲是老朋友,中学的时候一起教中学,大学的时候又一起教书,在成都大学教书的时候还住在同一个宿舍,所以他们关系很好。

这样我就可以接着你们后面的一个题目,说我父亲做学问有几变,它的动因。要找个动因来说明为什么有几变好像还说不大清楚,但是有一点,就是说他这个变啊,可能与当时这个社会上的需要有关系。

他开始的时候是在中文系教经学,他当时写的书就有《经学抉原》跟《古史甄微》,《古史甄微》是史学系的了,这个就在史学系去教。那么后来大家都不讲经学了,好多大学都没有这个课,他后来就专门教史学,他后来也就不大写经学方面的文章了,就写史学方面的文章了。到晚年搞四川史,我想呢也无非是他住在成都,那些来找他问的人,多半爱谈四川史。比如四川省博物馆的王家佑、李复华就经常爱来找他,还有四川省文史馆的一些老朋友,他们也搞四川史,所以他也谈四川史。而且他有些讲法还是得到别人的重视吧,所以西康省的通志馆,在抗战期中,聘他为编纂,修《西康通志》,他当然要搞四川的历史。抗战胜利过后,四川省通志馆成立,又聘他为编纂,他更要摸摸这些东西了。我想啊,他之所以搞四川史的话,恐怕跟这些社会上的需要有关系。后来他在晚年写的四川史方面的东西比较多。从他那个文集里面来找的话,除了《山海经》、《巴蜀史的问题》、《古族甄微》,另外《古地甄微》里面也有很多。我算了一下恐怕十多篇是有的。

至于晚年这个越史更是。一个越南人写信来请教,他就跟我父亲,还有徐中舒先生、邓少琴先生三个人写信来,说是云南大学方国瑜先生向他推荐的。我父亲一看,问题就很多,所以《越史丛考》就这样开始写的,一个问题一个问题写。他原来分的问题比较多,一共是二十个题目,我后来把它归纳了一下,合成十二个题目。中间有一部分我还把它删掉了。因为他写那阵,我们正在搞抗美援越,他还说了好多越南的好话。后来我整理的时候已经是八一年,我们跟越南打起来了,所以我就把那一部分删掉了。这就是说他的这些(学术)变化跟这些有关系。

还有他搞佛学,当然是因为他最喜欢佛学。到后来也没怎么搞了。搞中国(史)的东西任务也还是不轻了,比如他《中国史学史》还没有写完,到宋后面就没有写了。因为这后头写起来资料更多,也比较麻烦,所以后头也就没有写下来。

他搞道教也是出于一个偶然的情况。他跟我讲,有一年营山县请他修县志,就接他去营山走一下。他就想带个什么书看呢,那阵《儒学五论》已经印好了,等于他在儒学方面就基本告一个段落,他就说我带本《抱朴子》吧。那阵不像现在有汽车可以直接通。那阵汽车只能到南充,过去就要坐滑杆。滑杆坐着有书看就正好看会儿书嘛。这个《抱朴子》他一看呢就引起他对道教的东西发生兴趣。他回来就翻《道藏》。《道藏》一读,他就发现道家一些也很值得搞。所以他连着搞了几年道教的东西。王家佑就谈到过,我好像也谈到过,他那些关于道教的文章不是他写不出来,因为他写的是道教跟佛教的关系,道教跟理学的关系,没有在佛学里头下过功夫、没有在理学里头下过功夫,光是读《道藏》的人是写不出来这个文章的。那就是说不是通三教的人的话,你是没有办法写的。他们现在每回开道家研究会,都要提到这点。有一次会议报道的文章就提到他是道家重玄学研究的开创者。因为他发现这一些问题,就把它提出来了。后来日本人也搞重玄学,但是比他晚三十年。而且他辑出来成玄英那个书,台湾把它翻印了,现在大陆又影印了,但是我整理的时候有些个别的字又稍微有点改动。

天健:《越史丛考》是蒙老的绝笔之作,在前不久纪念蒙老诞辰110周年纪念大会上,柯建中老师回忆了蒙老在接受强制的"学习改造"时在写《越史丛考》,您能不能具体地谈谈蒙老是如何完成该书的呢?

蒙默:那个时候"文化革命"才开始不久,就来把家抄了。还好,那阵是老红卫兵来抄的家,把稿子抱了一摞走,另外的东西都没动,一张封条就把屋子封了。"文化革命"后这部分稿子没找到,里面就有部分道教的稿子,他道教的文章里头谈到有些稿子,但是没有见到,可能就在里面丢失了。另外有哪些丢失了我就不晓得了,因为来抄家的时候我不在家。保皇派的红卫兵垮了,造反派的红卫兵就不管这些事情了。我们请示是不是可以把那些封条撕了,他们说我们不管,你们要撕你们撕。封条撕了就可以看书了嘛。我父亲就是将就家里面的书写的这些东西。所以有些东西就是第二手材料。我在整理的时候基本上是一条一条给他核对过。他写这个东西在"文化革命"还没有开始以前就开始搞了,一个题目一个题目,想到哪里写到哪里,最后整理了一下。从六四年开始搞的,一直到六八年五月份基本上才完成。他白天要到系上来学习，柯建中也是"牛鬼蛇神"，就跟我父亲一起学习，就是柯建中谈到的那种情况。他有些时候就把书也带到那儿去看，带到那儿去写。回来了他当然就搞他的，我也从来不问，因为那个时候他那种心情，当然是他愿意搞什么就搞什么，咋好问呢。他也不跟我摆。那个时候我们在搞运动，天天都要到系上来，还要到处跑，所以他也不跟我谈这些事情。只是有些时候他学习完了，我这边事情也完了，我陪他一路回去，路上说几句，也只能安慰他一下子，都不能说多了，生怕有别人听到了。我那阵也处在那种身份，有好多话都不敢说。

好在造反派掌权过后，他们的目标是在所谓的走资派，我父亲这些就算是"死老虎"了，所以后来也就没咋管他们，但是学习还是要学习。我父亲在六七年的时候就发现喉咙有痰，我们总觉得冬天来了嘛，老年人走来走去可能有点感冒。但是痰老是吐不尽，人也慢慢瘦，我们当时只是说他心头不痛快嘛，所以也没多问。但是到后来他吃东西吃了就吐，才发现问题有点严重了。到医院去看，结果是食道癌，而且已经是晚期了。照片就发现气管和食管之间已经有孔了，而且他年纪也比较大了身体也衰了，医生就说他不能动手术了。好在他那个稿子基本上是写完了，但是就没有能够进行最后的修改。我们那时天天都还在学习，到了后来实在不行了，医院里给他出证明了，是癌症，他才没来学习。他还说不上的话，恐怕会像翦伯赞那样被斗得那么凶。

天健: 蒙老和刘鉴泉等先生都接受了章学诚的"六经皆史"的观念，并都是由经入史，您对这种做学问的方法有何见解？

蒙默: 这个观念看怎么样理解。假如是经学家讲六经皆史，那就是古文学家的讲法，今文学家不讲六经皆史，今文学家就是讲托古改制这些。我父亲对六经有这么个看法，可说是接受古文学家的看法，也可以说他的看法比较客观一些。他认为六经就是古文献，但是六经呢，从孔子以后都是把六经作为教材来教学生，比如《论语》上面有很多孔子教他弟子学诗、学礼这些东西。但是儒家的思想慢慢成熟过后，对于教材，符合他们自己思想的他们就把它教下去，不符合他们思想的他们就不接受，就丢掉了。所以他（蒙文通）说就有"删诗书，定礼乐"这个说法，他说这个事肯定是有的。比如孟子就讲过"血流漂杵"，他认为这个话一定是靠不住的，所以后来汉儒的经书里头《尚书》讲的二十九篇里就没有这一篇。我父亲的讲法就是说，"删诗书，定礼乐"这个事情肯定是有的，但是要说是孔子删订的，这个话就不一定可靠，他说是经学家做过这个事情应该承认。他就是这么一个看法，我觉得他这个看法是比较客观一些。因为今文学家他（们）讲一套政治理论，假如古人传下来的东西跟他（们）这套政治理论是不合的，就无法讲了，就只好不讲了。所以就说《尚书》原来有百篇嘛,但是后来就只有二十九篇。但是古文家呢,他的重点不在讲他的理想,他们不托古改制,就把它当成古文献来讲,这是史学的办法。

　　说今文家是哲学、是经学,古文家是史学,我父亲一直到晚年都这样看,这个话当然是廖季平先生提出来的。所以现在我们要讲经学的历史首先要把这个概念弄清楚,不能认为研究六经就是经学,这个话不完全准确,因为你把它当成古文献来研究,就是史学的观点,就把他当成史料学来搞了,并不是经学。我父亲有一个观点也可以说是对经学的一个比较新的诠释,就是说经学重点不在六经,应该在传记。传记是儒家根据经典来发挥,来讲它自己的东西。他的遗稿里面有一篇专门谈这个问题,我觉得他这个谈法是讲经学史最重要的一个看法。因为讲经学史只讲对六经文字的解释,那个没有多大意义,一定要讲如何阐释六经的微言大义。这个才能代表他当时的思想。汉人讲六经的讲法不同,代表今学家的思想,宋人属于宋学,魏晋讲法又不同,这个才能说是经学发展的演变。只是专注在讲六经文字的话,那个只是史料,那个范围就比较有限了,和根据史料来发挥你自己的思想就不一样。我父亲很注重传记就是这个问题。他这个传记也包括了一部分后人所谓的经,比如《礼记》,他就认为是传记,《公羊传》、《穀梁传》、《易经》的《十翼》这些都是传记,经就是说画卦那些才是经,《春秋》可以说是经,《仪礼》是经。《礼记》、《大戴记》、《小戴记》都是传。是这么一个分法。

　　天健:解放后蒙老的治学方法似乎受到了马克思主义的影响,而且连蒙老自己也说宋明理学与唯物论有相同之处,您能谈谈蒙老与马克思主义的关系吗?

　　蒙默:要说受马克思主义的影响深一些呢,当然是解放过后。解放以前他和恽代英关系比较好,肯定还是接触到马列主义的东西。而且那个时候什么书都有,所以他也还能够看到一些从日本翻译过来的一些东西,但是那时也不过是当成一种学说嘛,有那么一种理论,跟解放过后把它当成经典、指导思想来看就完全不一样了。所以真正说在他思想上发生一些影响,那还是解放过后。当然解放以前他也还是看到一些,比如米丁的《辩证唯物论与历史唯物论》那个书,解放以前沈志远就把它翻译出来过,我记得我在他案头上曾经看到过这个书。这个也可以说他接触到了,但是这个东西在他思想上并没有发生多大的影响。起了影响的,恐怕还是解放后,这在他给张表方写的那封信里说得很清楚。

　　他毕竟还是在旧社会生活的时间比较长,而且他自己有他自己的一套思想,所以他接受起来就不像年青人接受得那么快。而且他一定要他思想上通得过才能接受,一定要过滤。他有个话,这个话是受批判的话,但是充分代表了他的看法。他说郭沫若你有郭沫若的马克思主义,我蒙文通有我蒙文通的马列主义,实际上就是说我有我的理解你有你的理解。也可以说他接受了些,也可以说,要用我们今天的要求来说,接受得不深。但他是有他自己的看法。有些东西我就很不懂,比如他讲理学,他自己讲,理学是他最深的学问,这个我是很早就听他跟我谈过,但是他写那个《理学札记》,是一直到他死了过后清理他抽屉里头的东西我才看到的,以前就没有看到过,他以前就不给我看。而且五十年代那个时候对理学这个东西完全是批判,根本没有哪个来阐发、解释,主要就是批判。所以当时哲学系准备请他去讲理学,我极力反对,我说你讲不好这个东西。实际上,根据萧萐父那篇文章看起来,就是说用马列主义看起来他所讲有些东西还是合理的。但是我不懂,我以前也没有看到这些东西,我只晓得当时对理学是批判,所以我极力阻止他去讲。而且到现在为止,我对他那个《理学札记》还是读不懂,因为我在里头没有下过功夫。

这个也算是他教我了,我父亲也跟我讲,他说理学这个东西,他之所以懂得一点理学大概是从艰苦中见得来的,是慢慢去体会到底它说的是什么,消化了才能够懂得到。他说不是你看了就懂了,个个字你都认得,句句话你都讲得,但是实际它说的什么内容你就没懂到。这个要下狠功夫才行,他说他以前有些时候废寝忘食,想一个道理没想通硬是饭都不想吃,睡觉都睡不好。我就没下过这个功夫,所以我读不懂。我整理的时候就只是照抄而已。但是现在我已把他的东西整理完了,我倒是有点想慢慢读点理学的东西,因为他讲的很多东西我还是懂得到,他讲史学、民族的东西我还是懂得到,讲古地理的东西还是基本上懂得到,道家的东西我基本上花了功夫还是懂得到,但是他讲佛学的东西我懂不到,假如它有错字我都看不出来,讲理学的东西我也不懂。

天健:谈到西南区域史,特别是四川地区史,我想到了您曾参与编写过一本《四川古代史稿》,您是这方面的专家,您的专长是否得到了蒙老的指点呢?

蒙默:这些年来我在学校上课,"文化革命"前我基本上没上课,作我父亲的科研助手嘛,只教过一次古汉语,教过半个学期的史学史,后来"文化革命"开始就没上了。"文化革命"过后我就主要教两个课,一个是古代史,一个是西南民族。我科研的重点主要是搞西南民族。搞这个呢有两个原因,一个就是说我回来过后我父亲叫我整理他的比如《庄𫏋王滇辨》、《山海经》这些文章,花过一些功夫。后来北京历史研究所和社科院民族研究所他们要到凉山研究凉山奴隶社会,就跟四川民族研究所联合搞,也要我们川大派人去联合搞。因为头一年省博物馆在凉山办了一个文物考古训练班,童恩正就拉了我。童恩正去讲考古，我去讲民族，结果我去了他没去，他就叫王仁湘去了。去以前我也花了点功夫，讲了过后效果还比较好，后来他们要研究凉山彝族，系上就喊我去。于是我就借调去搞凉山彝族，所以后来我科研方向也就是西南民族。

这个问题我受我父亲很大影响，他只讲了个原则，他说讲民族是跟讲地方史不一样，两者有联系但是也有区别，而且区别比较大。地方史就是这块地方嘛，就把这块地方的什么事情都搞清楚嘛。民族是就不局限于这个地方了，它要流动，你要跟着走。它从哪儿来到哪里去，要把这个脉络弄清楚，不能局限在这个地方来讲民族。所以我后来讲西南民族的文章基本上都是讲民族源流的多。有些人就是把民族史跟地方史分不开，就不懂得这个之间的区别。比如以前讲彝族的历史，有人就把邛都夷讲成彝族的先民，就弄不清楚彝族是后来才到凉山来的，邛都夷是最早在凉山居住的，是跟凉山地区的大石墓是有关系的，大石墓就是邛都夷的墓葬，跟凉山彝族是没有关系的，凉山彝族是火葬，绝拉不拢来。

我搞西南民族，一个要用文献，一个要用考古资料，第三个，我提出来，要用本民族的传说。不能够认为这些传说都靠不住，传说有相当（多）东西是靠得住的，尽管当中有神话这些东西在里面，但是有它真实的一面。这些看法，我受父亲很大的影响。我父亲讲《山海经》基本上就是这个看法。《山海经》是神话，但是有它的历史根据。我父亲讲四川史，他就认为《蜀王本纪》的说法比其他文献讲到四川的情况可靠，他认为《蜀王本纪》毕竟是四川人的传说，姑且不管他是不是扬雄的，但是至少是四川人的传说。四川人传说的四川的东西总比外人讲的四川的东西要可靠。

你们不是问我父亲的史料观吗，它的史料观也可以说受到疑古派的影响，也可以说他跟疑古派有很大不同。比如他《史学史》里头，就有专门讲《尚书》的传写与体例的一节，我觉得他这个讲法就很好，给我后来讲民族史有很大的影响。很多古书里面引《尚书》，他就发现有几个不同的本子。他认为同一个根源可以流传成几个不同的版本，就是说写定是后来的事情，比较晚，但是传说是有它的根据的。比如他说《尧典》讲四中星，他说那个星宿就不是后来的星象，就是尧舜那个时候的星象，因为战国两汉时候的天文学还不懂得岁差，还无法推算尧舜时候的是什么样子，所以那个时候记下来的星象跟后来的星象不一样。就是说《尧典》里面记载的这个东西是有根据的。而且他从《尧典》里面的官制来看，和后来夏商周的官制都不同。那时候的官制特别重视四岳，就是四方诸侯之长。重视四方诸侯之长，就是比较早期的情况了。所以他说《尚书》这些东西尽管它写定得比较晚，但是写的时候都是有根据的。

我研究凉山的东西,比如就有老彝文经典,写定是比较晚的,可能是清朝时候的东西,但是他们(彝人)写那些东西应该说是有根据的,是他们从很早口口相传下来的。有本书叫《玛木特衣》,写到后来就写到"毛主席领导我们搞革命",都写到这了,那个古代咋会有呢。当然没有嘛。就是说传嘛,可能有些后来的东西加进去。所以《尚书》也就是这个情况,可能有些后来的东西加进去,但是不能因为有一些后来的东西加进去就说它完全不可靠。这是我父亲有这么一个看法,我觉得他这个看法还是比较妥当的。不像他们疑古的,一有不可靠的东西就把它丢开了。所以胡适《中国哲学史大纲》就从诸子讲起,那之前的他认为都靠不住了嘛。当然疑古并不是胡适提出来的,但是顾颉刚显然是受到他这些东西的影响,而且把它发挥得更多。

天健:大家都知道,蒙老治史尚通,但现在很多史学工作者以治专史为能事且有所成就,您认为这两种方法孰优孰劣?

蒙默:这个问题只能这样来看。我们有时可以从他写的文章里看出,他文章是写的一个问题,但是他考察这个问题时他是把它上下联系起来看,而且有时是把它放大来看的。用我们现在的话来说呢,就是从大处着眼从小处着手。他是提倡搞通史,但是说老实话,古代史哪个把它搞得通哦,要真正像吕思勉那个搞法的话,吕思勉就没有搞完嘛,只搞到隋唐,下面的资料更多。真正要全部把它搞通了才算搞通史的话……恐怕不能这个样子看,就是说要有通史的眼光,不能够局限来看问题。我是这样体会的。一个问题要追它的来源,要看它的发展,它的没落,把它联系起来看。所以我父亲还是讲要有个段的基础,才能有比较。没有这个基础无法比较。

天健:在史学研究中,蒙老说过"做学问要抓大问题"。您认为在现在史学题目盛行"尚小"时,这种提法有多大借鉴意义?

蒙默:要从大处着眼小处着手。这个话应该这个样子来理解,就是说我们要多读书。我父亲这个话倒是跟我谈过不了一次,他说读书啊要读得宽广一些,不能够读得太窄了,所以搞历史不能够局限在这个历史,文学史也可以看看,美术史也可以看看,都可以看出跟你有关系(的东西)。而且他也讲了道教、佛教这些东西都有些互相关系。就是说看问题要放宽一点,不能够太窄了。他有篇文章讲宋代的商税和都市,他就从宋代的商税、都市这个问题来看中国封建社会的自然经济。就是虽说这个问题看起来是比较小的比较具体的问题,但是小的问题是涉及到大的自然经济的问题。他还有个讲法,就是《治学杂语》里头就讲,有些就像几何里头的点,有些像线,有些像面,有些像几何的体。他说要做大学问就要像体那个样子。当然他所晓得的这些大学问家没有哪个够这个体的资格,但是,够这个面的资格的还是有的。就是做学问还是要有个宽广的眼光,不能太局限了。

天健:在《古史甄微》中,蒙老说到,以伏羲为太帝的泰族(海岱系)曾将昆仑(岷山)纳入版籍,但此前蒙老又证明邹鲁为泰族的中心,这样我就有些怀疑了,泰族可能越过其它两系文明(河洛和江汉系)而占据岷山吗?当然我们的粗浅的理解有可能误读了蒙老的精湛论证。

蒙默:这个问题啊,我又把《古史甄微》翻了一下,好像没有说到岷山这个问题呀。这个熊耳不是四川这个熊耳,这个应该是在河南。好像我也没有看到把昆仑纳入版图的说法。这个东西也可以这个样子来理解。就是说"版图"这些词我们不能用我们现在的国家或者政区这个区域来看。《古史甄微》里他就谈过,古代那些天子的话也就只是相当于部落的样子。而且他讲民族,刚才我讲了,它是一个流动的,并不局限在哪个地方,比如说他把蚩尤算成江汉民族,但是蚩尤跟黄帝两个打是在涿鹿,是在河北省的北方。我们就只能理解蚩尤他的力量曾经到达过那个地方。还不能说算它的版图,不好这个样子来理解。像这个样子呢,好多问题就比较好解释了。

天健:蒙老在解放后似乎接受了郭沫若的古史分期法(如以宋代为封建时期等),以他为代表的老一辈学者在此之前的古史分期上有何观点呢?据我们了解蒙老曾认同封建和郡县时代的分期法的,是吗?

蒙默:他们以前都受旧的说法的影响,认为周是封建制度,秦以后是郡县制。他们以前都是这个看法。当然用我们现在社会发展史那几个社会形态来看,这个说法是不准确的。但是西周封建论在解放后还有影响,比如翦伯赞就受这个影响,我们这儿徐老也是这么讲,我父亲在五十年代的文章也是这么讲。但是我是不同意这个看法的。我是更接受尚钺的观点,就是魏晋封建论。我父亲大概后来也受到我的一些影响,所以后来有些文章他就不那么明确地提了。后来日本人有些文章认为唐以后才进入封建社会,我跟他说了这个,他还喊我把文章找去给他看,那阵没有复印,我还是把杂志借来给他寄回成都,他又找一个懂日文的念来给他听了的。他对这个东西到后来可以说是没得一个好准确的看法。他五十年代讲中国农业生产和赋役制度那篇文章基本是从郭老的观点写的。

天健:蒙老在专史上尤重宋史,还曾打算重修宋史,他在《中国史学史》讲稿中曾表示,观一断代史要注重社会的向心力,他认为社会有动静交互之势,这是否体现了蒙老对历史的规律性认识呢?

蒙默:他当时写这个东西的时候,恐怕是受当时他看的一本书的影响,他也喊我看,叫做《新史学与社会科学》,这个书后头的结论我觉得就是一个用社会心理学来理解历史。特别是他写的《宋史叙言》,大概就是受到那个书的影响。但是社会心理学是不是提到动静呢,我不记得,可能动静这个是他的看法。但是这个东西后来他并没有更多地讲,更多的还是讲刘鉴泉先生讲的那个"风气"、"世风"。

天健：有人认为培养史学家家学渊源非常重要，能谈谈您对这种说法的看法吗？

蒙默：家学渊源这个问题呢，我认为不能够说是非常重要，只能够说是有影响。比如我家里头，我们七姊妹，我大姐就是学历史的，读大学读的历史系，毕业过后还当了研究生，但是后来她就只能去教个中学，以我父亲的说法的话，就是她搞历史还没有入门。也不能怪我父亲没教她，她也住在家里，可能主要还是跟自己本身有关系。

天健：觉得今后应该如何继续发扬蒙老的学术思想和治学精神？

蒙默：我父亲这个人啊，我觉得这个也是他的长处，他接受一个东西，一定是经过他的思考才接受。比如他教我用这个话，李源澄先生教我也用这个话，他们就是说，这个是太史公的话，叫做"好学深思，心知其意"。要好学，这是首先一个，另外要深思。就是要善于思考，而且要很深的思考，就是要懂得人家讲这个话的意思在哪里，要心知其意。比如我父亲在《经学抉原》的序里头就讲到，他以前在存古学堂读书的时候廖季平先生在那里讲今文学，刘师培在那里讲古文学，吴之英在那里讲今古调和，三个先生各讲各，他说弄得他们一天不知所措，一天都在怀疑，但是仍不晓得哪个对。但是这个情况也就训练了他的思考，他总要考虑哪个对啊，所以最后他是遵从廖先生的，当然他也接受了一些刘先生的东西。但是还有一点我要跟你们说清楚的，以前我只晓得他接受廖先生的学说，但是后来我一看廖先生的年谱，廖先生在教他们的时候已经六十过了，廖先生已经进入三变四变，已经讲的是天人之学了；但是我父亲从来不接受这个东西，他接受是他的一变。所以尽管他接受廖先生的东西，但是他是有选择的，是有他自己的思考的。我觉得我们有志于做学问的，这个东西是最重要的。要思，要把老师讲的想得通，想通了才算数，不能说是某人说的，就信他的了。读古人的东西也是这个样子，要读到他讲的到底是什么意思。这个是一点，我觉得在他身上体现得很显著的。第二点，他的学问可以说是不断地在前进。比如他讲经学，《经学导言》、《经学抉原》一直到后来他写廖先生的那三篇文章，所反映的他对经学的看法，一直到后头他讲孔子与今文学，跟他经学遗稿，他是有发展有变化的。他讲理学也是这样，中年和晚年的讲法是很不同的。用我们现在的话来讲就是有所扬弃，有些东西他是自己把自己否定了的。就是说学问要不断地前进，应该否定就是要否定，应该改变就是要改变。

原载《天健》第十七期，二〇〇五年二月，第四三—五三页

贯通四部　圆融三教
——蒙默先生谈国学大师蒙文通先生的学术思想
蒙默口述、吴铭能专访、黄博整理

蒙文通先生(1894—1968),四川盐亭人。我国现代杰出的历史学家、国学大师。自 20 世纪 20 年代起,先后担任成都大学、中央大学、河南大学、北京大学、河北女子师范学院、华西协和大学、四川大学等校教授。50 年代后又兼任中国科学院历史研究所研究员、学术委员会委员。

2004 年 10 月,各方学者云集四川大学举行了蒙先生诞辰 110 周年的纪念大会,对文通先生的道德学问作了深情的回顾。而在两年前,倾注了蒙先生哲嗣四川大学历史系教授蒙默先生一生精力,耗时近 20 年的六卷本《蒙文通文集》也出版完毕。此为学界又添宝典,这一工作中具体情况如何? 以及蒙文通先生的治学经验又是什么呢? 在今年(2006 年)的 11 月,蒙默先生给我们讲述了蒙文通先生遗稿的收辑与整理情况以及先生治学方面的经验。

一、《文集》中未收稿的实情:"基本上都收齐了"

遗稿的整理,前后花了十多年的时间。大概出第一本的时候,还是八十年代的时候。第一本是八七年出的,我整理出来的时候是在八三年。后来,整理好一本就交给他们出一本,最后这一本(指第六卷)是零一年出的。前后基本上将近二十年。前几年,我还要上课,带学生。九二年退休后基本上没什么教学任务了,都是在搞这个了。

巴蜀书社的前言写有"此外还有数十万字遗稿尚未整理刊布",第一卷用的是这个说明,以后每卷都用这个说明。实际上我每卷里面都有遗稿整理出来。其实有好多遗稿已经陆续整理收入《蒙文通文集》出版了。整理出来后都编入各卷中去了,所以每卷里面都有些遗稿。我在(文集里的)每篇文章里的都注有出处,注明了那篇是根据遗稿整理的。

我父亲的东西,基本上这几本(指六卷的《蒙文通文集》)都把它收齐了，有几个东西当时没有收，一个是《周秦诸子流派考》，因为这篇文章里的观点有好多文章都提到了，所以没有收。但是后来我考虑还是收的好。还有一篇没有收的就是《儒学五论》，因为《儒学五论》原来是一本书，后来我收的时候就把它分收到各卷中去了，本论部分收到第一卷，广论部分基本上收在第五卷里面，但是有一篇叫做《宋明之社会设计》的文章就没收，因为这篇文章开头讲了很多当时儒者的生活习惯，比如说见到长辈是个什么态度，在路上碰见又是个什么态度，站在路边上要行礼之类的。我感到这些说法在现在看来是太过时了，所以当时没收。但是我后来看到这个文章后边还有一部分他（指蒙文通先生）主要讲儒者社会救济的东西，后来还是觉得应该收。另外《儒学五论》还有个自序，他主要是讲为什么要写这篇文章以及对儒学的看法，在世界上的地位应该怎么样。我当时考虑这篇文章主要是在讲他自己的思想而不是讲历史上的学术思想，所以当时就没有收，后来我考虑作为研究他的思想的这个角度上看，还是应该收的。

还有一篇《略论黄老学》，这篇文章是六一年写的，是《新建设》杂志来约稿，当时还没有中国社科院，当时只有中国科学院哲学社会科学学部，《新建设》是当时这个哲学社会科学学部的机关刊物，相当于现在的《中国社会科学》。这篇文章是《新建设》约他写的，主要是根据以前的两篇文章，一篇是《黄老考》，一篇是《杨朱考》，依据这两篇文章进行改写，但是那篇东西寄给《新建设》后没有发表，原稿也没有退，只把排印了的稿子退了回来。已经发排了，不知道为什么没有发，那个时候可能左一些，文中有些东西可能跟当时的思想战线上的东西不太吻合，我整理的时候，就是在第一卷里面，我就把这篇文章跟《杨朱考》、《黄老考》比较了一下，就是说在《杨朱考》、《黄老考》里面谈到了的，我就不再收，没有谈到的我就把它节录出来，收在第一卷里面。后来过了几年又看，我觉得我的节录不好，节录之后，他的整篇文章的结构看不出来了，他思想的脉络看不出来了，还全部发表比较好。后来在陈鼓应的《道教文化研究》出版了。台湾辅仁大学有一个搞哲学的丁原植教授到成都来找我，要编一本我父亲的关于古代哲学的书，后来就编成这本书（指《中国哲学思想探源》一书），这本书就把《略论黄老学》全篇都收了，也把《周秦学术流派考》这篇也收了。这书是 1997 年 10 月由台湾古籍出版社出的。

《文集》上没有的只有上面说的这几篇。有些东西我当时没见到，就是你拿的这个讨论集（指《蒙文通先生诞辰 110 周年纪念文集》）里边赵灿鹏有一篇文章（指《蒙文通先生〈书目答问补正〉案语拾遗》），他那篇文章指到的几篇东西我都没见到。没见到的东西，后来我想到办法收（集）了一下，今年上半年上海世纪出版集团出了一本《经学抉原》，这本《经学抉原》比巴蜀（出版社）的《经史抉原》的经学类部分就多了三篇，这三篇东西就是赵先生那篇文章里提出来了。还有就是今年上半年出的一本《中国史学史》，也是世纪出版集团出的。上面有一篇《〈十先生奥论〉读后》，《十先生奥论》是一本宋代人的书。这篇也是赵先生提出来的。我把就收到这本《中国史学史》里边去了。赵先生提出来的还有两篇东西我到现在也没有见到，一篇是我父亲在北大的时候在北大的一个史学刊物上有篇东西，另外还有一篇是在天津的《益世报》上有一篇讲文中子的文章，我也没见到。除此以外，其它的文章基本上都见到的了。还有一篇，就是今年川大校庆历史系出了一套《川大史学》，出了一卷专辑（指《川大史学·蒙文通卷》），这一本书里面就收了《儒学五论》的自序。

二、治学广博："经、史、子、集、儒、释、道"

蒙先生他做学术研究有什么特点，或者我觉得他有什么优点以及我有学到他什么治学的方法？这个东西很麻烦。以前也曾经有人多次跟我提出过这个问题，希望我能够写一本书，介绍一下我父亲做学问的历程以及他做学问的方法有什么独到的。但是我一直没考虑好。因为他的方面实在是太广了，经学、诸子、理学、古代地理、古代民族、道教、佛教等等。以前历史研究所尹达跟他讲，你的学问是经、史、子、集、儒、释、道各方面都有成就，但我对他的东西懂得不多。

譬如他关于佛学的两篇文章，我就简直是看不懂。我虽然把它整理印出来了，实际上我看看就是有没有错字。收集的稿子不是手稿，是复印件，把它印上去就行了，可能上面还有错字我没看出来。

他对经学是下了很多功夫，但是我对他经学的理解也是个逐步的过程。我整理第三卷《经史抉原》的时候，里边有三篇经学的遗稿，有一篇看得比较完整，有两篇都不太完整，也不长。但是这两个东西，他以前从来没有给我看过，他逝世以后，我在他抽屉里面看到的，后来北京的《中国文化》要我供稿，我就把这个给他们了，我写了一个《后记》，就是写他这两篇文章的学术地位。后来我再看，我就觉得写得不好。没有能够把他经学的发展演变写清楚。一直到最后，就是今年上半年，他们要出《经学抉原》，我又再写，我才基本上感觉到我对他的经学的前后脉络和演变搞懂了，所以我对他的学问也是一个逐步深入了解的过程，所以叫我一下谈啊，谈不好。他的经学师承廖季平先生，下启李源澄先生，关于我的老师李源澄先生的经学，另有专文论述，此不再赘述。

至于他讲道教的东西,因为有些是手稿,我勉强可以看懂,佛学的东西,我简直看不懂,因为佛学的东西牵涉到所谓的,用佛学的话说叫做"名相",用我们的话来说就叫"学术术语"。这些术语是另外一套,这些术语不下一番工夫是不行的,我知道熊十力先生,就写过一本解释佛学名词的书,他这个书对研究佛学有用处,但是我没有时间也没有精力来搞这些了。所以关于我父亲的学问,让我来介绍,我是介绍不好的。我只能一部分一部分的谈,但是整个的我是说不出来的。杨向奎先生组织人写了个《百年学案》,当时组织人写的时候,他让他的学生跟我联系,让我来写我父亲。我说最好不要找我写,最好找别人写,我写不好。他们就说别人写可能更写不好,别人对他的东西不可能是全部的了解,您对全部情况还是比较了解的。后来我在《百年学案》就写了一篇《蒙文通学案》,对我父亲的学术,一部分一部分的谈了一下,讲史学的,讲经学的,讲哲学的,这书杨向奎先生没来得及看见就过世了。以前我们学校图书馆下面的书店就卖过这个书,现在卖完了,没看见了。我就写过这么一个东西,比较简单的,以前在八一年的时候,《中国史研究动态》发表过一篇我父亲的传,当时要求很简单,要求写四千字,后来我写了大概五千多字吧,这篇传后来也收在三联出的《蒙文通学记》里面,收进去的时候我把它稍微补充了一下。这也是一个介绍我父亲的学问的,比较简略的。三联最近跟我联系,准备再版。我就没有另外再写什么了,我就又收了几篇《纪念文集》上的文章,像王汎森的、胡昭曦的、吴天墀的,可能十二月份就要出版了。

王汎森他有一篇文章提到蒙先生是从经学到史学,后来我收这篇文章之前,根据出版社的要求,要征求作者的意见,我就给王汎森先生写了封信,我就给他说了,我父亲的学问他还是很注重经学和儒学的,他是个方面很广的学者,说他是个史学家,还不如说他是个死守善道的儒学家,后来王先生就把它的文章加上了一段,就说蒙先生学问不仅于此,主要还是在儒学方面的成就。他是接受了我这个意见的。《川大史学·蒙文通卷》我写了个前言,我这个前言也可以说是我对我父亲的学问的看法,这个前言我主要写了这么个意思,我父亲的学问方面很广,但总的说来他还是儒学的东西,就是给王汎森写的信里的意思。

我父亲的东西,武汉大学的萧萐父先生写过一篇文章,《读蒙文通先生〈理学札记〉》,是八三年发表的,在成都的《社会科学研究》,后来收到他的文集《吹沙集》里的。三联书店让我编一本我父亲的学记,这本《学记》里收了萧先生的这篇文章。萧先生的这篇文章,我感觉是写得不错,因为他是搞哲学的专家。后来我们系上戴执礼写了篇文章发在《中国文化》上,乱七八糟的,刘复生老师还写了篇文章来批驳他,就是这些开玩笑的东西。宋明理学,是我父亲认为最有心得的学问。

三、理学体会:"事上磨练,心上磨练"与
"既要敢疑,又要敢信"

他自己感觉他最深的学问是宋明理学,但是他的宋明理学,只有在《儒家哲学思想之发展》的后面写了个后论,讲了一下宋明理学,发表的东西就只有这些。另外就是他死后我发现他的信件,比如给张表方先生、郦衡叔先生和洪廷彦的信,谈了些理学。给张先生的那封信比较早,五二年写的,但是他后来六三年写的这两封信,一封给郦衡叔,一封给洪廷彦,他让我留得有底稿,这两封信我就有。那两封信对理学谈得就很简单,但是谈了一下他晚年对理学的一些看法。他说以前三十岁的时候,他对理学有些怀疑,四十岁的时候他感觉朱子和王阳明的有些说法不是那么很妥当。到五十岁的时候才发现陆象山对王阳明跟朱熹的东西的看法,他认为有怀疑的地方可以解释,后来,到他晚年的时候他又感觉他早期的东西都不对,应该是王船山和陈确的东西是比较正确的。我只能看到这么个理路,但是他这个晚年怎么样的,具体的是怎么个讲法,他有个《理学札记》,他从四九年开始用语录体写的宋明理学的东西,这个东西以前我是没见过,是他死了以后,我在他的抽屉里面发现的。我开始整理的时候,七九年,《中国哲学》到成都来组稿,就问我父亲有没有什么东西,我说有这个东西。后来就在《中国哲学》上发表了。以后,我又在我母亲收藏的我父亲的遗物里面发现有一小笔记本,里面还记有一些这种语录体的东西。我后来整理第一卷的时候,就给它取了个名字,叫《理学札记》。《理学札记》和《理学札记补遗》,就这两本,这是他晚年的东西。对于这些东西,我就感觉我是看不懂的。所以让我写我父亲的学记的东西,我到现在也不敢动手,因为我对这个东西没下工夫。

我父亲对理学有一个讲法,倒是跟我讲过。他教学时没上过这方面的课,他给我讲理学要下工夫才行。下工夫主要还不是指文献上的工夫,他说要在事上磨练,在心上磨练,要身体力行。理学主要是供人实践的,不是用来讲学的。他的理学札记的这些东西就没给我看,他说读理学开始的时候可以读一个简单的选本,他认为最好的就是《圣学宗传》,明代后期的一个人写的。或者是孙夏峰的《理学宗传》,什么《明儒学案》、《宋元学案》太重了,他说还是先读简单的选本,读了之后,对于那一家的东西,你认为能够读得懂,自己对这方面有心得,就不妨对这个东西多读几遍,然后你就找这一家的专集来读。

　　他说读宋明理学的书，不在乎读得快、读得多，而在乎每字每句你要懂得他讲的是什么道理。他说他以前读宋明理学的东西的时候，常常有些东西不懂，不懂就深入的思考一下，有的时候就废寝忘食啊，有些时候用心很苦，甚至读出眼泪。就是说到底这个话该怎样讲，这要狠下工夫才行，他说这叫"不入虎穴，焉得虎子"。就说要"敢入虎穴"才行，要有这种工夫才行，所以他说理学这个东西，要敢疑，又要敢信，疑并不是胡乱的怀疑，信也不是迷信，既要信，你这个怀疑才能真正怀疑到点子上，不能够怀疑，你的学问就不能够深入，所以说是既敢疑，又要敢信，这样对理学才能深入。他说你读了一家，对这一家懂了之后，再看其它的，一家一家地来，不能像读史学书那样，一部一部地看，那是不行的。性质是不同的，所以我一直就没有下过这工夫，没下过工夫，所以我对好多他写的理学方面的东西就不大懂。他的学问有好多东西，我都不太懂。

　　他理学方面的东西，我记得罗志田先生从国外回来，他们同班同学刘复生老师来，当时就说他们很推崇蒙先生的学问，当时《蒙文通文集》出了一卷，可以给他们一本，我就给了罗志田一本，给了王汎森一本。后来王汎森给我写了封信，他说他对我父亲的理学很崇拜，他说我是你父亲理学的崇拜者，讲理学讲得很好。他说他写了一篇文章，用了我父亲的东西，但是这篇文章我没看见，我后来听罗志田说好像是钱穆的百年纪念文集上的一篇文章，这个文集好像是在香港出的，我没看见。后来王汎森寄给我一篇是在《史语所集刊》上发的，讲明清之际的理学的演变的，准确的题目已经记不住了，他说这篇文章引用了我父亲的东西。

四、治史经验谈："观水有术，必观其澜"

　　父亲日常生活和做学问中让我印象比较深刻的是些什么事情呢？你看了这个集子（指《蒙文通先生诞辰 110 周年纪念文集》，就可以很清楚了。我父亲经常讲的，就是孟子说的"观水有术，必观其澜"，他认为学历史就要这样子，像看水一样，必观其澜，"澜"就是波澜壮阔，是它转变的地方，学历史就是要看历史的转变，这个才是历史的关键东西，每个时代有每个时代的转变，有大转变和小转变，历史要是看不出来变的话，你的历史就没什么搞头了。他很强调这个东西，他对很多人都谈过，对好多学生也谈过这个问题，他给我也谈过好几次，所以观其流变，注重在变。他写文章也是着重在变的地方，比如他写的《中国史学史》也是这样，《中国史学史》他就主要讲三个变化的时代，一个是晚周，一个魏晋，一个是宋代，唐宋。他的这本《史学史》没有写完,他的序言上也讲了,这本书几个关键的地方是写出来了,其它的地方自己去看就行了。他这个《史学史》尽管列的目录很完整,但写出来的东西就没写完。他写东西,好像把自己有心得的地方写了之后,其它的东西就不想写了。他这本《史学史》完成于三八年,他到六八年才过世的,这中间还有几十年呢,但他没有再写。对于那些不能说明大的变化的情况的东西感觉没什么意思,可能这样他就没再写完。

　　他(蒙文通先生)很注意传统文化,他曾经有个讲话,我把他录下了,收在《蒙文通学记》里面,我把这个写了个《治学杂语》,就是日常谈的,不是他文章里的,有时候是签条,有时是他给我写的信,都收在这个《治学杂语》里,有二三万字吧,还不少。王汎森跟罗志田的文章里引用的东西有的就是这个《治学杂语》,我父亲有一段话是这样讲的,中国这么大,人口这么多,但是长期是一个统一国家,欧洲地面比我们小,人口比我们少,但是长期是一个分裂的社会,道理在哪里呢?就是因为我们有一个共同的传统文化,欧洲他就没有一个共同的传统文化,我们的传统文化维系了我们国家的统一。他说中国的传统文化是什么呢?说到底就是儒学文化。要懂得中国的历史,要懂得中国的现实,离开了儒学文化是说不清楚的。以前我们不太重视这个东西,现在就讲这个东西了,对传统文化,不管是反对也好,或者是认为传统文化应该延续也好,自从把传统文化这个问题提出来以后,他这个话就很有意思了。

　　　　原载《经学研究论丛》第十五辑,第三二五—三三二页,台湾学生书局

《古史甄微》质疑

张鉴

　　年来研究中国古史之风,一时颇盛,而要而言之,大抵不外:(一)旧史学派,(二)新史学派,(三)疑古派。所谓旧史学派者,一遵往古代代相承之说,亦步亦趋,不稍更易;或更博采诸子,以相涂附。新史学派则依地下掘得之新史料,以补旧史之偏而救其弊,"不屈旧以就新,不绌新以从旧",(语见《殷墟文字类编》王忠悫公序)惟真是求,惟信是征,态度最为纯正,成绩亦特为卓异。其疑古一派,则稍窥皮毛,率尔立异,师心自用,如饮狂药,一切旧史,目为土饭;以现代之理论,决遂古之事实;深文周纳,惟意所欲,裂冕毁裳,靡所不至;如以尧舜为神非人,以伯禹共虫等视,其著例也。三派之中,首派之上焉者诚为博古,而流弊恒不免于杂糅,不免于泥古;且所依据,率在书本,既乖子舆氏尽信不如无之训,而书本又固有真伪之宜辨,于是遂不免为反对派狂狷者流之所藉口,而逞其簧鼓肆其吹求矣。次派最合于现代科学之精神,在古史研究上亦建有不朽之丕绩,然地下发掘之古器遗物,究已凌乱不完,譬犹从殉碑断碣中,求最初全文之措意,固已叵能?而况藉以推求悠悠之古史?故《殷墟书契考释》所考得之殷室礼制等项,寥寥可数;而于当时设官建名,仅得其六;踵此欲益,不复可得。且古器范围,第囿于殷,前乎殷者,仍未得根本之解决也。若夫最后疑古一派,则志大言夸,羌无依据,已如上述,可比自桧;然此在耆儒硕学自具双眼者,固漫无影响,犹之见怪不怪,其怪自败也;而在孤陋寡闻、胸无定力、学殖薄弱之后生,则受兹"记丑而博,言伪而辩"卤莽灭裂之诐说所波荡所麻醉者,实非浅尠矣。率此以往,将狂澜滔滔,所有史籍,又何之而不可疑?何适而不可雕琢?芒芒后学,将奚从兔孤裘蒙茸之叹邪?此古史研究所以急须大有力者出,为之理董,为之疏剔,而不容斯须缓也。兹者本校史学系教授蒙文通先生,果有鉴于是,慨肩艰巨,自树赤帜,发明古史三系之说,以推阐往事;不偏于新,不党于故,祛门户之成见,冶今、古学于一炉,博稽众籍,惟信是征,错综比较,以验厥情;其诚不缪乎近世科学精神,而深合乎培根之归纳法矣。近撰《古史甄微》十数万言,即以为本校史学系中国古史研究班讲授之蓝本;盖蒙先年来对于古史见解之结晶也。然学问深者意气平;蒙先至此,殊犹歉然不自足,而亟亟诏及门诸子以试贡厥见,俾资商兑。釜叨陪绛帐,饫闻鏖论,既感师恩拜善言之廑,又懔当仁不让之训,雒诵《甄微》,复劳钻仰,遂顿忘其谫陋颛蒙,而轻陈其一得愚管之见,以就正于吾蒙先。

原蒙先《甄微》之作,乃本三系之说而演绎;盖古史分三方传说,实全部《甄微》之骨干也。故其言民族,则有泰炎黄之殊;称史说,则拈晋楚邹鲁之互歧;推之以至于学术思想制作政教等族之不同。"我道一以贯之",《甄微》其殆庶矣。虽然,于此釜不能无疑焉。依蒙先之言,三方史说,咸各持之有故,言之成理,"非徒节末之殊,而实根本之异",即孟轲之书,便可推见三方古史之互殊。然此特就不合者言之耳;其间雷同之点,庸即无乎?观《楚辞·天问》之记述,如:

"……永遏在羽山,夫何三年不施!伯禹愎鲧,夫何以变化?纂就前绪,遂成考功;何续初继业,而厥谋不同?……""……焉得彼涂山女,而通之于台桑!……""……启代益作后,卒然离蛮!……"(案:此可与《竹书》益干启位等视齐观也)"舜闵在家,父何以鳏?尧不姚告,二女何亲?"(案:此实与《孟子》引书曰:"有鳏在下曰虞舜"说合)"舜服厥弟,终然为害!""何条放致罚,而黎服大悦?""齐桓九会,卒然身杀!""比干何逆,而抑沈之?……梅伯受醢!箕子佯狂……"

又如《离骚》:"说筑于傅岩,武丁用而不疑"(案:此且与蒙先所谓三晋及东方之史说并合,说详后)之类,又何一不与东方之儒说合!即《竹书》所陈,据王静安辑校之古本,除

(1)夏后氏:"益干启位,启杀之。"

(2)商:"仲壬崩,伊尹放太甲于桐,乃自立。""伊尹即位,太甲七年太甲潜出自桐,杀伊尹,乃立其子伊陟伊奋,命复其父之田宅而中分之。"(案:此事实怪诞不经,辨详后)

(3)周:"共伯和干王位""共和十四年,大旱,火焚其屋,伯和位。"

等等如干条外,其雅与儒会者,数亦不訾:

(1)"仲丁……迁于嚣。"

(2)"河亶甲……迁于相。"

(3)"盘庚……迁……殷。"(案:以上三条并与《书序》合)

(4)"王率西夷诸侯伐殷败之于坶野(即牧野)"

(5)"成康之世天下安宁,刑措四十年不用。"

(6)"昭王……南巡不反。"

(7)晋武公七年,"芮伯万之母芮姜逐万……"献公十九年"会虞师伐虢灭下阳"。二十一年,"重耳出奔"。惠公六年"秦穆公涉河伐晋,惠公见获","十一月陨石于宋五"。"文公五年,周襄王会诸侯于河阳。"烈公(九

年)，"三晋命邑为诸侯。"

会而计之，或同过于异。《韩非》之作，本为杂家，原可毋论（说详后）；今掩其相同，而吹毛索瘢惟异之求；则自滋见其大相径庭耳。

曷言乎《韩非》属杂家？《史记·老韩列传》："韩非（中略）喜刑名法术之学，而其归本于黄老。"故其遗著中有《喻老》、《解老》二篇；《内储说》二三亦每引老说（如权势不可以借人，故曰国之利器不可以示人等等），则是韩与老邻也。（其实观《史记》老韩同传之原意即可知之矣）《十过》述尧时四至，全同《节用》。

《韩非·十过》："臣闻昔者尧有天下，其地：南有交趾；北至幽都；东西至日所出入者，莫不宾服。"《墨子·节用》："古者尧治天下，南抚交趾，北降幽都，东西至日所出入，莫不宾服。"

《五蠹》道尧之德，称禹治水之劬劳，亦如之。（说本太史公《自叙》，原书亦可覆案，惟文繁兹不备举）故康祖诒谓其所传者皆墨学矣；（说详康著《孔子改制考》卷四页第三十一）则是韩与墨比也。韩从荀学，而孙卿师孔；即非之所述故事遗闻，全与儒会者，亦难偻记。则谓乃多采儒说，不尽昧本，亦未为过。且观其《外储说右》第三十四举太公诛狂矞华士，而引一曰之或说；举荆庄王有茅门之法节，亦援一曰云云者二。此外如述吴起，述王子于期，述造父，述司城子罕等节，亦兼备数说；而于燕子之事称及苏代为齐使燕，又连举苏代为秦使燕之异说；与夫说尧舜禅让之樊然错出，莫衷一是，或谓出于所乐。

（一）《五蠹》："尧之王天下也，茅茨不翦，采椽不斫，粝粢之食，藜藿之羹，冬日麑裘，夏日葛衣，虽监长之服养，不亏于此矣。……以是言之，夫古之让天子者，是去监门之养，而离臣虏之劳也，古传天下而不足多也。"或谓事同篡窃。

（二）《忠孝》："妻帝二女，而取其天下，不可谓义。"

（三）《说疑》："舜逼尧，禹逼舜。"或谓尧舜嬗让，非时人所心服。

（四）《外储说》："尧欲传天下于舜，鲧谏曰，不祥哉！孰以天下而传之匹夫乎！尧不听，举兵而诛杀鲧于羽山之郊，共工又谏，……尧不听，又举兵而诛共工于幽州之都，于是天下莫敢言传天下于舜！"或又轻描淡写，一如儒言。

（五）《十过》："尧嬗天下，虞舜受之。"

不尤足为公子博采众说之铁证乎？我故曰：韩非杂家，可毋具论也。然则"糅合众说"，乱"先秦旧史统系，乃不可理者。"韩非亦当负其责；而不应一俾敦吕大贾以作佣之罪矣。（又案：《韩非·奸劫弑臣篇》有故《春秋》记之曰……云云亦可为博采众说一证）韩非既属杂家，则自不足以厕北方史说之林;而更未可以"……为宗,以上合汲冢纪年矣。"此其一。

蒙先以为邹鲁之说必自相同,故墨翟孟轲,常相对举;然如《墨子·非攻》"天命周文王伐殷有其国",实与《纬书》"赤雀啣丹书,降周之岐社,而文王制命称王"之说合,而与《孔家》"文王三分天下有其二而服事殷"之旨畔;《节葬篇》"舜道死,葬南已之市",与孟氏舜葬鸣条之说迕;其道尧舜,又与儒异,《韩非·显学篇》言之已详;《尚贤上》"成汤举伊尹于庖厨,(中略)伊挚有莘氏女之私臣,亲为庖人,汤得之,举以为己相。"《尚贤下》"昔伊尹为莘氏女师仆,使为庖人,汤得而举之,立为三公",又与《孟子》汤聘之说相戾;凡兹数则,又安见东方各说之果自相承乎?且三晋各家亦尝如是,如《殷本纪》正义引《竹书》称自殷庚徙殷至纣之灭七百七十三年,而《韩非·显学篇》说殷七百余岁,即其一端也。(案:此蒙先于《甄微》历年世系考异篇亦既言之)此其二。

史说既曰三方,则似应此疆彼界,无所出入也;而今观晋楚邹鲁之所传,事又大缪不然者。

(一)"儒家皆曰成汤放桀、武王伐纣",而《竹书》"夏桀末年,社坼裂,其年为汤所放","王率西夷诸侯伐殷,败之于坶野",《墨子》"汤于桀于大水,环天下自立为王,武王胜殷杀纣环天下自立以为王。"(见《三辨》)《韩非》"汤武以义放弑其君"。(见《忠孝》)又"汤放桀,武王伐纣",(见《说疑》)《楚辞·天问》"何条放致罚,而黎服大悦",固亦云尔。

(二)昭王南征不复,《竹书》(文见上引)《天问》(昭后成游,南土爰底)与东方左邱之说相应。

(三)比干见辜,《韩非》(《十过》"纣杀王子比干")《天问》("比干何逆,而抑沈之")《涉江》("比干菹醢")亦复及之。

(四)说筑傅岩武丙梦求,《书序》(高宗梦得说,使百工营求诸野,得诸傅岩)《墨子》(《尚贤中》傅说被褐带索庸筑乎傅岩。又见《尚贤下》)《孟子》(见《告子下》篇)《离骚》(引见前)《帝王世纪》(以其得之傅岩,谓之傅说)《竹书》(武丁三年梦求傅说,得之)咸同是说。

(五)夏后启之淫泆,未为贤王,蒙先固已于《甄微》引皮鹿门说,谓略已见于《墨子》、《竹书》、《山经》、《离骚》、《天问》诸书云云,不尤为三方史说亦有共通之点可寻之显例邪?

(六)岷山得女,《天问》(桀伐蒙山,何所得焉)《竹书》(后桀伐岷山,进女于桀二人,曰琬曰琰)又南北同说。

(七)《韩非·难二》"周公旦假为天子七年,成王壮,授之以政",与儒家周公摄政之说亦初无枋凿。《淮南子》"昔武王既没,周公践东宫,摄天子之位,负扆而朝诸侯",及《荀子·大儒篇》所云(二事并据马氏《绛史》卷二十二所引)亦如之。

（八）墨者道尧舜德行，曰堂高三尺，十阶三等，茅茨不翦，采椽不琢（本之太史公《自序》）；《庄子·天下篇》称禹亲操橐耜，而杂天下之用，腓无胈，胫无毛，沐甚雨，栉疾风；与孔子所谓禹菲衣服，恶饮食，卑宫室，及《韩非·五蠹篇》所云（引已见前）皆相桴鼓。（案：此条又可为三方史说有公同之点之解释）

（九）伊尹要汤一事，东南北三方，如《墨子·尚贤》（引已见上）《韩非·难言》（见《甄微》导言页五）《庄子·庚桑楚》（汤以胞人笼伊尹，伊尹好厨，故汤用为庖人也）《文子·自然篇》述老子曰伊尹负鼎而干汤等等，又复彼此相通。（此外如舜葬苍梧一事，《山海经》、《帝王世纪》、《礼记·檀弓》、《淮南子·齐俗训》、《史记》说并相同等等，犹不胜枚数也）

如兹九例，非其一隅邪？此其三。

孙卿子固蒙师所目以为北方之儒，而且谓其持论不同邹鲁者；以性善性恶说之相扦格言之，固属诚然。第就史言史，实又二五而一十。如：

《儒效篇》"厌旦，于牧之野诛纣！盖杀者非周人，因殷人也！"《议兵篇》"汤武之诛纣也，若诛独夫！"（案：《韩非子·初见秦篇》有武王破纣，天下莫伤之语，正与乃师相同，抑即与东方同也）

《正论篇》："世俗之为说者，曰桀纣有天下，汤武篡而夺之，是不然，……故桀纣无天下，汤武不弑君。"（案：此直痛攻北方之说，而目之为世俗之说，尤为荀卿谈史，固仍是东方本色之的据）

《成相篇》："尧让贤……尧授能，舜逢时……尧不德，舜不辞。"

等所述，又几曾与东方儒者相舛午？此其四。

蒙先举以证三方之说，使其确立而不敝者，约有二点：一在历数其一事异传之说；一在证明三方学者之各不相谋，而自成其统系。今三方史说之既不必尽别，已具如上述；而蒙先所以证各方学者自成一系之说之证，又不免已胸具成见，征嫌阿私；故引《韩非》难三说疑语以证其说嬗让之与汲冢古文合，与孔孟不合者；而乃忽视其《十过》、《五蠹》、《外储说》之别有一解；且蒙先固亦深知《十过》有述由余之言也。（案：《甄微》后叙已引及之）引墨说以证其邹鲁史说自同者，在《后序》中即见其二，而何为既引《尚贤》，而遽弃其"汤举伊尹于庖厨之中"等二说！（详已见上）引《尚贤》固已证尧舜嬗让说之与孔孟无殊矣，奈何而《忍略》、《非攻篇》云云（引已见前）之足为陷盾之矛邪？援《天问》"成汤东巡，有莘爰极；何乞彼小臣，吉妃是得！水滨之木，得彼小子；夫何恶之，媵有莘之妇"，以明南方言伊尹相汤之怪诞矣；何又独遗《九章·惜往日》"伊尹烹于庖厨，吕望屠于朝歌兮，不逢汤武兮，世孰云而知之"之固撼实乎！此其五。

　　南人工摘词,擅斧藻,《楚辞》一书,原属文士之笔尚,而实为君子三避之列,乌知其不颠倒黑白,将无作有;如大苏所漫云"舜曰宥之三,皋陶曰杀之三"之比哉?而其惝怳迷离,故弄狡狯,尤为常事;故如《天问》"永遏在羽山,夫何三年不施,……鸱龟曳尾,鲧何听焉,化为黄熊,巫何活焉"云云,诚属荒诞;而《离骚》"鲧婞直以亡身",《惜诵》"行婞直而不豫兮,鲧功用而不就"等语,则又虚实迥别,疑信参半;可见伯鲧之事惟一,而屈子已三处而两说矣!《天问》"成汤东巡"云云,实为不经;而如"初汤臣挚,后兹承辅,何卒官汤,尊食宗绪"云云,则固又安可以神话荒唐一概视之?此其六。

　　蒙先既倡古史三系之说,并谓北方所道者较为近情,故《后序》一篇,斯旨三复!始则曰:"予旧撰《经学导言》,推论三晋之学,史学实其正宗,六经天问所陈,翻不免于理想虚构";再则曰:"足证北方三晋之学,邻于事实";三则曰:"北人所传近真";虽然,蒙先不已谓中国开化,始于东方,而谓黄河下游,实为遂古文化最高之区乎?然则齐鲁之沾丐文明教泽,必较先于三晋也明甚!是即齐鲁之人,饫闻先民之传说故事,亦必较先于三晋,而且远为亲切明确也。由是以言,则将北方史说邻于事实乎?抑东方者为难也?三晋因地理之关系,或诚如蒙先所言为多辩士法家;然纵横名法之徒,跅弛不羁,好为立异,而必不愿人云亦云,苟同陈说者,固其性成;则当其闻东方所熟闻之古史传说也,即每变易其素质,或曲解之,祝使类吾,如果赢之于螟蛉者,亦固其所;而彼开化尤晚之南方荆楚,亦以域于自然环境(包括天时地利)之故而好鬼;而因以遂神话化其所及闻之古史说也,又同是理耳!且蒙先不又已谓"晋人宿崇功利,故说舜禹皆同篡窃",与"鲁人素敦礼义,故说汤武俱为圣智,楚人宿好鬼神,故称虞夏极其灵怪",相对举乎?则是充其类言之,三方既不免各有所偏,则臧穀亡羊,其失维钧;何可轩此轻彼,遽许"三晋之学"以"史其正宗"邪?而况北人谈史,又难免诬;即如太甲潜出自桐杀伊尹一事,校以甲文,虚伪便毕露乎?盖据:

　　乙亥贞其又伊尹牛——《殷契征文》页四。

　　乙亥贞又伊尹——同上。

　　癸丑子卜来丁肜伊尹——《菁华》页十一。

　　丙寅贞又曰咸于伊尹二牢——《殷墟书契后编》上页二二。

　　等文而观,则殷之子孙所以祀阿衡者,礼甚崇隆;与蒙先所目以为集南学大成之《帝王世纪》所述者合。

　　《帝王世纪》:"沃丁八年,伊尹卒,百有余岁,大雾三日,沃丁葬之以天子之礼,配以太牢,亲自临丧三年,以报大德。"

　　使伊尹为篡徒者,则殷裔宁肯礼祠之如是欤?而案卜辞,则殷人祠伊尹,且恒与成汤并列。

癸酉卜贞大乙伊其(下阙)——《殷虚书契后编》上页二二。

癸巳贞又日伐于伊其目大乙乡——同上。

(阙)伊候唐——甲下三(凡此各条均系转引自束世澂先生之《中国上古史讲义》)

即其视伊尹实与成汤同科也。是伊尹放太甲三年又反之民皆大悦之说为无可疑,而三晋所道为非诚矣。不然,我知博采众说以成《史记》之马迁,必不轻遗之也。此其七。

窃又以为诸子之说,谓其不无含有若干古史之材料,而可袭儒说补敝救偏之用者,固亡得而非诸;若必云某也属于彼系史说,某也属于此系史说,案部就班,壁垒井井,似反觉戾于事实矣。盖诸子之立说,虽复时涉史事,顾随事取譬,初无一贯之史识;如一部《韩非》,除伊尹干汤,《难言》"汤至圣也,伊尹至智也,夫以至智说至圣,然且七十说而不受,身执鼎俎为庖宰,昵近习亲,汤乃仅知贤而用之"。《说难》"伊尹为宰,百里奚为虏"。《难二》"伊尹自以为宰于汤,百里奚自以为虏于穆公"。《难势》"观其所举,或在割烹"。

与夫逮身较近之事,——如上举百里奚事及智伯之灭——能终始不忒者外,其他则率不能自圆其说(例已见前引);况各书称述,又每系转述他身之遗语;如《韩非·外储说》所谓尧让许由云云,本系潘寿所用以鬻廷燕王哙者,又胡足即据以证唐虞禅让之虚有其名邪?至若儒家之说,则先圣列贤博古通今,雅意述作,以示来叶;故其所述,前后相应,略无抵牾;此其所以为诸子所莫逮,抑其已成正之统史说,所以未应轻事平反也!矧蒙先所举以为三晋南方史说之代表最宿者,不过《山经》及汲冢之书;而前者既决非禹制,《纪年》又显成于战国;本身真伪,犹未分明,则吾后学者于古史传说之从违,自不容舍去古未远之孔门儒家传说,而反仞晚出诸子百家之诡言耳。

釜肤受末学,馈贫有待,惟日未足;熟诵《甄微》,震于援据广博,只觉其望洋向若,茫无涯涘;心慕手追尚恐不逮,奚遑妄萌蚍蜉撼柱之想?特以蒙先之虚怀若谷,殷殷垂询,义不容却,遂稍列七端,抒其鄙疑云尔,非敢入夫子之门,操夫子之矛也。若夫《甄微》之博大精深,如黄帝说变迁之尽祛数千祀来三五传说之丰蔀,与夫上古文化产生篇之据五岳说递遭情形及九州疆域迻徙状况以明上古文化之东来等,尤不独为釜个人所倾佩仰止,百读不斁,所乐为"口角流沫手胼胝"者已也。

原载《史学杂志》第二卷第三期,第一——八页

记忆与遗忘：蒙文通先生故里见闻录

一、盐亭·石牛庙·杨家沟

2009 年 10 月 2 日，我启行抵达绵阳，在袁师的资助下，带着相机，从绵阳平政车站乘车前往蒙文通先生故里盐亭县石牛庙乡。

当汽车顺利抵达盐亭时，天色早已经暗淡了下来，此时夜色已经降临，印在脑海里的盐亭县城的记忆就单单成了夜景。我也在一阵闲逛之后，在一家路边小店叫来几样烧烤和一瓶饮料就结束了对盐亭县城的进一步游览。也因此，盐亭县城留给我的记忆是简单而又模糊的，简单得我仅仅在车站附近闲逛了不到一个小时，模糊得只对县城的一座古老的城门旧址有一丝记忆，以至于在去宾馆住宿前都不打算用相机拍下它的真容。

在到盐亭的路上，当汽车经三台县进入盐亭县境之后，窗外的农家房舍引起了我的注意，因为在它们那里，我寻到了一线希望，那就是，蒙文通先生的故居应该还留有少许旧迹。也就是这一线希望使得我在接下来的时间里特别留意路旁农家房舍，似乎看到了川北房屋建筑风格，更似乎看到了蒙文通先生故居的真容。

10 月 3 日，在办理好相关手续之后我离开宾馆前往盐亭车站。在当地，石牛庙乡又名石牛乡，以至于当我询问在何处乘车前往石牛庙时，当地人都有一丝迟钝，尽管二者并无差异，是同一个地方。

从盐亭出发前往石牛庙的班车不是很多，而我所乘的车次是前往黑萍的。因黑萍、石牛庙联营，故同样会抵达石牛庙再返程经黑萍回盐亭。

今天的石牛庙早已没有青峰村这个地名，代之而起的是新田村。而今天的人们，甚至部分学者在介绍蒙文通先生的籍贯时无一不是"四川盐亭人"、"盐亭石牛庙人"、"石牛庙青峰村杨家沟"，这些介绍使得我此行的目的地既真实又飘渺。在石牛庙乡政府，我没有找到青峰村的名字，更因为国庆放假，竟然没有一个办公人员上班。

既然今天的石牛庙已没有青峰村，杨家沟也就很自然地成为我前往蒙文通故居的唯一目的地。石牛庙的规模并不大，在四川，有如此规模的乡镇场所到处都是。因为没有前往杨家沟的摩的,在一位饭店老板的指引下,我只得步行前往杨家沟。

蒙文通先生之子蒙默教授在《蒙文通先生年谱》中有两段介绍蒙文通先生家世及杨家沟地理位置的文字,他写道:

> (先生)世居川北盐亭县石牛庙乡观音塘,当地有蒙氏祠堂,供奉始祖为楚大夫蒙谷。蒙谷事见《战国策·楚策》。从今巴县、合川、南充、西充、盐亭等地皆有蒙姓聚族而居衡之。观音塘有明天启年建祠碑。盐亭蒙姓共分四支,观音塘属第二房。先生高祖妣系杨家沟人,高祖应凤公后移居杨家沟。

> 杨家沟居盐亭北缘,与梓潼、剑阁相接,为剑阁山余脉地区,山丘起伏,深沟纵横,地瘠民贫,文化落后。先生曾祖德馨公深感乡人缺少文化受人凌辱之耻,勤俭节约的攒积下,聘请了一老师,终于办起来了一所简陋的私塾,这是数十里内第一所学校。先生祖父吉庵公、伯父公甫公、父亲君弼少年时都读书于此,后来都考中秀才,先生伯父和父亲还补了廪生。先生少时也读书于此。

今人在没有身临其境、亲自前往调查的前提下,蒙默教授这两段文字为我们提供了尽可能详细的资料,但同时也是最为简洁的资料,因为透过这两段文字,我们实不能以它来作为了解蒙文通家世、故里的基础、范本。

二、蒙文通的家乡记忆

1949 年秋,蒙文通先生的《汉潺亭考》由盐亭县参议会排印出版,这是我们今天能够看到的蒙文通先生唯一一篇关于家乡的文字。在这篇文章里,他写道"文通家世居县北"。鉴于对乡邦文献的了解,蒙文通先生的《汉潺亭考》也自然成为今人研究盐亭掌故的重要文献。同时,通过这篇文章,我们也知道蒙文通先生几部鲜为人知的著作,这些著作至今仍未正式出版,使得今人无法目睹它们的真容,而这几部著作无一不与盐亭有关,一是《潺亭文征》,两卷,《汉潺亭考》中说:"岂云旧志所佚,仅止于是,倘迟以岁月,勤奋赴之,或有所就也。别辑《潺亭文征》二卷,待续刊";二是《陈御简诗稿》,四卷,跋《陈御简诗稿》中说:"御简诗存者无多,虽手自再四删汰,今仍一并存之。以癸酉本定著《鹃声旧草》为一卷,《梦笔亭漫草》为一卷,以仍其旧。其圈识亦并仍之,以存陈氏自定之意。更取初定本,而削其已选存癸酉定本者,为《鹃声诗存》第一卷;复取《鹃声》一、二集,而削其已选存于初定本者,为《鹃声诗存》第二卷,都为四卷。"三是赵蕤《长短经》,《长短经校后记》中说:"余既略校二家,著其同异,他日能访得旧本更从而校之,则幸矣。"

"吾乡人著述之幸得传于后者,有三人焉,于唐曰赵大宾作《长短经》,于宋曰文与可有《丹渊集》,于清初曰陈御简工于诗。"这是蒙文通先生对家乡先贤的总体概括。他所整理的《陈御简诗稿》、赵蕤《长短经》正是"吾乡人著述之幸得传于后者,有三人焉"其中之二。

三、蒙文通与蒙公甫

一九二八年四月二十二日星期六,被胡适称为"四川省只手打孔家店的老英雄"吴虞在他的日记里记下了蒙文通先生因伯父蒙公甫去世回盐亭的具体时间,他说:"蒙公甫去世,文通已奔丧归。"五月十七日,星期三,微雨,吴虞在他的日记上再一次记下了蒙文通先生返回成都的具体时间,他说:"文通归"。简短的记载使我们对蒙文通先生这一次回归故里有了一个简单的时间概念,因伯父去世,蒙文通先生奔丧回乡前后共计26天。但是至于此次蒙文通先生因丧回乡的行程却无人知晓,我们只能从李劼人先生的小说《死水微澜》里寻觅到一丝踪迹:

> 由四川省会成都,出北门到成都府属的新都县,一般人都说有四十里,其实只有三十多里。路是弯弯曲曲画在极平坦的田畴当中,这是一条不到五尺宽的泥路,仅在路的右方铺了两行石板;大雨之后,泥泞有几寸深,不在草鞋后跟拴上铁脚马几乎半步难行,晴朗几日,泥泞又会变为一层浮动的尘土,人一走过,很少有不随着鞋的后跟而扬起几尺的;然而到底算是川北大道。它一直向北伸去,直达四川边县广元,再过去是陕西省的宁羌、汉中府,以前走北京首都的驿道,就是这条路线。并且由广元分道向西,是川、甘大镇碧口,再过去是甘肃省的阶州文县,凡西北各省进出货物,这条路是必由之路。

由此,我们可以想象,1928年,蒙文通先生因丧回乡之行是如何的艰难曲折,在家停留的时间是何等的短暂。但当我们在详细了解了蒙文通先生的生平之后,伯父蒙公甫,可谓蒙文通先生为学一生的引路人——尽管在他的文章里,在世人的记忆里,这一点已很少提及。但是不可否认,伯父蒙公甫的去世影响了蒙文通先生的求学之路,1929年,蒙文通先生践师门五年之约,再一次南下金陵。

"父母在,不远游,游必有方",这是千百年来的古训。虽然蒙公甫不是蒙文通先生的父亲,但是自 1902 年蒙公甫任绵竹县教谕先生随之至绵竹,入小学堂读书以来,蒙公甫所充当的角色既是伯父,更是严父。1906 年,蒙公甫任成都府学教授,先生随之至成都,就读于高等小学堂。1922 年,伯父蒙公甫至重庆任二女师校长,先生亦随之兼任二女师讲授宋明儒学之义。

今人对蒙公甫的了解、认识,如果不详加收集相关资料,很难还原他曾经对四川教育界的影响,以及在四川教育界的地位。而今人知道他,对他的了解,更多地来自李劼人的著名小说《大波》。在李劼人的笔下,蒙公甫对学生的爱刻画得淋漓尽致:

> 讲演台上那个说话的人,被柱头和站在板凳上的听众遮住了,看不见。但听起声音很苍老,并且稍为远一点,又正象才号哭过,声带有些嘶,更听不十分清楚。
>
> "……路亡了! 省亡了! 国亡了! ……牛马不如……还活得出来吗? ……老年人……要死的,……年轻娃儿家,日子长罗! ……看看这些小国民……痛心呀! 痛心呀! ……呜! 呜! 呜! ……"
>
> 会场上又有应声而哭的声音。
>
> 忽然一片孩子声音:"蒙老先生六十多岁的人,还这么爱我们娃儿,怕我们当亡国奴,我们硬要争气! ……我们要保路! 要反对盛宣怀! 反对端方! 要摄政王下上谕取销借款条约! 要他把路权收回来,仍然交给我们! ……若是他不肯,我们都不想活了! ……我们娃儿也要成立同志会,我黄学典首先发起! ……"

研究四川保路运动的学者可能会提到蒙公甫先生,但遗憾的是,在隗瀛涛所著的《四川保路运动史》仅提到一两次,引用的资料仅李劼人在《大波》里描绘的几段文字。也因此,到目前为止,我们所看到对蒙公甫一生事略介绍得比较详细唯有丁秀君的《蒙裁成先生事略》一篇文章。

四、故居现状

翻开《四川近现代文化人物》152 页,一篇名为《经史学家蒙文通》的文章立即呈现在我们眼前,在这篇文章里,李有明写道:

> 蒙文通,四川省盐亭人。1894 年 10 月出生于县北金顶场一古老宅院里。房屋院落不大,楼台颇为雅致,花草四时宜人。

　　这大概是我们今天见到的最早对蒙文通故居作比较详细的介绍的文字。可惜的是,这段文字并不能提供更多的信息,尤其是实物信息,在我们眼前实不能呈现蒙文通先生故居的模样。我们只能身临其境,前往蒙文通先生的故居,一探究竟。

　　正如李有明描绘的一样,"房屋院落不大",站在高处看,确实是完整的四合院。但时至今日,蒙文通故居的原貌已难寻觅,"楼台颇为雅致,花草四时宜人"早已成为过去,保存完整的唯有蒙氏祖屋,即故居正堂。通过正堂及乡民的记忆,今天的我们也许能够想象"楼台颇为雅致,花草四时宜人"的景象。

　　通过查阅盐亭政府网相关信息,我们知道,早在 2007 年,蒙文通故居就已列为县级文物保护单位。据乡民们回忆,盐亭县曾经来过人、绵阳市曾经来过人、四川省曾经来过人,虽然他们的行程时间不一,但目的却只有一个,就是考察蒙文通先生故居,为保护做准备。县上的人告诉他们,房子是可以修的,但是不能修在蒙文通先生故居原址上,更不能拆掉故居的老房,政府可以给他们补助。

　　也就是从这一年开始,故居住户明白了这样一个事实,他们住的房屋是不能私自拆建的,有文物价值,是县级文物保护单位。蒙文通先生的子女也多次回乡,他们告诉住户,四合院蒙氏祖屋一定不能动,将来还要恢复故居原貌。但是随着时间一年又一年的过去,直到今天,住在蒙文通故居里的乡民依然没有见到县上给他们许的愿。当初想原地修建房屋的计划逐渐变为对政府的抱怨。蒙文通故居并没有给他们带来更大光环。

　　根据故居住户的介绍,他们是五十年代土改时入住先生故居的,当时共有 11 户人家,到如今,不大的院落已经不能承担 11 户住户,很多住户早已经移居迁居他处,以至于,今天的故居满目疮痍,不堪入目。

　　经过他们的介绍,我们找到了李有明笔下的楼台——它早已化为泥土,滋润青竹的生长。但是正是这早已化为泥土的楼台,曾经却上演了朗朗读书声。因为这楼台就是蒙文通先生曾祖德馨公深感乡人缺少文化受人凌辱之耻,勤俭节约办起的简陋私塾,数十里内第一所学校。蒙文通先生祖父吉庵公、伯父公甫公、父亲君弼少年时都在此读书。蒙文通先生少时也在此读书。他的成名作《古史甄微》也成稿于此。《四库珍本〈十先生奥论〉读后记》也在此重为次序,虽然因"书籍不备,无以资检阅"而留下了他认为的遗憾。但是我们确信,正是在这里,蒙文通先生奠定了他在民国学术界的地位。

五、乡民的蒙文通记忆与遗忘

如果从严格意义上的身份认同来说,自1902年蒙文通先生随伯父蒙公甫至绵竹就已告别了生他养他的杨家沟。尽管在传统的宗法家族制度下,他仍然是蒙氏族人,杨家沟蒙氏祖房依然是他的故居;尽管在传统的、现代的地缘政治理论下,他的籍贯依然是四川盐亭石牛庙乡,但如果从人类学和社会学的角度来分析,则蒙文通先生之后对家乡的追述则更多地来自间接的文献而非直接的感知体验。乡民对他的记忆则更多地来自外界对他的认可,他们对蒙文通的记忆则属于王明珂所说的集体记忆,是他们对蒙文通事迹的追述。

1916年,22岁的蒙文通在四川国学院毕业后还乡,并与盐亭县城马萧(马秋渌)结婚。1917年,长女出生,因当时他正在家自学经学,故小字艺生。1918年,蒙文通先生在金顶场故里(即杨家沟)整修破庙,腾房办学,招收邻里亲友子弟,教读经史。1919年下半年,蒙文通先生回成都任省联中国文教师。1927年上半年,先生还乡,居盐亭老家,他的成名作《古史甄微》即成稿于这一时期。《经学抉原·序》中说:"丁卯初春,山居多暇,乃作《古史甄微》。"这是我们今天所能够知道的蒙文通先生早年长时间居乡的可靠资料。如果除去1928年因伯父蒙公甫去世奔丧还乡,那么可考的还乡活动就非常少了。根据蒙默《蒙文通先生年谱》记载,1938年,先生夫人马秋渌、二子默、小女穆、小儿逊因抗战事起回盐亭老家,而先生堂弟蒙季甫则充当了家中教授的职责。1941年暑期,先生休假还乡,山居寡务,将草创于北平的《四库珍本〈十先生奥论〉读后记》重为次序,刊登在《图书季刊》第三卷第一二期合刊上。蒙文通的还乡活动似乎到此就结束了,因为《蒙文通先生年谱》在叙述1941年以后先生的大事记时再也没有提到还乡、居乡。自然,从中国人的桑梓情怀来分析,这之后蒙文通还乡活动肯定不少。但同时我们也知道,1949年以后,尤其是1950年成都解放以后,国内形势大变,蒙文通回乡已没有以前方便,况且他的家人早已全部安居成都。

今天的杨家沟人肯定知道蒙文通先生的存在,因为他的子女后人会不定时地回乡,回味祖辈们曾经在这片土地上的活动;尤其是在今天大师缺乏,而蒙文通先生的学术成就又恰好能够被世人称为那个时代的国学大师。杨家沟人对蒙文通先生的记忆一部分来自他们的长辈,口耳相传,他们知道蒙文通是一位了不起的人物,是历史学家;但是更多地他们知道蒙文通先生的存在恐怕来自八十年代以来外界尤其是学界对蒙文通先生的评介。蒙文通先生的子女不定时地还乡也间接地加深了他们对蒙文通先生的了解,尽管这些了解在专业人眼里并不能充当严格的资料写入他们的文章。但是有一点我们却必须明白,那就是,在杨家沟,直到今天当地人对蒙文通的记忆依然清醒,以至于,每当一个外地人走进杨家沟,只要他询问蒙文通故居,杨家沟人都会很准确地告诉他。

有的人死了,但他还活着。蒙文通先生正是这样一种人——尽管故居的住户依然想着将故居拆了建新房,但是当他们明白了蒙文通的价值之后,他们就只会抱怨当地政府说话不算话了。

乡民对蒙文通的记忆常常是稀少的,这不仅仅是因为蒙文通先生居乡的时间并不长,更是因为蒙文通先生过早离开家乡,四处求学,最后定居成都。

"现在知道蒙文通和他家过去的人在我们这只有三四个人了。"这是带我参观蒙文通先生故居、嫘祖文通纪念堂的杨老先生对我说的最多的一句话。之所以称他杨老先生是因为他的头发已经花白,实在看不出他还未到六十岁。

在乡民的记忆里,蒙家是当地的大户,解放前蒙家在盐亭的地位是今天的杨家沟人的荣誉。根据他们的记忆,解放前,一位蒙氏族人去世,盐亭政府派人前来奔丧,那场面已是今日不可多见的一幕。

"蒙文通先生是自杀的!"这是当地人对蒙文通先生去世的记忆,尽管蒙文通先生去世时在成都,在风雨飘摇的文革时代,后来的追忆恰好说明了乡民对蒙文通先生的了解。"蒙文通先生一生都没有受过那样的痛苦,他想不通,毛主席对他都比较客气,给予礼待,却受到一连串的批斗。"简短地概括,如果不是出自乡民之口,今天的我们或许怎么也想不到这样的话会在先生故里流传开来。根据《蒙文通先生年谱》的记载,1963 年 10 月,先生赴京出席中国科学院社会科学学部委员扩大会议,闭幕后毛泽东、刘少奇等中央领导在会议室接见了全体出席人士,并合影留念,先生亦在其中,并安排在前排就坐。乡民所说的毛主席对蒙文通先生都比较客气,给予礼待,大约是因此衍生出来的。

蒙文通死了,这一天是 1968 年 8 月 1 日。但当地的嫘祖文通纪念堂恰好说明了他活在乡民的心中。

嫘祖文通纪念堂坐落在杨家沟一小山丘上,据当地人介绍,此庙初名文通庙,故当我们走进纪念堂时,首先映入眼帘的便是《嫘祖文通纪念堂修建捐资》。在这份名录上,我们发现,蒙姓族人并不多,更多的是杨姓族人。由此我们亦可以明白这样一个事实,即:蒙文通先生世居观音塘,后因先生高祖姚系杨家沟人,高祖应凤公才移居杨家沟。随着蒙文通先生一家的移居,今天杨家沟蒙姓族人已无往昔的兴旺。居住在蒙文通先生故居的人们也多以杂姓为主而鲜有蒙氏族人。

嫘祖文通纪念堂今名金鹅庙,庙名的变更衬托出乡民的无奈。当初他们集资兴建文通庙,既是为了恢复此处原有的山庙,也是为了争取政府拨款,故名文通庙。怎知当地政府既没有给他们"面子",也没有给蒙文通先生的"面子"。无奈之下,他们将文通庙的牌匾换了下来,悬挂上了金鹅庙的牌匾。

去年(2008年)蒙文通先生的子女还乡,他们知道乡里的人们为蒙文通先生修建了祠堂,很是高兴,乡民们也答应,在接下来的日子里,他们将在庙里供奉蒙文通先生的塑像。据乡民们回忆,蒙文通先生的女儿还因此答应他们,在父亲塑像塑好以后,她将捐资两万,以感谢乡亲们对父亲的"记忆"。

蒙文通先生的四弟蒙友仁居乡,未曾远行,前些年子女将他接到城里生活,乡民们说,他可能已经去世了。当然这是肯定的,尽管蒙文通先生一家除他和三弟蒙思明未享高寿外尽得高寿,但是蒙友仁老先生毕竟年岁大了,已经走到那一步了。乡民对他的记忆大概也随着他的移居而变得模糊了。几十年后留在他们记忆里的恐怕就只是简单的蒙文通记忆,而不再是对蒙家人的"集体记忆"。

蒙文通和黄侃一段鲜为人知的交往

一、《黄侃日记》中的三处记载

1929 年 11 月 24 日,黄侃在他的日记里记载了他与蒙文通相识的缘起和经过,他说:"午偕旭初赴陈仲子(仲子昨亲来肃宾,甚敬)之招,饮于老万全,坐有翙谋、伯弢、汤用彤。翙谋示以在焦山抄得康有为《题别峰庵藏德宗龙袍》诗。用彤言蒙文通思晤予,彼将延予素食,为之介绍,且邀欧阳竟无居士。"[①]11 月 30 日,黄侃在他的日记里记载了汤用彤宴请他和蒙文通、欧阳竟无的经过,他说:"午赴觉林汤锡予之招,晤欧阳渐、蒙文通。余与渐论学不合,致渐向余长揖而去,轻赴人招,致为伧夫所悔,可戒也。"[②]1930 年 8 月9 日,黄侃第三次也是最后一次在他的日记里记载了蒙文通来访,与前两次记载不同,这一次他的记载异常简略,"蒙文通来",[③]四字而已。

实际上,蒙文通和黄侃之所以交好,与他们同为刘师培的学生有很大关系,根据《蒙文通先生年谱》记载,先生在南京时,黄侃以与其同为刘师培门人之雅,"尝邀先生至其家便酌,谈论终日,颇能相得。黄常叱猫咤狗而谈论不紊,先生谓其虽为卖弄,然黄毕竟硕学之士,所谈亦不苟。"[④]

根据钱玄同《左庵年表》记载,刘师培于 1911 年至成都,1912 年任四川国学学校教员,为四川《国学杂志》撰稿人。蒙文通在《经学抉原》序中说,"文通于壬子(1912)、癸丑(1913)间学经于国学院,时廖、刘两师及名山吴师并在讲席。"但是由于刘师培与廖平在学术上殊途两辙,"或崇今,或尊古,或会而通之,持各有故,言各成理",使得蒙文通倍感困惑,"朝夕所闻,

---

① 黄侃:《黄侃日记》(苏州:江苏教育出版社,2001 年),页 583。

② 同上,页 584。

③ 同上,页 645。

④ 四川大学历史文化学院:《蒙文通先生诞辰 110 周年纪念文集》(北京:线装书局,2005年),页 419—420。

无非矛盾。惊骇无已，几历岁年，口诵心维而莫敢发一问。虽无日不疑，而疑终莫解。"①然而，也正是由于刘、廖不同的治学取径，砥砺和启发了蒙文通的思考，使他能够汲取两家之长而捄其所短。1932 年，廖平去世后，蒙文通先后撰写数文纪念廖平，如《井研廖季平师与近代今文学》、《廖季平先生与清代汉学》、《井研廖师与汉代今古之学》、《廖季平先生传》等，在这些文章中，蒙文通充分肯定了其师廖平的学术成就，同时也大力赞扬了其师刘师培的学术成就，从中我们既能够看出廖平对蒙文通的影响，同时也能够看出刘师培对他的影响。

1917 年，刘师培穷处北京，经黄侃推荐，刘师培始任教北京大学，两人往复论学，直至刘师培去世。1919 年，刘师培肺病加剧，对黄侃说，"吾家四世传经，不意及身而斩"。于是黄侃瞿然而起，执贽称弟子扶服四拜。几个月以后，刘师培去世，黄侃为文祭奠，尝称刘师培为旷世奇才。② 正是由于蒙文通和黄侃同为刘师培的弟子，所以 1929 年，蒙文通践师门五年之约，再到南京，并任教中央大学历史系时，黄侃尝邀他至其家便酌，谈论终日。但是为什么在黄侃日记中鲜有他与蒙文通交往的记载呢？

因为，我们知道黄侃的日记多记其学习读书事，而鲜及生活之事，况且在一般情况下，日记的作者对自己生活周围的人少有记载，而多记载生活之外的人和事。《黄侃日记》也不例外，因此今人遍检《黄侃日记》也难寻他与蒙文通的交往。在今本《黄侃日记》中仅留下蒙文通与黄侃相识及 1930 年蒙文通即将离开南京回成都告别黄侃时的记载。据《吴虞日记》记载，1928 年 8 月 9 日吴虞从魏时珍处得知蒙文通不久将辞职离开成都大学，前往南京。8 月 25 日，蒙文通辞职，往南京内学院，在吴虞看来，蒙文通"可谓有志之士"。9 月 26 日，成都大学贴出告示，说蒙文通不日来省。《吴虞日记》中说，"吴芳吉云，文通来成大，止住两月"，在吴虞看来蒙文通此举"莫名奇妙"。10 月 18 日，蒙文通回成都，任国学院教务。11 月 1 日，"文通拟往内学院住一年。"1929 年 9 月 16 日，农历八月十四，吴虞在他的日记中说，"蒙文通中秋后始启程"。于是蒙文通又一次至南京。10 月 17 日，吴虞从吴芳吉处得知蒙文通任教中央大学。44 天之后，即 11 月 30 日，在汤用彤的引荐下，蒙文通和黄侃相识。1930 年 6 月 19 日，吴虞从董惠民的来信中得知，"蒙文通已不在中央大学，似已解约，现往湖南矣"。由此可知，蒙文通任教中央大学的时间仅八个月而已。9 月 23 日，吴虞又从董惠民的来信中得知，

---

① 蒙文通：《经学抉原》（上海：上海人民出版社，2006 年），页 54。
② 武汉老龄科学研究院、武汉成才大学：《黄侃纪念文集》（湖北人民出版社，1989 年），页 179–180。

蒙文通即将回川,他在日记中的记载颇为有趣,他说:"中大知名者仅黄季刚、胡小石、王晓湘、汤用彤等辈而已。蒙文通应成大聘,将趣装西返矣。""文通言,应成大聘,殆遮丑之词。"11月22日,蒙文通开始在成都大学中文系上课,实现了"拟往内学院住一年"的预定计划。① 结合《黄侃日记》记载可知,1930年8月9日蒙文通拜访黄侃的确是去告别的,而黄侃之所以在他的日记里第三次记载蒙文通的来访,也是因为蒙文通的这次来访意义重大,不可等闲视之。唯一的遗憾是黄侃没有在他的日记里记录下蒙文通为什么辞职离开中央大学。离开中央大学回成都以后,根据《蒙文通先生年谱》记载,蒙文通仍任教于成都大学,与著名哲学家唐君毅之父唐迪风住同一宿舍。②

至于蒙文通为什么在前后不到一年时间里前后两次至南京,《古史甄微》自序中说得非常清楚,并非吴虞所谓的"莫名奇妙",序中,蒙文通说:"洽岁之间,稿凡三易。于是文通将有金陵之游,践师门五年之约。南充张方老世丈曰:且稍留,试为我写定之。则又延迟成都三阅月而四定稿又毕。"③

我们知道,蒙文通的《古史甄微》一书成稿于1927年春,曾先后在成都大学、成都师范大学讲授,1929年下半年至1930年上半年曾在中央大学讲授,其中的部分章节也曾经过改写发表在《史学杂志》上。蒙文通也正是凭借《古史甄微》才逐渐引起民国学界的重视,《古史甄微》一书奠定了蒙文通在民国学术界的地位。同时,也正是《古史甄微·论三代文化》的一处记载使今天的我们获得了蒙文通与黄侃交往论学的蛛丝马迹,从中我们也可以看出,他们的交往并不仅仅局限在黄侃的三处日记记载上。

二、对《黄侃日记》的注解

现在我们根据《黄侃日记》前两处记载,对蒙文通与黄侃之间的交往作一定的注解,以便更加清楚地认识蒙文通与黄侃之间的交往。

第一:

> 己巳年十月廿四日癸酉(1929年11月24日),"午偕旭初赴陈仲

---

① 吴虞:《吴虞日记》(下)(成都:四川人民出版社,1984年),页419—530。

② 四川大学历史文化学院:《蒙文通先生诞辰110周年纪念文集》(北京:线装书局,2005年),页420。

③ 蒙文通:《蒙文通文集》第五卷《古史甄微》(成都:巴蜀书社,1999年),页1。

子之招,饮于老万全,坐有翊谋、伯弢、汤用彤。翊谋示以在焦山抄得康有为《题别峰庵藏德宗龙袍》诗。用彤言蒙文通思晤予,彼将延予素食,为之介绍,且邀欧阳竟无居士。"

第二:

三十日己卯(11月30日),"午赴觉林汤锡予之招,晤欧阳渐、蒙文通。余与渐论学不合,致渐向余长揖而去,轻赴人招,致为伧夫所悔,可戒也。"

通过考察蒙文通的交游可知,黄侃在此处提到的数人仅翊谋、汤用彤、欧阳竟无三人与蒙文通关系十分密切。康有为则仅仅在经学上间接影响了蒙文通对经学的认识,而与蒙文通和黄侃之间的交往没有任何关联,故在此着重介绍翊谋、汤用彤和欧阳竟无三人,并分析"与渐论学不合,致渐向余长揖而去"的原因。

(一)翊谋

指著名历史学家柳诒徵(1880—1956),字翼谋,又字希兆,号知非,晚年号劬堂,江苏镇江人,20世纪前半期著名历史学家,兼具"部聘教授"与"中央研究院院士"两项荣誉。1929年下半年至1930年上半年蒙文通任教中央大学时与柳诒徵师徒相友善,交往甚密,范希曾《书目答问补正》经部稿本曾经柳诒徵转交给蒙文通指正,蒙文通随阅信手批其意见于眉端。范希曾去世后,柳诒徵将蒙文通的批语一并付梓,而标以"蒙按"的字样以示区别。由此可见,柳诒徵对蒙文通的推崇。在一封致李源澄的书信中,柳诒徵称赞蒙文通论学"真如大禹导山导水,条贯秩然"。[①] 1934年9月,蒙文通致信柳诒徵谈论两宋学术,并决定秋初开设"中国史学史"一门,以明中国史学大势,10月15日柳诒徵回信,信中说,"大著印行,祈先赐读"。[②] 此处所指大著,乃指蒙文通《中国史学史讲义》。

(二)汤用彤

汤用彤(1893—1964),字锡予,祖籍湖北省黄梅县,生于甘肃省渭源县。我国著名哲学史家、佛教史家。曾任北京大学副校长、校长,中国科学院哲学社会科学学部委员。现代中国学术史上会通中西、接通华梵、熔铸古今的

---

① 柳诒徵:《复李君书》,《学术集林》第六卷(上海:远东出版社,1995),页26。
② 柳诒徵:《复蒙文通》,《学术集林》第六卷(上海:远东出版社,1995),页32。

国学大师之一。1923 年蒙文通到南京内学院时始与汤用彤订交。1931 年，蒙文通始任教河南大学，汤用彤即向北京大学推荐蒙文通。1933 年蒙文通至北大，与汤用彤、钱穆等友善，时时论学，且有岁寒三友之称。1957 年，汤用彤在中国科学院哲学社会科学学部委员会上发言，指出："现在很多人知道蒙文通是个中国史学家，并且是个上古史学家，但很少人知道蒙在中国思想史方面也有特长，蒙既是经学大师廖季平的学生，又是佛学大师欧阳竟无的学生；此外，他又对唐宋思想的发展也极有研究，特别注意了过去向未被人注意的那些思想家。"①

黄侃、汤用彤两人都是湖北人，且自 1927 年夏至 1930 年夏一直任教中央大学哲学系教授、系主任，与黄侃相识相交甚早。《黄侃日记》中记载他的事迹甚多。蒙文通通过他与黄侃相识相交实为必然。

(三) 欧阳竟无

欧阳渐，字竟无，生于清同治十年（公元 1871 年），卒于民国三十二年（公元 1943 年），抚州宜黄（今属江西）人，近代著名佛学居士。虽然在《黄侃日记》中黄侃对欧阳竟无的印象不好，且有"轻赴人招，致为伧夫所悔"的教训，但是对蒙文通来说，欧阳竟无可谓学术上的明灯。在内学院的数月时间，蒙文通不负欧阳竟无重望，在佛学研究上相继取得重大突破。他所撰的《中国禅学考》被刊于院刊《内学》杂志上。欧阳竟无由此寄希望于蒙文通能够继承他的衣钵专研佛学。"《中庸传》改好刻竣，先寄此，此唯我弟能知，个中人谈个中事，欲其速达也。……全恃观行，一丝九鼎，继续大难，德孤邻寡，亦可悲矣！""唯我文通，始足与谈孔学，聊发其端，大事无量，甚望我弟继志述事。"②并希望他能够作一《中国哲学史》。离开内学院后，欧阳竟无又常常致函讯问，希望"共作刻入谈"，且有"奈何经年不遗我一字"之叹！③ 1943 年 2 月，欧阳竟无致信蒙文通，说，"昨日得二十五函，更发此函，心中无限欣悦，不觉琐琐詹言也。云何喜耶？喜吾弟能以所学会友，孔门生趣将自此发动。昔以洙泗之传，期诸漱溟与弟，果不负所期哉！"④足见欧阳竟无对蒙文通的器重，而蒙文通之所以对黄侃的谈论略有微言，谓其为卖弄，大概也与欧阳竟无有师生之谊有关。

---

① 蒙默：《蒙文通学记》（北京：生活·读书·新知三联书店，2006 年），页 58。
② 四川大学历史文化学院：《蒙文通先生诞辰 110 周年纪念文集》（北京：线装书局，2005 年），页 26。
③ 同上。
④ 欧阳竟无：《孔学杂著》（济南：山东人民出版社，1997 年），页 50。

(四)"与渐论学不合"

周作人曾说"(黄侃)国学是数一数二的,可是他的脾气乖僻,和他的学问成正比例,说起有些事情来,着实令人不能恭维。"①黄侃去世后,《立报》曾刊登了一篇文章,说:"黄以国学名海内,亦以骂人名海内,举世文人除章太炎先生,均不在其目中也。"②

实际上黄侃之所以"与渐论学不合,致渐向余长揖而去",与长期以来的"文人相轻,自古而然"的文人习气紧密相关。③鲁迅曾说:"我们现在所处的并非汉魏之际,也不必恰如那时的文人,一定要'各以所长,相轻所短'。凡批评家的对于文人,或文人们的互相评论,各各'支其所短,扬其所长'固可,即'掩其所短,称其所长'亦无不可。然而那一面一定得有'所长',这一面一定得有明确的是非,有热烈的好恶。"④黄侃与欧阳竟无论学不合实际上是"各以所长,相轻所短"的千古遗留。我们知道,黄侃擅长文字音韵训诂之学,曾说:"学问文章,当以四海为量,以千载为心,以高明远大为贵。"⑤卫衍翔曾说"先生之学也,口诵心维,目注手批,一灯彻夜,兀兀穷年,故能恪守师承而自成家法,集乾嘉以来小学之大成,卓然为国学之一代宗师。"⑥但是,欧阳竟无也非泛泛之辈,作为近代著名佛学居士,他在佛学理论上十分推尊法相唯识学,主张会通印度佛教各家之说,对佛学作一全面的理解。在《覆蒙文通书》中他说,由"中国推至全球,唯有孔、佛理义同一",主张会通佛儒。⑦黄侃以其所长讥欧阳竟无所短,致使欧阳竟无中途起身长揖而去,从其日记的行笔来看,事后是非常后悔的。因为,我们知道,在中国古代"伧夫"是指"粗野鄙贱的人",黄侃用"伧夫所悔"一语来形容事后的经验教训,也意在说明的确是自己过于冲动,致使欧阳竟无长揖而去。

① 周作人:《知堂回想录》(香港:三育图书有限公司,1980年),页482。

② 汪修荣:《国学狂人黄侃》(《人物》2005年第12期)

③ 语见曹丕《典论·论文》,转引自《鲁迅全集》第六卷(北京:人民文学出版社,2005年)页310。

④ 鲁迅:《鲁迅全集》第六卷(北京:人民文学出版社,2005年),页309。

⑤ 《蕲春黄先生雅言札记》(《制言》第四十一期,1937年)(敝处暂无《制言》十二期以后各期,故无法注明引文具体页码),转引自卫衍翔《黄侃纪念文集序》,武汉老龄科学研究院、武汉成才大学:《黄侃纪念文集》(湖北人民出版社,1989年),页1。

⑥ 卫衍翔《黄侃纪念文集序》,武汉老龄科学研究院、武汉成才大学:《黄侃纪念文集》(湖北人民出版社,1989年),页1。

⑦ 欧阳竟无:《孔学杂著》(济南:山东人民出版社,1997年),页51。

三、"雅"即"夏"
——日记之外的学术交流

1924 年,黄侃任教武昌师范大学,《说文略说》、《声韵略说》和《尔雅略说》俱为任教武昌师范大学时的讲章。在《尔雅略说》中,他说:

> 雅之训正,谊属后起,其实即夏之借字。《荀子·荣辱篇》:"越人安越,楚人安楚,君子安雅。"《儒效篇》则云:"居楚而楚,居越而越,居夏而夏。"二文大同,独雅、夏错见,明雅即夏之假借也。明乎此者,一可知《尔雅》为诸夏之公言,二可知《尔雅》皆经典之常语,三可知《尔雅》为训诂之正义。①

蒙文通在《古史甄微·三代文化》中说:

> 《汉书·地理志》言:"颍川、南阳本夏禹之国。"战国所谓争夏道者即是地也。……禹有天下号曰夏,则以一国之号为一代之号。曰夷狄,曰诸夏,则又以一代之号为一族之号。故《说文》说:夏,中国之人也。三代以还,遂皆以中国为夏。《荀子》曰:"居楚而楚,居越而越,居夏而夏。"又曰:"越人安越,楚人安楚,君子安雅。"夏后以后,历三代称中国人为夏,犹炎汉以后称别中国人于异族称汉,唐以后别中国于异族称唐也。②

我们知道,最早将"雅"释为"夏",认为"雅"与"夏"之间存在假借关系的学者是清人王引之,他在《读书杂志》中说:

> 譬之"越人安越,楚人安楚,君子安雅。"引之曰:"雅读为夏,夏谓中国也,故与楚越对文。《儒效篇》:"居楚而楚,居越而越,居夏而夏。"是其证。古者,雅夏二字互通。故《左传》齐大夫子雅《韩子·外储说右篇》作"子夏"。③

但同时我们也知道,正是黄侃首先将"雅""夏"之间的假借关系引申为对《尔雅》一书的正确注解,即《尔雅》为"诸夏之公言","经典之常语","训

---

① 黄侃:《黄侃论学杂著》(北京:中华书局,1964 年),页 362。
② 蒙文通:《蒙文通文集》第五卷《古史甄微》(成都:巴蜀书社,1999 年),页 123。
③ 王念孙:《读书杂志》(台北:广文书局,1963 年),页 647。

诂之正义"。然而黄侃生前并没有将《尔雅略说》刊布发表,蒙文通也不可能通过报刊杂志知道黄侃的这一看法。联系到1929年下半年至1930年上半年蒙文通任教中央大学与黄侃"谈论终日,颇能相得"可知,蒙文通曾就相关问题请教黄侃。虽然《古史甄微》一书成书于1927年,曾经在多所高校讲授,但是最后发表却在1930年至1933年间。联系到蒙文通后来曾说"写一篇文章,总要经得起时间考验。一篇稿子写好后,最好放过二三年,能经得住二三年的考验,再发表也不晚。在这段时间也可作些补充修改,使更完善些"①可知,在此期间对旧作进行必要的修改是非常有可能的。况且《论三代文化》一节曾以《三代文化论》为标题发表在1930年的《史学杂志》上。此时蒙文通先生恰好在南京中央大学任教。二人往复论学,交流心得也是很有可能的。

　　1911年,蒙文通进入存古学堂学习,受业于井研廖平及仪征刘师培。时刘氏授《说文》,尝以"大徐本会意之字,段本据他本改为形声,试条考其得失"为课,蒙文通答卷三千余言。刘师培阅后说"首篇精熟许书,于段、徐得失融会贯通,区辨条例,既昭且明,案语简约,尤合著书之体。"廖平见之,言:"郝、邵、桂、王之书,枉汝一生有余,何曾解得秦汉人一二句,读《说文》三月,粗足用可也。"蒙文通深韪其言,自此以后,循廖氏之旨以治经,惟家法条例之求而不屑于名物训诂。② 但实际上,通过阅读蒙文通晚年著作可知,文字音韵训诂之学依然是他治学的基础,这一点在《巴蜀史的问题》和《越史丛考》中体现得尤为明显。

　　《巴蜀史的问题》中说:

　　　　"以雅以南"的"雅"就是"夏"字,《荀子·荣辱》:"越人安越,楚人安楚,君子安雅。"《儒效》又说:"居楚而楚,居越而越,居夏而夏。"《史记·货殖列传》说:"颖川南阳,夏人之居。"把南和夏区别开,就容易解决南的所在。③

《越史丛考》中说:

　　　　《荀子·儒效》言:"居楚而楚,居越而越,居夏而夏。"同书《荣辱》又言:"越人安越,楚人安楚,君子安雅(夏)。"是越、楚、夏本为三地,越

---

①　蒙默:《蒙文通学记》(北京:生活·读书·新知三联书店,2006年),页7。
②　同上,页303。
③　蒙文通:《中国古代民族史讲义》(天津:天津古籍出版社,2008年),页189。

人、楚人、夏人本为三族,事至显也。①

又说:

> 《荀子》之言曰:"居楚而楚,居越而越,居夏而夏,是非天性也,积靡使之然也。""越人安越,楚人安楚,君子安雅,是非知能材性然也,是注措习俗之节异也。"是楚、越、夏三地、三族习俗之异至为显然。②

由此可见"雅即夏之假借",《尔雅》为"诸夏之公言","经典之常语","训诂之正义"对蒙文通的影响至为重要,他们之间的交往并非简单地局限在《黄侃日记》的三处记载。

我们知道,黄侃教学不拘一格,常常利用郊游吃饭喝酒的机会,畅谈学问,于闲谈中给学生莫大启发。他的学生孙世扬曾说:"先生好游,而颇难其侣,唯扬及慎言无役不与,游踪殆遍郊圻,宴谈常至深夜。先生文思骏发,所至必有题咏,间令和作,亦乐为点窜焉。"③根据隗瀛涛先生的回忆,蒙文通的考试,不是老师出题考学生,而是学生出题问老师。考场不在教室,而在望江楼公园的茶铺里,学生按指定分组去品茗应试,由蒙文通掏钱招待吃茶。往往考生的题目一出口,蒙文通就能探出他的学识程度。如果学生的问题问得好,蒙文通就哈哈大笑,点燃叶子烟猛吸一口,开始详加评论。④ 如此相似的教学风格,也足以说明黄侃与蒙文通的交往不仅仅局限在《黄侃日记》的三处记载。黄侃对蒙文通的间接影响也由此可见一斑。

1930 年 6 月蒙文通离开南京中央大学回到成都大学任教,结束了他的南京之旅。虽然在此之后他也曾多次回到南京,但是停留的时间却是非常短暂,以至于的一些重要论著因没有及时带回成都而散失。《四库珍本〈十先生奥论〉读后记》附言中说:"积两年稿未定,他作多于南京陷落,遂至散失。"⑤但是到底有散失了那些重要的著述,今人已无法考证,在一封致汤用彤的信件中提到多篇文章,其中《南统北统论》、《周时汉族之南迁》、《西北民族之思想与法家》、《秦汉政治与法家》、《荀子与法家》等多篇文章今已不见,可知南京陷落对蒙文通的著述影响之大。⑥ 蒙文通"推治经之法以治佛

---

① 蒙文通:《越史丛考》(北京:人民出版社,1983 年),页 2。
② 同上,页 13。
③ 孙世扬:《黄先生〈蓟游遗稿〉序》(《制言》第六期,1925 年),页 1。
④ 蒙默:《蒙文通学记》(北京:生活·读书·新知三联书店,2006 年),页 200。
⑤ 蒙文通:《中国史学史》(上海:上海人民出版社,2006 年),页 160。
⑥ 四川省文史馆:《四川近现代文化人物》(成都:四川人民出版社,1989 年),页 160。

典"的积大成者唯《中国禅学考》、《唯识新罗学》两篇,其他佛学论著早已灰飞烟灭,不在人世。先生之子蒙默教授曾说:"先君与时贤来往论学书函本应不少,然先君常迁徙不定,舟车南北,且未注意保存,以致散失殆尽,存者不多。"①书函如此,著作则更是难成全璧。

①　四川大学历史文化学院:《蒙文通先生诞辰 110 周年纪念文集》(北京:线装书局,2005年),页47。

蒙文通陈寅恪史学互鉴考

一、《治学杂语》忆交游

蒙文通先生在《治学杂语》中说：

> 二十年前（约在 1944 年前后），曾访陈寅恪氏于清华园，谈论间，陈盛赞"汉人之经学，宋人之史学"，余深佩其言，惜当时未能详论。异日，再往访之，欲知其具体论旨。晤谈中，陈详论欧阳永叔、司马君实，亦略及郑渔仲。而余意则不与同，以汉人经学当以西汉为尤高，宋人史学则以南宋为尤精，所谓经今文学、浙东史学是也。当时虽尚未有撰述，实早已成熟于胸臆之中矣。

今据蒙文通先生、陈寅恪先生学术编年可知，今人鉴定蒙文通先生《治学杂语》中回忆蒙陈交游疑存时间上的错误。据蒋天枢《陈寅恪先生编年事辑》载，1943 年 8 月陈寅恪先生由桂林启程北行。冬十一二月间始达重庆。12 月底抵达成都，任教于燕京大学。是年有《邓广铭〈宋史职官志考证〉序》、《陶渊明之思想与清谈之关系》二文。1944 年，陈寅恪仍任教于燕京大学，后因上课地点改在华西大学文学院，陈寅恪一家也搬迁到华西坝广益宿舍居住。直到 1945 年秋才因英国皇家学会约赴伦敦治疗目疾，由成都搭航机去昆明，经印度去伦敦。又据蒙文通先生学术编年可知，二十世纪三十年代后期至五十年代先生曾先后执教于华西大学、四川大学、三台东北大学，成稿于这一时期的《中国史学史》有专论中唐两宋史学的篇章，又足以证明"当时虽尚未有撰述，实早已成熟于胸臆之中矣"非 1944 年前后的学术自述。

再据蒙默《中国史学史·序》载，《中国史学史》一书基本部分撰于 1938 年，时蒙文通先生任教于四川大学，该书第三章中唐两宋史学一、二、四、六、七等节曾刊载于《华文月刊》第二卷第二、三、四期，题为《宋代史学》，时在 1943 年 7 至 9 月。由此则可断定蒙文通先生在《治学杂语》中忆及蒙陈交游当在三十年代蒙文通先生任教北京大学历史系时，时陈寅恪先生亦任教北京清华大学,1935 年迁居清华大学新西院。1934 年前后当为蒙文通先生和陈寅恪先生交游之始。蒙文通先生在《北宋变法论稿》一文中说:"蒙少年时读其书,信其说者十数年,年将四十,以所见史料核之多不合,于是始疑之。"按蒙文通先生出生于 1894 年,年将四十正好是先生任教北京大学历史系之时,当无疑也。

在《治学杂语》中,蒙文通先生又一次提到了陈寅恪先生,内中隐含的是蒙文通先生对陈寅恪先生学术造诣的称许。他说:

> 两汉会要,未为完备。《食货志》最不易读,以其中多当时官牍文字也。今日为史,当先求通史之名物训诂。清代人治经,两《经解》尝能通名物训诂,然则史学不当先作"史学纂诂",如今日《经籍纂诂》之流乎?今日陈援庵、陈寅恪诸人尚在,尚可为也。史,宋代乃有学,此学之绝久矣!今日言文学史,当有脉络可寻;而哲学史,则无一佳者,以哲学自宋以后亦绝无人解也。故不通制度,不能得其相承嬗变之迹,不足以言史学也。

由蒙文通先生后言及"近论一条鞭法"可知,这一自述当说自 1957 年前后,《中国历代农产量的扩大和赋役制度及学术思想的演变》一文中有专节谈论一条鞭和地丁合一,盖论一条鞭法也。今又检蒙文通先生此言,则知非蒙文通先生当时讲话的直接记载,《蒙文通学记》(增补本)增补《治学杂语》若干条,此条录自《赖皋翔文史杂论·史论》,间接的记载使得蒙文通先生是否有此说尚存疑问。陈援庵、陈寅恪是著名的史学大师不假,但今人知其学术则是"专家"而非"通人",与"今日为史,当先求通史之名物训诂。清代人治经,两《经解》尝能通名物训诂,然则史学不当先作"史学纂诂",如今日《经籍纂诂》之流乎?"不符,更不必说在此基础上的"尚可为也"。又,检阅《蒙文通文集》可知,蒙文通先生在 1958 年写就的《汉唐间蜀境民族之移徙与户口升降》中又一次提到了陈寅恪先生。文中虽无直接的称许,但却含有间接的认同。他说:

> 《魏书》、《北史》又皆载有河东蜀薛。《魏书·薛辩传》载:"其先自蜀徙于河东之汾阴,因家焉。祖涛与薛祖、薛落等分统部众,世号三薛。父薛复代领部落,而祖、落子孙微劣,疆遂总摄三营。历石虎、苻坚,常冯河自固。……疆卒,辩复袭统其营。"《北史·薛聪传》载聪对孝文帝言:"臣远祖广德世仕汉朝,时人呼为汉;臣九世祖永随刘备入蜀,时人呼为蜀;臣今事陛下,是虏也,非蜀也。"《通鉴》卷一四〇载薛宗起言:"臣之先汉末仕蜀,二世复归河东,今六世相袭。"则蜀薛之北迁河东,

宜亦在晋、成之际,随迁人数当亦非少,故能对抗石虎、苻坚而自立于一方。唯《魏书·司马叡传》以"蜀"为南方少数民族之一,蜀薛在北亦常与"胡"、"氐"相连称为"胡蜀"、"氐蜀",显亦以少数民族目之,但以资料缺略,无法详论。吕思勉《燕石扎记》、陈寅恪《〈魏书·司马叡传〉江东民族条释证及推论》皆尝言之。

今查《陈寅恪先生编年事辑》知《〈魏书·司马叡传〉江东民族条释证及推论》一文当写成于 1941 年,而后屡有修改,刊于 1944 年 9 月《历史语言研究所集刊》第十一册。蒙文通先生所谓"陈寅恪《〈魏书·司马叡传〉江东民族条释证及推论》皆尝言之"乃特指陈寅恪先生补证论蜀事。

二、宋史研究见"渊源"

1943 年,陈寅恪先生在《邓广铭〈宋史职官志考证〉序》中说:"吾国近年之学术,如考古历史文艺及思想史等,以世局激荡及外缘熏习之故,咸有显著之变迁。将来所止之境,今固未敢断论。惟可一言蔽之曰,宋代学术之复兴,或新宋学之建立是已。华夏民族之文化,历数千载之演进,造极于赵宋之世。后渐衰微,终必复振。譬诸冬季之树木,虽已凋落,而本根未死,阳春气暖,萌芽日长,及至盛夏,枝叶扶疏,亭亭如车盖,又可庇荫百十人矣。由是言之,宋代之史事,乃今日所亟应致力者。此为世人所共知,然亦谈何容易耶?盖天水一朝之史料,曾汇集于元修之《宋史》。自来所谓正史者,皆不能无所阙误,而《宋史》尤盛。若欲补其阙遗,正其伪误,必先精研本书,然后始有增订工事之可言。"《陈垣〈明季滇黔佛教考〉序》中说:"中国史学莫不盛于宋,而宋代史家之著述,于宗教往往疏略,此不独由于意执之偏蔽,亦其知见之狭陋有以致之。元明及清,治史者之学识更不逮宋,故严格言之,中国乙部之中,几无完善之宗教史。"今人常以此言陈寅恪先生宋史研究对近人的启发意义。《赠蒋秉南序》中说:"欧阳永叔少学韩昌黎之文,晚撰五代史记,作义儿冯道诸传,贬斥势利,尊崇气节,遂一匡五代之浇漓,返之淳正。故天水一朝之文化,竟为我民族遗留之瑰宝。孰谓空文于治道学术无裨益耶?"以此言之,陈寅恪先生论宋史乃特重天水一朝的文化。

1934 年,蒙文通先生在《致柳翼谋先生书》中说:"文通暑期中在平,略读东莱、水心、龙川、止斋诸家书,欲以窥宋人史学所谓浙东云者。求唐书,惟得《帝王经世图谱》与《金华唐氏遗书》。全谢山曾于《永乐大典》中抄出说斋诗文,在平访之,友知皆云未见,不审江浙间犹有之否?""窃以北宋之学,洛、蜀、新三派鼎立,浙东史学主义理、重制度,疑其来源即合北宋三派以冶于一炉也。""中国史学惟春秋、六朝、两宋为盛,余皆逊之。……六代精于史体,勤于作史;宋人深于史识,不在作史而在论。六朝人往往不能作志,为之者亦勤于缀拾而短于推论。宋人则长于观变而求其升降隆污之几。"《跋华阳张君〈叶水心研究〉》中说:"经学莫盛于汉,史学莫精于宋,此涉学者所能知也。汉代经术以西京为宏深,宋代史学以南渡为卓绝,则今之言者于此未尽同也。近三百年来,宗汉学为多,虽专主西京其事稍晚,然榛途既启,义亦渐明。惟三百年间治史者鲜,今兹言史者虽稍众,然能恪宗两宋以为规范者,殆不可数数觏,而况于南宋之统绪哉!……后寓北平,始一一发南渡诸家书读之,寻其旨趣,迹其途辙,余之研史,至是始稍知归宿,亦以是与人异趣。"今人常以蒙文通先生与邓广铭、张荫麟等并列,称之为二十世纪宋史研究四大家,是有据也。《〈宋史〉叙言》可谓先生论宋史的代表作。

故宋人之学,其始也为哲学,人人反求诸己,期于自证自得;其终也,抉人心同然之安,而天下归于一是之定,则其效又与宗教同。此宋之所以能有统一之治,外足以御北狄,而僭乱不作,反有贤于汉唐者耶?六代政治之离心力为篡乱、为割据,而宋政治之离心力为士大夫与士大夫之党争;六代学术之离心力为百氏、为异端,而宋代学术之离心力为新学、洛学、蜀学之鼎立及朱学、陆学之抗衡。政党之争烈而一于尊王,学术之争烈而一于希圣,此晚周六代之终于崩乱,而宋之所以挽五代之颓局以反于盛治者耶!六朝政俗与学术同弊,善疑也,而不能进而求是,排落外铄之说,而无拔本塞源、彻底澄清之勇,卒之俗弊政乱而不可挽。宋则异于是,……宋之为宋,学术文章,正足见其立国精神之所在,故于宋史首应研学术,则知学术之所以存,次制度,则知宋之所以败,而事变云为纷纷者,皆其现象之粗迹,而别为此现象策动之因存,亦正今日所当深思而引为明鉴者也。

《中国史学史·绪言》中说:"其在北宋,一排唐人博综之学,研精义理,超绝古今。于是司马、欧阳,前驱拥篲,逮于南宋,胜义纷陈,此史学之又一盛也。"以此知,陈寅恪先生、蒙文通先生之所以重视宋史,实因当时的社会背景与两宋所面临的社会背景有相似之处。史家重视这一时期的历史研究,实抱有华夏文化必有振兴之日的期望。

陈寅恪先生晋至唐史讲课要旨最低限度必读书指出:

政治史部分要看《资治通鉴》。今人每好看《通鉴纪事本末》,以为此书有合于西洋科学方法,而不看《通鉴》。这实在错误。……研究历史，要特别注意古人的言论和行事。……事，即行，行动，研究其行动与当时制度的关系。《通典》、《大唐六典》、《唐律疏议》皆讲制度（system）组织方面（structure），现在要研究其制度的施行（function），研究制度对当时行动的影响，和当时人行动对于制度的影响。研究某种行动为何发生，如结婚必与民法有关，杀人必与刑法有关。

蒋天枢说："先生指出注意研究制度的实际施行情况，此点至为重要。因为写在纸上的东西不一定就是现实的东西。研究制度历史不能只看条文，必须考察条文在实际生活中的作用。"蒙文通先生在《北宋变法论稿》中说：

> 欲知一代政治得失，典章制度为最客观最科学之根据。因一定之政治措施必有一定之社会实效，法度之条文及其实际效果，皆非史官所可任意改变者，此《会要》之所以最重要也。

而据《国立北京大学史学系课程指导书》可知，蒙文通先生任教北京大学时即已十分重视宋代政治之升降，学术之转变，制度之沿革，民族之盛衰。盖先生在教学大纲中说：

> （本课）注重探讨有宋一代政治之升降，学术之转变，制度之沿革，民族之盛衰，以吕东莱、陈君举、叶水心之说为本，取材于《东都事略》、《南宋书》、《宋朝事实》、《太平治迹》，以济元修《宋史》之阙；更从《文献通考》辑出《建隆编》佚文，以为《宋会要》之纲。

今据蒋天枢《陈寅恪先生编年事辑》知，陈寅恪先生晋至唐史课程讲课要旨乃1936年时在清华大学所讲，而据蒙默教授言蒙文通先生《北宋变法之史料问题》一文略作于1954年至1958年间，其时距陈寅恪先生任教清华大学讲晋至唐史已近二十年，虽今人已无法识别二人认识之间的因果关联，但可以肯定的是形成这一认识的时间并非授课要旨所讲授的时间，亦非写文以阐述这一观点的时间。联系到1933年蒙文通先生任教北京大学历史系讲授宋史一课及1935年以后蒙文通先生离京任教天津、辗转回川任教四川大学、华西大学等高校讲授中国史学史一课可知，蒙文通先生有此认识亦与陈寅恪先生授课要旨所提出的认识应差不多同时，或二人曾经就此作过讨论也未可知。

三、蒙文通先生的魏晋南北朝研究

近人常言蒙文通先生治学概以地望言之,用西方的学术术语来讲,就是说蒙文通先生治学特重空间,每以空间诠释时间,如殷周代替,周秦剧变,皆持一地之学兴、一地之学废的观点。并且认为蒙文通先生的这种强烈的空间观和蜀人郁结的"位置心理"暗合。但是前人治史与今人治史则有明显的不同,前人治史史地是不分家的,民国时期高校设置的课程也基本上把史地联系在一起。这一点在四川大学历史系表现得特别明显。《川大史学·序》中说:"1941 年,史学系正式改名为史地系。虽然 1947 年史、地系分家,但对时、空加以综合研究的学术取向则一直延续至今。"前人治史重与地理知识的结合,这一点对近人治史影响特别大。陈寅恪先生的《隋唐制度渊源略论稿》、《唐代政治史述论稿》都有该传统的影响。

二十世纪上半叶的中国社会,内忧外患是这一时代的大背景,故这一时期史学家的民族国家观念在治史上表现得尤其明显。蒙文通先生在《中国史学史》中论六朝至唐的史学特标《史学家之民族国家思想》一节以论述这一问题。蒙文通先生任教北京大学历史系时曾担任魏晋南北朝一课的教授,钱穆在《师友杂忆》一书中颇为赞赏,他说:

> 文通所任,乃魏晋南北朝及隋唐两时期之断代史。余敢言,以余所知,果文通离职,至少在三年内当物色不到一继任人选。

蒙文通先生离职以后,北大历史系主任邀钱穆任魏晋南北史教授,钱穆拒绝不允,而"隋唐史一门则聘陈寅恪兼任,上堂仅盈月,寅恪即辞去不再来。谓其体弱,其夫人言,若不辞取北大兼职,即不再过问其三餐。"杨向奎在《我们的蒙老师》一文中说:

> 蒙先生长于佛学,如果他讲六朝佛学,更会受到欢迎。因为钱宾四先生的中国古代史课就是讲"先秦诸子系年";而林公铎先生讲唐诗,选陶渊明;讲先秦文,讲韩昌黎;学生也都无话可说,只要讲得好,不妨名实不相副。

这一段文字隐藏的"深意"我们暂时不去讨论,但就蒙文通先生三弟蒙思明后治魏晋南北朝史学所取得的成绩可知,蒙思明在魏晋南北朝史学研究上所取得的成绩多少有蒙文通先生教导的功劳。《禹贡》第六卷第十期《通讯一束》载蒙文通致顾颉刚书信两封,其二开篇即云:"前嘱舍弟蒙思明呈上拙作周秦民族数章,昨复由邮呈上十九页,自看一过,觉尚应改写,但又非此刻所能,拟于寒暑假中改写。”由第一封信所言,蒙文通先生离北平至天津任教,“已有之书多存北平,此间书又颇缺”可知,蒙文通先生所谓“非此刻所能”当指图书缺乏,书籍不易寻觅。《周秦少数民族研究·序二》中说:“一九三六年任教天津,以顾君颉刚之促,始写成《犬戎东侵考》、《秦为戎族考》,继又写成《赤狄白狄东侵考》、《古代民族迁徙考》,刊布于《禹贡》,国内外学人多以余言为缪,嗣以卢沟桥事变,京、津沦丧,因携婴孺避居意租界,偕三弟思明寓谢君戍生家。痛外患日炽,国土沦陷,念平生所学多未写出,懼不得卒业,遂槥户写作,先将周秦民族所研得者并所成四考合写为一编,凡四十余日初稿始毕。”蒙默《蒙文通先生传略》中说:“1936年,移居天津,教授于河北女子师范学院,蛰居多暇,积稿独多。”蒙文通先生《四库珍本〈十先生奥语〉读后记》跋说:“此文草创于北平,材料多资于北平图书馆,亦颇有取材于天津图书馆及江苏国学图书馆者。积二年稿未定,他作多于南京陷落,遂致散失。此稿以徒校订旧文,别笥藏之,仅得保存。”《周秦民族与思想》附识中说:“而此作旧稿,则以随首都沦陷,付之灰尘,每自念及,懑愤徒深。”以此知蒙文通先生抗日战争前的大部分未刊文稿因南京陷落而终于散失,不可再得。蒙文通先生早年关于经学、佛学、魏晋南北朝的研究文章也因之稀少,是为学术之不幸也。

四、魏晋南北朝史研究中的“暗合”

近人治史既重地理,也重民族国家思想精神,这一大的治学环境必然使得蒙文通先生、陈寅恪先生在治学上存在着相似之处。而今人不查此一现象的存在,盖所说多囿于成见,未得此一问题的关键,也未能深入探讨蒙文通先生与陈寅恪先生史学上的相似之处。今仅就二人魏晋南北朝史研究细说之。

在《治学杂语》中蒙文通先生两次直接提到他对魏晋南北朝史学的认识,其一说:“魏晋南北朝的史学极为发达,著述极富,但在唐后零落几尽。清世辑佚之风虽盛,但所辑多为经部诸书,史部所辑者甚少。苟能将魏晋南北朝史部诸书辑出,以考见当时史学之盛及其与当世政治、清谈、民族的关系,必大有可观。”其二说:“1934年,我讲魏晋南北朝史,讲到高欢语鲜卑曰:‘汉民是汝奴,夫为汝耕,妇为汝织,输汝粟帛。’语华人曰:‘鲜卑是汝作客,为汝击贼,令汝安宁。’猛然悟到这种区分正与周代国人、野人之分相吻合。下课返家立即进行研究,看出《孟子》、《周官》所讲确实是如此,国、野不仅田制、兵不同,学制、选士也不同。并且进一步看出廖先生说古文是史学、今文是经学(或哲学),的确是颠扑不破的判断。同时也看出经学家们把经今古文问题推到孔孟时期显然也是不对的,孔孟所言周事还基本是历史事实而不是理想虚构。"《评〈学史散篇〉》中说:"中国学术,建安、正始而还,天宝、大历而还,正德、嘉靖而还,并晚周为四大变局,皆力摧旧说,别启新途。魏晋之故,迩来注意及之者已多。而晚唐、晚明之故,则殊少论及。"盖蒙文通先生论魏晋南北朝史学特重学术自身发展的规律。这一点与其论中国史学史极为相似。

《中国历代农产量的扩大和赋役制度及学术思想的演变》论正始学术说:"自秦、汉统一全国,社会逐步安定,经济形态也逐步趋于稳定,当时学术思想,也由战国百家争鸣的局面,逐步趋于统一。自汉武帝'罢黜百家,独尊儒术'以后,遂致儒学独盛而诸子之学寝熄。至东汉后期,崔寔著《政论》、仲长统著《昌言》,又才重新提出了刑名法术之学,然其立说,犹依违于儒、法道德、刑罚之间。至东汉末,海内大乱,群雄并起,割据州郡者,多以成霸王之业自期,游谈之士,也多以成王霸之业为说,由是学者多以儒、法并论,而治诸子之学的风气也因以兴起。……至嵇康、阮籍竹林七贤而后,清谈之风也发生了变化,阮籍提出'礼非为我设',则连儒家的名教都要抛弃了。嵇康又'每非汤、武而薄周、孔',他说:'少加孤露,不涉经学,纵逸来久,情意傲散,简与礼相背,嫩与慢相成,又读《老》、《庄》,重增其放。'于是清谈之士,变而成为放荡狂诞之徒了。""自此以后,解经之书,每人自为一家,何晏、杜预、范宁、徐邈之流称为'集解'者就盛行于世了。""在思想学术都已变化之后——讲经之家变汉儒师法而自成一家之言,诸子之学兴起,清谈之风盛行,于是史学也就不能不变。……整个学术风气既变,因而文学风格也就起了变化,骈俪之文,大行于世。""在魏晋变古而后,其流风所及,下迤李唐。到了孔、贾义疏和官修五史,经史之学,遂又到另一定型。自天宝、大历而后,在学术思想上发生了显著的变化。由于文学上的变化——'古文'的兴起,来得比较猛烈,提得比较响亮,韩、柳散文,又大为后世所传习。"是蒙文通先生论魏晋南北朝学术又特重经学、史学、文学及诸子之学的盛衰。《中国史学史》论周代学术发展之三阶段时说:

> 是西周之初,文学为盛,而史即寓乎文。若孟、墨之引《泰誓》,孔子之引《夏书》,皆属韵文。墨征《大雅》,亦云《周书》。此皆史之初多寄于《诗》,《国语》兴则史离《诗》而独立也。《左》、《国》所述,名理实繁,此哲学之初寄乎史,《家语》作,哲学又离史学而独尊。此周代学术转变之阶段也。

以此论魏晋南北朝史学,则有"自汉末以来,儒家之说已坠,异说以兴。始法家,次道家,言墨家者有鲁胜,言名家者有刘劭,管辂之于数术,华佗之于方技,阮武、姚信、钟繇、陈群之流,百家之说,莫不并起。技巧溢益,释道踵武,则思想之解放而为变古者极矣。文也,史也,靡不革新。于是马、班抑坠,而干宝、孙盛巍然为五百年史例中兴。盖一切学术均变,而史学亦不得不变,哲学盛而史亦盛也。"论史学家之民族国家思想则说:"种族之祸,致慨已深","用夏变夷,为神州陆沉之渐","种族国家之痛,虽郑思肖之《心史》,何以尚兹",于是有正闰之论,"固政治民族主义也"。柳诒徵《国史要义》史统第三详而论之。

蒙文通先生精于魏晋南北朝史学,其论述大多详于《中国历代农产量的扩大和赋役制度及学术思想的演变》论两晋六朝的农产量、魏晋六朝的租调和唐的租庸调、正始学术等节和《中国史学史》第二章六朝至唐。而单独成文的则有1934年《〈宋略〉存于〈建康实录〉考》、《〈宋略总论〉校记》,1958年《从民族与地理论诸葛亮南征》,1964年《与友人论西羌与吐谷浑书》,由此可知,蒙文通先生之治魏晋南北朝史学实与其治周秦民族史、先秦史同。今人极少重视蒙文通先生对魏晋南北朝史的研究,乃因先生直接论述这一时期的文章极少,而今人治学特重成见而不喜发现。兹就陈寅恪先生论魏晋南北朝有与蒙文通先生相似者作一概括,以见蒙文通先生、陈寅恪先生治学之异同。

自1931年开始陈寅恪先生即已在清华大学历史系开设"魏晋南北朝史专题研究"和"隋唐五代史专题研究",亦称"晋至唐史"课程。对此,周一良在回忆文章中说:"陈先生讲课之所以使我们这些外校的学生特别倾服,应有其原因……陈先生谈问题总讲出个道理来,亦即不仅细致周密的考证出某事之'然',而且常常讲出其'所以然',听起来就有深度,说服力更强。""陈先生善于因小见大,在魏晋南北朝史研究方面虽没有写出像《隋唐制度渊源略论稿》和《唐代政治史述论稿》那样综观全局、建立框架的论著,但除经济方面而外许多重要方面的大问题都接触到了"。同时周一良还指出,自30年代以来,现代史学界研究魏晋南北朝史的很多专家学者均出陈氏门下或受其学术沾溉。台湾学者汪荣祖在《史家陈寅恪传》一书中详论陈寅恪先生自道"为不古不今之学",其四即为六朝史论。魏晋南北朝史研究之于陈寅恪先生学术人生的重要性由此可见。

《治学杂语》论魏晋佛学时说:

　　魏晋佛学,完全是印度佛教与中国思想相结合的产物,故与印度之佛教异。唐人觉其非印度之教义,玄奘亲往印度求法,所取回者为真印度佛教,但与中国条件不适应,再传之后遂绝,而所流行者则仍为中国化之佛教——天台、华严等宗,及至禅宗出现后,与中国思想之结合愈紧密,而竟完全取代前此佛教各宗。

李晓宇《蒙文通先生佛学研究中的经学研究问题》一文注意到,蒙文通先生此说与陈寅恪先生不谋而合,但作者却没有详细论证蒙文通先生与陈寅恪先生"合"在什么地方?

陈寅恪先生在《〈西游记〉玄奘弟子故事之演变》中说:

> 故今《大藏》中《法句譬喻经》等之体制,实印度人解释佛典之正宗。此土释经著述,如天台诸祖之书,则已支那化,固与印度释经之著作有异也。

《〈大乘义章〉书后》中说:

> 盖佛教初入中国,名词翻译,不得不依托较为近似之老庄,以期易解。后知其意义不切当,而教义学说,亦渐普及,乃专用对音之"菩提",而舍置义译之"道"。此时代变迁所致,亦即六朝旧译与唐代新译(此指全部佛教翻译事业,非仅就法相宗言)区别之一例。

合此两证,略可见蒙文通先生与陈寅恪先生不谋而合。蒙文通先生早年深研佛学,有《中国禅学考》、《唯识新罗学》两文。后来虽无专门的佛学文章出,但据他曾自谓欧阳竟无对他的影响最深可知,蒙文通先生的佛学造诣之高确属实言。杨向奎在《我们的蒙老师》一文中说:"蒙先生长于佛学,如果他讲六朝佛学,更会受到欢迎的。"

今遍检《陈寅恪集》、《蒙文通文集》及与蒙、陈同时代学术同仁的追忆,二人门生的师门杂忆,鲜有提及三十年代蒙文通先生任教北京大学时与陈寅恪先生之间的学术探讨。联系到蒙文通先生早年南下吴越的问学经历可以推测,这一时期蒙、陈间的学术交流是不可避免的。蒙文通先生在《治学杂语》中虽仅论及二人在宋史上的探讨,考虑到蒙文通先生回忆这一时期的经历及解放后任教川大,开设宋史课程可知,其回忆已经过学术上的抉折。今天我们来探讨蒙、陈关于魏晋南北朝的交流,其始当源自蒙文通先生任教北京大学以后。蒙文通先生在《治学杂语》说及其任教北大,教授魏晋南北朝史讲到高欢语鲜卑曰、语华人曰时猛然发现这与周代国人、野人之分相联系,指出《孟子》、《周官》国、野不仅田制、兵不同,学制、选士也不同。并且进一步看出廖先生说古文是史学、今文是经学(或哲学),的确是颠扑不破的判断。同时也看出经学家们把经今古文问题推到孔孟时期显然也是不对的,孔孟所言周事还基本是历史事实而不是理想虚构。蒙文通先生的这一发现,授课自述,使今人不禁想起 1936 年 12 月陈寅恪先生刊于《历史语言研究所集刊》第七本的一篇文章,题为《东晋南朝之吴语》,开篇说:

> 近日友人多研究东晋南北朝音韵问题,甚可喜也。寅恪颇欲参加讨论,而苦于音韵之学绝无通解,不敢妄说。兹仅就读史所及,关涉东晋南朝之吴语者,择录数事,略附诠释,以贡研究此问题者之参证。

盖两先生所重视者仍有相似之处。蒙文通先生由北朝语联想到周代国人、野人之分;《孟子》、《周官》国、野不仅田制、兵不同,学制、选士也不同等,实为以语言文字证史的又一途径。陈寅恪先生《东晋南朝之吴语》说:

> 永嘉南渡之士族原籍虽各有不同,然大抵操洛阳近傍之方言,似无疑义。故吴人之仿效北语亦当同是洛阳近傍之方言,如洛阳生咏即其一证也。由此推论,东晋南朝疆域之内其士大夫无论属于北籍,抑属于吴籍,大抵操西晋末年洛阳近傍之方言,其生值同时,而用韵宽严互异者,既非吴音与北音之问题,亦非东晋南朝疆域内北方方言之问题,乃是作者个人审音之标准有宽有严,及关于当时流行之审音学说或从或违之问题也。

陈寅恪先生论魏晋南北朝语言文字采用的是与蒙文通先生既有相似之处亦有不同之处的治学方法。以语言文字证前史与以语言文字证时史乃是不同之处的关键。蒙文通先生《越史丛考·越族古居"扬子江以南整个地区"辩》论楚、越不同族特以语言文化之不同论之:

> 楚、越民族之不同,当自其民族特征考论之,诸民族特征中又以语言及文化为主。……楚、越语言之异,已非同一语言之地方变体,而当为不同民族之语言矣。

及至《百越民族考》则专以语言及习俗辨百越民族,说:

> 方言之形成,或由亲属语言之分化统一,或由非亲属语言之交配,当就各方言区具实论之。原为少数民族地区之方言,宜为不同语言之交配也。……余谓此类"特殊方言"之形成,正以其地原为少数民族居住区之故。此种特殊方言实当为该地原住少数民族语言之遗存。故余以《方言》中所载原百越地区之不同"方言",当可视为原百越地区中不同民族语言之遗存。据《方言》所载百越地区之不同"方言",合百越各地之不同习俗论之,百越民族略可分为吴越(包括东瓯、闽越)、南越、

西瓯、骆越四族。

由此可知蒙文通先生以方言证史与陈寅恪先生以吴音证史实可媲美。但因蒙文通先生自1935年离北平以后,魏晋南北史研究即告一段落,今天我们能够见到其论这一时期历史的单独成篇的仅有1934年刊于《国立北平图书馆馆刊》第八卷第五期的《〈宋略〉存于〈建康实录〉考》、《〈宋略总论〉校记》和1941年8月刊于《国论月刊》第十六、十七期合刊的《中国史学史》第二章,题为《魏晋南北朝史学》。蒙文通先生治史注重从社会经济方面入手,尤其是晚年,从这一角度来看,先生三弟蒙思明治魏晋南北朝史、元史皆有先生的直接影响,尤其是魏晋南北朝社会研究,其影响则可谓不小。

五、治史中隐含的史学家的民族国家思想

近人治史既重地理,也重民族国家思想精神,今则以此论蒙文通先生与陈寅恪先生治学的相似之处。蒙文通先生《周秦少数民族研究·序二》述及其民族研究之始说:"文通研究周秦民族,始于一九二七年冬,时任教于成都大学,初由《左传》略见西戎、赤狄、白狄先后迁徙之迹,既泛滥群籍、搜讨故实以相佐验,乃粗明其事。即以所得资料一教于开封,再教于北京。""忆昔属稿之初,正外寇方炽之际,侵我东北,侵我热河,侵我长城,进窥华北,继之启衅卢沟,肆虐淞沪,金戈遍于南北,国之危亡若在旦夕,痛国是之日非,悯沦亡之惨酷,遂乃发愤其愤激之情于戎狄,呵斥訾謷,几于满纸。而今则敌寇已降,失土尽复,海内一统,固若金汤,宇内殊俗异语之族,悉乃同胞兄弟之伦,则昔日诋娸之辞多有过当者矣。"以此论之,则知蒙文通先生民族史研究实与其在《中国史学史》中所谓的史学家之民族国家思想一脉相承,周秦民族研究则是其思想在治史中的直接反映。

近代以降,外患日烈,受这一背景的影响,我国学术不仅在治学理路上发生了明显的变化,即使在史学家的民族国家思想上也发生了鲜明的变化。史学报国,存华夏文化一种子是这一时期治史趋于传统的学者共同的希望。二十世纪的宋史研究亦有这一"内涵",今人不可不察。

1936年2月3日,陈寅恪先生在"晋南北朝史"课堂上谈到中学历史教学有关民族问题时说:"不讲民族战争,如汉史不讲与匈奴之战和,本时期(晋南北朝)不讲华胡之战,则更无事可言。古代史上之民族战争,无避讳之必要。"《昌黎先生集》卷二十眉批说:"论唐代河北藩镇问题,必于民族及文化二端注意,方能得其真相。"以此论之,则陈寅恪先生治魏晋隋唐史实民

族与文化相结合之结晶是也。《李唐氏族之推测》、《〈魏书·司马叡传〉江东民族条释证及推论》、《隋唐制度渊源略论稿》、《唐代政治史述论稿》等皆可见这一方法的严谨运用。蒙文通先生《读〈中国史上南北强弱观〉》以"守"论南北强弱,说:

> 北狄之盛,每当中国纷扰之际,函夏浑同,即迸逃破亡。秦之盛,却匈奴七百余里。楚汉之争,则冒顿控弦三十万,遂困汉高帝于白登。至汉之盛,卫、霍破之。王莽之祸,匈奴困苦北边。及汉再盛,窦宪夷灭之。突厥控弦数十万,周、齐争结婚姻、倾府藏事之。……至隋之盛,炀帝遂臣启民。唐之兴,突厥控弦百万,史称"戎狄之盛,近代未有"。遂进寇武功,战于泾阳,直入渭滨。及海宇统一,李靖遂擒颉利。方中夏纷争,而夷狄莫能倡者,唯魏蜀之世。方中夏统一,而苦夷狄之侵陵者,莫如宋。女真既炽,不三数年间遂逾河逾淮逾江逾浙,悬军深入,复全师而归。方中国之全,而胡马天骄,风云飘忽,决荡无前,斯诚古今异事,殆别有由也。

以此论之,则民族之盛衰亦文化之盛衰。蒙文通先生常言中国学术并晚周、建安正始、天宝大历、正德嘉靖为四大变局。晚周、六朝、天宝大历以还之大变局实因民族之盛衰而渐成兴盛之局。《中国史学史》论北朝史学说:

> 自永嘉丧乱,中原文物,凋残尽矣。及魏灭沮渠,师儒所传,仅存于凉州者,稍稍发扬旧业。魏文迁洛,高标华化。际南朝文献之已颓,而北地振之。……于时学有南北之歧,文有古今之辨。政术邦典,亦摈晋、宋之近迹,法汉、魏而上之。刊浮丽就质实,易靡曼为刚贞。其于道真,不中不远。孔子从先进,善野人,于南北风尚验之也。北人之学既殊,故治史者虽不若南人之盛,而实有其特具之识焉。

以社会离心力、社会心理言六朝两宋,则俱见于《〈宋史〉叙言》,是为论民族与文化盛衰关系之集大成者。陈寅恪先生《〈魏书·司马叡传〉江东民族条释证及推论》(下)亦详论之,也可见英雄所见略同。

文集未收文录

《世界新趋势论》,《世界观杂志》第 2 卷第 1 期,1915 年

《杨升庵〈韬晦集〉序》,1927 年

《论先秦传述古史分三派不同》,(成都大学)《史学杂志》第 1 卷第 1 期,
　　1929 年

《论秦及汉初之攻取》,(成都大学)《史学杂志》第 1 卷第 1 期,1929 年

《中国开化始于东方考》,《中央大学半月刊》第 1 卷第 3 期,1929 年

《天问本事序》,(南京中央大学)《史学杂志》第 1 卷第 4 期,1929 年

《周初统制之法先后异术远近异制考》,《中央大学半月刊》第 1 卷第 9 期,
　　1930 年

《论秦焚书与古文佚经》,《中央大学半月刊》第 1 卷第 12 期,1930 年

《张仲琳〈西洋近世史〉序》,1932 年,刊《四川大学学报》(哲学社会科学版)
　　2008 年第 1 期

《古代河域气候有如今之江域说》,《禹贡》第 1 卷第 2 期,1934 年

《秦民族与战士》,《北京大学四川同乡会会刊》第 1 期,1934 年

《我国学术之进展》,《北京大学四川同乡会会刊》第 1 期,1934 年

《古刑法略说》,北平《史学》第 1 期,1935 年

《文中子》,天津《益世报·读书周刊》第 9 期,1935 年

《中国中古时期西南民族之北上》,《石室学报》第 9 期,1935 年

《魏晋南北朝讲义》,约 1933—1935 年

《章氏遗书补钞》并跋(编校),1936 年

《汉末至南北朝南方蛮夷的迁徙》,《禹贡》第 5 卷第 12 期,1936 年

《卢沟桥事变发生之后》,(重庆)《新世界》第 11 卷第 6 期,1937 年

《中国中古史讲义》,略同《周秦少数民族研究》,约 1936—1937 年

《民国二十九年国内史学消息》,《史学季刊》第 1 卷第 1 期,1940 年

《四库珍本〈十先生奥论〉读后记》,《图书季刊》第 3 卷第 1—2 期,1941 年

《宋蜀刻本〈古今注〉校记》,《图书集刊》第 1 期,1942 年

《袁昂〈古今书评〉校记》,《图书集刊》第 3 期,1942 年

《从中学生的"用"来说中学生的"学"》,《中等教育季刊》第 1 期,1942 年

《国史体系》,《国立东北大学校刊》第 6 期,1944 年 12 月

《跋〈月令〉之意义》,《图书集刊》第 6 期,1945 年 5 月

《营山县志》十九卷(编修),1945—1949 年,未刊

《整理〈老庄注〉偶记》,《东南日报》1947 年 7 月

陈书《鹃声集》(整理),1949 年

《肤浅小书》,《图书集刊》,1942—1949 年

《中国的封建与地租》,《工商导报·学林》第 7 期,1951 年 4 月

《秦代的地主阶级与社会经济》,《工商导报·学林》第 11 期,1951 年 6 月

《周代商业之发展及其摧毁》,《工商导报·学林》第 22 期,1951 年 11 月

《不能离开党的领导》,《光明日报》1957 年 7 月

《打破对王静安、柯凤荪两先生的迷信》,1958 年

《致四川民族调查组》,1959 年

《回忆过去　想到将来》,《人民川大》1956 年 11 月 9 日

《周秦学术流派的试探》,《光明日报》1961 年 7 月 24 日

《研究〈山海经〉的一些问题》,《光明日报》1962 年 3 月 17 日

《论诸葛亮南征》,《光明日报》1962 年 8 月 1 日

《孔子思想进步面探讨》,1963 年 1 月

《我对海瑞一些作为的看法》,《人民川大》1966 年 1 月

《刘咸炘〈宋代蜀人事辑〉跋》,稿本,重庆图书馆

《稽古别录》,1937—1939 年

《孙琪华〈匈奴史补遗〉序》,具体年代不明

《治学杂语》,《蒙文通学记》,第 1—54 页

《诗词遗草》,《蒙文通学记》,第 55—57 页

附可考佚著目录

《三字石经》(六篇),约 1923 年

《古文甄微》,《国立中央大学丛书》,1930 年

《孔氏古文说》(分内编、外编、杂编)

《五经通义疏证》

《南统北统论》

《周时汉族之南迁》

《西北民族之思想与法家》

《秦汉政治与法家》

《荀子与法家》

《中国哲学史》（未完成）

《老子王弼注校注》

《老子河上公章句校本》

《遂州本老子校文》

《老子章门》

《长短经》（校点）

《潺亭文征》（二卷）

《新旧〈唐书·吐蕃传〉与藏文各科史料异同研究》，约 1954 年

《新旧〈五代史·郡县志〉辑校》，约 1954 年

《中国经济史》（稿本）

《山海经》（整理）

《蜀王本纪》（补辑）

《三巴纪》（补辑）

《华阳国志》（补辑）

《采石瓜洲毙亮记》（编校）

《西升经》（辑校）

《度人经》（辑校）

参考书目

一、蒙文通著作

蒙文通：《蒙文通文集》第一卷《古学甄微》，巴蜀书社，1987 年

　　　　《蒙文通文集》第二卷《古族甄微》，巴蜀书社，1993 年

　　　　《蒙文通文集》第三卷《经史抉原》，巴蜀书社，1995 年

　　　　《蒙文通文集》第四卷《古地甄微》，巴蜀书社，1998 年

　　　　《蒙文通文集》第五卷《古史甄微》，巴蜀书社，1999 年

　　　　《蒙文通文集》第六卷《道书辑校十种》，巴蜀书社，2001 年

蒙文通：《经学抉原》，商务印书馆，1933 年

蒙文通：《古史甄微》，商务印书馆，1933 年

蒙文通：《周秦少数民族研究》，龙门联合书局，1958 年

蒙文通：《巴蜀古史论述》，四川人民出版社，1981 年

蒙文通：《越史丛考》，人民出版社，1983 年

蒙文通：《中国史学史》，上海人民出版社，2006 年

　　　　《经学抉原》，上海人民出版社，2006 年

蒙文通：《先秦诸子与理学》，广西师范大学出版社，2006 年

　　　　《儒学五论》，广西师范大学出版社，2007 年

蒙文通：《川大史学·蒙文通卷》，四川大学出版社，2006 年

蒙文通：《蒙文通中国民族史讲义》，天津古籍出版社，2008 年

蒙　　默：《中国现代学术经典·廖平蒙文通卷》，河北教育出版社，1996 年

蒙文通：《世界新趋势论》，《世界观杂志》第 2 卷第 1 期，1915 年

蒙文通：《中国开化始于东方考》，《中央大学半月刊》第 1 卷第 3 期，1929 年

蒙文通：《论秦焚书与古文佚经》，《中央大学半月刊》第 1 卷第 12 期，
　　　　1930 年

蒙文通：《我国学术之进展》，《北京大学四川同乡会会刊》第 1 期，1934 年

蒙文通：《秦民族与战士》，《北京大学四川同乡会会刊》第 1 期，1934 年

蒙文通：《中国中古时期西南民族之北上》，《石室学报》第 9 期，1935 年

蒙文通：《蒙文通来信》，《禹贡》第 6 卷第 10 期，1936 年

蒙文通：《论北宋变法与南宋和战》，《论学》1937 年第 5 期

蒙文通:《从中学生的"用"来说中学生的"学"》,《中等教育季刊》第 1 期,1942 年

蒙文通:《〈稽古别录〉序言》,《四川大学学报》(哲学社会科学版)2006 年第 4 期

二、专著类

卞僧慧:《陈寅恪先生年谱长编》(初稿),中华书局,2010 年

蔡元培等著:《玄圃论学集》,生活·读书·新知三联书店,1990 年

蔡方鹿、刘兴淑:《蒙文通经学与理学思想研究》,巴蜀书社,2007 年

陈寅恪:《陈寅恪诗集》(附唐篔诗存),清华大学出版社,1993 年

陈中凡:《陈中凡论文集》,上海古籍出版社,1993 年

陈廷湘、李德琬主编:《李思纯文集》,巴蜀书社,2009 年

陈智超编注:《陈垣来往书信集》,上海古籍出版社,1990 年

    《陈垣来往书信集》(增订本),生活·读书·新知三联书店,2010 年

陈 奇:《刘师培年谱长编》,贵州人民出版社,2007 年

程千帆:《程千帆全集》第十五卷《桑榆忆往》,河北教育出版社,2000 年

曾 琦:《曾琦先生文集》,(台北)中研院近代史研究所,1993 年

重庆市地方志编纂委员会总编辑室编:《重庆市志》,四川大学出版社,1992 年

当代口述史丛书编委会:《青史留真》第一辑,四川人民出版社,2010 年

党跃武主编:《川大记忆——校史文献选辑》,四川大学出版社,2010 年

傅海波、崔瑞德编:《剑桥中国辽西夏金元史》,中国社会科学出版社,1998 年

顾颉刚:《顾颉刚日记》,(台北)联经出版公司,2007 年

    《古史辨自序》,河北教育出版社,2000 年

    《当代中国史学》,上海古籍出版社,2006 年

顾颉刚等编著:《古史辨》,上海古籍出版社,1982 年

顾 潮:《顾颉刚年谱》,中国社会科学出版社,1993 年

李冬梅选编:《龚道耕儒学论集》,四川大学出版社,2010 年

龚继民、方仁念:《郭沫若年谱》,天津人民出版社,1992 年

龚煦春:《四川郡县志》,成都古籍书店,1983 年

郭沫若:《郭沫若全集》文学编第十一卷,人民文学出版社,1992 年

高增德、丁东编:《世纪学人自述》,北京十月文艺出版社,2000 年

葛剑雄:《悠悠长水:谭其骧前传》,华东师范大学出版社,1997 年

葛剑雄编:《谭其骧日记》,文汇出版社,1998 年

胡昭曦:《胡昭曦宋史论集》,西南师范大学出版社,1998 年

《巴蜀历史文化论集》，巴蜀书社，2002 年

贺远明、吴汉骧、李坤栋选编：《吴芳吉集》，巴蜀书社，1994 年

何绍奇：《读书析疑与临证得失》，人民卫生出版社，1999 年

华西医科大学校史编委会：《华西医科大学校史》，四川教育出版社，1990 年

黄曙辉编校：《刘咸炘学术论集·文学讲义编》，广西师范大学出版社，2007 年

　　　　《刘咸炘学术论集·史学编》，广西师范大学出版社，2007 年

黄稚荃：《杜邻诗存》，四川人民出版社，1990 年

黄淳浩：《郭沫若书信集》，中国社会科学出版社，1992 年

黄　侃：《黄侃日记》，江苏教育出版社，2001 年

金毓黻：《静晤室日记》，辽海书社，1993 年

季羡林、钟敬文等著：《我与中国 20 世纪》，河南人民出版社，1994 年

政协江苏省无锡县委员会编：《钱穆纪念文集》，上海人民出版社，1992 年

姜亮夫：《姜亮夫全集》第二十四卷，云南人民出版社，2002 年

柯愈春：《清人诗文集总目提要》，北京古籍出版社，2001 年

李劼人：《李劼人选集》第一卷，四川人民出版社，1980 年

　　　　《李劼人选集》第二卷，四川人民出版社，1980 年

　　　　《李劼人选集》第五卷，四川文艺出版社，1986 年

李振声编：《钱穆印象》，学林出版社，1997 年

李畅培：《萧楚女传》，重庆出版社，1991 年

李有明、蒙绍鲁：《往事存稿》，四川民族出版社，2004 年

李绍明：《羌族历史问题》，阿坝州地方志编委会，1998 年

李　致：《名家论川剧》，四川人民出版社，2007 年

卢　前：《卢前笔记杂钞》，中华书局，2006 年

雷文景：《华西坝：当年风物当年人》，四川大学出版社，2010 年

刘咸炘：《推十书》，成都古籍书店，1996 年

刘师培：《刘申叔遗书》，江苏古籍出版社，1997 年

刘显曾整理：《刘节日记》，大象出版社，2009 年

拉铁摩尔著、唐晓峰译：《中国的亚洲内陆边疆》，江苏人民出版社，2005 年

廖幼平：《廖平年谱》，巴蜀书社，1985 年

林文询：《岁月忧伤》，四川文艺出版社，1997 年

林思进：《清寂堂集》，巴蜀书社，1989 年

林庆彰、蒋秋华主编：《李源澄著作集》，（台北）中研院中国文哲研究所，
　　　2008 年

柳曾符、柳佳编：《劬堂学记》，上海书店出版社，2002 年

蒙思明：《元代社会阶级制度》，哈佛燕京学社，1938 年

《元代社会阶级制度》,中华书局,1980 年

《元代社会阶级制度》,人民出版社,2006 年

《魏晋南北朝的社会》,上海人民出版社,2007 年

蒙　默:《蒙文通学记》,生活·读书·新知三联书店,2006 年

马　勇:《章太炎书信集》,河北人民出版社,2003 年

马一浮:《马一浮集》,浙江古籍出版社、浙江教育出版社,1996 年

欧阳竟无:《孔学杂著》,山东人民出版社,1997 年

彭云生:《百衲小巢遗诗》,彭云生子女自印本,无出版年月

钱　穆:《先秦诸子系年》,商务印书馆,1935 年

《钱宾四先生全集》第五十三册《素书楼余渖》,(台北)联经出版公司,1998 年

《古史地理论丛》,生活·读书·新知三联书店,2004 年

《八十忆双亲·师友杂忆》,生活·读书·新知三联书店,2005 年

钱玄同:《钱玄同文集》第四卷,中国人民大学出版社,2000 年

裘锡圭:《古代文史研究新探》,江苏古籍出版社,1992 年

任乃强:《华阳国志校补图注》,上海古籍出版社,1987 年

四川联合大学历史系主编:《徐中舒先生百年诞辰纪念文集》,巴蜀书社,1998 年

四川联合大学:《蒙文通教授诞辰百周年学术座谈会纪念册》,1994 年

四川大学历史文化学院:《蒙文通先生诞辰 110 周年纪念文集》,线装书局,2005 年

四川省图书馆建馆八十周年纪念文集编委会:《四川省图书馆建馆八十周年纪念文集》,1992 年

四川省政协文史资料研究委员会、四川省文史馆:《四川近现代文化人物》,四川人民出版社,1989 年

四川省人民政府参事室、四川省文史研究馆:《辛亥革命到五四时期四川大事记》,四川人民出版社,2001 年

四川省人民政府参事室、四川省文史研究馆:《第二次国内革命战争时期四川大事记》,四川人民出版社,1993 年

四川省人民政府参事室、四川省文史研究馆:《解放战争时期四川大事记》,四川人民出版社,1990 年

四川省文史研究馆:《四川军阀史料》第四辑,四川人民出版社,1987 年

四川省文史研究馆:《成都城坊古迹考》,四川人民出版社,1987 年

《四川辛亥革命史料》,四川人民出版社,1981 年

四川大学史稿编写组:《四川大学史稿》,四川大学出版社,1985 年

舒新城:《中国近代教育史资料》,人民教育出版社,1981 年
　　　　《蜀游心影》,开明书店,1929 年
斯维至:《中国古代社会文化论稿》,(台北)允晨文化实业股份有限公司,
　　　　1997 年
商金林:《叶圣陶年谱长编》,人民教育出版社,2005 年
司马朝军、王文晖:《黄侃年谱》,湖北人民出版社,2005 年
汤用彤:《汤用彤全集》,河北人民出版社,2000 年
唐君毅:《唐君毅全集》第十九卷《中国哲学原论·原教篇》,(台北)学生书
　　　　局,1986 年
　　　　《唐君毅全集》第二十七卷《日记》,(台北)学生书局,1991 年
童教英整理:《童书业著作集》第三卷《童书业史籍考证论集》,中华书局,
　　　　2008 年
童恩正:《古代的巴蜀》,四川人民出版社,1979 年
吴　宓:《吴宓日记》,生活·读书·新知三联书店,1998 年
　　　　《吴宓日记续编》,生活·读书·新知三联书店,2006 年
吴　虞:《吴虞日记》,四川人民出版社,1984 年
　　　　《吴虞集》,四川人民出版社,1985 年
吴洪武、吴洪泽、彭静中校注:《吴之英诗文集》,四川大学出版社,2008 年
吴之英:《吴之英儒学论集》,四川大学出版社,2010 年
吴玉章:《吴玉章回忆录》,中国青年出版社,1978 年
吴天墀:《西夏史稿》,四川人民出版社,1980 年
王嘉陵:《李劼人晚年书信集》,四川大学出版社,2009 年
王东杰:《国家与学术的地方互动——四川大学国立化进程(1925—1939)》,
　　　　生活·读书·新知三联书店,2005 年
王玉璋:《中国史学史概论》,商务印书馆,1942 年
王叔岷:《王叔岷回忆录》,中华书局,2007 年
王元化:《学术集林》第六卷,上海远东出版社,1995 年
王恩洋:《王恩洋先生论著集》第十卷,四川人民出版社,2001 年
萧楚女:《萧楚女文存》,中共党史出版社,1998 年
萧超然等编:《北京大学校史》,北京大学出版社,1988 年
熊十力:《熊十力全集》,湖北教育出版社,2001 年
徐中舒:《论巴蜀文化》,四川人民出版社,1982 年
　　　　《徐中舒历史论文选辑》,中华书局,1998 年
徐仁甫:《左传疏证》,四川人民出版社,1981 年
徐旭生:《中国古史的传说时代》,广西师范大学出版社,2003 年

向　楚:《空石居诗存》,四川大学出版社,1988 年

谢国桢:《瓜蒂庵文集》,辽宁教育出版社,1996 年

　　　　《江浙访书记》,生活·读书·新知三联书店,1985 年

严晓琴:《李劼人与菱窠》,四川文艺出版社,1999 年

严耕望:《严耕望史学论文集》,上海古籍出版社,2009 年

盐亭县图书馆编:《盐亭县图书馆志》,2003 年

杨沧白:《天隐阁集》,重庆出版社,1991 年

杨向奎:《百年学案》,辽宁人民出版社,2003 年

　　　　《绛史斋学术文集》,上海人民出版社,1983 年

竺可桢:《天道与人文》,北京出版社,2005 年

朱瑞熙:《嶛城集》,华东师范大学出版社,2001 年

周一良:《毕竟是书生》,北京十月文艺出版社,1998 年

周邦道:《近代教育先进传略初集》,(台北)中国文化大学出版部,1981 年

周叔迦:《周叔迦集》,中国社会科学出版社,1995 年

周恩来:《周恩来选集》,人民出版社,1980 年

赵俪生:《篱槿堂自叙》,上海古籍出版社,1999 年

赵宗成:《玄门探珠》,巴蜀书社,2007 年

章士钊:《章士钊全集》第五卷,文汇出版社,2000 年

张闻天:《张闻天早期文集》,中共党史出版社,2010 年

张　澜:《张澜文集》,四川教育出版社,1991 年

　　　　《张澜诗选》,中国文史出版社,1986 年

张中行:《月旦集》,经济管理出版社,1995 年

张世林编:《家学与师承:著名学者谈治学门径》,广西师范大学出版社,
　　　　2007 年

张学渊:《赖皋翔文史杂论》,成都市新都区文化馆,2004 年

张振江:《薪火集:河南大学学人传》,河南大学出版社,2002 年

张政烺先生九十华诞纪念文集编委会:《揖芬集:张政烺先生九十华诞纪念
　　　　文集》,社会科学文献出版社,2002 年

钟树梁:《草堂之春》,成都出版社,1991 年

中共重庆市委党史工作委员会编:《五四运动在重庆》,重庆出版社,1984 年

中国历史文献研究会编:《中国历史文献研究集刊》第二集,湖南人民出版
　　　　社,1981 年

政协湖北省黄冈县委员会编:《回忆熊十力》,湖北人民出版社,1989 年

三、文史资料类

成都市政协文史办公室编辑组:《抗战八年成都纪事》,《成都文史资料选辑》第十一辑,成都出版社,1985 年

陈祖武:《和平老人邵从恩》,《四川文史资料选辑》第三十五辑,四川人民出版社,1985 年

黄汉文:《记唐文治先生》,《江苏文史资料选辑》第十九辑,江苏古籍出版社,1987 年

何域凡:《存古学堂嬗变记》,《四川文史资料选辑》第三十三辑,四川人民出版社,1984 年

何天度:《盐亭修志史略》,《盐亭县文史资料选辑》第五辑,1988 年

刘泰焰:《〈鹃声集〉刻印说明》,《盐亭县文史资料选辑》第三辑,1986 年

赖逸均:《穷山沟里的书香世家》,《盐亭文史》第十九辑,2001 年

赖逸均:《小学文凭的教授——记自学成材的蒙季甫老师》,《盐亭文史》第二十三辑,2005 年

姜蕴刚:《我对华西大学的回忆》,《成都文史资料选辑》第三辑,1982 年

廖仲宣:《凛然正气蒙文通》,《盐亭县文史资料选辑》第五辑,1988 年

廖仲宣:《辛亥革命前后的盐亭》,《盐亭县文史资料选辑》第九辑,1992 年

廖仲宣:《蒙公甫沥血育英才》,《绵阳市文史资料选刊》第五辑,1990 年

陶元甘:《蒙文通老师的美德》,《盐亭县文史资料选辑》第十辑,1993 年

彭铸君供稿:《彭芸生年谱》,《崇庆县文史资料选辑》第五辑,无出版年月

王光媛:《抗战时期的华西协合大学》,《成都文史资料选辑》第九辑,1985 年

王涵夫:《清末盐亭县教育概括》,《盐亭县文史资料选辑》第一辑,1984 年

夏详烈:《忆抗日名将孙仲将军》,《少城文史资料》第十四辑,2001 年

袁海余:《三台草堂国专与成都尊经国专》,《绵阳市文史资料选刊》第五辑,1990 年

赵良田:《李子雄传》,《盐亭县文史资料选辑》第十四辑,1996 年

张邃青:《河南大学片段的回忆》,《河南文史资料选辑》第一辑,1979 年

张尊五:《三十年代的无锡国专》,《江苏文史资料选辑》第十九辑,江苏古籍出版社,1987 年

张达夫:《参加保路同志会片段回忆》,《成都文史资料选编·辛亥前后卷》,四川人民出版社,2007 年

中共盐亭县委党史工作委员会:《红军长征到石牛》,《盐亭县文史资料选辑》第四辑,1987 年

四、期刊类

巴　蜀:《杰出的历史学家蒙文通先生》,《文史杂志》2001 年第 3 期

不　空:《支那内学院——介绍一个研究佛学的机关》,《人世间》1935 年第 40 期

崇　松:《纪念蒙文通先生诞辰 108 周年学术座谈会在长松寺召开》,《文史杂志》2003 年第 1 期

丁秀君:《蒙裁成先生事略》,《文史杂志》1985 年第 2 期

郭书愚:《清末四川存古学堂述略》,四川大学硕士学位论文,2002 年

黄奇逸:《有关〈左传疏证〉的一段往事》,《文史杂志》1989 年第 3 期

何兹全:《我的大学生生活》,《史学理论研究》1997 年第 3 期

吕　澂:《我的经历与内学院发展历程》,《世界哲学》2007 年第 3 期

李晓宇:《蒙文通先生佛学研究中的经学问题》,《宗教学研究》2006 年第 4 期

　　　　《"井田制之争"中的蒙文通与胡适》,《蜀学》第三辑,2008 年

李启明:《易心莹传略》,《中国道教》1987 年第 4 期

李　埏:《昔年从游乐　今日终天痛——敬悼先师钱穆先生》,《社会科学战线》1991 年第 4 期

罗　琤:《金陵刻经处研究(1866—1966)》,复旦大学博士学位论文,2006 年

罗映光:《蒙文通道学思想研究》,四川大学博士学位论文,2006 年

刘兴淑:《"蒙文通先生诞辰 110 周年纪念暨学术讨论会"综述》,《中华文化论坛》2005 年第 1 期

刘　陶:《回忆父亲刘敦愿》,《老照片》第 63 辑,2009 年

刘泰焰:《访蒙文通故里》,《巴蜀史志》2003 年第 5 期

刘桂秋:《章太炎无锡讲学活动考述》,《江南大学学报》(人文社会科学版)2008 年第 3 期

刘雨涛:《我所知道的私立尊经国学专科学校》,《蜀学》第二辑,2007 年

柳诒徵:《复李君书》,《国风半月刊》1933 年第 12 期

蒙　默:《缅怀墨学大师伍非百先生——〈中国古名家言〉再版代序》,《文史杂志》2010 年第 1 期

　　　　《蜀学后劲——李源澄先生》,《蜀学》第二辑,2007 年

　　　　《读蒙文通先生遗著〈周秦民族史〉》,《蜀学》第三辑,2008 年

蒙吉甫:《蒙公甫传》,《盐亭县志资料》1984 年第 1 期

缪元朗:《缪钺先生生平编年(1904 年—1978 年)》,《魏晋南北朝史论文集》,2004 年

牛敬飞、张颖:《蒙默老师采访记》,四川大学历史文化学院《天健》第 17 期,

2005 年

任新建:《张澜 1933 年出川考察述略》,《四川社科界》1992 年第 4 期

《史学史研究》编辑部:《在新的一年里》,《史学史研究》1988 年第 1 期

孙正容:《三皇五帝传说由来之蠡测》,《国立中山大学半月刊》第 1 卷第 13
　　　期,1930 年

寿才、祥光:《是现象还是规律——对〈周代学术发展论略〉一文的质疑》,
　　　《学术月刊》1963 年第 2 期

尚小明:《抗战前北大史学系的课程变革》,《近代史研究》2006 年第 1 期

谭其骧:《一草一木总关情:邓云乡与燕京乡土》,《读书》1992 年第 7 期

汤一介:《汤一介先生谈治学门径》,《北京大学研究生学志》2007 年第 2 期

陶元珍:《〈万历起居〉注》,《文史杂志》第 4 卷第 7、8 期,1944 年

陶鼎辉:《国立四川大学》,《读书通讯》第 158 期,1948 年

汪　毅:《从张大千临摹敦煌壁画展论成都系中国文艺复兴发祥地》,《文史
　　　杂志》2009 年第 5 期

　　　《大风起兮云飞扬——论大风堂画派与张大千学》,《中华文化论
　　　坛》2006 年第 3 期

王吉伟:《刘咸炘关于学术交流的思考——读刘咸炘与蒙文通书信感》,《学
　　　理论》2009 年第 13 期

王介平:《蒙文通先生树的是一面什么旗? ——对〈中国历代农产量的扩大
　　　和赋役制度及学术思想的演变〉一文的批判》,《四川大学学报》(社
　　　会科学版)1958 年第 2 期

韦　兵:《"蒙文通先生诞辰 110 周年纪念暨学术讨论会"在四川大学举
　　　行》,《四川大学学报》(哲学社会科学版)2004 年第 6 期

向在湝:《向楚传略》,《成都大学学报》(社科版)2007 年第 3 期

徐　彬:《1956 年一级教授评定之研究》,南京师范大学硕士学位论文,
　　　2007 年

杨丽娟:《"扬州书信"所见刘师培〈遗书〉编纂考》,《史学月刊》2010 年第
　　　4 期

佚　名:《支那内学院概览》,支那内学院年刊《内学》第一辑,1924 年

　　　《本院概况》,支那内学院年刊《内学》第二辑,1925 年

　　　《国立中央大学文学院史学系课程规则说明书》,《史学》1930 年第
　　　1 期

　　　《四川省文史研究馆文史学家简介:蒙默先生》,《文史杂志》1996 年
　　　第 1 期

赵灿鹏:《蒙文通先生佚文〈西洋近世史·序〉书后》,《四川大学学报》(哲学

社会科学版)2008 年第 1 期

朱师辙:《能观法师传略》,《法音》1985 年第 3 期

周畅富:《四川大学在峨眉》,《今日青年》1940 年第 8 期

张志强:《经、史、儒关系的重构与"批判儒学"之建立——以〈儒学五论〉为中
　　　心试论蒙文通"儒学"观念的特质》,《中国哲学史》2009 年第 1 期

张晓唯:《金毓黻日记所见民国学林遗事》,《书屋》2010 年第 2 期

张　崟:《〈古史甄微〉质疑》,《史学杂志》第 2 卷第 3 期,1930 年

五、报刊类

《工商导报》

《人民川大》

《图书集刊》

后　记

　　余学也晚,始知蒙文通先生大名亦在丁亥年五月毕业以后,时余任职湖北三峡文学杂志社。及至回川,始购先生文集第二、三、四、五卷于巴蜀书社,又购第一卷于孔夫子旧书网,再购第六卷于四川大学图书馆读者服务部。而后,乃稍知先生之学。是稿所言,盖为蒙文通先生之生平事迹,或兼及先生之学术思想。然因传记、年谱之侧重点各有不同,故是稿所言,偏重事迹,而不重学术思想。今是稿草成,将付手民,惟恐因是稿之误引诸多烦恼,故有数事告之读者。一则曰:是稿之所以撰述乃因佛家所谓之因缘,更因余自毕业以后,始知为学之难,惟有专攻,方可有所;二则曰:平生师友,多有襄助,计有袁津琥、段渝、谭继和、向宝云、王川、党跃武、雷文景、粟品孝、徐雁平、吴铭能、臧振、张凯等先生,及余友胡耀飞、胡俊俊、聂文华、谢晶、刘华林、温锦泓等。三则曰:师友襄助,或于余学多有指点,或于余稿多有帮助,或于余之生计多有资助。庚寅年十一月,余稿将成,然余之生计亦日艰,故有申请四川省哲学社会科学后期资助项目之计划,余于是得四川省社会科学院向宝云、段渝、谭继和三先生之助,三先生之推荐意见实为余稿劫后重生之保证。辛卯年三月二十三日,在四川省 2011 年度哲学社会科学后期资助项目评审会上,余稿又得以四川师范大学中国近现代区域经济与社会研究中心主任王川教授为首的评审专家首肯,并忝列资助之列。后又得四川师范大学中国近现代区域经济与社会研究中心及中国近现代西南区域研究科研创新团队之助。数年以来,余处高校之外,期刊资料之获得多有不便,幸赖胡耀飞、胡俊俊二君鼎力帮助,代为下载,余心亦多有惭愧。北京大学聂文华君虽从未谋面,然当余询问北大是否藏有《顾颉刚日记》之时却颇得聂君之助,襄助之情,亦记于此。生平交游如谢晶、刘华林等,虽于余学无所帮助,然于余之生计却多有资助,其中尤为要者当属余友谢晶,得他之助,余乃暂度数月饥荒。四则曰:四五年来,余为学之心历年不更,实与丙戌年十一月得茅海建教授赠书有莫大关联。今是稿草成,或可报茅海建教授赠书及相赠之言,然又不审是稿能否入茅海建教授之法眼。余惟诺诺,以期另有所成,以报师友相知相助之恩。

庚寅年十二月于蜀通街长城小区

辛卯年八月再校于玉林八巷